LES ANNÉES 50

CONCEPTION DE L'OUVRAGE   DANIEL ABADIE (MNAM)
PHILIPPE ARBAIZAR (BPI)
LAURENT BAYLE (IRCAM)
CLAUDE EVENO, RAYMOND GUIDOT (CCI)

COORDINATION ÉDITORIALE   JACQUES DEMARCQ

SECRÉTARIAT DE RÉDACTION   MARIE-CLAIRE LLOPÈS, ARNAULD PONTIER
ASSISTÉS DE JEHANNE DUPRÉ,
CATHERINE LAGARDÈRE,
NATHALIE L'HOPITAULT

RECHERCHES ICONOGRAPHIQUES   DOMINIQUE ALFONSI,
CHRISTINE BEROFF

TRADUCTIONS   GUY BALLANGÉ, JEANNE ETORÉ,
ELISABETH GALLOY,
ANNA KOKKO-ZALCMAN,
MICHEL ORCEL, ADRIANA PILIA,
CATHERINE SKÅNSBERG,
MARGARETH TUNSTILL,
ARMANDO URIBE ECHEVERRIA

ADMINISTRATION   JOSETTE GUILBERT, CAROLE HUBERT,
NICOLE PARMENTIER

**CONCEPTION GRAPHIQUE
DIRECTION ARTISTIQUE**   YATS
AVEC JÉRÔME DEVANZ
ASSISTÉS DE MURIEL CAUWET,
STÉPHANE CHAILLOU,
HÉLÈNE DAVID, ALEXANDRE HERGAULT

FABRICATION   JACKY POUPLARD
ASSISTÉ DE HÉLÈNE DEPRETTO

RELATIONS PRESSE   FLORENCE GODFROID

© ÉDITIONS
DU CENTRE POMPIDOU, 1988
TOUS DROITS RÉSERVÉS

ISBN : 2-85850-446-6
N° ÉDITEUR : 633
DÉPÔT LÉGAL : JUILLET 1988

ACHEVÉ D'IMPRIMER LE 27 JUIN 1988
SUR LES PRESSES DE AUBIN IMPRIMEUR,
POITIERS

PHOTOCOMPOSITION   DIAGRAMME, PARIS

PHOTOGRAVURE   ARTO, ASNIÈRES
FRANCE-PHOTOGRAVURE, LYON

LES ANNÉES 50

LES ANNÉES 50

Cet ensemble de manifestations pluridisciplinaires a été voulu et organisé par :
Jean Maheu, Président du Centre Georges Pompidou
Pierre Boulez, directeur de l'Institut de Recherche et de Coordination Acoustique/Musique
François Burkhardt, directeur du Centre de Création Industrielle
Jean-Hubert Martin, directeur du Musée national d'art moderne
Michel Melot, directeur de la Bibliothèque Publique d'Information

MUSÉE NATIONAL D'ART MODERNE

«Les années 50». Grande galerie.

Commissaire général
Jean-Hubert Martin

Commissaire
Daniel Abadie

Assistante
Catherine Duruel
avec l'aide de :
Geneviève Poisson,
Frédérique Bozec

Service des expositions
Martine Silie

Architectes
Katia Lafitte, Xavier Rémond,
Diane Chollet

Documentation
Dominique Ménager

Régie des espaces
Gérard Herbaux &
les ateliers du MNAM

Régie des œuvres
Élisabeth Galloy, Liliane Decaen

Michel Balais & l'atelier d'emballage du MNAM

Relations publiques
Catherine Lawless, Servane Zanotti

Documents photographiques
Jacques Faujour, Adam Rzepka

Contrôle et restauration des œuvres
Jacques Hourrière, Chantal Quirot

L'exposition a été rendue possible par un don du journal **Asahi Shimbun** (Tokyo) par l'intermédiaire de MM. Hisamitsu Tani et Ternuo Inoué.

Les transports aériens ont bénéficié du concours de **Air France Cargo** . **Paris-Match** a apporté son aide à la réalisation de l'audiovisuel.

CENTRE DE CRÉATION INDUSTRIELLE

«Les années 50 - entre le béton et le rock». Galerie du CCI

François Burkhardt, directeur
Georges Rosevègue, administrateur
Sylvie Wallach-Barbey, attachée de direction

Commissaire
Raymond Guidot
assisté pour le design par Cécile Mihailovic, pour l'architecture par Jacqueline Stanic et Marie-Annick Maupu, pour la communication visuelle par Martine Lobjoy

Coordination
Bruno Vayssière

Conseiller pour l'architecture
Patrice Goulet

Conseiller pour la communication visuelle
Alain Weill

Architecte de l'exposition
Jean Nouvel
assisté pour le concept et le décor par Anne Frémy, pour la mise en espace par Isabelle Agostini et Éric Pouget, pour le graphisme et la signalétique par Sabine Rosant.

Documentation
Françoise Pace, Sabine von der Brelie, Asdis Olafsdottir

Secrétariat
Sophie Crispoldi, Pauline Mercury,

Danielle Sironval

Gestion administrative
Cathy Gicquel

Moyens techniques
Stéphane Iscovesco, Claude Baleur, Jean-Claude Perraut, Philippe Fourrier, Azzedine Messalhi, Pierre Paucton, André Toutcheff, Pascal Dossat
ainsi que : Éric Corvisy, Éric Desroches, Alain Girault, Marie-Pierre Guillon, Fabien Lepage, Michel Naït

Régie des œuvres
Bernard Cier

Audiovisuel
Jean-Paul Pigeat assisté de Patrick Arnold, Christian Baillet, Francisco Baudet, Gérard Chiron, Sylvaine Dampierre, Alain Echardour, Nicolas Joly, Olivier Kuntzel, Sophie Mourthé, Muriel

dos Santos, Odile Vaillant

Photographes
Eustachy Kossakowski, Georges Meguerditchian, Jean-Claude Planchet

Laboratoire photo du Centre Georges Pompidou

Relations publiques et presse
Ariane Diane-Sartorius, Marie-Jo Poisson-Nguyen assistées de Marie-Thérèse Mazel-Roca

L'exposition a bénéficié du concours de la société **Forbo-Sarlino,** Reims, pour la réalisation des sols de la Galerie du CCI ainsi que des contributions des sociétés **Johnson, Mallet & Clément,** et de la **Fédération Française des Activités de l'Exposition**

BIBLIOTHÈQUE PUBLIQUE D'INFORMATION

«Des voix et des images», studio 5, 5ᵉ étage, un cycle de débats, lectures, rencontres, projections, préparé par les services animation et audiovisuel de la BPI.

«Juste avant la vague», salle Jean Renoir, 2ᵉ étage, un cycle de documentaires français des années 50 préparé par le service audiovisuel de la BPI.

Service de presse
Colette Timsit, Dominique Reynier.

INSTITUT DE RECHERCHE ET DE COORDINATION ACOUSTIQUE/MUSIQUE

Trois cycles de concerts :

Les musiques électroacoustiques
12 concerts avec l'Acousmonium INA-GRM, studio 5, 5ᵉ étage

La musique de chambre
14 concerts avec les solistes de l'Orchestre national de France et de l'Ensemble InterContemporain, studio 5, 5ᵉ étage, et studio 106 à la Maison de la Radio

La musique symphonique et pour ensemble

3 concerts par l'Orchestre national de France et l'Ensemble InterContemporain, au Théâtre des Champs-Élysées, au Théâtre Renaud-Barrault et au studio 106 de la Maison de la Radio

Une coproduction Centre Georges Pompidou - IRCAM, Radio France, INA-GRM, Ensemble InterContemporain

CINÉMA

«Le cinéma français des années 50», salle Garance, rez-de-chaussée, un cycle de films et une exposition préparés par Jean-Loup Passek, Sylvie Pras, Jean-Charles Sabria,

en collaboration avec la Cinémathèque française, la Cinémathèque de Toulouse, la Cinémathèque universitaire, la Cinémathèque municipale de Luxembourg.

REMERCIEMENTS

MUSÉE NATIONAL D'ART MODERNE

Les œuvres des années 50 ont, en trois décennies, rejoint les chefs-d'œuvre de l'art moderne. L'obtention de leur prêt est ainsi devenu rapidement difficile. C'est pourquoi nous sommes d'autant plus reconnaissants aux institutions et aux collectionneurs qui ont accepté de se séparer pour la durée de notre exposition d'œuvres majeures.

Notre gratitude va ainsi à :

Mmes Natalie R. & Jennifer R. Abrams
M. & Mme William R. Acquavella
M. Erik Andreasens
M. & Mme Bernard Aubertin
M. Jacques Bazaine
M. Walter Bechtler
M. & Mme Donald Blinken
M. Ennio Borzi
M. Gérard Boulois
M. Leo Castelli
M. Louis-Gabriel Clayeux
Mme Katia Johansson
Mme Christophe de Menil
Prof. Dr Ottomar Domnick
M. Christian Dürckheim
Mme Emily Fisher Landau
Mme Babet Gilioli
M. & Mme Arnold Glimcher
M. Michel Guy
M. Hans Hartung
MM. Dimitry et Philip Jodidio
M. E.W. Kornfeld
Mme Nina Lebel
Mme Marcella Louis Brenner
M. Franz Meyer
M. & Mme Marc Métayer
M. Domenico Modugno
M. & Mme Gustav Moeller
Dr Peter Nathan
M. Knud Olesen
Mme Carla Panicali
M. Gérald Piltzer
M. Alexis Poliakoff
Mme Inger Riis
Mme Katherine Rousmanière
M. & Mme Lawrence Ruben
M. Henri Samuel
M. & Mme Walther Scharf
M. Rodolphe Stadler
M. M. Stal
M. René Verdier
Mme Margot Villanueva
Mme Marian Von Castelberg

Deutsche Bank A.G.
Meridian Partners Inc.
Sonnabend Collection
TAG Œuvres d'Art SA
The Estate of Alexander Calder

aux galeries françaises et étrangères :

André Emmerich Gallery, New York
Galerie Baudoin Lebon, Paris
Galerie de France, Paris
Galerie Denise René, Paris
Galerie Di Meo, Paris
Galerie Ernst Beyeler, Bâle
Galerie Louis Carré & Cie, Paris
Galerie Nathan, Zürich
Galerie Stadler, Paris
Knoedler Gallery and Co, Inc, New York
Lorenzelli Arte, Milan
Marisa del Re Gallery, New York
Marlborough Gallery, New York
Perls Gallery, New York
The Pace Gallery, New York

aux musées et aux institutions publiques :

Aarhus Art Museum, Danemark
Aberdeen Art Gallery and Museums
Albright-Knox Art Gallery, Buffalo
Arts Council of Great Britain
Bayerische Staatsgemäldesammlungen, Staatsgalerie Moderner Kunst, Munich
Billedgalleri, Bergen
Centre d'art et de communication, Vaduz, Lichtenstein
Fondation Alberto Giacometti, Zürich
Fondation Maeght, Saint-Paul de Vence
Fondazione Palazzo Albizzini, Collection Burri, Città di Castello
Galleria Comunale d'Arte Moderna, Bologne
Haags Gemeentemuseum, La Haye
Henie-Onstad Foundations, Hovikkoden
Hess Collection, Napa, Californie
Hirshhorn Museum and Sculpture Garden-Smithsonian Institution, Washington
Kunstmuseum, Bâle
Kunstsammlung Nordrhein-Westfalen, Düsseldorf
Kunsthaus, Zürich

Musée d'Art et d'Histoire, Genève
Moderna Museet, Stockholm
Musée d'Art moderne, Saint-Étienne
Musée de l'abbaye Sainte-Croix, Les Sables-d'Olonne
Musée de Peinture et de Sculpture, Grenoble
Musée des Arts décoratifs, Paris
Musée des beaux-arts, Nantes
Museum Ludwig, Cologne
Museum Morsbroich, Leverkusen
Musée Picasso, Paris
Solomon R. Guggenheim Museum, New York
Sprengel Museum, Hanovre
Stedelijk Museum, Amsterdam
The Fukuyama Museum of Art, Tokyo
The Menil Collection, Houston
The Museum of Contemporary Art, Los Angeles
The Museum of Modern Art, New York
The National Museum of Western Art, Tokyo
The Tel-Aviv Museum of Art, Israël
Walker Art Center, Minneapolis

ainsi qu'aux artistes qui nous ont consenti des prêts de leur collection personnelle.

Nos remerciements s'adressent également à tous les prêteurs qui ont souhaité conserver l'anonymat.

Une mention toute spéciale doit être faite de l'aide que nous ont accordée : M. William Rubin, directeur des Peintures et Sculptures du Museum of Modern Art de New York et le Prof. Dr Werner Schmalenbach, directeur du Kunstsammlung Nordrhein Westfalen de Düsseldorf.

Une telle manifestation ne peut se concevoir sans l'aide et le concours amical de nombreuses

personnalités, tant pour localiser les œuvres que pour s'assurer des prêts nécessaires. C'est à ce titre que nous souhaitons remercier :

Anna Agusti
Douglas Baxter
Valerie Beston
Corinne Bocquet
Christian Bugain
Mony Calatchi
Leo Castelli
Carla Chamnas
Michel Delorme
Marisa del Re
Joanna Drew
Serge Fauchereau
Jean Fournier
Marie-George Gervasoni
Françoise Guiter
Michel Guy
Joseph Helman
Nancy Hoffman
Jean-François Jaeger
Jean-Paul Ledeur
Marie-José Lefort
Thomas Le Guillou
Pierre Levai
Robert Lieber
Germaine de Liencourt
Guy Loudmer
Pierre Matisse
Jean-Yves Mock
Ole-Henrik Moe
Denise René
Lawrence Rubin
Antonio Sapone
Monique Schneider-Maunoury
Didier Semin
Ileana Sonnabend
Sami Tarica
Eugène Thaw
Roger Thérond
Catherine Thieck
Armande de Trentinian
Claire Van Damme
Michel Vignau

Enfin cette exposition n'a pu voir le jour que grâce à l'aide et à l'appui constant de Mmes Catherine Duruel et Elisabeth Galloy et de MM. Harry Bellet et Dominique Ménager.

5

CENTRE DE CRÉATION INDUSTRIELLE

L'exposition «Les années 50 - entre le béton et le rock»
n'a pu être réalisée que grâce aux nombreux prêts de collectionneurs, de sociétés
privées et d'associations, de galeries, d'institutions publiques et de musées.
Nous tenons à les en remercier.

Mme Elissa Aalto
M. Jean-Louis Amiaud
M. Paul Andreu
M. Paul Aumoine
Mme Zita Mosca Baldessari
M. Jean Balladur
M. Ludovico Belgiojoso
Mlle Brigitte Berceron
M. et Mme Besançon
Mme Dany Bloch
M. l'abbé René Bolle-Reddat
Mme Yvonne Brunhammer
M. André Bruyère
M. Michel Buffet
M. Roberto Burle Marx
M. Arnold Burnett
M. René-Jean Caillette
M. Felix Candela
M. Georges Candilis
Mme Guidette Carbonell
M. Félicien Carnir
Mme Anne Caron-Delion
Sir Hugh Casson
M. Achille Castiglioni
M. Enrico Castiglioni
M. Pier-Giacomo Castiglioni
M. Jean-Louis Cohen
Mmes Paola et Rossella Colombari
Mme Christine Counord
Mme Mara Cremniter
M. Paolo Curti
M. Philippe Dehan
Mme Lila Distel
M. Christian Duran
M. Werner Durth
M. Rafael Echaide
M. Tom Eckersley
Mme Pamela Ellis
M. Marc Emery
M. Ralph Erskine
M. Eteve
M. Pierre Faucheux
Mme Fermigier
Mme Roberta Fiocchi
M. Yona Friedman
MM. Roberto Gabetti et
Aimaro Isola
M. René Gages
M. Marcel Gautherot
Mme Marika Genty
M. et Mme Gimpel
M. James Gowan
M. Vittorio Gregotti
M. Raymond Grosset
M. Pierre Guariche
M. Richard Hamilton
M. Bernard Hermkes
M. Jacques Hitier
M. François Jacquet
M. et Mme Sasha et Doris Jaeger
M. Edmond Jeannot
M. Georg Jensen
M. Philippe Jousse
Kiki et Antoinette
M. Peter Kneebone

Mme Isabelle Konstantinovic
M. François Laffanour
M. Claude Le Bihan
M. Le Couteur
M. Serge Lepaire
M. Jean-Claude Lerat
M. Gilbert Luigi
M. Mangiarotti
Mme Beate Manske
M. Pierre Mathieu
M. Alain Ménard
M. Lodovico Meneghetti
M. Tiarko Meunier
M. Lionel Mirabaud
M. Claude Moliterni
Mme Marta Montero
M. Jean-Michel Morin
M. Michel Mortier
M. J.-André Motte
M. Pascal Mourgue
M. Pierre Neuberger
M. Oscar Niemeyer
M. Maurice Novarina
M. Claude Parent
Mme Martine Partrat
M. Pierre Paulin
M. Pascal Perquis
M. Pierre Perrigault
M. Gino Pollini
M. Marc Porthault
M. Louis Poulsen
Sir Philip Powell
M. Arturo Carlo Quintavalle
M. Leonardo Ricci
M. Michel Roudillon
M. Paul Rudolph
M. Werner Ruhnau
M. Michel Ruyschaert
M. Alberto Samona
Mme Catherine Santoni-Folmer
M. Michel Sarre
Mme Catherine Sayen
M. et Mme Tobia et Afra Scarpa
Mme Valentine Schlegel
M. Paul Schneider-Esleben
M. Kazuo Shinohara
M. Julius Shulman
M. Tassilo Sittmann
M. et Mme P. et A. Smithson
M. Paolo Soleri
M. Winston Spriet
M. Gioto Stoppino
M. Roger Tallon
M. Imre Varga
Mme Line Vautrin
M. Vittoriano Vigano
M. Enno von der Brelie
M. Michael Vorfeld
M. Wilhelm Wagenfeld
M. Alain Weill
M. Bernard Zehrfuss

Sociétés et associations

A.G. Distribution, Paris
Aéroport de Paris
Agence Abramovitz-Kingsland-Schiff
Agence BBPR, Milan
Agence Esherick
Agence Hentrich-Petschnigg &
Partners
Agence Denys Lasdun & Partners
Agence Powell. Moya & Partners
Agence TAC - The Architects
Collaborative
Agence Van den Broek et Bakema
Architectural Review Press
Artifort, Maastrich
Association des amis d'André Bloc,
Meudon
Atelier Alvar Aalto, Helsinki
Atelier Frei Otto
Automobiles BMW France, Paris
Automobiles Citroën, Neuilly-sur-Seine
Automobiles Renault, Boulogne-Billancourt
Club 50-60, Courcouronnes
DD, Paris
IBM, Paris La Défense
Iitalla, Helsinki
Knoll International France, Paris
Lalique, Paris
Les Virtuoses de la réclame, Paris
Meubles et Fonction - MFI, Paris
Olivetti, Milan
Pinton, Aubusson-Felletin
Rosenthal AG, Selb
Royal Copenhagen, Frederiksberg
Seita, Paris
Tapetenfabrik Gebr. Rasch,
Düsseldorf
Taunus Textildruck Zimmer
GmbH
Torvinoka, Paris
Urgé, Paris
WMF, Geislingen

Galeries

Galerie 1950 Alan, Paris
Galerie 1950 Bastille, Paris
Galerie Alain Blondel, Paris
Galerie Les Années 50, Bruxelles
Galerie Art-Dépôt, Paris
Galerie Christine Diégoni, Paris
Galerie Dewindt, Bruxelles
Galerie Down-Town, Paris
Galerie Fiesta, Paris
Galerie Loft, Paris
Galerie Mostini, Paris
Galerie Natalie Seroussi, Paris
Galerie Praz-Delavallade, Paris
Galerie René Reichard, Francfort
Galerie Rudiger Urlass, Francfort

Galerie Touchaleaume, Paris
Galerie Yves Gastou, Paris
Galerie Xanadou, Paris

Institutions publiques
et musées

Académie d'Architecture, Paris
Akademie der Kunste, Berlin
Ambassade d'Australie, Paris
Ambassade de Finlande, Paris
Antenne 2, Paris
Archives départementales de
Meurthe-et-Moselle, Nancy
Bibliothèque Forney, Paris
Centro Studi e Archivio della
Comunicazione, Parme
Comune di Milano, Milan
Consulat - Maison de France, Rio
de Janeiro
Design Council, Londres
Deutsches Architeckturmuseum,
Francfort
Institut français d'Architecture,
Paris
Mémorial de Caen, Caen
Musée d'Architecture finlandaise,
Helsinki
Musée d'Art contemporain,
Belgrade
Musée d'Art moderne Louisiana,
Humlebaek
Musée d'Art moderne, New York
Musée de l'Air et de l'Espace, Le
Bourget
Musée des Archives modernes,
Bruxelles
Musée des Arts appliqués, Helsinki
Musée des Arts décoratifs, Paris
Musée des beaux-arts André
Malraux, Le Havre
Musée Charles Jourdan, Romans
Musée Christian Dior, Paris
Musée Daimler Benz AG,
Stuttgart
Musée national de l'Automobile,
Mulhouse
Musée national des Techniques,
Conservatoire national des Arts
et Métiers, Paris
Musée suédois d'architecture,
Stockholm
Pavillon de l'Arsenal, Paris
Université de Pennsylvanie,
Philadelphie
Werkbund Archiv, Berlin

Institut de Recherche
et de Coordination acoustique/Musique

Nos remerciements s'adressent aux institutions, aux éditeurs et aux personnalités qui nous ont gracieusement prêté un grand nombre des documents reproduits dans cet ouvrage.

Bibliothèque musicale Gustav-Mahler, Paris
Internationales Musikinstitut, Darmstadt

Le festival de Donaueschingen
Les éditions Larousse
Les éditions Belfond
Christian Bourgois éditeur

Universal Edition
Boosey & Hawkes music publishers Ltd
Peters Edition Ltd

Les disques Adès
Le cercle Wagner
M. Maurice Fleuret
M. François Bayle et Mme Geneviève Mâche

Bibliothèque Publique d'Information

La Bibliothèque Publique d'Information et son service audiovisuel tiennent à remercier les producteurs dont l'aide a été précieuse.

Argos Films
MK2

Cimémathèque Française
Films de la Pléiade

P R É F A C E

Les années 50, cette décennie parfois oubliée, voire décriée, aujourd'hui au contraire devenue, sous certains de ses aspects, quelque peu mythique, apparaît en fait comme celle qui inventa notre société, même si ce fut dans un foisonnement qui n'en facilite pas la lecture. Un mot pourrait signer cette époque, qu'il faudrait alors mettre au pluriel : libérations. Celle de 1945, militaire et politique, fut en effet suivie par d'autres, intellectuelles, artistiques et matérielles qui inauguraient une nouvelle conception du monde et de l'homme et prolongent encore leurs traces dans la conscience contemporaine. Cette renaissance fut une explosion, elle lâchait bride à des désirs longtemps inassouvis, à une curiosité avide de toute nouveauté et à une passion de recréer. Elle était confrontée, en outre, aux novations scientifiques et techniques qui allaient changer profondément la conception du monde physique, les réalités économiques, les pratiques sociales et la vie quotidienne.

Elle prit d'abord la forme d'une frénésie de découverte, fascinée par tout ce qui venait «d'ailleurs» (le jazz, les romanciers américains, les thèses de Marx, l'univers de Kafka...). Peut-être, en quelque inconscient collectif, cette boulimie d'*exotismes* contrebalançait-elle les prémices de la décolonisation déjà en marche et qui allait conduire la France à trouver à l'intérieur de ses frontières l'énergie et les moyens de les dépasser. A moins qu'elle ne correspondît aux débuts de la construction européenne. Ce fut ensuite une prolifération d'initiatives créatrices en tous domaines (le «nouveau roman», le séminaire de Lacan à Sainte-Anne, les «concerts du Petit Marigny» puis le Domaine musical de Pierre Boulez, la linguistique et l'anthropologie structuralistes, la classe de Messiaen, les musiques *concrète* et électroacoustique, le festival d'Avignon, l'abstraction picturale... pour ne parler que du champ artistique et intellectuel).

Parallèlement, on assistait à une relance des grandes polémiques : abstraction contre figuration et contre réalisme socialiste, École de New York contre École de Paris, structuralisme contre existentialisme et marxisme... Certes, une effervescence analogue avait eu lieu dans l'entre-deux-guerres, mais elle n'avait pas véritablement atteint de vastes couches de population et n'avait pas remis en cause les grandes valeurs traditionnelles et collectives. Les années 50, au contraire, furent marquées par la généralisation des questionnements (ce que Nathalie Sarraute appela «l'ère du soupçon»). Rien, nul n'y échappa. Car, amplifiés par les nouveaux moyens de communication, ils dépassaient les seuls milieux philosophiques et esthétiques pour gagner tout le corps social, soudain placé sous le signe de la circulation : des idées, des biens, des personnes... C'est l'époque où les moyens d'expression traditionnels ou nouveaux étendent leur hégémonie : la presse qui devient un *quatrième pouvoir* tandis que l'image commence à imposer le sien (le cinéma, bien qu'il connaisse déjà une crise, est reconnu comme un art à part entière ; l'affiche, vieille connaissance, mais qui désormais utilise de plus en plus la photographie et envahit tous les supports ; la télévision enfin, qui amorce la révolution médiatique dans laquelle nous nous débattons...).

La vie sociale entre dans l'ère de la consommation (avec l'apparition des supermarchés, des «snacks», du mobilier industriel, des ustensiles ménagers, du jean...). Elle se mécanise et bientôt s'informatise. Une nouvelle catégorie de population s'affirme, *la jeunesse*, avec ses héros et ses codes.

Un bouillonnement donc, un temps où les questions importent peut-être davantage que les réponses, les avancées plus que les positions assurées. Ces dernières seront le fait de la décennie suivante. Les valeurs qui avaient longtemps surplombé le paysage français, se dissolvent, comme les montres de Dali. Les structures sociales (la patrie, la famille, l'école) sont elles aussi mises en doute autant que celles de la pensée (le langage, la conscience). Les limites s'effacent entre le dedans et le dehors, entre l'ici et l'ailleurs.

Qu'on n'aille pas, avec le recul, ironiser sur ces polémiques et ces enthousiasmes. Ils furent, voire demeurent, jusque dans leurs errances, des ferments. Les grandes interrogations qui nous travaillent aujourd'hui : la perte du sujet, les finalités (certains disent les illusions) de la communication, les ressources et les pièges des technosciences, les chances du métissage et de l'interdisciplinarité, ont leur origine dans ces années-là.

Il est donc naturel que le Centre Georges Pompidou leur consacre une exposition, pluridisciplinaire précisément, pour suivre et respecter ce foisonnement qui les caractérisa. Ni passéisme nostalgique, dans cette entreprise, ni ambition exhaustive en forme de bilan académique, mais un regard complice et critique à la fois, qui cherche à dégager ces racines, encore toutes proches de notre histoire contemporaine, ainsi qu'à apprécier les distances prises et parcourues depuis lors.

Jean Maheu

JEAN MAHEU
PRÉSIDENT DU CENTRE NATIONAL D'ART ET
DE CULTURE GEORGES POMPIDOU

AIRE

1

UNE
PREMIÈRE APPROCHE
DES GRANDS DÉBATS
DE L'ÉPOQUE

PROLOGUE

L'AIR DU TEMPS

JEAN DUVIGNAUD

Hitler est mort. Staline va le suivre. La guerre est finie, du moins pour nous. Le sait-on vraiment, vers 1950 ? Qu'importe : on se laisse aller au plaisir de survivre, même si l'angoisse d'être est à la mode...

Les automobiles à traction avant sont encore estimées, qui servent aux ministres et aux gangsters pour divers usages. Pourtant, c'est l'âge de la «Quatre» et de la «Deux-chevaux» — des boîtes de conserve disent certains. Elles emplissent les rues et les routes de la migration estivale : pendant les années noires, l'on a appris à découvrir la Province et le Midi.

Revient aussi en force le nylon, pour les bas qui affinent la jambe des filles, et pour le reste. Les parachutes de la Libération furent des annonces publicitaires. Nous sommes encore maigres comme des petits loups. Les hommes portent des fripes guerrières déclassées, des vestes en velours côtelé, un peu trop longues. Le whisky coule dans les bars avec la vodka et le gin. On découvre à nouveau l'éclairage des rues, les stations longtemps fermées du métro.

Les «zazous» ont disparu. Gréco chante ; Boris Vian, Duke Ellington crachent leurs poumons au Tabou, à la Rose Rouge. Sur le Boulevard, on croise Camus, serré dans un imperméable et la cigarette aux lèvres, ou Sartre et Beauvoir qui délaissent le Flore pour le Montana, rue Saint-Benoît. Artaud, déjà marqué par la mort, se met en scène au Vieux Colombier et, dans la salle, Gide est là, qui l'écoute. Dans les réunions, Mauriac évoque «sa misérable voix blessée». Malraux se retire sous sa tente et découpe les images de son musée. Breton réunit ses «palotins» pour d'ultimes jeux, dans les cafés.

On lit avidement Faulkner, Hemingway que l'on a vu géant barbu et correspondant de guerre. Salle Wagram, *Porgy and Bess* fascine le public. Un flux d'air souffle des États-Unis, qui dissipe le brouillard des ruines de Berlin. La bombe atomique n'est pas encore un mythe de la terreur.

Pourtant, on lit *Combat*, le journal de Camus où se rencontrent Aron, Merleau Ponty, Bourdet, Daniel, Nadeau et, le soir, *Le Monde*. Vaillant, Bory, Claude Roy publient dans *Action* dont Ponge dirige la page littéraire, et qui va disparaître. *Les Lettres françaises* d'Aragon côtoient *Le Figaro*, *L'Humanité*, *Franc-Tireur* : une boulimie...

Certains déambulent sur le boulevard Saint-Germain en serrant sous le bras *Les Temps modernes*, voire, mais c'est plus lourd, *L'Être et le néant*. Les visages, parfois, affectent l'insurmontable détresse existentielle.

Malgré tout, il est fini le conflit ravageur qui a détruit les démocraties européennes. La IVe République fait son deuil de l'Histoire, depuis que de Gaulle s'est retiré en Lorraine. Il faut bien apprendre à vivre malgré les grèves violentes, les manifestations qui emplissent les rues et lassent les esprits.

Lourd est encore l'héritage, le poids du passé. Les mœurs ou les désirs ne s'accordent pas avec de vieilles lois. Une pruderie laïque, idéologique ou religieuse encombre les mentalités...

Bien des jeunes sont coincés, et ceux qui s'agitent sur le boulevard Saint-Germain sont une minorité. La plupart des filles ne savent rien des libertés du corps, car les parents se taisent. Des garçons se marient très tôt, pour échapper, dit Sartre, aux exigences matérielles de la vie, et annoncent ainsi d'inévitables divorces. D'autres jurent à eux-mêmes de ne pas s'installer et de ne pas donner d'enfant à un monde qui leur paraît absurde.

Page précédente:
Tore Johnson
Un chauffeur de taxi, Paris 1950.

Freud inquiète et les psychanalystes sont encore timides ou réservés. La justice condamne les éditeurs de Sade ou de Miller. Les yeux se ferment devant l'enfermement des malades mentaux. Immorales sont les déviances. Il faut l'intervention d'un président de la République, Auriol, et le talent de Jouvet, pour faire de Jean Genet un citoyen ordinaire et un artiste libre.

Certes, on a protesté contre le scandale de l'*Exodus*, ce navire qui erre en Méditerranée, chargé des rescapés des camps de la mort. On a aussi approuvé l'action des Soviétiques et des Américains, qui mettent fin au mandat britannique et aident à créer Israël.

Que dire du maintien de Franco, de Salazar, des coups de force staliniens en Pologne, en Tchécoslovaquie, de l'assassinat de Gandhi et des massacres qui accompagnent l'indépendance de l'Inde, des insurrections indonésienne ou malgache, des premiers troubles en Algérie, de la répression en Grèce ? On accueille les réfugiés, les exilés. Une bonne conscience retrouvée...

Cependant, l'Histoire reparaît en force, mais de loin. La victoire de Mao en Chine n'est pas — pas encore — un événement, seulement un épisode du Far West asiatique. Qui, hors de quelques initiés, prête attention à la conférence de Bandung lorsque sonne le glas de l'Europe dominante et sans rivale ?

La guerre en Indochine trouble plus d'esprits : les uns n'acceptent pas la disparition de l'empire et le rabougrissement de l'espace français, les autres admettent que la distribution des pouvoirs sur la planète a changé. On ne voit pas sans émotion la photographie de Mendès-France et de Chou En-laï en Suisse...

Jacques Prévert dans les rues de Paris.

Une époque bizarre : entre ce qui fut et ce qui n'est pas encore. Ici, l'on se donne l'allure de «leader» syndical ou politique afin de prolonger des combats populaires, là on s'insurge contre des luttes désuètes, on entre à l'ENA que vient de créer Michel Debré, on se donne l'aspect de notable. D'autres, combattants défroqués, se résignent.

Le paysage change, pourtant : la pénicilline a modifié la médecine, le charbon perd son prestige devant le pétrole, le mazout, l'électricité surtout, et l'on édifie des barrages pour assurer l'«énergie de l'avenir». On rebâtit les villes détruites. Tous les partis politiques s'accordent afin de «donner un toit pour chaque Français» : des cités massives s'élèvent autour des villes dans la banlieue pavillonnaire. Un urbanisme froid qui suscitera la solitude, la violence, la drogue.

Le cœur de Paris n'est pas encore blanchi. Au bord de la Seine, au printemps, une forêt d'ormes, de saules et de buissons fleurit au-dessus des péniches à l'amarre. A nouveau, les autobus circulent et l'on galope derrière ceux dont la plate-forme est ouverte. Les rues sont peuplées, le soir et la nuit. Il y a une sorte de plaisir à nomadiser dans la ville.

La mode a repris ses droits — corsages décolletés, robes, jupons, falbalas. Les grandes boutiques, Chanel, Dior, retrouvent leurs clients étrangers qui apportent des devises ; et les «cousettes» jouissent d'un prestige comparable à celui des «métallos» de Billancourt. Le luxe crée de l'emploi.

Pour leur image, les femmes hésitent encore — Françoise Dorléac, Simone Signoret, Madeleine Sologne ? Il faut attendre la fulgurante apparition de Bardot pour trouver un modèle qui soit aussi une promesse de bonheur.

Des silhouettes masculines se croisent sans se voir dans les cafés : l'ingénieur ou le banquier qui se donnent des allures de pilote de la RAF, l'homme d'affaires qui montre par son costume qu'il revient d'un séjour aux États-Unis, l'intellectuel ou assimilé, encore cravaté mais un peu débraillé. Ajoutons le militant politique ou syndical, plutôt classique et boutonné. Et tous en noir, encore, ou dans ce bleu sombre qui donne de la dignité. Pas de couleur.

Nous vivons de la radio et dans l'espace qu'elle diffuse. Certains prolongent ainsi la volupté nocturne du temps de l'Occupation, lorsqu'on se mettait à l'écoute du monde entier, malgré les brouillages. La radio marque notre vie : la gymnastique, le matin («Courez... courez...»), les leçons de musique qui ont tant fait pour la musique, les reportages, les débats, les informations...

Tout parle et tout passe par la radio : la politique, le théâtre, la littérature, la poésie, la peinture. Le dialogue de Trutat et d'Artaud n'aurait pas fait scandale si le monde sonore n'avait imbibé la vie, jusqu'aux célèbres entretiens d'Amrouche et de Mallet avec Gide, avec Claudel. L'œil écoute...

Le décor est en place : le spectacle commence.

Et d'abord le théâtre...

A Paris, le soir, le choix est malaisé : Jouvet à l'Athénée, Dullin à l'Atelier, Barrault et Renaud au Marigny, Vilar au TNP de Chaillot qui redonne un sens vivant aux pièces d'hier, avec Philipe, Sorano, Casarès, Wilson,

A Saint-Germain-des-Prés, l'existentialisme fait florès.

Cuny, Montfort, Moreau. Ou bien le Sarah Bernhardt où Planson anime le théâtre des Nations qui fera connaître, en «version originale», Visconti, Brook, Brecht, l'Opéra de Pékin, les grands Irlandais, les Russes, les Américains...

Pour découvrir d'autres auteurs et d'autres metteurs en scène, il faut errer dans les rues du quartier Latin, de Montparnasse, ou remonter l'avenue Montaigne, les dédales de Saint-Lazare. Des salles pauvres, des «pissotières» dit-on, que fréquente une minorité d'initiés pour découvrir Ionesco, Adamov, Tardieu, Vauthier, Beckett; bientôt Obaldia, Sarraute, Arrabal, Duras...

Il faut pour cela des fanatiques. Les animateurs de ce «nouveau théâtre» sont Mauclair, Postec, Dhomme, Cuvelier ou Jean-Marie Serreau qui se ruine à faire du Babylone, dans une salle d'armes vis-à-vis du Lutétia, le foyer vivant de la création dramatique. C'est aussi Roger Blin, génial vagabond de l'art, sans lequel Adamov, Genet ou Beckett n'auraient pas été ce qu'ils sont devenus.

Ici, l'on récuse le théâtre d'idées, les complaisances classiques, voire académiques. Anouilh, Sartre, Montherlant paraissent démodés. On présente une autre image de l'homme, saisi, celui-là, dans sa littéralité, en souvenir de «l'univers concentrationnaire», la bureaucratie, les États, la violence guerrière. Un être sans psychologie honorable, réduit à l'attente, la peur, la faim ou simplement une rationalité absurde. Objet, oui, comme chez Kafka, mais qui, sur la scène, tente de redevenir sujet.

Le cinéma. On s'y presse, surtout pour le Fellini 1954.
Nuit à Saint-Germain-des-Prés.

Il est vraisemblable que le succès ultérieur de ces pièces en ait effacé le sens premier, celui que voulaient leur prêter ces écrivains, ces comédiens installés à la terrasse de la Rhumerie martiniquaise ou du Dôme, pour un moment d'amitié hors du temps...

Le TNP offre d'autres plaisirs : celui de voir vivantes des œuvres jusque-là endormies dans les écoles. Chaque soir, devant mille spectateurs qui, à défaut d'être «populaires» sont surtout jeunes, Vilar et son équipe inventent un cérémonial. Autre cérémonial, autre volupté, la fête, chaque été, devant le mur de la cité des Papes en Avignon. Le premier Festival, toujours copié, jamais égalé, au milieu d'une foule tourbillonnante venue de tous les pays, qui mêle le théâtre et le soleil.

En marge du TNP, un éditeur, Voisin, publie une revue, *Théâtre populaire* avec Roland Barthes, Jean Paris, Dumur, Morvan-Lebesque, Dort et ceux qui sentent que l'acte dramatique, plus qu'un divertissement, met en cause l'histoire et la vie de tout un chacun. On passe au crible, sans complaisance, les pièces que l'on présente à Paris.

Aucun accord, heureusement : on s'engueule. Et ceux qui songent à tirer une inspiration des rêves d'Artaud se heurtent à Brecht que Barthes ramène de Berlin et qui devient trop vite l'objet d'un fanatisme dont le grand poète qu'il était n'avait jamais imaginé l'ampleur...

La vitalité d'une époque se mesure aux polémiques qui la déchirent. Certes, durant les années 50, bien des débats prolongent les assurances de l'état de guerre, comme l'affrontement du marxisme et de l'existentialisme : Naville, Lefèbvre contre Sartre, Lukacs contre Merleau-Ponty. Ou les querelles qui accompagnent certain article de Vittorini dans *Esprit*. Des batailles d'arrière-garde.

D'autres débats mettent en cause des intérêts plus vastes et même ceux qui n'en reçoivent que l'écho affaibli ou déformé pressent que l'enjeu les concerne.

Ainsi en est-il de la polémique entre Sartre et Camus, dont un article de Jeanson est le prétexte. Au-delà de la rupture entre deux écrivains, il s'agit de savoir si la réflexion critique de l'histoire présente doit se maintenir jusqu'à l'avènement d'un monde délivré de l'inégalité et de la contrainte, ou si l'être vivant, pour un de ces instants éternels dont parlait Nietzsche, peut s'arrêter et jouir de son existence — fût-ce dans le «grand midi». L'infinie dialectique ou la jouissance du bonheur. Même en 1968, ce débat n'aura pas de fin : il dure encore.

Autre bataille, celle de la «structure», qui jette l'un contre l'autre deux frères ennemis : un anthropologue, Levi-Strauss, un sociologue, Gurvitch. Et qui entraîne peu à peu dans son tourbillon tous les intellectuels de l'époque.

Et, là aussi, on le pressent, la discussion touche à de plus générales interrogations : les sociétés, les civilisations sont-elles seulement ce qu'elles peuvent être, modelées par l'universalité de l'esprit, sauvage ou non, et dont les différences sont comme les variations musicales autour d'un même thème ? Ou bien une indomptable et souterraine liberté, par la ruse, la violence, l'in-

Brigitte Bardot et Jean-Louis Trintignant :
Et Dieu créa la femme *(1956).*

vention, peut-elle briser les contraintes et provoquer l'émergence de formes inopinées, nouvelles ?

Ces querelles mettent en cause la politique, l'économie, l'histoire. Elles éveillent le désir de s'attacher à l'investigation de ce qui est, plus qu'à l'idée qu'on se fait de ce qui devrait être. Probablement, ont-elles aidé à ce prestige dont a joui durant une vingtaine d'années la sociologie. Et, peut-être, incité les historiens des *Annales* (Duby, Le Goff) à pénétrer plus avant dans un passé qui, derrière la chronologie, cache la vie.

C'est d'une autre vie dont parlent les ethnologues, et qui commence à déborder le cadre des initiés — sans doute parce que Bataille, Leiris, Caillois, lui ont, depuis le Collège de sociologie des années 30, donné ses lettres de noblesse littéraires.

Les plus jeunes, nos contemporains, reviennent des pays étrangers avec des yeux illuminés : Bastide du Brésil, Balandier du sud du Sahara, Berque du Maghreb ; et Malaurie de chez les Eskimos (qui fonde alors la prestigieuse collection «Terre humaine»). Connaissent-ils des secrets que nous ignorons ? Sont-ils un peu «chamans», comme dirait Malraux ?

Le «tiers monde» prend d'autant plus d'importance que l'on parle de décolonisation. Est-ce un «printemps des peuples» planétaire qui s'annonce ? Le Laos de Condominas ou le Niger de Jean Rouch sont devenus plus présents que la Bretagne ou le Forez...

...Et BB créa le mythe.

Une génération détachée de la guerre s'interroge sur ce qu'elle est dans un monde à la fois plaisant et coincé. Les Frères Jacques, les silhouettes de Piaf ou de Montand, la voix sombre de Barbara animent des rêveries inquiètes...

On cherche autre chose. A la revue *Esprit*, autour de Mounier, de Beguin, de Domenach, des hommes de foi tentent de définir une politique de la responsabilité sociale et morale. Ou bien *L'Express* de Servan-Schreiber, qui a pris le relais de *Combat*. Pourtant de grandes idées restent encore souterraines ou avortées ; qui connaît alors Jean Monnet ? Et Mendès-France tombe à la Chambre sur une conjuration médiocre.

Plus confidentiels sont d'autres cercles et d'autres publications, comme *Socialisme ou Barbarie* de Castoriadis et Lefort, ou *Arguments* que fonde Morin et où se retrouvent Barthes, Axelos, Fejtö, Fougeyrollas, Memmi, et bientôt Perec. On y met entre parenthèses les orthodoxies et les religions de l'avenir, on tente de revenir «aux choses mêmes», à l'expérience, de faire connaître ce que d'autres, là dessus, ont écrit, et que l'on a souvent oublié. Qu'ils soient ou non approuvés, Lukacs, Goldmann, Marcuse, Adorno, se sont manifestés dans ces cahiers modestes mais influents.

Une dérive heureuse : celle de Barthes, qui entreprend dans *Les Lettres nouvelles* de déchiffrer chaque mois les signes cachés de la publicité ou de l'information, capables d'engendrer des adhésions inconscientes, des «mythologies». Qui peut déjouer les ruses du monde ? Perec le tentera dans *Les Choses* — une réussite, mais qui n'a pas empêché le monde de devenir ce qu'il est devenu...

La guerre est vraiment finie : une nouvelle donne apparaît en littérature, en peinture.

Et là encore avec des revues : *Les Cahiers du Sud* à Marseille, *Confluences* à Lyon, *Empédocle* qui publie Char et un texte retentissant de Gracq («La Littérature à l'estomac»), Fontaine, *L'Arche*. Ou *Contemporain* qui entend justifier l'artiste devant les injonctions politiques, et qui penche à gauche, comme *La Table ronde* penche à droite. Un clivage contesté mais qui témoigne de l'effervescence de la classe intellectuelle.

D'autres piaffent, comme les «Hussards» qu'entraîne Roger Nimier et qui trouvent, avec Laurent et Nourrissier, leur ancrage dans *La Parisienne*, *Opéra*, *Le Figaro littéraire*, qui bataillent contre *Les Lettres françaises* d'Aragon. Peu de ces publications dureront ; du moins ceux qui s'y sont manifesté ont voulu restaurer le brillant et l'insolence d'une tradition effacée.

Plus frappante a été alors la reparution de la *Nouvelle nouvelle revue française* de Paulhan, Dominique Aury, Arland, que Gaston Gallimard a voulue et imposée. Elle se place au-dessus de la mêlée et des «engagements» particuliers, attache au talent ce qu'elle retire aux sentiments, bons ou mauvais. Elle déambule sur une frontière, un peu comme Chaplin à la fin de ses films, un pied dans chaque pays. De l'autre côté de la rue s'installent *Les Lettres nouvelles* de Nadeau, aussi soucieuses de littérature que d'affronter les flux de l'imagination internationale : un rôle que ne joue plus *Europe*, abandonnée par Cassou.

Eddie Constantine, Édith Piaf, Charles Aznavour dans un des premiers studios de télévision, janvier 1951.

Un foisonnement contradictoire, certes : la compétitivité excite alors l'esprit créateur. Oppositions fécondes : Sartre reprochait à Mauriac de jeter sur les événements et les héros de ses romans le regard d'un dieu ou d'un écrivain omniscient, sans chercher d'ailleurs à s'imposer à lui-même cette loi. Robbe-Grillet paraît relever le défi, immerge le témoin comme l'écrivain dans la trame du récit, découvre l'incertitude.

Y a-t-il une école du Nouveau roman aux Éditions de Minuit ? Simon, Butor, Pinget, Duras ne se ressemblent pas, mais ils ont esquissé un art nouveau d'écrire et, surtout, projeté l'ombre de l'habitant de cette décennie — plus ou moins nomade, tantôt sédentaire et qui avance malaisément entre ce qui est et ce qui pourrait être, entre un passé qui n'en finit pas de mourir et diverses ou confuses utopies de l'avenir.

La 4 CV Renault fête son 500 000ᵉ exemplaire.
Yves Corbassière au volant de sa voiture damier devant le Tabou.

Un trouble fécond qui concerne aussi la peinture. Ne faut-il pas échapper au regard dévastateur de Picasso, aux yeux capteurs de Braque, à l'illumination de Matisse, paralysé devant sa fenêtre ouverte sur la mer? Des pères fondateurs... Ce que commentent Charles Estienne ou Ragon, et que d'autres nommeront perfidement l'«art abstrait» est une tentative d'échapper aux choses par le jeu des formes et des couleurs.

Schneider, Hartung, Poliakov, Nicolas de Staël, Atlan expérimentent un espace aux dimensions indéfinies qui s'apparente sans doute à celui des physiciens. Un espace où se meurent aussi les puissantes figures en bronze de Richier, de Giacometti. L'art plastique est vraiment «*cosa mentale*», comme le disait Léonard, et spécule ainsi sur un monde qui n'est pas encore.

C'est le temps des ciné-clubs, et dans tout le pays. De spectateurs avides de découvrir l'archéologie du cinéma. Qui, à Paris, n'a fréquenté alors les Ursulines, le studio Parnasse, les salles de Montparnasse, de Sèvres?

Une faim de films qui viennent de l'étranger, inconnus durant les années d'Occupation, des archives de Langlois, Franju, Mitry qui ont fondé la Cinémathèque, presque subrepticement, avant la guerre. Des discussions suivent la projection de ces copies parfois incertaines, mais qu'importe: on découvre que l'œil de la caméra, la «caméra stylo» d'Astruc, la forme de la

vision, révèlent plus de richesse que les sujets eux-mêmes. Les révolutions de l'art ne sont-elles pas toujours des changements de forme?

La Revue du cinéma de Doniol-Valcroze, Tual, Auriol paraît depuis 1947: le commentaire prolonge l'image car le film, comme la peinture, appelle le discours, la critique. *Les Cahiers du cinéma* poursuivent cette liturgie qui embrase une génération de jeunes créateurs. Françoise Giroud,

Avec Pierre Mendès-France, l'exemple vient de haut: on boit du lait.

Caravelle: l'ère de l'aviation civile à réaction (premier vol en mai 1955); ici un appareil en construction à Sud-Aviation.

dans *L'Express*, parlera de «nouvelle vague» : Malle, Vadim, Truffaut, Resnais, Kast, Godard...

L'allure des hommes et des femmes, dans la rue, ne finit-elle pas par rassembler à ce que propose le film? Le séducteur en 2 CV, le plaisir des corps, l'aventurier sans aventure, l'homme en proie au nihilisme suggéré par Hiroshima? Est-ce que la réalité ne rend pas au cinéma, alors, ce qu'il a tiré d'elle?

Une impérieuse domination, un rêve collectif, dira Morin. Et c'est un monde sans couleur, en sépia, en noir et blanc. Le monde onirique est-il coloré? Préfère-t-on Marilyn dans *Rivière sans retour* où éclate sa beauté, dans l'un des premiers grands technicolors, ou dans *Certains l'aiment chaud*, en noir et blanc, joyeuse démonstration de son talent de comédienne?

Le cinéma a-t-il été modifié par l'apparition de la couleur comme il le fut par le parlant? A d'autres d'en juger. Malraux espérait que la couleur rapprocherait le cinéma de la peinture : cela ne sera vrai qu'ultérieurement. Pour le moment, la vie et les songes sont en noir et blanc...

La vie commune est encore silencieuse : pas de mélodies filandreuses dans les grands magasins, les ascenseurs. Le transistor n'est pas répandu. A peine installe-t-on des radios sur les voitures. La musique reste enfermée dans les lieux où l'on écoute — l'Opéra, les salles de concert et le chez-soi, depuis

que le microsillon a mis la création sonore à la portée de tout un chacun. Au café, des machines qui diffusent les airs venus d'Amérique soudent autour d'eux des complicités de jeunes.

Le palais de nos contemporains est, lui, en retard : il ne s'est pas façonné aux saveurs étrangères. Sauf, peut-être, à celle de la cuisine italienne et, plus rarement à celle du Vietnam et de la Chine. On en reste au steak-

Charles de Gaulle à Mostaganem, premier voyage en Algérie, 1958.
Lancement du France, *dernier des grands paquebots,*
à Saint-Nazaire, mai 1960.

23

frites, au cassoulet, à la choucroute. Au vin, surtout. Le Coca Cola n'a pas fait sa percée, ni vraiment le whisky ou le gin qu'on ne trouve que dans les bars ou les cocktails. D'ailleurs, les plaisirs de la table ne sont pas encore à la mode, et il faut faire la vaisselle après chaque repas, laver son linge dans le lavabo ou le donner à des boutiques — où rien encore n'est automatique.

Et voilà que l'Histoire qu'on avait cru si lointaine fait une apparition brutale. Les événements du début des années 50, c'était ailleurs. La Tunisie, le Maroc, l'Algérie, est-ce ailleurs ? Ils sont proches pour Camus et pour tant d'autres qui y ont fait leur vie et lointains pour ceux qui mesurent l'ampleur du renouveau Arabe...

De profonds déchirements, imprévisibles, suivent l'échec de Mollet devant Nasser, précèdent ou accompagnent l'action de Faure et de Mendès-France qui ramènent la paix à Tunis, à Rabat. Et, sans doute, l'amitié. Mais l'Algérie...

La guerre atteint le pays dans son intimité même : croisade, guerre civile, bagarre coloniale ? Tout a été dit pendant les jours sombres sur lesquels se terminent les années 50, pendant que la raison d'État étouffe souvent la vérité apportée par les journalistes, les témoins. Et que d'autres révèlent les atrocités partagées d'un combat interminable.

Le retour de de Gaulle, dont on ne sait pas encore s'il ramène la paix, le changement de régime paraissent tantôt un outrage, tantôt une aurore. A la Sorbonne, Raymond Aron évoque «ce fil ténu de la légalité» qu'on ne peut trancher sans déchaîner l'apocalypse. Une apocalypse qui n'a pas eu lieu. Le temps a-t-il cicatrisé toutes les plaies ?

Voilà qui est malaisé : expliquer ce qui fut par ce qui n'existait pas encore et n'a été connu qu'après. Tout semble aller de soi, aujourd'hui, et l'on efface la critique de la vie quotidienne, les conflits, les espoirs, la nostalgie du passé qui maintenant appartient aux archives. Est-ce un combat contre des fantômes ?

Parlera-t-on de concertation commune, de vision du monde unanime, qui réduit les divisions avec le temps ? Même avec l'éloignement, voilà qui paraît impossible : quel rapport entre la peinture non figurative et les Hussards de Nimier ? Ponge et Perec ? Bardot et Vilar ? La «grande révision» entreprise par *Arguments* et la *Nouvelle revue française* ? Les mêmes personnes se retrouvent ici et là, dans les cafés ou les réunions : les volontés sont divergentes. Et le rideau tombe avec le mort de Camus.

Une époque est-elle faite d'unité ou des problèmes divers, incompatibles entre eux, qui la peuplent ? Après coup, il est aisé d'inventer un théâtre de marionnettes où s'agitent des créatures compassées, facile de conjurer ce monde des années 50 qui s'est effeuillé en surgeons multiples. Peut-on voir que la vie n'est pas faite d'inéluctable mais d'infinis possibles ?

Oui, ce fut un moment bizarre, entre l'hier épais et l'insoupçonnable demain. Comme nous-mêmes, aujourd'hui. Du clair-obscur qui habite ces années-là, il reste un profil perdu : n'est-ce pas durant ces périodes troubles que germent des semences ?

Et puis nous étions jeunes, et c'était amusant de vivre...

Exposition universelle de Bruxelles 1958 : l'Atomium.

Et on s'en va, clopin, clopant...

RELATIONS INTER- NATIONALES

ANDRÉ FONTAINE

Décolonisation, déstalinisation, détente, les trois mots forts qui caractérisent, sur le plan international, les années 50, ont en commun de commencer par le préfixe *dé*, où domine la notion de *défaire*. Des hégémonies séculaires vivent leurs derniers jours. Les nouveaux empires qui se sont constitués sur les ruines de l'Axe commencent à voir leur autorité contestée à l'intérieur de leurs frontières. Et c'est ainsi que, tout en développant sur une échelle inimaginable leur course aux armements, tout en continuant à pratiquer les «parties au bord du gouffre» chères à John Foster Dulles, secrétaire d'État des États-Unis à partir de 1953, ils s'essaient timidement à ce qu'on va bientôt appeler, d'après le titre d'un roman d'Ilya Ehrenbourg, le «*dégel*». Mais à ces trois «*dé*», il faut ajouter aussi un élément positif considérable : ce sont les années 50 qui auront vu les premiers pas de l'Europe communautaire.

Si l'on choisit de parler d'abord de la décolonisation, ce n'est pas qu'elle ait été menée à terme durant cette décennie. Bien au contraire, la guerre d'Algérie bat son plein quand elle s'achève, et celle du Viêt-nam va bientôt entrer dans sa phase américaine, de beaucoup la plus sanglante. Mais c'est alors que l'idée a commencé de s'imposer que le temps des empires coloniaux touchait à sa fin.

Le phénomène était en gestation depuis le démembrement, en 1918-1920, de l'Empire ottoman : la nation arabe était bien trop fière pour accepter de retomber sous d'autres hégémonies. Les protectorats ne pouvaient qu'être provisoires. Le coup fatal porté au prestige de l'homme blanc en Asie par les victoires japonaises après Pearl Harbor, l'avènement de deux «superpuissances» nourries d'anticolonialisme, ne pouvaient qu'accélérer le mouvement.

1946 avait vu le début de la guerre d'Indochine et le départ, ordonné par l'ONU, de la France et de la Grande-Bretagne du Levant. 1947, l'indépendance et le partage des Indes britanniques. 1949, la fin de l'empire néerlandais d'Indonésie et la victoire des communistes, en Chine, sur Chiang Kai-shek. Mais l'invasion de la Corée du Sud, le 25 juin 1950, par les Nordistes, ramène tout à la guerre qu'on n'ose plus appeler «froide». Il faudra la mort de Staline, le 3 mars 1953, et l'armistice de Corée, qui la suit de peu, pour que, sous l'impulsion de Tito, de Nehru, de Nasser, de Nkrumah, prenne corps un mouvement de «non-alignement» qui connaîtra son apothéose, en avril 1955, à Bandung.

Dès l'année précédente, la venue au pouvoir, après la chute de Diên Biên Phû, de Pierre Mendès-France, avait marqué, dans l'histoire de la décolonisation, une étape décisive. Persuadé de longue date que le pays s'épuisait à vouloir conserver l'Indochine, il avait signé, le 20 juillet 1954, un armistice qui, au prix de l'abandon du Tonkin et de la moitié de l'Annam, mettait fin, provisoirement, à la guerre du Viêt-nam et, définitivement, à la domination française dans cette partie du monde. Mais il ne s'en était pas tenu là. Il avait accordé à la Tunisie l'autonomie interne qui contenait en germe l'émancipation de tout le Maghreb et, derrière lui, de l'Afrique francophone.

Le 1er novembre 1954, une série d'attentats marque le début de la guerre d'Algérie. Personne, ou presque, n'en mesure alors la portée. Elle ne cessera pourtant de dominer, pendant huit ans, la scène politique française. Ce sont les adversaires de toute évolution qui, au début de 1955, renversent

Pierre Mendès-France. C'est pour mettre fin à la guerre qu'en janvier de l'année suivante, la majorité des Français vote pour les candidats du Front républicain. Mais le socialiste Guy Mollet, devenu président du Conseil, s'il reconnaît, dès le mois de mars, l'indépendance du Maroc et de la Tunisie, prête une oreille attentive aux «petits Blancs» d'Algérie. Il ne parvient pas à s'entendre avec le FLN algérien sur les conditions de la paix honorable dont il rêve, et il se voit contraint d'envoyer le contingent.

L'affaire déborde, bien entendu, le seul cadre franco-algérien. En 1950, les gouvernements de Washington, Londres et Paris ont cru pacifier durablement la région en garantissant à eux seuls l'équilibre des armements entre Israël, sorti vainqueur, en 1948, de sa guerre d'indépendance, et ses voisins et ennemis arabes. Ils n'ont pas songé que, ce faisant, ils invitaient littéralement l'URSS à venir troubler le jeu. Staline n'en fit rien, parce qu'il tenait les dirigeants arabes pour de simples suppôts de l'Intelligence Service. Mais ses successeurs eurent vite fait de comprendre l'intérêt qu'ils avaient à se rapprocher de Nasser, en qui le monde arabe était tout prêt à voir le «nouveau Saladin» qui rétablirait son unité de l'Atlantique à l'Euphrate.

L'URSS eut d'autant moins de peine à céder des armes au Caire que la France s'était laissé convaincre par Israël, inquiet de la multiplication des attaques de «fedayin» venus d'Egypte, d'accroître ses livraisons au-delà des stipulations de la déclaration de 1950. La maladresse des Américains fit le reste. Nasser avait besoin de crédits considérables pour le «haut barrage» qu'il voulait construire à Assouan. Dulles, furieux de le voir acheter du matériel militaire à l'Est, crut le punir en lui coupant un beau matin les vivres. Mais le «Raïs» répliqua en nationalisant le canal de Suez.

On a peine aujourd'hui à imaginer, compte tenu des innombrables nationalisations qui ont eu lieu depuis lors, l'émotion que l'événement suscita dans les opinions occidentales. Mânes de Munich à la clé, on dénonça en Nasser un nouvel Hitler, qu'il fallait châtier sur-le-champ si on voulait l'empêcher d'étendre sa domination. D'où l'expédition montée avec Israël et la Grande-Bretagne par une France qui espérait bien en profiter pour couper le nationalisme algérien de celui en qui elle voyait son inspirateur et son principal soutien.

L'intervention devait tourner court sous la pression non pas tant du Kremlin, bien aise de trouver une diversion à l'indignation soulevée par l'écrasement, quelques jours plus tôt, de la révolte hongroise, que des États-Unis, lesquels n'hésitèrent pas, pour faire reculer Londres, à menacer de vendre de la livre à tour de bras.

Eisenhower avait-il bien mesuré la portée de son attitude ? La défaite majeure subie à Suez par la IVe République devait entraîner, moins de deux ans plus tard, le putsch des généraux d'Alger, le retour au pouvoir du général de Gaulle et le ralliement de celui-ci, dès l'été 1959, à l'autodétermination des départements français d'Afrique du Nord. Quant à l'Angleterre, qui faisait face alors, au Kenya, à sa propre guerre d'Algérie, elle se gardera bien désormais de faire quoi que ce soit sans demander la permission de l'Oncle Sam.

Les États-Unis, sur le moment, triomphent. Ils croient l'occasion propice pour étendre à l'ensemble du Proche-Orient le pacte de Bagdad,

Manifestation à Paris contre la guerre d'Indochine.

conclu l'année précédente avec l'Irak, la Turquie et l'Iran, en vue de donner un prolongement oriental au Pacte atlantique. N'ont-ils pas sauvé le nationalisme arabe du retour en force des vieux impérialismes européens alliés, circonstance aggravante, au diable «sioniste»? Un coup sérieux n'a-t-il pas été porté à l'image «progressiste» que revendique l'URSS par la brutalité avec laquelle elle a réprimé le soulèvement hongrois?

Mauvais calcul: les peuples de la région voient dans Dulles, chantre acharné de cette nouvelle «doctrine», un père Fouettard dont la mine revêche contraste par trop avec le lyrisme d'un Nasser, qui a su, comme pas un, transformer en triomphe politique l'humiliante défaite infligée par Israël à ses troupes dans le Sinaï.

Le «Raïs» va se muer en adversaire implacable des États-Unis et soutenir dans tout le tiers monde les courants anti-occidentaux. Il réussit à convaincre la Syrie de fusionner avec l'Égypte au sein d'une «République arabe unie». Mais son triomphe est de courte durée. Seul acceptera de se joindre à la RAU le Yemen du Nord, où les troupes égyptiennes ont dû intervenir pour soutenir le régime républicain contre les tribus fidèles à l'imam déposé. Et Damas dénoncera l'union dès 1961.

Entre-temps, des coups d'État pro-nassériens ont échoué en Jordanie, devant la résistance du roi Hussein, solidement appuyé par ses Bédouins, et au Liban, où les États-Unis sont intervenus sans avoir à combattre, en juillet 1958, pour mettre fin à la guerre civile qui y sévissait depuis plusieurs mois. La Grande-Bretagne intervient de son côté en Jordanie, au lendemain de la révolution qui, le 14 juillet 1958, mettra à mort le roi Faysâl d'Irak et son premier ministre Nûrî-al-Saïd, homme lige d'Albion dans la région.

Finalement le *statu quo* sera consolidé, une fois l'Irak passé par pertes et profits par les Occidentaux, d'autant plus facilement que ses maîtres successifs se disputeront férocement le pouvoir et se comporteront vis-à-vis de Nasser davantage en rivaux qu'en complices. Les conditions dans lesquelles a

Attentat à Alger en 1954.

été négocié, l'année précédente, le retrait des troupes israéliennes du Sinaï ont beau laisser subsister les causes du conflit, la paix, ou ce que faute de mieux, on appelle ainsi, s'installe pour dix ans dans la région. On oubliera presque le Proche-Orient d'où coule à flots un pétrole très bon marché, tant va retenir l'attention l'évolution particulièrement houleuse des rapports Est-Ouest.

Il faut revenir ici à la guerre de Corée. L'intervention américaine, à laquelle, de toute évidence, le Kremlin ne s'attendait pas, n'avait été possible que parce que les États-Unis disposaient alors, dans le domaine atomique, d'une énorme avance. C'est en 1949 seulement que Moscou avait réussi à faire exploser sa première bombe. Mais Washington, qui avait massivement démobilisé après la capitulation du Japon, avait été obligé d'engager dans la bataille l'essentiel de ses réserves en un temps où l'URSS disposait, de ce point de vue, d'une énorme supériorité.

Truman en conclut qu'il fallait renforcer au plus vite les forces conventionnelles de l'OTAN, en prévision du jour, qui viendrait forcément, où l'URSS aurait rattrapé l'Amérique sur le plan des armements nucléaires.

Pouvait-on y arriver sans faire appel à ces Allemands que les accords de Yalta et de Potsdam, cinq ans plus tôt, avaient condamnés au désarmement perpétuel ? Les États-Unis et beaucoup de gouvernements alliés ne le croyaient pas. Mais les opinions, en Europe, avaient peine à se faire à l'idée de réarmer l'ennemi d'hier. Déjà le projet de «pool» charbon-acier conçu par Jean Monnet, avec l'appui enthousiaste de Robert Schuman, Adenauer et Alcide de Gasperi, avait rencontré de vives résistances en France.

La volonté de réconcilier les deux grandes nations auxquelles leur rivalité «héréditaire» avait valu tant de souffrances, n'en était pas moins populaire. Le 20 juin 1950, la France, la RFA, l'Italie et les trois pays du Benelux s'entendaient pour créer une Communauté européenne du charbon et de l'acier dotée d'institutions d'inspiration fédéraliste.

La même méthode pourrait-elle servir à résoudre le délicat problème

La victoire des Vietnamiens à Diên Biên Phû.

du réarmement allemand? Monnet et ses amis n'en doutaient pas. Et c'est ainsi que naquit la Communauté européenne de défense, la CED, dont le principe consistait à lever des contingents allemands sans pour autant réarmer l'Allemagne, aux côtés d'unités fournies par les cinq autres pays du pool charbon-acier. Dans l'esprit des auteurs du projet, il s'agissait de mettre ainsi progressivement en place des États-Unis d'Europe destinés à fournir à l'alliance un «pilier» européen dont les intétêts seraient soutenus, face à Washington, par un porte-parole unique, un «M. Europe».

Comme le disait cependant, à l'époque, le ministre belge des Affaires étrangères, Paul van Zeeland: «C'est une chose de mettre en commun des sacs de charbon, une autre que d'enrôler dans une même armée des soldats de nationalités différentes.» Un véritable front commun se constitua en France, allant du général de Gaulle et du Comte de Paris aux communistes et à une partie importante du parti socialiste, contre la ratification du traité conclu à cet effet. L'URSS, de son côté, se déchaîna. Ce n'était pas qu'elle condamnât totalement le principe d'un certain réarmement allemand. Après tout Staline avait lancé, en 1952, un plan, qu'apparemment il prenait très au sérieux, prévoyant une réunification d'une Allemagne neutralisée et autorisée à disposer du minimum de forces armées nécessaires à la protection de sa sécurité. Mais la méfiance, à l'Ouest, avait été la plus forte, et sa proposition rejetée.

En réalité, la CED avait surtout, aux yeux du Kremlin, l'inconvénient de créer entre Washington et Bonn des liens d'intégration militaire très

Armement américain en Corée du Sud.

étroits. Ce qui explique sans doute qu'il se soit donné beaucoup de mal pour empêcher, après le refus du parlement français, en août 1954, de ratifier la CED, les accords de Paris, inventés pour permettre, mais cette fois sous un drapeau national, la levée de contingents allemands au sein de l'Otan. Ainsi était consommé le partage de l'Allemagne. «Vous avez vos Allemands et nous les nôtres, et c'est beaucoup mieux comme ça», devait dire le maréchal Joukov, en 1955, à un diplomate français de nos amis...

Le rejet de la CED avait porté un coup sérieux à la construction européenne ; elle allait cependant redémarrer en empruntant une autre voie, sortie, celle-là aussi, du cerveau fertile de Jean Monnet : celle d'un vaste marché commun, la Communauté économique européenne, objet d'un traité signé à Rome le 25 mars 1957. La Communauté atomique créée par un traité jumeau se perdra dans les sables, mais la CEE, quitte à s'ankyloser quelque peu, survivra à toutes les épreuves et aura la satisfaction de voir — bien plus tard — doubler le nombre de ses membres.

Entre-temps, bien sûr, il y avait eu la disparition de Staline, qui fait figure, dans l'histoire de la décennie, de ligne de partage des eaux. Quelques jours auparavant, les deux superpuissances paraissaient engagées dans une véritable course à l'abîme. La situation était particulièrement explosive en Corée. A peine élu, en novembre 1952, à la présidence des États-Unis, Eisenhower avait fait savoir à Moscou qu'il pourrait fort bien autoriser l'emploi d'armes atomiques contre la Chine.

En Corée du Sud, à la frontière avec le Nord.

Staline avait déjà montré qu'il savait fort bien «jusqu'où ne pas aller trop loin»: ainsi lors de l'affaire du blocus de Berlin, ou de celle des détroits turcs, pour ne pas parler de la guerre civile grecque. Mais les côtés paranoïaques du personnage s'étaient dramatiquement aggravés, comme en témoigne le procès dit des «assassins en blouse blanche» intenté quelques semaines avant sa mort à neuf médecins, dont six juifs, que le Géorgien accusait d'avoir voulu le faire disparaître. Et les pourparlers de Corée butaient sur l'exigence des communistes que tous les Nordistes ou Chinois aux mains des Alliés leur fussent rendus, alors que nombre d'entre eux avaient exprimé de la manière la plus claire leur désir de demeurer au Sud. Impossible pour les Américains de céder sur ce point: ils avaient encore sur la conscience le souvenir de la terrible répression qui attendait, à leur retour en URSS, ceux des prisonniers soviétiques libérés en Allemagne par les Occidentaux, qui refusaient leur rapatriement. Vingt-trois jours, pas un de plus, après la mort du dictateur, Pyongyang et Pékin abandonnaient cette prétention. Du coup, les pourparlers reprenaient sur un rythme accéléré pour arriver, le 27 juillet, à la conclusion d'un armistice en bonne et due forme. Il dure encore.

C'était, précédé de quelques autres hirondelles plus modestes, le coup d'envoi d'un premier printemps des relations Est-Ouest. Des problèmes complètement bloqués comme celui de l'admission de nouveaux membres aux Nations-Unies, ou de l'élection d'un nouveau secrétaire général, en la personne du Suédois Dag Hammarskjöld, trouvaient sans grand-peine leur solution. L'armistice indochinois, dont chacun croyait à l'époque qu'il conduirait à une division durable du Viêt-nam, sur le modèle coréen, eût été impensable sans ce «dégel».

Dans toutes ces circonstances, l'Occident avait manifesté un grand esprit de conciliation. Notamment dans le cas de l'Indochine où, au moment de Diên Biên Phû, Eisenhower s'était refusé à intervenir militairement. Les héritiers de Staline avaient véritablement multiplié, de leur côté, des gestes révélateurs de leur désir de calmer le jeu.

Il leur fallait d'abord, en effet, régler entre eux leurs problèmes de succession. Ce n'était pas facile: à preuve les coups de théâtre qui allaient se succéder à l'intérieur de l'URSS: vaste amnistie, arrêt des poursuites contre les prétendus «assassins en blouse blanche», exécution de Beria, grand maître de la police stalinienne, remplacement à la tête du parti de Malenkov, successeur désigné du généralissime, par le pittoresque Khrouchtchev, dont personne à l'Ouest n'avait jusqu'alors entendu parler, rapport secret de celui-ci au XXe congrès, en février 1956, sur les «crimes de Staline». Promptement diffusé par les soins de la CIA, ce document explosif, qui n'a toujours pas été publié en URSS, malgré la «transparence» aujourd'hui à la mode, devait faire déferler, surtout dans les pays du pacte de Varsovie, la vague de fond de la déstalinisation.

Dès juillet 1953, soit bien avant le XXe congrès, les ouvriers de Berlin-Est s'étaient révoltés contre le régime qui prétendait parler en leur nom et les assujettissait à la misère. Mais l'ombre de Staline était encore toute proche. La répression, brutale, resta limitée. La situation sera toute différente, en juin 1956, en Pologne, où les échos du rapport Khrouchtchev encouragent *l'intelligentsia* à réclamer plus de liberté, et les ouvriers de Poznań à se soulever pour demander un niveau de vie un peu plus compatible avec les idéaux du socialisme. Finalement, Moscou devra prendre son parti du retour au pouvoir d'un vieux militant, emprisonné pour «titisme» : Wladyslaw Gomulka.

C'est assez, même si l'espoir en est vite déçu, pour qu'on parle, à Varsovie, de «printemps en octobre» et pour qu'à Budapest une insurrection populaire renverse le pouvoir haï de Rákosi et de son successeur Erno Gerö. Mais le gouvernement provisoire mis en place par Imre Nagy, pourtant vieux militant communiste, ne se contente pas de rétablir le pluralisme des partis, déjà complètement aux antipodes du «centralisme démocratique» cher aux Bolcheviks. Il annonce la sortie de la Hongrie du pacte de Varsovie.

C'est plus que Khrouchtchev ne peut tolérer : le 4 novembre 1956, soit la veille du débarquement franco-britannique à Suez, les blindés soviétiques rétablissent l'ordre à Budapest. Imre Nagy, réfugié à l'ambassade de Yougoslavie, sera livré, quelque temps plus tard, en échange d'une promesse d'immunité qui ne l'empêchera pas de finir sur l'échafaud. Qui aurait pris alors le pari que János Kádár, son successeur, arrivé dans les fourgons de l'Armée Rouge, incarnerait, vingt ans plus tard, un visage relativement «libéral» du communisme ?

La «détente» est bien terminée... Mais il y a déjà quelque temps qu'on a fini d'en engranger les fruits. L'un de ses derniers succès, non certes des moindres, aura été la signature du «traité d'État» qui libère l'Autriche, désormais «neutre» dans le conflit Est-Ouest, de l'occupation étrangère. On se demandera, un moment, si l'URSS, en se ralliant à cette formule que quelques mois plus tôt encore elle écartait catégoriquement, ne visait pas à l'étendre à l'Allemagne. Il n'est pas exclu que certains, au Politburo, y aient songé.

Rien pourtant ne se passe et lorsqu'en juillet 1955 Eisenhower, Eden, Edgar Faure et Boulganine, flanqué de Khrouchtchev, se retrouvent à Genève pour le premier «sommet» quadriparti de l'après-guerre, on ne peut que constater leur incapacité à faire progresser, ne serait-ce que d'un «iota», l'éternelle négociation sur le «problème allemand». Même jeu sur le contrôle des armements. Les Américains sont porteurs d'un plan dit de «cieux ouverts», impliquant le survol par des avions de chaque superpuissance du territoire de l'autre, afin de vérifier ses intentions pacifiques. «Nous ne vous laisserons jamais pénétrer dans notre chambre à coucher», s'exclame Khrouchtchev. Et l'on en reste là.

Suez, plus Budapest : c'est trop pour que qui que ce soit ose encore parler de «détente». D'autant plus que l'URSS, non contente d'avoir rattrapé les États-Unis dans la course aux armements nucléaires, accomplit, à l'automne 1957, une véritable percée stratégique en mettant sur orbite le premier satellite artificiel de l'histoire, le «Spoutnik». Le sol américain cesse, du jour au lendemain, d'être inviolable.

Tandis que la Maison Blanche met les bouchées doubles pour relever le défi, Khrouchtchev savoure sans excessive modestie son triomphe. Mao déclare que le «vent d'Est» l'a pour toujours emporté sur le «vent d'Ouest».

Derrière ce commun enthousiasme, cependant, se déroule entre les deux grands du communisme, sans que personne s'en doute en Occident, une

Nikita Khrouchtchev à l'ONU en octobre 1960.

âpre controverse. Mao, qui cherche depuis 1954 à reprendre par la force aux partisans de Chiang Kai-shek, réfugiés à Taiwan, le contrôle des îlots de Quemoy et Matsu, s'irrite du peu de soutien qu'il rencontre à Moscou. Le succès du Spoutnik rend à ses yeux toute prudence désormais inutile face à un «tigre de papier» américain qui s'effondrera pour peu que les forces «progressistes» montrent leur résolution. Mais Khrouchtchev ne l'entend pas de cette oreille : le tigre de papier a toujours, selon lui, des «dents atomiques». Et c'est ainsi que débute le schisme qui va éclater au grand jour pendant les années 60, Pékin n'hésitant pas à dénoncer le *révisionnisme* des *«nouveaux tsars»* du Kremlin et à se présenter devant les prolétaires du tiers monde comme le seul héritier fidèle de Marx et de Lénine.

Sa prudence, Khrouchtchev la montre encore pendant la crise qui va dominer la fin de la décennie, et dont le sort de Berlin-Ouest sera l'enjeu. «J'ai été métallurgiste, dira-t-il un jour, je sais comment s'y prendre pour refroidir un métal chauffé à blanc...» Mais ses menaces, avant qu'on le comprenne, auront éveillé les pires inquiétudes.

Depuis longtemps, les Soviétiques s'agacent de la présence dans l'ancienne capitale allemande de l'enclave occidentale instituée par les accords de 1944 sur le partage des zones d'occupation. Avec sa richesse, ses lumières ostentatoires, elle dérange la grisaille propre à l'empire communiste. C'est déjà une raison pour Khrouchtchev de chercher à éliminer ce qu'il va bientôt qualifier de «tumeur cancéreuse». Mais il y en a d'autres, et notamment l'utilisation de Berlin-Ouest par les Occidentaux pour la propagande de leurs idées et l'infiltration de leurs agents, ainsi que le passage à l'Ouest, le plus souvent par le métro, de nombreux Allemands de l'Est attirés par la perspective d'une vie plus facile. Et puis Ulbricht, le chef de la RDA, s'irrite de

L'intervention soviétique à Budapest.

voir l'Ouest s'obstiner à lui refuser la reconnaissance diplomatique à laquelle il aspire.

C'est dans ces conditions que Khrouchtchev, enhardi par le succès du Spoutnik, met en demeure les Ocidentaux, en novembre 1958, de liquider les «vestiges du régime d'occupation», et d'accepter la transformation de Berlin-Ouest en «ville libre», la responsabilité de la sécurité de ses accès étant transférée de l'URSS à la RDA. Si un accord n'intervient pas dans un délai de six mois, poursuit-il, Moscou opérera ce transfert de manière unilatérale.

Il s'ensuit une grave crise, tout au long de laquelle la fermeté de De Gaulle, hostile à toute reconnaissance de la RDA, simple création, à ses yeux, de l'occupant soviétique, s'oppose à la mollesse du Britannique Macmillan. Ne

sachant comment sortir de l'impasse, Eisenhower finit par inviter Khrouchtchev aux États-Unis. Le voyage de celui-ci, en septembre 1959, est émaillé d'incidents pittoresques. Il en repart avec une déclaration du Président suivant laquelle la situation à Berlin est *anormale*, d'où il infère non sans quelque bons sens que son interlocuteur est d'accord pour chercher à la «normaliser».

La nouvelle détente qui en résulte dans les rapports Est-Ouest sera de brève durée. Deux événements vont en effet porter la guerre froide à un nouveau paroxysme: la construction, en août 1961, du mur de Berlin et l'installation par les Soviétiques, à l'automne 1962, de fusées nucléaires à Cuba, où la sanglante dictature du sergent Batista a été renversée, le 1er janvier 1959, par les *Barbudos* d'un avocat nommé Fidel Castro, dont on ne se doutait pas alors qu'il allait fonder le premier régime communiste d'Amérique. Mais cette fois les deux superpuissances seront passées si près du gouffre qu'elles feront tout, désormais, pour éviter de s'affronter directement.

Groupe de partisans à Budapest.

RÉTRO SPECTIVE DE POCHE

PIERRE BOULEZ

On présente souvent les années 50 comme une période qui fuit la futilité et cherche, selon votre expression, à «éliminer toute trace d'héritage». Comment, dans un premier temps, caractériseriez-vous l'immédiat après-guerre?

Durant l'épreuve de la guerre, nous étions coupés de toute information musicale. Il nous était dès lors impossible de prendre connaissance des œuvres marquantes de notre siècle. A titre d'exemple, Stravinsky et Bartók n'étaient pratiquement pas joués, et, naturellement, l'École de Vienne encore moins. Les années 1944-1945 furent donc celles de l'éruption de l'information. Nous le ressentîmes en tout cas comme tel, même si, en fait, la communication ne s'est rétablie que de façon progressive et modérée. Les facteurs d'immobilisme pesaient trop fortement sur la vie musicale française. Nombre de compositeurs, qui avaient autrefois contribué à ce qu'on appelait «la qualité d'avant guerre», ne visaient, au fond, qu'à restituer le passé, à le prolonger. Notre génération — et j'étais représentatif parmi d'autres — exprimait un profond désir de rupture. Nous voulions, avant tout, ne pas renouer avec le néo-classicisme et la futilité.

Comment s'est développée l'information et établie la communication entre les jeunes compositeurs?

La connaissance ne s'est pas installée d'un bloc, mais par différents canaux. D'abord, la «classe Messiaen» a joué un rôle important. Je l'ai suivie en 1944-1945. Nous souhaitions découvrir de nouveaux langages musicaux et Olivier Messiaen nous a fait étudier Debussy et Ravel — que nous jugions, il est vrai, étroitement liés à la tradition —, mais également Stravinsky et Bartók, ou encore Berg et Schoenberg à travers les seules partitions qu'il nous a présentées, la *Suite lyrique* et *Pierrot lunaire*. Le mérite d'une introduction plus directe de l'École de Vienne revient à René Leibowitz. Les œuvres que nous analysions auprès de lui furent pour nous de véritables révélations. Je me souviens à cette occasion avoir pris copie de partitions qui n'étaient pas disponibles à l'époque, telles les *Variations opus 30* de Webern ou *Herzgewächse* de Schoenberg. Mais, autant Messiaen était riche d'imagination et développait un point de vue personnel sur la musique, autant l'enseignement de Leibowitz était stérile. Il se contentait de transmettre une foi, sans esprit critique. Enfin, restaient les concerts. Malheureusement, non seulement la musique contemporaine était peu jouée, mais, de plus, très mal interprétée. Roger Désormière était sans doute l'un des rares chefs qui échappaient à ce constat de médiocrité. En raison d'une carrière diversifiée, ses programmes n'étaient pas exclusivement orientés vers le XXᵉ siècle. Je me souviens cependant, lors d'une série de deux concerts de musique viennoise, à l'automne 1947, avoir été marqué par son attention dans la direction d'extraits du *Wozzeck* de Berg. Nous avions ainsi droit à quelques moments privilégiés, avec Désormière ou certains chefs invités. Pour le reste, la bonne volonté l'emportait de loin sur la compétence.

Dans ce Paris qui réapprend à vivre, quel était votre environnement proche?

Mis à part quelques musiciens avec qui je me sentais très proche, je n'ai jamais eu le sentiment d'appartenir à une famille précise. Je n'oublie d'ailleurs pas la coupure qui s'est installée au sein même de la génération qui avait appartenu à la «classe Messiaen». A partir de 1947, les directives artistiques énoncées par le parti communiste dans le droit-fil des consignes jdanoviennes ont désorienté de nombreux artistes. Il convenait, disait-on, de rester dans la tradition française, à la «portée du peuple». Dès lors, nous fûmes considérés comme excessivement formalistes par ceux qui s'étaient laissés entraîner dans cette pratique de l'«art réaliste». Aujourd'hui, avec le recul, on décèle aisément la pauvreté intellectuelle et créative que masquait souvent un tel dogmatisme. Sur le moment, la conséquence la plus directe fut sans doute l'enfermement d'un certain milieu artistique parisien, qui, à lui seul, suffirait à expliquer notre besoin d'établir des relations plus profondes avec l'étranger.

Au-delà de la musique, une problématique identique traversait-elle les autres disciplines artistiques?

Je peux prendre l'exemple de la littérature. Un clivage de même nature était entretenu. Une personnalité comme Aragon ne m'intéressait absolument pas. Et même la pâleur d'Éluard, à partir d'une certaine époque, m'éloignait assez radicalement de ce courant. Finalement, je trouvais une expression poétique beaucoup plus profonde chez Char, Artaud et Michaux qui m'ont influencé à mes débuts. On mesure mieux d'ailleurs le danger de telles déviations à travers les cas d'artistes de talent qui accompagnaient alors le mouvement communiste. Ni Brecht ni Picasso n'étaient réellement considérés dans la ligne par leurs pairs, et aucune des œuvres qui expriment directement leur engagement — si l'on prend l'exemple d'un tableau de Picasso comme *Les Massacres de Corée* — ne traduit un art à son sommet.

Les positions très avancées d'une minorité du milieu artistique — votre refus du néo-classicisme, du jdanovisme... — n'ont-elles pas favorisé, mais sur des bases mal définies, la constitution d'une avant-garde musicale parisienne?

Lorsque je dis n'avoir eu le sentiment d'appartenir à aucune famille, je réponds en quelque sorte à la question : je ne crois pas réellement aux avant-gardes constituées. En France, on privilégie souvent la notion de clan, de groupe. Songez, entre les deux guerres, au groupe des Six ou au groupe Jeune France. En 1947, s'était même créé le groupe Zodiaque. Je suis personnellement opposé à ce genre de collusion. Et de toute façon, à l'époque, les facteurs de division l'emportaient. Le premier cercle de la «classe Messiaen» s'était vite volatilisé. Ensuite, survint l'aventure de la musique concrète. Nous étions tous attirés par ces nouveaux moyens ; pourtant, au-delà de cette donnée, ne se dégageait aucune approche commune. Le bricolage se substituait à toute pensée musicale. Il manquait une réflexion essentielle sur ce que représente la technologie par rapport à la musique. Au nom de directives soi-disant poétiques et préservatrices de liberté, les problèmes formels n'étaient que superficiellement traités et les œuvres produites ne dépassaient guère l'anecdotique.

N'était-on pas avant tout limité par la nature du matériel?

Dans le même temps, Stockhausen s'initiait à la musique électronique au studio de Cologne. Bien sûr, aujourd'hui, ses premières œuvres se

Igor Stravinsky en septembre 1951.
René Char à l'Isle-sur-Sorgue.

ressentent du caractère rudimentaire des technologies mises en œuvre, mais la démarche était beaucoup plus attirante. Pour parler vite, à l'écoute de ses réalisations, on sent la tête et la main en phase. Dans la musique concrète, vous n'aviez que la main. Ce n'est pas suffisant.

Se dégageait-il un nouveau courant musical, au niveau international, plutôt qu'une avant-garde parisienne ?

J'ai toujours souhaité la multiplication des connexions internationales qui favorisent le développement de relations exemptes d'esprit de chapelle. Cette ouverture me paraissait naturelle dès la période d'après guerre pour une raison simple : la musique qui m'avait jusqu'alors fortement impressionné n'avait rien de spécifiquement français ! Les passerelles se sont établies progressivement, à partir de 1950. Mon expérience personnelle me conduit cependant à privilégier deux facteurs. En Allemagne, l'organisation de la vie musicale et la présence à la tête des institutions de personnalités fortes ont stimulé de nombreuses rencontres entre les compositeurs. A Paris, la création du Domaine musical visait une ouverture semblable.

Restons, un temps encore, parisien. Comment est né le Domaine musical ?

Les rares concerts de musique contemporaine auxquels nous assistions nous laissaient un sentiment pénible d'insatisfaction. Ils étaient organisés, j'imagine, plus ou moins sur la base du bénévolat, et toujours très mal préparés. Il se dégageait une sorte de schizophrénie entre ce qu'on lisait sur la partition et ce qu'on entendait réellement ! La diffusion contemporaine devait être prise en main professionnellement, afin d'éliminer cette barrière de la mauvaise exécution. De plus, aucun relais institutionnel ne levait le petit doigt. La radio ne prenait aucun pari aventureux. Qu'il s'agisse de l'École de Vienne ou des compositeurs de la nouvelle génération, cette musique était jugée avant d'avoir été entendue. Nous évoluions dans un milieu hostile et nous étions hostiles au milieu. Il fallait donc faire ses preuves, jouer la musique nouvelle, et la jouer bien. Au départ, dès 1953, j'ai choisi, sur les conseils de Pierre Soutchinsky, homme éclairé qui savait promouvoir les idées, l'angle limité d'une série de concerts de musique de chambre. J'en ai aussitôt parlé à Jean-Louis Barrault chez qui je m'occupais de la musique de scène. Non seulement il a soutenu avec enthousiasme ce projet et mis à notre disposition le Petit Marigny, une salle nouvellement ouverte dans son théâtre, mais il a aussi pris en charge la totalité des frais engagés pour les quatre concerts programmés la première année. La dynamique était lancée ; par la suite, le mécénat regroupé par notre présidente Suzanne Tézenas mit le Domaine musical à l'abri de la totale précarité. L'entreprise ne fut jamais riche, mais l'organisation était solide. Il importait d'établir des rapports professionnels avec les interprètes. Les musiciens ont fait preuve d'enthousiasme, la bonne volonté et l'amitié ont servi l'élan de l'initiative, mais seule la stabilité économique pouvait durablement garantir la régularité et la qualité des concerts.

Quels interprètes regroupiez-vous pour ces manifestations ?

Le Domaine musical a immédiatement sollicité les meilleurs inter-

---

Roger Désormière.

prètes et leur a offert le temps de répétitions nécessaire à une bonne exécution.
Je les connaissais d'ailleurs bien pour les avoir dirigés dans la fosse du Marigny lors des spectacles de la compagnie Renaud-Barrault. Le succès de la formule tenait à notre réalisme — il fallait que l'intendance suive ! — et au talent des participants. Lorsque nous avons présenté par exemple *Zeitmasse* de Stockhausen, en 1956, il est certain que les interprètes se sont investis bien au-delà de ce qui pouvait leur être proposé contractuellement ! Quant aux chefs, les premiers concerts ont été dirigés par des personnalités invitées comme Scherchen ou Bour. Progressivement, je suis moi-même intervenu, avec la musique de chambre au début, car je n'avais pas une grande expérience. Puis, à partir de 1957, j'ai commencé à diriger l'orchestre du Südwest-

funk de Baden-Baden, à la demande d'Heinrich Strobel, lorsque Rosbaud est tombé malade. J'ai alors assumé une part plus importante des concerts du Domaine musical.

Quel bilan tirez-vous des concerts du Domaine musical ?

Les programmes du Domaine musical avaient une ligne, obéissaient à des principes de programmation précis. D'abord, les premières auditions d'œuvres, dont certaines se révéleront par la suite des « classiques » contemporains, s'efforçaient de refléter des enjeux internationaux. Ces créations côtoyaient des références, c'est-à-dire des partitions anciennes ayant une résonance actuelle dans leur conception : Machaut, Dufay, Gesualdo, Monteverdi, Bach ou Mozart... Enfin, l'accent était mis sur certaines compositions de la

La classe d'Olivier Messiaen.

première partie du XXᵉ siècle, encore mal connues, mais jouant un rôle primordial dans l'évolution de la musique : Stravinsky, Bartók, Varèse, Debussy, et surtout l'École de Vienne, particulièrement Webern, si injustement ignoré en France. Le pari, somme toute, était simple : dégager un projet esthétique tout en se montrant ouvert aux diverses évolutions du moment.

Venons-en alors à cette ouverture internationale. Avez-vous côtoyé très rapidement les jeunes générations européennes ou américaines ?

Dans l'immédiat après-guerre, certainement pas. Il fallut attendre le début des années 50. J'avais bien sûr, auparavant, rencontré Cage à Paris, dès 1949. Je l'ai ensuite revu à New York où je me suis rendu pour la première fois en 1952 avec la compagnie Renaud-Barrault. Toutes ses spéculations à partir du hasard m'intéressaient, et nous nous sommes trouvés sur des terrains communs de réfexion. Je lisais Mallarmé à cette époque. *Un coup de dés*, du reste, m'a conduit par la suite à concevoir l'œuvre ouverte d'une tout autre façon que Cage ou Stockhausen. Mais, dans ce premier temps, il nous importait de constater que nous partagions un questionnement identique sur les bases du langage, même si les problèmes formels se sont par la suite posés différemment pour chacun d'entre nous.

Autre exemple, je n'ai connu Stockhausen qu'en 1952. Il était venu suivre à Paris l'enseignement d'Olivier Messiaen, et Heinrich Strobel lui avait recommandé de venir me voir. Nous avons aussitôt sympathisé. C'est d'ailleurs à partir de ces années 1952-1953 que se nouèrent des liens plus actifs entre les jeunes compositeurs européens, notamment par l'intermédiaire des cours d'été de Darmstadt organisés par Wolfgang Steinecke. Des relations amicales et intellectuelles s'y sont développées, avec, au départ, pour principaux interlocuteurs, Stockhausen, Maderna, Nono, Pousseur et Berio. Le mythe Darmstadt est ainsi né d'un cercle restreint qui s'est momentanément entendu sur des points essentiels. Toute une génération s'est ensuite sentie concernée. Pour la France, des compositeurs comme Barraqué et Fano nous ont rejoints. Aux yeux de l'histoire, cette chronologie pourrait ne pas compter, pourtant, ces quelques années de décalage ont suffi, sinon à créer une séparation, du moins à rassembler les têtes d'un véritable mouvement.

Au-delà du phénomène Darmstadt, pourquoi l'Allemagne a-t-elle joué un rôle de plate-forme de la musique contemporaine à cette époque ?

Sur le plan de l'organisation de la vie musicale, en France, rien n'avançait. En Allemagne, la musique contemporaine était aidée et avait suscité des manifestations spécialisées comme le festival de Donaueschingen. L'organisation fédérative permettait l'existence de différentes radios, ouvertes à la musique moderne — celles de Baden-Baden, Cologne, Munich ou Hambourg. Dans le même temps, pas une seule fois la RTF ne nous avait demandé de diffuser les concerts du Domaine musical. En revanche, dès 1950, Strobel était venu me voir à Paris et avait programmé *Polyphonie X* au festival de Donaueschingen. Si l'Allemagne a joué un rôle prospectif, c'est que ses responsables ont su attirer de nombreux talents et prendre des risques en misant sur des compositeurs inconnus.

Hermann Scherchen dirige Moïse et Aaron à l'Opéra de Berlin.

Heinrich Strobel et Hans Rosbaud à Donaueschingen.

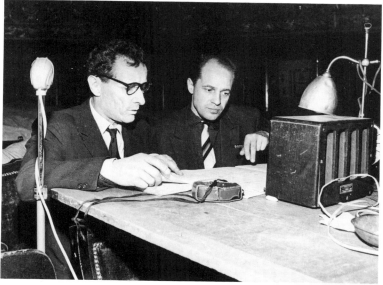

Pierre Boulez et Jean-Louis Barrault lors des répétitions au
Théâtre Marigny, en 1954, de L'Orestie d'Eschyle
Adaptation d'André Obey, musique de Pierre Boulez.

Lors d'une répétition de Tête d'Or de Claudel, à l'Odéon,
en octobre 1959.

Sur quoi reposait l'unité de pensée des compositeurs réunis à Darmstadt?

Il n'y a pas eu réellement d'unité de pensée. Les événements ont suivi un processus tout à fait normal. D'abord, nous venions d'horizons variés. Prenez le cas de Stockhausen et le mien. Nos premières œuvres traduisaient des univers différents. Mon langage a commencé à se former en 1946, le sien en 1950-1951. Quatre ou cinq ans représentent un décalage trop important pour envisager à nos débuts une influence réciproque. Nous nous sommes alors rencontrés sur un point essentiel : il fallait faire table rase et ne conserver du langage que les fonctions primordiales à partir desquelles un renouvellement nous semblait possible. Un tel phénomène est fréquent dans l'histoire de l'art. A un stade précis de l'aventure cubiste, on confond aisément les collages de Picasso et de Braque. Les experts s'y sont même trompés. Puis, une étape se franchit et chacun vise à récupérer son univers personnel. Dans les années 50, nous nous sommes d'abord fixé une discipline ; nous la partagions car nous la jugions essentielle. Ensuite, nous avons simplement senti qu'il devenait capital, pour chacun de nous, de trouver sa voie, qu'il n'était plus possible de rester sur cette terre maigre. Les déviations se sont opérées naturellement, sans hostilité et sans que nous ayons l'impression de traverser une crise. Mon intérêt pour la musique de Stockhausen ou Berio n'a pas faibli pour autant. J'ai continué à apprécier leurs œuvres nouvelles. Il me semblait tout simplement bénéfique que chacun compose selon ses propres coordonnées.

Est-ce cette communauté d'idées qui a conduit Stockhausen et vous-même à composer la même année, en 1957, le Klavierstück XI *et la* IIIᵉ *sonate ?*

L'anecdote éclaire tout à fait mon propos. Au départ, en effet, notre réflexion se basait sur des données assez proches : la critique de la notion d'œuvre comme objet unique. Des préoccupations de même ordre existaient, je vous l'ai dit, chez Cage, depuis un certain temps. Pourtant, l'aléatoire généralisé de Cage, l'indétermination structurelle de Stockhausen et l'idée de parcours multiples, de labyrinthe, proposée par ma *Sonate* représentent trois lectures distinctes d'une problématique commune : la reconsidération du rôle traditionnellement dévolu à l'interprète.

Des différences encore plus appuyées semblent être venues d'autres horizons. Par exemple, dès les années 1954-1955, Xenakis se posait d'une certaine façon dans l'héritage de Varèse.

Le problème est tout différent : Varèse représentait pour nous un point fort, mais marginal. Ses œuvres traduisaient une qualité d'expressivité et un savoir-faire dans la combinaison des événements, des objets. Il n'était cependant pas en prise directe avec la dimension formelle. Il était, à mon sens, prisonnier de schémas qui gênaient une vision plus globale. La démarche conceptuelle, la maîtrise de différents niveaux de langage, sur les plans de la transition et de la déduction — un peu comme des tiroirs qui semblent ouvrir vers l'infini —, je les ai pour ma part vraiment trouvées chez les compositeurs viennois et le dernier Debussy. A ce titre, on peut effectivement assez bien comparer Xenakis à Varèse. Les idées étaient sûrement intéressantes, mais la technique nous semblait «rapportée» de l'extérieur. Au fond, face à de nom-

Pierre Boulez, Jean-Louis Barrault et Madeleine Renaud.
Pochette de disque éditée pour la collection Domaine musical
Illustrée par Juan Miró.

breux compositeurs qui cultivaient, à travers le sérialisme, une croyance mythique à la relation numérique, un autre systématisme s'installait. L'affrontement n'eut pas vraiment lieu.

A mon sens, le phénomène cagien a secoué beaucoup plus fortement les esprits à partir de 1957-1958. A Darmstadt, beaucoup de musiciens professaient une rigueur qui avait du mal à masquer leur absence d'invention compositionnelle. Il devenait urgent de remettre en cause un système trop rigide. Cage offrait une porte de sortie : la réflexion ne portait plus sur le langage mais sur l'esthétique de l'œuvre d'art. Cette ouverture dépassait d'ailleurs largement le cadre de la musique. Venue des États-Unis, elle concernait également la peinture, par réaction à l'art abstrait. C'était l'époque du *hap-*

pening. Cet éclatement était productif, mais, très vite, on voulut l'organiser, lui donner un caractère permanent, comme si l'explosif pouvait s'assimiler à un matériau de construction. Le mouvement dada avait d'ailleurs joué un rôle identique au début du siècle. Ensuite, il a fallu évoluer, ce qui s'est fait, non sans mal parfois. Picabia s'était attaqué aux valeurs consacrées dans les années 1910 ; il a terminé par des toiles d'une figuration ultra-académique ! De même, si la libération du langage musical fut salutaire dans un premier temps, l'accoutumance aux happenings finit par conduire certains de ses auteurs vers un gâtisme répétitif.

Ne peut-on pas déceler, dès la fin des années 50, chez d'autres compositeurs, comme Pousseur ou Berio, à travers une réflexion plus directement musicale,

John Cage lors d'une répétition
de la compagnie Merce Cunningham
à Saint-Paul-de-Vence.

une recherche de liberté visant au mélange des genres et au rapprochement des cultures ?

Lorsqu'il a fallu dépasser ce que Barthes appelait le «degré zéro de l'écriture», certains compositeurs ont en effet tenté de récupérer la totalité du langage, en accaparant le matériau du passé. Je ne pense pas que l'on conquiert des terres plus vastes sur de telles bases. En peinture, la technique du collage crée un décalage de perception et produit une ambiguïté parfois intéressante. En musique, le langage a un poids, un sens plus précis. Un extrait d'une œuvre de Beethoven n'est pas neutre. On retrouve bien sûr, chez Berg déjà, l'emploi de citations, mais dans le but de susciter un artifice théâtral particulier. Il me semble par contre dérisoire d'établir, comme le tentent aujourd'hui à nouveau les post-romantiques, des principes d'écriture à partir de simples techniques d'emprunt. Le même phénomène s'est produit au sujet des musiques extra-européennes qui nous ont marqués fortement dès l'après-guerre. Pour ma part, j'ai entendu pour la première fois la musique de Bali avec Olivier Messiaen, et par la suite, de nombreuses musiques d'Asie et surtout d'Afrique. J'ai été influencé, mais de façon abstraite. L'intérêt n'est pas de reproduire les sons tenus du gagaku japonais, par exemple, mais d'essayer de comprendre une autre conception du temps ou du langage rythmique et d'analyser ce qui peut vous sortir d'une culture académique.

Dès vos débuts, vous avez combattu toute forme de néo-classicisme. A partir de la fin des années 50, commence véritablement votre carrière de chef. Cette activité nouvelle a-t-elle modifié certains de vos points de vue ?

Personnellement, tout ce qui est néo-classique m'est resté fondamentalement ennemi. Mon activité de chef m'a permis de résoudre des problèmes de notation et de mesurer les difficultés de communication. Elle n'a pas modifié mes jugements. Il y eut de rares revirements, comme ce fut le cas avec Berg, mais ils sont intervenus très tôt et pour des raisons d'approfondissement de la musique. Jeunes compositeurs, nous étions exaspérés par le retour de Schoenberg à des formes plus classiques. De même, nous portions très haut le Stravinsky du *Sacre du printemps* ou des *Noces* et sa démission progressive a excité notre antagonisme. Je n'ai depuis pas changé d'avis.

Pourtant, un rapprochement s'est opéré entre Stravinsky et les jeunes compositeurs sériels, au cours des années 50 ?

C'est Stravinsky qui a provoqué ce rapprochement. Pour nous, Stravinsky était un compositeur fini. Je me souviens avoir vu la partition du *Rake's Progress*. A quoi bon ce faux *Don Giovanni* poussiéreux ? Par la suite, un revirement s'opéra, et l'étonnant est bien là. A un moment donné — sous quelles influences et quels désirs personnels ? — il commence à dévier, à se rendre compte qu'il passait à côté de choses importantes. Il nous est alors progressivement devenu sympathique. Ce compositeur de plus de soixante-dix ans abandonne trente années d'habitude, creuse une voie nouvelle et finit par rendre hommage à l'ennemi qui, en partie, avait mis toute l'École de Vienne et lui-même en porte à faux. Effectivement, quand les polémiques se sont éteintes, j'ai trouvé cette mutation frappante et même remarquable.

*Ne peut-on pas considérer, à la lecture de votre article «Schoenberg est mort»,
publié en 1952 par la revue* The Score, *que le dialogue entre compositeurs de
générations différentes ne pouvait qu'être balayé par votre volonté de
rupture?*

Cet article expliquait simplement, sous une forme polémique, qu'il
était temps pour ma génération de prendre la relève et de rompre avec les
épigones de Schoenberg, qui n'avaient pas su tirer les vraies conséquences de
son œuvre. Nous reconnaissions l'importance du compositeur, mais en faire le
«prophète unique» revenait à créer une situation académique. Je l'ai souvent
dit : je pensais que l'on pouvait respecter la figure de Schoenberg, tout en
renversant le totem.

*N'est-ce pas un problème du même ordre que doivent résoudre actuellement
les jeunes compositeurs par rapport à votre génération?*

Il faut toujours savoir se dégager d'une influence. Après la guerre, la
situation historique n'était pas spécialement facile à assumer. Nous étions pris
entre le néo-classicisme, la prétendue tradition française de clarté et d'élégance, le tabou Schoenberg, ou encore l'influence de Bartók avec ce que cela
supposait de «populaire», voire de folklorique. Pour aller plus loin, nous
avons dû nous définir et faire un choix. Sur ces bases, certains d'entre nous
ont réussi, dans les années 50, à définir un langage personnel. Je comprends
dès lors très bien qu'un jeune compositeur veuille aujourd'hui être radical. Je
n'ai d'ailleurs jamais changé d'avis : nous n'avons pas besoin d'imitateurs.

PROPOS RECUEILLIS PAR LAURENT BAYLE

Représentation de The Rake's Progress
d'Igor Stravinsky, à Düsseldorf.

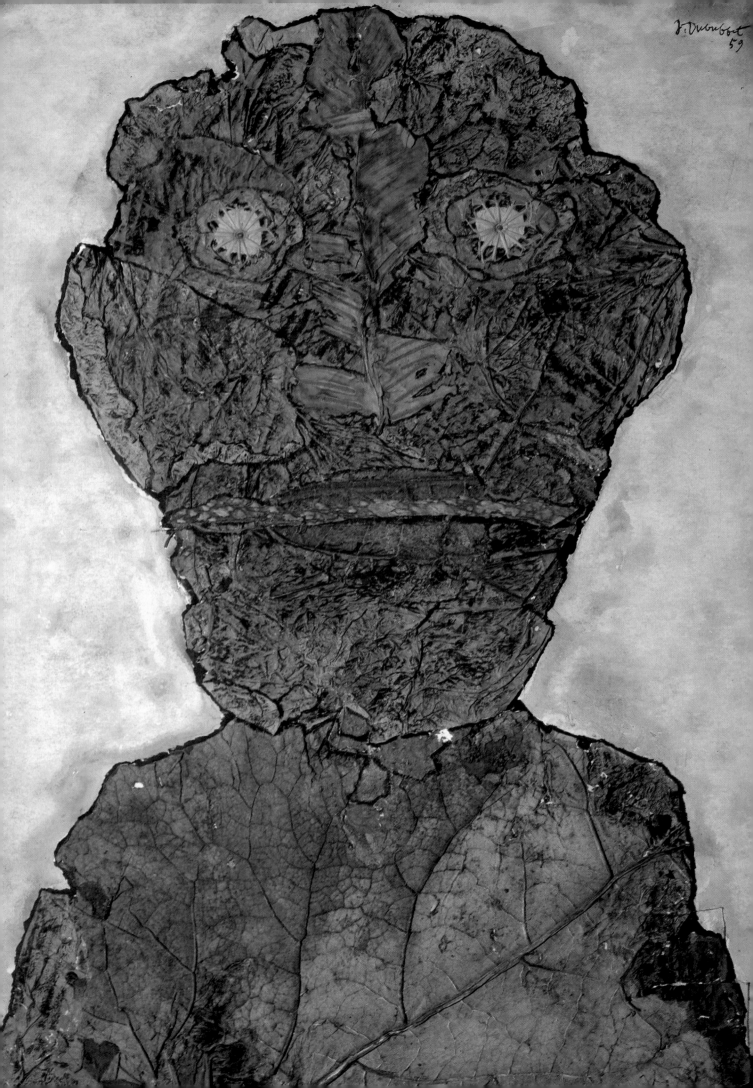

TOUTES
LES ABSTRACTIONS
LYRIQUES
GÉOMÉTRIQUES, CINÉTIQUES...
MAIS AUSSI
LE RETOUR AU MODÈLE
L'OBSESSION DE LA FIGURE
L'ART BRUT
LE MATIÉRISME

PEINTURE ET SCULPTURE

QUELQUES PROBLÈMES DE L'ART CONTEMPORAIN

DANIEL ABADIE

QUE recouvre ce titre, «Les années 50»?
Quand Bernard Ceysson, alors directeur du Musée m'a demandé de travailler à l'exposition consacrée aux années 50 qu'il souhaitait organiser, il m'est apparu que le premier problème était d'ordre sémantique: quand commençaient et quand finissaient les années 50?
Cette question peut paraître absurde. Pourtant si les années 60 sont une solution de continuité évidente dans l'art du XXᵉ siècle avec l'apparition de mouvements comme le pop art ou le Nouveau Réalisme qui remettaient en question la notion même de peinture, l'instant initial où se forme ce que chacun s'entend à reconnaître, sans même le définir, comme le style des années 50, était plus difficile à trouver.
En Europe, on pouvait considérer comme point de repère soit l'exposition de Jean Fautrier en 1943 ou celle de Jean Dubuffet l'année suivante dans la même galerie. Aux États-Unis, la mutation fut plus tardive et pourrait se situer en 1949, année où Rothko, Newman ou Kline, par exemple, trouvent le style par lequel ils vont s'affirmer. Il y aurait pourtant eu quelque arbitraire à appeler «Les années 50» une exposition présentant également des œuvres échelonnées entre 1943 et 1950.
Une coupe, moins nuancée certes, mais ne prenant en compte que ce que les Anglo-Saxons nomment «The Fifties», c'est-à-dire les années comprisent entre 1950 et 1959 inclus, offrait l'avantage d'une vision sociologique sur l'art d'une décennie. Ceci était d'autant plus logique que le projet initial de Bernard Ceysson se présentait sous forme de triptyque. Aux années 50 devaient succéder «Les années 60» et «Les années 70» et cet enchaînement rendait moins arbitraire la focalisation sur cette exacte décennie.

En quoi l'exposition de Fautrier à la galerie Drouin marque-t-elle en Europe un tournant décisif qui annonce les années 50?
C'est qu'elle manifeste une autre compréhension de ce que peut être la peinture. Avec sa technique complexe d'enduits, de pastels gras, d'aquarelle, de vernis, Fautrier rompait totalement avec le classique medium à l'huile et mettait par là même littéralement à mal la notion traditionnelle de peinture. Les papiers collés cubistes, les tableaux de sable de Masson, les assemblages dada ou surréalistes avaient certes eu le même objectif, mais chez Fautrier, malgré l'incongruité des moyens, le résultat s'affirmait d'évidence peinture. C'est précisément cela que Michel Tapié appellera peu après et superbement «un art autre», et c'est, en Europe, à partir de cette brèche — comparable à celle du *dripping* de Pollock aux États-Unis — que se définira toute une partie de l'avant-garde.

Comment avez-vous conçu cette exposition? Et quelles sont ses différences avec celle qui vient d'être présentée au musée de Saint-Étienne?
Une exposition reflète toujours une conception de la peinture. A Saint-Étienne, Bernard Ceysson a, selon un concept désormais assez répandu, mais qu'il fut un des premiers, parallèlement aux travaux de certains historiens d'art sur le XIXᵉ siècle, à appliquer à notre époque, exposé une vision sociologique de l'art en Europe, présentant à parité les novateurs d'une époque et ceux dont l'audience fut le caractère le plus remarquable. Ainsi pouvait-on voir au hasard des salles Dubuffet et Fougeron, Wols ou Bernard Buffet. Même si le titre «Les années 50» présuppose une dimension d'autant plus encyclopédique que la manifestation parisienne s'étend aux pays non européens, les contraintes de surface d'exposition — comme celles de budget — imposaient le parti pris d'un œil sélectif. Par ailleurs, l'exposition «Paris-Paris» en 1981 au Centre Pompidou avait déjà traité de la situation en France entre 1950 et 1957 en présentant, avec une très grande justesse dans leur enchaînement historique, les artistes et les mouvements qui avaient contribué à ce que l'on a appelé l'École de Paris. Garder la même structure d'analyse menait inéluctablement d'une part à répéter ce qui avait déjà été fait et, pour rendre compte d'une situation internationale, à

Page précédente:
Jean Dubuffet
L'Africain *(détail), 1954*
Éléments botaniques 51 × 36 cm
Collection particulière.

juxtaposer ensuite le même type de présentation pays par pays. Ce qui pouvait parfaitement se concevoir dans un livre était d'emblée exclu si l'on souhaitait conserver pour le visiteur une lecture cohérente de l'exposition.

Quelle solution a alors été retenue?
Là encore, la rupture évidente qui se marque entre la fin des années 50 et le début de la décennie suivante a éclairé, à rebours, l'articulation de l'exposition. L'interrogation radicale sur les moyens de la peinture, qui est celle du pop art et du Nouveau Réalisme, cette table rase dont témoignent si bien les monochromes de Klein, ont en fait pris naissance dès le milieu des années 50. Montrer Yves Klein, mais aussi tous ceux qui à la même époque partageaient la même conviction d'un art monochrome – de Rauschenberg à Fontana ou Uecker – permettait de resituer dans leur contexte historique des œuvres qui n'ont souvent été lisibles que dix ans plus tard. Cet ensemble d'œuvres monochromes se devait de clôturer l'exposition, lui donnant ainsi une dimension prospective qui correspond bien à l'esprit même des années 50, où s'établit, sur les ruines d'une civilisation, l'utopie d'une nouvelle culture. Paradoxalement, la juxtaposition de ces œuvres monochromes – le bleu de Klein, le vert de Fontana, le rouge d'Aubertin, le blanc de Manzoni – donnait à cette salle une gaieté polychrome qui n'est pas sans évoquer les dernières peintures de Léger. Par contraste, il est alors devenu évident que la première salle devait réunir les œuvres des artistes qui, dans la première moitié des années 50, avaient volontairement limité leur gamme colorée au seul usage du noir et du blanc.
Le caractère dramatique de ce contraste était à la fois révélateur d'un climat encore proche de la guerre et, sur le plan formel, d'une ascèse colorée. Comme dans le cas du cubisme analytique, celle-ci accompagnait une mutation fondamentale du travail d'artistes qui, pour la plupart, expérimentaient à ses débuts l'abstraction gestuelle.
A partir de ces deux salles – celle des monochromes et celle du noir et blanc – pouvait alors se concevoir une exposition qui ne s'organise plus en terme de problèmes de chronologie, de succession de groupes et de mouvements mais s'articule essentiellement à partir des problèmes plastiques communs aux artistes, montrant comment au-delà des groupes, des tendances et des nationalités, les peintres sont au même instant sensibles à une interrogation que leur adresse la peinture qui les a précédés et comment chacun y répond selon son propre style, suscitant une cohérence de l'époque qui dépasse de loin les différences stylistiques.
Dès lors, l'exposition pouvait se concevoir comme une tentative pour établir, par delà les clivages d'écoles ou de groupes, de nouvelles classifications et tenter une relecture de cette période en

s'attachant plus aux œuvres mêmes qu'à l'histoire.

Comment l'exposition articule-t-elle cet axe noir-blanc/couleur avec celui figuration/abstraction?
Ce ne sont pas des axes, ce sont plutôt des termes. Une exposition est un parcours, qui par lui-même propose un mode de lecture des œuvres exposées. Les artistes ne travaillent pas en fonction du regard futur des historiens et la création a lieu en effervescences parallèles, sur plusieurs plans, avec des contrepoints, des réponses, des décalages, mais selon une synchronie dont il est visuellement difficile de rendre compte. Pour tenter de traduire cette progression, l'hypothèse fut un temps retenue d'articuler l'exposition année par année, en focalisant chaque partie sur un artiste ou une exposition. Mais plus encore que les difficultés objectives de retenir, comme emblématique, telle exposition plutôt que telle autre pour une année donnée est apparu le risque d'une grande confusion pour le visiteur.
Rendre compte de cette alternative majeure que fut dans les années 50 le dilemme figuration/abstraction, ne pouvait se faire, dans le parcours des salles, que par une évidente solution de continuité, c'est-à-dire en cherchant le point de contradiction maximale. Ainsi, au centre de l'exposition, existe un instant où l'on passe d'une forme d'expression à une autre totalement différente: après le cinétisme, dont les commencements sont un des points extrêmes de l'expression abstraite à la fin des années 50, prend place la peinture politique, problème constant pour un certain nombre d'artistes de cette décennie, avec des œuvres qui vont des *Massacre en Corée* de Picasso aux toiles peintes par Fautrier lors de l'invasion de Budapest en 1956, images tragiques de toute cette période.

Comment avez-vous choisi les artistes?
Dans la mesure où tout artiste vivant et qui a vécu cette période se sent logiquement concerné, c'était un problème fondamental. Il était vain et contraire à l'esprit de notre réflexion de vouloir être exhaustif. C'est ce que veut souligner le sous-titre de l'exposition: «Quelques problèmes de l'art contemporain». Cela sous-entendait aussi l'absence d'un certain nombre d'artistes, dont certains ont été – ou sont devenus – des figures majeures de l'art.
Pour ces raisons n'ont été retenus, par exemple, que les artistes apparus dans les années 50 et ceux déjà célèbres dont l'œuvre a, pendant cette période, subi de profondes mutations, tels Matisse ou Léger. Rendre compte des développements du travail de tous les maîtres d'avant-guerre — de Braque, Laurens ou Lipchitz à Max Ernst, Miró ou Arp — imposait de leur consacrer la plus grande part de l'exposition, même si ces années furent pour eux celles de l'aboutissement plus que de la découverte.

A l'inverse, Léger et Matisse remettent alors totalement en question leur approche de la peinture. Ainsi les gouaches découpées de Matisse, qui ont certes quelques rares antécédents avant-guerre, comme la petite esquisse de *La Danse* conservée au musée Matisse de Nice, sont un phénomène caractéristique des années 50, et ont joué un rôle catalyseur par rapport à la création contemporaine. Il est certain que nombre de peintres abstraits géométriques ont vu, dans l'audace avec laquelle Matisse mettait en contact des plans de couleur pure, une incitation vers ce que l'on a appelé le *hard-edge*, par exemple. Le choix des artistes s'est donc effectué en fonction de ce critère d'apport particulier, même si cette contribution nous est parfois plus perceptible aujourd'hui qu'elle ne le fut en son temps.

Comment présentez-vous les «anciens» par rapport aux nouveaux? Les mettez-vous sur le même plan?

Dans la mesure où les artistes sont présentés en fonction de leur apport, l'égalité s'imposait. Les «anciens» par ailleurs sont peu nombreux: il n'y a guère que Léger, Matisse et Picasso, si l'on se réfère à la génération des fauves et des cubistes. Ces deux derniers introduisent d'ailleurs la première salle consacrée à la peinture en blanc et noir. Picasso a en effet peint deux versions d'un même tableau *La Cuisine*, l'une avec un graphisme noir sur fond blanc, l'autre utilisant la même composition dans un camaïeu de gris et de noirs. A la même époque, Matisse réalise au pinceau sur papier cette extraordinaire série de dessins à l'encre dont lui-même écrivait: «J'ai remarqué que les dessins au pinceau et en noir contiennent en réduit les mêmes éléments qu'un tableau en couleur, c'est-à-dire le différenciation de la qualité des surfaces dans une unité de lumière.» Ces deux maîtres «ouvrent» donc en quelque sorte l'exposition et cela correspond, me semble-t-il, assez bien au caractère de figures de référence qu'ils ont alors pour les jeunes peintres aussi bien en France qu'aux États-Unis. Picasso se retrouve également dans la salle consacrée au problème de la peinture politique avec *Massacre en Corée* et Matisse est à nouveau présent avec les gouaches découpées dans une salle où il est confronté aux derniers tableaux de Léger — ceux où le dessin et la couleur se dissocient — et aux mobiles de Calder montrant ainsi, à travers des styles et des appréhensions de l'art très différentes, une même imagination de la forme colorée dans l'espace. Ainsi les «anciens» ne sont-ils présents qu'en fonction d'une problématique très précise de laquelle ils participent au même titre que les «modernes».

Comme souvent pour les périodes de transition, les œuvres «des années 50» sont mal aimées par les uns, très chéries par d'autres. Un climat de

réhabilitation est dans l'air à l'initiative des galeries. Comment allez-vous défendre votre point de vue très sélectif?

Il est sûr que s'est créé, ces derniers temps, autour des années 50 un effet de mode. Mais la nostalgie ne change pas la nature des œuvres. Comme à l'époque, l'intérêt de celles-ci est plus ou moins grand. Accepter tout ce qui s'est fait à une période donnée au nom soit de l'intérêt sociologique, soit d'une curiosité d'antiquaire est d'une certaine façon une solution de facilité: le recul historique ne donne pas aux œuvres la qualité qui leur manquait lors de leur création. Il nous a semblé plus juste de montrer d'une part des œuvres qui en leur temps ont joué un rôle capital, d'autre part celles qui, passées alors plus ou moins inaperçues, se sont révélées le ferment de développements ultérieurs (c'est le cas par exemple de Twombly ou d'Arnulf Rainer). Limiter le nombre d'artistes présentés, même si cela s'est révélé difficile, permettait de mieux saisir les enjeux de l'époque. De même, pour le choix des œuvres, une préférence a été donnée à celles qui présentaient un caractère inattendu, qui échappent à l'image parfois stéréotypée que l'on peut avoir du travail de l'artiste, ceci afin de tenter de mettre le visiteur dans une situation où il dépasse ses jugements a priori et *voit* l'œuvre du peintre plus que sa signature.

Il faut, par ailleurs, mentionner le cas particulier qui est celui du réalisme socialiste et qui est totalement exclu de l'exposition.

Certains pourront s'offusquer que Fougeron ou Tatlisky, compte tenu de la notoriété qui fut la leur, soient absents. Là encore, il nous a semblé que l'intérêt historique ne suffisait pas à placer leurs œuvres à parité avec celles de Matisse ou de Picasso, de Pollock ou d'Yves Klein. Cela induisait une confusion des critères de valeurs qui est parfois l'un des effets pervers des expositions.

Cette absence du réalisme socialiste ne va-t-elle pas relancer inutilement le débat sur la peinture engagée?

Il ne faut pas confondre le débat sur l'art engagé avec celui du réalisme socialiste, même si certains se sont appliqués à faire croire qu'il s'agissait du même. Peindre des œuvres ayant une portée politique fut l'un des problèmes auxquels ont été confrontés les créateurs de cette époque et le catalogue en rend largement compte. Dans l'exposition même, la question est traitée à travers les œuvres de quatre artistes, révélatrices de positions politiques différentes et inventant des images qui à la fois répondent à leur engagement et à leur écriture propre. Le *Massacre en Corée* de Picasso, «répond» à un programme politique à la façon dont Enguerrand Quarton acceptait, en commande, un *Couronnement de la Vierge*. Mais dans les deux cas, la qualité plastique transcende le sujet «imposé». Ceci est évident avec Lam ou

Matta qui donnent à leur œuvre une signification politique précise, sans renoncer à rien de ce qui est le propre de leur peinture.

Avec Fautrier, il en est de même, mais cette fois-ci l'engagement politique ne se situe plus du même côté puisque *Les Partisans* ont été peints en 1956 lors de l'invasion de Budapest par les troupes soviétiques. Dans cette série d'œuvres qui, plus de dix ans après *Les Otages*, en reprennent le principe, commentant chaque tête, avec une ironie vengeresse, d'un vers du poème de son ami Paul Éluard : *Liberté*, Fautrier a montré que le parti communiste n'a pas, à cette époque, l'exclusivité de l'engagement.

Cette juxtaposition de quatre artistes confrontés à quatre «instants» politiques décisifs – la guerre de Corée, l'exécution des époux Rosenberg, l'invasion de Budapest, la révolution cubaine – est sans doute, dans sa concision, plus significative qu'un défilé d'artistes, qui n'ont finalement fourni que l'imagerie de la politique, sans jamais atteindre à la peinture.

Les années 50 : «Quelques problèmes de l'art contemporain». Quel est le sens du sous-titre et comment voyez-vous les effets de cette peinture dans l'art contemporain aujourd'hui ?
Certaines des œuvres des années 50 sont devenues des actes fondateurs de notre modernité. On pourrait citer aussi bien les gouaches découpées de Matisse, que les dripping de Pollock, la peinture de Dubuffet que la sculpture de Giacometti. Le contexte de cette exposition permet donc de voir à la fois comment elles s'inscrivaient dans leur temps et comment, aujourd'hui, elles participent du nôtre.

A côté de ces «œuvres mères», il y a toutes celles qui annoncent, sans avoir su les accomplir pleinement, certains aspects de l'art contemporain. On peut penser que le regain d'intérêt qui se manifeste pour les années 50 aussi bien chez les jeunes artistes que dans le marché de l'art, traduit peut-être une interrogation sur l'origine de nos formes et de nos moyens d'expression. Or cette époque a été moins étudiée que celles qui l'ont précédée ou suivie. L'idée de l'exposition est d'offrir un retour aux sources. Sans vouloir établir un parallèle écrasant, cette manifestation, dans ses limites, voudrait proposer pour cette décennie un bilan comparable à celui que Jean Cassou avait dressé avec «Les sources du XXᵉ siècle».

Que pensez-vous du principe de pluridisciplinarité adopté pour cette exposition et qui va mettre tous les espaces du Centre à l'heure des années 50, chaque discipline faisant l'objet d'une exposition individuelle ?
Les expositions pluridisciplinaires qui ont été la grande innovation créatrice du Centre Georges Pompidou à sa création, il y a dix ans, ont proposé en effet la plupart du temps (à l'exception de «Paris-New York») un mode de lecture croisée mêlant peinture, architecture, littérature, musique... Cette conception très nouvelle permettait d'aborder une époque dans tous ses développements. Mais plus que de traiter chacun de ces aspects en continu, la Grande Galerie du Centre obligeait de juxtaposer de brèves séquences et d'entremêler chacun des sujets. A cet égard, la peinture se voyait moins pour elle-même que comme un document parmi d'autres sur l'état de la création. La formule éclatée dans le Centre telle qu'elle a été retenue pour les années 50 ne renonce en rien à ce caractère pluridisciplinaire mais invite le visiteur à investir le Centre tout entier, permettant à chaque département, non seulement de disposer d'un espace plus vaste mais surtout d'organiser son parcours en un discours continu et cohérent.

Ce jeu d'échos entre les modes de création peut être passionnant, mais il est certain qu'il n'existe pas toujours la même résonance entre les différentes expressions artistiques d'une époque. Si l'on peut établir des liens très profonds entre la pensée de Bergson, l'impressionnisme et la musique de Debussy, par exemple, cela ne sous-entend pas que la chose se produise à chaque période. Même si les artistes, les penseurs, les créateurs, les écrivains sont déterminés par l'époque qui est la leur et s'ils répondent aux mêmes stimuli intellectuels, il n'y a pas forcément coïncidence entre leurs créations. Ainsi, dans les années 50, nombre de peintres se préoccupent des ressources du matériau pictural même, ce qui n'est pas sans rapport avec les recherches de certains écrivains et en particulier ceux du Nouveau Roman. Mais ceci est bien différent de l'attention portée par les designers de la décennie aux formes biomorphiques initiées par Arp et Miró dans l'entre-deux-guerres. Seul le principe d'expositions parallèles retenu permet de rendre compte d'une situation aussi complexe, sans lui fournir, par sa mise en espace, une cohérence artificielle.

Cette exposition sur les années 50 correspond-elle à votre projet idéal sur cette période ?
Toute exposition est une adaptation, compte tenu des prêts obtenus, des moyens de financement... Comme les autres, «Les années 50» ne coïncide pas absolument avec son concept initial. Certains prêts, du fait de la fragilité des œuvres n'ont pu être obtenus. Si la plupart des prêteurs contactés se sont montrés magnifiquement généreux – qu'ils en soient remerciés – quelques-uns se sont, hélas, montrés irréductibles.

C'est au public qu'il appartient de dire, en dernier recours, si l'exposition proposée est bien ce parcours critique, cette lecture active que nous avons voulu faire dans un moment capital de la création, comme un moyen pour mieux comprendre les sources de l'art d'aujourd'hui.

PROPOS RECUEILLIS PAR CATHERINE LAWLESS.

ÉCOLE DE PARIS : UN ESSAI DE REDÉFINITION

BERNARD DORIVAL

LES premières années du XXᵉ siècle ont été, en peinture, tellement cruciales que les années 1940-1960 n'ont guère pu, à Paris, que développer ces prémices, ce qui ne veut pas dire qu'elles aient été répétitives : le XVIᵉ siècle italien a continué le Quattrocento et n'en a pas moins fait œuvre originale. Le temps n'est pas encore venu où l'École de New York partira en croisade contre la française. Cette dernière vivra donc son bel automne — un automne au cours duquel elle produira les fruits foisonnants d'un néo-expressionnisme, d'un néo-surréalisme, d'un post-cubisme mâtiné de fauvisme, d'un épanouissement de l'art abstrait (des arts abstraits, serait-il plus juste d'écrire) —, sans compter celui de personnalités qui ne se rangent pas dans ces catégories comme celles de Zao Wou Ki et de Mme da Silva, etc.

DU FIGURATIF AU NON-FIGURATIF

Si l'expressionnisme est la caricature passionnée et tragique qui définit l'art de Rouault et de Soutine, il faut voir en lui une des idées-forces de la peinture de notre temps : un Gruber relève de cette peinture expressionniste. Favorisée par la sympathie du public qui s'accroche à ce qu'il y reste de réalisme ; encouragée par des critiques tels que Jean Bouret, auteur du *Manifeste de l'homme témoin*, lancé en 1948 ; trouvant un théâtre fort achalandé dans le Salon des Peintres témoins de leur temps, cette tendance expressionniste, face au raz de marée non figuratif et abstrait, a défendu alors les droits de la figuration. Le surréalisme présente des ressemblances avec l'expressionnisme. Seulement, il fait la place plus belle au subconscient, à l'inconscient et, en regardant par leur «fenêtre» — l'image est d'André Breton lui-même —, son adhérent entre dans un monde fantastique que l'expressionnisme n'avait

guère exploré. Des formes étranges, inconnues, nouvelles peuplent sa peinture, d'autant plus déroutantes qu'il les suscite plus froidement, plus objectivement, comme mieux vues à distance et plus extérieures, plus étrangères à lui. Ainsi chez deux étrangers fixés à Paris et deux Français : le Cubain Wilfredo Lam, le Chilien Matta, et les Français, Balthus et Dubuffet, le premier plus sensible à l'érotisme, au mystérieux du quotidien et à la représentation traditionnelle des personnages et des objets, le second à la suite de Chaissac, fils spirituel de dada autant que du surréalisme, plus porté vers l'humour, la fantaisie grinçante, l'anti-art, et les trouvailles inédites d'un métier qui se réclame ouvertement de l'avant-garde.

Expressionnisme, surréalisme : aux rapports déjà indiqués entre eux s'ajoute un autre dénominateur commun : leur attachement au figuratif, qu'ils ne se font pas scrupule toutefois à déformer. L'attachement à une figuration également interprétée avec audace caractérise aussi l'art de très nombreux peintres que j'appellerai «irréalistes». Mais c'est moins pour traduire leur vision personnelle qu'ils se refusent à respecter et à copier le monde extérieur que pour en plier l'image aux exigences du tableau. Avec eux, c'est la tradition des cubistes et des fauves qui est revendiquée, et leur esprit qui se réveille. Ce phénomène apparut avec l'Occupation. D'une part, le bouleversement provoqué par la guerre et par la défaite, en procurant brutalement le recul indispensable, transformait soudain en maîtres, et en maîtres classiques, des artistes hier encore contestés, refusés, comme Matisse, Picasso, Braque, entre autres. Et puis ne suffisait-il pas que la France fût occupée par des gens qui faisaient profession d'abhorrer l'«*entartete Kunst*» pour qu'éclatât clairement la nécessité de revendiquer l'héritage de cet «art dégénéré»? Il n'était que de reprendre la tâche là où fauves et cubistes l'avaient abandonnée. Dès juin 1941, s'ouvrit donc l'exposition qui s'intitulait avec une crânerie provocante «Exposition des Jeunes Peintres de tradition française» et qui — ironie du hasard! — se tenait juste auprès de la Kommandantur, dans le magasin de l'Alsacien Braun, au coin de la rue Louis-le-Grand et de l'avenue de l'Opéra.

Organisée principalement par Bazaine, réunissant certaines de ses toiles ainsi que celles de peintres tels que Lapicque, Gischia, Pignon, Estève, Manessier, Singier, Le Moal, etc., cette exposition proclamait le sursaut de l'art d'avant-garde. La tradition cubiste et celle du fauvisme étaient assumées par ses participants qui s'efforçaient de concilier la couleur éclatante et totalitaire de Matisse avec la construction des cubistes, leur multiplication du point de vue, leur architecture si stricte du tableau.

Mais cette peinture évolua rapidement, dont les champions suivirent des routes différentes. Certains, comme Pignon ou Lapicque, se refusant à renoncer au figuratif, persévérèrent dans cette interprétation déformante du réel.

D'autres, en revanche, glissèrent rapidement vers la non-figuration, à laquelle ils parvinrent aux environs de 1948.

Non-figuration, écrivons-nous, et non pas abstraction. C'est qu'en effet il nous paraît important de ne pas les confondre : d'un côté, des peintres — je parle des abstraits — qui créent leurs œuvres sans se préoccuper le moins du monde de la réalité, en voulant même l'ignorer ; et de l'autre — celui des non-figuratifs —, des artistes sensibles aux spectacles que leur offre le monde extérieur, attentifs à ses apparences, qu'ils interrogent souvent dans leurs dessins, leurs aquarelles, leurs études ; mais c'est pour s'en dégager dans leurs tableaux achevés où plus rien ne rappelle (ou si peu) cette réalité extérieure. D'un côté, la volonté et le besoin de ne rien tirer que de soi ; de l'autre, la conviction qu'il ne faut pas cesser de dialoguer avec le monde, d'y retrouver des forces neuves, comme Antée au contact de la terre maternelle.

Mais à quoi bon, alors, cette interprétation si poussée de la nature qu'elle n'offre plus, au terme de ce travail, de figure identifiable et en devient non figurative? La raison principale de ce processus est que les adeptes de l'art non figuratif savent bien que le monde extérieur, tel qu'il se présente à leurs yeux, ne leur offre que des apparences illusoires, des reflets, tout au plus, des réalités qui se cachent derrière elles. La peinture ne pouvait donc plus se satisfaire de la reproduction de ces phénomènes qui ne sont rien. D'autant que, parmi tout ce que le monde extérieur propose à nos sens et à notre esprit, les choses sont légion dont nous avons l'expérience et qui ne peuvent faire l'objet d'une représentation figu-

rative. Quoi de plus réel, par exemple, que le vent? Mais quoi de plus inexprimable par le truchement, du moins, des images traditionnelles? Dès lors, n'est-il pas légitime d'adopter d'autres moyens pour le traduire, le signifier, par un système de signes inhérents à la peinture même : lignes, couleurs, rythmes appropriés? C'est ce qu'ont pensé les peintres non figuratifs, un Bazaine, par exemple, dans son *Vent de mer* du Musée national d'art moderne.

Et dans l'homme également, il y a nombre d'expériences que les procédés habituels de la traduction figurative sont incapables d'exprimer. Ainsi, nos expériences auditives. Pourquoi, dès lors, n'avoir pas seulement recours aux moyens strictement picturaux qui sont suffisants — mais nécessaires — pour obtenir le résultat cherché? Ainsi procédera Manessier, quand il voudra traduire sur la toile l'émotion suscitée en lui par l'audition, un Vendredi saint, de l'*Office des ténèbres*. Toute une gamme — illimitée — de sensations, de sentiments, d'idées, d'intuitions est susceptible d'une expression plus adéquate dans le langage du non-figuratif que dans celui du recours aux images habituelles du monde extérieur. Ainsi, plus que le refus de l'imitation de la nature, le système non figuratif apparaît-il pour eux et chez eux son approfondissement. Ainsi, aussi, diffèrent-ils de leurs collègues «abstraits».

LA NAISSANCE DE «COBRA»

Ce n'est pas le lieu de rappeler ici les origines de la peinture abstraite. Mais peut-être n'est-il pas inutile de souligner son prodigieux développement après 1945, qui contraste si fort avec la place sans cesse plus réduite qui avait été la sienne de 1925 à 1939. Elle semblait vouée à l'extinction quand, soudain, elle prit une croissance inattendue.

C'est d'abord sa modalité «géométrique» qui, pendant quelques années, est à l'ordre du jour. La galerie Denise René en est le haut lieu, la revue *Art d'aujourd'hui*, la tribune, les critiques Michel Seuphor, Léon Degand et Charles Estienne, les hérauts, les peintres Dewasne, Deyrolle, Vasarely, les recrues les plus remarquées. Fondé en 1950 par Dewasne et Pillet, l'Atelier d'art abstrait s'en fait, pour quelques années, l'organe de diffusion. Mais déjà le reflux avait commencé. Aussi rapide dans ses dégoûts que dans ses engouements, Paris avait prêté une oreille attentive à la philippique de Charles Estienne qui, dans sa brochure : *L'art abstrait est-il un académisme?* dénonçait la sclérose de ce post-néo-plasticisme. A partir de 1953 environ, son heure est passée, à laquelle succède celle de l'expressionnisme abstrait.

C'est aux États-Unis qu'il faut aller chercher l'origine de cette modalité nouvelle de la peinture abstraite, mais à des États-Unis fortement japonisés ou sinisés, où quelques artistes avaient prêté l'oreille aux sortilèges de l'Extrême-Orient : ainsi, parmi d'autres, le Français Masson et l'Américain Tobey. Ce qu'ils y considéraient, c'était surtout la peinture de style zen et, plus encore, la calligraphie. Le panthéisme de l'une avait de quoi leur plaire, ainsi que le mystère de l'autre (mystère pour eux du moins, qui ne savaient pas déchiffrer ces idéogrammes), sans oublier l'autorité de geste, la sûreté de la main, et ce mélange de mécanisme et de réflexion, de spontanéité et de science, de subjectivité et d'objectivité que suppose le tracé de cette écriture. Aussi assiste-t-on en 1950-1955, à Paris, à un véritable néo-japonisme, ou, plutôt, à un nouvel engouement pour la culture de l'Extrême-Orient, dont témoignent aussi bien un peintre comme Hartung qu'un écrivain comme Étiemble.

De l'amalgame de ces diverses influences sortit une nouvelle peinture, abstraite par son refus d'avoir recours aux réalités extérieures, expressionniste par sa subjectivité et son allure de confession passionnée.

D'autres idées-forces s'y ajoutèrent, venues du vieux romantisme, et bien propres à reprendre vigueur dans cette France angoissée, consciente de sa faillite et de son impuissance : ainsi l'exaltation de l'inspiration, qui s'est métamorphosée en superstition de la valeur du geste.

D'autant que le terrain y avait été préparé par des recherches d'artistes qui, dès avant l'arrivée de la marée américaine, avaient travaillé dans le sens de cet expressionnisme abstrait. Deux peintres y avaient préludé : un Français, Fautrier, dont la carrière — il n'est pas indifférent de le noter — s'était placée dans ses débuts sous le signe de l'expressionnisme figuratif ; et un Allemand réfugié, Wols, dont une mort prématurée allait interrompre trop tôt la production.

Introduit à Paris aux environs de 1950, l'expressionnisme abstrait y acquit vite droit de cité. Dès 1953, un critique parle de «tachisme» à propos d'une exposition de la galerie Craven. Sans doute, la *tache* n'est-elle qu'un aspect extérieur de cet art. Sa vérité se trouve dans l'intention qui préside à cette facture spontanée par tache, à ce refus de la construction, à cette idolâtrie du geste immédiat, à cet abandon aux forces irraisonnées, irrationnelles, instinctives d'une subjectivité pathétique.

Apparentée au tachisme, la peinture informelle ne tardera pas à s'imposer à l'attention du public parisien, amusé par les manifestations tumultueuses de tels de ses champions, dont Mathieu. Des mouvements satellites surgissent un peu partout. Ils se produisent dans le Salon des réalités nouvelles, dans l'éphémère Salon d'octobre et le durable Salon de mai, ainsi que dans nombre de galeries telles que la galerie Rive Droite, la galerie Stadler, le studio Facchetti, etc., et sont fêtés dans la presse par Michel Tapié, Julien Alvard, Pierre Restany, Michel Ragon, etc.

Ce fut ainsi qu'en 1951 eut lieu la première manifestation parisienne d'un groupe de jeunes peintres danois, hollandais et belges qui, extrayant du nom des capitales de leurs pays respectifs les deux premières ou la première lettre, avait baptisé du nom de «Cobra» le mouvement qu'ils animaient. Jorn, Appel, Corneille, Alechinsky en étaient les principaux représentants. Se donnant comme l'insurrection du vieux romantisme septentrional contre l'équilibre français, trouvant principalement aux Pays-Bas et en Belgique des encouragements officiels, des mécènes et une large audience, Cobra avait fait précéder sa manifestation parisienne d'une exposition au Stedelijk Museum d'Amsterdam, et lui fit succéder une exposition au palais des Beaux-Arts de Liège. Quelques Français furent en coquetterie de façon plus ou moins éphémère avec lui : Doucet, Arnal, voire Atlan, qui s'en éloigna rapidement. Ce fut plutôt Paris qui fascina ces promoteurs d'un art qui lui avait déclaré la guerre. Alechinsky, Corneille, Appel lui-même y ont finalement établi leurs pénates.

Les années 1955-1960 assistaient ainsi au retour en faveur de l'esprit de dada, où le goût de la dérision se mêle à celui de la métamorphose, et le défi à une sorte de besoin d'angélisme : faire des choses autre chose que ce qu'elles sont, quelle tentation et quel pas fait sur le chemin susceptible de conduire l'homme vers une manière de vice-divinité !

Réunis, en 1960, par le critique Pierre Restany dans une manifestation qu'il plaça à Milan sous le titre — éminemment amphibologique — de «Nouveau Réalisme», des artistes tels que Niki de Saint Phalle, Raysse, Deschamps, Christo, Hains, Villegli, Rotella, Aman, Yves Kein, surtout, sont à la fois en réaction contre l'expressionnisme abstrait et dans la ligne de la tendance. Pierre Restany peut bien, dans son *Manifeste du nouveau réalisme*, dénoncer «l'usure signifiante du geste d'Action Painting [...] les excès du tachisme en épaisseur [...] l'humour naturaliste dérivé de l'art brut [...] l'ambiguïté de l'informel» ; les adhérents de la nouvelle école n'en partagent pas moins la conviction qu'avant d'être création esthétique la peinture est affirmation d'une certaine éthique, prise de possession et confession de soi ou, plutôt, de ce qui, dans l'homme, est irrationalisme, mépris de l'intelligence, refus de la volonté, forces obscures des profondeurs et moins intuition que viscéralité.

Mais d'autres peintres se sont tenus à l'écart de l'abstraction géométrique et de l'expressionnisme abstrait, ne trouvant pas de quoi satisfaire là leur besoin d'élaborer un langage plastique à la fois libre et nouveau, et ici la nécessité intérieure qui les pressait de s'exprimer d'autant mieux eux-mêmes que cette expression serait plus aboutie et mieux réalisée. Un geste, semblent-ils avoir tous pensé confusément, ne saurait définir un homme. L'homme est plus qu'un mouvement, fût-il celui d'un moment privilégié. Il est une intériorité, une intériorité complexe et qui n'est pas moins elle-même dans sa sensibilité, sa raison, son intelligence, son «cœur» (au sens pascalien) que dans l'accident éphémère d'un geste. Et c'est tout l'homme que la peinture doit exprimer.

Cette attitude s'inscrivait trop dans la ligne de la tradition pour n'avoir pas eu toutes ses chances à Paris. De fait, c'est à Paris qu'elle rallia le plus de peintres, et qu'elle s'enracina dans le Salon de mai et dans de nombreuses galeries, éphémères ou plus durables, comme la galerie Lydia Conti, la galerie de France, la galerie Maeght, la galerie Carré, la galerie Jeanne Bucher, etc. En relevèrent la peinture d'un artiste — un grand artiste — trop tôt disparu, Nicolas de Stael, et celle, après

lui, d'Olivier Debré, Marfaing, Dimitrienko, vedettes, vers 1960, d'une tendance qui devait rapidement laisser le devant de la scène à d'autres mouvements : la peinture française, de 1940 à 1960, est un perpétuel devenir.

Devenir si prompt qu'à peine un fait s'y était-il produit qu'il était déjà supplanté par un autre. Que ce soit là notre excuse, si, dans ces pages, nous n'avons pas mentionné — tant s'en faut — tous les mouvements picturaux qui ont coexisté ou se sont succédé de la fin de la Seconde Guerre mondiale jusqu'en 1960. Nous ne prétendions pas, en écrivant ces pages, rédiger une histoire de la peinture d'aujourd'hui, mais seulement esquisser une manière d'évocation de phénomènes aujourd'hui historiques.

Vernissage de l'exposition «École de Paris»
à la galerie Charpentier, en 1954.

L'ÉCOLE
DE NEW YORK

ENTRETIEN AVEC CLEMENT GREENBERG

VOYEZ-vous les débuts de l'art américain de la même manière maintenant que lorsque vous l'avez défendu par vos écrits? Pensez-vous avoir omis certaines choses?
J'ai fait certaines erreurs. Mais je ne crois pas avoir omis des informations. Peut-être que je me trompe. Mais personne, rien, ne m'a été fait remarqué sur les années 50 que j'aurais négligé. Je n'ai pas écrit sur toutes les choses que j'aimais, mais dans l'ensemble je reste d'accord avec ce que j'ai dit. Ce qui me paraît important, c'est que pour la première fois la peinture américaine, et la sculpture, étaient de premier ordre. Je tiens à marquer cette différence entre art de premier ou de second ordre. Car il y avait ici, en Amérique, de l'art tout à fait convenable depuis le milieu du XIXe siècle, tout comme en Allemagne, en Angleterre ou en Italie (je parle naturellement du XIXe siècle). Mais comparé à l'art français, tout cela était secondaire. L'art important se faisait en France.

Comment un tel changement est-il survenu si soudainement?
Ce n'est pas arrivé d'un seul coup. Dans les années 30, un groupe de jeunes artistes est devenu petit à petit plus ambitieux. Ils ne voulaient plus se satisfaire de penser, comme me le disait un jour un très bon peintre américain: «Vois-tu, je ne suis pas aussi bon que Bonnard.» Pas aussi bon que les grands types de Paris, c'était l'attitude américaine à l'époque — et je ne fus pas surpris alors, c'était en 1943-1944. Tout artiste américain se devait de garder un œil sur Paris.

Quand est-ce que cela a changé?
A la fin des années 40 avec les expressionnistes abstraits. Dès les années 30, on voyait plus de bon art contemporain à New York qu'à Paris ou ailleurs. L'argent américain n'y était pas pour rien. Les collectionneurs américains avaient commencé à acheter Matisse avant les Français, et ils étaient le marché principal de Miró. Kandinsky vivait à Paris, mais quand j'y suis allé en 1939,

on connaissait son nom, mais on n'avait vu que des reproductions. Même chose pour Klee. A Paris, Matisse faisait «vieux jeu». Je pense que la culture artistique des jeunes artistes ici était plus développée que n'importe où ailleurs. On s'y connaissait mieux. Nous avions vu Matisse, Klee, Kandinsky, Miró, Picasso, *Les Cahiers d'art*. Tout le monde, Gorky le premier, courait acheter le dernier numéro des *Cahiers d'art* pour voir ce que Picasso, Braque et tutti quanti avaient fait récemment. Et bien entendu, ils ne voyaient que des reproductions en noir et blanc. C'était très bien car ainsi ils ne réalisaient pas à quel point les couleurs de Picasso sont affreuses. Picasso, qui n'avait jamais rien eu d'un coloriste, était sur une mauvaise pente, de toute manière, depuis le milieu des années 20.

Ces artistes, intéressés par la France, avaient-ils voyagé en Europe?
Non. Gottlieb était je crois le seul à s'y être rendu, et David Smith. De Kooning, c'est un autre problème. Motherwell, oui, mais je crois beaucoup plus tard. Là je parle du début des années 40.

En quelque sorte, leur connaissance de l'art européen s'était faite beaucoup par des reproductions.
Oui, en grande partie.

Quand êtes-vous venu en Europe la première fois?
En 1939, je travaillais pour les douanes. J'ai commencé par m'intéresser à la peinture ancienne; le passé d'abord, que je sois à Paris, au Japon ou aux Indes. Mais j'ai vu aussi de jeunes artistes. Les Arp, Hans Bellmer, Georges Hugnet...

Pendant la guerre, beaucoup se rendirent aux États-Unis. Est-ce cela qui a déclenché le départ de l'art américain?
Non, ça c'est un mythe. Fin des années 30, ici à New York, quelqu'un comme David Smith était déjà sur sa voie. Quand les artistes réfugiés sont arrivés, en 1940-1941, c'était en marche. Et de

toutes manières, les seuls qui eurent un réel contact avec eux furent Gorky et Motherwell. Les autres les ont peut-être rencontrés une ou deux fois...

Masson, par exemple, vivait dans le Connecticut. Il ne se montrait pas beaucoup et a eu lui-même très peu de contacts. Je ne l'ai rencontré qu'une fois et l'ai trouvé très sympathique. Son art a eu de l'effet, même sur des gens qui croyaient ne pas l'aimer, comme Hoffmann, et assurément sur Pollock. Je pense qu'il a fait ses meilleures peintures ici, mais voilà un artiste qui ne s'est pas réalisé, et c'est dommage. Il aurait dû s'installer ici. Je suis sérieux et ne dis pas cela par chauvinisme ; mais je pense qu'il aurait été plus libre.

Qu'elle est pour vous la différence, alors, entre la peinture américaine et la peinture française ?
Les Américains sont sortis de la «boîte» très bien faite. Par boîte, je veux dire le rectangle encadré, fermé. Leur surface, leur matière aussi les rendaient différents.

Quel est donc le moment décisif du changement ? Et comment classeriez-vous les expressionnistes, maintenant, avec le recul du temps ?
Pour l'art américain, c'est plutôt la seconde moitié des années 40 qui est importante. Mais il est vrai que c'est vers 1953-1954 que commence à triompher l'expressionnisme abstrait. Pourtant, à cette date, la plupart des artistes du mouvement avaient passé leur meilleure époque. Vous savez, Pollock après 1952, ça tombe. De Kooning, à partir de 1949 n'est plus jamais aussi bon. Rothko, ça baisse après 1955 et Kline, ça s'arrête en 1953. Newman avait fait son meilleur travail en 1950-1951, et puis il arrête de peindre. Still, lui, n'est plus bon après 1950. Et Gorky était mort. Un qui continuait, et qui continue encore, c'est Motherwell. Il est bien meilleur que ne le pensent les gens. On le prend trop pour un personnage et on oublie le grand peintre. Surtout, il y avait David Smith dont je pense que c'est le plus grand sculpteur américain, et je crois le meilleur dans le monde de sa génération. Il n'a commencé à être reconnu que dans les années 60. Et ensuite il est resté de premier ordre jusqu'au bout. Hofmann aussi, qui était plus important que tous les autres, excepté Pollock. Car si je continue de penser que Pollock est le plus grand, celui qui le suit de plus près, c'est Hofmann.
Et puis il y avait Gottlieb, dont le travail était de mieux en mieux. Pas assez reconnu, mais meilleur que Rothko. Ça scandalise les gens quand je dis ça... Gottlieb était si bête, l'une des plus stupides personnes que j'aie rencontrée : «bête comme un peintre» *(en français dans le texte).*

Pensez-vous que les années 50 apparaîtront comme une des périodes importantes de ce siècle ?
La première moitié, oui. Aussitôt après, la se-conde génération des expressionnistes abstraits est très mauvaise. Elle a produit une énorme accumulation de mauvaise peinture. Puis, dans les années 60 quelque chose se passe, en Amérique, sans qu'il soit possible de donner une explication satisfaisante : ça s'effondre. Le pop art, au début, a paru rafraîchissant, mais ce n'était pas d'un niveau très élevé. Des artistes comme Noland, Olitsky, ou Louis, eux, maintinrent le niveau.

Y avait-il des lieux où les artistes se retrouvaient ? Comment se voyaient-ils entre eux ?
Newman, Rothko et Still, formaient un groupe à part. C'était un peu ce que j'appellerai une faction. Ils se voyaient beaucoup et ne voyaient pas beaucoup les autres. Avec Gottlieb aussi, ils étaient quelque part *uptown*, du côté ouest. Ils ne venaient pas beaucoup *downtown*. Là c'était le groupe de la Huitième Rue, avec Gorky, De Kooning, Pollock, Motherwell, Kline. Il n'y avait pas de lieu de réunion ; ils se voyaient comme ça, l'un l'autre. Moi j'habitais Greenwich Village et j'étais plus proche du groupe de la Huitième Rue. Je connaissais De Kooning, Kline, Pollock, Motherwell avant de rencontrer Gottlieb, Rothko, Newman ou Still.
Le départ de l'expressionnisme abstrait, c'est Gorky, Pollock ; et les autres semblent arriver plus tard. Ils étaient plus âgés, mais ils mûrissent plus tard. La première peinture vraiment bonne de Rothko est de 1949 ; la première peinture vraiment sérieuse de Newman vient en 1949-1950. Still, ses meilleures œuvres sont de 1947-1948. Pollock, lui, avait trouvé sa voie vers 1942-1943. Gottlieb était là assez tôt aussi, vers 1942. Gottlieb a toujours été sous-estimé, mais lui, il vendait, parce que ses toiles faisaient «peinture de salon».

Que voulez-vous dire ? Était-ce plus européen, plus «français» ?
Disons traditionnel. Ça paraissait plus familier, plus propre et fini. N'oubliez pas que les expressionnistes abstraits se voulaient dans la tradition. Ils ne se voyaient pas comme des révolutionnaires. Ils voulaient être aussi bons que Picasso, ou Miró. Et égaler les maîtres anciens. Manet n'était pas un révolutionnaire, et certainement pas Cézanne.
C'est toute ma thèse sur la modernité et l'avant-garde. Manet, Flaubert, Baudelaire, ils voulaient être aussi bons que les meilleurs de leurs prédécesseurs. Mais ils n'arrivent pas à imiter le passé. De telle sorte qu'on peut dire que l'avant-garde est une opération de sauvetage de la tradition occidentale.

Quand vous parlez d'art européen, vous parlez d'art français. Y avait-il une réaction contre l'art français ?
Non, pas contre l'art français. D'ailleurs, la pre-

mière génération des expressionnistes abstraits ne connaissait pas les derniers développements de l'art français. Quand on en a finalement vu à la fin des années 40, on n'a pas été très impressionnés. Mais l'expressionnisme abstrait n'était pas une réaction contre l'art français. C'était au contraire la continuation de la tradition française. J'étais à Tokyo en 1966, envoyé par l'International Council du Museum of Modern Art, pour une exposition qui présentait vingt ans de peinture américaine. J'étais avec un Japonais très cultivé. Et quand il a vu les premiers Gorky, Pollock, il s'est écrié : «Oh ! comme c'est français.» Je lui ai dit, vous savez, ils sont morts, maintenant, mais ils auraient été si contents de vous entendre dire ça. Pas Newman, Still ou Rothko, qui eux se voyaient tout à fait américains. Surtout Still, qui pourtant sort tout droit de Miró !

Vous parlez souvent du cubisme. Quelle est son importance pour les artistes américains ?
C'est le cubisme qui a appris à construire à plat. En regardant Picasso, Gris, Léger aussi, mais moins, les artistes ont inconsciemment acquis une discipline, une manière de construire les choses. Gorky, Pollock, De Kooning, ils sont partis du cubisme synthétique, qui était dessiné plus que peint, dans lequel la ligne l'emporte sur la matière de la peinture. En anglais, nous avons le mot *painterly*, mais les gens ont déformé le sens ; et en français vous n'avez pas de mot. Alors je dirais *malerisch* pour designer cet insistance nouvelle sur la matière de la peinture qui a tant dérangé. Car c'est précisément cet aspect «malerisch», pâteux, de la peinture de Pollock qui a choqué les gens. Jusque-là, l'art abstrait était net, précis et dessiné, *«hard edge»*, avec Mondrian, les constructivistes, etc. Gorky lui-même fut choqué, avant de faire lui-même la même chose.
C'est cet aspect «malerisch» qui faisait expressionniste. Vous ne voyiez pas cela dans la peinture française... Nous étions plus sophistiqués de ce côté-ci de l'Atlantique que les artistes français contemporains.

Peut-être certains avaient-ils fait des efforts pour être plus didactiques ? Comme Alfred Barr, par exemple, au Museum of Modern Art ?
Oh ! non, il n'a pas eu la moindre importance avec ces artistes. Alfred Barr était quelqu'un de très bien, mais il ne pouvait pas suivre, de toutes manières... et ça l'ennuyait beaucoup. Il ne pouvait pas voir. Le Museum of Modern Art est venu tard à l'expressionnisme abstrait. Barr a choisi le mauvais Pollock quand il en a acheté un ; c'était leur deuxième. Il pensait que Newman était un peintre intellectuel, c'est dire ! C'est comme Motherwell ; il écrit et parle bien, et je pense que c'est un grand peintre, même s'il est inégal. Mais il a l'ambition d'être un intellectuel, il a étudié la philosophie, etc. Aucun d'eux n'était intellectuel.

Au début des années 60, vous écrivez que dans les années 50 les deux choses importantes alors dans l'art français sont Mathieu, et les papiers découpés de Matisse.
Je n'en pense plus autant. Je crois toujours que Matisse est le plus grand peintre du siècle, mais ses papiers découpés ont été surestimés. Et par moi entre autres. Mais je citais aussi Tal Coat, hum... Hartung, oui, à la fin des années 30. Il y a un tableau de Hartung dans la collection Gallatin qui a frappé un grand nombre de peintres à New York. Mais autant que je sache, il n'a jamais été aussi bon depuis. Dubuffet, dans les années 40 était à mon sens un des meilleurs peintres français. Il est venu en Amérique, et puis il a commencé à baisser, et ce n'est pas parce qu'il était venu ici ! Je crois que ce pays ne l'a affecté en rien.
C'est comme Fautrier ; les premiers que j'ai vu étaient bons, très bons. Et puis lui aussi semble décliner.
Hosiasson, je n'ai pas écrit sur lui, mais c'était bien... Et puis il y avait Mathieu. Mais qu'est-ce qui lui est arrivé ? Il était bon, et il est devenu mauvais, si mauvais maintenant.
Il y a tant d'artistes, comme Picasso, Mondrian, comme Titien ou Rembrandt — et là je sais que je vais contre les idées reçues — qui baissent en vieillissant. Les Kandinsky de la fin sont épouvantables, et Léger, après les années 20, ce n'est plus la même chose.

Dans les années 50, l'art américain commençant à être reconnu, quels changements interviennent dans le monde de l'art à New York ?
C'est petit à petit que c'est venu. Au milieu des années 50, les expressionnistes abstraits ont commencé à vendre. La première année que Sam Kootz a gagné de l'argent, c'est 1955. C'est aussi l'année où Pollock avait pour la première fois vendu suffisamment pour passer du whisky ordinaire au scotch Black & White. Mais c'était quoi ? Cinquante, cent dollars ? Et puis il a cessé de vendre à nouveau. Ce n'est que dans la dernière année de sa vie qu'Ann Heller, je crois, paya trois mille dollars pour *Blue Poles*. Depuis le temps que je connaissais Pollock, c'était la première fois que je le voyais délivré des soucis d'argent. Et la même chose est arrivée aux autres. De Kooning et Kline, ils avaient l'habitude d'aller chez Martha Jackson pour vendre leurs tableaux, et elle les payait, pas beaucoup, en liquide, ce qui était le style européen.

A ce moment-là, est-ce que les artistes américains regardaient toujours les magazines européens, français ?
Non ! A partir de la fin des années 40, on est devenus comme une chapelle, pas provinciaux, mais très fermés sur nous-mêmes *(we became parochial)*. On a arrêté de faire attention à ce qui se

passait ailleurs. Ça n'a changé que très récemment, quand ce mauvais art européen, les néo-expressionnistes allemands et italiens sont arrivés ici, il y a juste quelques années.

Y avait-il, dans les années 50, des artistes français qui suivaient ce qui se passait ici?
Oui, Mathieu. Mais ensuite il écrivit un livre dans lequel il disait qu'il avait été le premier. Il est venu à New York et admirait beaucoup Louise Nevelson; en fait c'est lui qui l'a découverte. Elle n'est pas si bonne que ça, mais il fut le premier à faire du bruit autour d'elle.

En quelque sorte, selon vous, il n'y a plus de relations entre l'Europe et l'Amérique dans les années 50?
Oui, les jeux étaient faits.
Fautrier eut une exposition qui enthousiasma Rothko, mais personne n'y prêta la moindre attention. Fautrier était venu à New York, et il me rendit visite. J'avais invité en même temps les Pollock. Et ils se conduisirent tellement mal! Ils se sont mal conduits avec Dubuffet aussi quand il est venu. La rivalité, vous savez... Elle, Lee, avec sa «force de caractère», et en même temps avec tellement moins de caractère que Jackson! Ils se sont un peu parlé, oui, mais en restant si froids. Les Dubuffet, eux, étaient très corrects; je ne l'ai pas beaucoup aimé, lui, mais... On était d'autant plus gênés que Dubuffet était un des artistes favoris d'Ossorio et que c'était grâce à l'aide financière de celui-ci que Pollock pouvait continuer, puisqu'il ne vendait plus rien. Ils se sont vraiment très mal conduits.

Fautrier et Dubuffet parlaient-ils anglais? Et Pollock parlait-il français?
Non, ni les uns ni les autres, ou à peine. Le grand regret de Pollock était d'avoir dû quitter l'école. Mais pensez-vous, aucun des expressionnistes abstraits ne connaissait une langue étrangère. Pas même Motherwell, qui était très francophile. Peut-être qu'il peut le lire, mais je ne suis pas sûr.

On peut donc se demander quel degré de communication exista véritablement entre les artistes des deux côtés de l'Atlantique.
C'est exact, il y avait un fossé, mais ce n'était pas le principal problème. Des gens comme Dubuffet ou Fautrier n'étaient pas des snobs. Les surréalistes, en revanche! Ils jetèrent un regard sur les Américains, et ce fut tout. Pas Breton, mais des gens comme Max Ernst, ils étaient tellement snobs, tellement mondains, tellement chics...
Et puis il y avait Dali. Mais ça c'est autre chose. Je l'ai rencontré et l'ai beaucoup aimé. Mais comme Warhol, je l'aimais bien mais pas son art. Warhol avait quelque chose au début. Dali aussi avait quelque chose dans les années 30.

Dali avait-il des contacts avec les artistes américains?
Je ne sais pas. Ce dont je me souviens, c'est qu'à un moment il avait décidé de faire des pastiches de Franz Kline.

Et qu'en pensa Kline?
Je ne sais pas, mais je suppose qu'il a été flatté.

PROPOS RECUEILLIS PAR PATRICE BACHELARD

MYSTERY PAINTINGS

HUBERT DAMISCH

PARMI les élans, les impulsions, les entraînements en apparence strictement formels qui traversent la peinture à certains moments de son histoire et qui se traduisent, dans son exercice, par une inflexion notable au registre des moyens, il en est qui vont au-delà d'un simple effet de mode, ou même d'un trait d'époque, de style, ou d'école. Ni les conditions techniques, ni les caprices du goût, ni les exigences du temps, ni les articles d'un programme ou d'une idéologie, ni la pure séduction esthétique ne suffisent à rendre compte de pratiques, en elles-mêmes singulières, et qui n'en prennent pas moins un tour collectif, en même temps qu'elles donnent au moment considéré sa coloration particulière.

Coloration, le mot est ici choisi à dessein, et — dirait-on — par antiphrase, s'agissant du processus qui aura conduit nombre de peintres, vers le milieu de ce siècle, à accorder un privilège particulier au noir et au blanc, quand leur palette ne se limitait pas à ces deux couleurs, voire à une seule d'entre elles. Des toiles en noir et blanc peintes par Arshile Gorky vers 1945 à celles, qui leur sont postérieures de quinze ans, de Frank Stella, et jusqu'aux tableaux noir sur noir d'Ad Reinhardt, dont les premiers datent de 1963 ; des peintures réalisées dans les mêmes tons par Willem De Kooning, en 1948-1949, à celles présentées par Jackson Pollock chez Betty Parsons, en 1951 ; ou encore des calligraphies monumentales à quoi se résume l'œuvre de Franz Kline, à tel tableau de Clyfford Still ou de Barnett Newman — pour ne rien dire d'un artiste comme Robert Motherwell, lequel a toujours considéré le noir comme une manière de «pierre de touche» de son travail[1] —, on est assurément là en présence d'un phénomène d'époque. Non qu'il ait obéi à un plan concerté, pas plus qu'il n'a ouvert la voie — exception faite des «douze règles pour une académie» énoncées par Reinhardt en 1958, et auxquelles aucun de ses collègues n'aurait accepté de souscrire — à la formulation d'un programme en bonne et due forme, ni même à l'avancée de quelques propositions qui auraient pu en tenir lieu : chacun des peintres que la critique allait réunir, après coup, sous la bannière de l'«expressionnisme abstrait» ou de l'«abstraction lyrique», chacun de ces artistes aura suivi son itinéraire propre ; et c'est par des voies très différentes qu'ils en seront venus, à un moment ou un autre de leur travail, à opérer une telle *réduction*, à en faire l'épreuve, chacun pour sa part, et en tirer parti, jusqu'à éventuellement s'y tenir, ou s'y enclore.

Que la peinture à l'huile en noir et blanc ait constitué, au même titre que les toiles de grand format, l'un des traits les plus manifestes du mouvement qui devait cristalliser à New York au début des années 50, le critique qui sut alors, mieux que tout autre, penser ce moment d'une histoire qui est celle de la peinture de ce siècle — un moment dont l'importance, quelle qu'en soit la spécificité, la vertu propre, est liée au fait qu'une bonne part de l'aventure de l'art européen depuis Cézanne aura trouvé à s'y réfléchir, dans l'éclat d'un nouveau départ, et la distance d'un autre continent —, Clement Greenberg n'a pas manqué de le noter[2]. Pour autant, le phénomène ne se sera pas limité à la scène américaine : dès 1954, l'œuvre de Kline pouvait être mise en parallèle, à New York, et à des fins de légitimation (ce qui peut prêter aujourd'hui à sourire), avec celle, d'une moindre rigueur chromatique, de Soulages[3], tandis que les essais de calligraphie ou de pictographie noir sur blanc allaient connaître en Europe une vogue qui obéira à des déterminations sensiblement différentes. Mais c'est avec la suite des *Terres radieuses* de Dubuffet, relayées à la fin des années 50 par ses travaux sur papier réalisés en marge des *Texturologies* et autres *Matériologies*, aussi bien qu'avec les *Assemblages d'empreintes*, que la réduction chromatique et l'économie du noir et blanc devaient trouver à s'affirmer avec une rigueur, une détermination, et — pour tout dire — une conscience philosophique qui imposent, au même titre que l'entreprise radicale à laquelle s'attache le nom d'Ad Reinhardt, de procéder à une nouvelle lecture du phé-

1 Stephanie Terenzio, *Robert Motherwell and Black*, William Benton Museum of Art, 1980.

2 Clement Greenberg, «"American-Type" Painting» (1955), *Art and Culture*, Boston, 1961.

3 Lors de l'exposition «Young Painters in US & France», organisée par Léo Castelli à la galerie Sidney Janis, en 1954.

nomène, sous son double aspect historique *et* théorique.

Les commentaires et les développements critiques dont cette réduction — ou, comme je vais le dire : ce déplacement — s'est accompagnée, ici et là, à commencer par ceux dus à Clement Greenberg lui-même, font désormais partie intégrante du paysage de l'époque : ce qui leur confère une connotation historique irréductible, mais sans leur retirer pour autant toute pertinence théorique. La question, telle qu'on peut et doit la poser aujourd'hui, s'articule en effet en deux temps et appelle une réponse qui joue, simultanément, sur deux registres : pourquoi cette réduction, cette concentration sur le noir et le blanc ? Et pourquoi à ce moment précis, dans ces

problème d'histoire, mais qui exige qu'on en passe par la théorie pour décider de la signification qu'il convient d'assigner, en l'occurrence, au mot «histoire».

Si, pour désigner ce moment, j'avais choisi, plutôt qu'un vague repère chronologique («le milieu de ce siècle»), de parler de l'immédiat après-guerre, l'éclairage en aurait peut-être été modifié, mais non pas les termes du problème. C'est une chose que de discuter des implications politiques et idéologiques du passage à l'abstraction, et de l'usage, à des fins de propagande impérialiste, auquel a pu prêter, dans le contexte de la guerre froide, un art — comme l'écrivait alors Harold Rosenberg — libéré du cauchemar de la «responsabilité»[4]. C'en est une autre que de

4 «Les artistes à qui leur vocation socialiste avait été révélée par la gauche, essayèrent d'en conclure à une mission historique de l'art — après tout on ne peut pas avoir affaire à un patron plus important que l'Histoire [...]. Ce n'est que lorsque l'effondrement de l'art en URSS, en Allemagne et en Italie fascistes eut démontré sans

années qui ont vu la scène de la peinture se déplacer d'une rive à l'autre de l'Atlantique ? Soit un problème, tout ensemble, de théorie et d'histoire : un problème de théorie (quelle portée spéculative assigner à cette opération, ce choix, cette décision ?), mais qui ne prend tout son sens (je n'ai pas dit : qui n'a de sens) qu'au regard d'une situation historique déterminée ; et, aussi bien, un

s'interroger, à nouveaux frais, sur la concomitance entre l'accent mis sur le noir et le blanc, le passage à l'abstraction et l'émergence d'une nouvelle avant-garde. L'hypothèse que j'en fais est que l'avant-garde américaine n'aura pu s'affirmer, se constituer en tant que telle, qu'au prix d'une relance en termes strictement formels de la question de l'abstraction, dont la réduction au

équivoque que l'art et l'efficacité idéologique étaient incompatibles, que les artistes américains se libérèrent du cauchemar de la "responsabilité"»,

Pablo Picasso
La Cuisine, *novembre 1948*
Huile sur toile 175,2 × 250 cm
The Museum of Modern Art, New York
Acquired through the Nelson A. Rockefeller bequest, 1980.

Henri Matisse
Dahlias, grenades et palmiers, *1947*
Encre de Chine sur papier 76,2 × 56,5 cm
Musée national d'art moderne
Centre Georges Pompidou, Paris.

Henri Matisse
Composition avec nu debout et fougère noire, *1948*
Encre de Chine sur papier 105 × 75 cm
Musée national d'art moderne
Centre Georges Pompidou, Paris.

Harold Rosenberg, «Extremist Art: Community Criticism», *The Tradition of the New*, New York, 1959, *La Tradition du nouveau*, Paris, 1962). Pour une analyse de l'arrière-plan idéologique de l'apparition d'une avant-garde spécifiquement américaine et de sa consécration officielle, à l'heure de la guerre froide, se reporter à l'ouvrage de Serge Guilbaut, *How New York Stole the Idea of Modern Art. Abstract Expressionnism, Freedom and the Cold War*, Chicago, 1983.

5 Quitte pour eux, faute de trouver à exercer ailleurs leurs talents, de mimer la terreur dans le domaine, parfaitement académique, des études sur l'art, soit un phénomène typiquement américain, et qui appellerait lui-même une analyse en termes marxistes.

6 Serge Guilbaut, *How New York...* (voir note 4).

7 Aristote, *Poétique*.

noir et blanc aura précisément fourni l'un des ressorts. C'est dire que face à l'accusation de «formalisme» qui fait périodiquement retour dans le discours de ceux qui prétendent à une forme ou une autre de «responsabilité»[5], morale ou institutionnelle, en réponse à ce type de dénonciation dont l'histoire nous a appris d'où elle émane et ce qu'elle peut recouvrir en fait d'obscurantisme et d'intolérance, dans le champ artistique autant que scientifique, je ne vois pas d'autre conduite à tenir que de faire retour, obstinément, sur les enjeux qui ont pu être, et qui sont toujours, ici comme là, ceux de l'*abstraction* : sur ses enjeux, mais aussi bien sur ses limites, et sur l'ensemble des contraintes qui en définissent la visée.

(Analyse interne, ou analyse externe : chacune a son objet et opère au niveau qui lui est propre. Qu'elles puissent, à l'occasion, se recouper, ou interférer, on n'en saurait tirer argument pour les confondre ni pour donner congé à l'une au bénéfice de l'autre. L'histoire de la production artistique, pas plus que l'histoire de la production scientifique, ne sauraient se réduire à celle de leurs usages sociaux : et il y a autant, sinon plus, à apprendre, touchant les modalités de fonctionnement d'une culture, de l'analyse des structures et des procédures esthétiques et cognitives qui la caractérisent, que de l'étude du contexte idéologique où elles trouvent à se manifester.)

LA COULEUR ABSOLUE?

On dira que ces considérations n'ont guère de rapport avec la question qui nous occupe ici. Si j'en fais état, c'est à mon corps défendant, et parce qu'une nouvelle orthodoxie prévaut aujourd'hui, au moins dans le milieu académique américain, qui voudrait qu'un certain type de discours hagiographique dont Clement Greenberg est tenu pour le parangon, ait fait son temps, et que le moment soit venu d'injecter dans l'histoire de l'avant-garde américaine telle qu'on l'a écrite jusqu'ici une dose d'histoire «réelle». Que l'histoire exige d'être sans cesse récrite à nouveaux frais, j'en suis le premier convaincu. Mais en quoi — je le demande — la connaissance, fût-elle «détaillée», de l'histoire de la guerre froide, voire des transformations intervenues à la même époque sur le marché de la peinture[6], peut-elle aider à mieux comprendre l'entraînement que je disais, le *déplacement* vers le noir et le blanc qui a marqué, dans ces mêmes années, et pas seulement à New York, la pratique de nombreux artistes ? Sauf à vouloir, au nom du «réalisme» qui fait le point d'honneur de la critique néo- ou paléo-marxiste, en même temps que l'emblème de sa cécité picturale, que l'avant-garde américaine n'ait relancé la question de l'abstraction que pour mieux s'absenter de la réalité.

Si l'on ne saurait rendre compte de la vogue du noir et blanc dans les termes qui sont ceux de la

critique des idéologies ou de l'histoire «réelle», est-ce à dire qu'on en soit réduit à répéter les formules reçues, qu'elles soient le fait de la critique dite «moderniste», ou des artistes eux-mêmes ? Il est clair que si approfondissement et radicalisation il y eut alors de la problématique de l'abstraction, ils appellent comme leur corollaire l'approfondissement de l'approche formaliste elle-même, sinon sa radicalisation : car ce qui était en jeu, sous l'espèce du noir et du blanc, n'était rien de moins que la définition même de ce qu'on doit entendre par «forme», en peinture. Soit la question qui traverse l'art des années 50, quand bien même elle aura été posée en des termes très différents en Amérique et en Europe. Un paradoxe — au moins apparent — nous mettra sur la voie : dans les mêmes années qui auront vu la pratique de la peinture à l'huile en noir et blanc s'imposer comme l'une des composantes de l'esthétique de la nouvelle avant-garde, l'un des maîtres de la génération précédente — Matisse — pouvait se réjouir d'avoir fini par réussir, avec ses papiers découpés, à «dessiner dans la couleur». A dessiner *dans* la couleur, et non pas à dessiner *en couleur* ou *avec* elle, comme on a cru devoir le reprocher à Pollock. Dira-t-on des peintres américains qui choisirent alors de restreindre leur palette au noir et au blanc (pour ne rien dire de Matisse lui-même, et de ses peintures sur papier, noir sur blanc), qu'ils *peignaient dans le noir* ? Ou, s'il est vrai que la couleur noire a une connotation essentiellement graphique, qu'ils *peignaient dans le dessin* ?

A en croire Clement Greenberg, l'accent mis par les peintres américains sur le noir et le blanc aurait répondu au souci de préserver, en l'isolant et l'exagérant, le poussant à sa limite, l'un des moyens traditionnels de la peinture, dont les effets leur semblaient émoussés : à savoir le contraste des valeurs chromatiques, la clarté ou l'obscurité relative des tons, dont la peinture occidentale a constamment joué pour obtenir les effets de profondeur qui la caractérisent. S'il en était allé ainsi, le phénomène n'aurait pas eu d'autre portée que celle d'une réaction préventive : le pas suivant — «*the most revolutionary move in painting since Mondrian*» — ayant précisément consisté en un effort pour répudier les oppositions de valeur en tant que fondement de la composition picturale[2]. En fait de «mouvement», ou de «coup», au sens que le mot peut prendre au jeu d'échecs, le déplacement qui aura conduit à intervertir les fonctions traditionnellement associées au noir et au blanc et celles dévolues à la couleur et, du même coup, à donner un sens, une portée nouvelle à l'idée même d'abstraction, me paraît également important, au moins dans l'ordre spéculatif.

On invoque régulièrement un passage célèbre de la *Poétique* d'Aristote pour témoigner de l'antiquité de l'opposition marquée, en Occident, entre le dessin et la couleur, aussi bien qu'entre leurs fonctions respectives. Que dit Aristote? Qu'il en va de la tragédie comme de la peinture : au regard de la fable *(muthos)* qui en est l'âme et le principe, les caractères qui animent la tragédie ne viennent qu'au second rang ; et de même, si un peintre appliquait au hasard les plus beaux pigments *(tois kallistois pharmakois)*, le résultat n'aurait, à en croire Aristote, pas le même charme qu'une image dessinée noir sur blanc[7]. Mais qu'en est-il là et quand la peinture ne fait plus appel au plaisir de la reconnaissance des formes, et où le noir lui-même participe de l'informe, du fard, du supplément, du *pharmakon*?

Les peintres américains n'auront pas été les premiers à user du noir comme d'une couleur. Les noirs veloutés, *lumineux*, de Manet, qui plaisaient tant à Matisse, ne sont eux-mêmes pas sans précédents dans la grande peinture espagnole. De là à traiter le noir comme la substance par excellence de la peinture, et à en user non seulement comme d'une couleur, mais comme de *la* couleur, et de la couleur absolue, une couleur qui, d'être sous-traitée aux règles de la complémentarité, échapperait du même coup au système de la valeur, il y a cependant un pas dont l'œuvre de Pollock suffit à démontrer qu'il correspondait à une manière de passage à la limite, dans tous les sens du mot. Les courbes folles multipliées, superposées, entrelacées, tressées dans le plan témoignent d'un effort insensé pour faire passer la ligne, si l'on peut ici s'autoriser d'Aristote, du règne de la forme à celui de la matière : comment *étaler* la ligne ainsi qu'on peut le faire de la couleur, au risque, une fois la palette réduite au noir, de voir la figure faire retour non pas sous le titre, dérisoire, d'une «nouvelle figuration», mais sous l'effet de ce qu'il faut bien nommer une ruse de l'abstraction? L'abstraction qui, d'être ainsi attaquée dans ce qui avait fait jusque-là sa ressource en même temps que sa limite (l'opposition, sous leurs espèces traditionnelles, du dessin et de la couleur, de la figure et du *pharmakon*), en aurait été réduite à renchérir sur son propre projet : ce qui signifie l'ouverture vers de nouvelles formes d'écriture qui relèveraient d'une autre économie que celle du signe, et qui prêteraient à d'autres figures que celles qui procèdent d'un acte de tracement (et, par exemple, de l'*étalement*, fût-il celui de la ligne, dont la peinture propose précisément le modèle, en même temps qu'elle renoue avec l'idée d'une gestualité, d'une tension proprement physique, qui serait partie intégrante de l'écriture comme telle).

Les dessins réalisés par Jean Dubuffet en marge des *Texturologies* et des *Matériologies* éclairent le propos qui est ici le mien ; ils répondent en effet à un projet précis : comment obtenir, par les moyens d'un tracement concerté, des effets comparables à ceux qui s'ensuivent d'un travail, en principe «automatique», conduit à même la pâte, et de l'étalement, de la projection, de la trituration d'une matière plus ou moins rétive, ductile ou liquide, et des événements de toute espèce auxquels ces opérations donnent lieu de se produire ; comment les obtenir, ces effets, ou plutôt comment les transcrire, noir sur blanc, la fonction de tracement étant pour ainsi dire détournée de sa destination normale, et les moyens qui sont ceux de la figuration mis au service d'un inventaire réfléchi des puissances occultes du *pharmakon*? Mais ceci ne serait rien encore, si l'économie du noir et blanc n'engendrait en retour des effets d'un chromatisme paradoxal. Autant que les travaux sur papier de Dubuffet, les *peintures noires* d'Ad Reinhardt en sont la preuve, qui jouent quant à elles — avec quelle subtilité — noir sur noir. Tout se passe, en l'espèce, comme si la retenue de la couleur, sa mise en suspens ou entre parenthèses, en précipitait l'imminence, ainsi qu'il en allait des *Mystery Paintings* de mon enfance : de ces livres d'images à colorier, importés d'outre-Manche, et où il suffisait de repasser avec soin les contours au moyen d'un pinceau humide pour qu'ils exsudent une couleur qu'il ne restait plus ensuite qu'à délayer et étaler à l'entour. Comme si le *pharmakon* pouvait trouver asile dans la ligne, et le trait se charger de couleur, par conversion de l'information chromatique en information graphique, et vice versa. Comme si, plus obscurément encore, le noir n'était décidément pas une couleur parmi d'autres, mais quelque chose, par absence, comme leur *réserve*.

Giuseppe Capogrossi
Superficie 4, *1950*
Huile sur toile 218,1 × 98,1 cm
The Museum of Modern Art, New York
Blanchette Rockefeller Fund, 1955.

Georges Mathieu
Noir sur fond appret, *1954*
Huile sur toile 97 × 162
Musée national d'art moderne
Centre Georges Pompidou, Paris.

Robert Motherwell
Totemic Figure, *1958*
Huile sur toile 213,4 × 277 cm
Collection de l'artiste
Courtesy M. Knoedler & Co., Inc., New York.

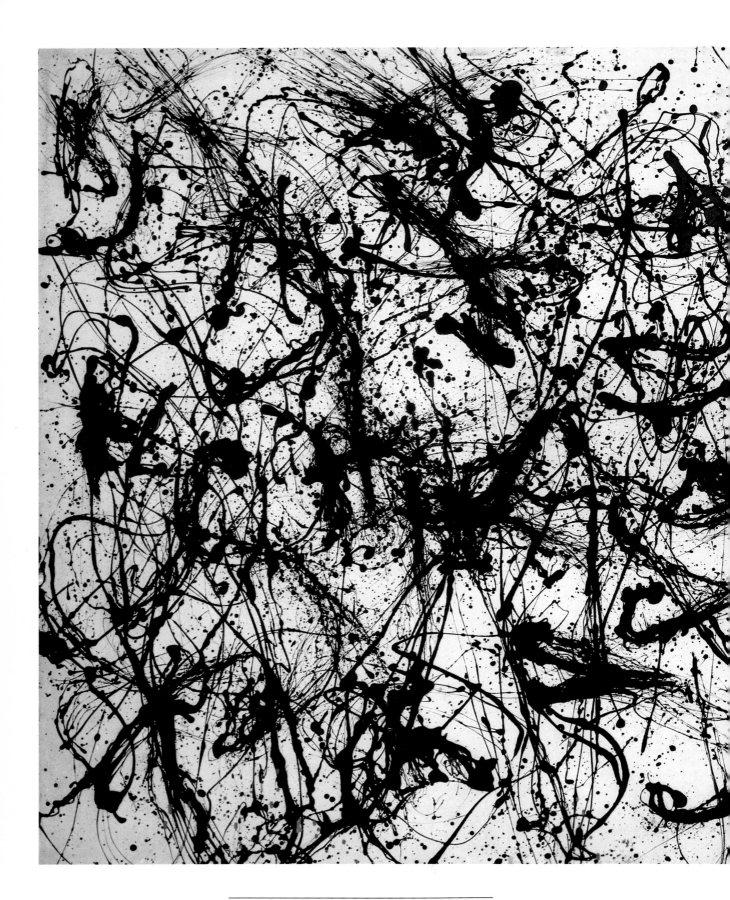

Jackson Pollock
Number 32, *1950*
Émail sur toile 269 × 457,5 cm
Kunstsammlung Nordrhein-Westfalen,
Düsseldorf.

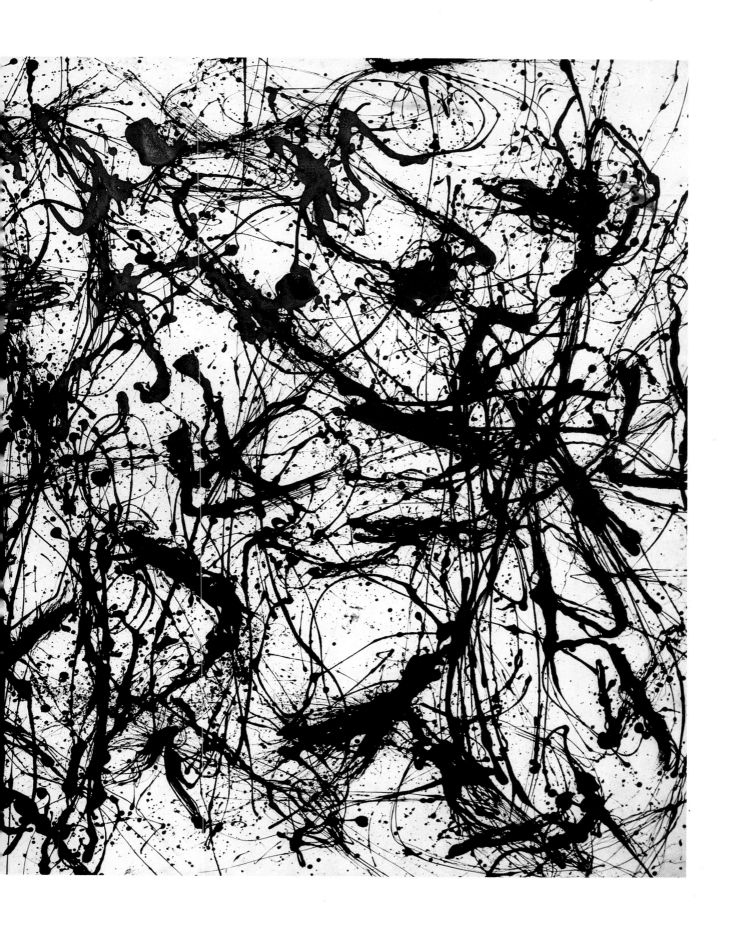

Pierre Soulages
Peinture, *1948-1949*
Huile sur toile 193,4 × 129,1 cm
The Museum of Modern Art, New York
Acquired through the Lillie P. Bliss bequest 1984.

Pierre Soulages
Peinture 47-4, *1947*
Brou de noix sur papier
65 × 50 cm
Sammlung Domnick, Nürtingen.

Pierre Soulages
Peinture 47-11, *1947*
Encre d'imprimerie et essence,
papier marouflé sur toile
65 × 50 cm
Collection particulière.

Pierre Soulages
Peinture 47-6, *1947*
Brou de noix, papier marouflé
sur toile 65 × 50 cm
Collection particulière.

Pierre Soulages
Peinture 47-1, *1947*
Brou de noix, papier marouflé
sur toile 78 × 55,5 cm
Collection particulière, Paris.

Pierre Soulages
Peinture 48-4, *1948*
Brou de noix, papier marouflé sur toile 100 × 75 cm
Collection Hans Hartung, Antibes.

Franz Kline
Hazelton, *1957*
Huile sur toile 105 × 198 cm
The Museum of Contemporary Art, Los Angeles
The Panza Collection.

Willem De Kooning
Painting, *1948*
Émail et huile sur toile
108,3 × 142,5 cm
The Museum of Modern Art, New York
Purchase 1948.

HANS HARTUNG

PIERRE DAIX

S I la coupure à la mode de l'art contemporain en décennies est souvent arbitraire, parler des années 50 de Hartung est pertinent, au moins pour deux raisons. D'abord, ce sont les années de sa cinquantaine, ce qui lui donne un rôle d'aîné par rapport à une génération qui, comme Soulages, aborde alors sa trentaine. Ensuite, retardé par l'incompréhension de la singularité de ses débuts, puis par la Seconde Guerre mondiale qui l'atteignit comme Allemand en exil, il n'accède à son véritable statut de novateur qu'avec le second après-guerre.

Si le film sur lui, réalisé en 1948 par Alain Resnais, ne pouvait que rester confidentiel, la rétrospective de ses dessins chez Lydia Conti donnait pour la première fois sa trajectoire créatrice complète depuis 1922. Ce n'était pas une question d'antériorité — elle ne sera débattue que bien plus tard —, mais beaucoup plus fondamentalement la révélation que ce qu'on appelait la «seconde abstraction» (pour distinguer l'abstraction lyrique de l'abstraction géométrique d'avant la guerre, considérée comme première), possédait sa propre histoire et remontait à des sources jusque-là ignorées ou méconnues.

Une exposition ne pouvait conduire à refaire une histoire où, alors, le cheminement d'un Kandinsky, d'un Mondrian et en fait toutes les percées vers l'abstraction d'avant 1914 qui, pourtant, avaient fait l'objet de l'exposition «Cubism and Abstract Art» au Museum of Modern Art en 1936, étaient encore passés sous silence. Elle contribua néanmoins à faire percevoir que la nouvelle abstraction n'était pas seulement négatrice: *non* figurative, *non* géométrique, on allait bientôt dire *in*formelle, mais apportait un mode différent de création picturale. Charles Estienne, qui fréquentait l'atelier de Hans Hartung, s'étonna le premier de ce que «ses dessins sont aussi de la peinture et l'artiste joue de la tache, du trait, avec la sûreté d'un peintre de race».

On mesure à présent, non la difficulté que cette nouvelle peinture eut à s'imposer — elle est, par excellence, la nouveauté en cette seconde moitié du siècle — mais celle qu'elle eut à se faire reconnaître pour ce qu'elle était. Au lieu d'accepter le caractère exploratoire, aventureux des signes de Hartung, la critique le rapprochait de la calligraphie zen ou des lavis des moines Tch'an. Mais il ne fut pas mieux servi lorsqu'on le fit entrer dans le casier des «informels». Quand Michel Tapié lança le terme, n'y voyait-t-il pas un refus de la peinture, un «abandon à l'incohérent, à l'inerte», bref un «art brut», ce qui est à l'exact opposé de la démarche de Hartung? Cette faiblesse d'analyse française eut un résultat déplorable quand déferlèrent chez nous les expressionnistes abstraits américains, Motherwell, Arshile, Gorky, De Kooning, Pollock. Tandis que Hartung, en expliquant à Charles Estienne ses objectifs et ses façons de travailler, poussait celui-ci à parler de «peinture de l'action», il sera oublié par les théoriciens américains, tel Harold Rosenberg. Celui-ci opposait l'abstraction gestuelle (Pollock, Kline, De Kooning) à l'abstraction chromatique (Newman, Rothko), or l'abstraction de Hartung était en même temps chromatique et gestuelle, car il s'agissait bel et bien d'un nouveau langage pictural.

C'est naturellement Hartung qui s'est le mieux défini, insistant sur son envie «d'agir sur la toile»: «C'est cette envie qui me pousse: l'envie de laisser la trace de mon geste. Il s'agit de l'acte de peindre, de dessiner, de griffer, de gratter.» On peut dire que c'est le moment où Hartung a pris conscience de l'ampleur de la révolution qu'il avait fait subir au métier de peindre. Jusque-là, il avait collectionné les infractions. Désormais, elles s'épaulent l'une l'autre, s'organisent et prennent toute leur ampleur.

Sans doute, le changement dans la vie privée marqué par le retour d'Anna-Eva Bergman y contribue-t-il, apportant à Hartung des conditions de travail dans un atelier conçu pour lui. Mais il est significatif que la mise en ordre de la peinture soit passée par un retour à l'eau-forte. «Ce travail de gratter le cuivre ou le zinc est vraiment fait pour moi.» Naturellement, il va retentir

Hans Hartung
T 1950-7, *1950*
Huile sur toile 97 × 146 cm
Collection de l'artiste.

sur la peinture, mais dans les années 60. Pour l'heure, il accentue la dimension qu'on peut dire «matiériste» dans l'art de Hartung.

A partir de 1955, on a l'impression que, dans les toiles, le rôle du fond est de servir à la mise en évidence des signes graphiques très intenses. Or, le travail sur le fond montre qu'il est déjà tout autre chose qu'un simple accompagnement, mais qu'il agit vraiment comme une surface complexe. Il est l'espace où se déploie le tableau. Et c'est là ce qui explique qu'il va agir de façon autonome après 1960.

Or, au même moment, Hartung donne, comme jamais encore, libre cours à ses jaillissements graphiques. D'abord, comme on le voit avec ses peintures construites de gerbes de couleurs, mais parce qu'il revient aux explosions graphiques de la sortie de son adolescence et de ses débuts d'artiste, en utilisant cette fois le pastel gras, matériau merveilleusement apte à enregistrer toutes les modalités, les variations, les contrastes de son graphisme.

J'insiste là-dessus, d'abord pour la singularité de cette démarche analytique dans la création la plus spontanée, la plus immédiate en apparence, ensuite parce qu'elle révèle l'originalité particulière de Hartung, qu'il tient de sa formation scientifique. Il traite l'espace de sa toile comme un champ, au sens physique du mot. Et c'est là probablement que son apport à l'art contemporain est particulièrement novateur. Ce n'était pas là en soi une nouveauté. Cézanne, puis Matisse, Braque et Picasso au temps des papiers collés, avant Masson et Pollock dans les tableaux *all over* avaient déjà expérimenté cette conception différente de l'espace pictural. Mais Hartung va encore plus loin que Rothko. Précisément parce qu'il part des signes graphiques, qui sont chez lui des configurations de forces, d'énergie, des nœuds de tensions. L'espace du tableau agit vrai-

ment comme un champ parce qu'il n'accueille plus simplement les signes, mais tend à les manifester. Ils vont surgir de ce qui était jusque-là enfoui, comme des concrétions de ce qui n'était pas encore promu à la surface, à la lumière. En fait, Hartung a déjà la sensation d'exprimer par sa peinture des structures cosmiques, qui empliront les toiles des décennies suivantes.

On voit très bien tout ce qui le sépare du nihilisme et des rejets du passé qui vont emplir les années 60, et la suite. Si Hartung simplifie, met à nu, déconstruit à l'extrême des syntaxes picturales qui semblaient indispensables aux maîtres du passé (et même aux fondateurs de l'art moderne), c'est pour libérer dans la peinture ce qu'elle ne parvenait pas (ou n'osait pas) exprimer. De même, les infractions de tous ordres qu'il fait subir au métier classique, ne s'en prennent qu'à ses blocages, à ses pudeurs, à ses hypocrisies. Hartung en a besoin parce que l'accès au refoulé, au non-dit, à l'insu, qui est son objectif d'artiste du XXᵉ siècle ne peut venir que d'effractions à tous les codes de bonne conduite (y compris ceux de dada ou du surréalisme).

C'est ainsi que le succès qui est allé à l'art de Hartung dans les années 50, loin de fermer la peinture abstraite sur ses conquêtes les plus éblouissantes (et de contribuer à la fin d'une époque comme les disparitions simultanées de Matisse, Derain et Léger aidaient à le faire croire), nous ramène aux problèmes en suspens aujourd'hui : qu'est-ce qui est spécifique à la peinture ? Qu'a-t-elle à dire qui ne soit qu'à elle ? Qu'est-ce aujourd'hui que le métier du peintre ? Qu'a-t-il encore à donner à voir au temps de la physique des particules et du traitement informatique de l'image ? Regardez de ce point de vue les œuvres de Hartung des années 50 et vous comprendrez pourquoi elles ne peuvent pas vieillir.

Hans Hartung
T 54-1, *1954*
Peinture sur toile 97 × 146 cm
Bayerische Staatsgemäldesammlungen
Staatsgalerie moderner Kunst.

Hans Hartung
T 1951-2, *1951*
Huile sur toile 97 × 146 cm
Collection de l'artiste.

Hans Hartung
T 50-3, *1950*
Peinture sur toile 97 × 146 cm
Deutsche Bank AG.

Hans Hartung
T 56-10, *1956*
Huile sur toile 142,5 × 196,5 cm
Sprengel Museum, Hanovre.

Hans Hartung
T 56-13, *1956*
Huile 180 × 137 cm
Collection particulière.

TACHISME INFORMEL, ABSTRACTION LYRIQUE

RENATO BARILLI

C'EST dans le pamphlet *L'Art autre* de Michel Tapié qu'apparaît plusieurs fois le terme «informel» destiné bientôt à une grande diffusion. Plus incertaine est l'origine de «tachisme», tandis que «abstraction lyrique» est due à Pierre Restany, même si le critique français a ensuite lié son nom à un mouvement venu clore les années 50 et recouvrir l'informel : le nouveau réalisme. Sans doute pourrait-on faire appel à d'autres étiquettes d'origine formaliste, comme le couple «formes ouvertes/formes fermées» créé par l'historien Heinrich Wölfflin. En Italie, on a considéré l'informel comme une nouvelle phase de «formes ouvertes».

Pour tout le monde, la grande nouveauté des années 50 était la gigantesque «rupture» qui remettait en cause les contenus et les structures propres à notre époque. Un cycle complet de recherches se terminait, qui avait caractérisé toute la première moitié du siècle. Ce cycle était celui de la domination de la forme à travers des mouvements comme le cubisme, le constructivisme, le néo-plasticisme et en partie le futurisme, auxquels s'était identifiée la tradition «moderne». Si le terme de post-moderne avait existé, on l'aurait appliqué sans crainte à la situation nouvelle et dont il était clair qu'elle n'avait pas pour origine de vagues et superficielles raisons formelles ou stylistiques.

DÉSINTÉGRATION DU TECHNIQUE

Je suis concaincu que l'une des clés pour comprendre cette grande mutation culturelle réside dans un rapport d'homologie avec le développement technologique. Le formalisme du Mouvement Moderne avait été le pendant logique et prévisible de l'âge des machines, essayant de mouler notre sensibilité sur leur modèle. On était

conscient que, à côté du machinisme et de son univers épistémologique, existait depuis au moins la fin du siècle l'électromagnétisme, fondé sur des bases entièrement différentes. Les futuristes italiens, conscients du fait qu'il s'agissait d'un aspect fondamental, l'avaient abordé de façon douteuse en l'insérant dans le moule mécanomorphe issu du cubisme. Donc, les ondes électromagnétiques vibraient légèrement dans l'air, mais de loin, avec un potentiel «faible», préoccupant le Mouvement Moderne sans vraiment le mettre en crise. Entre-temps, le machinisme, avec son orgueil et ses certitudes, avait dû affronter l'holocauste de la Seconde Guerre mondiale, et, comme si cela ne suffisait pas, celui aussi de la déflagration atomique. On peut dire que l'Autre avait fait dramatiquement irruption et pas seulement dans le domaine marginal des recherches stylistiques, mais pour atteindre l'humanité entière. Cette irruption changeait les termes du problème. Les artistes, avec leur intuition, le comprenaient fort bien, et l'informel, accompagné des autres tendances, fut la réponse qu'ils proposèrent.

Du reste, l'extériorité de la sphère technologique trouve presque toujours son correspondant dans l'intériorité de la vie psychique. Le machinisme de la «modernité» a son équivalent dans le système d'un Moi, édifié sur un principe de noncontradiction et de limpide rationalité mathématique. Pour imposer sa domination, le Moi avait pratiqué dans les dernières années un énorme refoulement de la partie dialectiquement opposée, le Ça, de même que la mécanique avait évincé des systèmes de production plus libres et plus créatifs. Il existe donc un parallèle entre l'explosion des énergies alternatives, à commencer par l'atome, et le déchaînement des pulsions de l'inconscient. Si, pour comprendre l'informel, la comparaison technologique est assez rare, le recours aux pressions inconscientes du Ça et de ses énergies réprimées est des plus accepté.

RÉÉVALUATION DE L'INCONSCIENT

On pourrait objecter que les avant-gardes du début du siècle avaient déjà parcouru ces chemins. Les futuristes avaient ajouté une touche d'électromorphisme, Kandinsky avait déjà créé le pôle d'une «abstraction lyrique», par opposition au géométrisme dur de Mondrian ou de Malevitch, sans omettre le surréalisme qui, surtout avec Masson et Miró, avait proposé une variante picturale de l'écriture automatique, de même que Picasso, après avoir développé le mécanomorphisme cubiste, avait proposé dans les années 30 et 40 une foule de monstrueux corps primordiaux. Ce n'est pas par hasard que toutes ces recherches constituent les points de départ d'autant de filons qui iront parcourir le domaine des poétiques informelles. Mais à ce propos, avec le critère de qualité, il faut tenir compte de celui de quantité. Comme hypothèse de travail, les grands maîtres du début du siècle avaient réussi à concevoir les voies de l'«ouvert», du *soft*, du biomorphe, et ainsi de suite. Et pourtant leur attention était attirée par le principe formel, c'est-à-dire le Moi; aussi, n'osaient-il pas pousser trop loin en direction de l'informel. La quantité leur restait interdite, alors qu'elle occupera ceux qui viendront dans les années 50 et qui étaient nés pour beaucoup au début du siècle. Ce sera à eux de faire pencher la balance du côté du Ça, du «monde de la vie», des raisons de l'existence, en insistant sur les aspects physiques, gestuels, matériels.

Le même scénario joué de façon presque opposée se retrouve dans la philosophie. Que l'on pense à Husserl qui savait conjuguer admirablement son intérêt pour les «idées pures» de l'univers des essences logico-mathématiques avec celui qu'il prêtait à une couche primordiale d'instincts informes, qu'il appelait *Lebenswelt*, le monde de la vie. Que l'on pense aussi à Freud lui-même qui avait découvert le continent submergé du Ça. Pourtant, malgré cette clairvoyance, le philosophe et le psychanalyste préféraient le versant rationaliste. Pour Husserl, les «idées pures» méritaient la première place, en accord avec l'abstraction géométrique des avant-gardes artistiques. Pour Freud, la tâche principale était d'assainir les marécages de l'inconscient et d'en faire émerger les territoires du Moi. Si bien que la phénoménologie husserlienne devra être récrite, avec une sensibilisation plus marquée envers l'existence, par les dioscures de l'École de Paris, Sartre et Merleau-Ponty, à leur tour marqués par la lecture de Heidegger. Freud aussi devra subir la libre interprétation de Marcuse, qui sentait la possibilité de récupérer les territoires réservés au principe de plaisir maintenant que l'avancée technologique de l'électronique se montrait moins

despotique que la Machine et ses modèles en dur. En somme, technologie, philosophie, psychologie et art se rattrapent sur le fil de l'histoire. Les années 50 tournent la page d'un demi-siècle, mais s'il s'agit d'une telle mutation qu'elle touche simultanément l'un et l'autre bord de l'Atlantique. Car on n'a jamais su séparer l'informel européen de l'expressionnisme abstrait américain.

ACCÉLÉRATION DES FIGURES

Une langue commune s'était formée vers la fin des années 30 qui ne peut être comprise que par rapport aux styles antérieurs: post-cubisme et surréalisme. Les futurs protagonistes de l'informel et de l'expressionnisme abstrait s'appliquent à reprendre les propositions de leurs prédécesseurs mais, comme il arrive pour tout acte de récriture, le geste et le signe s'accélèrent jusqu'à atteindre une vitesse vertigineuse captant soudain des énergies plus intenses et plus pénétrantes que celles qui avaient animé l'univers des machines.

Cette accélération rend caduque la distinction entre figuratif et abstrait. Les champions de l'informel s'en inquiètent si peu qu'ils reconnaissent parmi leurs maîtres les surréalistes ou même Picasso. Dès que la transcription devient plus rapide, disparaissent les connexions qui permettent de distinguer des éléments figuratifs. La figure s'«ouvre», se fond dans une écriture sténographique; du hiéroglyphique, on régresse vers le démotique au nom d'un «faire-vite» enragé. Du reste, en référence aux phénomènes fondamentaux de la physique nucléaire, il faudrait parler de l'inévitabilité d'un processus de fusion. La figure (l'atome) perd son unité, elle éclate en délivrant ses particules internes. De la même façon, dans la libre transcription de Pollock ou de De Kooning les figures anthropomorphes du post-cubisme picassien explosent en brisant leur unité et se lient au fond du tableau en une série de nœuds inextricables. Même Tobey part de foules grouillantes de silhouettes humaines, ou de visions urbaines, dont il dessine les contours avec un blanc pinceau de lumière qui a le pouvoir de mettre en évidence des mouvements à l'état pur. La lourdeur physique des corps s'envole et ne demeurent que les parcours qu'ils accomplissent, dansant autour d'un centre de gravité. La matière déborde d'une énergie qui trace les mailles légères de son dynamisme irrépressible. Wols lui-même a derrière lui l'univers figuratif de Klee: visions urbaines, vaisseaux fantômes, animaux fantastiques, tous tracés à la pointe du pinceau, comme des mirages lus dans le ciel ou des dessins tirés de l'interprétation de taches sur les murs. Mais le feu de la fusion nucléaire agresse ces profils en les empêchant de demeurer intacts. Comme si un marteau-pilon les écrasait ou comme si une charge de dynamite placée au fond d'eux explosait en laissant les traces d'une combustion. Il n'est plus nécessaire de partir de «figures»; un cident imbibé de rationalisme «moderniste», a séparé les voies de la figuration de celles de l'écriture. On a utilisé au maximum l'alphabet phonétique, tandis que les autres grandes cultures, à commencer par celles de l'Extrême-Orient, se sont placées dans l'ambiguïté d'une idéographie où la figuration et l'abstrait sont si liés que préférer l'une ou l'autre voie est seulement une question de modalité stylistique, de vitesse dans l'utilisation, de finalité assignée à l'acte d'écriture. Ce n'est pas un hasard si l'informel et l'expressionnisme abstrait se sont ouverts aux graphies des cultures asiatiques, et cela au moment où celles-ci devenaient économiquement concurrentielles avec l'extinction de la civilisation des machines et le début de l'ère électronique.

LE PEU ET LE TROP

Bien entendu, l'attention prêtée aux bases figuratives de l'informel ne doit pas faire oublier que d'autres démarches, plus authentiques peut-être, sont directement issues de l'abstraction, ou mieux de l'an-iconisme : celles notamment de Kline, Tworkov, Sam Francis, à New York, qui avaient d'ailleurs en commun avec les «figuratifs» de travailler à un rythme frénétique et enivrant, alors que d'autres, par réaction, préféraient «ralentir» pour retrouver le calme.

En Europe, c'est la France qui a le meilleur groupe d'informels an-iconiques, c'est-à-dire d'«abstraits lyriques» au sens strict du mot, dont ne font pas partie, bien sûr, Fautrier et Dubuffet, qui se situent entre la figuration et son contraire. Mais tous cherchent à rouvrir le dialogue avec l'Extrême-Orient, et à dépasser l'opposition entre le figuratif et l'abstrait, au profit d'une écriture libre influencée par l'inconscient. On pourrait définir rapidement ce groupe des Français «an-iconiques» en se servant des catégories du «peu» et du «trop». Soit le graphisme est poussé à un maximum de tours ou de vibrations, et donc à un excès effréné — chez Hartung, Hantaï, Degottex, Bryen et surtout chez Mathieu, le plus excessif du groupe —, soit au contraire — comme chez Soulages ou Riojielle —, le geste ralentit parce qu'il doit traîner des lourdes couches de matière et l'écriture devient monumentale tout en restant écriture ; c'est à la matière, dans ce cas-là, de contester les préciosités.

Parmi les italiens, sont surtout connus les «excessifs» que sont Vedova, Burri, Colla, et bien sûr Fontana. Mais d'autres artistes intéressants ont eu des parcours qui ne sont pas très différents de ceux de Pollock, de De Kooning ou du groupe Cobra, ayant fait exploser le post-cubisme picassien sous l'effet d'une accumulation d'énergie organique. Je pense notamment à Mattia Moreni, à Ennio Morlotti et au sculpteur Leoncillo.

simple trait peut suffire, ou une rapide intervention gestuelle : seul compte l'élan avec lequel ces gestes sont accomplis, et la quantité d'énergie qu'ils arrivent à capter et à rendre sur la toile. Pollock ne part pas toujours de totems picassiens ; le plus souvent, il se fie à l'essentialité d'un geste, le *dripping*, qu'il répète avec un rythme obsessionnel. Les gigantesques femmes-insectes de De Kooning sont sans doute indispensables pour comprendre la genèse des énormes toiles d'araignée qui parcourent ses œuvres : cela n'empêche pas que ces monstrueuses présences féminines peuvent être éliminées et que dans la toile reste alors seulement l'embrouillamini «abstrait». De même, dans les dessins de Tobey surnage un gribouillis de contours entremêlés qui ont perdu tout contenu. Les délires visuels de Wols aboutissent également, dans ses derniers travaux, à une tapisserie horrifique de taches sans visage. D'autres maîtres de l'informel, comme Fautrier, Dubuffet et tous les membres de Cobra, sembleraient plus décidés à ne pas abandonner le recours à la figure, même s'ils traitent celle-ci avec une grande désinvolture, mais une matière informe fait pression depuis l'intérieur, le conduisant à des résultats peu éloignés de ceux qu'on peut trouver du côté de l'abstraction.

Un préjugé typiquement occidental, et de cet Oc-

TRADUIT DE L'ITALIEN
PAR ADRIANA PILIA

Pierre Soulages
Peinture, 22 mars 1959, *1959*
Peinture 200 × 265 cm
Henie-Onstad Foundations, Hovikkoden.

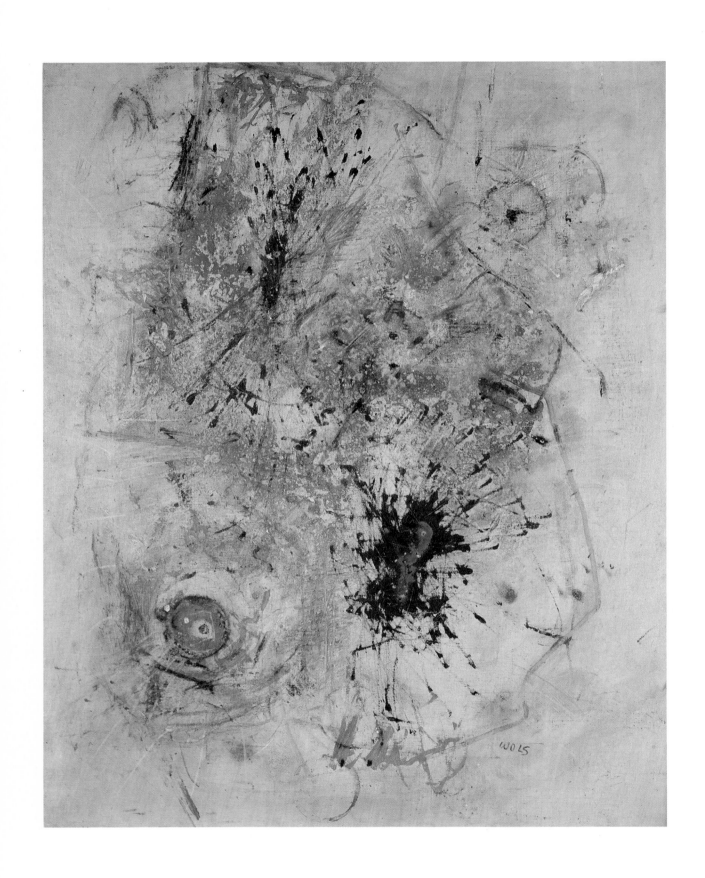

Wols
Fond ocre éclaboussé de noir, *1946-1947*
Huile sur toile 92 × 73 cm
Collection particulière.

Camille Bryen
Afocalyse, *1953*
Huile sur toile 100 × 81 cm
Collection particulière, Paris.

Camille Bryen
Tellurie, *1952*
Huile sur toile 100 × 81 cm
Musée des beaux-arts, Nantes.

Camille Bryen
Hépérile, *1951*
Huile sur toile 146 × 89 cm
Musée national d'art moderne
Centre Georges Pompidou, Paris.

Jean Degottex
Yang, *1956*
Huile sur toile 205 × 135 cm
Collection particulière, Rouen.

Georges Mathieu
Hommage au Maréchal de Turenne, *1952*
Huile sur toile 200 × 400 cm
Collection de l'artiste.

Jean-Paul Riopelle
Sans titre, *1954*
Huile sur toile 206 × 200 cm
Fondation Maeght, Saint-Paul-de-Vence.

Mark Tobey
White Journey, *1956*
Tempera 113,5 × 89,5 cm
Galerie Ernst Beyeler, Bâle.

Franz Kline
Orange and Black Wall, *1959*
Huile sur toile 169 × 366 cm
Collection particulière.

Jack Tworkov
Transverse, *1957*
Huile sur toile 182,9 × 193 cm
Collection Mr. and Mrs. Donald Blinken, New York.

Color
FIELD PAINTING? «HOMMAGE A MATISSE[1]»

MARCELIN PLEYNET

1 Titre du tableau que Mark Rothko peint en 1954, *Hommage to Matisse,* huile sur toile, 8' 9" × 50 1/2".

2 Harlod Rosenberg, *Art & Other Serious Matter,* The University of Chicago Press.

3 Clement Greenberg ayant inclu Barnette Newman en bonne place dans un «American type painting», article publié par *Partisan Review* au printemps 1955, Newman déplore que Greenberg s'obstine à la rapprocher de Rothko et de Still: «comme si nous couchions dans le même lit». Cité par Thomas B. Hess, Catalogue de l'exposition B. Newman. Version française CNAC, oct./déc. 1972.

«ABSTRACT Expressionism», «Action Painting», «Color Field Painting» (ou en traduction littérale: expressionnisme abstrait, peinture d'action, peinture par champ coloré — Harold Rosenberg proposait «Color-Area Composition[2]»); si l'on s'y attarde, on ne peut pas ne pas constater qu'aucun de ces termes ne convient aux œuvres qu'il est supposé définir. Comment retrouver les figures de De Kooning dans l'expressionnisme «abstrait», Rothko dans l'Action Painting, Clifford Still ou Guston dans le Color Field Painting? Et d'autre part qu'y a-t-il de commun entre Pollock et De Kooning? entre Rothko et Still? entre Reinhardt et Guston? Sur cette ligne, on n'en finirait pas de suivre les incompatibilités, les anomalies, les malentendus qu'entretiennent inévitablement toutes les tentatives de réduire l'excentricité d'une œuvre à un langage normatif[3].

La précipitation à constituer, et à accumuler, des groupes et des écoles (plus ou moins heureusement baptisés), peut être considérée comme un des symptômes les plus visibles du discours sur l'art moderne et notamment en ce que ce discours obéit à des intérêts qui tendent à excéder la singularité des œuvres au profit des généralités d'un plus vaste champ de vulgarisation... d'exploitation. Les artistes qui travaillent aux États-Unis à la fin des années 40 et au début des années 50 sont objectivement dans une tout autre situation que celle que le discours critique s'emploie très vite à mettre en place. Si nous nous en tenons aux faits et aux œuvres, nous ne pouvons pas ne pas être frappés par la diversité de caractères, d'origines nationales, culturelles et religieuses, de styles et de tempérament, qui constituent l'ensemble des artistes en activité aux États-Unis au cours de cette période. Comme, d'autre part, et ceci est peut-être une conséquence de cela, nous ne pouvons pas ne pas être frappés par la façon dont ces artistes, indépendamment de tout ce qui les sépare, s'emploient pour s'imposer à établir stratégiquement une sorte de front commun. A suivre la petite histoire, on constate

qu'il y a plus que la solidarité entre, par exemple, Pollock, Newman et Tony Smith, mais une estime et une amitié véritables. Aux États-Unis, le monde de l'art n'est pas alors ce qu'il est devenu et, peut-être sur la base de l'expérience acquise, par certains d'entre eux, lors de la Dépression, avec le Works Progress Administration (1933), les artistes sont manifestement conscients d'avoir à imposer l'expérience qui est la leur à un monde et à une culture qui ne les reconnaissent pas et qui, au demeurant, existent encore à peine. C'est ainsi qu'en 1951 Baziotes, De Kooning, Gottlieb, Hofmann, Motherwell, Newman, Kline, Pollock, Reinhardt, Rothko se réunissent sous le nom des «Irascibles» et manifestent devant le Metropolitan Museum de New York pour que ce musée consacre une salle à l'art américain. Autour de diverses écoles («Subjects of the Artists»), expositions, discussions et conférences, c'est de la même façon que ces peintres se réunissent, non pour définir et établir des ensembles et des normes stylistiques, mais pour s'imposer dans le cadre de ce que l'on pourrait appeler un art national, ou encore pour imposer un art vivant et contemporain à leur nation. Dès 1949, le style de chacun de ces artistes est déjà établi, c'est pourtant sous la même dénomination, «The Intra Subjectives», que Baziotes, De Kooning, Gottlieb, Hofmann, Motherwell, Pollock, Reinhardt, Rothko, Tobey et Tomlin, présentent leurs peintures à la S. Kootz Gallery.

AVERY, MATISSE ET L'ART ÉGYPTIEN!

Si l'on veut comprendre ce qu'il en est de cet art américain naissant, il faut retenir que, sur la base de cette stratégie de défense, les peintres qui s'imposent alors sont aussi réunis par tout ce qui, en les différenciant les uns des autres, crée quelque chose de comparable à la situation d'un homme en exil. Et il ne faut pas oublier qu'en exil, certains le sont effectivement. Notamment De Kooning qui ne se fera naturaliser que très tardivement.

Comme on le voit, à s'en tenir aux faits, la disposition de la scène picturale aux États-Unis en ce début des années 50 a un tout autre visage que celui établi (comme toujours forcément à postériori) par la critique. Enfin, il ne faut pas oublier que si ces artistes ont, entre autres, pour préoccupation d'imposer un art américain à l'Amérique, ils ont aussi, et comme en conséquence, à faire face à la présence (massive) d'un art européen dont ils ne parviendront à se défaire qu'en en prenant, et en assumant, les mesures objectives. *Les Demoiselles de bords de Seine d'après Courbet*, de Picasso, date de février 1950. Picasso restera contemporain, entre autres, des carrières de Pollock et de Rothko. En 1950, Matisse travaille à la chapelle du Rosaire, à Vence, qui est bénite et inaugurée le 25 juin 1951, et dont on sait qu'elle préoccupera très sérieusement Pollock à la fin de sa vie[4].

La constitution des styles et des œuvres, aux États-Unis, en ces années 50, participe de ce double mouvement qui engage des artistes venant, encore une fois, d'horizons très divers à revendiquer un art national au moment même où ils tendent à porter leurs œuvres à la mesure d'un art d'origine européenne (française) et de notoriété internationale. On ne comprendra rien à ce qui se joue en ces années en Amérique si l'on ne tient pas compte des formes et du mode d'appropriation esthétique qui sont alors en jeu. Ce mode d'appropriation (tel qu'il surdétermine en dernière instance les questions d'influences) pour le peintre fonctionne évidemment, hors de toutes dimensions spéculatives, à l'intérieur du langage pictural qui finalement, en tant que tel, témoigne de ses réussites et de ses échecs ; la critique, quant à elle (et quelle que soit sa position), en révèle et en accentue, quasi spontanément, la dimension idéologique. Ainsi, alors que des artistes comme Pollock et Rothko, notamment, témoignent tout au long de leur carrière de la sorte de *challenge* qui les confronte à Matisse et à Picasso, on verra toute une partie de la critique s'employer à minimiser l'importance et l'actualité de l'œuvre des Européens. N'est-ce pas le même critique qui déclarera «qu'il y a eu peu de chefs-d'œuvre complets dans la peinture à l'huile de Picasso après 1926 et pas un seul après 1936[5]»... N'est-ce pas le même Clement Greenberg qui, en quelque sorte, devra définir le Color Field Painting pour établir la Post Painterly Abstraction, et la génération d'artistes comme Frankenthaler, Noland, Stella, Olitsky, Louis, etc. ; le même Clement Greenberg qui n'hésitera pas à déclarer : «On apprenait plus sur les couleurs de Matisse par Hofmann que par Matisse lui-même[6].» Ce qui se trouve encore aujourd'hui soutenu dans certaines histoires de l'art américain.

Ce qui réunit, très arbitrairement, des peintres comme Rothko, Guston, Gottlieb, Newman, Reinhardt, Still sous l'appellation de Color Field Painters, ce n'est ni une unité de style (très différemment affirmée chez chacun) ni une unité de tempérament ou un voisinage culturel, mais quasi essentiellement l'intérêt que chacun porte ponctuellement à l'œuvre de Matisse et chaque fois selon des sentiments et positions extrêmement personnels. Au demeurant, à suivre l'aventure créatrice de chacun de ces artistes et leur rencontre avec l'œuvre de Matisse, on constate que celle-ci ne passe pas par, il faut bien le dire, le très peu matissien peintre allemand Hans Hofmann (qui se rend pour la première fois aux États-Unis à l'âge de cinquante ans), mais par la très charmante, facile et provinciale interprétation que Milton Avery (né en 1893) donne de Matisse. A la fin des années 20, le jeune Mark Rothko rencontre Milton Avery et travaille dans son voisinage. Dans les années 30, la peinture d'Adolph Gottlieb est proche de l'interprétation matissienne de Milton Avery. Et c'est Gottlieb qui présentera Milton Avery à Barnett Newman, lequel trouvera la peinture d'Avery «de grande valeur[7]». Avery, Gottlieb et Newman organiseront ensemble un cours de croquis. Rothko, d'ailleurs, n'a jamais caché l'intérêt qu'il portait à l'œuvre de Milton Avery et, en 1969, il préfacera et collaborera au catalogue de l'exposition que la Smithsonian Institution consacre à Avery. Il est incontestable que, à travers la peinture de Milton Avery notamment, l'œuvre de Matisse est alors l'objet d'enjeux qu'il faudrait pouvoir définir. N'est-il pas étonnant, pour qui connaît l'œuvre de Milton Avery et sa provinciale dépendance vis-à-vis de la peinture de Matisse (ce que Rothko savait fort bien)... n'est-il pas étonnant de voir Rothko écrire d'Avery en 1969 : «Ses grandes toiles qui, loin des implications anecdotiques et passagères des sujets, possèdent un lyrisme saisissant atteignent souvent la permanence et la monumentalité de l'art égyptien[8].» Avery, Matisse et... l'art égyptien !

L'ESPRIT DES RITES ARCHAÏQUES

La position de Newman, dont Thomas B. Hess nous dit qu'elle était «très différente de celle de ses amis Gottlieb et Rothko[7]», est encore plus claire et, dans le texte («The Plasmic Image») écrit, selon T.B. Hess, entre 1943 et 1945, on comprend facilement qu'il s'en prend plus à l'œuvre de Matisse qu'à celle d'Avery lorsqu'il déclare : «Pour esquiver les problèmes de la qualité, la plupart des artistes et des critiques ont décidé de la considérer comme résolue [...]. Le résultat a été l'approche objective d'une vérité subjective [...]. Le sentiment d'objectivité à l'égard de ces facteurs subjectifs s'est transféré à la peinture elle-même, si bien qu'elle est devenue un gadget, un colifichet où la beauté est devenue pareillement quelque chose d'objectif [...]. Naturellement, en accord avec ces fondements objectifs, le résultat a été de créer un objet de beauté. Mais ici la beauté n'est rien qu'une mani-

4 E.A. Carmean, «Les peintures noires de Jackson et le projet d'église de Tony Smith», Catalogue de l'exposition J. Pollock, MNAM, Centre Georges Pompidou, 1982.

5 Clement Greenberg, «Picasso at seventy five», *Art and Culture*, Beacon Press, Boston, 1961.

6 Clement Greenberg, «New York lonly yesterday», *Art News*, été 1956.

7 T.B. Hess, Catalogue de l'exposition B. Newman... *(voir note 3).*

8 Mark Rothko, «Commemoration Essay», Catalogue de l'exposition Milton Avery, Smithsonian Institution. déc. 1969.

9 Marcelin Pleynet, *Matisse*, La Manufacture, 1988.

10 Dore Ashton, *About Rothko*, Oxford University Press, New York, 1983.

11 Michel Ragon, *Vingt-cinq ans d'art vivant*, Galilée, 1987.

12 Mark Rothko, Préface, Catalogue de l'exposition C. Still, Art of This Century Gallery, New York, fév. 1946.

13 Mark Rothko, *Possibilitis*, n° 1.

festation du goût, car la manipulation d'une couleur bien choisie, de formes pures, d'une bonne composition *ne peut affecter que la nature sensuelle* de l'homme. C'est une sorte de peinture virtuose ; le résultat logique d'une telle esthétique est nécessairement un art de virtuosité où des hommes pleins d'habileté et de goût jouent *comme d'adroits violonistes avec la couleur, la ligne et la forme... Ils ont réduit la peinture à un art d'interprétation*[7]. »

Rencontre hasardeuse, inattendue ou critique consciente et délibérée ? Ne dirait-on pas que les phrases que j'ai soulignées visent directement l'auteur de *La Leçon de piano*, le Matisse qui en 1929 affirme : «Sans la volupté il n'y a rien[9]», le peintre de *Luxe, Calme et Volupté* et... de *L'Atelier rouge*. Ce tableau dont justement Dore Ashton nous dit que Rothko, «des années plus tard, prenant sa femme à témoin, évoquait le nombre d'heures qu'il avait passé à le regarder[10] ».

Dans ce contexte, c'est incontestablement Rothko qui déclare le plus clairement et le plus explicitement le rôle prépondérant de l'œuvre de Matisse. Rothko dira en 1964 à Michel Ragon : «Quant au peintre qui m'a le plus appris pour les structures, c'est Matisse. Matisse a été le premier peintre réalisant des tableaux de surface.[11] » Et, dès 1954, Rothko intitulera un de ces grands tableaux *Hommage to Matisse*, qu'il fera figurer dans la rétrospective que le Musée d'art moderne de New York lui consacre en 1961. Pourtant, si nous voulons comprendre ce qui, dans l'œuvre de Matisse, préoccupe les peintres américains comme Newman, Rothko, Guston, Gottlieb, Still (il faudrait également citer Motherwell dont dès 1952 *La Danse* n° 2 — titre en français — est explicitement un hommage au peintre de *La Joie de vivre*, titre que Motherwell avait déjà donné en anglais à un de ces tableaux *The Joy of Living* en 1948), nous devons nous défier des interprétations que nous propose le vocabulaire de l'époque. Ainsi, lorsque Mark Rothko dit à Michel Ragon que «Matisse est le premier peintre réalisant des tableaux de surface», il emprunte expéditivement, par facilité je suppose, le vocabulaire de la critique greenbergienne. Aujourd'hui où tous ces mouvements, offensifs et défensifs, des idéologies de la critique d'art aux États-Unis sont retombés, nous pouvons constater que ce qui préoccupait d'abord les hommes de métier, les professionnels que sont les artistes américains de cette première génération, c'est, en deçà et au-delà des bonnes et mauvaises raisons littéraires qu'ils se donnent, la constitution, et l'appropriation («Subjects of the Artists»), d'un grand espace décoratif. Le format, vite monumental, des œuvres qu'ils réalisent (format conditionné sans doute en partie par les projets sociaux et publics du Work Progress Administration, et plus encore vraisemblablement par les œuvres des Européens, *Guernica*, *L'Atelier rouge*, *Les Demoiselles à la rivière*, etc.) implique la maîtrise d'une dimension décorative susceptible de jouer et de déjouer ce que le terme même de «décoratif» implique de convenu et de normatif. Or, n'est-ce pas là précisément l'un des éléments déterminants de la réussite de Matisse : s'approprier un espace décoratif dont la singularité tient à la dimension sensuelle (et érotique) qui l'inspire et... le colore[9]. C'est là explicitement, ou implicitement, ce que Matisse impose, parce que c'est là explicitement et implicitement qu'il s'impose ; comme c'est en cela qu'il en impose à la génération des artistes américains qui nous occupent. L'espace propre à l'œuvre de Matisse sera ainsi interprété comme participant d'une «mythologie personnelle» que peintres et critiques vont s'employer à réinterpréter. Thomas B. Hess écrit à propos de Barnett Newman : «La grande question, le problème qu'il cernait et reprenait sans cesse, était de savoir quel sujet convenait à l'artiste moderne[7]. » Et il semble bien que cette question ait d'abord eu pour objet une forme de résistance (morale) tout à fait spectaculaire à l'«hédonisme» matissien. Newman précise — et c'est moi qui souligne — que ce qui est «plus grave c'est la beauté, c'est-à-dire l'amour des sensations idéales, ne crée plus en nous à présent qu'*un trouble purement physique*[7]». C'est donc explicitement contre «la tradition de l'Europe occidentale[7]» déclarée achevée et parce que «l'art de l'Europe occidentale est avant tout art voluptueux, qu'il n'est intellectuel que par hasard[7] ?» que se trouve revendiqué — et je souligne encore — «*un art expressif, mais qui n'exprimerait pas les sentiments personnels du peintre*[7]» «mais une vision du monde et de la vérité en termes de symboles visuels[7]». Et quoi qu'en dise Thomas B. Hess, les positions de Gottlieb et de Rothko, notamment dans la lettre publiée par le *New York Times* du 13 juin 1943, lettre rédigée avec l'aide de Newman, ces positions ne diffèrent que très insensiblement les unes des autres[7]. Dans cette lettre, Gottlieb et Rothko invoquent l'«esprit des mythes archaïques et primitifs» dans un sens voisin de ce que Rothko écrira trois ans plus tard en préface à l'exposition que Peggy Guggenheim consacre (en février 1946) à Clyfford Still : «Still exprime le drame tragique, religieux qui est le fondement des mythes de tous les temps... Il crée et remplace les vieilles mythologies hybrides qui ont perdu leur pertinence au cours des siècles. Pour moi, le drame pictural de Still prolonge le mythe grec de Perséphone. Comme il l'a dit lui-même, ses tableaux sont nés "de la Terre, des Damnés et des Recréés"[12]. » En 1947-1948, Mark Rothko déclarera encore : «La représentation de ce drame dans le monde connu n'est possible que si les actes quotidiens font partie d'un rituel se référant à une réalité supérieure[13]...»

Bref, morale et religiosité, sur le fond d'un idéalisme dramatique, s'emploient à investir et à s'approprier la dimension spatiale d'une interprétation subjective de la norme communautaire (du décoratif — «un art expressif mais qui n'exprimerait pas les sentiments personnels du peintre», dit Newman), à déjouer ce que la «mythologie personnelle» de Matisse a de choquant (n'oublions pas que le *Nu bleu souvenir de Biskra* fut brûlé en effigie dans la rue lors de la présentation de l'exposition de l'Armory Show à Chicago): l'hédonisme, la sensualité, la volupté (perçus comme «*trouble* purement *physique*», précise encore Newman) de l'art du peintre français. L'ouverture du «champ de couleur» et de la couleur comme chant doivent cesser d'engager la disposition spatiale et l'aventure mouvante d'une volupté singulière («l'espace à la dimension de mon imagination», déclare Matisse). La jouissance, qui constitue en son espace la «mythologie personnelle» du peintre, doit sombrer dans le drame, la douleur, la tragédie, le «sublime» d'une érection symbolique... religieuse... archétypale (*ar-*

chetupos: modèle primitif) «d'une terreur de l'invisible[7]».

Tel est l'un des enjeux, et non le moindre, du débat qui occupe la constitution de la peinture américaine au début des années 50, au moment où Rothko peint son *Hommage to Matisse*. Et n'est-ce pas, en effet, le plus bel hommage que l'on puisse rendre à un artiste que de reconnaître qu'après lui il ne reste «pas d'autre solution au peintre que de tout reprendre de zéro, depuis le début, *comme si l'Europe n'avait jamais existé» (sic)*. Est-il de plus bel hommage que celui qui consiste à voir dans l'œuvre de Matisse l'achèvement de toute la peinture européenne et occidentale?

Excessif sans doute. Mais ne fallait-il pas cet excès pour que cette génération d'artistes se libère des deux géants Matisse et Picasso dont l'ombre porte aujourd'hui encore si loin en traversant l'Atlantique, et pour que l'art américain s'impose enfin à l'Amérique?

Mark Rothko
Brown, Blue, Brown on Blue, *1953*
Huile sur toile 296 × 233,6 cm
Collection of the Museum of Contemporary Art,
Los Angeles
The Panza Collection.

Mark Rothko
Black, Ochre, Red over Red, *1957*
Huile sur toile 254 × 200,6 cm
The Museum of Contemporary Art, Los Angeles
The Panza Collection.

Clyfford Still
1955-D, *1955*
Huile sur toile 297 × 281 cm
Collection particulière.

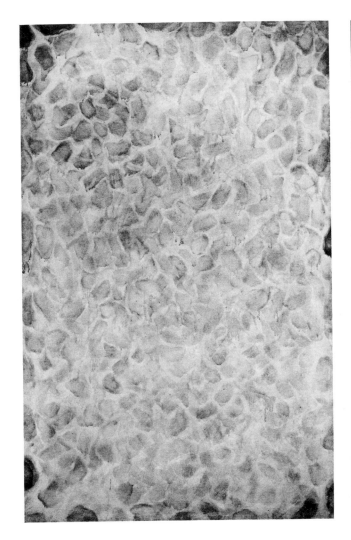

Sam Francis
White, *1952*
Huile sur toile 163 × 97 cm
Collection particulière.

Sam Francis
Saturated Blue, *1953*
Huile sur toile 197,2 × 115,2 cm
Collection Marian von Castelberg.

Morris Louis
Beth Chaf, *1959*
Peinture acrylique sur toile 333,1 × 260,4 cm
Collection Marcella Louis Brenner.

Morris Louis
Green by Gold, *1959*
Huile sur toile 237,5 × 351,8 cm
Collection particulière.

Clyfford Still
Untitled, *1959*
Huile sur toile 284,5 × 392,4 cm
Marlborough Gallery, New York.

Un «EINZELGÄNGER[1]»: BRAM VAN VELDE

RAINER MICHAEL MASON

«LE signe de son importance, c'est que l'écrivain n'ait rien à dire», note Maurice Blanchot dans sa préface à *Faux pas*[2]. De Jacques Putman, nous avons exactement la même assertion à propos de Bram Van Velde: «[...] dans le bavardage quotidien de l'art, il est exceptionnel qu'un homme n'ait rien à dire, signe de son importance[3].» Ce laconisme de personnage beckettien, accompagné de ce qu'il faut de violence et de tendreté dans l'expression, fut en effet le propre d'un imaginaire dont il reste encore difficile de préciser la signification et les relations avec l'histoire de l'art proche ou plus lointaine. Qu'on ne puisse fixer quelle est la parole de cette peinture n'empêche cependant pas de percevoir son être — il n'y a donc pas mutisme.

Il ne s'agit pas de reprendre l'exégèse dominante de Samuel Beckett, qui fréquenta Bram Van Velde pendant la guerre déjà, mais d'esquisser en quoi l'œuvre, ici, a exercé ses modalités en dehors des idées sur la peinture, sa vocation et ses origines (Bram Van Velde ne fut, la chose est des moins courantes, le tenant d'aucune esthétique, le porteur d'aucun message, tournant naïvement, sauvagement le dos à la culture comme à la nature). Pourtant, de Beckett, il convient de rappeler deux phrases, lesquelles délimitent la question. En 1948: «Est peint ce qui empêche de peindre[4].» Trois ans plus tôt: «A[braham] Van Velde peint l'étendue[5].» Le paradoxe premièrement cité porte sur les ressorts et l'enjeu de cet art, la seconde constatation sur sa matérialité.

L'art (représentation, exploration, invention) comme activité impossible, mais nécessaire (psychiquement, spirituellement — pour avoir part à ce à quoi la vie ressemble), n'est vraisemblablement pas le fait du seul Bram Van Velde, mais ce dernier est probablement l'un des rares à ne pas avoir cherché son salut dans les genres et thèmes en cours: ni paysage ni géométrie, ni signes ni danse. Il affronte l'irréductible absence de moyens probants et «cherche à voir, alors que tout, dans ce monde, nous empêche de voir[6]». Mais il n'y a rien à voir dans la peinture que la peinture. Bram Van Velde en délivrera un paradigme phénoménologique, tout comme Alberto Giacometti, l'autre grand artiste de l'âge existentialiste, produit une sculpture qui vise l'essence de la perception, avec la conscience que «plus on échoue, plus on réussit[7]». (A l'exposition «Qu'est-ce que la sculpture moderne?»[8], Giacometti fut significativement placé seul, dans un espace-pivot du parcours: la position de Bram Van Velde dans le présent dossier ne paraît pas moins charnière.)

Bram Van Velde, poursuivait Beckett en 1945, «se détourne de l'étendue naturelle[5]». Le tableau, chez lui, immobilise celle-ci et se propose à la fois comme une surface et comme un morcellement. Des formes triangulaires qu'adoucissent à peine quelques cercles et arrondis, des agrès transversaux, des tracés, éclats, cernes, et des champs en aplats s'organisent comme un engrenage statique et fort, sans qu'on puisse parler de composition (préméditée), mais bien de *patterns* solidaires dans l'égalité générale du lumineux et du nocturne, des veines et des plages. Il n'y a pas d'en-avant ni d'en-arrière, pas d'orientation univoque de la structure (ni orthogonale ni oblique). L'œil balaie une véritable découpe dans un tissu *all over* où rien ne domine. Arêtes et facettes se donnent donc à lire comme un côte-à-côte de formes sans profondeur ni relief. Là où le cubisme, et les triangulations de Bram Van Velde y renvoient, étend son code à et sur l'objet, l'artiste hollandais accomplit dans la surface la double action de la peinture: mettre dessus, mettre à côté. Dès lors tout est plat.

1 Celui qui va son chemin seul.

2 Maurice Blanchot, *Faux pas*, Gallimard, 1971.

Or tout proclame également une intense réalité colorée, si présente même dans toutes ses manifestations qu'elle invalide chez Bram Van Velde le terme habituel de dessin. Les deux gouaches de 1954 retenues ici certifient tant une couleur «pure», telle qu'elle sort du tube, ce qui n'exclut aucune inflexion intrinsèque, que des mélanges qui, engendrés par les constants repentirs et surcharges, laissant percer des figures palimpsestes, des fantômes, rabattent la tonalité, blanchissent la lumière, salissent le pigment (à cet égard, les gouaches du séjour en Provence[3] de 1958-1959 offrent le plus bel exemple de chromatisme incommode des années 50 et prouvent, si besoin est, l'indifférence de Bram aux spécificités régionales de l'éclairage!). Bien que Beckett, dans son premier texte[5], n'emploie pas une seule fois le mot *couleur*, et cela avait frappé l'artiste[6], celui-ci engage la couleur déclarée «expression vierge, neuve, sans cage, sans routine, sans limite, bain de soleil, de lumière[4]», comme une donnée concrète, qui fait d'elle l'objet même de la peinture. Laquelle apparaît comme construite par le tâtonnement, la couleur assumant la dimension du surgissement et la forme celle de l'hésitation, les deux se mêlant en dehors d'un équilibre relationnel dans cette image si singulière, d'allure toujours inachevée.

Peut-on dès lors comparer cet œuvre à tant d'autres projets artistiques combien prémédités, en Amérique comme en Europe ? Que ce soit chez les uns ou chez les autres, se profilent constamment quelque théorie du tableau, une régie de la composition, un discours du geste, un chromatisme parlant — bref, une manière de *représentation*, là où Bram Van Velde, considérant que le monde lui fait face, sans échappement ni séduction pratique une objectivation différée, à implication existentielle hautement exemplaire de son temps : «Je ne suis qu'en m'exprimant, mais jamais je ne saurai ce que j'exprime[9].»

Bram Van Velde semblait à l'abri de tout souvenir immédiat de la peinture, même si on le retrouve parfois chez des contemporains tels Ernst Wilhelm Nay, Arshile Gorky, Willem De Kooning, (lequel dira son admiration). Les deux grandes figures associables sont cependant Edvard Munch et Henri Matisse qui nous placent à la jonction des courants nordiques et méditerranéens. Bram Van Velde n'a pas pu éviter, par exemple quand il vécut à Worpswede (1922-1924), la confrontation avec Munch, celui qui altère la pureté des pigments par surcharge et emmêlement ou qui conduit des éclats stridents[10]. Bram Van Velde fut également étonné par Matisse. Il regarda passionnément *La Leçon*

de musique (1917), à moins qu'il n'y eût confusion avec *La Leçon de piano* (1916). Saisissant la curieuse redevance, Georges Duthuit avance que «Bram Van Velde a repris la torche des mains de Matisse pour la retourner en terre[11]» — éteinte ou repiquant du vif ? Duthuit, fasciné, reconnut chez le peintre hollandais une magnificence écrasée. Est-ce vraiment ainsi qu'il faut qualifier l'aboutissement de l'expressionnisme et du fauvisme, accordé à l'accomplissement du post-cubisme, par quoi on peut ébaucher les antécédents et situer l'originalité de Bram Van Velde ? Sa radicale différence avec les aimables compositeurs, méditants gestuels ou spiritualistes décorateurs de l'École de Paris saute aux yeux. L'abstraction lyrique, non figurative, est indexée sur la nature et le paysage plus que sur l'individu et son psychisme, sur une autonomie plastique appelleuse de commentaires davantage que sur l'absolu incertain et sans résolution de la peinture. Même Nicolas de Stael, qui dans les années 40 fut un moment redevable à Bram Van Velde, est finalement repris par une transposition naturaliste à la française. Le *Color Field* américain a repensé la toile comme champ(s) saturé(s) entretenant un nouveau dialogue avec l'espace du support. Mystique de la couleur chez les uns, jubilation plus élégante, voire matérialiste chez les autres, cet art possède ou quête des certitudes, croit à une sémantique de la couleur. On ne rencontrera pas Bram Van Velde dans ces étendues. Il ne participe pas aux réactions, est absent des confrontations qui caractérisent la décennie 50, dont les biennales sont la métaphore. Bram Van Velde peint sans application et presque sans volonté. On ne sait guère où il veut en venir. L'avant-garde est ailleurs. A Venise, à Paris, à New York. La biographie du peintre, ces années-là, peut se résumer par deux dates : 1952 et 1958 — déroute et renaissance (toujours en marge). La première est celle de son exposition personnelle chez Aimé Maeght, à Paris. L'échec commercial, une fois de plus, est sans appel, malgré la préface de Georges Duthuit : «Pour la première fois dans l'histoire de la peinture un peintre, par un sacrifice de soi sans pareil (qu'on comprenne bien : au physique comme au moral Bram Van Velde a saboté toutes ses chances de bien-être), nous a entraîné à ce terrain-limite. Nous sommes aux colonnes d'Hercule, en deçà mais en face de l'inconnu[12].» Le marchand parisien n'en prend pas le risque et congédie l'artiste. Six ans plus tard, Franz Meyer organise à la Kunsthalle de Berne sa première rétrospective. Le peintre a soixante-trois ans : on pourrait croire qu'il existe enfin. Mais définitivement à l'écart.

3 Jacques Putman, préface à *Bram Van Velde* (catalogue raisonné des peintures), Guy Le Prat, 1961.

4 Samuel Beckett, *Derrière le miroir*, n°11-12, Paris, juin 1948.

5 Samuel Beckett, *Cahiers d'art*, 20e-21e années, Paris, 1946.

6 Charles Juliet, *Rencontres avec Bram Van Velde*, Fata Morgana, Montpellier, 1978.

7 Reinhold Hohl, *Alberto Giacometti*, Clairefontaine, Lausanne, 1971.

8 Catalogue d'exposition par Margit Rowell, Paris, 1986, MNAM, Centre Georges Pompidou.

9 Jacques Putman et Charles Juliet, *Bram Van Velde*, éd. Maeght, Paris, 1975.

10 Je pense à des huiles de 1907, comme *Amour et Psyché* et la *Mort de Marat II* (Oslo), puis à des toiles de 1916-1917 : *Homme sur la plage* (Suisse, coll. part.) et *Jeune fille* (Stockholm).

11 Georges Duthuit, *Les Fauves*, Trois Collines, Genève, 1949.

12 Georges Duthuit, *Derrière le miroir*, n° 43, Paris, février 1952.

Bram Van Velde
Sans titre, *1958*
Huile sur toile 162 × 130 cm
Musée d'art et d'histoire, Genève.

Bram Van Velde
Sans titre, *1954*
Gouache 187 × 149 cm
Collection Michel Guy.

Bram Van Velde
Sans titre, *1954*
Gouache 108 × 94 cm
Collection particulière.

Bram Van Velde
Sans titre, *1955*
Huile sur toile 130 × 195 cm
Stedelijk Museum, Amsterdam.

Bram Van Velde
Sans titre, *1958*
Huile sur toile 130 × 162 cm
Collection Henri Samuel.

LA NOUVELLE ÉCOLE DE PARIS

GEORGES LIMBOUR

[...] De quels maîtres — si l'on peut encore aujourd'hui employer une telle expression — de quels maîtres se réclament les peintres de cette singulière école. Sans doute des grands héros du XIXᵉ siècle, de Van Gogh, de Cézanne, de Gauguin, et plus proches de nous, de Picasso, Braque, Léger... Pourtant un grand nombre de nos jeunes artistes prétendraient plutôt procéder de Mondrian, Hollandais qui ne fut que fort peu Parisien, de Kandinsky ou de Klee, chevaliers du Blaue Reiter, chefs d'une école munichoise. Où donc aller chercher une tradition certaine de notre École ? Celle-ci ne serait-elle qu'un mot vide de sens, un mythe, une illusion ?

Non ! Bien que le mot *école* soit impropre et qu'on l'emploie faute d'un autre qui reste encore à inventer, une réalité se cache bien derrière ce terme, mais c'est une réalité difficilement analysable, une réalité mouvante et complexe, que l'intuition saisit mieux que le raisonnement, car elle est de l'ordre de la passion. Son caractère est affectif. Le lien qui unit les peintres de cette école c'est l'atmosphère de Paris, une haute température de l'esprit, propice à la création artistique. Dans aucune autre ville au monde, n'existe une telle passion de la peinture. Le peintre y jouit d'un prestige considérable. La ferveur d'un public divers, averti et sensible encourage l'artiste au point qu'il en est rarement qui reste ignoré et solitaire. Il est exceptionnel qu'un peintre doué de talent demeure longtemps méconnu. L'École de Paris, c'est donc avant tout, un centre de passion, un climat plus ou moins fiévreux ou exalté, de recherches, d'inspiration, de suggestions et d'échanges d'idées ; un foyer d'ardeur et d'émulation. Cette ardeur est entretenue par la multitude et la diversité des galeries, grandes ou petites, dont le nombre s'accroît encore de jour en jour. Nulle capitale n'est donc comparable à Paris pour le goût de la peinture ni encore par l'intensité du commerce d'art qui s'ensuit. [...]

A partir de la Libération, un grand nombre de peintres, et parmi les plus remarquables, s'éloignent de la figuration et ont recours, pour évoquer le monde, à des *signes* personnels, donc fort abstraits, où risquent de s'obscurcir l'évidence et la précision de la signification. Qui pourrait dire que les cubistes, par exemple, aient jamais employé des *signes ?* Si différents que les objets qu'ils peignent soient de ceux qui leur ont servi de modèle ou de prétexte, il y a présence d'une réalité et non signe. Le signe remplace une réalité absente et ne procède plus que par allusion. En outre, un signe, loin de proposer un objet ou une circonstance *particulière*, a une valeur *générale*. Nous rencontrerons plus loin les différents caractères et usages des nouveaux signes picturaux. Ajoutons que le signe significatif a fini par conquérir une certaine indépendance à l'égard de la chose qu'il représente et tend à devenir sa propre fin, et donc à perdre son caractère de signe pour devenir une chose en soi. Et c'est alors que commence ce que l'on a appelé la peinture abstraite. [...]

A la fin de la dernière guerre, une nouvelle génération de peintres est apparue. Ceux que je vais d'abord citer constituaient plus ou moins un groupe, unis par l'amitié, et exposant dans les mêmes galeries. Tous coloristes, ils avaient médité les leçons de leurs aînés. Ils faisaient alors des paysages (donnons le sens le plus large à ce terme), des scènes d'intérieur, voire des natures mortes. Ils reconstruisaient, à leur manière, les objets, mais ceux-ci restaient individuellement identifiables. Il fut intéressant de suivre l'évolution qui les conduisit peu à peu à l'évanouissement de l'objet particulier, à son absorption dans une impression générale, et à l'emploi de signes, ou d'emblèmes.

Bazaine est aussi devenu l'un des meilleurs paysagistes et coloristes de notre temps. Il évoque par des taches de couleurs significatives, des arbres, des rochers, des ruisseaux, des plages, ou, comme dans sa dernière exposition, des *Paysages hollandais*. Ce n'est pas un retour à l'impressionnisme, mais c'est un nouvel impressionnisme, car Bazaine ne capte pas les formes, mais fait surgir les lumières. [...]

Manessier a, lui aussi, suivi la même progression. La chance de ses tableaux est leurs couleurs exaltées, leur lumière parfois mystique ou religieuse. Il a, ces dernières années, beaucoup travaillé en Bretagne, d'où ses paysages maritimes, les barques, les ports. Il a abordé quelques thèmes religieux, sans les traiter d'une manière *représentative*, mais par le symbole du signe et de la couleur suggestive. Ses tableaux ne transposent pas une réalité ou un spectacle, mais un sentiment. C'est l'extériorisation d'une ferveur ou d'une illumination intérieure. On voit ainsi par quelle progression ces artistes sont passés du paysage tiré de la nature à la projection des états d'âme. Kandinsky avait été le théoricien d'une expression picturale basée sur le sens mystique des couleurs. Pourtant ce n'est pas de lui que dérivent les peintres dont les tableaux ne sont qu'un chant du cœur ou un hymne coloré, tel *L'Alleluia* de Manessier.

Il est naturel que sur le chemin du signe, le peintre coure bien des risques, s'il n'est pas en état de grâce perpétuel. Car le signe peut ne pas être évident par lui-même, rester opaque et, bref, nous résister. La communication parfaite ne s'établit pas alors entre l'artiste et le spectateur : le tableau, alors, offre de belles couleurs, séduisantes, émouvantes parfois. C'est un bel objet, mais il reste une énigme. Peut-être les belles couleurs d'Estève gardent-elles silencieusement le secret de leur raison d'être, si l'on s'efforce de trouver un rapport entre le tableau et son titre.

Faire passer Ubac pour un paysagiste serait assez piquant, si l'on n'avait compris le sens nouveau qu'a pris le mot paysage dans cette nouvelle École de Paris. Ce remarquable tailleur de schiste, ce graveur d'ardoises, fait fuser de ses formes allongées ou de ses pavés de couleurs boueuses et mates des lumières nordiques. Il exprime par des formes solides mais inqualifiables l'âme d'un pays : les Flandres, les Ardennes ou la banlieue de Paris. Il lui arrive d'intégrer à un tableau, à la façon d'un collage, une plaque d'ardoise. Celle-ci confère à la toile un sens vaste et pathétique, évoquant des paysages schisteux, l'esprit de la matière et le royaume de la pluie. Cependant certains spectateurs aimeront se contenter de voir dans de telles œuvres des objets d'un extrême raffinement. Ainsi de nombreux peintres cheminent-ils entre l'allusif et l'abstrait. Peut-être Vieira da Silva, Portugaise, évoque-t-elle dans ses tableaux composés de multiples facettes miroitantes, très souvent dans les gris, des paysages urbains. Le spectateur reste indécis et se laisse fasciner ou séduire par ces constructions subtiles.

De la même façon, ce sont des paysages synthétiques, des *effluves* de printemps, des senteurs de vergers, de vastes modulations de formes et de couleurs sur des collines imprécises que nous suggère Zao Wou Ki. On l'a vu collaborer (de même que Hartung) avec le sculpteur Germaine Richier pour laquelle il avait peint (en 1955) un écran vertical en plomb devant lequel s'animait une sculpture d'inspiration végétale. Le paysage de Zao Wou Ki, par ce qu'il avait d'indéfinissable et dans la mesure où, loin d'imposer une vision, il était susceptible de se laisser interpréter, s'accordait fort bien avec la forme sculptée érigée devant lui. Cet emploi très exceptionnel (et jusqu'alors inédit) qu'un sculpteur faisait d'une peinture, entraînerait des commentaires très divers.

Edizione d'Arte Fratelli Pozzo,
Turin, 1960.

Jean Bazaine
Chicago, *1953*
Huile sur toile 146 × 97 cm
Collection Louis Clayeux.

Raoul Ubac | **Serge Poliakoff**
La Charrue, *1953* | Composition, *1958*
Huile sur toile 97 × 130 cm | *Huile sur bois blanc 97 × 130 cm*
TAG Œuvres d'art, S.A., Genève, | *Collection Alexis Poliakoff.*

Alfred Manessier
La Nuit de Gethsemani, *1952*
Huile sur toile 200 × 150 cm
Kunstsammlung Nordrhein-Westfalen, Düsseldorf.

André Lanskoy
Affectueusement à Paolo Ucello, *1957*
Huile sur toile 97 × 195 cm
Collection René Verdier.

Serge Poliakoff
Composition, *1959*
Huile sur toile 130 × 162 cm
Collection Alexis Poliakoff.

Maurice Estève
Terre sombre, *1956*
Huile sur toile 116,5 × 89,5 cm
Dr Peter Nathan, Zürich.

Maurice Estève
Moulin noir, *1959*
Huile sur toile 116 × 89 cm
Musée national d'art moderne
Centre Georges Pompidou, Paris.

Maurice Estève
Parentis, *1955*
Huile sur toile 116 × 89 cm
Collection Jacques Bazaine.

Nicolas de Stael
Bouteilles dans l'atelier, *1953*
Huile sur toile 200 × 350 cm
Collection particulière.

Zao Wou-Ki
13.10.59, *1959*
Huile sur toile 114 × 146 cm
Collection de l'artiste.

Marie-Elena Viera da Silva
Composition blanche, *1953*
Huile sur toile 97 × 130 cm
Emmanuel Hoffmann-Stiftung
Kunstmuseum Basel.

métier, d'une œuvre faite avec amour et patience»... «Aboutir à des faits simples, c'est-à-dire dépouillés de tous leurs côtés éphémères et anecdotiques, de tous leurs aspects pour ne conserver que le côté durable et éternel.» Mais une telle finalité ne s'improvise pas puisqu'elle ne peut être qu'un long accomplissement et, pour un artiste conscient de cette nécessaire, patiente, difficile maïeutique il y a comme une contradiction entre l'œuvre qui se fait et l'idéal auquel elle tend; et l'on peut supposer que l'enseignement auquel pourtant il ne croit guère est pour Bissière comme un alibi, la justification ou l'excuse de son travail. Les règles qui président à l'atelier de l'académie Ranson sont le rappel constant que les moyens sont accessoires, que le résultat seul est important quand il est élaboré en esprit de vérité; mais ce résultat, en définitive, ce n'est pas tellement le tableau — dérisoire — mais la vie elle-même avec tout ce qu'elle comporte d'épreuves et d'amour assumés.

«Ne vous jetez pas sur votre papier ou sur votre toile et ne commencez pas à les couvrir au hasard. «Regardez longuement votre modèle et commencez à dessiner ou à peindre seulement lorsque vous savez ce que vous voulez faire. [...] «Ne copiez pas la nature, faites un choix parmi les éléments qu'elle vous offre. Devant la nature, efforcez-vous de ramener des formes complexes à des formes simples, plus vous vous rapprocherez des formes essentielles, cube, triangle, cône, pyramide, cylindre, cercle, etc., etc., plus votre travail sera expressif. Gardez-vous de croire que la palette la plus multiple est apte à engendrer le tableau le plus coloré, soyez sûrs au contraire que c'est la palette la plus sobre qui est la plus expressive.
«Un ton n'est beau que quand il est suggéré. [...] «Quand vous vous serez astreints à ces lignes de conduite, vous posséderez une discipline et une méthode qui vous éviteront de longs cheminements. Alors, mais alors seulement, vous pourrez sans danger oublier ces directives, vous fier à vos seules forces, c'est-à-dire à votre sensibilité propre, car en dernier ressort c'est le cœur qui justifie tout et là je ne puis plus rien pour vous.»

Autour de Bissière, travaillent et discutent les jeunes, Garbell, Berthou, Le Moal, Manessier, Grüber, et leurs «Exercices spirituels» prennent leur véritable dimension parce qu'ils sont pratiqués en commun, en communion, lorsque l'expérience et la vision de chacun sont confrontées à celles des autres. L'atelier fut en effet un merveilleux foyer d'amitiés et d'abord pour Bissière lui-même, au point qu'il dut en redouter le piège et sacrifier le peintre au professeur. C'est l'éternel conflit de deux visions pratiquement inconciliables, s'oublier pour mieux enseigner l'art des autres. A force d'analyser et de faire comprendre le travail des maîtres, la tentation est grande, même à son propre insu, de s'en inspirer, donc de bien faire, en fait rabâcher et verser dans un académisme intellectuellement confortable. L'Institut est l'édifiant conservatoire de ces braves gens sensibles qui se sont ainsi abandonnés et n'ont pas su réagir à temps. Il n'y avait pas d'autre issue pour Bissière que de se cantonner dans une aimable peinture de tradition, française de surcroît, à la manière de Maurice Denis, Waroquier, Derain, ou bien parier sur l'imprévisible, l'improbable, l'impossible accident. Ce fut sa chance. Bissière était né coiffé. La chance en effet qui se manifeste toujours par des voies mystérieuses fit attendre Bissière jusqu'en 1938, à la veille de la guerre. En attendant, il se laisse entraîner par l'enthousiasme de ses élèves, il partage leur volonté de ne pas se laisser piéger par les poncifs ambiants et puisqu'ils entendent «témoigner», il témoigne aussi pour son temps. Il ne s'agit rien moins que de «remonter de l'homme faillible et faible à l'infaillibilité de la connaissance; pour nous tout le problème est là» (Maral Michaud, Lyon, 1936).

LA RETRAITE: LE LOT
Avec ce groupe, Témoignages, Varbanesco, Thomas Le Moal, Bertholle, Silvant, Zelman, L. Beyer, Burlet, Stahly, Klinger, Étienne-Martin, à Paris l'année suivante avec la même équipe, il travaille à l'Exposition internationale, au palais des Chemins de fer et de l'Aéronautique, avec ceux de l'académie Ranson: Le Moal, Liaussu, Bertholle, Jean Leon, Blaise Jeanneret, Nicolas Wacker, Charlotte Henschel-Manessier. Il y a de l'innocence dans ces démarches collectives; Bissière n'est pas dupe mais s'il participe par gentillesse et par solidarité, il réalise que les temps troublés que l'on vit sont porteurs d'un avenir difficile. Quelle est donc la place de l'art dans cette époque empoisonnée par la guerre d'Espagne, la montée du fascisme, du nazisme? A-t-il même encore une place? Question naïve, et c'est bien pourtant de la paix, de la condition humaine qu'il est question. Comme si elle était prémonitoire du danger, une congestion pulmonaire contraint Bissière à quitter Paris pour s'installer définitivement dans la maison natale à Boissierettes. Changement radical d'existence. Avec des vaches, c'est la vie bucolique. Bien sûr, il ne sera qu'un médiocre paysan mais son propos se moque de l'esthétique. Seule la nature est grande, belle; l'expérience est éprouvante et il faut dépouiller le vieil homme, renoncer aux simulacres du parisianisme de la mode, des salons qui vous collent à la peau. Les événements qui se précipitent se chargent vite de rétablir l'ordre des valeurs et des besoins. Dès la débâcle, Boissierettes devient pour les amis parisiens, la maison de famille, le refuge. Les Manessier y camperont plusieurs mois. Wacker, l'ancien Massier de l'aca-

démie Ranson s'installe dans le voisinage. On vit au rythme de la campagne, on écoute la radio à la veillée, on va aux champignons, on aide Mousse à faire des conserves de haricots ; ainsi se passe la guerre dans le Lot avec les échos du maquis que Louttre a rejoint. Quatre années d'un presque bonheur tout simple où Bissière redécouvre l'espérance par la vertu du paysage et la médiation de Mousse. Pour éviter les vagabondages pessimistes de l'imagination, il est bon d'occuper ses doigts. Ainsi, à partir de petits morceaux de chiffons renaît la confiance, des bouts d'étoffes quelconques, assemblées, cousues, brodées qui deviennent des tentures aussi primitives que des tapas, aussi élaborées que l'antependium d'un autel roman, si graves dans leur présence savante et naïve à la fois qu'elles feraient fuir le Coq trop gaulois du camarade-peintre de Saint-Céré. La preuve est là, à quoi bon les principes d'école quand il suffit tout bêtement — mais il y faut de l'amour et de la patience — de mettre bout à bout des bouts d'étoffes, au gré de l'imagination. Cette liberté dans la démarche incite à une plus grande liberté à l'égard de la peinture. Ainsi dans les mêmes années 1945-1946, Dubuffet fait une expérience analogue et se délivre avec *Miro-Bolus, Macadam, Cie*, de la sujétion de vingt années d'errements infructueux. Dans son *Bissière* (Ides & Calendes, 1986), Daniel Abadie a bien analysé les positions moyennes des deux grands peintres, «plus proches l'un de l'autre que la plupart des autres artistes qui leur étaient contemporains». «Vous verrez, écrit Dubuffet à Bissière, nous réussirons à culbuter cette pyramide de stuc et tous ces faux critiques d'art, et vous verrez, nous ferons à la fin quelque chose et vous y participerez avec nous.» L'invite était claire mais Bissière qui s'en était délivré n'entend guère se mêler aux jeux illusoires de l'actualité artistique. Il accepte bien de répondre aux sollicitations de ses amis qui le pressent d'exposer avec eux, c'est aussi sa manière de participer à la prise de conscience d'une renaissance de l'art français souvent parallèle ou confondue avec la résistance. Certainement Bissière trouve-t-il que l'ambition des jeunes est un peu turbulente tandis que ceux-ci, plus engagés dans la vie, recherchent leur propre Libération. Il assiste et se résigne puisqu'il appartient à la génération sacrifiée et puis il sait très bien d'expérience que l'action véritable est d'ordre intérieur, personnel, spirituel et peut-être qu'après tout la vie d'un artiste est aussi exemplaire que sa peinture. La preuve en est l'échec de ses expositions à la galerie Drouin, à la galerie de France que ses amis Marcel Arland, Jean Paulhan, Gildo Caputo ont voulues ; et tant pis si elles n'ont pas élargi le cercle des fidèles. La déception a été sensible et l'enferme davantage dans sa solitude d'autant plus que cette fois sa vue diminue graduellement et qu'il ne peut plus peindre, pratiquement, qu'à tâtons. Pour mieux dominer son

épreuve, Bissière adopte une nouvelle technique, celle de la peinture à l'œuf, tant elle le remet de plain-pied avec la vieille tradition artisanale comme s'il était quelque obscur peintre d'icônes égaré dans son monastère.

On sait combien Bissière faisait peu de cas de la technique en tant que telle, souvent pour faire enrager son ami Wacker, mais plus sérieusement, dans la logique de l'ascèse qu'il subit, il éprouve dans le Faire cette jubilation intérieure du bon ouvrier dans le seul exercice de son métier. Pour le reste, composition, couleurs, viennent de source, sans le moindre effort. Comme l'aveugle qui voit par cœur du bout des doigts, il a une telle mémoire optique que sa peinture à l'assurance infaillible de l'ange qui l'inspire. La composition s'organise spontanément selon un réseau très lâche de brindilles où subtilement s'accrochent étoiles, rêves et couleurs. A peine si la vision devient plus précise lorsque, après l'opération du glaucome réussie, Bissière se révèle enfin tel qu'il s'était toujours rêvé. «J'ai été menacé de perdre la vue. Une opération a sauvé mes yeux. Mais quelque chose que je ne peux pas analyser s'était passé en moi. Quelque chose qui m'avait libéré. L'épouvante, puis la résignation m'avaient peut-être purifié. Le monde matériel a disparu pour faire place à un monde merveilleux, peuplé d'anges et d'oiseaux et de drapeaux dans le vent. La peinture n'a plus été pour moi qu'un désir de poésie. Ce qu'il y a de meilleur et de plus profond en moi a enfin trouvé une issue. La peinture a cessé d'être un drame. Elle n'a plus été qu'un besoin d'effusion.»

Nous sommes en 1950. Il aura donc fallu plus de trente ans de maturation pour que sourde enfin dans la joie la vision transcendante qui l'habitait.

LA TRADITION DU CŒUR

Alors commence véritablement ce courant à la tradition lyrique baptisé par James Guitet de «paysagisme abstrait» auquel on associe Manessier, Singier, Le Moal, Bazaine, Ubac et aussi cet autre courant parallèle avec Nicolas de Stael, Bram Van Velde, Vieira da Silva. Il y a, en effet, entre les uns et les autres une spiritualité commune de la peinture même quand celle-ci s'exprime différemment. Leur refus de la figuration implique un penchant à l'intellectualisation qu'ils refusent, mais en même temps l'abstraction leur semblent un système, la négation de la sensibilité, la chute fatale vers un nouvel académisme. Bissière dit : «Pour moi, mettre des couleurs sur une toile, c'est surtout satisfaire à un besoin d'effusion. Je n'ai pas voulu faire des tableaux au sens pompeux du mot, mais seulement des images colorées où chacun peut accrocher ses propres rêves. Quand je mets sur les murs ces images où je voudrais me reconnaître, où quelques-uns se sentent touchés et sont tentés de me tendre une main fraternelle, j'estime que j'ai gagné et je ne de-

Roger Bissière
Vitrail, *1953*
Peinture à l'œuf sur papier marouflé
sur toile 100 × 65 cm
Collection particulière, France.

mande rien d'autre. En dernière analyse, je demeure persuadé que la qualité d'une œuvre d'art se mesure à la somme d'humanité qu'elle contient et qu'elle dégage.»

Manessier dit: «Il nous faut reconquérir ce poids de réalité perdu, il nous faut nous refaire un cœur, une pensée, une âme à la mesure de l'homme. Le réel, la réalité du peintre n'est ni dans le réalisme ni dans l'abstraction mais dans la reconquête de son poids d'homme... La non-figuration me semble être la seule "chance" actuelle où le peintre peut le mieux remonter vers sa

dangereuse car il n'est pas dans la mêlée. Leur seul goût pour la couleur les rassemble et quand ils font état d'une certaine abstraction c'est dans la mesure où ils magnifient la peinture par des signes allusifs, comme disait Klee: «être abstrait avec des souvenirs».

Avec les années, malgré ses contradictions apparentes, l'œuvre de Bissière nous apparaît maintenant significative d'un moment de l'histoire de l'art, certes, mais bien davantage de la terre qui l'a inspiré, œuvre d'un terroir et par-delà d'un pays mais aussi d'une culture avec lesquels elle

réalité intérieure, reprendre conscience de son essentiel, voire de son essence. Et ce n'est qu'à partir de ce point reconquis, je crois, que le peintre pourra, dans l'avenir, remonter en lui-même, retrouver son poids et se vitaliser jusqu'à la réalité extérieure du monde.»

Bazaine dit: «Les abstraits pour moi, c'est comme les naturalistes. Ils considèrent le monde comme extérieur à eux. La différence, c'est qu'ils ferment les yeux. Or l'art, ça a toujours été l'homme et le monde ensemble; l'unité retrouvée, c'est pour moi à la fois la condamnation de l'abstraction pure, désincarnée et du naturalisme.»

L'époque est volontiers bavarde et les artistes éprouvent le besoin de se situer et de se définir pour n'être pas confondus et, dans ce sens, la paternité de Bissière qu'ils évoquent n'est pas

s'identifie et se confond. Pour ces raisons suffisantes mais pour d'autres moins évidentes et plus suspectes on dira de Bissière comme de Chardin, Braque ou Corot qu'il est suprêmement français. Pour juste qu'elle soit, pareille qualification, si l'on peut définir la peinture française, demeure finalement restrictive, malgré des intentions louables. Bissière de Boissierettes ou Roger de France, pourquoi pas, mais dans un temps où la peinture n'est, par mode et principe, envisageable que sous l'angle international, le peintre qui a choisi la retraite, l'usage des siens, la compagnie des vaches, l'infinie contemplation des saisons et des forêts, risque fort d'être enfermé, sans recours, à l'intérieur de quelque chauvine catégorie. Parce qu'il était suisse, Giacometti a plus aisément échappé à cet ostracisme, mais il est dans la

Roger Bissière
La Fête à Neuilly, *1956*
Huile sur toile 97 × 130 cm
Collection Rüs
Dep. Foundations Henie-Onstad, Hovikkoden.

nature humaine de rejeter ceux qui s'écartent du monde. Les grandes œuvres, comme dit Nietzsche, viennent sans bruit sur des pattes de colombes. A la différence de celle d'un Klee, multiple, discontinue, changeante, la démarche logique de Bissière se moque des jeux possibles pour adhérer totalement à la nature intime des choses. Peut-être que cette pudeur-là, caractérise une certaine poésie française, difficile et sensible, révélatrice d'une antique culture, mais peut-être aussi est-elle vouée à demeurer marginale, comme une précieuse référence.

Les époques décadentes détruisent pour le seul plaisir les œuvres qui leur sont comme un affront ou un reproche. Bissière est une manière d'affront. Notre temps, avide du pire et s'y complaisant, se justifie par des alibis : retour à l'élé-mentaire, aux sources originelles ou qu'il s'imagine telles. La révolte gratuite est une pa-rodie de révolution mais la révolution perma-nente, la vraie, est précisément cette tradition du cœur sauvegardé qu'incarne Bissière. Elle n'est pas affaire de mode, d'école, de pays ou d'époque, mais de vérité et de générosité. Cette tradition constamment éprouvée, proche de ses sources, suppose une conscience lucide, une longue expérience et un labeur patient. Cette tra-dition que les académiciens de toutes sortes — j'entends surtout par-là les officiels de tous poils — s'imaginent subtiliser à leur médiocre profit quand ils n'exploitent que ses vaines apparences, est une grande et délicate vertu. C'est la leçon de Bissière dans un monde en désarroi de nous rap-peler la valeur essentielle de la peinture.

Roger Bissière
Composition grise, *1954*
Huile sur toile 124 × 65 cm
Billedgalleri, Bergen.

Roger Bissière
Noir, rouge et gris, *1952*
Huile sur toile 131 × 50 cm
Musée de peinture et de sculpture, Grenoble.

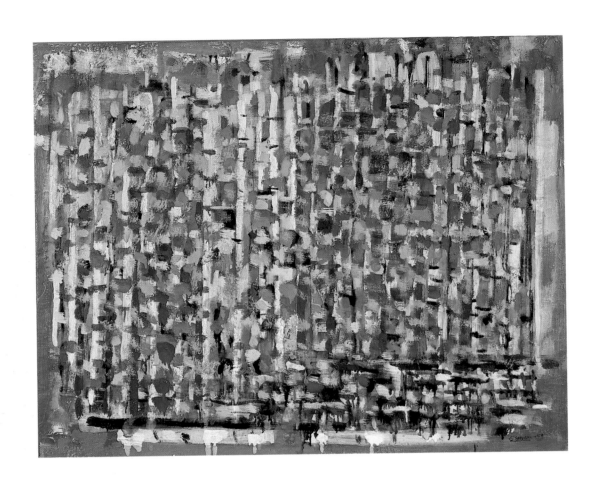

Roger Bissière
Émergence du printemps, *1958*
Huile sur toile 81 × 100 cm
Collection particulière.

Roger Bissière
Équinoxe d'hiver, *1957*
Huile sur toile 130 × 162 cm
Collection particulière.

BONJOUR MONSIEUR LAPICQUE

HARALD SZEEMANN

J'AI commencé à faire des expositions en 1957 et j'ai pris la direction de la Kunsthalle de Berne en 1961. Pour un jeune conservateur avec peu d'argent (les subventions étaient de 60 000 F — pour les salaires, les assurances, les transports, les expositions et le personnel), la nouvelle «planète» États-Unis demeurait inaccessible. Si, ensuite, j'ai pu exposer des artistes américains, ce fut en collaborant, notamment, avec Amsterdam et Stockholm. C'étaient les années où *Arts et Spectacles*, par exemple, faisait des sondages pour savoir si Paris était ou n'était plus le centre artistique mondial — ce qui annonçait déjà un certain déclin de la «ville Lumière». Moi, j'avais fait mes études à Paris, et comme tout bon conservateur de l'époque, je cherchais matière pour mes premières expositions à Paris. C'était la ville que je connaissais le mieux et, à mon sens, il y avait — malgré l'avis de certains jeunes critiques — beaucoup d'artistes à montrer. Outre Lapicque, j'ai organisé à Berne les premières grandes expositions d'Auguste Herbin, d'Étienne Martin, de Piotr Kowalski, et, en groupe, des artistes cinétiques, qui résidaient tous à Paris — Soto, Agam, Tinguely, Takis, Vasarely.

Je poursuivais en quelque sorte le travail de mes prédécesseurs, Arnold Rúdlinger et Franz Meyer. Rúndlinger avait montré, à Berne, dans des expositions brillantes, des Nabis jusqu'à Pollock, des sculpteurs comme Germaine Richier, Laurens, Zadkine et Rodin, Maillol, Despiau (1945), l'École de Paris (en collaboration avec René Huyghe en 1946, Édouard Vuillard en 1947, Jean Lurçat en 1948, les sculpteurs contemporains de l'École de Paris «avec» Arp, Giacometti, Gonzalez, Laurens; la même année Gris, Braque, Picasso, Miró et les «Naïfs» en 1949, les «Fauves» en 1950, Chagall en 1951, les peintres de la Revue Blanche/Toulouse Lautrec et les «Nabis», Jacques Villon, Robert Delaunay, «Tendances actuelles de l'École de Paris I» (en 1952): Bazaine, Estève, Lapicque, Manessier, Singier, G. Van Velde, puis Léger en 1953, V. da Silva, Beaudin, Braque, «Tendances actuelles de l'École de Pa-

ris II» en 1954: Hartung, Hayter, Mortensen, Palazuelo, Piaubert, Poliakoff, Soulages, la même année Dufy et Le Corbusier, «Tendances actuelles III» en 1955, où voisinaient sous le signe du phénomène du tachisme: Bryen, Mathieu, Michaux, Pollock, Riopelle, Tancredi, Tobey, Wols. Le travail était poursuivi par Franz Meyer avec, en 1956, «Tapisserie française moderne» et des expositions individuelles de Jean Arp, Alberto Giacometti, Max Ernst, Chagall, en 1957 de Tal Coat, Hajdu, Nicolas de Stael, en 1958 de Kermadec, Bram Van Velde, Odilon Redon, Germaine Richier, Bazaine, en 1959 des grandes gouaches découpées de Matisse, puis Tapiès, Alechinsky, Messagier, Moser, et en 1960 de Poliakoff, de Tinguely.

C'est dans le groupe des «Tendances actuelles de l'École de Paris I» que se trouvaient les premières œuvres de Lapicque montrées à Berne. Et ce que j'avais vu à Paris aux galeries Dubourg, Carré et Villand-Galamis m'avait donné envie de voir l'ensemble de l'œuvre réuni, et de rendre hommage à l'artiste. Non seulement je voyais en lui l'inventeur du grillage coloré, repris avec succès par ses contemporains, mais également un esprit audacieux qui s'attaquait avec une verve lucide et féroce aux sujets les plus inattendus pour ce début des années 60: régates, manœuvres navales, courses de chevaux, scènes et personnages historiques; jardins baroques, animaux sauvages, Venise — sujet dangereux — et ses spectacles nocturnes dans le bassin de Saint-Marc. Et Lapicque avait trouvé une écriture par la couleur, très fauve, et un art des à-plats colorés, jaune intense et sensationnel, par exemple, comme dans les paysages du Sahara (1953). Je pensais, par ailleurs, que l'on connaissait mal l'œuvre des années 40, aux lignes et entrelacs vigoureux et dynamiques. Bref, il me semblait que, de cette École de Paris des années 50, c'était surtout Lapicque, peintre réfléchi et fougueux, qui restait à découvrir. Et l'exposition fut, en effet, pleine d'imprévus, de surprises et de hardiesses... Son succès ne résida pas tellement dans le nombre des visiteurs mais plutôt dans le fait qu'elle fut reprise spontanément par deux musées, le Stadtische Galerie im Lenbachhaus à Munich — où Lapicque était confronté aux œuvres de Kandinsky, époque Cavalier Bleu — et le musée de Grenoble.

Pour finir, une anecdote. Quand Charles Lapicque, vêtu en marin breton, arriva à Berne, la veille du vernissage, nous l'attendîmes en vain. Il n'était ni à la gare, ni à l'hôtel, ni à la Kunsthalle... Plus tard, nous devions apprendre qu'il avait pris un autre train, pour arriver plus tôt, et qu'il avait cherché la Kunsthalle de Berne d'après mes descriptions : «Situé près du pont, sur l'Aar au Kirchenfeld, illuminé nuit et jour vu mes habitudes de travailler pratiquement 24 heures sur 24.» Lapicque grand amoureux de la mer et peintre officiel de la marine française était particulièrement fier de son don de «flairer», de «sentir l'eau à distance». Et en arrivant à Berne, il la sentit dans la narine gauche, suivit l'odeur... et alla du mauvais côté. Il s'était dirigé vers le bâtiment de la police — éclairé nuit et jour —, et vers l'École des Arts et Métiers, également illuminée pour les cours du soir! En fait, il aurait tout aussi bien pu flairer l'eau avec la narine droite, direction dans laquelle, effectivement, se trouvait la Kunsthalle! Lapicque, en partant, connaissant l'état de nos finances, nous dit : «Vous pouvez garder l'argent de tous les dessins que vous vendrez, comme contribution aux frais de l'exposition.»

Merci encore, monsieur Lapicque.

Charles Lapicque
Nuit vénitienne, 1956
Huile sur toile 116 × 89 cm
Collection Walther et Ev Scharf, Berlin.

Charles Lapicque
Coucher de soleil sur la Giudecca, *1954*
Huile sur toile 81 × 130 cm
Collection Jacques Bazaine.

Charles Lapicque
Manœuvres au large de Brest, *1959*
Huile sur toile 114 × 162
Collection Peter Nathan, Zürich.

Charles Lapicque
Manœuvres de nuit sur le Pimodan, *1958*
Huile sur toile 81 × 130 cm
Collection particulière, Suisse.

Charles Lapicque
Bassin de Saint-Marc, la nuit, *1955*
Huile sur toile 89 × 146 cm
Collection Médéric Métayer.

FORMES ET COULEURS

ALEXANDER CALDER

Je suis venu à l'abstraction après une visite à l'atelier de Piet Mondrian, à Paris, en 1930.

J'avais été particulièrement frappé par quelques rectangles de couleur qu'il avait fixés légèrement sur son mur suivant une disposition répondant à son sentiment personnel.

Je lui dis que j'aurais aimé les faire osciller. Il n'était pas de mon avis. Revenu chez moi, j'essayais de peindre d'une façon abstraite. Mais deux semaines plus tard, j'étais à nouveau revenu aux matériaux plastiques.

Je pense que dès ce moment-là, et pratiquement toujours depuis, le sens profond des formes dans mes œuvres a été le système de l'univers ou une partie de ce système. [...]

Je veux dire que l'idée de corps détachés flottant dans l'espace, de corps de dimensions et de densités différentes, peut-être de couleurs et de chaleurs différentes, environnés et entrelardés de substance gazeuse, les uns immobiles tandis que d'autres bougent suivant leur rythme propre, tous ces corps me paraissent l'origine idéale des formes. J'aimerais les voir se déployer tantôt très près les uns des autres, tantôt à d'immenses distances. Et une grande diversité entre toutes les qualités de ces corps aussi bien qu'entre leurs mouvements.

Un instant particulièrement exaltant pour moi a été lorsque j'étais au planétarium, tandis qu'on actionnait rapidement la machine pour me montrer son fonctionnement, de voir une planète qui se déplaçait suivant une ligne droite et qui tout d'un coup faisait un tour complet de 360° d'un côté et repartait en ligne droite dans sa direction originale.

Je me suis principalement limité à n'user que du blanc et du noir comme étant les couleurs les plus contrastées. Le rouge est la couleur la plus opposée à ces deux dernières et aussi finalement les autres couleurs fondamentales. Les couleurs secondaires et les ombres intermédiaires ne font que rendre confuses et embrouillées la netteté et la clarté. [...]

Extrait de Témoignages pour l'art abstrait, *Art d'Aujourd'hui, 1952.*

FERNAND LÉGER

[...] J'emploie des couleurs pures, mais de ton local, dans le sens que je ne me sers jamais de rapports complémentaires : en somme, j'évite de mettre un rouge à côté d'un vert, un orange à côté d'un bleu ou un mauve à côté d'un jaune parce que dans l'œil chacune de ces couleurs perd sa force locale, j'entends sa valeur propre, aussitôt qu'elle se trouve à côté de l'autre. C'est qu'entre deux couleurs complémentaires s'établissent des rapports de vibration — phénomène bien connu que les impressionnistes ont mis au point. Ils ont joué là-dessus et leur modelé est obtenu par vibration. Moi, au contraire, je peins avec des rapports constructifs : si j'ai un orange par exemple, je peux mettre à côté un rouge, un vert, un jaune — tout sauf un bleu. Ce sont des couleurs qui restent l'une contre l'autre ; ça a moins de charme, mais c'est incomparablement plus fort. [...]

Je vais entre les deux absolus, le blanc et le noir. Le reste s'orchestre entre eux. Le noir a une importance énorme pour moi. Au début, je m'en suis servi dans les lignes pour fixer les contrastes entre les courbes et les droites. Ensuite, comme on peut voir dans mes peintures, le trait étant devenu de plus en plus fort, le noir m'a suffi comme intensité et en m'appuyant dessus, j'ai pu détacher la couleur : au lieu de l'inscrire dans les contours, j'ai pu la mettre librement en dehors. [...]

Ce n'est pas de l'imagination, c'est vu. En 1942, quand j'étais à New York, j'ai été frappé par les projecteurs publicitaires de Broadway qui balayent la rue. Vous êtes là, vous parlez avec quelqu'un et tout à coup, il devient bleu. Puis la couleur passe, une autre arrive et il devient rouge, jaune. Cette couleur-là, la couleur du projecteur est libre : elle est dans l'espace. J'ai voulu faire la même chose dans mes toiles. C'est très important pour la peinture murale, parce que cela n'a pas d'échelle, mais je m'en suis servi aussi dans mes tableaux de chevalet... Je ne l'aurais pas inventé. Je n'ai pas de fantaisie. [...]

Propos recueillis par Dora Vallier, Cahiers d'art, 1954.

HENRI MATISSE

[...] Le papier découpé me permet de dessiner dans la couleur. Il s'agit pour moi d'une simplification. Au lieu de dessiner le contour et d'y installer la couleur — l'un modifiant l'autre —, je dessine directement dans la couleur, qui est d'autant plus mesurée qu'elle n'est pas transposée. Cette simplification garantit une précision dans la réunion des deux moyens qui ne font plus qu'un [...]

Propos rapportés par André Lejard, Amis de l'Art, n° 2, 1951.

[...] Le découpage est ce que j'ai trouvé aujourd'hui de plus simple, de plus direct pour m'exprimer. Il faut étudier longtemps un objet pour savoir quel est son signe. Encore que dans une composition l'objet devienne un signe nouveau qui fait partie de l'ensemble en gardant sa force. En un mot, chaque œuvre est un ensemble de signes inventés pendant l'exécution et pour le besoin de l'endroit. Sortis de la composition pour laquelle ils ont été créés, ces signes n'ont plus aucune action [...]

Donc le signe pour lequel je forge une image n'a aucune valeur s'il ne chante pas avec d'autres signes que je dois déterminer au cours de mon invention et qui sont tout à fait particuliers à cette invention. Le signe est déterminé dans le moment où je l'emploie et pour l'objet auquel il doit participer. C'est pourquoi je ne peux à l'avance déterminer des signes qui ne changent jamais et qui seraient comme une écriture : ceci paralyserait la liberté de mon invention.

Il n'y a pas de rupture entre mes anciens tableaux et mes découpages, seulement, avec plus d'absolu, plus d'abstraction, j'ai atteint une forme décantée jusqu'à l'essentiel et j'ai conservé de l'objet que je présentais autrefois dans la complexité de son espace, le signe qui suffit et qui est nécessaire à le faire exister dans sa forme propre et pour l'ensemble dans lequel je l'ai conçu. [...]

Propos rapportés par Maria Luz, XX° siècle, n° 2, 1952.

Fernand Léger
La Grande Parade *(état définitif)*, 1954
Huile sur toile 299 × 400 cm
Solomon R. Guggenheim, New York.

Fernand Léger
La Partie de campagne *(fragment)*, 1952
Huile sur toile 162 × 104 cm
Perls Galleries, New York.

Fernand Léger
Le Campeur *(couleurs en dehors)*, 1953
Huile sur toile 129,5 × 96,5 cm
Selma & Lawrence Ruben.

Alexander Calder
Nénuphars rouges, *1956*
Mobile métal peint, fils de fer
106,7 × 510,6 × 276,9 cm
Solomon R. Guggenheim Museum, New York.

Alexander Calder
Black Sponge, *circa 1957*
Mobile mural 78 × 83 × 60 cm
Collection particulière.

Henri Matisse
La Vigne, *1953*
Gouache découpée 265 × 94 cm
Musée Matisse, Le Cateau-Cambrésis.

Henri Matisse
Les Végétaux, *1951*
Gouache découpée 175 × 81 cm
Mr. and Mrs. William R. Acquavella.

Henri Matisse
La Tristesse du roi, *1952*
Gouache découpée marouflée
sur toile 292 × 386 cm
Musée national d'art moderne
Centre Georges Pompidou, Paris.

L'INFLUENCE DE MAGNELLI

ANDREAS FRANZKE

SUR la scène extrêmement animée de la vie artistique parisienne à la fin de la Seconde Guerre mondiale, Alberto Magnelli a exercé une énorme influence auprès des artistes plus jeunes qui avaient opté pour une forme d'expression picturale abstraite. Dans la phase décisive qui précéda l'établissement du tachisme en tant que forme d'art dominante de l'avant-garde, l'influence du peintre italien ne se limita pas à des artistes français mais laissa des traces tout aussi nettes dans l'art italien de la même période. En effet, de jeunes peintres italiens recouraient visiblement au langage formel de leur compatriote qui, après de nombreux séjours à Paris, à partir de 1914, avait définitivement émigré en France en 1933 et compta, surtout après 1945, avec Kandinsky, Sonia Delaunay, Vantongerloo, Doméla et Herbin, parmi les principaux représentants d'un nouveau courant de l'art non figuratif. Mis à part son influence sur les peintres flamands et néerlandais, il entraîna même dans son sillage des peintres danois venus travailler à Paris en 1947. Magnelli n'était bien évidemment pas dans ces années le seul peintre qui eût employé un langage pictural concret pendant assez longtemps pour être à même de jouer un rôle exemplaire. A côté de lui, Kandinsky, surtout, mais aussi Herbin et d'autres représentants de la vieille garde avaient aussi leurs émules.

Il est difficile de savoir pourquoi, à Paris, dans les premières années de l'après-guerre, où la tendance à l'abandon des critères réalistes était particulièrement marquée et propagée activement, les œuvres de Magnelli attirèrent autour de lui un cercle d'artistes aussi vaste et aussi divers. L'une des raisons de la valeur de modèle que prit le langage formel de Magnelli réside sans doute dans la façon dont lui-même, suivant les paliers d'une évolution aux multiples facettes, transfigura sa position en une position individuelle autonome qui ne reposait pas sur la distance d'un intellectualisme théorique mais sur une sensibilité à laquelle les jeunes peintres réagirent très positivement.

Dès 1941, avec un tableau comme *Calme fabuleux*, l'artiste avait défini le style qui serait le sien à partir du milieu des années 40. Il s'appuie sur une organisation claire et un équilibre subtil des formes abstraites, généralement délimitées par le tracé des contours. Dans la structure le plus souvent rythmique de leur disposition les unes par rapport aux autres ou de leur imbrication, le peintre vise en même temps un état de stabilité dynamique. Son vocabulaire formel n'a donc pas du tout la sécheresse de l'abstraction géométrique. Les différentes compositions font tout au contraire l'impression d'œuvres non figuratives, d'une sensualité quasiment organique. Les couleurs y contribuent aussi pour leur part. Leur choix et leur disposition semblent refléter des phénomènes de la nature qui, pour n'être qu'évoqués, n'en sont pas moins présents. Il en ressort une impression de sensibilité et de chaleur.

Cet effet se trouve encore renforcé par un facteur spécifique du langage pictural de Magnelli : le peintre dispose les éléments de sa composition de telle sorte sur toute la surface du tableau, et il parvient à créer entre eux un équilibre tel, qu'en dépit de leur abstraction ses constellations impliquent toujours un rapport à l'espace. Le spectateur ne se trouve jamais devant un mur plat et lisse. Il a au contraire le sentiment que les éléments formels des différentes compositions — même s'il ne peut pas toujours se les représenter comme des entités physiques — sont soutenus par une expérience quasi présente de l'espace et du corps.

VERS LE «DYNAMISME»

Ces caractéristiques des œuvres de Magnelli expliquent aussi que des sculpteurs aient pu être attirés par son art. Par exemple, les sculptures métalliques d'un Berto Lardera ou d'un Robert Jacobsen à la fin des années 40 sont nettement marquées par les principes fondamentaux du peintre transposés dans la troisième dimension. A partir du moment où l'on se rend compte que le vocabulaire pictural de Magnelli s'attache à une dimension spatiale corporelle qui lui sert en quelque sorte de garantie rétroactive fondée sur une articulation des formes, non pas concrètement lisible, mais issue de représentations organiques, on comprend que se soient réclamés de lui les peintres plus jeunes de cette époque qui avaient en tête, comme objectif de la peinture abstraite, un style certes plus libre, mais attaché de la même manière à la structure.

Il faut mentionner à cet égard Nicolas de Stael. Cet artiste, l'un des principaux représentants de l'École de Paris telle qu'elle s'établissait alors, est le seul jeune peintre qui expose avec les anciens maîtres, Kandinsky, Doméla et Magnelli, en 1944, à la galerie l'Esquisse. Même la peinture de Nicolas de Stael dans les années 50, qui est encore porteuse d'une forte charge émotionnelle — qu'elle passe par une formulation abstraite ou reste sur le mode réaliste —, doit la spécificité de sa composition aux principes qui commandent l'œuvre de Magnelli. Les compositions de Nicolas de Stael reposent sur l'organisation de surfaces bien définies regroupées en constellations spatiales et organiques.

Avant la fin des années 40, où de Stael utilisa de moins en moins les éléments formels définis et isolés auxquels il préféra peu de temps après les éléments réunis en forme de bloc, il avait créé en 1943 et 1944 des compositions qui suivent très nettement l'exemple de Magnelli. Le jeune peintre empruntait surtout le principe de la ligne de contour entourant les différents éléments formels et celui de la superposition des éléments produisant une illusion spatiale tandis qu'il ne fait que suggérer un aspect organique.

Il est intéressant de noter que Nicolas de Stael se réfère à Magnelli dans ses compositions abstraites dès 1943-1944 et qu'il utilise très ouvertement ses principes formels, car c'est seulement à partir de 1947 que l'on commença à se préoccuper de l'œuvre du peintre italien à Paris. Cette année-là, la galerie René Drouin présenta une rétrospective relativement importante de l'œuvre de Magnelli. L'exposition réunissait des œuvres de la période de 1914 à 1927. Il fallut attendre ensuite 1951 pour qu'une seconde exposition comparable soit consacrée à l'artiste italien; elle se déroula à Liège et se concentrait surtout sur la période 1928 à 1950. L'exposition de Liège répondait manifestement au désir des artistes belges et néerlandais de mieux connaître l'œuvre de Magnelli dont la peinture n'avait pas manqué son effet en Belgique et aux Pays-Bas.

La femme peintre Nicolas Warb nous offre une bonne illustration de cette influence. La composition qu'elle présenta en 1947 au Salon des Réalités nouvelles trahit infailliblement l'emprunt au répertoire formel de Magnelli. Les commentaires de Nicolas Warb sur sa propre peinture montrent en outre très clairement l'idée qu'elle se faisait de la peinture abstraite. Son principal souci est le

«dynamisme», le moyen de suggérer le mouvement dans l'espace. Et c'était précisément ce à quoi préparaient fondamentalement les œuvres de Magnelli.

Le Salon des Réalités nouvelles, dont les expositions annuelles commencèrent en 1946 et se terminèrent en 1956, se consacra presque exclusivement tout au long de cette dizaine d'années à la promotion de la peinture et de la sculpture abstraites. Non seulement Magnelli en personne, mais aussi et surtout les peintres plus jeunes qui s'inspiraient de lui participèrent aux expositions de 1946 à 1948.

En dehors de la participation de Nicolas Warb au Salon de 1947, il faut mentionner les œuvres de l'artiste allemand Willi Wendt, établi à Paris depuis 1937, et surtout celles de Jean Leppien, chez qui est encore plus patente l'influence de Magnelli, lequel avait exposé en 1947 sa composition *Altitude magnétique n° 1* datant de 1946. Un an plus tard, le tableau qu'expose Jo Delahaut rappelle par la composition rythmique et l'imbrication d'éléments ronds et carrés les travaux de Magnelli (par exemple son œuvre exposée en 1947 ou des œuvres comparables de l'époque). On peut également trouver des analogies dans les contrastes de clair-obscur.

Aux Salons des années 1948 à 1950, avec Nouveau, Radon et Nitsch, Gandon et Bosch, de nouveaux jeunes artistes viennent rejoindre les représentants de la peinture abstraite dont les œuvres exposées sont indéniablement marquées de l'influence de Magnelli. En 1951, la contribution du peintre Fuss s'inscrit dans la même ligne.

UNE PLACE D'INTERMÉDIAIRE

Le peintre Atanasio Soldati, né à Parme en 1886 et disparu en 1953, ne participe pas directement à l'événement artistique sur la scène parisienne. Pourtant, à partir de la fin de la Seconde Guerre mondiale, son œuvre subit de façon très significative et très spécifique l'influence des structures de Magnelli. D'un côté les compositions clairement articulées de Soldati se rapprochent beaucoup de l'esprit de leur modèle, de l'autre il parvient à une puissance d'expressivité que tous les artistes légèrement plus jeunes qui subirent dans la même période l'influence de Magnelli ne réussirent pas forcément à atteindre.

Parmi les peintres encore plus anciens que Soldati, Gino Severini, qui travaillait à Paris depuis 1906, entra également dans le domaine de la peinture abstraite, après avoir joué un rôle déterminant dans le courant futuriste de 1909 à 1913 et changé de style plusieurs fois par la suite, par réaction aux différentes formes d'expression de l'époque. Dès 1948, à Meudon, dans une nature morte cubo-futuriste peinte à Meudon où vivait Magnelli, *Le Pot jaune-vert et le Violon*, non seulement dans un certain nombre de fragments de formes qui encadrent l'arrangement concret ou se mêlent à sa représentation rendue fortement abstraite l'artiste se rapproche des constructions géométriques alors tout à fait courantes à Paris, mais il s'appuie aussi très nettement sur l'œuvre de Magnelli. Cela vaut pour le répertoire de formes, pour le choix de couleurs.

L'influence de Magnelli sur Severini est encore plus nette dans des compositions comme *Rythme d'objets sur une table* de 1950. Le peintre se raccroche à des reliquats d'éléments concrets identifiables, mais par ailleurs sa composition repose sur l'interaction de formes s'appuyant particulièrement sur l'imbrication des surfaces et des tracés linéaires qu'elles supportent. Le tableau de 1949 *Rythme et Architecture des Trois Grâces* va encore plus loin dans le sens d'un appareil de formes abstraites. La marque de l'intérêt que porte Severini à l'art de son compatriote y est indéniable. C'est encore plus vrai de la composition *Pas de deux* (1950), constellation d'éléments formels imbriqués les uns dans les autres et linéairement articulés, entièrement traités en surfaces, mais suggérant de par leur répartition et leur position les uns par rapport aux autres, et par rapport à l'arrière-plan, une certaine dimension spatiale. Mis à part l'influence de Magnelli sur les tableaux de ce genre, ils montrent nettement que Severini représentait au sein de la peinture abstraite de l'École de Paris une tendance à l'éclatement des formes qui s'exprime également dans les premières œuvres de Manessier et de Singier.

Comme nous l'avons dit, l'art de Magnelli entraîna également à sa suite des artistes du Danemark. Il faut citer en particulier Richard Mortensen et Robert Jacobsen qui, venus de Copenhague à Paris en 1947 comme boursiers, devaient y travailler pendant des décennies. Dès leur installation à Paris, ils se joignirent tous deux à des groupes d'artistes qui, à la suite de Kandinsky, cherchaient de nouvelles formes de peinture ou de sculpture concrètes.

Il est tout à fait intéressant de noter que les œuvres de Mortensen en 1947 laissent déjà apparaître une parenté avec les conceptions de Magnelli qui dans certains exemples ultérieurs à 1950 deviendra véritablement patente. Cela vaut en particulier pour un tableau comme *Verrières* de 1953 qui se trouve au Nordjyllands Kunstmuseum d'Alborg. A partir de 1953, l'influence de l'artiste italien se fait progressivement moins sensible. Au plus tard à cette date, Mortensen a trouvé ses propres moyens d'expression et il accède ainsi à l'indépendance par rapport aux influences stylistiques étrangères.

On observe la même évolution chez le sculpteur Robert Jacobsen. Ses œuvres des alentours de 1950 laissent clairement apparaître l'application de principes formels essentiellement inspirés de Magnelli. La superposition des niveaux dans les constructions métalliques illustre on ne peut plus

nettement la parenté avec Magnelli (*Mobile Skulptur* de 1951, à la Ny Carlsberg Glyptotek de Copenhague). Jacobsen était de toute façon lié aux peintres abstraits autour de la galerie Denise René, nous en avons pour preuve la collaboration du sculpteur avec le peintre Jean Deswane qui peignit la sculpture métallique *Impression en trois dimensions* réalisée par Jacobsen en 1949 (Ny Carlsberg Glyptotek). La sculpture métallique *Hommage à Magnelli* que Jacobsen a réalisée en 1980 témoigne de l'intérêt autour de la déférence du sculpteur pour l'artiste italien. Dans cette œuvre, le sculpteur danois reprend quasiment un thème de la peinture de Magnelli qu'il traite en trois dimensions. L'association de courbes linéaires, de segments et de surfaces planes, leur superposition et leur disposition les unes par rapport aux autres rappellent d'une part l'artiste italien à qui est dédiée la sculpture, mais Jacobsen applique par ailleurs des principes formels qui sont des conquêtes de l'art des années 50.

Bien que l'influence exercée par Magnelli dans les années 1948 à 1952 se reflète essentiellement dans la peinture d'artistes plus jeunes, elle ne resta pas limitée au domaine de la peinture. Par exemple, le sculpteur Berto Lardera avait sans doute déjà été en contact avec des œuvres de son compatriote, avant même son départ de Florence pour Paris en 1947, en tout cas ses premières œuvres métalliques créées à Paris comme *Sculpture à trois dimensions* (1948-1949), et des sculptures de 1950 à 1952, encore plus nettement, montrent, par la disposition des éléments plats, l'emprunt à des constellations telles que celles que Magnelli utilisait dans ses tableaux. Chez Lardera aussi, l'influence devient moins sensible après 1952, même si l'on retrouve dans les œuvres tardives des échos de Magnelli.

Les diverses conceptions et interprétations de la peinture abstraite jouèrent sur la scène parisienne après 1945 un rôle que l'on a peine à se représenter aujourd'hui. Dans ce cadre, l'œuvre d'Alberto Magnelli occupa une place d'intermédiaire. Si l'artiste prit l'importance qu'on lui connaît, c'est qu'à l'époque où le débat sur les aspects de l'art concret se déroula il avait déjà franchi plusieurs étapes dans son évolution de peintre de compositions abstraites. Et ce n'est pas le seul élément qui détermina son influence, l'important fut sans doute surtout que son répertoire de formes abstraites alliait une profonde sensibilité artistique à un sens très marqué des rythmes dynamiques.

La canalisation d'énergies maîtrisées mais non moins actives dans les compositions de Magnelli a surtout entraîné dans son sillage les jeunes peintres français et italiens qui voulaient progressivement se détacher d'une construction très structurée du tableau, pour orienter leur œuvre sur la voie de principes stylistiques plus informels. L'œuvre de Magnelli resta également présente à Paris dans la phase où la peinture informelle et pour finir le tachisme passèrent au premier plan, mais sa valeur exemplaire s'atténua à partir de 1951-1952 au sein des tendances stylistiques caractéristiques des années 50. Il ne lui en revient pas moins le mérite d'avoir plus que tout autre dans les années 1947 à 1951 donné à la vie artistique parisienne des impulsions qui restèrent actives chez les représentants de la peinture informelle, lesquels allaient développer un langage pictural résolument plus libre.

Alberto Magnelli
Conversation à deux n° 2, *1956*
Huile sur toile 130 × 162 cm
Lorenzelli Arte, Milan.

Alberto Magnelli
Forces dressées n° 2, *1951*
Huile sur toile 130 × 162 cm
Collection particulière.

Alberto Magnelli
Gravitation, *1956*
Huile sur toile 195 × 130 cm
Collection particulière.

Alberto Magnelli
Coordination, *1957*
Huile sur toile 195 × 130 cm
Collection particulière.

Alberto Magnelli
Conception claire n° 2, *1958*
Huile sur toile 162 × 130 cm
Collection particulière.

Alberto Magnelli
Équilibre, 1958
Huile sur toile 168 × 200 cm
Musée national d'art moderne
Centre Georges Pompidou, Paris.

LA SEMAINE DE HERBIN

SERGE FAUCHEREAU

JAMAIS sur le devant de la scène artistique, connu des seuls amateurs mais bien présent à l'esprit de ses pairs et de ses cadets, soit pour l'approuver, soit pour le désapprouver, telle était la situation d'Auguste Herbin autour de 1950. Après presque un demi-siècle de vie consacrée à la peinture, il avait rassemblé ses théories dans un livre, *L'Art non-figuratif non-objectif*, paru en 1949. Au moment où paraissait son unique livre, Herbin, soixante-sept ans, avait déjà passé plusieurs années à vérifier par la pratique le fonctionnement de l'«alphabet plastique» qu'il préconisait. Réfléchi et même circonspect, Herbin était alors l'un des peintres qui, par sa probité d'artiste et l'honnêteté de sa carrière, forçait le plus le respect. Natif de Quiévy, dans le Nord, Auguste Herbin a fait ses études au Cateau puis à l'École des beaux-arts de Lille. A dix-neuf ans, en 1901, il part pour Paris. Il est d'abord néo-impressionniste. La vie quotidienne est dure — elle le sera pratiquement toujours — mais des amateurs perspicaces s'intéressent à son travail : Clovis Sagot, Wilhelm Uhde. Il connaît une période fauve jusque vers 1908 ; c'est alors que se révèle son goût pour les couleurs franches. Il voue à Van Gogh une admiration qui ne se démentira pas ; le côté expressionniste de sa peinture lui reste cependant étranger, à tel point que dès 1906 se manifeste dans ses toiles une ostensible volonté de construction. Un tableau comme les *Fleurs* de 1908 (MNAM, Paris) montre qu'avec la primauté qu'il accorde à la couleur les conventions de la perspective sont presque aussi hardiment mises en question que dans les œuvres contemporaines de Picasso et de Braque. Hasard ou affinité, toujours est-il qu'en 1909 il s'installe au Bateau-Lavoir où logent déjà Picasso et Juan Gris. Durant sa période proprement cubiste (1909-1913) l'influence de Cézanne est évidente, mais, contrairement au cubisme cézannien, où la recherche formelle se contente souvent de tonalités discrètes, Herbin ne renonce pas au plaisir de la couleur (ce qui le rapproche de Delaunay, Léger, Kupka et du groupe de la Section d'Or). Exposé à

Londres, à Prague, à Berlin (au «Sturm»), à New York (à l'Armory Show) aussi bien qu'à Paris avec les meilleurs représentants de l'avant-garde, Herbin n'est cependant pas satisfait. Dès 1911-1912, apparaissent des signes de sa lassitude ou de son agacement à tenter d'impliquer un sujet à trois dimensions sur une surface qui n'en a que deux. La «mise à plat» du sujet à laquelle il va procéder le mène à une forme bien particulière de cubisme synthétique. Dans telle *Nature morte* de 1911-1912 (MNAM, Paris), les rares éléments reconnaissables du modèle ont l'air pris dans un kaléidoscope qui les répartit en rectangles et en triangles ; le résultat est presque aussi abstrait qu'une figure géométrique. *Paysage à Céret* de 1913 (galerie Bénézit, Paris) est tout en angles et en plans géométriques aux arêtes vives (les amateurs de jeux de mots y verront un *paysage acéré*) ; la perspective y est aussi délibérément aplatie que les couleurs choisies sans le moindre souci de réalisme. On remarque enfin que, d'une part, certains traits et zigzags, certaines formes géométriques nettement dessinées n'ont aucune fonction représentative, et que, d'autre part, les demi-teintes et les effets de clair-obscur tendent à disparaître au profit de la couleur pure appliquée en aplats. Malgré l'interruption de la guerre, Herbin en vient très vite à diverses *Compositions* des années 1917-1918 où plus aucun signe ne rappelle la réalité. Si certains tableaux ont encore des titres évocateurs de quelque chose, comme *Silhouette* (coll. part.) ou *Fête foraine* (MOMA, New York), ils n'ont plus rien à voir avec le cubisme puisque rien n'y rappelle de près ou de loin la réalité quotidienne. On est sans ambiguïté devant une œuvre peinte et qui se donne pour telle. Herbin en est arrivé à la situation qu'il décrira plus tard, dans un entretien avec Roger Bordier paru en 1953 : «Pour moi, tout ce qui est volume, perspective, etc., est inférieur. Je déteste les truquages quels qu'ils soient, car nous sommes arrivés au point où nous pouvons tout faire dire à la peinture elle-même» (*Art d'aujourd'hui*, déc. 1953). Alors qu'il atteint à une originalité certaine, pourquoi Herbin revient-il à la figuration entre 1921 et 1926? On ne sait. Ultérieurement, c'est un retour qu'il jugera regrettable. De notre point de vue aujourd'hui, il avait tort car maints tableaux de cette époque sont aussi réussis que significatifs: ainsi ses *Joueurs de boules* de 1923 (MNAM, Paris). L'artiste devait pourtant être miné par le doute car c'est précisément vers 1923-1925 que, dans le *Bulletin de l'Effort moderne* de son marchand Léonce Rosenberg, il laisse publier certaines de ses déclarations anciennes ou récentes: «penser en formes et en couleurs», «rejeter toute imitation», disait-il en 1919; «Nous espérons que l'architecture imposera sa discipline à la peinture et à la sculpture», répète-t-il en 1925; toutes déclarations qu'on retrouvera en termes voisins au moment de *L'Art non-figuratif non-objectif*: «L'objet a toujours empêché la grande majorité des spectateurs d'atteindre l'art» (interview, *Art d'aujourd'hui*, 1952) ou bien: «Dans la confusion il ne peut être question de liberté et d'art[1].»

VENDREDI

En 1926, Herbin est revenu définitivement à l'abstraction. Jusqu'à la guerre suivante, il va mêler formes géométriques et formes organiques de façon très inventive. En 1931, avec Vantongerloo, Kupka, Gleizes, Hélion et quelques autres, il fonde «Abstraction Création», regroupement où se retrouvent tous les artistes abstraits de l'époque: Arp, Calder, les Delaunay, Kandinsky, Mondrian, Gabo, Pevsner, Villon, etc. Il adhère à l'Association des écrivains et artistes révolutionnaires, d'inspiration communiste, fondée en 1932. Il travaille avec Delaunay, Survage, Valmier à la grande Exposition des arts et techniques à Paris en 1937. Puis c'est de nouveau la guerre, les années de travail et de réflexion dans la solitude. De 1941 à 1943, il met au point son «alphabet plastique»; commence alors sa troisième et dernière période abstraite où règle et compas sont au service d'une stricte grammaire de formes fondamentales simples aux couleurs pures.

Il ne saurait être question de résumer *L'Art non-figuratif non-objectif*. Herbin y clarifie les principes qu'il a découverts plus tôt. Il propose un art sans fondement dans le réel, un art non abstrait dans le sens où il n'est pas tiré abstrait, du réel, comme le sont les dérivés du cubisme; cet art sort de l'esprit même de l'artiste et s'exprime au moyen de couleurs étalées dans un certain ordre sur la toile: «La peinture n'a pas besoin de troisième dimension, ni en réalité ni par un artifice quelconque, parce que la couleur exprimée en étendue à deux dimensions possède, en soi, un pouvoir spatial[1].»

Sa théorie des couleurs ne se veut pas physico-mathématique mais littéraire et philosophique; de là qu'elle se fonde sur Goethe et Rudolf Steiner, et non pas sur Newton. Les principes reli-

gieux qui condamnent la figuration y font bon ménage avec l'anthroposophie steinérienne et avec les correspondances baudelairiennes entre sons et couleurs et les voyelles colorées de Rimbaud. Herbin élabore tout un système impersonnel, et donc, selon lui, universel, qui permet à partir d'un mot usuel — *pain, fruit, non, printemps, destin, clarté...* — de composer les formes et les couleurs correspondant à chaque lettre. C'est ainsi qu'entre 1949 et 1951 il peint les sept jours de la semaine. Faute de pouvoir entrer dans le détail de son système, on donnera ici l'explication que, de Coye-la-Forêt où il s'est retiré pour travailler durant l'été 1957, il expédie à Sofia Imber à propos de *Vendredi*:

V. noir. *Reflet du spirituel de ce qui meurt — forme triangulaire inversée — première lettre prépondérante du mot — opposition et intimité à la fois avec N dans VEN — dans l'expression sonore de VEN ce sont les lettres VN qui ont le plus d'importance: V noir et N blanc.*

E. rouge. *Couleur éclat du vivant — dans VEN la lettre E est secondaire quoique indispensable pour déterminer la sonorité.*

N. blanc. *Reflet de l'esprit dans l'âme.*

D. rouge clair. *Dans DRE la lettre E est au contraire la plus importante — DR n'ont qu'une importance formelle — la lettre E est plus importante dans DRE que dans VEN.*

R. bleu clair. *Couleur éclat de l'âme.*

E. rouge. *Ici le rouge doit dominer.*

D. rouge clair. *Le D n'a qu'une importance formelle.*

I. orangé. *Révélation de l'amour divin — dans DI la lettre I a autant d'importance que la lettre E de DRE.*

A-t-on besoin de comprendre tout cela pour apprécier *Vendredi* ou quelque autre tableau de Herbin? A-t-on même besoin d'être convaincu? Non, heureusement. Les tableaux sont beaux en soi quand bien même leur titre serait perdu ou traduit dans une autre langue. Le mot a d'abord valeur de prétexte, de justification pour le peintre. Il l'admettait lui-même auprès de Raymond Bayer: «Au fond, la lettre n'existe pas; c'est la forme et la couleur qu'elle me donne qui importe[2].»

Cette quête d'un langage plastique impersonnel, humaniste parce que voulu valable pour tous (communisme et anthroposophie ne s'y contredisent pas), a fait de Herbin un personnage emblématique, un point de repère autour duquel va tourner la génération qui s'impose après la Seconde Guerre mondiale: Pourquoi la peinture? Comment? Peut-elle, doit-elle contenir quelque chose? Bien des questions que se posait Herbin ont concerné n'importe qui voulait peindre, ici Dewasne et Pignon, ailleurs Delahaut et Somville ou bien Guttuso et Vedova, dans les années 50 et au-delà.

1 Auguste Herbin, *L'Art non-figuratif non-objectif,* Lydia Conti, 1949.

2 *Entretiens sur l'art abstrait,* Cailler, Genève, 1964.

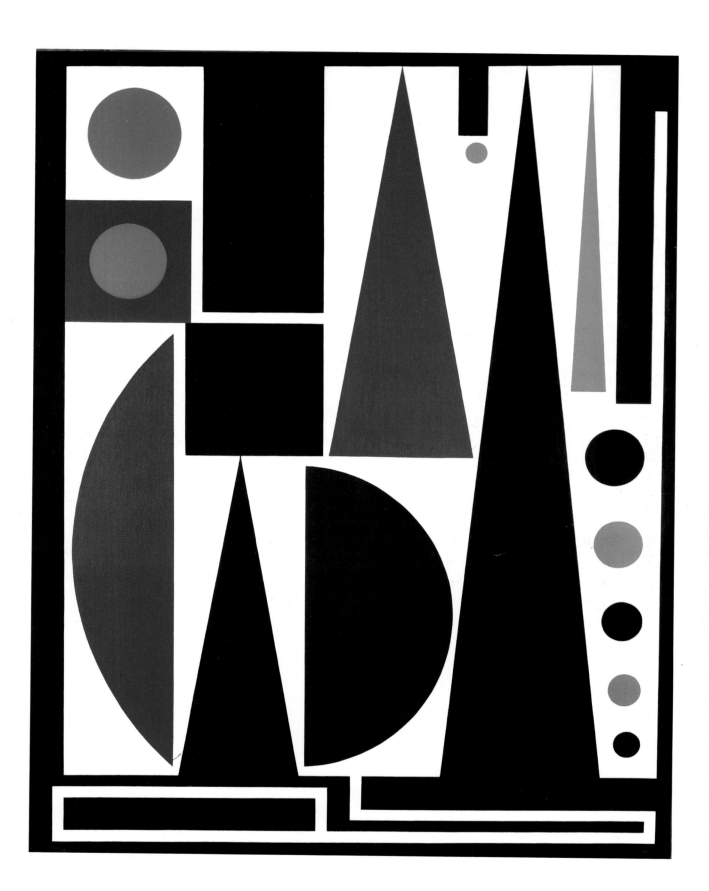

Auguste Herbin
Vierge, *1953*
Huile sur toile 144 × 113 cm
Collection particulière, Zürich.

Auguste Herbin
Lundi, *1949*
Huile sur toile 65 × 49 cm
Collection M. Stal, Bruxelles.

Auguste Herbin
Jeudi, *1950*
Huile sur toile 55 × 46 cm
Musée d'art moderne, Saint-Étienne.

Auguste Herbin
Vendredi, *1951*
Huile sur toile 97 × 130 cm
Musée national d'art moderne
Centre Georges Pompidou, Paris.

Auguste Herbin
Dimanche, *1950*
Huile sur toile 55 × 46 cm
Madame O.G.
Collection particulière.

ABSTRACTION GÉOMÉTRIQUE

WILLY ROTZLER

LE premier mouvement vers l'abstraction se situe au début de ce siècle et apparaît rétrospectivement comme l'une des grandes révolutions de l'art moderne. De nombreux artistes, dans beaucoup de pays, y ont participé. Dans des situations conjecturelles différentes et des perspectives historiques toujours nouvelles, ils ont tous apporté leur contribution à l'art abstrait.

Observant les premières tendances à l'abstraction en peinture, aux alentours de 1900, dans une thèse présentée à Berne en 1907, Wilhelm Worringer a étudié ce phénomène où il découvrait déjà l'un des courants fondamentaux de l'art. Au désir de s'approprier la réalité visible et de s'identifier avec l'image de la nature, il oppose l'abstraction comme refus délibéré du monde du visible et de son imitation ou de son interprétation dans l'art[1]. Et Kandinsky exprime encore plus clairement cette idée dans *Du spirituel dans l'art* : on ne pourra jamais faire de peinture sans couleurs ni sans lignes, mais il y a depuis longtemps une peinture sans objet. Ses «Improvisations», à partir de 1910, se rattachent à cette peinture non figurative, abstraite ou «absolue» — pour reprendre son propre qualificatif.

Dès ses premières formes d'expression, l'art abstrait se révéla comme pouvant s'orienter dans des directions opposées correspondant à différents types de comportements humains. Il peut prendre un accent émotionnel, expressionniste, sensuel — abstraction organique — ou rationnel — abstraction géométrique.

On peut faire remonter les origines de l'abstraction géométrique ou constructive jusqu'aux époques préhistoriques et aux temps les plus anciens de l'histoire de l'humanité, avec le «style géométrique» du néolithique et des premières grandes civilisations. On s'aperçoit qu'en fait le «géométrisme» est une tendance fondamentale du comportement humain. L'abstraction géométrique n'est donc pas en dernière analyse une invention moderne, mais le retour à des besoins latents de-

puis des millénaires visant à dominer le monde par des moyens d'expression géométrique. La pensée mathématique à la base de ces structures géométriques nous rappelle que chez les Égyptiens et les Grecs, et plus tard chez les Arabes, la mathématique a toujours été en relation étroite avec la pensée religieuse et philosophique. «La mathématique est la langue des dieux», dit le poète romantique allemand Novalis. Et saint Augustin lui-même, décrétait déjà : «Tous les objets ont une forme parce qu'ils sont porteurs de nombres. Qu'on leur enlève ces nombres et ils ne sont plus rien.»

Les tendances à l'abstraction géométrique de l'art moderne sont issues du style anti-floral du début du siècle tel qu'il était répandu en Hollande, en Autriche et à l'École de Glasgow. Mais c'est le cubisme qui donna l'impulsion directe avec l'abolition du rapport réel entre les objets et de la représentation de l'espace au profit de simples formes planimétriques et stéréométriques. En tout cas, les deux principaux courants de l'abstraction géométrique systématique — le groupe «de Stijl» en Hollande et les représentants du constructivisme en Russie — sont partis du cubisme. La plupart des artistes rattachés à ces courants s'étaient familiarisés à Paris avant 1914 avec le cubisme analytique de Picasso et de Braque. Mais ils passèrent avec une étonnante rapidité à un langage pictural que l'on peut qualifier d'abstraction intégrale : un traitement rationnel des lignes, des surfaces et des couleurs élémentaires qui renonce au support concret ou figuratif. Kasimir Malewitsch peint des tableaux de ce style en 1915 ; chez Piet Mondrian, ils apparaissent en 1916.

Ce style géométrique s'est répandu dans toute l'Europe. Il correspondait à un besoin de revenir sur les bases de tout travail de création artistique. En peinture, on part de la surface structurée par des lignes que l'on ordonne en fonction de lois de proportions mathématiques. Les structures li-

1 Wilhelm Worringer, *Abstraktion und Einfühlung* (Abstraction et intuition), Munich, 1908.

néaires horizontales et verticales, autrement dit orthogonales, subdivisent les unités en surfaces fractionnelles entre lesquelles s'établissent certaines relations.

Dans le domaine de la couleur, c'est le retour aux couleurs élémentaires, avec le plus souvent les couleurs primaires et secondaires comme le blanc, le gris et le noir. Si en ce qui concerne les formes, on travaille sur le principe du contraste (grand/petit, etc.), on applique pour la couleur tous les contrastes possibles tels qu'ils ont été définis dans les théories des couleurs d'Eugène Chevreul et d'autres. On ne s'intéresse plus tellement au caractère personnel de l'application de la couleur et l'on recherche, au lieu de l'expression individuelle, un langage pictural objectif.

La sculpture abandonne la représentation de modèles figuratifs ; le vocabulaire des formes se réduit à de simples corps stéréométriques. Le travail est axé sur les problèmes fondamentaux de rapports entre les volumes et l'espace, et l'on étudie les rapports spatiaux entre les formes élémentaires. Les sculpteurs se penchent également avec de plus en plus d'intérêt sur les forces physiques agissant dans les corps et dans les espaces. Et toutes ces tendances de l'art géométrique ont en commun une chose : elles ne sont plus orientées sur l'observation des phénomènes naturels, mais sur l'étude des lois de la nature.

La parenté entre les différentes tendances de style géométrique des différents groupes d'artistes de tous les pays entraîna dès le début des années 20 de multiples contacts internationaux. La notion de «constructivisme», définie par les avant-gardistes russes autour de Tatlin, Rodschenko et Lissitzky était le mot de ralliement. En 1922, se réunirent à Düsseldorf des représentants des courants similaires des pays de l'Est et de l'Ouest de l'Europe pour fonder une Internationale du constructivisme. La tentative échoua, mais il y eut dès lors un intense échange d'idées entre les différents groupes. Jean Arp et El Lissitzky publièrent en 1925 un texte intitulé *Les Ismes de l'art* dans lequel ils passaient en revue les différentes tendances à l'intérieur de l'abstraction géométrique.

Mais le véritable intermédiaire entre les multiples groupes qui exposaient leurs principes dans une pléthore de petites revues, était le Hollandais Theo van Doesburg. C'est lui qui établit également le lien avec le Bauhaus, d'abord à Weimer puis à Dessau. Dans cette école de l'art moderne unique en son genre, dont l'objectif était la collaboration de tous les arts sous l'égide de l'architecture, d'importants représentants de l'art abstrait géométrique et constructiviste intervinrent comme enseignants : non seulement Feininger, Itten, Klee et Schlemmer mais surtout Moholy-Nagy, Kandinsky et Albers. Le Bauhaus n'a certes pas donné naissance à un style homogène et spécifique, mais nous lui devons la notion

d'«esthétique fonctionnelle» qui est devenue la ligne directrice de toute l'architecture moderne.

LES CONSTRUCTIVISTES

La «pensée constructiviste» des différents groupements artistiques dans les années 20, et en particulier du groupe russe, ne portait pas uniquement sur les problèmes de la peinture et de la sculpture, mais visait plus généralement une «simple beauté du quotidien», une esthétique claire et sobre de l'aménagement de l'environnement dans la société industrielle moderne. Cette orientation nouvelle et d'ordre général était aussi représentée en France.

Le purisme, fondé en 1918 par Amédée Ozenfant et Charles-Édouard Jeanneret (Le Corbusier) avec la publication du manifeste *Après le cubisme* restait encore fixé sur la peinture, une peinture qui se caractérisait du reste par la structure rationnelle et très géométrique du tableau. Fernand Léger se rallia brièvement à ce courant. Toutefois la revue *L'Esprit nouveau* dépasse déjà les limites de l'art libre et envisage tous les aspects du «nouvel âge de la machine».

Le Pavillon de l'Esprit nouveau que Le Corbusier construisit et aménagea à Paris en 1925 pour l'Exposition internationale des Arts décoratifs et industriels marqua un sommet de cette évolution : c'était une synthèse d'architecture, d'aménagement intérieur et d'art intégré.

Ce que El Lissitzky avait esquissé à Hanovre sur un petit espace avec le «Kabinett der Abstrakten» (Cabinet des abstraits) était repris à grande échelle et sur un mode tout à fait humain et harmonieux dans cette «machine à habiter».

Cette esthétique universelle tenta de s'exprimer une autre fois dans une réalisation collective que l'on peut considérer comme une véritable «œuvre d'art totale» : l'aménagement du centre de loisirs de l'Aubette à Strasbourg, en 1928, par Theo van Doesburg, Sophie Taeuber et Jean Arp. Ces tentatives d'intégration de tous les arts s'inspiraient des conceptions utopistes de l'art constructiviste qui avait pour but une transformation de tout l'environnement de l'homme moderne.

A partir de 1930, les choses se compliquèrent. La crise économique mondiale, les oppositions politiques et l'agitation sociale croissantes, l'impératif réactionnaire stalinien du réalisme socialiste en Union soviétique, le choc de la prise de pouvoir nazie en Allemagne, en 1933, enfin la guerre civile espagnole de 1936 à 1939 et une angoisse de l'avenir et de la guerre qui gagnait de plus en plus allaient à l'encontre de l'attitude optimiste et novatrice des représentants de l'art constructif.

Il paraît d'autant plus étonnant qu'en 1930, pour répondre en quelque sorte au mouvement surréaliste, le peintre et poète Michel Seuphor ait essayé de réunir autour de son groupe et de sa revue *Cercle et Carré* des artistes qui partageaient les convictions constructivistes. A la même époque, Theo van Doesburg proposait dans un manifeste l'idée d'un «art concret». Il partait du principe qu'il y avait une différence fondamentale entre un art né d'une démarche d'abstraction à partir des phénomènes de la réalité visible, et un art entièrement autonome, non figuratif et sans objet, dans lequel les idées ou les sentiments de l'artiste prenaient une forme abstraite, dans lequel autrement dit un donné abstrait était «concrétisé» dans l'œuvre. (Cette notion d'«art concret» a été formulée plus tard, en 1936, par Max Bill et, en 1938, par Wassily Kandinsky dans la revue *XXᵉ siècle*).

Dès 1931, l'association Abstraction Création s'était fondée à la suite de Cercle et Carré; elle réunissait dans son appellation les deux possibilités — abstrait et concret. La fonction de ce groupement assez lâche dont l'activité se poursuivit jusqu'en 1936 était l'organisation d'expositions communes et la publication d'une revue. La composition était internationale. Tous ceux qui pouvaient faire la preuve qu'ils ne livraient ni une copie ni une interprétation de la nature — autrement dit qu'ils faisaient œuvre non figurative — étaient admis. Présidée par Auguste Herbin, Georges Vantongerloo et Jean Hélion, l'association compta jusqu'à quatre cents artistes du monde entier.

Outre les discriminations politiques et raciales il y eut dans les années 30, et pour une part jusqu'en 1945, une discrimination plus ou moins avouée de l'abstraction géométrique. D'éminents représentants de l'art constructif et de l'architecture fonctionnelle émigrèrent aux États-Unis: Josef Albers, Herbert Bayer, Naum Gabo, Fritz Glarner, Laszlo Moholy-Nagy, Piet Mondrian, et les architectes Marcel Breuer, Walter Gropius, Mies van der Rohe. Ces Européens qui occupaient souvent d'importants postes d'enseignement attirèrent l'attention de l'Amérique sur l'art abstrait. En 1936, le Museum of Modern Art de New York présenta sous le titre «Cubism ans Abstract Art» une rétrospective de l'évolution en Europe. En même temps, Ilya Bolotowsky fonda avec des peintres de même orientation le groupe American Abstract Artists. En 1937, le Museum of Non-Objective Painting, futur musée Guggenheim, était inauguré à New York.

LE TRIOMPHE DE L'ABSTRACTION LYRIQUE

Après la Seconde Guerre mondiale, dans tous les pays du monde, les hommes se trouvèrent dans des situations fondamentalement différentes. Tous ceux qui avaient survécu respirèrent, enfin libérés des contraintes, des restrictions et des privations de la guerre. On espérait une liberté nouvelle, et l'on jouissait pleinement des possibilités d'épanouissement individuel et de toute la latitude donnée dans l'organisation de sa propre existence. La principale expression artistique de cette liberté nouvelle fut l'art informel dans lequel l'individu créatif, échappant à la rigueur ra-

tionnelle des principes d'ordre, pouvait se développer et faire spontanément passer ses propres émotions dans son art. Ce besoin de liberté qui conduisit en Europe à un art démonstratif — on parla d'«abstraction lyrique» — et donna naissance aux États-Unis à l'Abstract Expressionism et à l'Action Painting refusait la discipline de l'abstraction géométrique et lui était même franchement hostile.

D'un autre côté, cette période d'après-guerre fut aussi une période de reconstruction, de développement d'audacieux nouveaux projets du monde et de la société sur les ruines des années de terreur. Dans l'élan d'optimisme des constructeurs d'un monde nouveau, que l'on croyait meilleur et plus pacifique, on se souvint des visions utopiques d'un aménagement de l'environnement esthétique et rationnel, tel que l'avaient rêvé les pionniers de l'art géométrique constructiviste. La création dans cet esprit se vit donc offrir une nouvelle chance dans la reconstruction matérielle et intellectuelle d'un monde nouveau.

C'est ainsi que l'abstraction lyrique et l'abstraction géométrique objective se trouvèrent face à face en 1950. Elles avaient en commun toutes deux le renoncement à l'interprétation de la réalité visible, elles étaient toutes deux non figuratives, non objectives, mais l'une était émotionnelle ou expressive, l'autre rationnelle ou constructive.

A partir de 1945, dans de nombreux pays, les artistes de même tendance essayèrent de reformer des groupements. Certains des plus importants représentaient l'abstraction géométrique comme le groupe Madi à Buenos Aires. On organisa aussi des expositions pour tenter de faire revivre les créations de l'abstraction géométrique et de les confronter aux réalisations d'artistes plus jeunes de tendance voisine.

La première exposition qui réunit à Paris après la guerre quelques-uns des plus grands représentants de l'art géométrique fut présentée par Nelly van Doesburg sous le titre «Art Concret» en juin-juillet 1945 à la galerie Drouin. Le titre de l'exposition se référait à la définition donnée en 1930 par Theo van Doesburg dans son *Manifeste de l'art concret*. Sous l'égide de Max Bill qui avait continué de développer la notion d'«art concret» travaillait à Zurich depuis la fin des années 30 un groupe de peintres géométriques constructivistes connus sous le nom des «concrets de Zurich» dont le style systématique exerça une forte influence dans de nombreux pays après 1945.

En 1946, Fredo Sidès fonda à Paris le Salon des Réalités nouvelles qui prenait en un certain sens la suite d'Abstraction Création et fut pendant quelques années le point de rencontre international de l'abstraction géométrique. Les principaux protagonistes étaient Auguste Herbin, Antoine Pevsner, Félix del Marle et Étienne Béothy. L'une des conséquences de ce renouveau d'intérêt pour l'abstraction géométrique fut la parution en 1949 de l'ouvrage de Michel Seuphor, *L'Art abstrait, ses origines, ses premiers maîtres*. Ce livre très documenté dans lequel Seuphor exposait son immense savoir éclairait tous les aspects de l'abstraction géométrique et commentait en même temps l'exposition «Les premiers maîtres de l'art abstrait» présentée à la galerie Maeght en 1949.

Dans *Les Lettres françaises* du mois d'août 1946, à l'occasion de l'ouverture du premier Salon des Réalités nouvelles, Léon Degand publia une longue «Défense de l'art abstrait». Il écrivait: «A quoi vise donc, positivement, l'art abstrait? Comme la musique, par des moyens qui lui son propres, l'art abstrait cherche à susciter, dans l'intellectualité et l'affectivité du spectateur, par des jeux de formes et de couleurs, équilibres, antagonismes, surimpressions, échanges et rythmes de toutes sortes, des résonances qui, en se développant et s'associant au gré et selon les capacités de chacun, procurent du plaisir. Comme la musique, l'art abstrait édifie, dans cet esprit, un univers original et complet qui, faut-il l'ajouter, n'est jamais sans contact direct ou indirect avec les autres univers que nous fréquentons.»

Les deux tendances antagonistes de l'abstraction, abstraction lyrique ou «abstraction chaude» et abstraction géométrique ou «abstraction froide» s'opposèrent à Paris plus que partout ailleurs dans la première moitié des années 50. Si l'abstraction libre, dans laquelle purent continuer à se développer les tendances picturales de la nouvelle École de Paris, l'emporta au départ — même si elle était divisée en groupes et groupuscules qui défendaient leurs positions —, c'est sans doute le fait du climat de l'époque. L'évolution se reflète dans le destin des deux principales revues: *Art d'aujourd'hui* publiée de 1949 à 1954 par André Bloc défendait — peut-être de façon quelque peu partiale, mais avec une admirable compétence — la position de l'art géométrique en accordant une plus grande place à ses fondateurs. *Cimaise* parut à partir de 1953 sous la direction de R.V. Gindertael, puis de Herta Wescher et elle était très ouverte à toutes les tendances de l'art non figuratif. L'attitude de *Cimaise* correspondait tout à fait à l'esprit de l'époque. Les plus grands critiques français se rallièrent à cette revue et contribuèrent, comme le dit Michel Ragon, «au triomphe de l'abstraction lyrique».

L'ART CINÉTIQUE

Mais il y eut bientôt de nouvelles oscillations dans le sens de l'abstraction géométrique. Le groupe MAC (Movimento Arte Concreta) fondé en 1952 par Bruno Munari à Milan joua en l'occurrence un rôle important. Il ne se limitait pas à la tradition de l'art constructiviste, mais réclamait la synthèse de tous les arts plastiques. Il établit des relations avec des groupes de même orientation en Suisse, en Allemagne, en Hollande, en Europe de l'Est et en Amé-rique du Sud. L'élément inédit dans ces nouvelles tendances constructives est qu'elles étudient systématiquement les problèmes de couleurs et de formes. L'artiste devient une sorte d'expérimentateur qui — pareil au chercheur dans son laboratoire — procède à des séries d'essais.

L'idée d'unité de tous les arts développée jadis par le Bauhaus fut relancée avec l'ouverture de la Hochschule für Gestaltung à Ulm sous la direction de Max Bill en 1952. Ce n'était pas la peinture ni la sculpture libres qui passaient au premier plan mais ce que l'on peut appeler *«product design»* ou «esthétique industrielle». Et ce, sur un fonds d'observation scientifique portant essentiellement sur les mécanismes de la perception et en particulier de la vision. Aussi bien en tant qu'artiste que comme théoricien et inspirateur, Max Bill joua dans ces années-là un rôle prépondérant. Son texte *Die mathematische Denkweise in der modernen Kunst* (1949) — La pensée mathématique dans l'art moderne — devint la référence par excellence des jeunes représentants de l'abstraction géométrique.

A Paris, Denise René avait ouvert dès 1946 une petite galerie dont elle avait fait le lieu de l'abstraction géométrique. Elle exposa d'abord Arp, Herbin et Gorin. La plupart des artistes qu'elle exposa étaient d'ailleurs des Parisiens d'adoption: à commencer par le Belge Georges Vantongerloo, les deux Scandinaves Richard Mortensen et Olle Baertling et d'autres. Le Hongrois Victor Vasarely devint l'un des personnages dominants. Il axe sa recherche sur les problème de «structure» de la surface. Il faut entendre en l'occurrence par structure un schéma d'ordonnancement et d'organisation du processus de création, contrôlé par l'artiste et contrôlable par le spectateur. La «pensée mathématique» donne accès à d'autres domaines du savoir: théorie de la perception, théorie du groupe, théorie des ensembles, topologie, etc.

En 1955, la galerie Denise René présenta l'exposition «Le mouvement». Cette manifestation qui fut peut-être la plus importante des années 50 était centrée sur deux catégories de mouvement: le mouvement réel d'œuvres à trois dimensions (mobiles) et le mouvement apparent ou virtuel figuré sur un plan: l'illusion du mouvement. Déjà dans le cadre du Bauhaus, Albers avait travaillé sur des systèmes de lignes ou de surfaces en noir et blanc qui opéraient un effet troublant ou permettaient deux lectures contradictoires s'excluant mutuellement. Accompagnée d'un manifeste de Vasarely, l'exposition «Le mouvement» mettait en question une foule de phénomènes comparables de la perception. Participaient à cette exposition, outre Vasarely lui-même: Calder, Duchamp, Tinguely, Yaacov Agam, Pol Bury, Jesus Rafael Soto. D'autres vinrent s'y ajouter ensuite: par exemple, Luis Tomasello, Julio Le Parc, Yvaral, Carlos Cruz-Diez.

Mis à part les œuvres à trois dimensions, dans lesquelles le mouvement réel (vent, moteur, lumière) entretient une perpétuelle transformation, il s'agit dans cet «art cinétique» (l'expression est de Vasarely) de phénomènes de noir et blanc ou de jeux de couleurs projetés sur une surface. Une certaine disposition formelle préconçue ou une certaine organisation des couleurs provoque un trouble dans le comportement visuel du spectateur.

En dehors des aspects purement formels ces illusions optiques qui remettent en cause la vision revêtent une dimension «philosophique» : qu'est-ce que la vérité? Laquelle des deux possibilités de lecture qui s'offrent est-elle la bonne? Les principes conceptuels de cet art cinétique ont d'un côté des aspects phénoménologiques, de l'autre ils sont une source certaine de plaisir et de distraction pour le regard du spectateur. Sous la dénomination d'Op Art (Optical Art) cet art conquit vite le monde sous les aspects les plus triviaux, il fut réquisitionné par la mode et la publicité, surtout aux États-Unis où l'on interpréta — ou mésinterpréta — la notion d'Op Art comme solution de rechange par rapport au pop art. L'exploitation des effets cinétiques ne réussit pas à détourner de leur travail de recherche les représentants sérieux de cet art à Paris, Londres (Bridge, Riley) ou New York (Josef Albers, Frank Stella à ses débuts, Richard Anuskiewics), ni les représentants allemands de l'art sériel ou programmé. L'exemple le plus frappant est le travail du Groupe de recherche d'art visuel, qui se forme en 1960 et qui est essentiellement représenté par Jean Morellet. Depuis 1952, Morellet — qui est ingénieur — met au point des systèmes qui, sans

décision délibérée de l'artiste, conduisent à une multiplicité de constellations équivalentes. Morellet partage avec de nombreux autres artistes, surtout hors de France, un autre domaine de recherche, celui de la prise en compte du hasard dans le calcul pictural. Et précisément chez Morellet, ce principe aléatoire — l'alliance «*order and chance*» — se révèle artistiquement fructueux.

Un certain nombre de liens nous conduisent de ce groupe parisien surtout à l'art américain du moment. Après l'expressionnisme abstrait des années 50, le pop art du début des années 60 s'étaient développées en Amérique des tendances qui se situaient en partie dans le domaine de la cinétique de la lumière (Dan Flavin), en partie dans celui des structures géométriques élémentaires (Hard Edge, Minimal Art). Bien plus que chez les véritables représentants de l'art constructiviste américain (Burgoyne Diller, John McLaughlin, Ad Reinhardt) il était question là de

principes — et non pas de produits — de l'aménagement de l'espace qui découlaient des idées de Morellet. On assiste donc en 1960 à une internationalisation inattendue des principes du constructivisme abstrait qui se voit ouvrir de nouvelles perspectives.

Sans doute n'est-ce pas par hasard que précisément en cette année 1960, Max Bill présenta à Zurich sous le titre «Konkrete Kunst, fünfzig Jahre Entwicklung» — Art concret, cinquante ans d'évolution — une exposition internationale qui réunissait — dans un but de réconciliation — des idées anciennes ou nouvelles de l'art abstrait géométrique, ou constructiviste, et la libre abstraction lyrique.

Émile Gilioli
Le Guerrier, *1947-1954*
Plâtre 160 × 90 × 60 cm
Collection Babet Gilioli.

Serge Poliakoff
Composition gris et noir
Huile sur toile 116 × 89 cm
Musée national d'art moderne
Centre Georges Pompidou, Paris.

Richard Mortensen
Opus Rouen, *1956*
Huile sur toile 162 × 520 cm
Galerie Denise René, Paris.

Robert Jacobsen
Sculpture en fer, *1950*
Métal 76 × 36 × 14 cm
Collection Anna
et Gustav Moeller, Danemark.

Robert Jacobsen
Jernskulptur med bevaegeligt
element, *1953*
Fer 38 cm (h)
Collection Erik Andreasens.

Robert Jacobsen
Triptyque spatial, *1950*
Métal soudé 300 cm (h)
Collection Knud Olesen, Danemark.

Victor Vasarely
Sauzon, *1950*
Huile sur toile 130 × 97 cm
Collection particulière.

Fritz Glarner
Relational Painting nº 86, *1950*
Huile sur toile 152 × 117 cm
Galerie Louis Carré & Cie, Paris.

173

Jean Dewasne
Le Tombeau d'Anton Webern, *antisculpture, 1952*
Sculpture peinte 151 × 123 × 92 cm
Musée national d'art moderne
Centre Georges Pompidou, Paris.

Jean Dewasne
Prométhée I, *1952*
Huile sur isorel 240 × 310 cm
Collection de l'artiste.

Jean Dewasne
Joie de vivre, *1949-1950*
(triptyque)
Peinture sur isorel
112 × 360 cm
Collection particulière.

Jean Dewasne
Badia la grande, *1952*
Huile sur toile
195 × 130 cm
Galerie Denise René, Paris.

Ellsworth Kelly
Red Yellow Blue White, *1952*
(25 panneaux en 5 parties)
Coton teint 153 × 376 cm
(30,5 × 30,5 chacun)
Collection particulière.

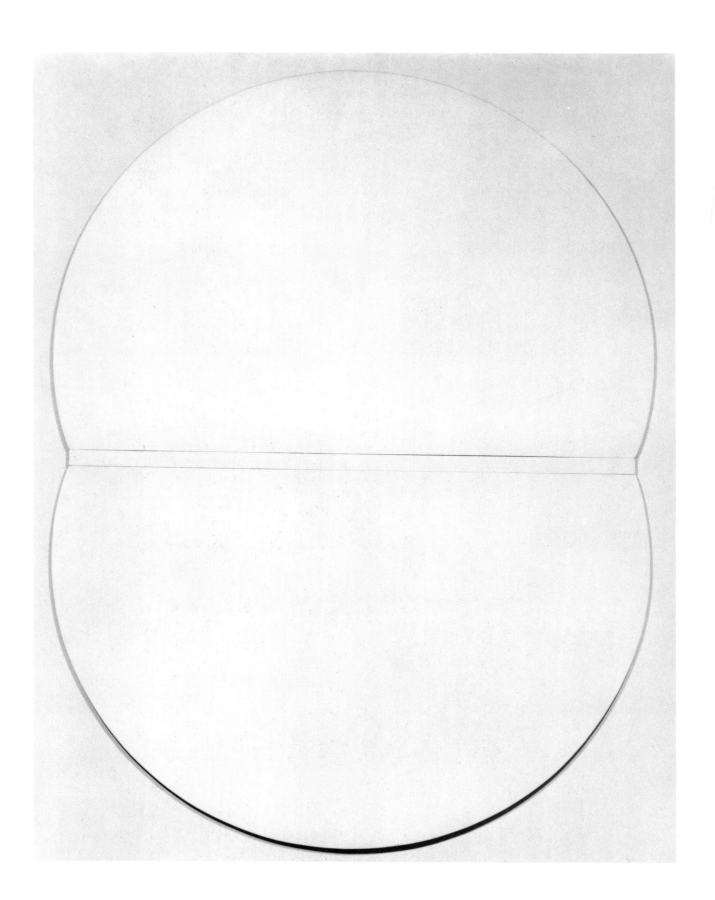

Ellsworth Kelly
White Plaque: Bridge Arch and Reflection, *1955*
Huile sur bois 162,5 × 122 cm
Collection Peter Palumbo, Londres.

Richard Lohse
Systematische Farbreihen
in 15 sich wiederholenden tönen, *1950-1953*
Huile sur toile 71 × 135 cm
Collection particulière, Zürich.

John McLaughlin
B 1958, *1958*
Huile sur toile 121 × 86 cm
Courtesy André Emmerich Gallery.

François Morellet
Du jaune au violet, *1956*
Acrylique sur toile 110,3 × 215,8 cm
Musée national d'art moderne
Centre Georges Pompidou, Paris.

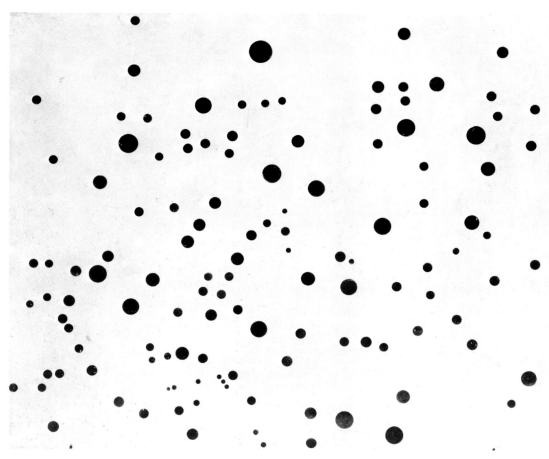

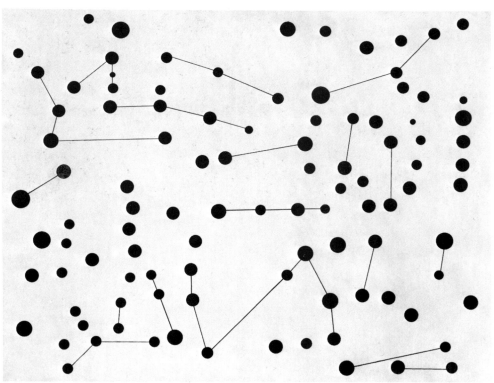

Georges Koskas
Points, *1951*
Plâtre 73 × 51 cm
Collection particulière.

Georges Koskas
Points, *mars 1951*
Huile sur toile 90 × 72 cm
Collection particulière.

Frank Stella
Point of Pines, *1959*
Émail noir sur toile 216 × 277 cm
Collection particulière.

LA CITÉ UNIVERSITAIRE DE CARACAS

ALFREDO BOULTON

UN des événements artistiques des années 50 a été la construction de la Cité universitaire de Caracas, confiée à l'architecte Carlos Raúl Villanueva. Il sut y développer avec grande liberté sa conception de l'intégration des différentes disciplines artistiques, aboutissant à une harmonie d'inspiration humaniste, à la fois sélective et collective, appliquée à l'habitat. Villanueva avait déjà eu l'occasion d'expliquer que l'intégration de la peinture et de la sculpture à l'architecture devenait d'autant plus nécessaire qu'elle permettait de réintégrer des éléments comme la couleur et le volume dans le blanc architectural, et cela grâce à l'utilisation du langage propre aux arts majeurs, langage épuré par un long processus évolutif. S'en tenir à une simple décoration murale, ou à des peintures et des sculptures placées dans des lieux improvisés, n'aurait pas eu plus de valeur, en termes d'intégration des arts, qu'une collection de musée. Cette intégration ne pouvait se cristalliser positivement, pensait-il, que si la peinture et la sculpture trouvaient des raisons architecturales à leur insertion. C'est-à-dire à condition que l'on peigne et que l'on sculpte en fonction des éléments spatiaux constitutifs de l'œuvre architecturale. Corroborer, accentuer et mettre en évidence la forme-espace du dessin architectural ; ou à l'inverse : disperser, transformer les volumes réels en relations purement spatiales, ainsi formulait-il, à l'époque, sa conception de la synthèse des arts, et c'est pourquoi l'on accorde à son œuvre une grande valeur réformatrice.

Il convient de rappeler qui fut Carlos Raúl Villanueva, cet éminent architecte. Il naquit à Londres en 1900, de parents vénézuéliens. Après des études à Paris, au lycée Condorcet, il devint l'élève de Gabriel Héraud, en 1920, à l'École supérieure des beaux-arts. Diplômé en 1928 de l'Institut d'urbanisme, il s'installa en 1930 au Venezuela, où il exerça une intense activité pédagogique et professionnelle. Il mourut à Caracas en 1975.

Avec l'enthousiasme d'un pays jeune, le Venezuela nourrissait l'idée d'une université moderne.

Dans un esprit d'ouverture aux idées nouvelles, il choisit un jeune et brillant architecte pour réaliser l'entreprise. Dès avant son achèvement, en 1957, le projet de Villanueva suscita un immense intérêt dans les milieux artistiques, nationaux et internationaux.

Pour Villanueva, le moment était venu de construire une unité spirituelle nouvelle, en rassemblant les composantes artistiques, sociales et philosophiques pouvant répondre à un total renouveau des idées et à un changement d'attitude, représentatif de la génération.

Villanueva fit preuve d'une extraordinaire intuition en demandant leur collaboration à un groupe d'artistes encore inconnus à l'époque. Excellent exemple que celui de la grande œuvre d'Alexandre Calder pour le plafond acoustique du Grand Amphithéâtre — sa première commande internationale importante. Une lettre de ce dernier, datée de 1955, le rappelle : « Je suis profondément impressionné par une attitude aussi courageuse dans l'emploi de nouvelles formes et styles en architecture, particulièrement à la Cité universitaire. Imposer l'idée de construire et d'installer les *Soucoupes volantes* dans le Grand Amphithéâtre dut exiger du courage. En les proposant, je n'ai rien fait comparé à ce courage-là. Aucun de mes mobiles n'a trouvé un espace aussi extraordinaire ni aussi grandiose. C'est le meilleur monument à mon art. » Cette œuvre de Calder, d'une conception structurelle très audacieuse, couvre l'espace au-dessus de 2 600 sièges, et se compose de modules sculpturaux aux formes minces qui paraissent flotter dans l'espace et ressemblent à des corps suspendus dans une atmosphère intemporelle.

Villanueva eut le mérite de pressentir l'importance de Calder ainsi que celle d'autres artistes mondialement reconnus par la suite, tels Henri Laurens, Jean Arp, Baltazar Lobo, Jesus Soto, Antoine Pevsner, Victor Vasarely, Wifredo Lam et Fernand Léger. Il a commandé à ce dernier un immense vitrail et une mosaïque spectaculaire. « Le vitrail de Fernand Léger, écrivait Sibyl

Moholy-Nagy, d'une hauteur de deux étages, se trouve dans la salle d'accès à la bibliothèque et partage cette même passion de la couleur. Jamais auparavant, et jamais par la suite, Léger n'avait été aussi élégant dans ses formes, ni si harmonique dans la composition comme dans l'heureux produit de son amitié avec Villanueva.» Léger rappelait quant à lui: «Depuis que Villanueva vint me voir en février 1954 avec les plans et les esquisses de sa Cité universitaire sous le bras, j'eus le pressentiment que si ce projet se réalisait ce serait pour l'architecture un événement contemporain. Je décidai par conséquent d'y collaborer en créant une mosaïque murale et un vitrail en pâte de verre.» A propos de la mosaïque biface, Léger ajoutait: «J'ai laissé un espace ajustable entre les éléments de la mosaïque, de façon à ce que vous puissiez écarter ou resserrer la composition pour obtenir les meilleurs effets. Je laisse cela à votre seul jugement, selon la lumière et la distance visuelle.»

Ces deux œuvres sont placées à des endroits très particuliers qui, dans un espace harmonieux d'une grande unité de composition, s'équilibrent avec les fortes structures du *Berger de Nuages* de Jean Arp et de l'*Amphion* de Henri Laurens. L'idée et les matériaux utilisés par Léger — mosaïque et pâte de verre — constituent une expérience abstraite qui se fond admirablement dans le paysage de Caracas.

Les œuvres de Jean Arp et de Henri Laurens, datant de 1952 et 1953, représentent des étapes essentielles dans leurs trajectoires respectives. Le premier rappelait comment il avait eu l'idée de sa sculpture en trouvant sur sa table de travail un morceau de pâte à modeler dont «il me semblait qu'elle évoquait un lutin. Je l'ai donc nommée ainsi. Et voici qu'un jour ce petit personnage, ce lutin, par un médium vénézuélien, se trouve tout à coup père d'un géant. Ce fils géant ressemble à son père comme un œuf à un autre. Comme le père, il est difficile à définir. Et comme toutes les définitions, celle donnée le lundi était différente de celle du mardi. Toute définition de la matière, de l'atome, depuis les pré-socratiques jusqu'à nos jours... quel nuage troublant! Était-ce ceci qui décidait le jeune géant à devenir berger de nuages?». La solide figure du *Berger de Nuages* trouve son charme sous la lumière vénézuélienne. Ce lutin de rêve, avec ses courbes, ses rondeurs, ses volumes, vous transporte de manière surprenante. Arp écrivait à Villanueva en 1953: «J'ai toujours besoin de vous redire quelle admirable œuvre vous êtes en train de réaliser. Je n'en connais pas beaucoup de pareilles. Pour terminer, je tiens à vous dire que je considère la Cité universitaire que vous réalisez à Caracas comme la plus importante œuvre d'architecture et d'art plastique. Je ne dis pas cela pour vous flatter. Mais ni en Europe ni en Amérique du Nord, on n'a jusqu'à présent tenté œuvre pareille.»

A côté du *Berger de Nuages*, sous la même lumière tropicale, s'élève l'*Amphion* de Henri Laurens, sculpté en 1952. C'est une figure anthropomorphique en bronze patiné, moitié-homme, moitié-lyre, d'une beauté tout onirique, les bras soulevés, les mains s'entrecroisant. Ainsi, solennel, apparaît le prince de Thèbes avec sa harpe enchantée, dans un mouvement cadencé, lyrique et mélancolique, emporté par l'inspiration qui agite son corps.

Les qualités de Carlos Raúl Villanueva transparaissent dans sa correspondance. Dans une lettre, Antoine Pevsner évoque sa *Projection dynamique dans l'espace au trentième degré* (1950-1951) et manifeste son affection: «Ma sculpture participe de l'architecture. Je remercie le destin pour ton

amitié qui m'est si chère et qui m'a envoyé un être comme toi, un être sublime, dans ma voie créatrice cruellement épineuse.»

On trouve aussi dans la Cité une intéressante structure en aluminium de Victor Vasarely, *Positivo-Negativo*. Les jeux de lumière y varient avec les formes métalliques de la sculpture et le lieu où se place le spectateur. Ce fut, sans aucun doute, la première commande internationale que reçut cet artiste, fondateur à l'époque du groupe «Le Mouvement». Vasarely fit aussi une mosaïque intitulée *Sophie* dont la nouveauté et l'attrait ne sont pas moindres. Céramique murale conçue comme un exercice de lignes, elle se prête à différentes lectures et produit des effets optiques audacieux: fines rayures noires sur un fond blanc, sur une surface qui semble bouger.

L'art de se servir des espaces, de leur lumière et

Victor Vasarely
Positivo-Negativo.

de leur ombre, de l'éclat violent du soleil, de la température ambiante, et le savoir nécessaire pour placer une œuvre de manière à l'intégrer dans le contexte qui l'entoure, tout cela est réuni dans la *Maternidad* de Baltazar Lobo, qui se trouve dans un grand espace ouvert d'où l'on apprécie le jeu des formes et des structures qui se meuvent dans un jeu abstrait de références aux bonheurs de la mère et de l'enfant. La beauté de ce bronze est comme un chant contrastant avec l'austérité volumétrique du bâtiment qui abrite la bibliothèque, tout entier d'une matière rouge et dominant cette partie de l'ensemble architectural. Villanueva écrivait à ce propos : «Il y a une différence substantielle entre une œuvre d'intégration et une tentative décorative. La décoration, de nos jours, est conçue comme une intervention superficielle, comme une superposition, qui, en tant que telle, est inutile et même contraire à la finalité de l'architecture. L'intégration, en revanche, est le produit non seulement de la compréhension des buts communs, mais aussi de la subordination nécessaire entre les différentes expressions. C'est la création d'un nouvel ensemble architectural-sculptural-pictural où l'on ne peut distinguer la moindre hésitation, où aucune faille n'est visible entre les différentes expressions. La nécessité de chacune de ces mises en valeur plastiques doit être irrémédiablement évidente.»

L'œuvre architecturale de Villanueva à la Cité universitaire de Caracas est un des faits les plus remarquables ayant eu lieu dans le monde au cours de cette décennie si riche en influences novatrices. Villanueva sut en outre faire appel aux jeunes artistes vénézuéliens les plus notoires, comme Francisco Narváez, Alejandro Otero, Miguel Arroyo, Braulio Salazar, Omar Carreno, Pedro León Castro, Héctor Poleo, Carlos Gonzales Bogen, Alirio Oramas, Victor Valera, Armando Barrios, Oswaldo Vigas, Mateo Manaure et Pascal Navarro.

A cette époque, la culture était dominée au Venezuela par les jeunes générations qui avaient subi l'influence française, et plus généralement européenne. Cela détermina le type d'art que ces artistes purent concevoir après une longue dictature politique. Les gens de culture, et particulièrement les peintres et les plasticiens, avaient appris à voir les œuvres aussi bien des impressionnistes que celles, toutes récentes, de Soutine. Je me souviens qu'un ami de mon père nous montrait à l'époque, rue de Seine, les dernières productions de Mondrian et de Max Ernst. Il faut se rappeler qu'un grand nombre d'artistes de notre École d'arts plastiques avaient fait le voyage de Paris vers 1949 dans un esprit d'ouverture, en cherchant à dépasser les dernières expériences de Picasso, et à fonder un certain ordre constructiviste.

D'autres cherchaient de nouvelles interprétations de l'art. A l'exposition «Le Mouvement», à la galerie Denise René en 1955, figuraient Marcel Duchamp, Tinguely, Vasarely, Paul Bury, Calder, Agam et Jacobsen. A cette occasion naquit le cinétisme, qui appliquait l'art à l'espace habitable, dans la distance entre le spectateur et l'objet.

C'est sur cette toile de fond européenne que Carlos Raúl Villanueva, avec sa formation française et son concept rigoureux de l'architecture et de l'intégration des arts, créa un nouvel horizon plastique, non seulement avec la collaboration des grands représentants de l'art européen engagés alors dans la recherche de nouvelles philosophies picturales, mais en faisant appel aussi à un groupe de jeunes et brillants artistes vénézuéliens. Il marqua profondément les attitudes, l'inspiration et la créativité sur le continent américain.

Cette révolution conceptuelle s'inspirait des idées révolutionnaires lancées par Villanueva dès les années 1942-1943. Un peu plus tard, il offrit à Calder la première occasion d'être internationalement reconnu. Grâce à lui, Calder obtint le premier prix de la Biennale de Venise pour son grandiose *Plafond acoustique* dans le Grand Amphithéâtre de la Cité universitaire de Caracas.

TRADUIT DE L'ESPAGNOL PAR ARMANDO URIBE

Alexander Calder
Le Grand Amphithéâtre
Plafond acoustique.

CALDER

GIOVANNI CARANDENTE

«AVEC les *Constellations*, Calder s'est ouvert un champ d'exploration nouveau», écrivait James Johnson Sweeney à l'occasion d'une exposition de l'artiste à Paris, à la galerie Louis Carré en automne 1946. La préface du catalogue était de Jean-Paul Sartre. «Un *mobile* — disait-il poétiquement — est une petite fête locale... une fleur qui fane dès qu'elle s'arrête, un jeu pur de mouvement comme il y a de purs jeux de lumière.» Chez Louis Carré, Calder exposait trois *Constellations* de 1943 et 1944, un *stabile* de 1947 *(Thin Black Stabile)* et vingt adorables mobiles créés entre 1942 et 1946.

A la veille des années 50, le caractère unique et transgressif de l'art de Calder avait déjà ses prophètes : un chantre passionné en la personne du philosophe froid et logique de l'existentialisme, un critique lucide et analytique en celle de l'optimiste historien de l'art américain.

Calder resta américain pendant toute sa vie, «Américain cent pour cent», comme l'avait défini Léger, malgré ses vingt ans passés en France, en Touraine principalement. Habitudes françaises, cuisine et vin français, la douce tranquillité d'un charmant village, dans un paysage aux horizons estompés par des forêts de frênes aux feuilles légères et flottantes comme les lamelles des mobiles.

L'art d'Alexander Calder provenait d'une greffe de la culture européenne d'avant-garde concentrée à Paris, sur les racines américaines de l'artiste — cela à partir de 1926 et surtout après 1930, à la suite de sa rencontre avec Mondrian.

Léger situait Calder dans la lignée des «maîtres incontestés du beau inexpressif et silencieux», c'est-à-dire Satie, Mondrian, Duchamp, Brancusi, Arp. Il est néanmoins évident que la préhistoire de Calder est à rechercher dans le continent sans limites qui l'a vu naître, dans la civilisation ancestrale avec laquelle il s'était mesuré pendant son enfance, dans ce milieu patriarcal qui depuis trois générations avait fait de l'art l'occupation noble de la famille, son père et son grand-père étant sculpteurs, sa mère peintre.

La position historique de Calder dans l'art du XXᵉ siècle est donc claire. Proche en partie de son compatriote Man Ray, il fut le premier grand Américain qui se détacha de la tradition académique et provinciale de son pays et, après l'Armory Show, se mit à promouvoir une destinée totalement rénovée de l'art venu d'outre-Atlantique, précédant ainsi de beaucoup la génération héroïque de l'expressionnisme abstrait et de l'*Action Painting*.

Grâce à Calder à la moitié du siècle, l'art retrouvait tranquillement ses sources dans une nature poétique minimale, sans que l'inspiration se perde dans un énième plagiat. Une nouvelle *mimesis* avait fleuri, frêle comme une jeune tige sur le tronc chauffé à blanc de l'époque industrielle. Dans l'histoire de l'art du siècle, elle représente l'annonciation moderne hésiodienne de la magie de l'univers.

LE MOUVEMENT SPONTANÉ DES FORMES

Comme Matisse, Klee et Miró, Calder inventa un art qui ne provoque aucun trouble, un art heureux dans la sérénité simple qui l'inspire et rassurant par la pureté avec laquelle il se reflète dans le lac clair de l'imagination. Mais l'importance de l'art de Calder se révèle complètement dans le mouvement que l'artiste imprima physiquement à ses sculptures-objets, action qui en multiplie *les états* et qui confère aux formes une dimension temporelle, les livrant aux hasards d'équilibres impondérables. Ce mouvement situe l'œuvre dans l'espace ambiant qu'il soit intérieur ou extérieur, de telle sorte que la succession des images se réalise en continu dans des compositions inattendues.

Bien sûr, l'art de Calder trouve ses prémices dans quelques exemples importants dans l'art moderne : les collages cubistes, le dynamisme théorique des futuristes, le constructivisme de Gabo et Pevsner, mais aussi la désacralisation dada, le néo-plasticisme de Mondrian et Van Doesburg, les théories du mouvement parisien Abstraction-Création auquel l'artiste avait adhéré, ainsi que la fabuleuse et apparente ingénuité idéographique de Miró (le travail de Calder et celui de Miró se développèrent aux mêmes époques et l'art du premier n'était pas en dépendance de celui du second, comme on l'a affirmé injustement).

En tout cas, l'art de Calder est sans antécédents pour ce qui concerne le mouvement physique des formes. Même au début des années 20, Naum Gabo a expérimenté des mouvements mécaniques sur ses sculptures, même si le mouvement avec toutes ses implications et métamorphoses était implicite dans beaucoup de sculptures constructivistes, aucun artiste n'était arrivé avant Calder à la conquête réelle du mouvement spontané des formes.

Dans le *Manifeste du réalisme* de 1920, Gabo et Pevsner affirmaient que «pour interpréter la réalité de la vie, l'art doit être basé sur deux éléments fondamentaux: l'espace et le temps», que «le volume n'est pas le seul concept de l'espace», et que «des éléments cinétiques et dynamiques doivent être utilisés pour exprimer la vraie nature du temps», car «les rythmes statiques ne sont plus suffisants». Quand Calder arriva à Paris avec son seul bagage américain — Le *Cirque* et les silhouettes en fil de fer —, ces concepts existaient mais n'avaient pas été mis en œuvre. Ce fut lui qui les appliqua graduellement à la sculpture.

VERS LES GRANDS «STABILES»

Les années 50 coïncident avec la pleine maturité de Calder. Pendant les années de guerre, il avait effectué deux digressions: à cause de la difficulté à se ravitailler en métal, il avait utilisé le bois pour les *Constellations* et les *Tours*, où l'emploi du fil de fer était minime. Il conçut de la sorte un groupe de dix-sept sculptures en plâtre, assemblage de différentes pièces en équilibre dynamique, plus tard coulées en bronze. Cette digression fut aussi stylistique: dans ces sculptures et quelques gouaches pleines d'imagination de la même période, Calder se rapprochait du surréalisme. Mais tandis que les *Constellations* le reliaient au monde biomorphe de Arp, les bronzes semblaient proches des sculptures de Picasso pendant la période Boisgeloup, œuvres que Calder pouvait difficilement avoir connues à cette époque.

Dès la fin de la guerre, Calder est revenu à son univers aérien et mobile. Entre 1945 et 1951, il crée de véritables chefs-d'œuvre. Un des archétypes de ce renouveau avait été *Lily of Force*, de 1945, qui ouvre une série d'œuvres admirables, dont *Quatre Systèmes rouges* de 1950, et *Triple Gong* de 1951, pour n'en citer que deux. Ces œuvres lui valent le Prix international de sculpture à la Biennale de Venise de 1952.

En 1950, commence également la grande période française de Calder. La galerie Maeght organise la première des grandes expositions annuelles qui se sont poursuivies jusqu'après sa mort. La même année, dans le premier numéro des cahiers *Derrière le Miroir* publiés par la galerie, Fernand Léger se déclare «intrigué» par l'inventeur des mobiles: «Va-t-il nous apporter autre chose?». Et Calder, en effet, de repartir des petits stabiles et stabiles-mobiles des années 30 pour créer les stabiles de grande dimension des années 50 (ce fut Arp qui leur donna ce nom, Marcel Duchamp ayant suggéré l'appellation «mobiles»).

Il est vrai que les stabiles, à l'état de maquette,

ont été conçus par Calder entre 1935 et la fin des années 40. Devenus monumentaux, ils sont restés contemporains de nombreux mobiles, dont ils conservaient l'élégance.

Attiré par les lieux sereins et les hommes simples, Calder, au début des années 50, décide d'habiter à Saché, un village de l'Indre-et-Loire. Il achète d'abord une vieille maison près d'un moulin et adopte le rythme de vie de ce lieu qui stimule sa créativité. C'est à Saché qu'il crée la plupart des grands stabiles qu'une usine de Tours réalise à

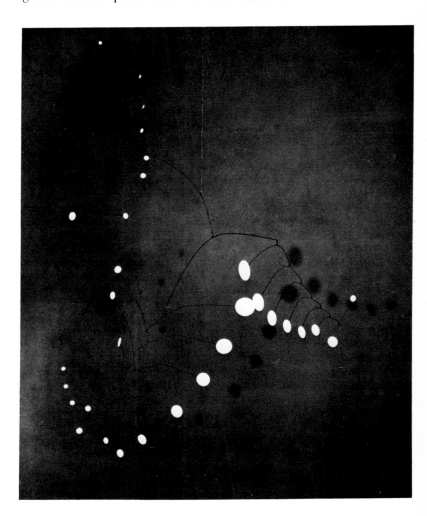

l'échelle sous les yeux vigilants de l'artiste. Ensuite, lorsqu'il aménage un grand atelier au sommet d'une colline, il se met à peupler les alentours vallonnés de ses monstres bienveillants, personnages d'une nouvelle mythologie dont la douceur des courbes et la fuite des pinacles expriment une aimable fantaisie structurelle.

En s'éloignant du milieu turbulent des avant-gardes, Calder, en bon Américain, a voulu préserver son autonomie et sa débordante originalité.

TRADUIT DE L'ITALIEN PAR ADRIANA PILIA

Alexander Calder
Snow Flurry
Mobile, métal 238,7 × 178,3 cm
The Museum of Modern Art, New York
Gift of the artist, 1966.

Alexander Calder
Six et sept disques blancs, *1956*
Mobile sur pied, métal 168 × 140 × 51 cm
The Estate of Alexander Calder
Courtesy the Pace Gallery, New York.

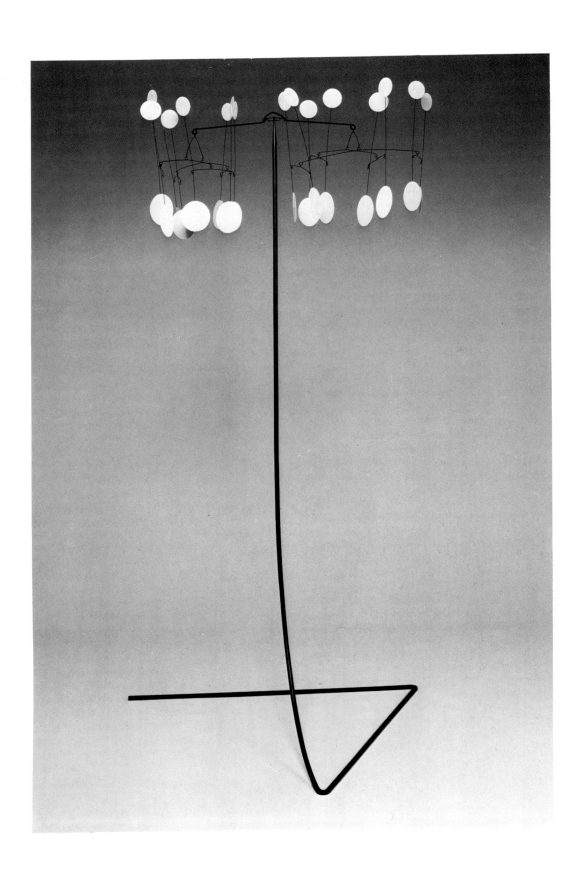

Alexander Calder
La Douche, *1951*
Mobile sur pied, métal 259 × 133 × 108 cm
Collection particulière.

Alexander Calder
Flocons de neige, 32 disques blancs, *1953*
Tôle peinte, tiges métalliques, acier 148 cm (h)
Collection Katherine Rousmanière, Boston.

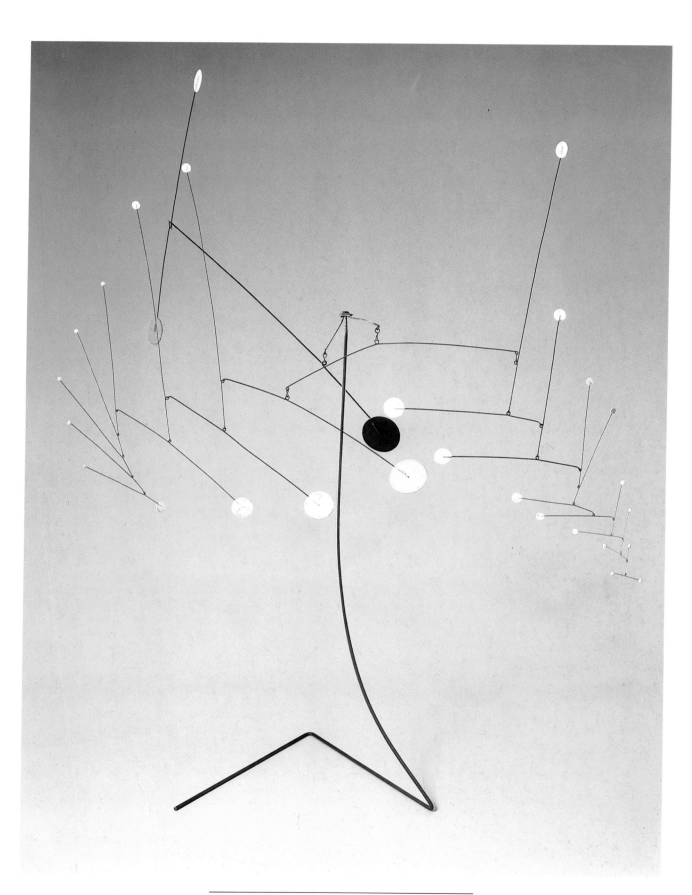

Alexander Calder
Vingt-Neuf Cercles, *1958*
Métal peint, acier 120,6 × 106 cm
Hishhorn Museum and Sculpture Garden
Smithsonian Institution
Gift of Joseph H. Hishhorn, 1972.

ART CINÉTIQUE

FRANK POPPER

BIEN que l'apogée de l'art cinétique se situe dans les années 60, les années 50 ont vu la naissance de recherches artistiques qui ont contribué de manière décisive à la réactualisation et à l'expansion de cet art. Les œuvres de Vasarely, Soto, Agam, Morellet, Tinguely et Bury présentées dans cette exposition peuvent ainsi être considérées comme des témoins privilégiés de l'activité novatrice et pionnière de ces artistes. Elles peuvent aussi être interrogées quant à leurs antécédents, leur signification précise au sein de leur période et leur rôle dans l'affirmation ultérieure de l'art cinétique et par rapport à ses prolongements.

Il ne fait pas de doute que dans la carrière créatrice de Vasarely, la découverte de la plastique cinématique (ou cinétique) représente un moment exceptionnel. Ses structures cinétiques binaires en noir et blanc, réalisées à partir de 1952, sont au cœur même de ce que l'on appellera par la suite «Op art», mais qui, à notre avis, fait, par son utilisation privilégiée du mouvement virtuel, partie intégrante de l'art cinétique. L'œuvre exposée ici, *Tlinko II*, de 1956, crée ce mouvement optique par le subtil déplacement de quelques carrés de la composition régulière générale dans une troisième dimension imaginaire. Mais toute la richesse de la démarche de Vasarely dans cette période ne devient apparente que lorsque son alphabet plastique élaboré par lui, ses «unités plastiques», déploient leur jeu de tensions grâce à l'introduction de la couleur. Ses créations polychromes s'attachent ainsi très étroitement au vaste univers des œuvres d'abstraction géométrique qui les ont précédées[1]. Quant aux virtualités de ces œuvres de pionnier, on ressent en elles déjà les possibilités de leur application à l'architecture qui va bientôt suivre à une grande échelle ainsi que leur reproductibilité qui va aboutir aux «multiples», œuvres conçues par leur auteur pour être produites à plusieurs exemplaires grâce aux techniques industrielles, sans être des reproductions d'une pièce unique originale. Sur le plan théorique, c'est à Vasarely que revient l'invention et l'usage cohérent du terme «cinétisme» renfor-

çant son rôle de maître à penser de nombreux artistes cinétiques de la génération suivante. Cependant, des plasticiens comme Soto, Agam, Tinguely et Bury prenaient dès les années 50 leurs distances par rapport à cette expression de l'art du mouvement trop liée, à leur avis, à la simple animation picturale de formes géométriques.

L'itinéraire de Soto témoigne de cette prise de position. Après avoir entrepris dès le début des années 50 des recherches sur la vibration des surfaces par répétition d'éléments plastiques pour se libérer des concepts traditionnels de la forme et de la composition, il introduit dans ses œuvres des fonds cinétiques, surfaces striées aptes à causer des effets de moirage. A la suite, il crée des constructions superposant des éléments plastiques sur des surfaces transparentes et parvient à une synthèse optique par superposition à distance de structures formelles dessinées ou peintes sur plexiglas. Dans les œuvres exposées ici, *Déplacement d'un carré transparent* (1953), et *Points blancs sur points noirs* (1954), on peut clairement distinguer ce développement où Soto accomplit un pas décisif vers une expression toute personnelle qui allait au-delà des expériences cinétiques bidimensionnelles, mais aussi de celles des pionniers de l'art cinétique tridimensionnel comme Gabo, Duchamp et Calder. En superposant deux surfaces programmées, l'une opaque, l'autre transparente, et en laissant quelques centimètres entre elles, Soto incorporait l'espace tout en réclamant la participation du spectateur qui dynamise l'œuvre en se déplaçant devant elle[2]. D'ailleurs, Vasarely, dans ses *Œuvres cinétiques profondes*, procédait de manière assez similaire. Chez Soto, ce développement précède celui où l'artiste suspend des éléments mobiles — barres, cintres, fils de fer sur fond striés — pour franchir encore une autre étape de sa recherche par la combinaison de plusieurs facteurs cinétiques : les éléments mobiles, le déplacement du spectateur devant l'œuvre et les effets visuels, parvenant ainsi à une vision vibratoire globale du mouvement, préoccupation fondamentale de l'artiste.

1 V. Vasarely, *Monographie*, Griffon, Neuchâtel, 1965-1979.

2 Marcel Joray, Jesus Rafael Soto, *Soto*, Griffon, 1984, et Alfred Boulton, *Soto*, Ernesto Armitano, Caracas, 1973.

Par la suite, Soto crée, lui aussi, des œuvres de grandes dimensions, soit à effets optiques engendrés principalement par le mouvement du spectateur se déplaçant devant ou au-dessous de l'œuvre comme c'est le cas pour le *Volume virtuel*, (1987), dans le hall du Centre Georges Pompidou, soit à effets à la fois optiques et tactiles comme dans ses environnements «pénétrables».

Des préoccupations similaires se retrouvent chez Agam, bien qu'il vise une participation plus ludique et plus créatrice chez le spectateur. Dans l'*Assemblage mouvant* (1953), les six pièces mobiles sont conçues de telle façon que leurs variations dues à l'intervention du spectateur produisent des effets optiques prédéterminés par l'artiste, tandis que dans des œuvres comme *Signes pour un langage* (1953), *Dybbuk* (1945-1955), ou *Imprévu prévu* (1958), les éléments mobiles pourraient être arrangés avec davantage de liberté par le participant. L'œuvre devient ainsi éminemment transformable.

Parallèlement, Agam a développé un important groupe d'œuvres aux titres musicaux où le mouvement du spectateur participant se change en déplacement physique. Ces tableaux «contrapunctiques» et «polyphoniques» dévoilent leur structure, fondée sur la fusion de plusieurs thèmes seulement au fur et à mesure que le spectateur se déplace devant eux. Par la suite, l'immense production artistique d'Agam — peintures, reliefs, sculptures, objets ludiques, œuvres luminocinétiques et stroboscopiques téléartistiques et informatiques — montre que c'est le temps et son irréversibilité ainsi que son rapport avec la simultanéité des actes et des événements dans l'univers qui se trouvent au centre de sa démarche. D'ailleurs ses extraordinaires réalisations à grandes dimensions, ses œuvres cinétiques environnementales dans les espaces clos ou ouverts, comme le plafond pour le National Convention Centre *(L'Échelle de Jacob)* à Jérusalem (1964), le *Salon Agam* originellement installé au palais de l'Élysée (1971-1975), ou sa *Fontaine monumentale* à La Défense (1975), témoignent de cette préoccupation fondamentale de l'artiste qui se sert de combinaisons très variées, utilisant des propositions picturales, sculpturales, artisanales (vitraux, tapisseries) et sonores pour ses démonstrations.

Mais si l'on veut entièrement saisir la spécificité de l'œuvre cinétique d'Agam, il faut aussi tenir compte de son désir de transcender le visible. L'artiste compte sur les révélations partielles que ses œuvres apportent, pour nous faire entrevoir l'univers dans sa totalité et dans son unité, mot clé de la spiritualité hébraïque. La notion d'absence perceptible de l'image applicable à toutes ses œuvres nous fait mieux comprendre sa démarche axée sur le mouvement et la temporalité et qui traduit également l'option métaphysico-religieuse prise par l'artiste[3].

UNE MODERNITÉ DYNAMIQUE ET SATIRIQUE

L'œuvre de François Morellet se caractérise par une extrême rigueur et la systématisation des éléments plastiques contenant le mouvement virtuel. Ce futur cofondateur du Groupe de recherche d'art visuel de Paris et coorganisateur du mouvement international «Nouvelle Tendance» a mis l'accent, dès le début de ses recherches, sur l'élaboration systématique des «règles de jeu» qui gouvernent ses propositions. Sa peinture acrylique sur toile, *Du jaune au violet* (1956), est une étude de lignes et de couleurs choisies systématiquement selon un procédé adapté au phénomène des couleurs complémentaires. Plus précisément, Morellet emploie ici un système qui lui permet, suivant la densité des lignes d'une des deux couleurs, d'obtenir un mélange optique différent. Réalisées d'une façon neutre, les lignes sont «peintes» à la roulette, et cette composition fait bien apparaître le phénomène de la luminosité et de la radiation que peuvent donner les contrastes des couleurs, visuellement créés par la confrontation des carrés concentriques qui vont du jaune au violet en passant par le bleu et le rouge[4].

Morellet utilise des méthodes similaires dans ses mobiles tridimensionnels, les *Sphères-trames*, et dans sa recherche des possibilités rythmiques de la lumière à l'aide d'ampoules ou tubes de néon. Y dominent des procédés de programmation les plus variés et l'application mathématique de l'aléatoire.

La démarche de Morellet, faite d'attention sur les micro-éléments cellulaires et le phénomène cinétique visuel brut, peut paraître ascétique. Elle atteint néanmoins directement la sensibilité et la conscience du spectateur chez qui elle provoque un nouveau comportement. Les applications systématiques des découvertes plastiques de Morellet à l'échelle de l'environnement ne leur font nullement perdre leur subtilité.

Il faut noter qu'à la même époque une très forte tendance à la programmation se fait jour en Italie où l'un des pionniers de l'art cinétique et de l'art programmé, Bruno Munari, avait dès 1933 construit ses *Machine inutili*, compositions de fils de soie que le moindre souffle pouvait mettre en mouvement. Par ailleurs, les manifestes sur le machinisme rédigés par Munari ont eu une grande influence sur les artistes du mouvement des années 50 partout dans le monde.

Mais le grand pionnier dans le domaine des mobiles est, bien entendu, Alexander Calder qui, après avoir fabriqué dans les années 20 des jouets articulés en bois et fils de fer de son *Cirque* miniature, expose en 1932 des assemblages de formes abstraites mues à la main ou par des moteurs électriques. Il renonce dès l'année suivante à se servir de moteurs, et développera un nombre impressionnant d'œuvres dont la mobilité est due, en principe, aux seuls déplacements d'air. Son premier grand mobile, le *Poisson d'acier*,

3 Divers auteurs, «Agam», *XXᵉ siècle*, n° 56, septembre 1980, et Frank Popper, *Agam*, Abrams, New York, 1976.

4 Serge Lemoine, *Morellet*, Waser Verlag, Zurich, 1986.

5 Alexander Calder, *Autobiographie*, Maeght, 1972.

6 Michel Conil-Lacoste, «Tinguely», *Nouveau dictionnaire de la sculpture moderne*, Hazan, 1970.

7 Pontus Hulten, *Jean Tinguely-«Méta»*, P. Horay, 1974.

daté de 1934, ne mesurera pas moins de trois mètres de haut. Les mobiles de Calder des années 50 exposés ici dans une salle séparée démontrent toute la gamme de son art : la variété des dimensions et des rythmes cinétiques, des formes et des couleurs dans des suspensions du plafond, leurs agencements pivotant sur pied ou encore dans leurs fixations sur un mur[5].

Mais les années 50 voient également les premières grandes manifestations du mouvement réel mécanique, soit du côté des artistes dans la tradition constructiviste et du Bauhaus comme Nicolas Schöffer, soit du côté des artistes comme Jean Tinguely et Pol Bury qui, après avoir dépassé rapidement le stade abstrait et géométrisant, reprennent et dépassent à leur tour les idées et démarches anarchisantes, réminiscentes des dadaïstes et des surréalistes.

Les œuvres de Tinguely exposées dans la salle cinétique de cette manifestation montrent parfaitement ce double dépassement des polarités esthétiques situées entre les extrêmes de la préméditation et de la spontanéité.

Deux œuvres de Tinguely, *Méta-Malevitch* et *Méta-Mortensen*, c'est-à-dire en solidarité avec mais aussi en dépassement des démarches de ces artistes, qui datent de 1954 et 1955, et n'ont peut-être reçu ces appellations qu'ultérieurement, peuvent néanmoins être considérées comme des précurseurs de l'art de la citation actuel avec son esprit à la fois de célébration, de dérision et de décodification. La sculpture intitulée *Méta-Malevitch* cherche à animer et à dynamiser, avec un point d'humour et d'ironie, la vision suprématiste de l'artiste russe, tandis que celle nommée *Méta-Mortensen* semble se référer à la *Composition picturale* (1944) de l'artiste danois, aujourd'hui perdue, située entre l'imagination et la réflexion, entre le surréalisme qu'il pratiquait avant la guerre et son expressionnisme de guerre. C'était un grand tableau (4 m × 12 m) fait d'éléments géométriques assez librement agencés, dont cinq se mouvaient lentement. Quatre cages contenaient des souris blanches en mouvement «imprévisible», tandis que le tableau-relief même était mis en mouvement par un moteur électrique.

La grande *Méta-Mécanique n° 2* exposée dans la salle cinétique et les *Métamatics* de Tinguely réunies dans une autre salle représentent la première série d'œuvres en deçà ou au-delà de la précision mécanique dont les engrenages de fil de fer, pavoisés de disques et demi-lunes de tôle, tournoient dans l'espace à la façon de la grande roue des foires. La plupart d'entre elles étaient également des machines à dessiner ou à peindre qui créaient une atmosphère extraordinaire dans les endroits, salles d'exposition ou lieux publics, où elles étaient installées. Ces machines représentaient un défi à la mécanique d'horlogerie, inaugurant une exploitation consciente de la contin-gence et presque une «organisation de la panne[6]». La période «autodestructive» des machines de Tinguely qui culminait en 1960 dans son happening monumental, *Hommage à New York*, qui se déroulait dans la cour du Museum of Modern Art, est à cet égard exemplaire. Des *Méta-Mécaniques* de Tinguely furent dès 1955 montrées à l'exposition, désormais historique, «Le Mouvement», à la galerie Denise René. Ce foyer privilégié de l'art géométrique abstrait et du cinétisme réunissait pour cette exposition des œuvres des pionniers Marcel Duchamp et Alexander Calder, celles de Vasarely et Jacobsen appartenant à la génération médiane et celles d'Agam, Soto, Tinguely et Bury représentant la jeune génération. Ce sont ces derniers qui auront le plus à cœur d'exploiter les principales caractéristiques de l'art cinétique, c'est-à-dire la présence de la troisième dimension et du mouvement réel dans l'œuvre, sa dématérialisation et l'exploitation de la riche gamme de différents modes de participation du spectateur.

L'exposition «Le Mouvement» était aussi l'occasion de faire le point de manière inédite sur la théorie de l'art cinétique avec la publication d'un dépliant contenant une étude théorique, accompagnée d'un résumé chronologique de l'histoire de cet art par Pontus Hulten, organisateur, en 1961, de la première grande exposition sur le mouvement dans l'art contemporain au Stedelijk Museum d'Amsterdam, un «manifeste» de Vasarely et un essai sur l'œuvre d'art transformable et cinématographique par Roger Bordier. Comme l'a noté Pontus Hulten dans son étude de l'œuvre de Tinguely, il est certain que cette exposition révélait à l'époque une nouvelle attitude envers l'art. Alors que l'art de cette époque se caractérise, en grande partie, par son pessimisme, sa passivité et son défaitisme, beaucoup de gens découvrent avec surprise l'existence d'une autre modernité : dynamique, joyeuse, constructive, critique, volontairement déconcertante, ironique, agressive et satirique[7].

Si Agam et Soto restaient à la suite de cette exposition étroitement liés à la galerie Denise René, Tinguely et Bury abandonnaient leur dépendance des formes géométriques abstraites pour développer leurs recherches cinétiques sous d'autres cieux et sous d'autres auspices.

LA TROISIÈME DIMENSION OU L'INTERACTIVITÉ

Pol Bury, qui fut plus tard le créateur du mouvement réel lent et presque imperceptible, avait en fait adhéré originellement au groupe surréaliste, puis au mouvement Cobra en Belgique, avant de passer par une période de peinture abstraite d'ordre géométrique. C'est à ce moment qu'un sentiment de révolte contre les contraintes du tableau de chevalet le fait entrer dans la voie de l'art cinétique avec deux séries d'œuvres transformables, avant d'explorer avec subtilité le mouvement lent faisant appel à l'inconscient du spectateur. Bury concevait ainsi des *Plans mobiles* dont un exemple est exposé ici. L'idée de base du *Plan mobile* était que l'art abstrait, enfermé dans le cadre rigide du tableau à deux dimensions, participait plus de la représentation des formes que de leur existence dans l'espace. Il s'agissait donc de découper ces formes dans un matériau solide mais fin pour qu'elles gardent à la fois leur surface et leur espace. Elles sortaient ainsi du cadre afin d'acquérir une troisième dimension. Ces œuvres devaient inciter le spectateur à contempler des formes et des couleurs avant d'intervenir et de changer la composition s'il n'était pas satisfait de leurs agencements. En proposant au spectateur d'intervenir, il était normal de penser en premier lieu au visiteur idéal qui prendrait au sérieux le rôle qui lui était proposé. Naïvement, Bury n'imaginait pas que le participant pût abuser de sa liberté. Il s'aperçut cependant vite que le visiteur le plus souvent ne prenait pas le temps de regarder et qu'il n'avait pas la patience d'intervenir à bon escient. La liberté donnée au spectateur finit par l'inquiéter[8].

Les *Plans mobiles* furent suivis par des *Multiplans*, toujours des formes rectangulaires, mais pivotant cette fois sur eux-mêmes grâce à de petits moteurs électriques. Leur succédèrent, dès 1959, des constructions toujours plus riches et plus subtiles comme les *Ponctuations*, faites de petites tiges aux têtes rondes qui viennent frapper le dos d'une toile de caoutchouc, laissant apparaître à la surface des reliefs en transformation continue. Suivirent les *Ponctuations érectiles* et les œuvres métalliques, parfois monumentales, dont le mécanisme impeccable et les reflets du métal amplifient le jeu des formes qui exerce sur le spectateur une véritable fascination du fait de l'extrême lenteur avec laquelle il se déroule.

L'art de Bury est caractérisé par une créativité fertile, une technique parfaite, auxquelles s'ajoute un sens de l'humour lui permettant d'apprivoiser le mouvement et d'organiser son œuvre autour du phénomène de la lenteur. Comme l'a noté Eugène Ionesco, Bury cherche à fixer l'instant précis où le mouvement surgit de l'immobilité et à traiter la «mobilité de la lenteur» comme un facteur psychologique et esthétique supérieur à la «mobilité de la vitesse»[8].

Les années 50 ont également vu la naissance ou la re-naissance du luminocinétisme. Des artistes comme Nicolas Schöffer et Frank Malina reprenaient dans un nouvel esprit et de manière soutenue les recherches sur la combinaison entre mouvement réel et lumière artificielle des précurseurs comme Moholy-Nagy et Thomas Wilfred[9]. Enfin, on pourrait se demander dans quelle mesure les démarches des cinétistes des années 50 ont contribué à certains développements dans les trente dernières années et en particulier à la dé-

matérialisation de l'objet d'art, à l'intégration de l'art dans l'architecture et l'environnement, et à l'activation participatoire du spectateur.

On peut attribuer à la mise en mouvement et en espace des œuvres abstraites et leur conséquente dématérialisation l'effacement des frontières entre les catégories traditionnelles de la peinture et de la sculpture. Mais ces facteurs ont également joué un rôle dans le rapprochement des démarches plastiques des recherches scientifiques et technologiques qui s'est opéré à l'époque.

De même l'éternel problème de l'application et de l'intégration des recherches artistiques dans l'architecture et l'environnement était déjà clairement inscrit dans ces démarches plastiques des années 50, bien que les œuvres fussent encore de dimensions modestes. Elles doivent donc être vues comme des prototypes plutôt que des aboutissements d'une recherche. Cependant, elles témoignent du fait que l'intervention de l'imaginaire artistique dans le façonnement de notre environnement reste indispensable.

Quant à l'activation du spectateur, l'invitation de participer au processus de création a subi des hauts et des bas pendant les trente dernières années. Malgré le déclin de cet aspect de la recherche artistique que l'on croyait définitif, il a dernièrement repris de l'importance non plus sous forme de happenings, d'événements et d'actions comme il y a dix ou vingt ans, mais sous forme d'interactivité, vocable qui désigne les relations entre l'œuvre et l'artiste mais également entre l'œuvre et le spectateur, sans pour autant craindre l'introduction de nouveaux procédés de création ni la présence de nouvelles techniques dans ce domaine.

Sur le plan esthétique, une leçon peut être tirée de l'analyse de ces œuvres cinétiques des années 50. Elles dévoilent la coexistence possible, l'interaction féconde, sous l'empire d'une idée, d'un désir de novation sinon de révolution, de deux attitudes créatrices apparemment opposées mais en vérité complémentaires : une attitude désacralisante, critique, ironique, anarchique, démystificatrice, et une attitude utopique, optimiste, rationnelle, tendant vers une application sociale.

Ainsi, loin d'être voué à l'oubli, l'art cinétique reçoit une marque de reconnaissance dans cette exposition qui montre la période essentielle de sa réactualisation, celle qui précède le sommet des années 60 avec sa richesse luminocinétique et ses prolongements dans les années 70 avec ses nombreuses applications dans l'environnement.

Aujourd'hui, les artistes cinétiques des années 50 ne se voient pas seulement attribuer l'étiquette de «dernière avant-garde[10]», mais ils peuvent aussi s'enorgueillir du fait que leurs démarches techniques et esthétiques anticonformistes aient été adoptées comme modèles dans de nouveaux domaines comme l'art holographique, de l'image numérique ou des télécommunications[11].

8 Eugène Ionesco, André Balthazar, *Pol Bury*, Cosmos, Bruxelles, 1976.

9 Frank Popper, *L'Art cinétique*, Gauthier-Villars, 1970.

10 Lea Vergine, *Catalogue de l'exposition «Arte programmata e cinetica 1953-1963 : L'ultima avanguardia»*, Palazzo Reale, Milan, 1983.

11 Frank Popper, *Catalogue de l'exposition «Electra : L'électricité et l'électronique dans l'art au XXe siècle»*, Musée d'art moderne, Paris, 1983.

Pol Bury
Sculpture nº 1, *1954*
Métal peint 43 × 43 × 7 cm
Galerie Denise René, Paris.

Pol Bury
Relief noir, *1954*
Métal peint 31 × 30 cm
Galerie Denise René, Paris.

Victor Vasarely
Tlinko II, *1956*
Huile sur toile 195,5 × 130,5 cm
Oeffentliche Kunstsammlung Basel,
Kunstmuseum.

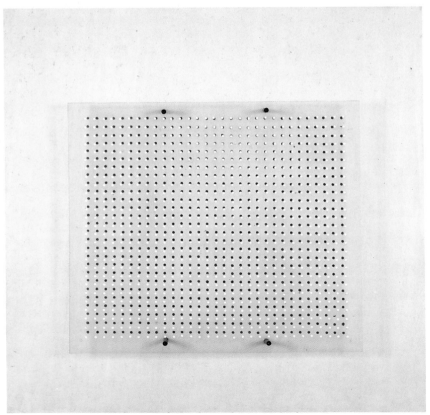

Jesus Rafael Soto
Déplacement d'un carré transparent,
1953-1954
Acrylique et émail sur bois 100 × 100 cm
Collection Villanueva, Caracas.

Jesus Rafael Soto
Points blancs sur points noirs, *1954*
Plexiglas et émail sur bois 100 × 100 cm
Collection Villanueva, Caracas.

Yaacov Agam
Assemblage mouvant, 1953
Huile sur bois 25 × 49 cm
(six pièces mobiles sur fond peint)
Collection Nina Lebel.

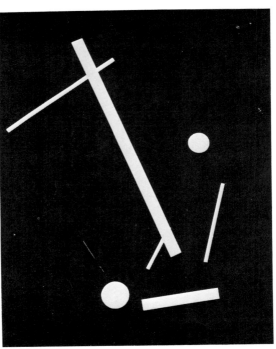

Jean Tinguely
Meta-mortensen, *1955*
Panneau de bois avec onze éléments
métalliques de différentes couleurs
50 × 50 × 15 cm
Collection E.W. Kornfeld.

Jean Tinguely
Meta-malevitch, *1954*
Bois, métal, peinture, moteur
électrique 61,5 × 49 × 10 cm
Collection particulière.

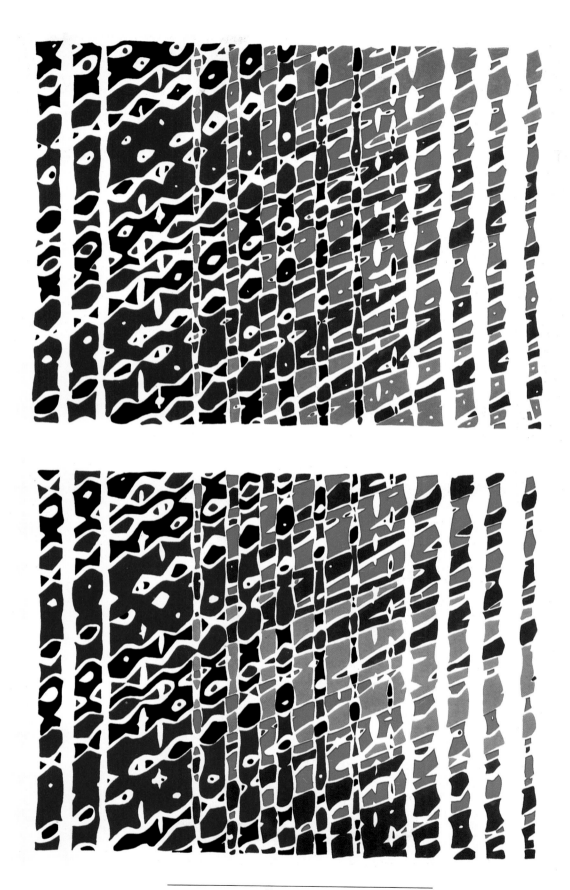

Raymond Hains
Pénélope, *1950-1952*
Photographies extraites
d'un film abstrait d'animation.

RÉALISME SOCIALISTE ET AVANT-GARDE

RYSZARD STANISLAWSKI

EN 1959, lors de la première Biennale des jeunes artistes à Paris, parmi des styles et des démarches artistiques très divers, le grand prix fut attribué à un jeune peintre de Varsovie : Jan Lebenstein. Dans l'attention portée au jeune artiste d'Europe de l'Est, accueillie avec un grand intérêt par la critique, on observe l'éveil d'une curiosité pour une démarche artistique individuelle, pour un art issu des couches profondes du psychisme, négligeant la rhétorique de «ce que l'on doit peindre». L'exemple des *Figures sur un axe* de Lebenstein rappelle l'universalisme de la démarche des jeunes peintres d'Europe de l'Est à l'époque du dégel post-stalinien. Pour de nombreux artistes, même s'ils peignaient ou sculptaient d'une manière différente de Lebenstein, cette «figure» était chargée de significations importantes ; elle montrait un être vivant tourmenté et surtout exposé à la souffrance. Le tourment, l'angoisse étaient des signes universels de ce temps dans les pays de cette région d'Europe.

On conçoit trop souvent «l'Europe de l'Est» comme un organisme culturellement uniforme. Cette idée est plus que simpliste : la situation de l'art a toujours été particulière dans chacun des pays d'Europe de l'Est. Différentes étaient les traditions, différent fut le processus d'introduction, d'application, puis de rejet du dogme du réalisme socialiste.

Cette partie de l'Europe a pour particularité — il suffit de rappeler le Roumain Brancusi — que ses artistes se rencontraient plus souvent à Paris que chez eux. C'est seulement là que beaucoup d'entre eux faisaient mutuellement connaissance de leurs œuvres et, pénétrés de leurs traditions, de leurs réflexions et d'énergie, laissaient des traces durables dans l'art mondial. Ainsi Toyen, Hantaï, Szapocznikow, Kolař, Opalka dans les années 50. Le processus de migration des artistes est un fait naturel et on ne peut y discerner les signes d'une quelconque «soumission» culturelle. Le manque de contact «horizontal» satisfaisant en était la cause. Dans les années 50, époque marquée par la volonté draconienne du pouvoir de gouverner la culture, puis pendant l'époque de l'éveil des intérêts culturels authentiques mais inégaux, on a essayé d'une manière sporadique de renouer les relations mutuelles.

Je me souviens comment pendant de longues périodes on a fait obstacle au processus libérateur de la culture dans ces pays, en organisant des expositions et des échanges officiels uniquement pour les artistes acceptés par le pouvoir. Ainsi, l'œuvre de Lebenstein et des artistes de sa génération est restée inconnue dans les pays voisins. Les échanges entre les forces novatrices ne se faisaient que par des initiatives individuelles spontanées. Dans une large mesure, cette situation demeure aujourd'hui.

Le renouveau culturel en Tchécoslovaquie et en Pologne après la Seconde Guerre mondiale avait eu des points de départ différents. A la fin des années 30, la Tchécoslovaquie a connu des polémiques sur la culture, dans lesquelles les intellectuels ont pris davantage part qu'en Pologne. Prendre position au moment de la guerre d'Espagne, se déclarer pour ou contre le progrès ou la politique culturelle de l'URSS où le réalisme socialiste se construisait sur les décombres de l'avant-garde..., cela a contribué à rendre les intellectuels tchèques particulièrement conscients de l'importance morale des problèmes sociopolitiques. Si bien que dans l'immédiat après-guerre, le maintien des contacts avec l'Occident, l'appartenance à la pensée européenne, y compris l'existentialisme, étaient pour les intellectuels tchèques des questions primordiales.

La revue *Listy (Lettres)* publiée entre 1946 et 1948 par Jindřich Chalupecký prenait parti pour la nouvelle poésie anglaise, rapportait la pensée existentialiste, publiait la lettre ouverte de Henry Miller contre le surréalisme, et constatait l'échec de l'ésotérisme de Breton, trop indifférent à la tragédie du monde contemporain.

La revue *Kvart* de Vít Obrtel (créée en 1945) publiait un essai pénétrant de Karel Teige, écrit pendant la guerre, sur la politique culturelle de Hitler, et défendait, non sans réserves, l'actualité du surréalisme et de sa conception du «modèle intérieur». Jan Mukařrovský analysait les métaphores de la peinture surréaliste de Šima, Štyrsky et Toyen ; on discutait de l'Exposition internationale du surréalisme présentée à Prague, et prêtée par la galerie Maeght, avec de légères modifications.

A l'autre extrême, se manifestaient des artistes proches par leur personnalité de Wols et de Fautrier, et qui à travers l'éclatement de la structure de l'œuvre par la technique de l'assemblage exprimaient surtout l'horreur. Le réalisme socialiste est arrivé en Tchécoslovaquie en 1948 avec le changement radical de politique.

En Pologne, juste avant la guerre et tout de suite après, certains artistes de la plus jeune génération d'avant-garde — Maria Jarema, Jonasz Stern — se déclaraient en faveur de la conception de gauche selon laquelle l'art devait jouer un rôle important dans la société. Ce sont précisément ces artistes qui, à partir de 1949, date de la proclamation des directives du réalisme socialiste, ont dû subir des attaques dénonçant leur «formalisme» et leur «servilité à l'impérialisme». Comme Wladyslaw Strzeminski, pionnier du constructivisme polonais, créateur de l'unisme, ces artistes regardaient avec dégoût comment certains artistes conservateurs d'avant-guerre étaient disposés à exécuter l'art sur commande du pouvoir, et se sont retrouvés parmi les artistes récompensés dans les expositions officielles. La séparation du destin des artistes d'avant-garde dont l'engagement était authentique et des artistes qui ont toujours été à l'arrière-garde est une conséquence tragique du système de manipulation mis en place dans les années 50.

Sur la liste des artistes rejetés par le pouvoir se sont trouvés, avec Wladyslaw Strzeminski à la première place, Maria Jarema, Tadeusz Kantor et quelques peintres du mouvement post-impressionniste. Les programmes d'enseignement des académies des Beaux-Arts élaborés par Strzeminski, Jarema ou Kantor n'ont jamais été mis en œuvre. Après 1955, avec le changement de politique, cette liste des exclus devient une liste d'honneur, liste posthume pour Strzeminski et pour le grand sculpteur Katarzyna Kobro. Pour les autres artistes, leur présence sur cette liste était un certificat attestant un travail autonome dans les années de silence forcé.

Les derniers vrais appels de l'art moderne précédant la période stalinienne furent les initiatives de jeunes artistes juste avant 1949 lors de l'exposition d'art moderne à Cracovie. Deux démarches parallèles se manifestaient : d'un côté, l'abstraction marquée par l'allusion surréaliste, et de l'autre, une sorte d'expressionnisme sauvage auquel on a alors donné le nom de «néo-barbarie». L'abstraction post-constructiviste battait en retraite : Strzeminski était alors plus intéressé par l'histoire de la pensée esthétique qui allait, disait-il dans sa Théorie de la perception, vers le réductionnisme de l'unisme et mènerait plus tard jusqu'au Minimal Art. Le neutralisme pur des surfaces monochromes de Stzeminski et les compositions aérées de Kobro avant guerre n'ont pas trouvé leur continuateurs. L'intérêt pour ces formes se réveillera dans la génération suivante (composée en partie par les élèves de Strzeminski) après 1955.

Il a donc existé, parmi les artistes de Cracovie de 1948, une rupture de continuité entre l'héritage de l'unisme et les différentes formes de l'abstraction, dont la portée symbolique a été très grande. En raison des événements politiques, l'abstraction «organique» devient clandestine

pendant trois-quatre ans. Sa relation avec le surréalisme est plus ou moins ambiguë ; à sa périphérie apparaissent les symboles cosmiques (chez Andrzej Wróblewski), signes de lutte pour la sauvegarde de la vie.

C'est alors que se manifestent non seulement les traumatismes psychologiques de l'après-guerre, mais également une sorte de misérabilisme, comme dans les Têtes de Nowosielski extrêmement réduites au niveau de la forme, et dans les structures tourmentées des photographies (macro) de Zbigniew Dłubak, qui exposait avec les peintres.

La limite entre l'abstraction allusive (Maria Jarema, Tadeusz Kantor) et l'art figuratif était assez floue. C'est le figuratif, comme dans les

Jan Lebenstein
Figure axiale, *1956*
Museum Sztuki, Lodz.

toiles de Tadeusz Brzozowski où le regard se pose sur le fragment d'un appartement modeste, qui annonçait le plus le sentiment d'une brûlante inquiétude, la fragilité de l'existence des hommes. La jeune peinture de cette époque abordait les sujets vécus d'une manière plus émotionnelle, tandis que les artistes plus âgés se réjouissaient de la lumière, de la couleur, du retour à des habitudes picturales d'avant guerre.

LE DÉCHIREMENT

L'étouffement de ces tendances et d'autres telles que l'art fonctionnel lié à l'architecture aboutit à la polarisation des attitudes artistiques. La déclaration du gouvernement en 1947 relative à l'aide accordée à l'art qui tend à «devenir compréhensible pour les masses et inspiré par les masses» n'a pas encore eu raison de ces tendances. Mais dès 1949, lorsque le ministre de la Culture proclame l'application du réalisme socialiste à tous les domaines de la culture, les attitudes des hommes de théâtre et de cinéma, des écrivains et des peintres se sont pétrifiées.

Le réalisme socialiste, et, en particulier, son postulat d'éveiller le goût de l'art dans les masses, son exigence d'une lutte commune pour la construction d'une réalité nouvelle, encore inconnue mais, croyait-on, heureuse, avait une grande force d'attraction. Un des arguments pour cette cause, et pas le moindre, était l'autorité de la gauche intellectuelle en France. Cette force d'attraction était renforcée en Pologne par le sentiment que l'engagement de l'artiste et de la critique contribue à la victoire de la paix et du progrès.

«La privation de la volonté» — cette notion utilisée plus tard par la critique du «dégel» pour définir la relation entre le pouvoir et l'artiste — montre bien pourquoi tant d'artistes, la conscience tranquille, se sont pliés aux directives du «socréalisme» telles que le choix des sujets dans le monde du travail, l'historisme du style, le renoncement à sa propre poétique; en les acceptant, ils se libéraient du même coup de leur responsabilité individuelle.

Les notions d'«historisme», de réalisme étaient une sorte de corset pour embellir le naturalisme des grands et petits peintres polonais, tchèques, hongrois du siècle précédent. Ainsi, Alexandre Gierymski, peintre proto-impressionniste de la fin du siècle, était présenté comme un réaliste émérite. Que dire des sujets traités lorsque déjà à l'époque les tableaux de propagande provoquaient la gêne qui a pu se manifester ouvertement après le dégel de Khrouchtchev? Il est étonnant de voir le soin que l'on prenait à concilier l'inconciliable: le corset historique et la phraséologie du progrès, les salles vides d'expositions et le destinataire populaire de cet art, les conceptions absurdes de la «nationalité» en costume provincial et les slogans internationalistes. A ces oppostions s'en ajoute une autre, entre le déterminisme qui gouverne l'histoire de l'art et le détournement de l'histoire pratiqué à l'aide des coupures taillées largement dans les différents chapitres de la culture.

La génération devenant adulte au début des années 50 était le témoin du succès fabriqué des minables; elle regardait les compromissions et essayait de s'immuniser contre les directives du parti, tandis que certains se chargeaient de les populariser. Le déchirement existait même entre amis, entre la soumission aux normes et les tentatives pour sauvegarder la pensée autonome. C'est en se regardant en face, les circonstances politiques du dégel aidant, que les jeunes retrouvaient les impulsions libératrices. Tôt ou tard, le moment de la libération venait et il était alors définitif.

L'ABSTRACTION

Un des peintres les plus intéressants, Andrej Wróblewski, de Cracovie, était engagé politiquement et a utilisé abondamment la phraséologie de l'époque, mais c'était aussi un artiste autonome à part entière; il créait les toiles dans le style «figuratif sauvage», non toléré par le pouvoir et les jurys des expositions officielles. Son imagination puissante a créé une série d'*Exécutions* représentant des êtres écartelés, des cadavres bleuâtres, puis une autre, les *Chauffeurs*, silhouettes au volant sans véhicule allant à toute vitesse dans le vide, tableaux aux couleurs incroyables. A partir de 1955, les réductions figuratives de Wróblewski se radicalisent: il dessine au pinceau sur fond blanc des pierres tombales-masques, ou pierres tombales-idéogrammes, contours d'êtres laconiques rappelant le dernier Malevitch.

D'autres artistes, en revanche, donnent dans la monumentalité des fresques, ou bien ont une pratique si sarcastique que leur rhétorique héroïque dans des sujets guerriers se rapproche du cauchemar visionnaire de Goya ou devient vériste (chez Walerian Borowczyk, Jan Tarasin) ou encore se transforme en graphologie expressive comme chez Jerzy Tchórzewski.

La situation désordonnée, confuse et pleine de polémiques des années 1955-1956 a produit l'explosion des tendances expressionnistes. Avec le «dégel» khrouchtchévien, les attitudes artistiques

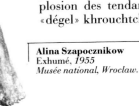

Alina Szapocznikow
Exhumé, 1955
Musée national, Wroclaw.

206

dont nous avons parlé précédemment ont pu enfin s'exprimer publiquement dans les expositions, les publications et les discussions ouvertes. Mais ce par quoi la plupart des artistes et des critiques restaient encore marqués, c'était la conviction d'une mission sociale à accomplir, le besoin d'éveiller les consciences. Ce n'était rien d'autre que l'action prolongée et à rebours du didactisme «socréaliste».

Sur le plan purement artistique, les cauchemars de guerre apparaissent de nouveau, et cette fois d'une manière déchirante, catastrophique, avec des corps abattus, marqués par les signes du destin qui les condamnent à l'extermination (Marek Oberländer). Ce que les journaux réduisaient presque au silence se faisait maintenant entendre; c'était le cri de la mort corporelle et spirituelle. Ainsi, dans la sculpture d'Alina Szapocznikow, *Exhumé*, la silhouette anéantie évoquait surtout, outre l'exhumation réelle des corps, les misérables réhabilitations des victimes staliniennes moralement et physiquement exterminées.

A cette époque, la double signification devient un trait caractéristique des arts plastiques, de la littérature et du cinéma. Il faut ici se rappeler l'empreinte du symbolisme que portaient alors les œuvres littéraires et cinématographiques. Tadeusz Różewicz a écrit: «[...] *la forme de nos tombes est faite de fumée.*»; Andrzej Wajda, dans *Cendre et Diamant*, a situé la mort absurde d'un jeune partisan après la guerre dans l'espace ouvert des faubourgs. Dans cette séquence célèbre, le garçon meurt d'une balle, se débattant en agonie contre les draps suspendus dans le vent qui s'imprègnent de son sang comme un linceul. Mais les autres ne voulaient pas parler le langage du linceul. Et cette poétique-là, spécifique, existentielle, est restée marginale, reculant devant les tendances abstraites en expansion.

L'abstraction, ce mot signifiait pour l'art français toutes les variantes du geste spontané. Chez nous, au moins jusqu'au moment où Tadeusz Kantor a proclamé la peinture «informelle» et présenté son théâtre *Cricot 2*, appelé aussi «*informel*», l'abstraction présentait aussi d'autres caractéristiques. Les recherches dans l'abstraction géométrique étaient beaucoup plus importantes qu'en France et, pour certains jeunes artistes, le nom de Strzeminski avait un grand prestige. Henryk Stażewski, collaborateur de Strzeminski avant guerre, a recommencé à exposer des compositions constructivistes et plus tard des reliefs blancs.

L'«IMAGINATIF»

Les jeunes artistes, mêlés souvent dans le passé au réalisme socialiste, se tenaient à l'écart de l'abstraction lyrique qui s'était répandue. On s'intéressait à l'assemblage de compositions de plusieurs toiles qui forment un jeu spatial de formes géométriques simples (Wojciech Fangor)

ou encore aux cascades de signes abstraits éphémères qui produisent en les projetant un effet cinématographique (Andrzej Pawlowski, *Cinéformes*). Ces deux exemples — l'espace et le temps créés dans une échelle plus grande et en dehors de l'artefact particulier d'une toile peinte — annoncent les recherches artistiques à venir

La Mère
Tadeusz Kantor (mise en scène), Maria Jarema (costumes), J. Witkiewicz (mise en scène)
Théâtre Cricot 2, 1955
Au premier plan, M. Jarema.

Le Cirque
Tadeusz Kantor (mise en scène), Maria Jarema (costume)
Théâtre Cricot 2, 1957
Au premier plan, Kazimierz Mikulski dans le rôle du directeur de cirque.

telles que l'environnement et la projection obtenus à l'aide de médias modernes. Les réalisations — compositions spatio-temporelles de Fangor et Pawlowski — étaient faites d'une manière expressément éphémère. Mais ces expériences constituaient une étape importante dans leurs recherches et annonçaient des tendances artistiques très intéressantes. Il s'agit de l'art purement spontané qui était alors largement accepté en France et dans d'autres pays, y compris la Pologne. Les informations concernant l'art moderne en Occident que la critique polonaise rapportait abondamment, les nombreuses bourses accordées aux artistes polonais pour leurs séjours à Paris jouèrent un rôle important dans l'intérêt porté à l'art «informel» et à ses dérivés.

La caractéristique de l'art de notre temps dans les pays d'Europe de l'Est est la question, toujours ouverte, de la continuité/non-continuité des choses. Le schématisme de l'histoire de l'art des années 1949-1954 corrigée à l'infini a produit dans les années post-staliniennes son opposé : une fière identification des milieux artistiques avec la tradition d'avant-garde.

Ainsi, Mieczyslaw Porebski élabore à la fin des années 50 la théorie de la diachronie de l'art du XXe siècle dans son livre *La Limite du contemporain*. Cette théorie part de la signification

«limite» de la révolution d'Apollinaire, Breton et Malevitch et, pour la première fois, souligne l'équivalence des recherches de Stanislaw Ignacy Witkiewicz et Wladyslaw Strzeminski. Les chroniques détaillées de l'avant-garde polonaise publiées à l'époque et les expositions rétrospectives donnaient aux artistes et aux critiques le sentiment d'avoir sauvegardé la continuité de l'art indépendant. Ce sentiment était juste mais pas toujours mérité. Mais il y avait aussi des pertes comme la tendance au réalisme intimiste, poétique et peu spectaculaire, qui commençait à peine à se manifester à l'époque pré-stalinienne, telle une métaphore de la durée, de la mémoire, de l'indéfini des sensations.

En Tchécoslovaquie, la question de la sauvegarde de la continuité a pris une tournure plus dramatique encore. Ce qui se trouvait au centre d'attention du théoricien et critique Jindřich Chalupecký, et qu'il a pu enfin promouvoir dans les années 60, ce fut l'œuvre de quelques artistes tchèques enracinés d'un côté dans la mentalité dada ou dans le jeu ludique s'exprimant par l'environnement, le *happening*, l'assemblage. Ces ruptures dans la tradition ont pu conduire à un malentendu : ceux qui regardent l'art tchèque de l'extérieur, et seulement de temps à autre, sont persuadés qu'il était obligé, pour rester vivant, de se

Henryk Stazewski
Composition, *1956*
Huile sur toile 80 × 100 cm
Musée national, Varsovie.

208

nourrir auprès des sources de l'art occidental. La cadence perpétuellement interrompue de l'art tchèque, art à qui on a donné le beau nom d'*Imaginatif*, est sans doute une meilleure explication. Non seulement aucun contact n'existait entre les artistes tchèques en émigration et ceux restés sur place, mais dans le pays même certains mouvements artistiques demeuraient isolés.

A partir de la première moitié des années 60, les critiques praguois firent plusieurs tentatives d'unification de ces îlots dispersés. Vera Linhartová et František Šmejkal ont décrit cette caractéristique imaginative dans l'introduction et la chronologie du catalogue de l'exposition «Imaginativni Maliřství 1930-1950», où la date 1948 clôt la chronologie, ce qui ne voulait pas dire qu'ils étaient convaincus de la disparition de cette riche tendance imaginative. Surmontant le blocage temporaire des échanges avec la Pologne, les artistes tchèques de tendance surréaliste se sont manifestés dans une revue polonaise, *Revue des Arts* (*Przeglad Artystyczny*), en 1956, puis dans la galerie Cercle Courbé (*Krzywe kolo*) à Varsovie.

Josef Istler, Mikulaš Medek et Jan Kotlik déclaraient avec ardeur: «L'art aujourd'hui n'est qu'un supplément de la réalité; la réalité aujourd'hui est nouvelle, plus ample qu'auparavant. Une forme géométrique et biologique est la réalité. Elle est tout aussi bien un objet concret que le rêve, la lumière ou toute chose qui se trouve en nous ou en dehors de nous...»

Je voudrais insister sur les mots «rêve» et «toute chose qui se trouve en nous», car je pense que la garantie de l'originalité d'une création, tant aujourd'hui qu'hier, se trouve dans l'intériorisation profonde de l'émotion et non pas dans la recherche des moyens conformes à la mode et considérés comme les plus actuels. La forte influence des artistes tchèques, polonais et d'autres pays de cette partie d'Europe se trouve dans l'étincelle qui éclaire les régions intérieures, étincelle sauvegardée envers et contre tout. Cette étincelle confère son importance au message inscrit dans les structures déchirées des *Figures sur un axe* de Jan Lebenstein, fait la force de la matière consumée des sculptures d'Alina Szapocznikow, donne profondeur et noblesse au «provincialisme» des toiles intenses de Tadeusz Brzozowski, de même qu'on la retrouve dans les motifs bouleversants de la «réalité dégradée» du théâtre novateur de Tadeusz Kantor. Elle se manifeste également dans les œuvres de Mikulaš Medek, Jiř Balcar, Jiř John, Adriana Simotova... de Prague. Cette étincelle n'est pas spectaculaire mais elle a une lumière authentique, indifférente à la splendeur des œuvres célébrées sur le marché international comme les seules valables.

TRADUIT DU POLONAIS
PAR KATARZYNA SKANSBERG.

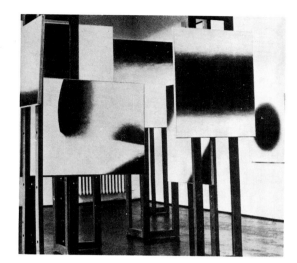

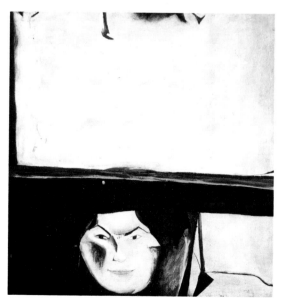

Wojciech Fangor
Peintures, *1957*
Exposition arrangée par Stanislaw Zamecznik
au salon de Nowa Kultura, Varsovie, 1958.

Wojciech Fangor
Figures, *1950*
Huile sur toile
Museum Sztuki, Lodz.

Tadeusz Brzozowski
Kostki, *1949*
Huile sur toile 90 × 77 cm
Museum Sztuki, Lodz.

209

ART
ET POLITIQUE

BERNARD CEYSSON - PIERRE DAIX - MAX KOZLOFF

PIERRE DAIX. Pour comprendre la situation de l'art en France après la guerre et son rapport à la politique, il faut brièvement remonter aux années précédentes. Le débat sur l'art et la politique commence dès les années 30, mais devient aigu en 1937, lorsque l'Exposition internationale, à Paris, oppose en une espèce de confrontation dramatique la pavillon de l'Allemagne nazie, celui, juste en face, de l'Union soviétique et le pavillon de la République espagnole, où sont exposés *Guernica, Le Faucheur de Miró,* la *Montserrat* de Gonzales, autant d'œuvres qui marquent très fortement le contexte de l'époque. Il y a ensuite, en France, la défaite, l'État vichyssois, l'Occupation d'abord de la moitié Nord, puis du pays tout entier par les nazis. A la sortie de la guerre, en 1944-45, la France se trouve du point de vue des arts dans une situation de très violents conflits politiques qui sont moins le fait des questions posées par l'art que de problèmes extérieurs, tels la guerre, ou l'intervention nazie dans les problèmes de l'art.

En France, les nazis ont essayé d'attirer un certain nombre d'artistes et non des moindres — il y a eu ainsi le voyage à Weimar auquel ont participé Derain, Despiau, Belmondo, et Vlaminck —, ce qui a évidemment créé, au sortir de la guerre, de vives tensions puisque a même été instituée une Commission d'épuration des peintres.

Une autre conséquence non négligeable de la guerre, c'est qu'à partir de 1939, les peintres qui travaillaient en France ont été scindés en deux groupes : ceux qui, restés en France, étaient par-là même isolés (comme l'étaient, en Allemagne, les peintres expressionnistes) et ceux qui se sont exilés notamment aux États-Unis et ont ainsi participé, comme Masson, Max Ernst ou Léger, à l'histoire de la peinture américaine. A leur retour, les peintres exilés ont, généralement, eu du mal à se réadapter soit parce qu'on leur reprochait leur exil, soit parce qu'ils étaient en dehors des problèmes français et précisément de cette violence des tensions politiques.

Un dernier point qu'il faut mentionner quant à la politisation de l'art à cette époque a été l'adhésion de Picasso au parti communiste en septembre 1944, événement médiatique, assorti d'un énorme titre dans *L'Humanité*, et immédiatement relayé par la rétrospective que lui a consacré, au début d'octobre, le Salon d'automne auquel Picasso n'avait jamais exposé.

Cette synchronisation entre la rétrospective et la révélation de son adhésion au parti communiste avait été voulue par ce dernier, car ainsi, pour la première fois, le public avait l'occasion de voir une partie importante et totalement ignorée de l'œuvre de Picasso, celle qui suit *Guernica* et celle réalisée pendant la guerre. Cela a fait scandale et a même donné lieu à des manifestations contre un art jugé intolérable par rapport, soit aux besoins de la renaissance française, soit aux traditions qu'il fallait défendre maintenant que la France était libérée.

Une exposition a fait en quelque sorte date quant à ce qui s'était passé sous l'Occupation, c'est l'exposition « Art et Résistance », qui a été inaugurée au début de 1946. Elle réunissait aussi bien des œuvres de Picasso que de réalistes comme Fougeron, Gruber, Tatlisky, mais à l'exception d'Atlan, ne comportait pas d'abstraits. Ainsi, au début de 1946, on voit déjà un clivage qui n'est pas essentiellement artistique puisqu'il y a des peintres abstraits qui ont travaillé sous l'Occupation, même si Vichy n'aimait pas leur peinture et s'ils ne pouvaient pas l'exposer. Ce que proclame, en fait, cette exposition, c'est que l'Art de la Résistance est un art de contenu, à tout le moins un art figuratif, même s'il n'est pas toujours réaliste au sens traditionnel du mot.

MAX KOZLOFF. Pour ce qui est de la situation aux États-Unis pendant la guerre et aussitôt après, laissez-moi vous rapporter très brièvement une conversation tirée d'un film particulièrement célèbre à la fin duquel le héros dit à l'héroïne à peu près la chose suivante : « Là où je dois aller, tu ne peux me suivre. Ce que je dois faire, tu ne peux en parler. »

Il s'agit bien sûr de Humphrey Bogart s'adressant à Ingrid Bergman à la fin de *Casablanca* ; la tâche qu'il doit accomplir, c'est de combattre l'Axe. Transposé dans le monde de la peinture, le travail auquel se trouvaient confrontés les peintres était selon leur vision, une nouvelle tâche presque divine dans le but de devenir des modernistes sérieux, c'est-à-dire qu'il s'agissait de trouver le juste combat du grand art contre le public américain qui faisait preuve d'ignorance et de résistance vis-à-vis de l'évolution artistique.

Il est évident que la scène américaine était abondamment nourrie par les exilés d'Europe. L'un des seuls parmi ces exilés à se référer directement ou tout au moins métaphoriquement à la guerre, était Max Ernst, me semble-t-il, dans ses dernières peintures de désert au milieu des années 40. Les Américains ont intériorisé de loin le gigantesque conflit et la destruction européenne. Pollock lui aussi est bien connu pour avoir produit des métaphores de l'ère atomique. Dans tous les cas, lorsque les exilés retournèrent chez eux, les Américains se sentirent très seuls, dans le sens héroïque du terme.

Gottlieb et Rothko, par exemple, déjà en 1943, parlent d'un nouvel art d'une portée globale, d'un nouveau «globalisme», disent-ils. Ceci, simplement pour nous donner une indication de la portée de leur ambition, qui n'était pas mince. Vers 1950, ils avaient acquis une réputation considérable dans leur propre pays et commençaient, ayant déjà atteint l'âge mûr, à s'installer dans de sérieuses carrières qui les exposaient de plus en plus. Ainsi lorsque nous considérons l'histoire de l'évolution artistique aux États-Unis dans les années 50, nous voyons une période durant laquelle les artistes ont affermi leurs acquis, ont reçu des protections ; ils ne représentent plus une véritable protestation ni un antagonisme à l'égard du statu quo américain, indifférent à leur propre inquiétude intérieure. Voici le décor tel qu'il commence à se révéler dans les années 50.

P.D. En France, entre 1945 et 1950, le débat sur l'art politique devient davantage un débat entre abstraction et figuration, que déclenche l'exposition des «Otages» de Fautrier, un titre provocateur pour des toiles parfaitement abstraites, qui sont la première manifestation de ce qu'on a appelé le «matiérisme». Il existe alors deux tendances : celle de Fautrier et d'autres peintres abstraits, dont certains sont communistes, qui pensent que leur abstraction peut avoir un contenu politique ; et celle, plus générale, de l'École de Paris – Picasso peint *Le Charnier* qui est le pendant de *Guernica* –, Léger en revanche rompt avec ce qu'il y avait de formaliste dans sa peinture des années 30 ou dans celle de la période américaine pour donner un contenu plus directement social à son œuvre, notamment avec la série des *Constructeurs*.

Mais le débat va se politiser du point de vue du parti communiste, qui à l'époque a une position très importante, y compris parmi les artistes, lorsqu'a lieu en 1947 l'Exposition internationale du surréalisme qu'organise André Breton et qui va servir de pivot à la campagne du parti communiste contre l'art abstrait. C'est elle, en effet, que Aragon prend en point de mire, qu'il dénonce comme l'intrusion de forces internationales en visant les Américains accusés de vouloir obtenir un art privé de tout contenu.

M.K. Il me faut signaler une différence entre les développements artistiques des deux côtés de l'Atlantique, car après la guerre, le surréalisme en tant que motif vital dans la peinture américaine commence à disparaître, et un événement tel que celui que vous décrivez est déjà, de mon point de vue, un phénomène que appartient au passé ; nous avons donc là une sorte de disjonction chronologique quand nous entrons dans les années 50.

BERNARD CEYSSON. L'exposition surréaliste de 1947 a aussi rendu tangible que le surréalisme en avait fini avec les visées révolutionnaires. Breton, à cette date, est engagé dans un processus qui privilégie déjà l'illuminisme, les rêveries érotiques, porte attention à l'art brut, à la culture populaire, à un art marginal. La transformation révolutionnaire n'est plus à l'ordre du jour du mouvement surréaliste, ce qui entraîne d'ailleurs des scissions et des débats aussi bien parmi les artistes du surréalisme révolutionnaire qui iront vers Cobra... qu'entre les Tchèques et les Français, par exemple. La rupture, aux États-Unis, avec le surréalisme apparaît très nettement vers 1947-1948. Quand on considère l'évolution stylistique des artistes américains de l'École de New York, il se produit alors une espèce de rupture entre un art très marqué par l'influence du surréalisme et ce qui va devenir l'Action Painting, une peinture radicale, différente de celle des Européens, dans laquelle chaque artiste suit, non sans romantisme, un développement personnel, manifestant sa propre angoisse et peut-être sa propre désespérance sans se rattacher à un mouvement appartenant à un passé peut-être trop immédiat.

M.K. Il faut se souvenir que l'influence surréaliste était amalgamée avec beaucoup d'autres à la fin des années 40, dans la mesure où les artistes américains étaient particulièrement concernés par leur intérêt pour l'art dit primitif, qui enveloppa Pollock notamment d'une sorte de nuage jungien. C'est à cette époque et au début des années 50 qu'eurent lieu de nombreuses discussions sur les sujets des artistes. Il apparut un très grand intérêt pour un large éventail d'idées : la psychanalyse, qui était très importante pour nous, jungienne ou freudienne, le surréalisme (mais il avait déjà commencé à décroître), les tendances anthropologiques, l'intérêt pour la culture des Indiens de la côte Nord-Ouest, même les motifs de l'Empire romain, etc., ce qui est très intéressant du point de vue des résonances politiques. Dans les années 50, cependant, ce genre de débat commença là aussi à se réduire de lui-même, et on a alors la « pure peinture » seulement qui commence à être connue, si bien que la notion d'une sorte de dépolitisation de l'avant-garde américaine est un fait qu'il faut considérer comme un phénomène de cette période.

P.D. L'exposition du surréalisme à Paris a d'autres incidences. Breton a voulu choisir des œuvres venant de toute part pour montrer essentiellement que le surréalisme n'est pas mort et se reconstitue après la guerre. Inversement, Aragon retient seulement que Breton organise cette exposition en rentrant des États-Unis, ce qui, au début de la guerre froide, lui permet de voir dans cette manifestation un complot américain. Cela reste au niveau de la polémique politique, mais le plus important est que, dans le même article, Aragon oppose au surréalisme, comme art de l'avenir, les dessins de Fougeron, c'est-à-dire des dessins réalistes.
Cela correspond au moment où en Union soviétique a lieu la reprise en main jdanovienne et les dénonciations nominales de Matisse et de Picasso comme tenants d'un art formaliste bourgeois et dépassé, ce qui évidemment entraîne des discussions de caractère politique du fait de l'appartenance de Picasso au Parti communiste français. Il s'agit très peu en fait de savoir ce que peint effectivement Picasso ou Matisse, mais de dénonciations générales ; l'art abstrait, c'est l'américanisme ; le réalisme, c'est le socialisme, l'Union soviétique, et l'avenir.

B.C. Ce qui s'impose, après la guerre, c'est cette idée que l'art moderne est l'art de la Résistance. L'adhésion de Picasso et d'un certain nombre de grands peintres au parti communiste lie, dans l'esprit du public, l'art moderne au parti communiste. Ainsi le parti communiste devient-il en quelque sorte le parti des intellectuels d'avant-garde et par réciproque l'art d'avant-garde, c'est celui que propose le parti communiste, confusion qui servira le parti communiste lorsqu'il va défendre les positions du réalisme dit socialiste ou du « nouveau réalisme » pour parler comme Fougeron. L'idée qui apparaît alors, c'est que l'art français est un art éminemment plastique, un art qui depuis le Moyen Age a toujours été populaire et dont la tradition a été interrompue brutalement par la Renaissance qui est l'origine du mal, dans la mesure où elle marque le début du cosmopolitisme de l'influence italienne, de l'art élitiste. Aussi bien Dorival que Francastel insistent sur le fait que la vraie tradition française est restée indemne de toutes les influences de l'italianisme, comme de celles de l'Allemagne.

Après la guerre, les artistes en France essayent donc de constituer une tradition qui néglige l'impressionnisme présenté comme art décadent, pour repartir de Courbet. C'est Picasso qui remet la peinture sur la voie de la tradition née au Moyen Age roman. De même, Gromaire affirme : « Il faut retrouver l'esprit du Moyen Age » et Léger le pense aussi parce qu'à cette époque, l'art était fait pour le peuple. Le réalisme socialiste va à son tour devenir le dépositaire de cette tendance, mais au service d'un militantisme qui doit amener la classe ouvrière au pouvoir. Il veut doter celle-ci d'une peinture semblable à la grande peinture d'histoire à l'aube de la société industrielle, c'est-à-dire à celle de Géricault, de Delacroix, de Courbet, qui puisse illustrer les thèmes rassemblant à nouveau les Français dans le projet de transformer une situation d'aliénation en cité idéale.

P.D. Tout se passe comme si, à cette époque-là, il y a vraiment à Paris deux peintures, deux arts différents — les artistes qui sont à l'intérieur de ces débats et ceux (Fautrier, Hartung, de Stael, par exemple) soutenus par des groupes intellectuels comme la NRF qui ne communiquent pas sinon étrangement par le biais de quelques membres du parti communiste, partisans d'une peinture qui n'est pas le réalisme. Cet écartèlement dure jusqu'au début des années 50. Après, la frontière est plus marquée car, au début des années 50, le parti communiste organise un exposition fondatrice avec Fougeron, *Au pays des mines*, étant entendu que les mineurs jouent dans la reconstruction de la France un rôle décisif et que la plupart d'entre-eux sont membres du parti communiste.
Il y a alors pratiquement dans le parti communiste obligation d'être du côté de Fougeron. Comme dans l'intervalle, Aragon a eu très intelligemment l'idée de s'emparer d'une lithographie de colombe de Picasso sans contenu politique pour en faire le symbole du mouvement de la paix, le parti communiste lance alors la très curieuse formule selon laquelle Fougeron se bat à son créneau de communiste et Picasso à son créneau de partisan de la paix car les œuvres qu'il peint à cette époque sont en contradiction avec la ligne officielle.

B.C. Un chercheur a justement remarqué que dans *L'Humanité* on ne reproduit pas les peintures de Picasso, mais on publie ses portraits.

M.K. Par rapport à ce que vous venez de dire sur les diverses fortunes du communisme en Europe et en France, bien sûr du moins en ce qui concerne les peintres, pour ce qui est des États-

Unis, le communisme était l'antéchrist. Si de nombreux peintres avaient été trotskistes dans leurs années de jeunesse, ils abandonnèrent cet engagement politique particulier lorsqu'ils commencèrent à tenter de se réaliser en tant qu'artistes dans les années 40. A la sortie de la guerre, c'était véritablement un groupe d'esthètes en conflit. Bien que d'un point de vue politique la principale corrélation eut été l'anarchisme, il s'agissait alors essentiellement d'artistes d'atelier, qui n'étaient pas du tout, à quelques exceptions comme Ad Reinhardt ou Barnett Newman, tous deux peintres abstraits, engagés dans les aspects réels de la vie publique. Newman était un anarchiste ; il écrivit même l'introduction à une nouvelle édition des *Mémoires* d'un révolutionnaire de Kropotkine, mais c'était déjà une sorte de « démémoire » du point de vue politique au début des années 50. De votre point de vue comment imaginez-vous qu'une personne du futur considérant cette décennie des années 50 pourrait imaginer la culture de cette époque, à partir de sa seule peinture ? Quelles indications tirerait-elle non seulement sur les conditions matérielles, mais aussi sur les attitudes mentales et les comportements nationaux pendant cette période ? Je suis moi-même convaincu que les années 50, si elles sont en Europe celles d'une reconstruction après l'horrible traumatisme de la guerre, furent de ce fait très différentes aux États-Unis, où elles sont liées aux années 20, une période de consolidation, d'expansion. Nous étions, à part les Russes, la seule grande puissance en course. Le résultat fut que l'imagerie que nous produisions avait de forts accents nationalistes. Ce fut le début de la situation de la guerre froide, où certaines apologies de la peinture et de la sculpture américaines envisagèrent celles-ci, d'une manière très sophistiquée, comme une réponse à l'oppression politique soviétique et un antidote au réalisme socialiste. (Notre propre variété de réalisme n'était déjà plus qu'un souvenir des années 40.) On a alors passé l'éponge pour laisser place à une sorte de nouvel engagement américain à l'égard d'une vision du monde.

P.D. Au début des années 50, du fait de la guerre de Corée, du développement de la guerre froide, les tensions internationales débordent en effet, sur les problèmes de peinture. Picasso peint alors *Massacre en Corée* suivis de ses deux grandes compositions de la *Guerre et la Paix* qui relèvent aussi de ce thème.
Paradoxalement, c'est le moment où les peintres de la nouvelle abstraction découvrent pour leur part une peinture américaine qui ressemble à ce qu'ils font. Deux expositions présentent en France Gorky, De Kooning, Pollock... Les peintres et les critiques qui regardent et suivent cette peinture encore très marginale découvrent qu'il y a une sorte de parallélisme entre ce qu'on va appeler l'expressionnisme abstrait américain et ce que l'on appelle ici l'abstraction lyrique. Si les artistes américains ont bien sûr envie d'être exposés à Paris, les artistes vivant à Paris sont, eux, contents d'avoir des répondants même si cela ne correspond pas exactement à ce qu'ils font.
La découverte qu'il s'est passé dans la peinture américaine des choses qui vont dans le sens de la nouveauté en France est un phénomène intéressant, parce qu'il déborde les questions politiques et qu'à ce tournant des années 50, l'entreprise de Fougeron et le réalisme commencent à être critiqués, à l'intérieur même du PC, pour des raisons politiques mais aussi pour des raisons picturales : Aragon s'en prend très vivement, à la fin de 1953, à ce qu'il appelle les outrances de Fougeron au Salon d'automne, exaltant même une peinture qui reviendrait au paysage, aux réalités naturelles. Ce n'est pas la dépolitisation, mais le glissement du point de vue politique direct à un art réaliste qui serait peut-être plus conforme aux traditions.
En 1955 a lieu la première rétrospective des œuvres de Picasso depuis 1932 au Musée des arts décoratifs et tout à coup le débat change. Au lieu que Picasso soit seulement vu comme un exemple politique, la question se pose de savoir ce qu'il reste de l'art moderne, quelle est sa situation par rapport aux problèmes nouveaux. En septembre 1954, il y a la mort de Derain, en novembre 1954 celle de Matisse, en août 1955 celle de Léger. Il ne reste plus dès lors des pères fondateurs que Picasso et Braque. D'autre part, le suicide de Nicolas de Stael, un des peintres les plus brillants de la jeune génération, est le premier drame de la peinture abstraite. 1955, c'est aussi le moment où la France et l'Italie ont l'impression de sortir de l'après-guerre parce que les régimes de restriction, les difficultés matérielles sont considérablement atténués et que sur le plan international il y a l'ambition d'une détente avec les accords de Genève, la fin de la guerre d'Indochine... La guerre d'Algérie, même si elle a commencé, n'a pas encore pris le relais et reste un événement peu perceptible pour les Français.

M.K. Je crois qu'il pourrait être utile dans cette discussion de se référer aux termes « officiel/non officiel », car si nous considérons l'art produit en Europe de l'Est au-delà de ce qu'on appelle le rideau de fer, cet art, tout au moins pour ce qui était visible, était totalement officiel. Il est par conséquence redondant de l'appeler art politique, étant donné qu'il n'en existait pas d'autre. Mais le mot « officiel » a une autre signification, celle d'un phénomène artistique établi, contrôlé, reconnu comme style artistique dominant. Ce genre de phénomène existait des deux côtés de l'Atlantique, aussi bien dans l'École de Paris que l'École de New York. Maintenant ce qui est étrange, c'est qu'il s'agissait, tout au moins aux États-Unis, d'un art sous contrôle, qui exprimait très bien une volonté de pouvoir, pas nécessairement dans le sens nietzschéen du mot, mais dans un sens proche de Wiltman, avec des références locales bien entendu.

Vers la fin des années 50, alentours de 1955-1957, cet art devint plus dérisoire, plus ironique et surtout vernaculaire avec des artistes comme Rauschenberg, Stankienwicz et Kaprow dans ses premiers *happenings*. Aucun des artistes de cette seconde génération n'était issu de l'École de New York originelle, mais entièrement d'une autre tendance qui a compris les leçons de son maître Henri Jackset. Comme épisode fameux dans ce contexte, on peut citer le De Kooning effacé par Rauschenberg : c'est un autre désir de pouvoir. De même Johns représente avec les *Drapeaux* la

déflation la plus parlante et la plus éclairante des revendications des premiers expressionnistes abstraits. Une dimension «mécaniste» s'insère dans l'esthétique de cette période qui s'oppose précisément à l'espèce de gymnastique héroïque qui caractérisait la première génération. Comme si une partie de l'absurdité de la période dada originelle, qui s'est bien sûr réalisée pendant la Première Guerre mondiale, revenait alors en Amérique, en réponse à certaines absurdités de la civilisation américaine. L'atmosphère oppressive et conservatrice de cette époque sur le plan moral, culturel et politique, produit un art qui en un sens est absurde. La machine commence à s'arrêter, elle fait de drôles de choses. On voit cela également chez Tinguely, peut-être aussi chez César. Dans

cette civilisation, les tensions se perpétuaient, les utopies étaient remises à plus tard. La prospérité ne voulait rien dire, puisque le progrès rationnel d'une culture occidentale conservatrice à la fin de la décennie se remettait en question. Je pense que les expressionnistes abstraits eux-mêmes se sentaient très menacés. L'instant critique où ceci devint évident s'est manifesté beaucoup plus tard, en 1970, lorsque Rothko se suicida, pensant qu'il n'avait pas été reconnu. Comparé à la France ou à l'Europe, le statut de l'artiste aux États-Unis était très différent. Les artistes américains avaient le sens de leur propre victoire sans en être convaincus. Ils étaient riches, mais d'une certaine manière, ils avaient le sentiment de se trahir eux-mêmes du point de vue psychologique. Rothko, je m'en souviens très bien pour en avoir souvent parlé avec lui, avait le sentiment d'avoir été ignoré, alors qu'à ce moment précis, on le considérait comme un grand maître. Il n'avait aucun sens de la réalité qui l'entourait, perdu dans son grand désespoir qui l'entraîna à cette balle tragique. On a donc là un moment où on assiste à la conclusion d'une certaine phase du modernisme et au début de la récupération de styles plus anciens d'une manière plus consciente : le néo-dadaïsme, le pop art, la liaison avec la culture publique vont devenir des phases importantes de l'évolution de l'art dans les années 60.

B.C. En 1955-1956, l'abstraction lyrique ou l'abstraction expressionniste est reconnue généralement aussi bien aux États-Unis qu'en France. C'est le moment où sont mises en place aux États-Unis, toutes les données de l'art des années 60. En France, le nouveau réalisme vers 1956-1957 n'a pas encore été baptisé, mais les artistes sont là. Les premières affiches lacérées datent de 1949 et c'est effectivement au moment où la France n'a plus à se poser le problème de son identité picturale, où la reconstruction a eu lieu, où le bien-être économique s'affirme que commencent à apparaître des œuvres qui mettent en cause le bonheur machiniste tout en se montrant absolument fascinées par la nouvelle civilisation urbaine du confort et du bien-être. Dans certains de vos articles, vous avez souligné que les artistes abstraits-expressionnistes américains sont très isolés dans les années 40 et au début des années 50, alors même qu'ils atteignent la reconnaissance et le succès et qu'aux pires moments du maccarthysme, ils semblent servir en quelque sorte de caution au système culturel américain, en tant que garants de la capacité des États-Unis à proposer l'exaltation de la liberté individuelle. Comment expliquer le paradoxe de l'utilisation de l'art abstrait américain comme symbole de liberté et la situation réelle de ces artistes en proie à une espèce d'angoisse, de «cauchemar climatisé», pour parler comme Miller, dans ces États-Unis en course vers la société de consommation.

Pablo Picasso
Staline, à ta santé, novembre 1949
Plume et encre de Chine 21 × 15 cm
Musée Picasso, Paris.

M.K. Ils n'avaient pas une idée très précise de leur propre réalité sociale ni de leur propre position dans le monde de l'art à cette époque. Ils n'étaient peut-être pas encore accoutumés à leur réalisation qui était déjà devenue historique. Je pense que d'une certaine façon, ils commençaient à s'égarer : la répétition de leur propre stylistique en est une indication très claire. Ils avaient des difficultés psychologiques. Un des artistes les plus intéressants à cet égard est Philip Guston, parce que c'est lui qui exprimait le plus sérieusement ses propres doutes vis-à-vis de ses capacités, alors qu'on le décrit comme quelqu'un qui pouvait créer. Je crois que cette sorte d'extension héroïque de leur propre sens de la créativité était ressentie d'une manière particulièrement forte par Philip Guston, pas seulement d'un point de vue polé-

comme thème de l'exposition européenne qui va avoir lieu à Paris au début des années 60, «Les sources du XXe siècle», comme si le XXe siècle pictural, c'est-à-dire l'art moderne, au bout du compte, s'était arrêté et que l'on pouvait maintenant prendre ses sources, c'est-à-dire aller de Cézanne, Gauguin et Van Gogh jusqu'à cette fin des années 50.

M.K. Je suis d'accord avec vous. Dès qu'on se trouve devant un effort tel que celui que vous décrivez avec le Conseil de l'Europe, qui représentait un effort rétrospectif énorme pour résumer et évoquer une tradition, c'est qu'on sait alors que quelque chose est terminé. C'est cette phase du modernisme qui avait à voir avec l'aspiration humaine comme effort individuel, avec le

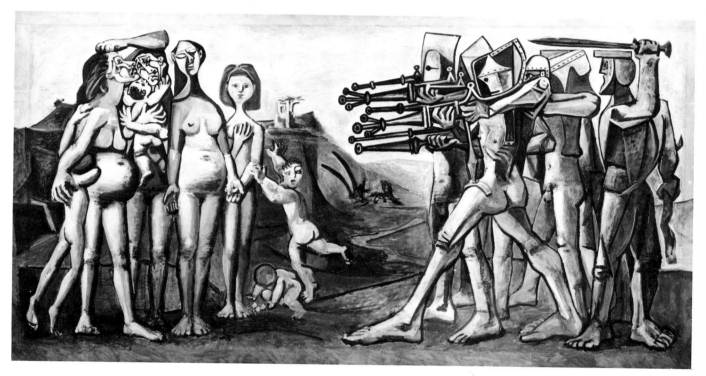

mique, mais il le ressentait aussi avec ses «tripes». Son travail devint par la suite une sorte de dessin animé grotesque, presque une réalisation de ses dilemmes en tant que peintre : comment maintenir la créativité ? En fait, cette inquiétude était peut-être l'aspect le plus authentique de cet art à ses débuts. Je ne considère pas les années 50 comme ayant été tellement indicatrices d'inquiétude. Guston était une exception.

P.D. Je voudrais revenir sur un événement qui marque, c'est un peu la conclusion, non pas de notre débat, mais de la période. De façon caractéristique, on a, à la fin des années 50, le sentiment qu'une époque est en train de finir. Ceci est illustré par le fait que le Conseil de l'Europe choisit

sens de l'objet réalisé individuellement à la main, avec la définition du mécanisme de l'environnement. Cette phase des années 50 peut à présent être évoquée comme quelque chose qui recule dans l'histoire ; quelque chose d'autre se produit après cela. C'est presque une coupe nette en 1960 : on a quelque chose de très différent qui se passe, dans l'abstraction et la figuration, sur toute la ligne.

Pablo Picasso
Massacre en Corée, *1951*
Huile sur contreplaqué 110 × 210 cm
Musée Picasso, Paris.

Wifredo Lam
Sierra Maestra, *1958*
Huile sur toile 247 × 310 cm
Centre d'art et de communication
Vaduz, Lichtenstein.

Matta
Les Roses sont belles, *1951*
Huile sur toile 201 × 281 cm
Collection particulière, Genève.

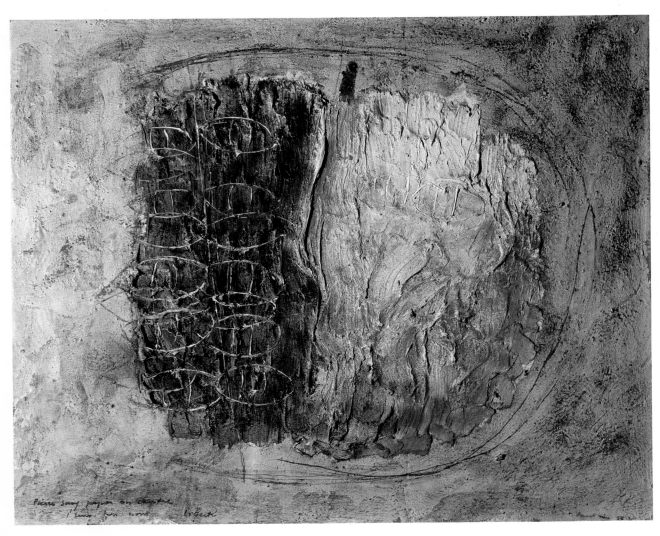

Jean Fautrier
Liberté Budapest, *1956*

Huile sur papier 60 × 73 cm
Collection particulière.

Jean Fautrier
Tête de partisan, Budapest, *1956*

Tête de partisan, Budapest, *1956*

Huiles sur papier 27 × 22 cm
Collection Borzi, Rome.

Jean Fautrier
La Grande Place, Budapest, *1957*
Huile sur papier 105 × 89 cm
Collection particulière.

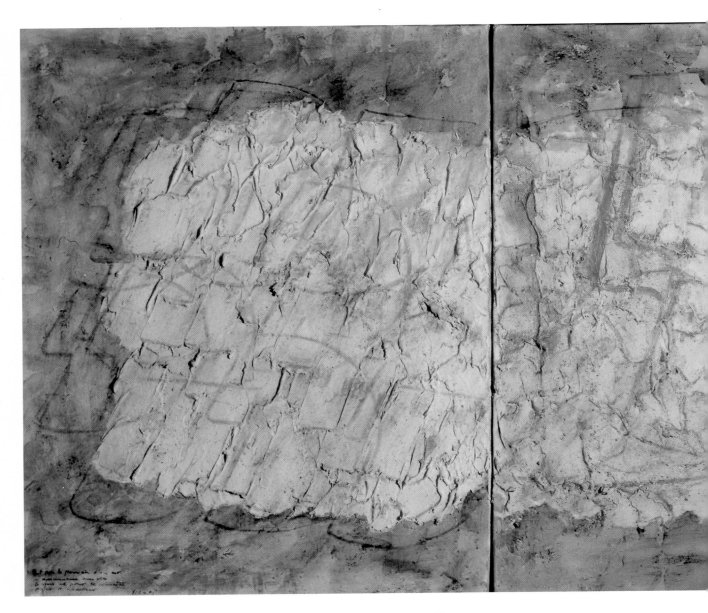

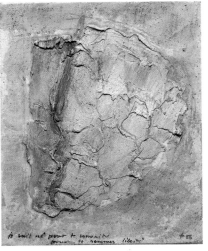

Jean Fautrier
Budapest, *1956*
Huile sur papier, triptyque 92 × 219 cm
Collection particulière.

Jean Fautrier
Tête de partisan, Budapest, *1956*
Huile sur papier marouflé
sur toile 27 × 22 cm
Galerie Di Meo, Paris.

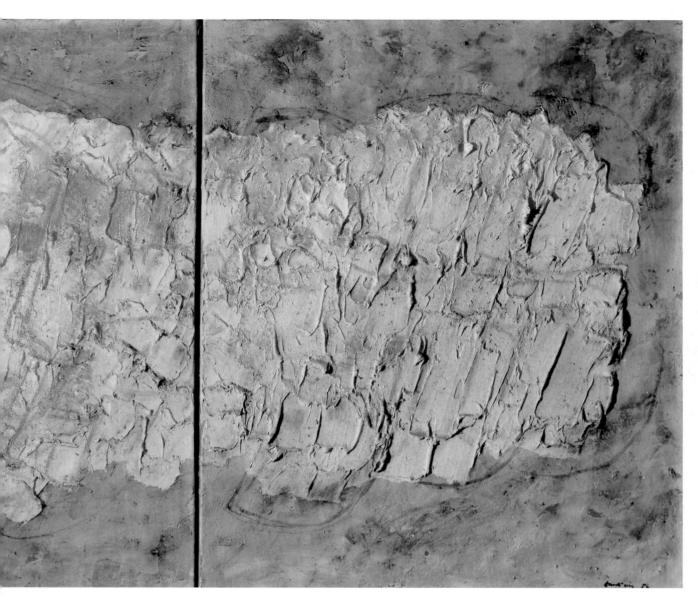

Jean Fautrier
Tête de partisan, Budapest, *1956*
Huile sur papier 27 × 22 cm
Collection particulière.

LE TRANSITOIRE, L'ÉTERNEL

MARC LE BOT

A lire (ou peut-être à relire) les textes et manifestes artistiques qui furent publiés dans les années 50, il arrive qu'on s'étonne. La violence des querelles qu'a suscitées l'opposition tranchée, alors admise par presque tous, entre «art figuratif» et «art abstrait» est aujourd'hui désamorcée. Le temps présent est à l'éclectisme. Tout est également recevable, désormais, dans la maison de l'art: le «concept» le plus froid et les «expressions» qui se disent libres; les images peintes et les matériaux bruts; les œuvres durables et les «événements» ou «installations» éphémères. Tout équivaut à tout dans le flux médiatique qui traverse aussi le musée. Pourtant, cette ouverture d'esprit n'est qu'apparente. L'éclectisme exclut sans procès les œuvres qui, par elles-mêmes, sont un déni de l'éclectisme; et il institue, entre les choses hétéroclites qu'il promeut, une rivalité assez féroce. Si bien que dans l'apparente bonace actuelle, les violences sont les mêmes que dans les tempêtes d'antan. Là où se distinguaient deux grands partis adverses, c'est la guérilla générale où d'incessantes «nouveautés» veulent s'éliminer les unes les autres. C'est que la logique de la mode, ancienne mais destinée à durer, s'accomplit là aussi bien qu'ici. Il lui faut, aujourd'hui comme hier, faire éclater le bruit sinon toujours la fureur. Celui qui se rend attentif au devenir des idéologies artistiques parce qu'elles apportent maints enseignements sur la logique sociale de la mode en ce siècle qui est marqué au sceau de la «modernité» baudelairienne, celui-là prêtera l'oreille à ce vain tintamarre. Mais celui qui s'attache, à quelque moment que ce soit du devenir historique, aux œuvres où jamais ne cessent de s'actualiser les mêmes préoccupations qui, de toujours, sont le propre de la pensée de l'art, celui-là entendra une tout autre musique, malgré la cacophonie générale. Dans les années 50 et pendant le siècle tout entier, on voit que certaines œuvres jouent leur destin à l'écart des «mouvements», «courants» ou «nouveautés» qui décrivent le flux des modes. Elles sont rarement soutenues par des critiques véhémentes; elles le sont plus souvent par d'autres artistes, écrivains ou poètes. Et si leurs marchands et acheteurs sont parmi les plus fortunés, ceci, quoi qu'on en pense par ailleurs, est l'indice de leur rareté et de leur appartenance aux œuvres de l'esprit les plus élaborées.

Prises ici en exemple parmi d'autres, les œuvres de Jean Dubuffet, de Willem De Kooning, d'Alberto Giacometti, de Jean Hélion, de Giorgio Morandi n'entrent dans aucune des catégories critiques dont l'usage fut le plus fréquent dans les années 50. Elles ne relèvent pas d'un art abstrait qui eût été tout occupé à méditer le «pur» ordre formel de la pensée picturale. Elles ne furent pas non plus figuratives ou réalistes dans le sens de la tradition classique ni dans le sens un peu nouveau que confèrent alors à ces mots plusieurs idéologies politiques. On n'aurait pu davantage les dire œuvres d'«avant-garde» au sens originaire qui est celui de ce terme sous la plume d'Apollinaire. En effet, reprenant cette métaphore militaire à Charles Baudelaire, l'auteur des *Peintres cubistes* désigne l'ensemble des artistes, ses amis, qui vers 1910 contribuent à leur tour à la ruine de l'académisme et à l'institution d'un art authentiquement moderne. Mais la critique des années 50 a achevé de brouiller la pensée de ces deux poètes. Elle a le plus souvent identifié «avant-garde» et «art abstrait» et leur a opposé toutes sortes de prétendus «réalismes» dans un esprit polémique. Ceci fut un dommage pour la pensée critique. Aujourd'hui règnent d'autres confusions. Une actuelle idéologie dite post-moderne condamne depuis peu le formalisme des avant-gardes de la seconde après-guerre: elle les accuse de dogmatisme intellectuel. Elle porte la même condamnation à l'encontre de ce qu'elle nomme les «avant-gardes historiques»: par là, elle ignore qu'Apollinaire y range Picasso, par exemple, et bien d'autres peintres qui, depuis, sont devenus des «classiques» de l'art du siècle; et elle ignore qu'Appolinaire y donne une place aussi — mais secondaire — au même Marcel Duchamp dont l'idéologie post-moderne fait un de ses héros éponymes. Contre ces prétendus dogmatismes, le post-moderne serait une terre de liberté. Elle serait ouverte au divers, au multiple, sans qu'elle marque, en effet, de différence de valeur entre ceci et cela. S'y institue ainsi le règne de l'indifférence, du tout-venant hétéroclite, du n'importequoi, dont la logique est bien celle de la «communication» médiatique et dont une philosophie de la post-modernité est le vernis intellectuel.

D'où vient qu'aujourd'hui encore, comme dans les années 50, les œuvres qu'on prend ici en exemple se trouvent classées parmi les inclassables. Jean Hélion est abstrait dans les années 30, il est peintre figuratif après guerre : et pourtant ses images, dont les sujets sont identifiables, sont faites des mêmes éléments qui furent ceux de son art abstrait. Des assemblages d'éléments comparables s'articulent dans les images de Luis Fernandez. Jean Dubuffet est-il un esprit versatile ? Aujourd'hui abstrait, voire purement «matériologiste» au sens de l'exhibition de matières brutes, mais demain agressivement figuratif ? Lui encore, Willem De Kooning et Giacometti construisent nombre de leurs images en y établissant une tension antagonique entre des éléments figuraux et des éléments informels. Giacometti commence de sculpter, après les années de la guerre, des figures qu'on dirait réalistes si elles n'étaient minces comme des fils de fer ou grandes comme des dés à coudre ; ou bien les mêmes figures ont des allures de graffiti dans ses peintures. Les natures mortes elles-mêmes de Giorgio Morandi, dont on dit qu'elles sont d'une inspiration toute classique, n'en sont pas moins des œuvres où la pensée artistique affronte la structure toute moderne des variations sérielles.

FIGURES ET LIEUX : LE HORS-TEMPS

Ces œuvres et quelques autres ont bien quelque chose en commun. La pierre blanche qui les marque toutes n'est pourtant pas une «vérité» dont le caractère «nouveau» signerait la modernité : car l'art n'a jamais rien ni de vrai ni de faux à dire. Comme toutes les pensées fortes, celle-ci est une de ces questions obsédantes qui orientent les pensées de l'art parfois pendant des siècles, au moins pendant des décennies. Sa première expression la plus forte se trouve dans l'œuvre et dans les textes de Paul Klee : est-il possible de penser sans figures ? Y a-t-il quelque forme de pensée, conceptuelle aussi bien, scientifique, mathématique même, qui n'ait à se reporter figuralement à son champ d'expérience, sans que jamais cette nécessité se puisse réduire à n'être qu'une simple référence ? Et si cela est vrai en art comme partout ailleurs, quel est le destin propre de la figure artistique dans la pensée de ce temps ?

Les années 50 sont, pour Jean Dubuffet, celles des *Sols et Terrains* où sont exhibées des matières brutes et celles où prennent forme, par exemple, des *Corps de dames*. C'est aussi le temps où Jean Dubuffet séjourne à deux reprises à El Goléa. Il y fait l'expérience du désert de sable. Le sable, pour l'œil du peintre, est d'abord un chaos optique. Mais quand il roule sous ses pieds ou entre ses doigts, Jean Dubuffet y repère les traces de ses propres gestes. Lisant, sous sa plume, le récit de cette expérience, on se rappelle celle, inaugurale pour l'art moderne, que fit Cézanne face à la montagne Sainte-Victoire : Cézanne, tout attentif à ses «sensations», à leur désordre premier et à l'ordre que lui-même y trace. L'art du siècle présent aura vécu une visibilité menacée. Pour Dubuffet, l'expérience est marquée par un humour parfois cruel. Retraçant sur ses toiles les divagations de ses yeux à travers bien des chaos matériels, il donne à voir des dames-monstres ; aux *Macadams* des rues répondent ces *Petites Statues de la vie précaire* qui seront les hôtes, indélogeables, de son œuvre entière.

Au-delà du doute de Cézanne, on se souvient alors du vieux mur, détérioré par les intempéries, informe, où Léonard de Vinci voit apparaître des images merveilleuses, «des combats et des figures d'un mouvement rapide, d'étranges airs de visage et des costumes exotiques que tu pourras ramener à des formes distinctes et bien conçues» (*Carnets*, II). Tout travail de l'art procède de la sorte : il fait fond sur des sensations d'abord chaotiques et, de là, s'élève à forme. Le premier travail d'abstraction, dans l'œuvre de Jean Hélion, bâtit comme un mur de peinture dont le peintre équarrit lui-même les pierres ; puis, au cours des années 50, Jean Hélion assemble ces éléments en quelque façon abstraits pour en articuler des «paysages variés» et des «scènes» de la vie quotidienne. Suivant une démarche analogue, Willem De Kooning propose une vision plus violente, tragique parfois en raison de fortes tensions picturales internes à ses œuvres, alors que Jean Dubuffet s'en amuse ou ricane. Les éclats de peinture, les parcours impulsifs du pinceau dans les tableaux de De Kooning renvoient en outre à une gestuelle et cette irruption du corps peignant y est bien davantage le ressort d'un «expressionnisme».

L'exhibition symbolique du corps du peintre dans sa peinture contribue ici à donner un autre statut à la figure picturale. La figure cesse d'être un figurant sur la scène de la représentation. Elle est ce qui fait trace sur la matière sensible du monde. Cette trace donne «sens» à la réalité : elle établit un lien actif entre un moi et un toi. Dans les peintures de Dubuffet, de Willem De Kooning, de Giacometti, les traces de leurs gestes marquent que leur propre corps traite la matière picturale comme un autre corps. L'art est alors un corps à corps. La pâte colorée et le support de toile sont devenus les symboles concrets de la matière du monde ; et toute figure qui s'y inscrit, sous forme de trace, y est la marque d'un affrontement où le corps matériel du monde se donne à la pensée. Penser cette pensée aura été une des tâches historiques dévolues à l'art de ce siècle. Les temps ne sont plus où le rapport du corps pensant et du monde se pouvait dire à travers des croyances, des mythes, des récits. Leur présence l'un à l'autre, leurs liens tant affectifs qu'intellectuels se réalisent aujourd'hui quand le travail du peintre inscrit sur un support des figures symboliques en faisant valoir le travail même de l'inscription. Luis Fernandez, Jean Hélion mettent en scène des sortes de tableaux vivants, c'est-à-dire des figures immobiles dans un temps mort. Les précaires figurines de Jean Dubuffet seraient les personnages de contes drolatiques, mais déclamés par des récitants muets. Les roues du *Chariot* sculpté par Giacometti sont grippées par les rouilles du temps et les *Women* de Willem De Kooning sont comme des corps éclatés dans l'espace. En art, le cours des récits semble s'être arrêté. Figures et lieux sont, là, dans l'intemporelle présence d'un présent qui, réellement, est un hors-temps.

Une figure cesse de représenter un personnage dont la pensée qu'on en forme tient tout entière dans son histoire. Elle est désormais un foyer où brûlent pensées, souvenirs affectifs, fantasmes gais ou inquiétants. Aussi ne peut-on l'interpréter avec certitude. Son interprétation est réellement interminable parce qu'elle ne saurait se réduire à une somme de savoirs. La figure artistique est l'autre des concepts de la pensée abstraite. Elle est le propre de la pensée artistique parce que celle-ci pense le réel en ce qu'il est, pour une part essentielle, énigmatique à la pensée. Or une énigme est toujours, ensemble, une cause d'émerveillement et d'angoisse, si bien que la pensée de l'art, toujours, est ambivalente.

LA PENSÉE COMME ÉVÉNEMENT

James Lord raconte comment, en 1964, Giacometti peignit sont portrait (*Un portrait par Giacometti*, 1980). Giacometti aura repris son œuvre dix-huit fois au cours de dix-huit séances de pose. Lors de chacune d'elles, James Lord voit sa propre effigie prendre forme. Il voit aussi, au moment même où Giacometti lui dit : la voici, enfin elle est là ! comment un dernier coup de pinceau ruine l'ouvrage. Cette histoire est autre chose encore que celle des impulsions du peintre à se détruire lui-même dans le corps symbolique de son œuvre. Elle est l'allégorie de ce que sont, réellement, à la fois le plaisir de l'art et son ambivalence : outre que l'art de ce siècle aura fait de la Figure artistique un symbole actif des relations entre l'esprit et la réalité matérielle, il aura conçu ses images, non comme des êtres de beauté, mais comme des événements de la vie mentale. Provoquer, ici même et à tout instant présent du temps, la présence figurale du réel, est cette tâche que l'art, à l'infini, effectue.

Dubuffet et Giacometti ont, à cet égard, une démarche commune exemplaire : ils pratiquent, pourrait-on dire, une sorte d'art du graffiti. Précisément dans les années 50 pour Jean Dubuffet et, bien sûr, pour Alberto Giacometti puisqu'il meurt en 1966, les figures peintes par ces deux artistes s'enlèvent sur des chaos optiques qui évoquent en effet la surface de vieux murs que griffent les passants. En outre, Giacometti construit alors ses sculptures en ajoutant ou en arrachant des fragments de matière. Aussi ses figures sculptées semblent-elles comme à l'état d'ébauche. Elles semblent en devenir de leur forme. Leur événement a lieu, puis leurs contours se perdent dans ce bosselage, puis les minces personnages s'imposent aux yeux à nouveau. Il en va de façon semblable dans les graffiti de Jean Dubuffet. Il y a, là et ici, une gestuelle de la griffe dont l'analogue, mais inversé, se trouverait dans la projection des couleurs ou dans leur barbouillage sous le pinceau de Willem De Kooning.

Que la forme soit événement, cette pensée est toute moderne, au sens encore de la modernité que dit Baudelaire. Penser cette pensée serait donc la tâche que l'histoire aurait dévolue à la modernité de l'art ; et, comme toutes les pensées qui forment l'ossature mentale elle-même d'une forme d'art à travers l'histoire, celle-ci se peut rapporter à tous les arts venus ou à venir. Le devenir incessant de la forme qui s'efface pour ne pas cesser d'advenir est l'«éternel» que Charles Baudelaire oppose aux choses «transitoires» qui, elles aussi et pour leur part, animent la pensée des arts. L'enjeu de cette pensée de l'art comme événement est l'effet de présence figurale du réel, à tout instant du temps et toujours ici même. Il est le réel dans son apparaître incessant.

Or l'apparaître du réel, dans les arts de la vue, ne peut être qu'un effet de lumière. Les figures peintes par Alberto Giacometti semblent toutes surgir de l'ombre par le contraste des «valeurs». Willem De Kooning peint, en ces années-là, avec des teintes claires, légères. Il élimine, lui, le clair-obscur. Il n'y a pas de faisceaux lumineux dans sa peinture qui viennent contribuer à créer l'illusion d'un espace profond : les couleurs sont dans la lumière et la lumière est indistincte des couleurs, si bien que l'espace de l'image tient tout entier à l'intensité des teintes sur le plan.

L'œuvre de Giorgio Morandi, en ces années-là, est celle qui concourt le plus à penser le réel comme événement de lumière en peinture. Un travail du pinceau, répétitif et dont chaque touche efface l'autre pour en accroître les vibrations, conduit l'œil du clair à l'obscur, de l'obscur au clair, et prend forme de vases, de bouteilles. La lumière, sur ces choses aux matériaux lisses, joue en reflets. Ce presque-rien des reflets lumineux est si prégnant que, pour un peu, on oublierait les choses. C'est la peinture elle-même qui se donne ici comme présente sous les espèces de la lumière. Aussi elle donne et, tout ensemble, abolit les choses. Elle les abolit pour que, plus intensément, elles se donnent. Ceci est sans doute le trait essentiel d'une poétique générale de ce siècle qui demeure aujourd'hui actuelle. Stéphane Mallarmé la donne à comprendre quand il indique, dans le poème, l'événement incessant d'«un mirage interne des mots mêmes» *(Œuvres choisies)*. Les effets de mirage, internes à l'art, dans leur événement incessant ou intemporal est ce qui justifie qu'on dise que, de toutes les œuvres humaines, seules celles de l'art sont immortelles. A l'aube de l'art et de la pensée de l'art moderne, Baudelaire insiste. L'art se compose de deux «moitiés». Si l'une est le «transitoire» des modes,

l'autre est, selon lui, l'«éternel» *(Œuvres choisies)*. Jean Hélion et Luis Fernandez renvoient souvent aux choses du temps présent en ce qu'elles ont d'éphémère. Giacometti, De Kooning, Morandi seraient du côté de l'éternel. Les deux choses, en réalité, sont indissociables en ces années 50 comme toujours. Si ces œuvres-ci sont en effet inclassables à l'aune des catégories de la critique du tout-venant, c'est qu'outre «l'époque, la mode, la morale, la passion» elles n'oublient jamais que l'affaire de l'art est d'affronter l'«éternité».

Alberto Giacometti
Le Chariot, *1950*
Bronze 167 × 62 × 70 cm
Fondation Alberto Giacometti, Zürich.

Alberto Giacometti
Bronzes
Fondation Maeght, Saint-Paul-de-Vence.

Femme de Venise I, *1956*
103 × 13 × 29,5 cm.

Femme de Venise II, *1956*
120,5 × 15,5 × 33 cm.

Femme de Venise III, *1956*
119 × 17 × 33,5 cm.

Femme de Venise IV, *1957*
115 cm (h).

Femme de Venise V, *1956*
111 × 135 × 31 cm.

Femme de Venise VII, *1956*
117 × 16,6 × 36,5 cm.

Femme de Venise VI, *1956*
133,5 cm (h).

Femme de Venise IX, *1956*
115 cm (h).

Jean Hélion
Mannequinerie rouge, *1951*
Huile sur toile 130 × 164 cm
Collection particulière.

Jean Hélion
Homme au banc, *1950*
Huile sur toile 89 × 116 cm
Collection Dürckheim.

Jean Hélion
Grande Journalerie, *1950*
Huile sur toile 130 × 195 cm
Collection particulière.

Luis Fernandez
Bateau coulé, *1959*
Huile sur toile 33 × 41 cm
Collection particulière.

Luis Fernandez
Paysage bordelais, *circa 1951*
Huile sur masonite 32,4 × 41 cm
Collection particulière.

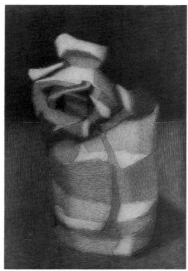

Luis Fernandez
Rose dans un verre, *1953*
Huile sur toile 21,9 × 15,9 cm
Collection particulière.

Luis Fernandez
Rose bleue, *1954*
Huile sur toile 23,7 × 15,7 cm
Collection particulière.

Luis Fernandez
Nature morte au verre de vin et à l'os, *1956*
Huile sur support métallique 24,1 × 33 cm
The Menil Collection, Houston.

Giorgio Morandi
Nature morte, *1951*
Huile sur toile 33 × 43 cm
Tel-Aviv Museum of Art.

Giorgio Morandi
Nature morte, *1951*
Huile sur toile 36 × 40 cm
Galleria Comunale d'Arte Moderna, Bologne.

L'OBJET DE LA CHAIR

PIERRE RESTANY

LE duo César-Richier constitue le temps fort de la statuaire des années 50. Sous l'influence d'Henri Moore, ou en réaction contre lui, l'École anglaise évolue vers l'objectivité emblématique. Marino Marini domine la sculpture italienne, avec Manzu : les pôles oppositionnels vont se fixer sur le post-cubisme et sa grande leçon de frontalité. L'Amérique affronte en ordre dispersé le grand problème de sa modernité d'après guerre, la libération et l'autonomie des volumes dans l'espace, à l'instar de la gestualité *Non-relational* en peinture : une «action sculpture» à l'image de l'«action painting», des désirs qui se prennent souvent pour des réalités, la brillante exception de David Smith mise à part. Sur la sculpture de l'École de Paris plane l'ombre de Calder dont l'aérodynamisme végétal s'accommode fort bien du formalisme des deux grands courants dominants : fétichisme totémique et géométrisme cinétique. Parmi les personnalités dont l'itinéraire échappe aux normes, tels Giacometti ou Étienne Martin, Germaine Richier ou César, les deux derniers projettent leur originalité et leur talent dans le domaine de la statuaire.

Cette communauté de préoccupations accentue les apparentes analogies formelles. Richier et César sont des méditerranéens, des instinctifs, des artistes de tempérament. Mais les ressemblances s'arrêtent là. Germaine Richier est de dix-sept ans l'aînée de César : pour l'une comme pour l'autre la décade des années 50 prend une signification spécifique.

Avec la mise en place du Christ de l'église d'Assy en 1950, Germaine Richier ouvre le dernier volet de sa carrière, celui de la reconnaissance internationale, des dernières mises au point de l'œuvre et de son achèvement. Quand elle meurt en 1959, elle a été couronnée à Saõ Paulo en 1951, à Ljubljana en 1955, à l'Exposition internationale de Bruxelles en 1958. Mais elle aura aussi eu le temps de réaliser ses grandes silhouettes de plomb sur fond peint, *La Ville* (1951, fond peint par Vieira da Silva), *La Toupie* (1953, fond peint par Hartung), ou encore *L'Échelle* (1956, fond peint par Zao Wou Ki) ; d'exécuter les hautes stèles de pierre, compositions abstraites de 1956, qui sont les «tombeaux» des deux fameuses statues de bronze de 1948, *L'Ouragane* et *L'Orage*, et de reprendre la grande *Sauterelle* (1946-1956) dans l'esprit tendu et tellurique de la monumentale *Montagne* (1955-1956).

Les années 50 sont pour César les années d'affirmation de sa maîtrise du métal soudé, la période des grands torses en fer galbé, des portraits et du bestiaire, des premières «plaques». En 1959, l'année même de la mort de Germaine Richier, César découvre à Villetaneuse les premières presses à ferraille à commande électrique. Il surveille leur travail, dont le résultat le fascine : des carcasses d'automobiles compressées en balles cubiques d'une tonne, les *compressions* qu'il exposera l'année suivante au Salon de mai et qui déclencheront, avec le scandale que l'on sait, l'irrésistible poussée du nouveau réalisme.

Les œuvres exposées dans la salle César-Richier sont contemporaines, mais à une nuance près : il s'agit du Richier d'après 50 et du César d'avant 60, d'une œuvre qui s'achève et d'une œuvre qui s'affirme. Indépendamment de la course inverse du temps, nous sommes en présence de chefs-d'œuvre qui expriment la solution d'un certain nombre de problèmes à l'aide de moyens différents. Ces problèmes ont trait au corps humain, à ses proportions, à sa posture, à son identité : ce sont ceux de la statuaire, tels qu'on pouvait se les poser dans les années 50, dans un contexte artistique qui vit au rythme de l'«*abstractionnement généralisé*», pour parler comme Georges Mathieu, mais qui par ailleurs est resté proche en sculpture du donné formel immédiatement précédent : l'imagerie ludique de Picasso, le sens onirique du surréalisme, l'axe Rodin-Bourdelle, l'épanouissement charnel de Despiau et de Maillol.

Tout se passe comme si, durant ces années 50, le destin de la forme s'était séparé de celui du signe. Par rapport à la totale liberté gestuelle dans la peinture, génératrice d'une authentique remise en question des valeurs, l'imagination formelle dans ce qu'elle a de plus profondément créateur s'enracine dans la condition humaine. Pour la Germaine Richier d'après 50 comme pour le César d'avant 60, l'homme est devenu l'objet de la chair aussi bien que la chair de l'objet. Voilà pourquoi le visage devient objet-profil d'aigle chez Richier (*L'Aigle*, 1954) et objet-tête plaqué sur un bandeau-aile chez César (*Portrait*, 1957). L'homme et l'animal voisinent logiquement dans cette vision organique de la chair. Selon sa posture et l'ampleur de ses hanches, la femme accroupie devient crapaud ou sauterelle, l'homme est souvent oiseau, ou arbre, et il pousse des seins aux amphores, sur la planète Richier. Quant à César, le bestiaire n'est pour lui qu'une dérivation organique de l'objet-chair.

LA CHAIR ET LA MATIÈRE

Dans les années 50, Germaine Richier a tenté de rapprocher sa vision de celle de ses amis peintres, en plaçant ses silhouettes de grands insectes fili-formes et humanoïdes devant une paroi de fond peinte. Dans *La Toupie*, par exemple, les larges bandes verticales du geste de Hartung semblent accompagner et propulser en avant le personnage masculin qui leur tourne le dos. Dans *La Ville*, le nu féminin contemple les lumières de la cité peintes par Vieira da Silva. Cette rencontre peinture-sculpture est un élément important dans l'histoire de l'art des années 50. Elle ne fait pour moi que souligner la distance entre le signe et la forme, au sein de la pensée créatrice de l'époque. Face à l'expression picturale de leur temps, les personnages de Germaine Richier demeurent des objets de chair voués à une inexorable solitude. La métamorphose animale leur convient mieux. Où vont-ils, ces êtres-objets de chair, toujours fi-gurés en marche, à la rencontre de leur destin dont ils incarnent l'immanence ? Ils sont la par-faite illustration de la totale disponibilité existen-tielle, de l'attente sans fin. Au contraire de Giaco-metti qui désintègre l'apparence, Germaine Ri-chier l'objective, même au sein du plus profond mystère rituel, comme dans *La Tauromachie*. Il y a quelque chose d'insolite dans la silhouette ubuesque du toréador sans tête, une autre posée sur des pattes d'échassier. Mais la présence du paquet d'os et de cornes, la tête du taureau mort depuis des siècles, est un rappel hors du temps du rapport entre l'homme et la bête, rapport réaliste s'il en est. La fondation Peggy Guggenheim présente dans son jardin *La Tauromachie* à deux pas d'une petite sculpture de la période arizonienne de Max Ernst : étant à Venise au moment où j'écris ces lignes, j'en ai profité pour revoir les deux sculptures côte à côte. La comparaison est lumineuse. La pièce de Max Ernst est pur agence-ment mental, celle de Germaine Richier, dépour-vue de tout intellectualisme, est vibrante de sen-sualité primaire.

Je médite la leçon de Venise, et je pense à la puissance de cette présence de la chair que Ger-maine Richier a su faire émerger de la terre ou du plâtre : comme Rodin, le génie au bout des doigts... Je pense aussi à la sculpture qui se prati-quait à Paris dans les années 50, et dont nous retrouvons la trace dans les catalogues de la jeune sculpture ou du Salon de mai. Dans cette forêt anonyme de stèles géométrisantes et de totems-fétiches désincarnés, d'où jaillissait, trop ra-rement, l'éclair inspiré d'une *Demeure* d'Étienne Martin, combien Germaine Richier a dû se sentir seule, et faire sienne cette pensée qui lui était chère : «Plus je vais, plus je suis certaine que l'humain compte[1].»

Cette intensité charnelle, on la retrouve à l'état brut chez César, dans le *Torse* de 1954 ou dans *Ginette* de 1958, qui sont des témoignages écla-tants de la maîtrise d'une matière et de l'intelli-gence de son langage. Le César de la trentaine s'affirme comme le génie de la «souderie» : un terme *ad hoc*, forgé à l'époque par René de Solier, pour remettre les choses à leur place, car il n'aimait pas beaucoup ça. La soudure autogène permettait beaucoup de facilité dans le traitement assembliste du métal, et nombreux furent les jeunes sculpteurs qui, à la suite de César, s'enga-gèrent dans cette voie. La recette ne remplace pas, hélas, le talent : on peut voir aujourd'hui le triste bilan de cette aventure.

Seul César a su porter la «souderie» à son maximum d'humanité, en exprimant par le cha-lumeau son amour spontané de la matière. Un amour fait d'intuition et de connaissance. La connaissance du travail du fer, et l'exigence de porter le métal à son plus haut niveau d'intensité expressive : une exigence qui lui fera faire le saut en 1960, en assurant à travers les compressions un stade supérieur d'appropriation de la matière, quitte à en payer le prix, dans le dualisme de la personnalité, le «split» entre l'*homo faber* et l'*homo ludens*.

Avant 1960, c'est l'*homo faber* qui parle. Et quand on l'interroge sur les rapports entre son bestiaire des années 50 et celui de Germaine Richier, c'est le César-*Faber* qui répond. «S'il est vrai que Richier et moi avons fait des insectes, des animaux, il ne faut pas oublier que les techniques sont absolument différentes, les traditions aussi ; Germaine serait sa terre dans la paume pour construire ses figures, pour moi, j'avais regardé Gargallo, Gonzalez et surtout Picasso, et je tra-vaillais le fer d'une telle manière que mes œuvres ne puissent être conçues qu'en fer[2].»

«Mon bestiaire vient du fer, le sien est un produit du travail de la paume», ajoute César. La tech-nique est diverse, la filiation est diverse, Rodin-Bourdelle pour l'une, Gargallo-Gonzalez-Picasso pour l'autre. Mais dans la réalité de l'espace créatif des années 50, leurs tempéraments se sont rejoints. De leur approche sensuelle de la condi-tion humaine, ils ont retiré le même amour, le

1 Germaine Richier, «Fragments de lettres au sculpteur Otto Bänninger, 1950-1956», *Germaine Richier 1904-1959*, galerie Creuzevault, Paris, 1966.

2 Bernard Lamarche-Vadel, «Trois questions à César sur Germaine Richier», *Cimaise*, n° 138-139, Paris.

3 Dor de la
Souchère, Préface,
Germaine R...
(voir note 1).

même respect pour l'objet de la chair : un amour qui leur a fait, chacun à sa manière, transcender leur métier. L'amour de l'homme est amour de la matière : telle est la leçon commune que nous donnent ces deux grands sculpteurs.

Alors, qu'on ne me dise pas que «sous l'influence d'une intelligence familière», Germaine Richier ait été tentée *in extremis* par l'abstraction, et que si sa vie avait été moins brève, elle aurait pu céder aux pompes et aux œuvres du style dominant de son temps[3]. Elle, «le contraire de l'abstrait», comment aurait-elle pu nier la chair de l'homme au sein de sa création ? N'a-t-elle pas répondu par avance à ce genre d'insinuations, en dédiant en 1956 deux stèles abstraites à *L'Ouragane* et à *L'Orage*, ses deux effigies monumentales de 1948, et en les qualifiant de «tombeaux» : la mort de l'homme par la géométrie, la castration rationnelle de l'effusion cosmique !

Et qu'on ne me dise pas que César a sacrifié l'amour de l'homme à l'amour de la matière dans ses Compressions et ses Expansions, alors que depuis 1960 il a assumé tous azimuts, contre vents et marées, ce dualisme existentiel et créateur, en le portant au plus haut degré des réussites formelles. Je n'en citerai que deux preuves récentes, le *Centaure*, en hommage à Picasso, chef-d'œuvre de la statuaire équestre au XXᵉ siècle, et la série des *Championnes* Peugeot, les compressions en plaques qui inaugurent un chapitre nouveau des rapports d'appropriation entre César et le métal (1985).

Dans une étude panoramique des années 50, il convenait de mettre la statuaire à sa juste place, la plus haute, et de rendre à César et à Richier ce qui était leur dû, l'essence de leur grandeur : avoir consacré leur génie à l'objet de la chair.

Germaine Richier
L'Aigle, *1954*
Bronze 66,2 × 40 × 39,5
Collection particulière.

Germaine Richier
La Ville, *1951*
Plomb et peinture 136 × 62 × 62 cm
Collection Walter Bechtler, Zollikon.

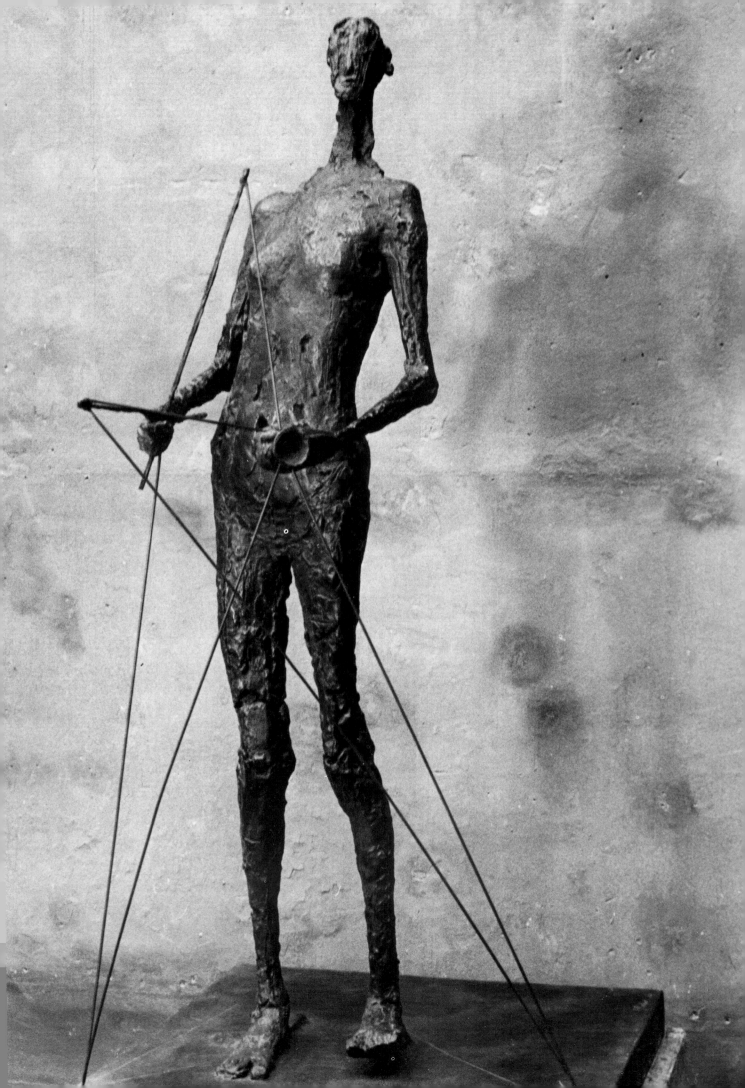

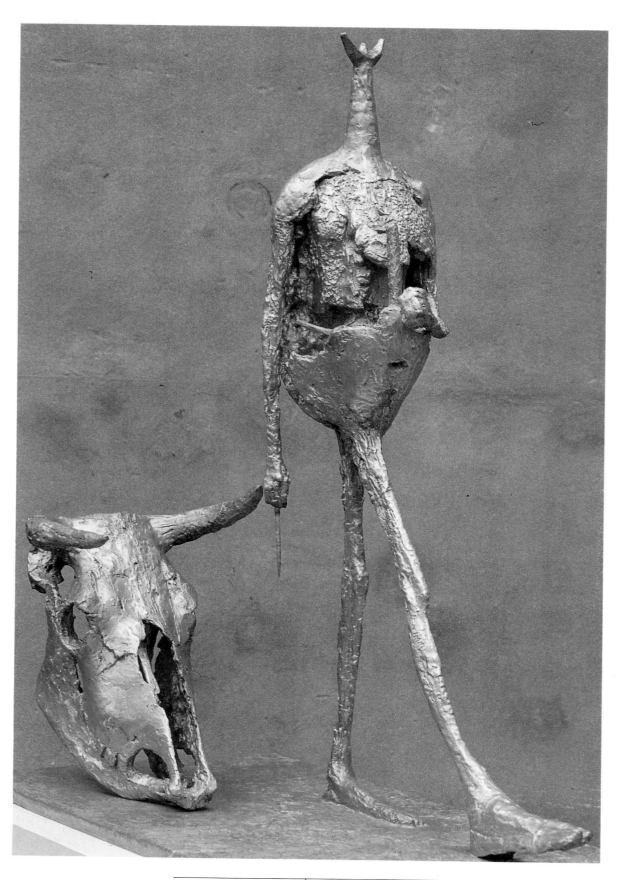

Germaine Richier
Le Diabolo *(grand)*, 1950
Bronze avec fils sur socle attenant
160 × 49 × 60 cm
Musée national d'art moderne
Centre Georges Pompidou, Paris.

Germaine Richier
Tauromachie
Bronze 115 × 96 × 52 cm
Collection particulière.

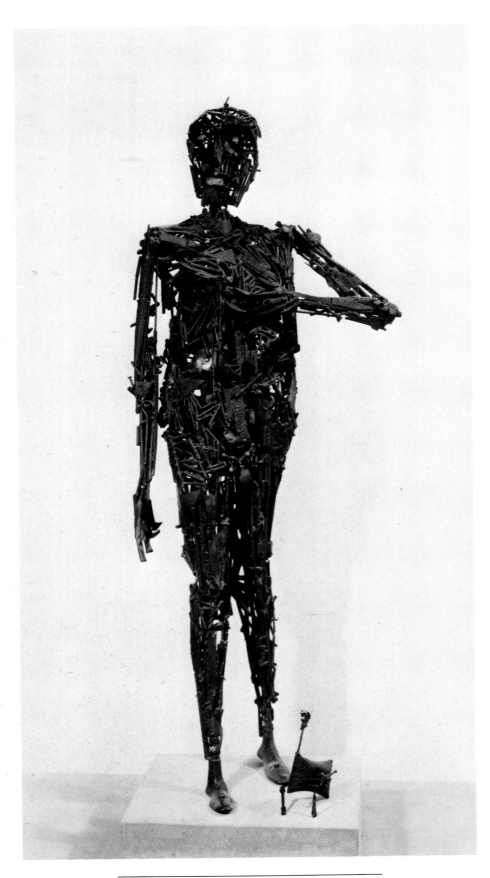

César
L'Homme à l'oiseau, *1954*
Assemblage de fers, 195 cm (h)
Collection Banque Bruxelles Lambert.

César
Torse, *1954*
Fer 77,1 × 59,4 × 68,8 cm
The Museum of Modern Art, New York
Blanchette Rockefeller Fund, 1960.

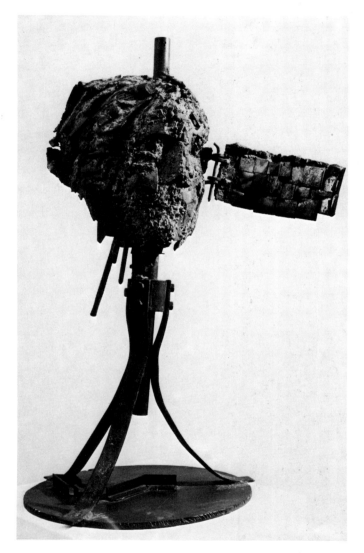

César
Portrait, *1957*
Fer 80 cm
Collection Dimitry
et Philip Jodidio.

César
Ginette, *1958*
Fer 66,5 × 37 × 37 cm
Collection particulière, Paris.

César
Tête d'Armandine, *1958*
Fer 80 cm
Collection Gérald Piltzer.

TÊTES ET CORPS PEINTS

GILBERT LASCAULT

UN certain nombre de textes de Marcel Duchamp (la «Boîte blanche») ont été publiés, en 1967, sous le titre *A l'infinitif.* Dans ces textes (où, d'ailleurs, bien des verbes ne sont pas à l'infinitif), Marcel Duchamp insiste sur les actes des artistes, sur les processus du travail, sur les gestes à accomplir et ceux à éviter, sur les ordres que l'artiste se donne en quelque sorte à lui-même, sur le monologue intérieur qui s'accomplit dans l'atelier.

On aimerait ici, à propos de quelques têtes et corps peints, entre 1949 et 1954, par Jean Dubuffet, Willem De Kooning, Francis Bacon, retrouver de tels monologues de l'atelier, utiliser donc simultanément l'approche directe des tableaux, l'étude de leurs titres, celle des écrits et propos des peintres. Les titres des paragraphes du texte seront donc «à l'infinitif».

Certains respects sont marques de mépris. Certaines circonspections et prudences adoptées face à ce qu'on aime signifie que l'on n'est pas très sûr de son amour ni de l'objet de son amour. Il y a des façons de respecter, des formes de déférence, qui ne sont pas loin de l'indifférence ou de la passivité. Il est, au contraire, des violences, des irrévérences qui naissent de l'ardeur amoureuse et qui l'accroissent, l'amplifient.

En 1947, Jean Dubuffet expose ses *Portraits à ressemblance extraite, à ressemblance cuite et confite dans la mémoire, à ressemblance éclatée dans la mémoire de M. Jean Dubuffet, peintre.* Dans le catalogue de cette exposition[1], il écrit (entre autres choses): «C'est quand on met les choses en extrême péril que leur bonté se met à chanter. Moi, j'aime en extrême péril. C'est quand on est sur le point de perdre la chose qu'elle s'illumine.» L'étrange rayonnement des portraits à ressemblance confite de Dubuffet, plus tard ses Corps de dames; l'éclat brutal des «Women» de Willem De Kooning; la luminosité brouillée des corps masculins de Francis Bacon sont, au moins en partie, liés à la menace qui pèse sur les chairs et les creuse. L'évanouissement at-

tendu et redouté de l'objet aimé l'éclaire d'autant plus, l'illumine, l'auréole d'une sorte de nimbe énigmatique. L'objet aimé trouve, dans la perte qui le menace, l'occasion d'une gloire paradoxale. Le texte de Jean Dubuffet précise ensuite certaines formes de mise en péril, certaines étranges stratégies où le peintre semble jouer contre ses propres intérêts. Il indique comment l'on peut gagner, en choisissant le risque de tout perdre: «Quand j'ai de l'amitié pour une personne, alors j'aime mettre cette amitié en position très périlleuse (pour qu'elle chante fort). Si j'ai une ficelle qui est bien solide, j'aime, pour bien sentir fortement ce qu'est la solidité et ce qu'est une ficelle, me pendre après et faire en sautant dessus mille cabrioles scabreuses.» Pour Bacon, Dubuffet, De Kooning, l'acte de peindre a quelque chose à voir avec ce «scabreux», avec cette joyeuse et redoutable mise en péril qui permet au corps peint de mieux «chanter», d'être éclaté, magnifié dans son intensité extrême, dans sa fièvre.

Ce qui est ainsi placé en extrême péril, c'est la figure, telle qu'elle est représentée, mais également la peinture, telle qu'elle agit et telle qu'on la définit. «Une peinture aussi (écrit encore Dubuffet), j'aime que ça soit à la limite de n'être plus une peinture. C'est à l'instant de disparaître que le cygne chante.»

Willem De Kooning s'attaque, pour les exalter, à la fois à l'image traditionnelle de la féminité harmonieuse et à l'existence de l'œuvre elle-même. Selon Sidney Janis, il travaille souvent un tableau, le retravaille fiévreusement, puis finit par dire «qu'il s'est usé sous ses doigts» et qu'il l'a détruit[2]. Parfois, il peint pour s'enfermer lui-même dans une situation intenable, dans ce qu'un stratège nommerait un lieu de mort. Il lui arrive de désirer «se retrouver dans une impasse[2]». On se souviendra de ce que Sun Tse, stratège chinois du VIᵉ siècle avant Jésus-Christ, dit de tels lieux: «Des lieux, en un mot, où l'on ne saurait rester et d'où l'on ne peut survivre que très difficilement, en combattant avec le courage du désespoir[3].» Le peintre suscite en lui-même l'énergie du désespoir en se plaçant volontairement dans une impasse, en mettant la peinture en difficulté. Pour Willem De Kooning, le désespoir ne serait pas premier. Il serait second, résultat d'actes picturaux et source d'énergie. «Je ne m'intéresse au désespoir [dit De Kooning en 1949, dans des phrases d'ailleurs énigmatiques] que dans la mesure où il m'arrive parfois de découvrir que je suis finalement aux prises avec lui. Mais il est très rare que je commence ainsi[2].»

De façon plus claire que Willem De Kooning, Francis Bacon note comment le désespoir et l'exaspération agissent dans son travail et parfois le favorisent de façon paradoxale. Il raconte comment il détruit l'image en produisant à l'intérieur d'elle des marques «par pure exaspération et désespoir»; et comment il constate soudain que, sans le savoir exactement, sans le vouloir consciemment, l'image qu'il croyait détruire finit par se rapprocher de ce qu'il désirait vraiment peindre[4].

Francis Bacon a détruit d'assez nombreuses toiles. «Je pense, remarque-t-il, que j'ai tendance à détruire les meilleurs tableaux ou ceux qui ont été les meilleurs dans une certaine mesure. J'essaie de les pousser plus loin, et ils perdent toutes leurs qualités, et ils perdent tout[4].» Le peintre se trouve ici dans une situation étrange. Tantôt il gagne en croyant perdre, en jetant «sur l'image déjà faite ou à moitié faite» de la peinture, ou bien en la grattant avec un chiffon imprégné de couleurs, ou encore en la raturant de marques irritées ou distraites[4]. Tantôt il perd tout en voulant pousser trop loin une victoire obtenue avec la collaboration du hasard. Francis Bacon éprouve toujours le désir de reprendre et de pousser à l'extrême ce que le hasard lui donne, mais parfois ce désir tue le tableau. «Détruire», pourrait-il dire; mais cette destruction n'est pas simple à définir et ses effets sont, en grande partie, imprévisibles.

En revanche, Francis Bacon, s'il veut faire des portraits violents, ne pense pas qu'il attaque vraiment la figure de ses amis ou sa propre figure (dans les autoportraits): «Que les déformations qui me semblent parfois transmettre l'image avec plus de force soient un dommage, c'est une idée très discutable[4].»

Il existe, en tout cas, chez lui, comme chez Jean Dubuffet, comme chez Willem De Kooning, le sentiment que trop de prudence, trop de ménagement paralyse et tue. On évoquera ici les dangers que crée, selon Sun Tse[3], la trop grande attention du stratège à conserver ses jours: «Tout fait ombrage, tout fait peur; on est toujours en suspens; on ne se détermine à rien, on attend une occasion plus favorable; on perd celle qui se présente; on ne fait aucun mouvement.» Finalement un général trop prudent périra «par le trop grand amour qu'il avait de conserver sa vie». De même, un respect excessif pour les façons habituelles de

peindre et pour les conceptions traditionnelles de la figure humaine tue la peinture, la transforme en académisme et propose des images mortes des corps. Au contraire, un apparent irrespect, une audace donnent de nouvelles chances à l'acte de peindre et à celui de figurer.

COLLABORER AVEC LE HASARD

L'appel au hasard n'est pas chose nouvelle en peinture. On le rencontre dans les anciens mythes que se sont donnés les peintres. La même histoire revient à propos des peintres grecs Protogène, Néalkes et Apelle[5]. Une éponge jetée sur la peinture permet une meilleure représentation de l'écume d'un cheval ou de la bave d'un chien. Ainsi Pline raconte: «A plusieurs reprises, Protogène avait effacé sa peinture et changé son pinceau, sans arriver à être content de soi. A la fin, irrité de cet art qui se laissait trop voir, il jeta son éponge sur le morceau détesté; elle y replaça les couleurs qu'elle avait enlevées, de telle sorte qu'elle réalisât l'effet tant cherché; et ainsi, dans cette peinture, c'est le hasard qui reproduisit la nature.» On remarque que le hasard ici n'est pas ce que l'on pourrait appeler un hasard quelconque. Il s'agit d'un hasard lié aux instruments et matériaux du travail pictural; d'une chance que (sans que le peintre en ait conscience) la peinture se serait donnée à elle-même. On note également que ce qui gêne auparavant Protogène et l'irrite, c'est un «art qui se laisse trop voir», un art qui reste prisonnier de son habileté et ne se subordonne pas à l'intensité de ses effets.

Francis Bacon serait une sorte de Protogène perpétuel, de Protogène méthodique, explorant (avec violence et précision) les façons de faire intervenir le hasard, en un dérèglement raisonné des habitudes picturales. Une partie de ses efforts consiste à lutter contre sa propre virtuosité, «à rompre avec ce qu'il peut faire facilement[4]». Il macule la toile, la rature disloque son unité. Il fait glisser les chairs des corps les unes sur les autres et elles semblent s'entre-dévorer. Parfois ça coule, et parfois ça se déchire. Le peintre ici trouve dans ce qu'il nomme «l'accident» une occasion de se désorienter afin de trouver une orientation meilleure et, pour lui, auparavant imprévisible; afin de perdre une maîtrise qui le limite à des gestes et formes déjà connus. «Je ne sais en vérité pas très souvent, dit Bacon, ce que va faire la peinture et elle fait beaucoup de choses qui sont bien meilleures que ce que je pourrais lui faire faire[4].» Le peintre tend ici à s'effacer, comme sous un coup d'éponge théorique, au bénéfice du hasard et de la peinture, sans que l'on sache si l'on peut (ou non) identifier hasard et peinture. Car, qu'est-ce que cette peinture autonome qui ferait des «choses meilleures» que les intentions conscientes du peintre? En tout cas, Bacon affirme sa position de médium, accueillant les énergies du monde[4]: «Je pense toujours à moi, non pas tant

1 Jean Dubuffet, *Prospectus et tous écrits suivants*, Gallimard, 1967.

2 *Catalogue Willem De Kooning*, exposition du MNAM, Centre Georges Pompidou, juin-sept. 1984.

3 Sun Tse, *Les Treize Articles*, Paris, L'impensé radical, 1971.

4 Francis Bacon, *L'Art de l'impossible* (entretien avec David Sylvester), Genève, Stira, 1976.

5 Adolphe Reinach, *Textes grecs et latins relatifs à l'histoire de la peinture ancienne (Recueil Milliet)*, rééd., Paris, Macula, 1985.

comme à un peintre que comme à un médium de l'accident et du hasard. [...] Je ne pense pas que je sois doué. Je pense seulement que je suis réceptif. [...] Je crois que j'ai par moi-même de l'énergie et je crois que je suis très réceptif à l'énergie.»

Willem De Kooning, semble-t-il, ne parle pas directement du hasard. Mais lui aussi cherche à lutter contre le style qui lui paraît toujours «une supercherie», comme le résultat d'une volonté du pouvoir de perpétuer l'ordre des choses. Il se méfie, lui aussi, de la virtuosité et de la croyance en une perfection du tableau: «Le problème, pour moi, ne s'est jamais posé en termes de "comment faire un bon tableau"[2].» Il aime les états de moindre contrôle, mais ne sait comment parvenir à de tels états: «Quelquefois, je suis pris de frénésie, et après, j'arrive parfois à un tableau fantastique. En fait, c'est sans doute la meilleure façon. Mais enfin je ne peux pas décider *a priori* de me mettre dans tous les états[2].»

Jean Dubuffet, en tous les moments de son œuvre, manifeste, dans sa pratique et dans ses textes, l'importance qu'il accorde au hasard. Il ne se pense pas comme médium du hasard. Mais il propose plusieurs métaphores pour indiquer la nature des rapports entre le créateur et le hasard, pour suggérer les stratégies de l'artiste face au hasard[6]. Selon lui, l'artiste est attelé avec le hasard. Ou bien, il danse avec le hasard: «Le hasard tire à hue et à dia, cependant que l'artiste dirige comme il peut, mais avec souplesse, s'employant à tirer parti de tout le fortuit à mesure qu'il se présente, le faire servir à ses fins, sans s'interdire d'obliquer un peu ces dernières à tout moment.» Ou encore, il chante avec lui un «duetto», chacun doit parler, avec force, son propre langage. Ou bien, il s'agit d'un numéro de dressage d'animaux, où l'artiste est le dompteur et permet à la vitalité des animaux sauvages de se manifester à tous les instants du jeu. Pour Dubuffet, plus l'ouvrier est habile, plus il accepte, désire, suscite les accidents. L'habileté n'est pas l'obéissance aveugle aux intentions. Elle n'est pas le désir d'une maîtrise radicale qui ne tiendrait pas compte du hasard. «A force, et l'ouvrier devenant plus habile, il arrive que les accidents favorables accourent de plus en plus nombreux; l'artiste acquiert — et sans qu'il sache trop exactement lui-même par quels moyens — un certain pouvoir de les faire naître et, simultanément, il se familiarise avec eux, apprend à mieux en tirer parti, à se laisser plus souplement entraîner par eux.» L'artiste ne veut ni dominer le hasard ni devenir son esclave; il l'amène à entrer dans un jeu souple, aux règles fluantes, au but changeant. En même temps, Jean Dubuffet tend à préciser ce qu'il entend par «le hasard»: «Le terme de hasard est inexact: il faut parler plutôt des velléités et des aspirations du matériau qui regimbe.» L'œuvre naît de désirs multiples dont certains sont, pourrait-on dire, non humains: «L'art doit naître du matériau et de l'outil et de la lutte de l'outil avec le matériau. L'homme doit parler, mais l'outil aussi, et le matériau aussi.»

PRODUIRE DES SÉRIES

Comme d'autres peintres avant et après eux, Jean Dubuffet, Willem De Kooning, Francis Bacon peignent des séries, des variations autour d'un même sujet, des reprises d'un même effort. Les effets d'un travail par séries est complexe. D'une part la série est insistance sur un thème; d'autre part, elle montre comment ce thème peut être modifié, dispersé en des jeux de différences, parfois aboli. Produire des séries, c'est aussi réfléchir sur les forces et les faiblesses de la pluralité par rapport à l'œuvre unique; c'est également élaborer la notion de cycle. Chez Francis Bacon, le rapport à l'idée de série est un rapport ambivalent. La série est, pour lui, un pis-aller: «Dans la série, chaque tableau se reflète sur l'autre continuellement et quelquefois ils sont meilleurs en série que séparément parce que, malheureusement, je n'ai jamais encore pu faire l'image unique qui résumerait toutes les autres.» Jean Dubuffet ne souhaite probablement pas réaliser une telle image unique et il ne pense pas qu'elle puisse exister. Il préfère aux œuvres en nombre restreint une création foisonnante, le pluriel et même ce qu'il appelle l'innombrable, le profus[7].

PRIVILÉGIER LA BOUCHE

Bien des portraits de Francis Bacon privilégient la bouche: certains des *Papes*, l'*Étude pour la nurse dans le film «Le Cuirassé Potemkine»* (1957), ou l'*Étude de babouin* (1953). L'un de ses problèmes est de peindre le cri, de montrer la splendeur fascinante d'une bouche béante. Il est fasciné par une admirable photographie: celle de la nurse qui hurle au milieu de l'escalier d'Odessa, dans *Le Cuirassé Potemkine* (1925) d'Eisenstein. Il aime aussi le cri peint par Poussin, dans *Le Massacre des Innocents* (1630-1631), qui se trouve à Chantilly. Il aime beaucoup moins *Le Cri* (1893) d'Edvard Munch. Il se souvient d'avoir, dans sa jeunesse, acheté à Paris «un livre d'occasion, où il y avait de belles planches coloriées à la main, relatives aux maladies de la bouche». Il semble alors plus sensible aux beautés des couleurs plutôt qu'au malaise que peuvent provoquer les idées de maladie, de corps marqué et blessé. Le plus souvent, il met l'accent sur le désir de beauté, le goût de la splendeur qui orientent sa peinture des bouches: «Je voulais faire la bouche, avec la beauté de sa couleur, et tout le reste, semblable à l'un des couchers de soleil ou autre chose de Monet» et il affirme, en le regrettant, avoir un peu manqué ce but[4]. Il existe sans doute, chez lui, à demi inconsciente, une conception flottante de la bouche solaire, de la bouche comme soleil paradoxal, comme soleil-caverne du microcosme constitué par le visage.

La bouche est également importante dans les Women de Willem De Kooning. Sur tous les états de *Woman I*, il plaque une bouche. Sur l'esquisse, c'est le sourire vermeil de l'effigie féminine des Lucky Strike. Ailleurs, ce sont d'autres bouches, toutes découpées dans des publicités ou des illustrations de magazine, dont les lèvres sont parfois agrandies et la dentition soulignée par des verticales noires. Selon le critique et théoricien Thomas B. Hesse, cette bouche collée constitue un point d'ancrage, un centre-axe de la figure féminine. Willem De Kooning déclare lui-même : «J'ai découpé beaucoup de bouches. D'abord, j'ai pensé que tout devait avoir une bouche. Peut-être était-ce un peu comme un calembour. Ou bien c'était sexuel. Quoi qu'il en soit, je découpais beaucoup de bouches, puis je peignais les figures et ensuite je plaçais une bouche plus ou moins là où elle devait être. C'était toujours très beau et ça m'a beaucoup aidé d'utiliser la chose réelle.» La chose réelle est ici le collage d'une bouche photographiée. Willem De Kooning indique ensuite, de façon allusive, comment des figures très anciennes de divinités sont à l'origine de cette fascination de la bouche, comment un rapport à l'univers se précise dans un sourire : «Je ne sais pas pourquoi j'ai choisi la bouche. Peut-être à cause du sourire. Il me rappelle ces idoles mésopotamiennes, toujours dressées vers le ciel, avec ce sourire, comme si elles étaient stupéfiées par leur confrontation avec les forces de la nature. J'étais très conscient de cela. Le sourire, c'était quelque chose à ne pas lâcher.» Ce sourire est lu par le peintre lui-même de bien des façons. Parfois il hésite entre plusieurs interprétations : «Je ne voulais pas (en peignant ces femmes) exprimer d'émotion particulière. Mais quand je les regarde maintenant, elles me paraissent hargneuses et féroces. Ça renvoie sans doute à l'idole, l'oracle. Et puis surtout elles sont désopilantes.» A d'autres moments, le sourire lui apparaît comme un moyen de terreur pure : «Les déesses — ce sourire qu'elles ont —, elles me font vraiment une peur bleue[2].»

Dans certains portraits de Jean Dubuffet (mais non pas dans tous), dans certains Corps de dames (mais non pas dans tous), la bouche est soulignée et les dents marquées avec simplicité et énergie. On trouvera un signe de l'intérêt de Jean Dubuffet pour les bouches ouvertes dans quelques encres de Chine de 1947, figurant un dentiste et son client[8].

On se souviendra, face aux bouches figurées par ces peintres (et peut-être surtout face à celles de Francis Bacon) du texte de Georges Bataille sur la bouche humaine, écrit en 1930[9]. Chez les hommes civilisés (que n'aime guère Bataille), la bouche (qui est, dit-il, la proue des animaux) tend à s'effacer, à se faire oublier : «D'où le caractère de constipation étroite d'une attitude strictement humaine, l'aspect magistral de la face

"bouche close", belle comme un coffre-fort.» Bataille n'aime pas les coffres-forts, les rétentions, les attitudes magistrales. Il constate que, dans l'émotion, l'importance de la bouche resurgit : «Et dans les grandes occasions, la vie humaine se concentre encore bestialement dans la bouche ; la colère fait grincer des dents ; la terreur et la souffrance atroce font de la bouche l'organe des cris déchirants.»

VOIR L'ANIMAL DANS L'HUMAIN, LE PAYSAGE DANS LA FEMME

Jean Dubuffet, Willem De Kooning et Francis Bacon nous apprennent à voir l'animal dans l'humain. Sans le savoir ou en le sachant, ils retrouvent le thème ancien des physiognomonies animales, qui a intéressé, par exemple, Léonard de Vinci, Rubens, le Titien, Charles Le Brun, Goethe, Balzac et bien d'autres. Jurgis Baltrusaitis a étudié cette fable de la bête dans l'homme[10]. On notera (à titre anecdotique et sans rien vouloir prouver) que le livre de Jurgis Baltrusaitis s'ouvre par une page de photographies d'un journal de 1950 (*France-Dimanche* du 9-15 avril 1950). Celles-ci veulent montrer la ressemblance entre Gabin et un lion, entre Sartre et un poisson chinois, entre le boxeur Jean Stock et un singe d'Asie.

Jean Dubuffet, dans ses portraits (1946-1947), va, parmi d'autres ressemblances (avec les cailloux, avec la lune, avec les démons tibétains), souligner parfois celle de l'homme avec un animal : *Tapié raie, Tapié grand duc, Maast à crinière, Jouhandeau bouc moufflon, Jean Paulhan aux petites nageoires, Bertelé écrevisse au sinus, Bertelé chat sauvage.* Parmi les Corps de dames (1950), il y a l'*Oursonne, Corps de dame peau de lapin, Miss Araignée.* Bacon, à certains moments, pense les rapports entre peau humaine et animalité : «J'avais à cette époque-là l'idée que les textures devaient être beaucoup plus épaisses et donc que la texture, par exemple, d'une peau de rhinocéros m'aiderait à réfléchir sur la texture de la peau humaine[4].» Tout en faisant des portraits, il regarde alors des photographies de bêtes sauvages, par exemple de babouins (dont il fera aussi un tableau en 1953). Willem De Kooning n'est guère explicite, semble-t-il, à propos des liens entre l'humain et l'animal. Évoquant déesses et idoles, il voit dans l'humain plutôt le supra-humain que le bestial[2]. Pourtant, il lui arrive de parler, de façon métaphorique, du sourire du chat du Cheshire, qui subsiste après la disparition du chat, dans *Alice au pays des merveilles.* Peut-être le sourire des Women est-il celui, diabolique, du chat du Cheshire.

De Kooning insiste davantage sur les façons dont se mêlent une femme et le site où elle se place[2]. Il dit à Thomas B. Hess : «Le paysage est dans la femme et la femme est dans le paysage.» A propos d'un tableau de 1963, il insiste également sur ces

6 Dans un texte écrit en 1945, publié en 1946, réédité dans *Prospectus...* (voir note 1).

7 Jean Dubuffet, *Asphyxiante culture,* J.-J. Pauvert, 1968.

8 Catalogue des travaux de Jean Dubuffet, t. III, «Plus beaux qu'ils croient», J.-J. Pauvert, 1966.

9 Georges Bataille, *Œuvres complètes,* t. I, Gallimard, 1970.

10 Jurgis Baltrusaitis, *Aberrations,* Flammarion, 1983. Une première version du livre a paru en 1957.

mélanges et métamorphoses : «L'idée de femme est suggérée par une couleur clé, couleur de chair bronzée par le soleil. Le corps est une colline. Les jambes sont coupées, verticales, en forme de troncs. Les courbes des seins se dessinent en écho dans le ciel.»

Francis Bacon rêve aussi parfois d'un corps ou d'un portrait qui serait immense paysage : «Et d'une certaine manière, vous aimeriez pouvoir, dans un portrait, faire de l'apparence un Sahara ; le faire si ressemblant, bien qu'il semble contenir les distances du Sahara[1].»

Certains Corps de dames de Jean Dubuffet portent des titres qui soulignent les façons dont un corps est paysage : *Corps de dame jardin fleuri* ou bien *Corps de dame paysagé sanguine et grenat*, ou encore *L'Arbre de fluides* ou aussi *Botanique et géographie*.

Présentant les Corps de dames, le peintre précise que l'on trouvera dans ces nus «les rapprochements, apparemment illogiques, de textures évoquant la chair humaine [...] avec d'autres textures n'ayant rien à voir avec l'humain, mais suggérant plutôt des sols, ou toutes sortes de choses, telles que des écorces, des roches, des faits botaniques ou géographiques[1]».

APLATIR

Dans les Corps de dames de Jean Dubuffet, dans le Women de Willem De Kooning (sans doute moins chez Francis Bacon), il s'agit d'aplatir. Publiée en 1946, une remarque de Jean Dubuffet définit la peinture par le refus de la troisième dimension[1]. «Ce n'est pas enrichir la peinture mais la dévier et adultérer que de viser à des effets de relief et de trompe-l'œil par le moyen du clair-obscur. Cela a même quelque côté de tromperie malhonnête qui rebute.» Il veut tout étaler en pleine lumière, tout mettre (le plus possible) à plat, tout déplier, contre la perspective, contre le clair-obscur. Il veut inventer de nouvelles habiletés contre les habiletés habituelles : «Trouvons plutôt d'ingénieuses transcriptions pour aplatir tous les objets sur la surface. [...] Les objets représentés y seront transportés, changés en galettes, aplatis au fer à repasser.» Corps-galettes, les Corps de dames ne sont pas absolument figurés en deux dimensions, mais ils suggèrent une profondeur extrêmement faible, comme celle d'une toile un peu flottante, un peu plissée, parcourue de rides, de petits accidents de terrains : corps-sols, corps-murs.

Dames de Dubuffet, Women de Willem De Kooning font face, envahissent la toile, occupent le terrain, débordent, s'étalent, se déploient, se répandent, s'exhibent, s'épanouissent. Au Christ en majesté des Byzantins se substitue la femme en majesté, comme si la perspective de la Renaissance avait été à peu près oubliée. La bouche est l'instrument et l'emblème du triomphe de la femme, comme les yeux immenses sont ceux du triomphe du Christ Pantocrator. Le corps désiré est montré en gloire et l'érotique trouve sa place là où, jadis, se situait la théologique. Dans une lettre de 1961, Jean Dubuffet écrit d'ailleurs : «Les Corps de dames visaient à transporter la célébration du corps féminin sur un plan de très haute cérémonie. Ce plan précisément où les notions de beauté et de laideur ont perdu toute signification[1].»

Par rapport à un axe central qui passe (dans les Corps de dames) entre les deux yeux, entre les deux seins, à travers le nombril et le sexe, deux parties à peu près symétriques, presque identiques occupent la toile, cherchant (pourrait-on dire) le plus de proximité possible avec les limites du tableau. On se demandera d'ailleurs si le but essentiel de cette symétrie presque absolue n'est pas de faire lentement percevoir des dissymétries subtiles. Les deux bras ou les deux jambes de la femme prennent des positions dissymétriques ; des décalages légers existent entre la partie droite et la partie gauche du tableau ; la figure peut être décentrée. Après avoir achevé *Woman I*, De Kooning décide de récupérer environ quinze centimètres dans le bord droit de la toile, repoussant ainsi la figure vers la gauche[2]... Avec humour, Jean Dubuffet souligne dans le titre d'une œuvre la possibilité de ces jeux avec la symétrie et la dissymétrie : *Femme au sexe oblique*.

REFUSER L'OPPOSITION DU FIGURATIF ET DU NON-FIGURATIF

Au cours de ces années, Willem De Kooning, Francis Bacon et Jean Dubuffet ne veulent ni renoncer à la figure ni renoncer à la liberté des gestes picturaux. Pour eux, peindre quelque chose ne signifie pas renoncer à une certaine autonomie des couleurs, des lignes, des taches, des effets de matière. Dubuffet ne veut pas subordonner les moyens de la figuration à la figure qu'il cherche à produire. A propos des Corps de dames, il souligne l'importance des taches involontaires, des formes «antiréelles» et il précise : «Cette manifestation brutale, dans le tableau, des moyens matériels employés par le peintre [...] me paraît [...], paradoxalement, donner à ces objets une présence accrue, ou bien, pour mieux dire, rendre cette présence plus étonnante, plus impressionnante.» Moins l'idée de la figure se fait dominante dans la pratique picturale, et plus grande deviendrait la force de surgissement de cette figure.

Francis Bacon[4] souhaite «marcher sur la corde raide» entre ce qu'on nomme peinture figurative et abstraction. Refusant d'être une illustration, la forme qu'il produit, en collaboration avec le hasard, «viendra droit de l'abstraction ; mais elle n'aura en vérité rien à voir avec elle. Il s'agit d'une tentative pour que la figuration atteigne le système nerveux de manière plus violente et plus poignante». On le constate : Bacon et Dubuffet trouvent des expressions voisines pour formuler leur désir de produire des émotions intenses et brutales par des formes qui seraient à la fois figuratives et au-delà de la figuration, à la fois abstraites et au-delà de l'abstraction.

Willem De Kooning cherche également, dans les *Women*, gestes de la non-figuration. Pour lui, la féminité constitue le «contenu» du tableau, un contenu à la fois «ténu» et bouleversant : «Le contenu d'un tableau, c'est un éclair, une rencontre-éclair, comme une illumination. C'est très très ténu, le contenu[2].»

SE MÉFIER DU REGARD TROP ATTENTIF

Dans leur stratégie de création, Willem De Kooning, Francis Bacon et Jean Dubuffet préfèrent le regard flottant, le coup d'œil rapide, la vision-éclair aux contemplations trop longues. Yves Michaud souligne chez Willem De Kooning l'importance de la vision fugitive *(a glimpse)* du regard en passant. Il cite quelques phrases du peintre, qui lient le regard rapide, la notion d'événement et le désir de produire un tableau : «Chaque nouvelle vision fugitive est déterminée par beaucoup, beaucoup d'autres avant. C'est cette vision qui vous inspire comme un événement. Et je remarque que ce sont toujours les moments où j'ai l'idée que, peut-être, je pourrais commencer une peinture[2].»

Francis Bacon peint souvent ses portraits en dehors de la présence de ses modèles, à partir de souvenirs et de petites photographies, pour éviter de trop fixer le modèle : «Dans mon cas, avoir le modèle devant soi empêche que fonctionne l'artifice grâce auquel cette chose peut être rappelée[4].» Ou bien, il affirme que la peinture doit «attraper» ce qui se meut très rapidement, ce qui ne cesse de se modifier, ce qu'il faut probablement saisir dans l'instant, d'un coup d'œil très rapide. «Lorsque je vous regarde parler (dit Bacon à Jean Clair), je vois une sorte de figure, mais tout le temps ça change : le mouvement de votre bouche, de la tête un peu ; ça change tout le temps. J'ai essayé d'attraper cette chose dans les portraits[11].»

Quand il commente ses portraits, «Plus beaux qu'ils croient», ses «portraits [...] à ressemblance cuite et confite dans la mémoire», Jean Dubuffet fait également l'éloge du regard rapide, du regard de biais, de l'œil mobile et de l'attention flottante : «Le regard se brouille dès qu'il s'attarde ; des toxines se sécrètent qui l'empoisonnent vite ; on ne peut regarder profitablement qu'un court instant. Il faut plutôt regarder les choses beaucoup de fois. Et en changeant chaque fois d'angle, pas deux fois sous le même angle. Les aborder une fois par en dessus, une fois par en dessous, une fois de biais, surtout de biais[1].»

En 1958, il affirme : «L'attention tue ce qu'elle touche. [...] Les peintres, qu'ils écarquillent les yeux devant leur modèle, n'en captent plus rien du tout[1].» Il veut que ses tableaux naissent d'un regard très mobile et qu'ils évoquent cette mobilité lorsqu'on les regarde. Vous regarderez d'ailleurs ces tableaux d'un regard rapide, mobile, souvent de biais, sans insister, sans vous arrêter ; mais vous les regarderez souvent, passant vite d'une œuvre à l'autre, avant de revenir sur vos pas. Vous vous formerez un œil nomade.

MÉTAMORPHOSER UN PEU LE REGARD ET LA PENSÉE

Nous nous sommes ainsi laissé porter, en un mélange de rêverie, de théorie, de malaise et de bonheur, au hasard des tableaux et des propos des peintres. Des affinités sont apparues entre des œuvres très dissemblables. Nous en avons appris un peu plus sur nos désirs et sur ceux des peintres, sur nos rapports à notre corps et au corps aimé, sur la féminité, sur la bouche, sur la célébration du corps désiré, sur certains irrespects qui exaltent, sur quelques respects qui tuent, sur l'opposition stérile et fausse de la figure et de l'abstraction, sur les surgissements qui terrorisent et ravissent à la fois, sur l'œil nomade, sur les chances que le peintre donne au matériau, sur les manières de collaborer avec le hasard et de ruser avec lui, sur quelques autres choses. Oui, nous en avons appris *un peu plus*. «Un peu plus», c'est ici mieux que «beaucoup», mieux que «trop». Grâce à certains tableaux, quelque chose a un peu changé dans nos manières de regarder, de penser, peut-être aussi de jouer, de jouir, d'aimer, de nous situer dans l'espace. Les œuvres qui nous importent sont celles qui produisent en nous des métamorphoses minuscules et bouleversantes.

11 *Chroniques de l'art vivant*, n° 26, déc. 1971-janv. 1972.

Jean Dubuffet
La Métafisyx, *1950*
Huile sur toile 116 × 89,5 cm
Musée national d'art moderne
Centre Georges Pompidou, Paris.

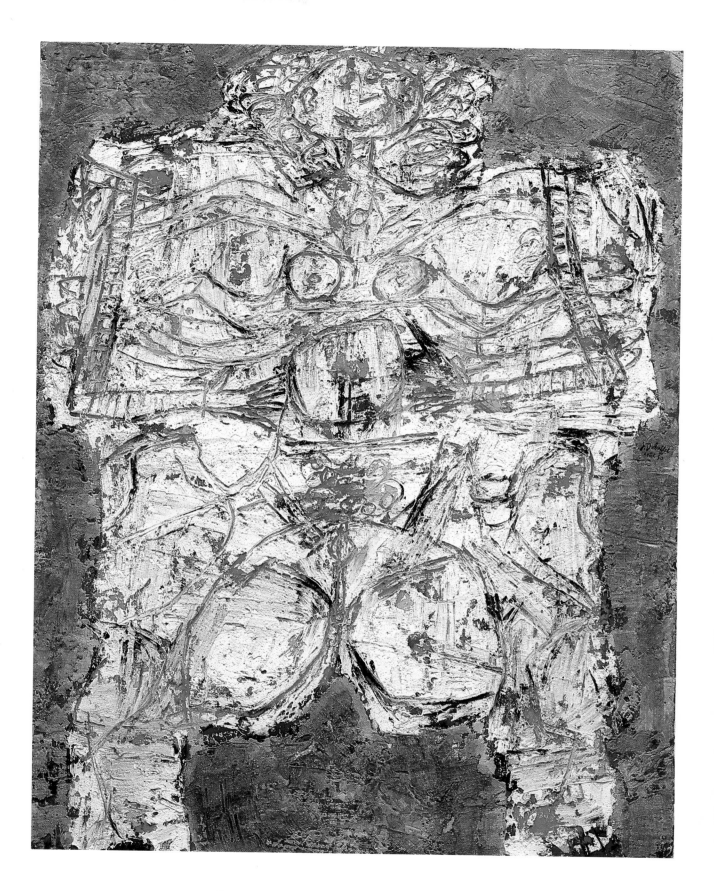

Jean Dubuffet
Corps de dame gerbe bariolée, *1950*
Huile sur toile 116 × 89 cm
Emily Fischer Landau.

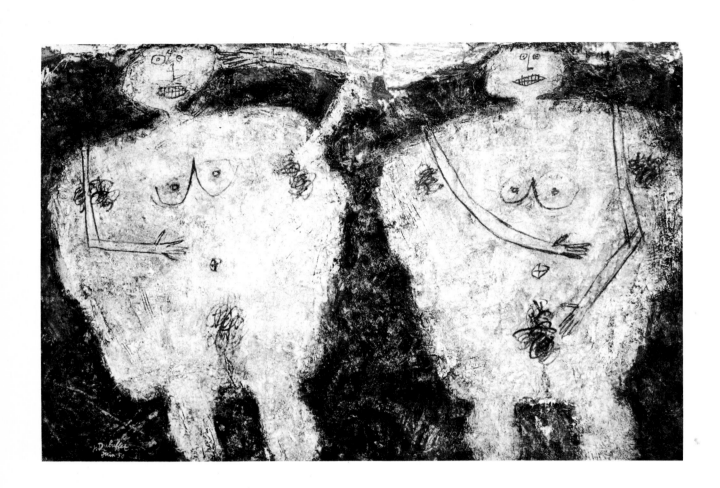

Jean Dubuffet
Gymnosophic, *1950*
Huile sur toile 97 × 146 cm
Collection particulière.

Willem De Kooning
Woman I, *1950*
Huile sur toile 192,7 × 147,3 cm
The Museum of Modern Art, New York
Purchase 1953.

Francis Bacon
Study for a Portrait, *1953*
Huile sur toile 197 × 136 cm
Hess Collection, Napa, CA., USA.

Francis Bacon
Head VI, *1949*
Huile sur toile 93,2 × 76,5 cm
The Art Council of Great Britain.

Jean Dubuffet
Buste d'homme triste, *05.1954*
Charbon de bois
25 cm (h) Collection particulière, France.

Jean Dubuffet
L'Ame du Morvan, *1954*
Pied de vigne 47 cm (h)
Collection particulière.

Jean Dubuffet
L'Africain, *1954*
Éléments botaniques 51 × 36 cm
Collection particulière.

Gaston Chaissac
Visage dans une croix, *1956*
Ripolin sur osier 60 × 47 cm
Musée de l'abbaye Sainte-Croix
Les Sables-d'Olonne.

Gaston Chaissac
Visage à bande rose - Houe, *1954*
Huile sur outil agraire 23 × 16 cm
Collection particulière.

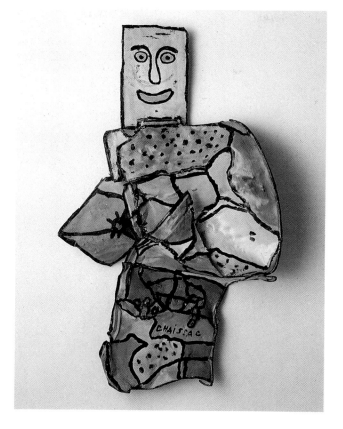

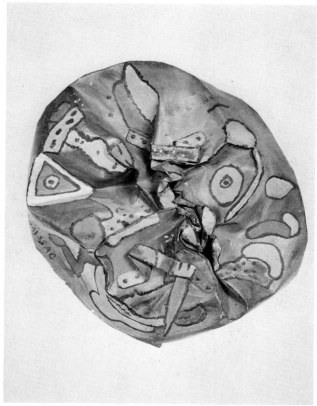

Gaston Chaissac

Grand seau avec visage, *non daté*
Assemblage de métal
Collection D.M.

Bidon d'huile écrasé, *non daté*
Huile sur métal 31 × 21 cm
Collection particulière, Paris.

Couvercle de lessiveuse écrasé, *1955*
Ripolin sur tôle 60 cm
Musée de l'abbaye Sainte-Croix
Les Sables d'Olonne.

Totem, personnage au long bras,
trou au visage, *non daté*
Huile sur bois 39,5 cm
Collection particulière.

1 Jean Dubuffet
Le Commandeur, *04.1954*
Mâchefer 36 cm
The Sonnabend
Collection.

2 Jean Dubuffet
Le Reitre, *1954*
Mâchefer 35 × 10 × 8 cm
The Sonnabend
Collection.

3 Jean Dubuffet
Savonarole, *04.1954*
Mâchefer 35 cm
Collection particulière,
Paris.

4 Jean Dubuffet
Pleurnichon, *1954*
Éponge
40 × 13 × 13,5 cm
The Sonnabend
Collection.

5 Jean Dubuffet
Madame j'ordonne,
09.1954
Lave de Volvic 52 cm
Collection particulière.

6 Jean Dubuffet
Le Menton fendu, *1959*
Papier mâché 27 cm
Collection particulière.

7 Jean Dubuffet
Le Vieux de la plage,
11.1959
Bois de la plage 34 cm
Collection Arnold
et Milly Glimcher.

8 Jean Dubuffet
Maudite Commère,
06.1954
Charbon de bois 33 cm
The Museum of Modern
Art, New York
Gift of Henry Slesar, 1975.

Gaston Chaissac
Totem, homme
au canotier, *1959*
Huile sur bois 41,5 cm
Collection particulière.

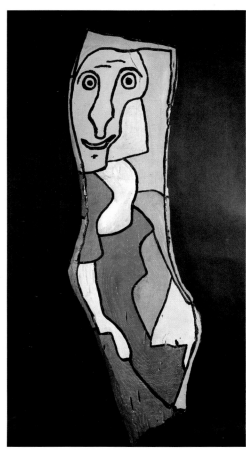

Gaston Chaissac
Totem peint, *non daté*
Pierre
Collection D.M.

Gaston Chaissac
Totem, personnage au visage vert, *1959*
Huile sur bois 161 × 41 cm
Dr Peter Nathan, Zürich.

MORPHOLOGIE AUTRE

Michel Tapié

Si, pour le grand public, le moindre changement d'apparences en art fait figure de révolution, il y a changement réel pour les authentiques amateurs quand et seulement quand les *notions* sont remises en question. Il est permis de penser que maintenant et pour la première fois dans l'histoire du monde, en tous cas d'un monde connu à l'échelle de l'homme, les notions mêmes ont été ou se devront d'être reconsidérées, revues, redéfinies : il serait plus vrai d'en changer les noms, mais pour le moment il est plus facile de communiquer avec des termes liés à nos réflexes éducatifs et pédagogiques qui, lors même qu'ils sont devenus faux, « font image » faute de mieux, c'est-à-dire d'un langage actualisé, c'est-à-dire *autre*. Nous ne ferons ici rien de plus qu'une constatation, qu'un enregistrement de fait, du changement radical opéré dans les notions qui président, dans les arts lyriques, aux structures morphologiques, engendrant aussi de fait et nécessairement ce que j'ai appelé il y a dix ans, provisoirement et pour éviter de nouveaux ...ismes sclérosants *un art autre*, c'est-à-dire un art dans lequel les notions engageant les fondements structurels, noyau même d'une communication entre œuvres d'art et amateurs d'art, étaient elles-mêmes totalement autres. A cette puissance seulement il devrait être permis de parler d'avant-garde, d'art nouveau, et non pas au plan des apparences engendreuses de confusions collectives.

Faire partir l'ère moderne, en tous cas les premiers moments des recherches révolutionnaires de l'impressionnisme et autour n'est qu'un artifice commode d'historiens d'art beaucoup plus soucieux d'histoire que d'art. Si c'est à ce moment-là qu'a commencé l'élaboration de la notion d'*ensemble* qui, nous allons voir, est l'essence même de tous les changements notionnels cardinaux, le monde artistique, tant du côté des créateurs que des amateurs, est resté totalement étranger, en ignorance totale de cet acquis capital mais qui devait rester presque jusqu'à nous le

fait de spécialistes de recherches essentielles et inutiles, par contre les œuvres d'art, malgré des apparences nouvelles engageant des sensibilités de détails rendant l'amateur plus éveillé, plus « frais », obéissent encore totalement aux normes classiques de rythme, de composition, etc. et sont analysables (si besoin est, pour une meilleure communication) en fonction des mêmes normes, beauté comprise. Idem pour le fauvisme, le cubisme, et, dans une large part, pour le futurisme et l'expressionnisme. Toutefois ces deux derniers mouvements, malgré le grand nombre d'œuvres moyennes qu'a pu abriter leurs étiquettes, ont eu le réel mérite (en tant que mouvements), de mettre en vedette deux idées nouvelles, dont l'avenir ne pouvait plus ne pas tenir compte : je veux parler du dynamisme spatial, dépassant le cadre des centres et des axes de l'œuvre futuriste, et l'expression en vedette unique au détriment souvent complet de la forme et de la beauté chez les expressionnistes. Forme et beauté utilisées non comme fin artistique mais comme supports d'une mystérieuse magie font du mouvement métaphysique le plus merveilleux des « chants du cygne » d'un classicisme sursaturé depuis deux siècles, avec une conscience aussi intuitive qu'intentionnelle à notre point de vue infiniment plus efficace que cet autre chant du cygne de fait qu'ont été les chefs-d'œuvre cubistes qui purifièrent à l'extrême et définitivement la morphologie classique prise en cristaux.

Dada dénonça tout cela définitivement, après Nietzsche et son destructeur-créateur : nécessaire table-rase, zéro historique, entériné autour de quelques chefs-d'œuvre de l'ambiguïté.

Après cela la création ne pouvait être qu'autre, et il n'est question ici que d'œuvres totalement autres, post-dada et non classiques de quelque manière que ce soit : à cette puissance l'automatisme (qui suppose nécessairement un passé) ne nous intéresse pas, il n'est que tricherie pour ceux qui veulent

éluder les nécessités nouvelles et un piège pour les nouveaux poncifs, ceux par exemple pour qui l'informel est une fin confortable et non ce qu'il est seulement et en peut être d'autre, une matière première plus généralisée *à signifier*.

Je répète pour mémoire qu'il a fallu attendre jusqu'à 1942 pour voir apparaître d'une manière à la fois consciente et continue des œuvres collant totalement à ces inéluctables nouvelles nécessités. Je m'interdis dans cet essai propositionnel, pour en ouvrir plus les constructives disponibilités, de citer quelque nom d'artiste que ce soit. A n'en citer qu'un, j'aurais pensé avant tout autre à l'architecte catalan Gaudi, qui, le premier et définitivement, avait tout résolu. Nous y reviendrons.

Les œuvres reproduites dans ce livre parlent d'elles-mêmes et l'esthétique n'a d'autre raison qu'en faciliter la lecture, c'est-à-dire la communication entre elle, œuvre faite, et l'amateur d'art digne de ce nom, c'est-à-dire suffisamment passionné pour avoir fait de l'art le centre de son éthique sociale et une encombrante part de son éthique individuelle.

Plutôt que l'impressionnisme, pourquoi n'avoir pas interrogé les complexes baroques ou les ascèses aristocratiques d'œuvres résultant des longues disciplines du bouddhisme zen ? L'évolution créatrice aurait pu ne pas perdre un siècle, comme elle l'a fait, avec tout le respect que nous devons malgré tout aux chefs-d'œuvre de cette longue période d'hier où l'art avait perdu le contact avec les plus vives avancées de l'aventure de l'esprit.

La morphologie classique opère depuis le début du monde, depuis les graffiti imitatifs et les totems rituels jusqu'au cubisme inclus : elle était simple et efficace, d'où une si longue continuité de chefs-d'œuvre merveilleusement axés sur la loi du moindre effort (tous les humanismes). La structure en était tridimensionnelle, avec des formes pleines et des espaces vides, composés selon des lois rythmiques régies par les combinaisons primaires des nombres appelés naturels sans le moindre possible scepticisme : l'homme avait bâti un système du monde à son image, tout au moins à l'image d'un hédonisme régi par la simplicité et l'équilibre, pour le plus accessible des conforts. Le fait qu'une telle convention était bonne ne se discute pas, si l'on considère les ères et le nombre de siècles de son efficacité. Bien ; mais quand la complète saturation est arrivée, il aurait mieux valu essayer tout de suite autre chose. C'est *maintenant* chose faite, et nous avons la chance inouïe d'avoir vécu ce moment exceptionnel, très exceptionnel dans l'histoire du monde, et tant pis pour ceux qui sont passés à côté de cette fantastique aventure qu'est le changement des notions les plus fondamentales, qui remettent *tout* en question.

Les notions classiques devenaient de moins en moins générales et de plus en plus conventionnelles, signes de saturation définitivement liquidée il y a une centaine d'années par Georg Cantor et sa théorie des Ensembles. En art il a fallu attendre vingt-cinq ans après la table rase dada pour entrevoir sous une avalanche d'expériences, quelques-unes très conscientes, mais la plupart hasardeusement absurdes faute de mieux, les approches d'une ère enfin autre. Aujourd'hui il y a sursaturation d'expériences aux répétitions académisées-académisantes et il faut tourner cette première page dangereusement longue. Seule une Esthétique totalement consciente et aussi rigoureuse que l'exigent les notions autres peut le faire, en interrogeant les œuvres capitales d'individus qui ont su allier l'audace extrême à l'extrême qualité.

Il est temps de débrouiller de cette très riche matière première nouvelle, à la lumière des notions de continuité, de limite, de voisinage, autour de rythmes à la puissance des nombres cardinaux, l'ordre de demain engendreur d'une nécessaire tradition autre, où l'art tout court aura sa place de tous les instants dans un possible et nécessaire art de vivre.

La recherche esthétique pour une communication entre les chefs-d'œuvre ne devant rien aux classicismes mais en complet appariement avec les notions autres, et les *idées*, c'est-à-dire les plus hautes nécessités de maintenant, se doit de maintenir l'art et l'homme au cœur du devenir de l'aventure créatrice, dans la plus passionnelle des rigueurs.

Extrait de L'Œil,
octobre 1957.

Alberto Burri
Grande sacco, *1952*
150 × 250 cm
Collection Domenico Modugno, Rome.

Jean Dubuffet
Mur végétal, *novembre 1959*
Éléments botaniques 150 × 200 cm
Courtesy Galerie de France
et galerie Baudoin Lebon.

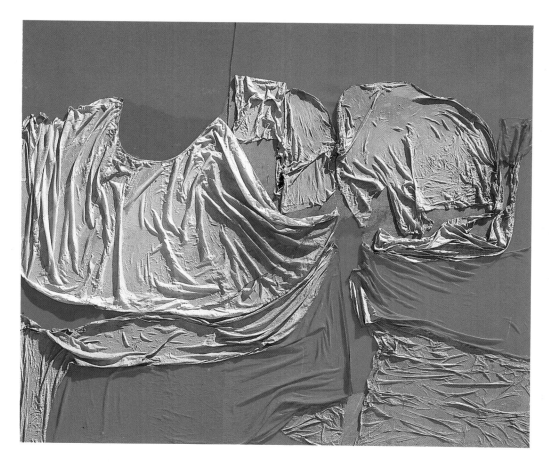

Alberto Burri
Rosso, *1956*
Huile et acrylique sur toile 186 × 190 cm
Fondazione Palazzo Albizzini,
Città di Castello.

Alberto Burri
Grande Ferro, *1959*
Fer 200 × 190 cm
Collection de l'artiste.

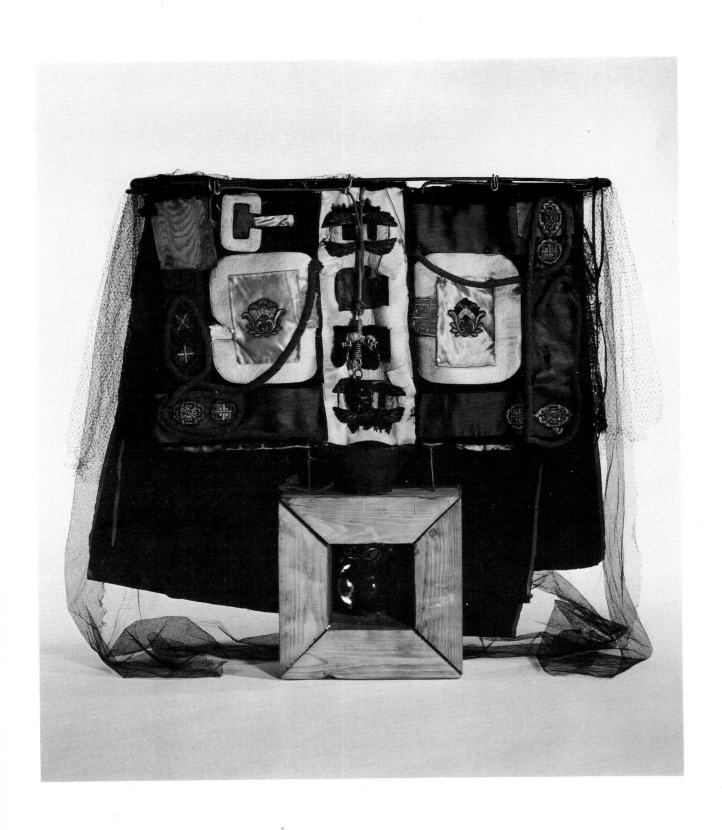

Étienne-Martin
Passementerie I, *1949*
Techniques mixtes 66 × 64 × 16,5 cm
Musée national d'art moderne
Centre Georges Pompidou, Paris.

Étienne-Martin
Passementerie II, *1949*
Techniques mixtes 26 × 50 × 38 cm
Musée national d'art moderne
Centre Georges Pompidou, Paris.

Étienne-Martin
Passementerie III, *1949*
Techniques mixtes 22 × 40 × 34 cm
Musée national d'art moderne
Centre Georges Pompidou, Paris.

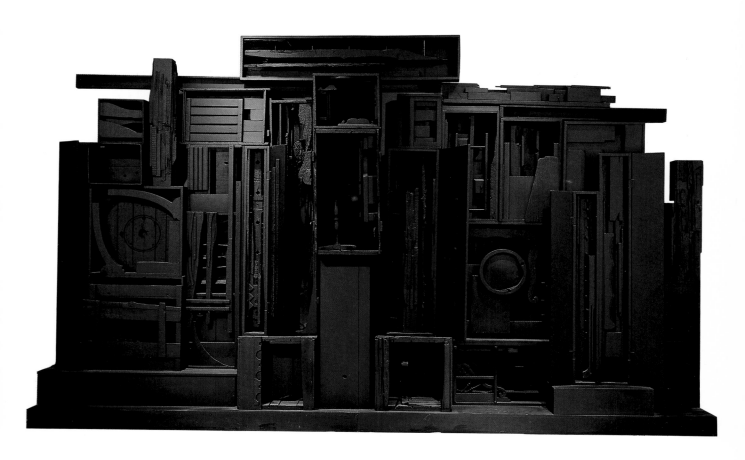

Louise Nevelson
Sky Cathedral Presence, *1951*
Bois peint en noir
312,4 × 441,9 × 73,6 cm
Collection Walker Art Center, Minneapolis
Gift of Mr. and Mrs. Kenneth Dayton, 1969.

Robert Rauschenberg
Trophy I (for Merce Cunningham), *1959*
Techniques mixtes 168 × 104 cm
Kunsthaus, Zürich.

Robert Rauschenberg
Bed, *1955*
Techniques mixtes
191,2 × 80 × 16,5 cm
Collection Leo Castelli.

Antoni Tapiès
Rideau de fer au violon, *1956*
Assemblage 200 × 150 × 13 cm
Collection particulière, Barcelone.

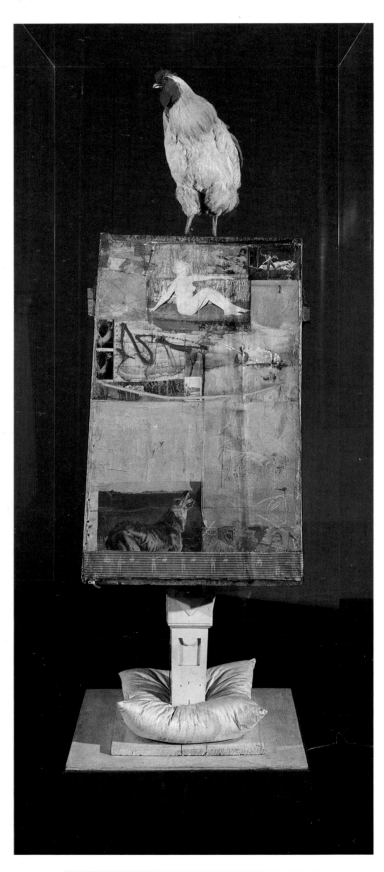

Robert Rauschenberg
Odalisque, *1955*
Techniques mixtes 211 × 63,5 × 63 cm
Musée Ludwig, Cologne.

Antoni Tapiès
Rouge, *1958*
Techniques mixtes 195 × 130 cm
Collection Rodolphe Stadler, Paris.

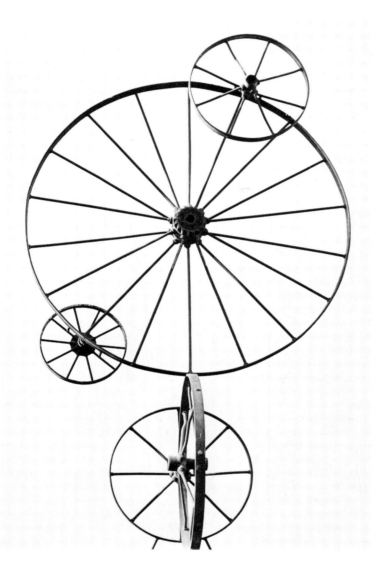

Ettore Colla
Continuita, *1954*
Assemblage de fers de récupération
remontés et soudés 242,8 × 142,2 cm
The Museum of Modern Art, New York
Purchase 1961.

Ettore Colla
Agreste, *1955*
Assemblage de fers de récupération
224 cm (h)
Collection Carla Panicali, Rome.

Richard Stankiewicz
Europe on a Circle, *1953*
Matériaux de récupération 202 × 94 × 91 cm
Musée national d'art moderne
Centre Georges Pompidou, Paris.

Raymond Hains *et* **Jacques de la Villeglé**
Ach alma manetro, *1949*
Affiches lacérées marouflées
sur toile 58 × 256 cm
Musée national d'art moderne
Centre Georges Pompidou, Paris.

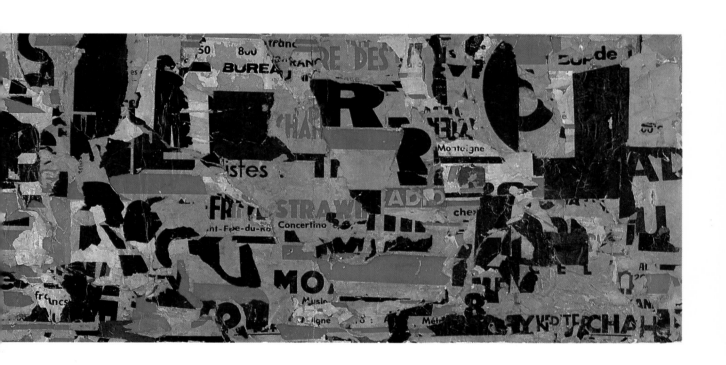

LE PETIT LAPIN DANS LE FOND DE L'ASSIETTE

JOSÉ PIERRE

1.

A marée basse, sur les côtes océanes, se découvrent au regard ingénu mille trésors insoupçonnés, cavernes où s'embusquent les poulpes aux noirs desseins, piscines luxueusement pavées d'oursins et d'anémones de mer, criques limpides où cinglent des crevettes, molles jungles des algues délaissées par le flot. De tels spectacles donnent à quiconque y assiste non seulement le sentiment, ô combien trompeur, qu'une étroite complicité lie les uns aux autres les acteurs qui n'y miment rien de moins que l'incessante lutte pour la vie, mais jusqu'à l'illusion de se trouver en présence d'un monde vierge, d'avant l'apparition de l'espèce humaine. Cette espèce, néanmoins, en la personne du spectateur, qu'il s'agisse d'un enfant aux yeux surpris ou d'un adulte au regard blasé, ne se sent pas tout à fait étrangère à ce qu'elle contemple. Elle s'y retrouve, elle s'y reconnaît comme au sein d'une première ébauche où, en tant qu'espèce, elle n'existait encore qu'à l'état de vague projet dans les brouillons de la création. Et d'ailleurs, il lui suffit de saisir à la surface de ces flaques un reflet de sa physionomie pour se persuader qu'elle y est déjà contenue tout entière. Au point que celui qui regarde n'éprouverait aucune surprise à ce qu'on lui propose de composer son portrait, à la manière d'Arcimboldo, de poissons, d'étrilles et de bigorneaux.

2.

Mais en ce temps qui nous occupe, il y a trente ans et davantage, la marée basse apparut d'autant plus surprenante et prometteuse qu'elle succédait à une marée grise dont on avait pu craindre un instant que, tel un nouveau Déluge, elle ne submergeât toutes choses sous l'opacité de ses eaux.

3.

Au cours des années 50, en effet, on put croire un instant que la peinture allait bientôt tout recou-

vrir. Était-ce bien de la peinture, d'ailleurs ? Plutôt quelque chose comme ces fleuves de boue qui parfois dévalent de la montagne, emportant sur leur passage les forêts, les maisons, les troupeaux. Ou cette sorte de vase que la marée basse révèle, mais cette fois dans le cloaque, au fond des ports, où gisent les barques échouées. Quelque chose en tout cas d'infiniment triste, d'infiniment sale, d'infiniment monotone, dont le seul mérite, outre sa vague teinte irisée issue du mélange de toutes les couleurs diluées jusqu'à épuisement, était de faire valoir par contraste ce qui n'était pas elle-même. Par exemple ces dérisoires témoins de la vie dite civilisée : chats crevés, vieilles baudruches, bouteilles vides de Coca-Cola. Voilà comment la marée grise de la peinture informelle préparait involontairement la réaction soudaine du pop art et du Nouveau Réalisme.

4.

Entre-temps, cependant, la marée basse était revenue proposer ses trésors...

5.

On pourrait aussi prendre les choses à la blague et dire de ces œuvres que c'était en somme l'histoire du petit lapin dans le fond de l'assiette ; vous savez bien, lorsqu'on dit aux enfants qui renâclent devant leur bouillie : «Mange mange mon petit, mange mon mignon, quand tu auras fini ta bouillie tu verras le petit lapin dans le fond de l'assiette...»

6.

Le grand Karl ne croyait pas si bien dire lorsqu'il affirmait que, dans l'histoire, la tragédie était appelée à se répéter, mais en farce. Trente ans après, le phénomène qui nous occupe s'est en effet répété. Et cette fois, tremblez bonnes gens, ce n'est pas un petit lapin qu'il y avait dans le fond de l'assiette, mais un âne, l'âne de la Transavanguardia...

7.

Certes, il est difficile de soutenir sérieusement que, vers 1951, c'est en cherchant à voir le petit lapin dans le fond de son assiette que Jackson Pollock peignit, entre autres, *Number 8*, *Number 15* et *Number 19*. Mais est-il plus sérieux d'affirmer, comme le fait Judith Wolfe, que ce sont là autant de phases de la lutte contre la Terrible Mère Omnidévoratrice chère au regretté Carl Gustav Jung? Celle-là justement qui dit: «Mange, mange mon mignon, ou sinon c'est moi qui te mangerai.»

8.

Je concéderai bien volontiers à Judith Wolfe que le retour à la figuration, ou une plus grande place laissée à la figuration, ça veut dire en premier lieu réapparition de la figure humaine. Et plus encore que de son corps en sa totalité, la réapparition du visage de l'homme. Réapparition qui répond à l'angoisse d'un manque et s'accomplit également dans l'angoisse des retrouvailles.

9.

C'est toute l'histoire de Giacometti, par cela même infiniment plus pathétique que celle d'Hélion, voir même, dans une autre direction, que celle de De Kooning.

10.

Car seuls les gens du commun s'imaginent qu'un artiste peintre, c'est quelqu'un dont la préoccupation essentielle est de représenter des biches dans une clairière ou des petits chiens enrubannés posés sur des coussins.

11.

Le visage de l'homme? De la guerre de Corée à la guerre d'Algérie en passant par l'écrasement de Budapest, l'homme ne se portait pas si bien que cela, dans les années 50.

12.

Vers le milieu des années 40, c'était déjà en découvrant l'ampleur de la tragédie humaine que Matta, à New York, renonçant à cette sorte d'abstraction cosmique au sein de laquelle il évoluait avec tant de bonheur jusque-là, réintroduisait la figure humaine dans ses tableaux. Mais Max Ernst, mis en présence du *Vitreur* ou de *Être avec*: «C'est de la peinture belge!»

13.

De la peinture belge?

14.

Ce qu'il y a de commun, au-delà de leurs différences évidentes, entre les tableaux rassemblés d'Alechinsky, d'Appel, de Jorn, de Michaux et de Pollock, c'est la manière dont la figure humaine s'y dégage de la matière picturale sans s'en dégager tout à fait. Car, cette substance du tableau, l'être y est encore englué comme dans son limon originel. Et comme si c'était de la peinture et non pas du peintre que l'être tirait son être.

15.

C'est pourquoi les premières associations d'idées qui se soient imposées à moi furent, à peu près

simultanément, celle de la marée basse révélant tous ses trésors cachés et celle de la bouillie que touille la cuiller de l'enfant à la recherche du petit lapin perdu. Dans le même temps, un mot me bourdonnait aux oreilles. Celui de limbes.

16.

Les Limbes. On se souvient qu'un instant Baudelaire avait retenu ce titre pour ce qui deviendra finalement *Les Fleurs du Mal*. A Limbes, mon *Petit Larousse illustré* en couleurs dit: «Séjour des âmes des justes, morts avant la venue de Jésus-Christ, et de celles des enfants morts sans baptême.»

17.

Comme on peut en juger, tout ceci n'est que fort modérément joyeux.

18.

On a vu que, spontanément, mes associations d'idées m'avaient placé dans une atmosphère très proche, le petit lapin excepté, des références jungiennes, en particulier de la descente dans l'inconscient comparée à un voyage nocturne en mer ou à un retour aux origines du monde. Ce qui ne va pas, pour peu qu'on poursuive l'enquête en ce sens, sans soulever quelques problèmes. Certes, nul n'ignore plus que Pollock a subi quatre années d'analyse jungienne, de 1939 à 1943, tout en proclamant son admiration pour Freud et non point pour Jung. Mais les autres? Je ne sais pas du tout ce que Michaux pensait de Jung, bien que je croie discerner assez bien leur commune fascination pour la pensée de l'Inde. Et sans rien connaître des rapports de Cobra avec les idées de Jung, j'imagine Jorn, dans sa passion pour le folklore scandinave par exemple, amené tout naturellement à s'interroger sur la fameuse notion d'inconscient collectif. D'autant qu'entre Cobra et Jung il existe ce pont qui s'appelle Bachelard, lequel Bachelard aura eu une influence peu niable sur Cobra, tout comme lui-même s'est montré indéniablement réceptif à la pensée de Jung.

19.

Tout récemment, Simone Rozenberg soulignait chez Jung et Bachelard, c'est elle qui parle, «une parenté de sensibilité; une admiration chez Bachelard, un respect chez Jung, pour l'inépuisable créativité de l'imagination humaine; une commune certitude que la fécondité de l'inconscient n'a pas de limites et que l'énergie de l'archétype sait éternellement renouveler ses formes et ses contenus. Une commune vision de l'unus mundus: l'idée que l'homme, jeté dans le monde, est parent de ce monde, et que le surgissement des formes et des événements du cosmos trouve en l'âme humaine la reconnaissance de quelque chose qu'elle portait au fond d'elle-même depuis toujours[1].»

20.

Je n'y mets, est-il besoin de le préciser, aucune intention polémique. Breton lui-même, sans

1 Simone Rozenberg, «Bachelard et la métaphore», Cahiers internationaux du symbolisme, n°s 53-55, Mons, 1986.

cesser de se réclamer de Freud, n'en disait pas moins dans le *Second manifeste* que le surréalisme tendait à la récupération totale de notre force psychique par un moyen qui n'est autre que la descente vertigineuse en nous, etc. Au demeurant, il s'agit là de symboles qui sont présents dans la mythologie de peuples fort différents comme ils le sont dans la pensée de nombreux philosophes, poètes ou artistes d'origines et de périodes diverses. Et le fait de retrouver ces symboles sur son chemin ne me paraît nullement constituer un brevet de conformité à la pensée de Jung, celui-ci ne les ayant nullement inventés mais s'étant contenté de les organiser en système. Ou alors autant dire que le maelström est d'obédience jungienne, ce maelström d'ailleurs si typiquement Cobra! Nous nous situons ici dans une perspective d'autant plus excitante pour l'esprit que l'homme s'y découvre de profondes affinités avec l'univers qui l'entoure. Novalis n'est pas loin, ni le Nerval des *Vers dorés* :

Souvent dans l'être obscur habite un Dieu caché;
Et comme un œil naissant couvert par ses
paupières,
Un pur esprit s'accroît sous l'écorce des pierres!

Et la peinture participe de cette communion, elle qui, nous l'avons vu, semble créatrice par elle-même. Pas seulement la peinture, d'ailleurs. Bachelard écrivait : «C'est moins le poète qui crée le poème que le poème qui crée le poète; s'il n'était que l'auteur de son poème, il mourrait comme tout un chacun. Mais il est l'enfant de son poème. Et à jamais[2].»

21.

Tout de même, on ne saurait perdre de vue que la cause majeure du conflit entre Freud et Jung concernait l'importance du rôle de la sexualité dans la vie psychique. Le refus par le second d'admettre la fonction dynamique essentielle impartie par le premier au complexe d'Œdipe devait entraîner entre autres le développement dans le panthéon jungien de cette image de la Terrible Mère Omnidévoratrice que Judith Wolfe prétendait avoir repérée dans l'œuvre de Jackson Pollock. Or la Mère Terrible surgit en force dans le numéro 7 de *Cobra*, à l'automne 1950, et d'abord sous la quadruple forme d'un article de Jean Raine portant ce titre, d'un texte d'Alechinsky intitulé «Ève-la-Terrible» et de deux poèmes sur le même thème, l'un d'Aygeparse, l'autre de Luc Zangrie. C'est-à-dire la Mère Terrible de A à Z. Dans le même numéro, Jorn parle de cette figuration phallique de l'art primitif scandinave, le Frey, dont souvent le phallus se confond avec la barbe et qui est montré protégeant l'un et l'autre contre l'agression de la femme...

22.

«Or, écrit Jorn, une très curieuse coutume allemande, qui s'est perpétuée jusqu'à nos jours, laisse supposer que l'image suédoise que nous décrivons ne ferait que traduire un vieux rite agraire. Après la moisson, une femme qui a les yeux bandés coupe avec une faucille la barbe faite d'épis dont s'est affublé un homme qui se tient assis, et qui loin de protester se laisse faire. La femme s'attaque ici à l'homme en tant que détenteur du pouvoir sexuel et en tant que maître, aussi, de la fertilité agricole. [...] Il n'est pas exclu que la mère terrible ait exercé en fait, dans les pays germaniques et scandinaves, un règne dont l'art et la fête ont gardé le souvenir.»

23.

Rien en tout cas, dans Cobra, de comparable à cette célébration de la femme et de l'érotisme que l'on trouve dans le surréalisme. Et en particulier la peinture de Max Walter Svanberg, dont les premiers accomplissements sont contemporains de la brève existence historique de Cobra, laisse de glace Dotremont et plus encore Jaguer. Mais dans le même temps l'on accueille on ne peut plus favorablement Wifredo Lam, dont la thématique, sinon l'esthétique, est très proche de celle de Svanberg. C'est sans doute qu'aux yeux des animateurs de Cobra Lam apparaît avant tout comme celui qui a su plonger ses racines dans le folklore Vaudou, alors que l'art de Svanberg leur semble étranger aux traditions populaires scandinaves.

24.

Chez Michaux, la femme brille par son absence.

25.

C'est à lui sans doute, c'est à ses œuvres de 1949 ou de dix ans postérieures, que conviendrait le mieux ce titre de Limbes auquel j'avais songé un instant. L'être y émerge difficilement du non-être, passablement nauséeux mais malgré tout animé de sa timide chance de vie. On s'y tient encore plus près qu'ailleurs des formes élémentaires, primordiales, du protozoaire par exemple, ou du plancton, avec son inépuisable diversité et sa grouillante vitalité. Ce plancton dont se nourrissent les baleines, par une émouvante rencontre entre l'infiniment grand et l'infiniment petit. Extrême précarité des formes chez Michaux, toujours, dirait-on, à la merci du moindre souffle. Mais les êtres les plus frêles en apparence sont quelquefois ceux qui résistent le mieux à l'adversité.

26.

Jackson Pollock. Il y a dripping et dripping. On peut distinguer le dripping-dentelle et le dripping-geste-auguste-du-semeur, le dripping-larguez-les-amarres et le dripping-art-de-tirer-dans-les-coins, le dripping-Book-of-Kells et même le dripping-à-la-fin-de-l'envoi-je-touche, enfin le dripping-à-sculpter-les-figures. Ce dernier particulièrement angoissé, conflictuel, convulsif, crispé, en permanent déni de soi et de qui lui a donné le jour. Contestant de sa part toute reconnaissance de paternité.

2 Gaston Bachelard, *Introduction à la poétique du Phénix.*

27.
Du sacré chez Pollock. Si l'on veut, ça se passe en trois temps. En premier lieu, une réflexion sur le sacré en général, du totémisme de l'Amérique indienne à *Guernica*, en passant par la Crucifixion. En second lieu, d'imposantes cérémonies propitiatoires au cours desquelles l'officiant répand sa semence sur le sol en généreuses libations aux pieds de l'Idole à venir. En troisième lieu, la laborieuse tentative pour dresser la statue de celle-ci. S'agit-il toujours de la Terrible Mère Omnidévoratrice ? J'en ai bien peur, my dear Miss Wolfe, à voir avec quelle satisfaction elle va dévorer son adorateur !

28.
Curieux, non, que les cinq artistes ici réunis aient en commun de se situer en porte à faux par rapport à Breton comme par rapport à Freud, par rapport à l'automatisme comme par rapport au complexe d'Œdipe ?

29.
Jorn : «Notre but est d'échapper au règne de la raison qui n'a été, qui n'est encore autre chose que le règne idéalisé de la bourgeoisie, pour aboutir au règne de la vie. Mais contrairement à Breton, nous pensons que derrière les fausses conceptions morales ou esthétiques, métaphysiques, qui ne correspondent pas aux intérêts vitaux de l'homme, existent la vraie morale et la vraie esthétique matérialistes.»

30.
Car il y eut en plus, entre Cobra et le surréalisme, ce contentieux : la fiction du surréalisme révolutionnaire !

31.
Karel Appel, «le moins touché par la littérature», selon Marcel-André Stalter. Appel, ou la monstruosité en belle humeur. Appel, que l'on s'étonne de voir parfois, comme ici, visité par le tourment. Appel, la joie soudain tournée en peur.

32.
Asger Jorn, possédé par la peinture. Celui qui, selon Dotremont, «faisait tout pour ne pas faire de chefs-d'œuvre». Ses figures grimaçantes, venues d'Ensor mais peut-être aussi du Goya de la Quinta del Sordo, ne doivent jamais nous faire oublier, à l'arrière-plan, la présence constante de Munch et son étreinte douloureuse avec le monde. Épris de la couleur comme personne.

33.
Pierre Alechinsky. Ses œuvres de 1958-1959 demeurent les plus hermétiques, les plus fascinantes aussi sans doute, celles qui résistent le mieux au déchiffrement, à la mise à plat du discours, celles également qui se défendent avec le plus d'efficacité contre la tentation de séduire. Quelle relation avec Jackson Pollock ? Tout ferait songer à la période totémique de ce dernier. Les *Grands Transparents* ne sont pas si loin des grands drippings abstraits. *Tu te calmes*, en revanche, est étonnamment proche des Pollock de la période noire et blanche.

34.
Dans *Vivre avec Picasso*, Françoise Gilot raconte qu'à l'époque où les deux créateurs du cubisme se voyaient quotidiennement, Picasso prétendit un jour découvrir un petit lapin dans une toile de Braque. La chose était grave : en effet, ils étaient alors en pleine période du cubisme hermétique. Finalement, comme Picasso voyait toujours le petit lapin, Braque détruisit la toile.

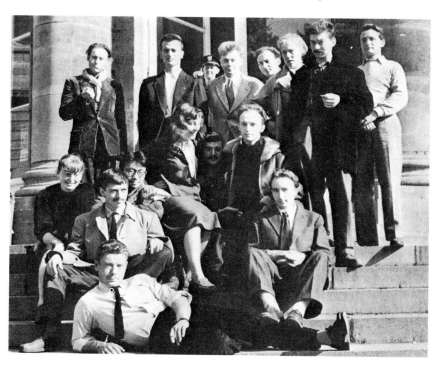

A Liège en 1951 (de g. à dr.) : Corneille, R. Kaufmann, Jean Raine, Wolvecamp, Tony Appel, Karel Appel, K.O. Greis, J. Hannoset, Corneille Hannoset, Tajiri, Micky Alechinsky, Reinhoud D'Haese, Pierre Alechinsky, Luc de Heusch (Zangrie), Michel Olyff. Vus par Karl-Otto Götz.

Jackson Pollock
Number 19, *1951*
Émail sur toile 155 × 134,5 cm
Collection Arne et Milly Glimcher.

Jackson Pollock
Number 8/Black Flowing, *1951*
Émail sur toile 140 × 184,5 cm
The National Museum of Western Art
Yamamura Collection, Tokyo.

Jackson Pollock
Number 15, *1951*
Émail sur toile 142,2 × 167,6 cm
Museum Ludwig, Cologne.

Asger Jorn
The Feast of St. John II, *1952*
Huile sur toile 160,8 × 183,7 cm
Aarhus Art Museum, Danemark.

Pierre Alechinsky
Tu te calmes, *1958*
Encre sur papier maroufié
sur toile 215 × 150 cm
Collection particulière.

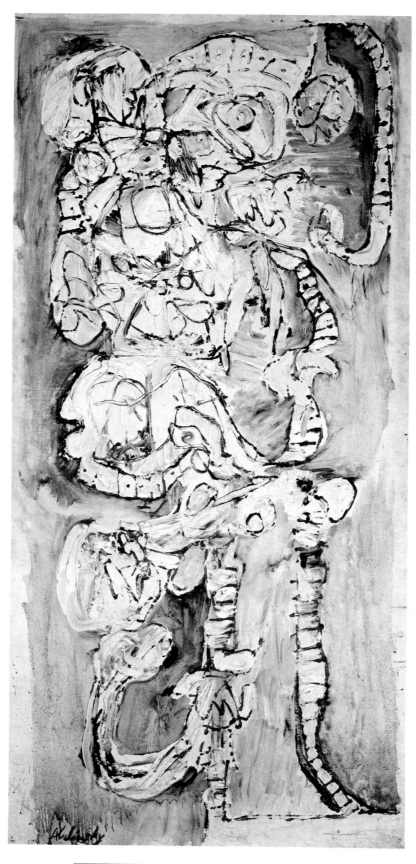

Pierre Alechinsky
Tour, *1959*
Huile sur toile 205 × 95 cm
Collection particulière.

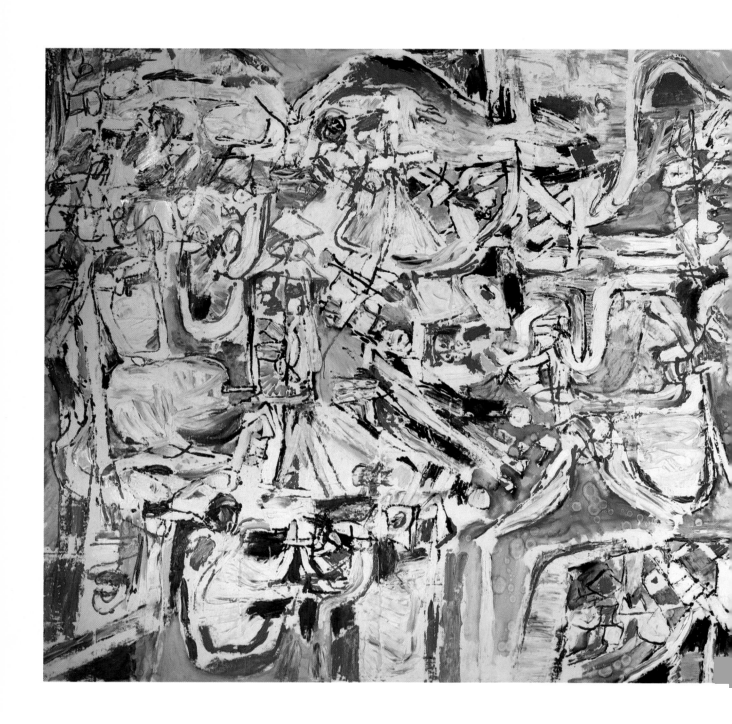

Pierre Alechinsky
Les Grands Transparents, *1958*
Huile sur toile 200 × 300 cm
Collection Meridian Partners Inc.

Karel Appel
Couple amoureux, *1955*
Huile sur toile 100 × 130 cm
Haags Gemeentemuseum, La Haye.

Karel Appel
Fire World, 1957
Huile sur toile 192 × 241 cm
Albright Knox Art Gallery, Buffalo, New York
Gift of Seymour H. Knox.

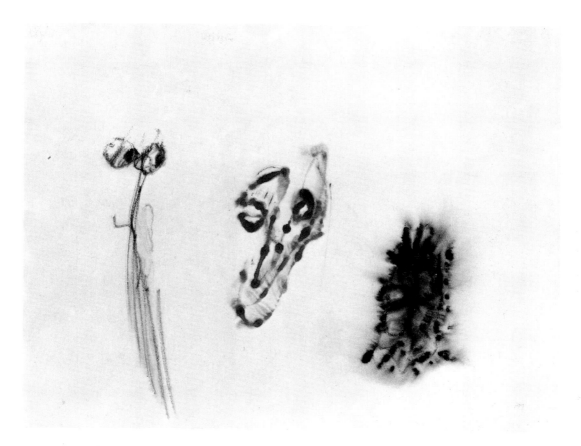

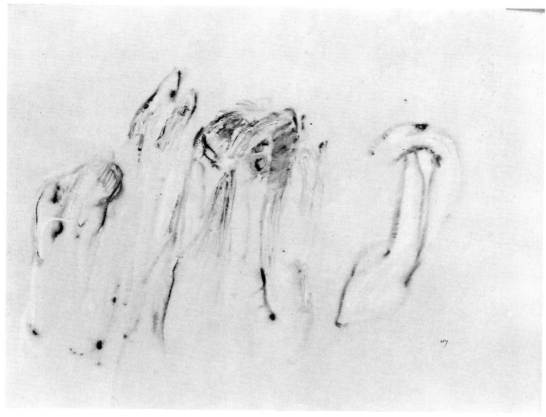

Henri Michaux
Sans titre, *1959*
Aquarelle sur papier 50 × 65,2 cm
Musée national d'art moderne
Centre Georges Pompidou, Paris.

Henri Michaux
Sans titre, *1957-1958*
Aquarelle et gouache sur papier 50 × 65 cm
Musée national d'art moderne
Centre Georges Pompidou, Paris.

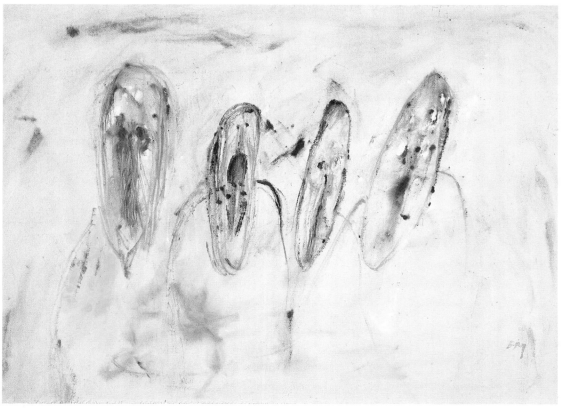

Henri Michaux
Sans titre
Lavis et aquarelle
sur papier 50 × 65,5 cm
Musée national d'art moderne
Centre Georges Pompidou, Paris.

Henri Michaux
Sans titre, *1949*
Aquarelle et gouache
sur papier 38,7 × 54 cm
Musée national d'art moderne
Centre Georges Pompidou, Paris.

PEINTURE DU PEU

E.M. CIORAN

[...] Les mots, qui les aura aimés autant que lui [Beckett]? Ils sont ses compagnons, et son seul soutien. Lui qui ne se prévaut d'aucune certitude, on le sent bien solide au milieu d'eux. Ses accès de découragement coïncident sans doute avec les moments où il cesse de croire en eux, où il se figure qu'ils le tranhissent, qu'ils le fuient. Eux partis, il reste démuni, il n'est plus nulle part. Je regrette de n'avoir pas marqué et dénombré tous les endroits où il se rapporte aux mots, où il se penche sur les mots – «gouttes de silence à travers le silence», comme il est dit à leur sujet dans *L'Innommable*. Symboles de la fragilité convertis en assises indestructibles.

Le texte français *Sans* s'appelle en anglais *Lessness*, vocable forgé par Beckett, comme il a forgé l'équivalent allemand *Losigkeit*.
Ce mot de *Lessness* (aussi insondable que l'*Ungrund* de Boehme) m'ayant envoûté, je dis un soir à Beckett que je ne me coucherais pas avant d'en avoir trouvé en français un équivalent honorable... Nous avions envisagé ensemble toutes les formes possibles suggérées par *sans* et *moindre*. Aucune ne nous avait paru approcher de l'inépuisable *Lessness*, mélange de privation et d'infini, vacuité synonyme d'apothéose. Nous nous séparâmes plutôt déçus. Rentré à la maison, je continuai à tourner et retourner dans mon esprit ce pauvre *sans*. Au moment où j'allais capituler, l'idée me vint qu'il fallait chercher du côté du latin *sine*. J'écrivis le lendemain à Beckett que *sinéité* me semblait le mot rêvé. Il me répondit qu'il y avait pensé lui aussi, peut-être au même instant. Notre trouvaille cependant, il faut bien le reconnaître, n'en était pas une. Nous tombâmes d'accord qu'on devait abandonner l'enquête, qu'il n'y avait pas de substantif français capable d'exprimer l'absence en soi, l'absence à l'état pur, et qu'il fallait se résigner à la misère métaphysique d'une préposition.

Extrait de Exercices d'admiration, *Gallimard, Paris.*

PEINTURE DE L'EXCÈS

GEORGES BATAILLE

Le plaisir serait méprisable s'il n'était ce dépassement atterrant, qui n'est pas réservé à l'extase sexuelle, que les mystiques de différentes religions, qu'avant tout les mystiques chrétiens ont connu de la même façon. L'être nous est donné dans un dépassement *intolérable* de l'être, non moins intolérable que la mort. Et puisque, dans la mort, en même temps qu'il nous est donné, il nous est retiré, nous devons le chercher dans le sentiment de la mort, dans ces moments intolérables où il nous semble que nous mourons, parce que l'être en nous n'est plus là que par excès, quand la plénitude de l'horreur et celle de la joie coïncident. Même la pensée (la réflexion) ne s'achève en nous que dans l'excès. Que signifie la vérité, en dehors de la représentation de l'excès, si nous ne voyons ce qui excède la possibilité de voir, ce qu'il est intolérable de voir, comme, dans l'extase, il est intolérable de jouir? si nous ne pensons ce qui excède la possibilité de penser...?
[Note] Je m'excuse d'ajouter ici que cette définition de l'être et de l'excès ne peut philosophiquement se fonder, en ce que l'excès excède le fondement: l'excès est cela même par quoi l'être est d'abord, avant toutes choses, hors de toutes limites. L'être sans doute se trouve aussi dans des limites: ces limites nous permettent de parler (je parle aussi, mais en parlant je n'oublie pas que la parole, non seulement m'échappera, mais qu'elle m'échappe).

Extrait de la préface de Madame Edwarda, *Gallimard, Paris.*

Simon Hantai | **Shiraga**
Peinture, *1959* | Chisasei Syoonko, *1959*
Huile sur toile 176 × 278 cm | *Huile sur toile 162 × 130 cm*
Collection particulière. | *Galerie Stadler, Paris.*

René Laubiès
Kalispera, *1959*
Huile sur toile 90 × 55 cm
Collection Gérard Boulois, Paris.

Martin Barré
Peinture, *1959*
Peinture sur toile écrue 120 × 110 cm
Collection particulière.

Antonio Saura
Crucifixion, *1959*
Huile sur toile (triptyque) 195 × 324 cm
Collection Eva de Buren, Stockholm.

Emilio Vedova
Scontro di situazioni 1959-2, *1959*
Peinture et techniques mixtes sur toile
275 × 444 cm
Collection de l'artiste.

TINGUELY

PONTUS HULTEN

LA série de sculptures produite pour la première fois en 1955 avec les *Méta-matics 1* et *2* (à ce moment-là, le nom Méta-matic n'était pas encore apparu), puis développée début 1959, apparaît comme un fait isolé dans l'évolution des œuvres de Tinguely et dans l'histoire de l'art moderne. L'événement en soi, d'une nature philosophique et métaphysique, est encore plus important que leur apparence plastique ou les dessins qu'elles produisent. Finalement, les Méta-matics pourraient être comparées aux objets *ready made* de Marcel Duchamp et l'on pourrait peut-être dire la même chose de l'apparence physique des objets *ready made*. On peut objecter à cela que l'idée de l'objet ready made a eu une énorme influence sur l'art de notre époque, alors que les Méta-matics sont restées assez isolées. Mais il ne faut pas oublier qu'il a fallu environ cinquante ans pour que les objets *ready made* de Duchamp soient connus, même parmi les artistes. La roue de bicyclette sur le tabouret de cuisine, datant de 1913, n'a commencé à apparaître dans les revues d'art qu'au début des années 60.

Dans son superbe texte sur Marcel Duchamp paru dans *Minotaure*, André Breton avance que l'idée de l'objet ready made pourrait devenir le thème d'une thèse d'histoire de l'art. Ce qui est resté pendant longtemps une provocation pour certains et une exagération ridicule pour beaucoup d'autres est maintenant une évidence. Sans aucun doute, les dessins produits par les machines de Tinguely ont suscité des commentaires ironiques sur le tachisme qui dominait l'art abstrait à Paris en 1959, mais ce n'était pas leur principale caractéristique. On peut dire que ce fait est apparu plutôt dans le département des relations publiques. Tinguely était pourtant très sensible aux besoins de ce domaine, il était même très amusé par la capacité des Méta-matics à faire connaître son nom et il mettait beaucoup d'efforts et d'ingéniosité dans leur lancement. Il a également trouvé un excellent appui en Yves Klein qui, dans sa fameuse conférence à la Sorbonne du 3 juin 1959, intitulée «L'évolution de l'art et de l'architecture vers l'immatériel», a décrit les machines à dessiner de Tinguely (sans mentionner le nom de Tinguely — lapsus freudien?). Il a prédit que leur influence sur la peinture du futur serait semblable à celle de la photographie sur le réalisme académique du XIXᵉ siècle.

L'exposition «Méta-matic» ouvrait un mois plus tard, le 1ᵉʳ juillet, à la galerie Iris Clert, rue des Beaux-Arts. Dans ses efforts pour rompre les barrières entourant l'art, et pour sa propre gloire et son propre amusement, Tinguely annonça l'événement de la même façon que pour le lancement d'un nouveau restaurant ou d'un savon en poudre. Des prospectus écrits en français et en anglais étaient distribués aux coins des rues. Des hommes-sandwichs portaient des pancartes d'où pendaient des lettres mobiles constituant le nom de Tinguely. Des petites affiches invitant à l'exposition apparaissaient sur les gouttières et les réverbères. Les invitations comportaient l'annonce d'un concours du meilleur dessin fait par une Méta-matic. Le jury était constitué de Alvard, Arp, Courtois, de la Celle, Gindertael, Haugen, Jouffroy, Klein, Lalanne, Queneau, Ragon, Restany, Rivière et Seuphor. Le but du concours était évidemment de faire comprendre que deux dessins méta-matics n'étaient jamais identiques, mais que la personne travaillant avec la machine pouvait avoir une influence sur les dessins. Un crayon, un stylo à bille, un crayon feutre, des tampons pouvaient être utilisés. La fluidité de l'encre ainsi que le temps affecté à la machine pour chaque couleur étaient des éléments décisifs pour déterminer le dessin.

La «supermanifestation-spectacle-exposition» obtint un immense succès. Quatre mille dessins méta-matics furent faits. La *Méta-matic n° 12* produisit à elle seule trois mille huit cents kilomètres de peinture. Cinq à six mille personnes visitèrent l'exposition, parmi lesquelles Jean Arp, Marcel Duchamp, Rufino Tamayo, Isamu Nogushi, Tristan Tzara, Man Ray, Hans Hartung et Roberto Matta. Tzara déclara que l'épilogue de la peinture était enfin arrivé: l'aboutissement triomphal de quarante ans de dadaïsme.

La presse, qui à cette époque était moins accoutumée à écrire sur les événements artistiques, a pourtant considéré cette exposition comme un bon sujet. D'anciens favoris ont été tirés de la poubelle de l'histoire comme l'âne du père Frédé qui, à l'époque de l'impressionnisme, avait peint avec sa queue le *Coucher de soleil sur l'Adriatique.* La revue *Sens plastique* publia une enquête intitulée «Procès de l'automatisme» — on était encore à l'époque des *Procès.*

Quel est donc le potentiel des Méta-matics? «La

machine, dit Tinguely, [...] est pour moi de toute façon un instrument qui me permet d'être poétique. Si vous respectez la machine, si vous rentrez dans le jeu de la machine, peut-être qu'on a une chance pour faire une machine joyeuse, c'est-à-dire, par joyeuse, je veux dire libre; ce serait une possibilité merveilleuse.» On peut admettre que les machines fabriquant l'art possèdent une force symbolique qui touche au noyau même de notre civilisation. Elles pourraient établir un rapport entre l'homme et la technologie, qui, à présent, pour ne pas mieux dire, n'a pas beaucoup de grâce et de dignité. Notre architecture de plus en plus dominée par l'avidité et le désir d'exploiter nos semblables est rapidement en train de détruire notre environnement en se servant de notre magnifique technologie.

L'ART TOTAL

Les Méta-matics sont des objets métaphysiques qui nous aident à mieux voir, à mieux comprendre et à mieux réagir à notre situation. Dans un certain sens, ce sont des objets de méditation. (La technologie était bien entendu vue par les Grecs anciens comme des machines de guerre, des machines de destruction, mais il faut admettre que les machines de guerre grecques n'étaient jamais très dangereuses). Cette question des rapports de l'homme avec sa technologie est extrêmement complexe. Les Méta-matics de Tinguely constituent probablement l'une des remarques les plus spirituelles de ce chapitre.

Après l'exposition de la galerie Iris Clert, Tinguely a décidé de construire une très grande Méta-matic. Elle devait devenir la grande n° 17. Elle n'était pas commandée électriquement comme les autres, mais possédait un moteur de motocyclette à essence. La *Méta-matic n° 17* devait devenir la star de la première Biennale de Paris qui s'est ouverte le 2 octobre 1959. Elle pouvait se déplacer indépendamment et dessiner facilement et élégamment sur un rouleau de papier en mouvement. Les dessins étaient coupés un à un, tandis que la machine continuait sa valse gracieuse et digne. Un ventilateur soufflait les dessins vers les spectateurs. L'échappement des gaz du moteur était récupéré dans un grand ballon qui se remplissait graduellement et pouvait être vidé en plein air si la machine fonctionnait à l'intérieur. Un bizarre parfum de muguet vapo-

risé par un dispositif spécial recouvrait l'odeur dégagée par ces gaz. L'art total, le rêve de 1954, devenait une réalité: le sculpture, la peinture, les sons, les odeurs, le mouvement, le spectacle et le ballet.

Ce fut un triomphe complet. Bien que Tinguely ait été invité officiellement à participer à l'exposition, les autres artistes invités protestèrent à la vue de sa machine. Pour résoudre le problème, Tinguely accepta d'installer sa *Méta-matic n° 17* sur le grand parvis situé entre les deux Musées d'art moderne. De nombreux visiteurs n'allèrent pas plus loin que le parvis. L'exposition, qui fut inaugurée par le ministre de la Culture, André Malraux, comportait un *Monochrome* d'Yves Klein, *Les Palissades* de Raymond Hains, ainsi que des œuvres de Robert Rauschenberg et de Jasper Johns. Sur le parvis, la *Méta-matic n° 17* dispersait ses dessins dans toutes les directions.

Suite au succès de la Biennale de Paris, Tinguely se mit à rêver d'une «Super-méta-ultra-matic», appelée *Nicator*. Elle devait parcourir les rues et peindre directement sur les pavés, mais elle ne fut jamais réalisée.

A la place, la finale de la période méta-matic fut la «Soirée Cyclo-matic» qui eut lieu à l'Institute of Contemporary Arts de Londres, le 12 novembre 1959.

La question de savoir si ce qui s'est passé ce soir-là fut le premier «happening» européen est peut-être académique. A coup sûr, un grand nombre des éléments soi-disant typiques de ce genre, programmés et improvisés, étaient présents, bien que Tinguely n'eût probablement jamais entendu parler des «événements» organisés par Allan Kaprow et d'autres, à New York, ce même automne 1959.

L'ultime grande finale de l'aventure méta-matic de Tinguely n'a jamais eu lieu. Sur le paquebot *Queen Elisabeth* s'acheminant vers New York, Tinguely avait songé à une grande exposition: un bâtiment dont les murs externes seraient constitués par *Les Palissades* de Raymond Hains, les murs internes par les *Monochromes* d'Yves Klein et au milieu duquel se trouverait une grosse machine à dessiner. Ce rêve devait en fin de compte conduire, dans le jardin du MoMA[1], le soir du 17 mars 1960, à la première œuvre d'art autodestructive: l'*Hommage à New York*.

1 Il s'agit du Museum of Modern Art, de New York.

Jean Tinguely
Metamatic n° 17, *1959*
Techniques mixtes 330 cm
Moderna Museet, Stockholm.

Jean Tinguely
Metamatic n° 1, *1959*
Techniques mixtes 96 × 85 × 44 cm
Musée national d'art moderne
Centre Georges Pompidou, Paris.

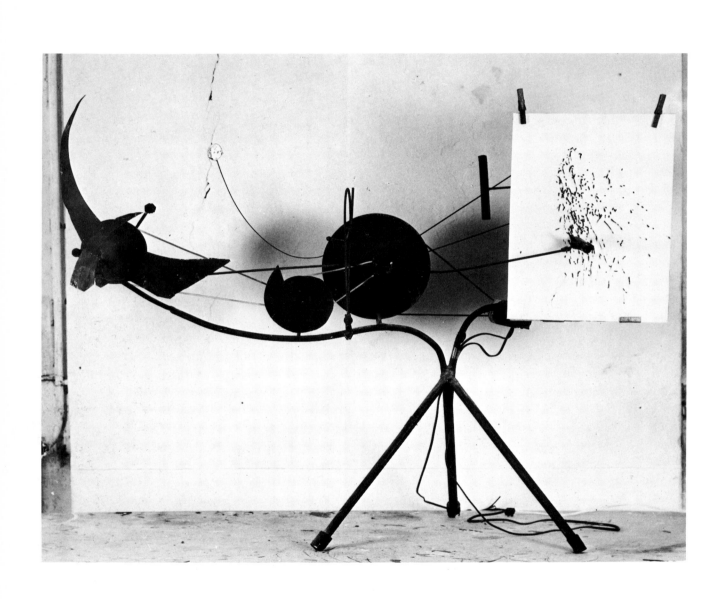

Jean Tinguely
Metamatic n° 13, *1959*
Techniques mixtes 100 × 180 cm
Collection de l'artiste.

Jean Tinguely
Metamatic n° 2, *1959*
Techniques mixtes 230 × 190 cm
Collection de l'artiste.

MONOCHROMIE

CLAIRE STOULLIG

1 Descartes, *Les Méditations métaphysiques*, Bordas, 1987.

2 A l'exposition «Création non objective et Suprématisme» de 1919, sont présents *Le Carré blanc sur fond blanc* de Malevitch et *Le Noir sur noir* de Rodtchenko.

3 Maurice Merleau-Ponty, «Le langage indirect et les voix du silence», *Signes*, 1960.

4 Reinhardt, «Peinture abstraite, 1960, 150 × 150 cm, huile sur toile carrée (neutre, sans forme), d'un mètre cinquante de large, d'un mètre cinquante de haut, de la taille d'un homme, de la largeur des bras ouverts d'un homme (ni grande, ni petite, sans taille), à triple section (pas de composition), à une forme horizontale niant une forme verticale (sans forme, sans haut ni bas, sans direction), à trois couleurs (plus ou moins) sombres (sans lumière) et non contrastantes (sans couleurs), à la touche de pinceau retouchée pour effacer la touche de pinceau, à la surface mate, plane,

AVANT d'instaurer l'ordre du Savoir, Descartes prône le doute méthodique qui doit porter sur *toutes* les opinions reçues et laisser une place absolument nette. Dès *La Première Méditation*, afin de conforter sa démonstration, le philosophe prend l'exemple de la peinture et s'appuie sur la couleur comme une butée du réel : même si les formes sont inventées et ne comportent plus aucune ressemblance avec quelque chose de «réel» ou de «véritable», il restera toujours à la peinture les couleurs qui, elles, ne peuvent être fictives. «Certes à tout le moins les couleurs dont ils le composent [les peintres et leur ouvrage] doivent être véritables» (même si «la chose est purement feinte et absolument fausse...»)[1].

La couleur serait donc ce qui reste tangible quand la forme, au bénéfice du doute, disparaît en une abstraction pure. C'est là, déjà, établir le cadre du monochrome, qui paraît si mystérieux que *Le Petit Larousse de la peinture*, dans l'édition de 1979, ne lui laisse aucune entrée mais le renvoie simplement au terme de camaïeu défini comme «une peinture monochrome dont le modelé est rendu par le jeu des tons allant du clair au foncé, d'une même couleur mélangée à du blanc». Si cette définition est illustrée par des camées ou des peintures de Pompéi ou de Fontainebleau, elle n'éclaire aucunement sur les peintures monochromes qui parcourent le XXe siècle comme signes de la «modernité».

Institué par Malevitch et Rodtchenko au début du siècle[2], le monochrome semble considéré, dans les années 50, comme «la grande aventure» que les artistes, tant en Europe qu'aux États-Unis, vont largement explorer. Aussi, tenter de rendre compte de son histoire c'est s'interroger sur l'évolution des caractères qui le définissent et repérer si certaines interprétations ont pu produire des conceptions différentes ou non du monochrome «version 50».

Dans ce cadre donc, ce qui reste significatif, dans ces années d'après-guerre, à trente ans de distance — ce qu'a senti intuitivement Descartes —, beaucoup plus qu'un seul jeu de tons, des clairs aux foncés, est la soumission (enfin gagnée) du dessin par la couleur qui devient le signe même de la peinture. A l'intérieur du projet moderniste qui fait table rase du passé, la couleur est à elle seule le tout de la peinture, à la fois commencement et fin. Son rôle est de créer un nouvel espace symbolique et/ou pictural.

Ce qui reste après avoir chassé du tableau la forme (ou la ligne) — la couleur — ne se mesurant plus qu'à elle-même, devient «présentation de sa propre réflexivité» et se soumet à la définition que donne Husserl de la peinture, «évidence absolue d'un objet». Opérant sa réduction phénoménologique et rejetant donc modèles, référents, valeurs expressionnistes, elle atteint ou est supposée atteindre une vérité : «La peinture moderne, comme en général la pensée moderne, nous oblige à admettre une vérité qui ne ressemble pas aux choses, qui soit sans modèle extérieur, sans instruments d'expression prédestinée et qui soit cependant vérité[3].» Et cette vérité ou évidence absolue est si difficilement admissible que le monochrome orange intitulé *Expression du monde de la couleur mine orange* sera refusé au Salon des Réalités nouvelles de 1955, car Klein n'avait pas voulu y ajouter «au moins une ligne». Elle est si difficilement acceptable aussi que Reinhardt dira peindre «le dernier tableau qu'il fut encore possible de peindre[4]» en hommage implicite à Rodtchenko présentant à l'exposition «5 × 5 = 25» en 1921 à Moscou, *Couleur rouge pure*, *Couleur bleue pure* et *Couleur jaune pure*, qui ont été également proclamés par Taraboukine comme les «derniers tableaux à avoir été peints[5]». Ces trois monochromes -— et leur réinterprétation par Newman comme monochromes «confrontés», dans la série «Who's afraid of red, yellow and blue», de 1966 — démontrent la nécessité d'atteindre l'«intensité monochromatique dans les limites d'une seule couleur — une intensité homogène que rien ne renforce et rien n'affaiblit[6]...».

La couleur serait ce par quoi précisément la peinture s'impose comme telle, comme l'Être même de la peinture, «la condition même de la peinture» dira Klein. La couleur est le moyen, pour Malevitch d'accéder à l'essence ontologique de la peinture et d'affirmer la suprématie de la peinture pure. «[...] Les nouvelles sources de la peinture pure colorée devraient être créées de telle sorte qu'elles s'accordent aux seules exigences de la couleur[7].» «Ce qui est fait avec la couleur, là réside l'essence de la peinture», poursuit Ryman[8]. La couleur serait là avant la peinture, comme l'idée avant l'œuvre.

Dans ce contexte phénoménologique, associé à la notion de pureté de la couleur, le monochrome a glissé vers le blanc comme expression de la non-couleur ou comme «couleur travaillant souterrainement à l'absence délibérée de *la* couleur». Car il est «physiquement la somme lumineuse de toutes les couleurs et dit métaphoriquement leur infinitisation»[9]. C'est une forme réactualisée d'un mythe toujours vivace qu'est l'utopie du «tableau absolu». Quel artiste n'a pas rêvé de peindre directement en blanc sur un mur blanc? Et Malevitch y répond, confronté à l'espace et au vide, en déclarant une certaine mort de la peinture et en reproduisant sur la toile l'espace blanc qui donne une idée de l'infini. «A l'instant présent l'itinéraire humain repose dans l'espace, le suprématisme est le sémaphore de couleur de cet infini. Le bleu du ciel est écrasé dans le système suprématiste, rompu, et apparaît alors le blanc symbole du vrai, réelle représentation de l'infini et désormais libéré de l'arrière-plan coloré du ciel [...] Le suprématisme, à son premier stade, se veut purement, philosophiquement concerné par la couleur[7].»

Plus tard, Manzoni, avec ses *Achromes* (1957-1959), signes manifestes du vide et de la neutralité totale, énonce une fois encore la fin de la peinture et affirme qu'un tableau ne vaut qu'en tant qu'«être total»: «La question pour moi est de donner une surface intégralement blanche [...] répétable à l'infini [...] L'infinité est rigoureusement monochrome ou, mieux encore, dépourvue de couleur (et au fond une monochromie où il n'y a aucun rapport de couleur ne devient-elle pas achrome[10]?).»

Avec les *Buchi* (1949-1953), monochromes blancs «accidentés», traversés de coups de poinçons, Fontana explore également espace et vide, le trou ou la fente (un peu plus tard dans les *Concetto spatiale/Attese* 1959-1960) permettant le saut dans le vide ou le passage à l'infini. Cette appropriation du vide contribue à l'élaboration du nouvel art, art intégral ou nouvelle utopie d'une synthèse possible des arts et des techniques, bâtie sur les progrès scientifiques et technologiques: «Nous concevons la synthèse comme une somme d'éléments physiques — couleur, son, mouvement, espace[11]...» Fontana semble prolonger l'interprétation que donne Berlewi en 1959 en considérant que «le suprématisme est plus qu'un art: c'est l'apothéose de l'ère mécanique, la prophétie du spoutnik[12]...». A la suite de ces conquérants de l'espace, le Groupe Zéro, en Allemagne, transforme la couleur blanche en lumière comme signe le plus radical de l'idée philosophique du commencement ou de l'essence.

LE SUPRÉMATISME ET LE DEGRÉ ZÉRO

Bien d'autres artistes européens (Bellegarde, Otto Piene, Lo Savio...) auront vécu une «période

blanche», produit d'une expérience mystique, conquête d'un espace le plus immatériel qui puisse se penser et enfin exploration du concept d'espace-temps, développant ainsi les intuitions spatiales des suprématistes. S'inscrivant tout naturellement comme commentaires modernes de l'œuvre du Russe, les *Reliefs planétaires* de Klein témoignent de l'«activité de la peinture dans l'espace réel et (révèle) le tableau comme objet de l'espace». Fondée sur des principes du monde de la couleur pure, de l'immatériel, du tétra-dimensionnel, l'idée du vide n'est plus cet aveu d'impuissance de l'après-guerre, cette «impossibilité d'être» qui a produit une esthétique du tragique et de l'angoisse, mais inaugure un geste originel, en référence à l'acte radical et fondateur de Malevitch.

Mais ce dispositif symbolique où la couleur, pensée en tant qu'énergie et mouvement, permet de faire éclater le cadre et les limites du tableau, ne constitue que partiellement le monochrome. Le concept de «surface-plan» complète sa définition. Strzeminsky, dans sa tentative de caractériser le suprématisme, soulignera cet autre statut de la couleur, aux dépens de son rôle premier: «Le mérite du suprématisme est d'avoir affirmé la planéité de la peinture de chevalet mais il n'a pas réussi à produire une surface-plan intégrale en privilégiant d'autres phénomènes étrangers: le temps, l'énergie, le dynamisme[13].»

Mettant en garde contre une éventuelle interprétation réductrice — «la platitude des formes ne suffit pas à faire un tableau entièrement plat» —, l'artiste polonais tentera d'apporter une solution au principe de planéité absolue qui deviendra l'une des conditions d'irréductibilité de la peinture pour les peintres américains et pour leur théoricien Clement Greenberg qui préconise l'affirmation de l'espace-plan du champ coloré. Il définit ainsi les conventions essentielles de la peinture moderne: «Seule la planéité était unique et propre à cet art [...]. La planéité, la bidimensionalité était la seule condition que la peinture ne partageait pas avec un autre art. Aussi la peinture moderniste s'est-elle orientée vers la planéité avant tout[14].» Après la série des peintures noires, Stella applique ces principes dans une sorte de quête existentielle de la peinture: la couleur traitée pour elle-même, comme substance, devient le signe matériel de la peinture: «Chaque surface est une surface», écrit Rodtchenko. Si une seule couleur posée uniformément sur la toile constitue l'acte minimal pour réaliser un tableau, le blanc là encore est le moyen le plus simple d'éliminer l'illusionnisme spatial: «agent de la planéité», il ne creuse plus le tableau, mais se confond avec le mur. Ni recul ni avancée, le blanc annule le problème de la couleur-repoussoir. Sous un intitulé quasi tautologique, l'exposition «The White Plane[15]» en 1947 atteste l'importance de la frontalité et souligne le pouvoir signifiant de la

peinte à main levée (sans vernis, sans texture, non linéaire, sans contour net [hard edge], sans contour flou), ne réfléchissant pas l'entourage — une peinture pure, abstraite, non objective, atemporelle, sans espace, sans changement, sans référence à autre chose, désintéressée —, un objet conscient de lui-même (rien d'inconscient), idéal, transcendant, oublieux de tout ce qui n'est pas art (absolument pas d'anti-art).»

5 Nikolaï Taraboukine, conférence à l'Inxuk le 20 août 1921: «Chaque fois qu'un peintre a voulu se débarrasser réellement de la représentativité, il ne l'a pu qu'au prix de la destruction de la peinture et de son propre suicide en tant que peintre», *Le Dernier Tableau*, Champ Libre, 1972.

6 Rodtchenko, «La Ligne», *Art Press*, n° 7, nov.-déc. 1973.

7 Malevitch, «Le Suprématisme» (manifeste), Camilla Gray, *L'Avant-Garde russe dans l'art moderne 1863-1922*, La cité des Arts/L'Age d'Homme, 1962.

8 Christel Sauer, *Robert Ryman*, catalogue de l'exposition, MNAM, Centre G. Pompidou, 1981.

9 Thierry de Duve, «Ryman irréproductible»,

Écrits datés I 1974-1986, La Différence, 1987.

10 Manzoni, «Dimension Libre», *VH 101*, n° 1, printemps 1970.

11 Fontana, «Le Manifesto Blanco», catalogue de l'exposition MNAM, Centre G. Pompidou, 1987.

couleur (ou de la non-couleur) en tant qu'épaisseur picturale. Relevant les propriétés physiques du tableau, les qualités concrètes des matériaux, notamment la substance pigmentaire de la couleur, et particulièrement la densité de la matière du blanc, Ryman investit sa surface picturale comme le lieu d'une expérience irréductible. Posant des problèmes qui vont du mur à la surface en passant par le support et le fond, sa peinture contribue à étendre les frontières du champ coloré.

La peinture de Reinhardt souligne également les qualités matérielles du pigment absorbées par la luminosité du noir, mais s'enferme dans une conception essentialiste et négative où couleurs et lumières du monde doivent être anéanties.

respondant à une postérité picturale à caractère formaliste qui pourrait apparaître comme l'un des fondements de la peinture monochrome aux USA, avec Kelly, Ryman et Reinhardt, ce dernier étant l'exception qui confirmerait la règle.

Cette convocation de Malevitch en une double postérité relève d'une hypothèse téméraire qui, pour la justifier, exigerait bien entendu de rendre compte de tous les événements historiques qui ont autorisé et facilité la connaissance de Malevitch en particulier et de l'avant-garde russe en général. Il paraît toutefois intéressant de souligner — à défaut de les développer — quelques éléments tirés du contexte historique qui pourraient suggérer la validité de cette hypothèse.

Si les Américains font connaissance avec les ta-

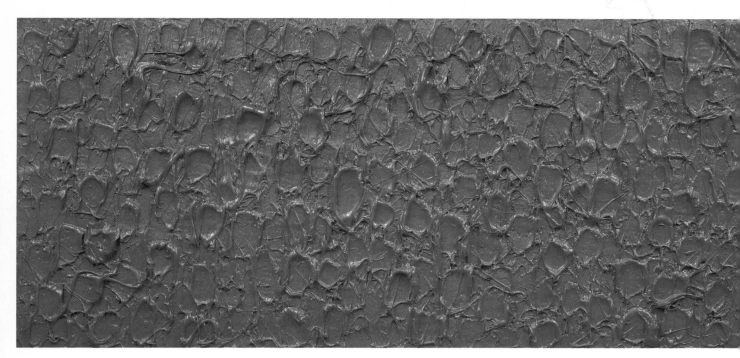

En réponse à l'expressionnisme abstrait, la peinture américaine, du Color Field au Minimal Art, aura donc expulsé tout contenu (littéraire) autre que la surface colorée : telle est la spécificité de l'art américain qui tentera de détruire le langage pictural jusqu'à son «degré zéro», jusqu'à son «écriture blanche» telle que Barthes la nomme quand il cherche à caractériser l'écriture de Blanchot ou de Cayrol[16].

Ces différentes caractéristiques qui constituent, en cette fin de siècle, la spécificité du monochrome, ont tendance à dissocier la postérité de Malevitch en un double héritage : celui du suprématisme d'un côté, ou de l'utopie phénoménologique qui constituerait l'un des éléments de légitimation du monochrome européen (avec Manzoni, Klein, Groupe Zéro) et, d'un autre côté, l'idée du dernier tableau, du degré zéro de la peinture cor-

bleaux de Malevitch et de Rodtchenko, notamment des deux «monochromes historiques», par la célèbre exposition d'Alfred Barr «Cubism and Abstract Art» en 1936 au Musée d'art moderne de New York, il n'en est pas de même en Europe. L'appareil critique mis en place par Troels Andersen[17] permet de repérer en effet la quasi-absence de Malevitch après l'exposition de Berlin en 1927. Pourtant, le monochrome européen version 50 ne se justifie que dans une réappropriation des expériences ou recherches picturales de ce premier art abstrait et non pas dans un prolongement ou un aboutissement de l'art abstrait des années 30 qui apparaît plutôt comme un académisme dans sa systématisation des formes géométriques. Ces formes coupées du réel, «formes pures» mais vides, gratuites, proches d'une tautologie plastique aboutissent à une sorte d'autisme

Bernard Aubertin
Monochrome rouge, 1959
Huile sur toile 123 × 51 cm
Collection Denise Aubertin.

pictural. Dans un monde à nouveau disloqué comme dans les débuts du siècle, persiste l'utopie d'une communication immédiate et, avec elle, le mythe du tableau absolu. La poursuite de cet art abstrait «autique» ne peut donc en aucun cas séduire les artistes du monochrome.

Paradoxalement, la connaissance de l'avant-garde russe et de Malevitch en particulier, sera véhiculée par les groupes Abstraction Création et Cercle et Carré, ceux-là mêmes qui ne peuvent être vus, aux yeux des années 50-60 que comme académiques. Mais leur vision n'a été que partielle et réductrice, aboutissant ou à une interprétation du suprématisme purement géométrique, ou à une conception métaphysique, préconisant de nouvelles formes issues de l'«essence» du carré.

Le malentendu, voire l'incompréhension, est total avec le théoricien de l'art abstrait Michel Seuphor qui, en 1949, dans son livre *L'Art abstrait, ses origines, ses premiers maîtres* témoigne du geste radical de Malevitch d'une bien curieuse manière : tout d'abord en opposition à Tatlin dans un contexte futuriste de la machine, Seuphor cite quelques lignes du Manifeste suprématiste concernant le caractère d'inutilité de toute œuvre de l'art nouveau. Puis, dans ses quatre pages consacrées au seul Malevitch, Seuphor l'introduit de manière abrupte sur un ton d'une résonance péjorative, ou pour le moins ironique : «Cela devait arriver. Quelqu'un, en Russie, inventa le carré[18].» Il poursuit en reconnaissant que cette «fumisterie» ou «chiquenaude» est tout de même la source de la «fantasmagorie géométrique» de Kandinsky. Sans plus de commentaires, ces appréciations sont victimes du contexte dans lequel se trouvait Seuphor spécialiste de Mondrian et sans doute aveuglé. Quelques années plus tard, c'est avec d'infinies réserves, rappelant l'«étendue et la gravité des lacunes qui entravent l'information», que Guy Habasque aborde l'histoire du suprématisme et souligne sa filiation au cubisme : «L'affimation en particulier d'un espace nouveau, rendu non plus par la perspective et le clair-obscur, mais par l'échelonnement de plans de valeurs différentes, dérive sans aucun doute des recherches menées par Picasso, puis Braque, en 1913 spécialement dans leurs papiers collés[19].» La présentation en 1958 de trente-cinq tableaux de Malevitch au Stedelijk Museum d'Amsterdam mettra un terme à la méconnaissance et de son œuvre et de sa pensée. Ainsi, durant ces années d'extension du monochrome, depuis l'après-guerre jusqu'en 1958, si les artistes concernés et leurs critiques ont une méconnaissance profonde et apparemment objective de leur histoire, il reste que leurs œuvres ne sont pas amnésiques et constatent, chacune dans leur spécificité, que leur relation au passé moderniste est justifiée, et légitime. Il resterait maintenant aussi à développer l'argument critique et à élucider ce paradoxe.

Yves Klein
Monochrome vert (M 77), *1957*
Techniques mixtes 105,3 × 26,8 cm
Musée national d'art moderne
Centre Georges Pompidou, Paris.

12 Henryk Berlewi, «Réflexions sur Malevitch», *Malevitch Écrits* (présentés par A.B. Nakov), Gérard Lebovici, 1986.

13 Strzeminski, «L'unisme en peinture», *Macula* n° 1, été 1976.

14 Clement Greenberg, «After Abstract Expressionnism», *Regards sur l'art américain des années soixante* (rassemblés par Claude Gintz), Territoires, 1979.

15 «The White Plane», exposition du 19 mars au 12 avril 1947, The Pinacotheca New York (Albers, Arp, Bolotowsky, Buccheister, Diller, Glarner, Gorin, Kandinsky, Klee, Léger, Lissitzky, Malevitch, Moholy-Nagy, Mondrian, Nicholson, Schwitters, Van Doesburg).

16 Roland Barthes, *Le Degré zéro de l'écriture*, Gonthier, 1969.

17 Troels Andersen, *Malevitch*, catalogue raisonné de l'exposition de Berlin en 1927, Stedelijk Museum, Amsterdam, 1970.

18 Michel Seuphor, *L'Art abstrait, ses origines et ses premiers maîtres*, Paris, 1949.

19 Guy Habasque, «Les débuts du suprématisme», *Aujourd'hui Art et Architecture*, n° 4, sept. 1955.

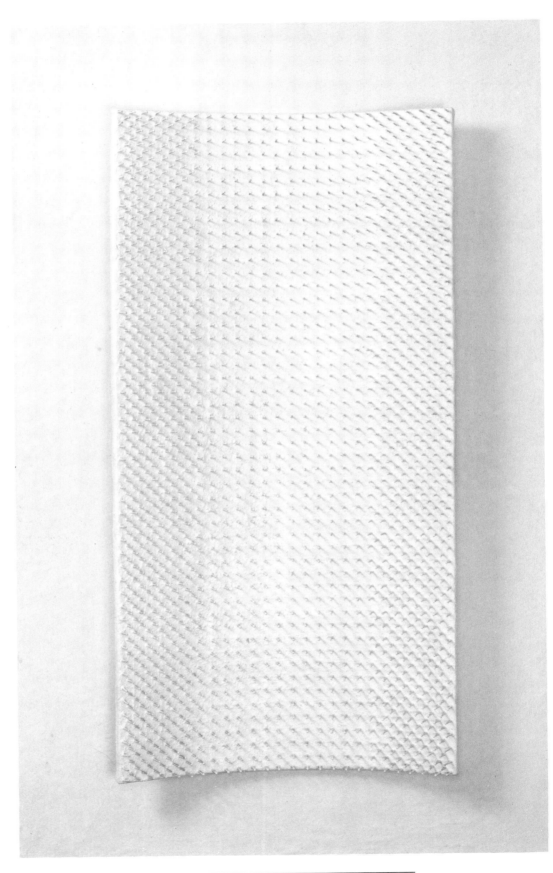

Gunter Uecker
White Object, *1959*
Techniques mixtes 130 × 79 × 13 cm
Stadtisches Museum, Leverkusen.

Piero Manzoni
Achrome, 1959
Kaolin sur toile plissée 140 × 120,5 cm
Musée national d'art moderne
Centre Georges Pompidou, Paris.

Arnulf Rainer
Kreuz (croix), *1959*
Huile sur panneau d'aggloméré 168,5 × 126,5 cm
Musée national d'art moderne
Centre Georges Pompidou, Paris.

Lucio Fontana
Concetto spaziale, Attese, *1959*
Peinture à l'eau sur toile 126 × 251 cm
Solomon R. Guggenheim Museum, New York
Gift of Mrs. Teresita Fontana, 1977

319

Yves Klein
Monochrome blanc (M 69), *1958*
Techniques mixtes 100 × 50 × 2 cm
Musée national d'art moderne
Centre Georges Pompidou, Paris.

Yves Klein
Ré 2, bleu, *1958*
Relief éponge 132 × 117 cm
Collection particulière.

LE RÉEL DEVANT LE SUBJECTIF

CHRISTIAN BOUQUERET

Voir la vie, voir le monde, être les témoins des grands événements, scruter les visages des pauvres, les attitudes des prétentieux [...] voir, jouir de voir, s'étonner de voir, s'enrichir [...].
Henry R. Luce[1], fondateur de *Life*, 1934.

LE mythe de la naissance du reportage moderne au sein de *Life* semble être indestructible. En fait *Life* ne faisait que poursuivre sous des auspices politiques et économiques plus que favorables ce que les magazines illustrés allemands tels que l'*Arbeiter-Illustrierte-Zeitung* ou français comme *Vu, Regards* et *Voilà* avaient déjà mis en pratique dès 1928-1930 : la narration par l'image[1]. La photographie désormais plus importante que l'écrit.

La guerre en Europe avait pendant des années coupé les hommes de l'accès à la libre information. Aussi les journaux et les magazines d'après guerre connurent-ils immédiatement un grand boom, d'autant plus que les suites de la guerre et de la production de guerre continuaient de mettre un frein aux besoins de consommation de la plupart des gens, et cela jusqu'à la fin des années 50. Ce furent donc avant tout les photos qui prirent la place de la réalité comme promesse d'une jouissance future. On perçoit déjà une évolution dans laquelle l'image photographique perd sa fonction originelle de support d'informations sociales, culturelles et esthétiques pour ne devenir qu'un substitut de la réalité, un support à projections.

Même après l'achèvement de la reconstruction européenne et même après que la production de biens de consommation eut rattrapé le niveau d'avant guerre, cela ne changea que peu la nouvelle fonction attribuée aux photographies. Les photographies prirent même une signification accrue. Avec l'arrivée de la presse illustrée de masse, la photo passait maintenant de l'état d'une simple image idéale — ce qu'elle avait toujours été — à un ersatz de la vie. Si les reportages de voyages du début des années 50 pouvaient encore être considérés comme des projets réali-

sables dans un futur lointain, les reportages sur les gens riches et célèbres de ce monde étaient déjà devenus la vie elle-même. Les gens jouissaient d'une identité de substitution à travers les photos : la participation visuelle devint le succédané d'une vie non vécue. La photographie «live» dégénéra en pornographie. L'Europe rattrapait ainsi avec quelques années de retard ce qui aux États-Unis était déjà devenu la réalité consommatoire de l'image.

On entrait dans le monde de l'image simulacre, dans le monde de la circulation de l'information photographique. C'est l'âge d'or d'une certaine presse illustrée et de la diffusion massive du reportage. Les magazines et les livres photographiques ne subissent pas encore la concurrence de la télévision et les actualités Pathé-Cinéma n'en représentent pas une ; diffusées dans ce lieu de fiction par excellence qu'est le cinéma, elles portent même moins de crédibilité que les images fixes des magazines. Les USA n'avaient connu ni interruption dans la parution de leurs magazines illustrés ni rupture idéologique (transformation par les nouveaux régimes totalitaires des titres ou reprise en main par l'occupant). *Life* (1936) de Henry R. Luce dominait avec *Look* (1937) de Gardner Cowles le paysage du magazine aux USA. Quant au *Picture Post* anglais, il avait certes ralenti ses activités pendant l'effort de guerre britannique, mais pour mieux se développer sitôt après.

L'INSTRUMENTALISATION DE LA PHOTOGRAPHIE

Dès que les conditions économiques le permettent on assiste à un redémarrage de la presse illustrée comme en France en 1949 avec *Paris-Match.* La Suède aussi sera prolifique dans cette décennie et le magazine *Se* publiera les reportages des jeunes photographes suédois. Quant à l'Italie et à l'Allemagne, après le travail totalitaire de propagande qui avait vu la disparition de nombreuses revues ou leur recyclage et récupération idéologique, elles donnent naissance à des magazines comme le *Neue Illustrierte* et surtout *Der Stern* en 1948 et *Kristall*; l'industrie de la presse italienne lancera de nouvelles revues telles que *L'Europeo* et *Oggi* dès 1945 et *Epoca* en 1950.

Ce qui caractérise les magazines illustrés de ces années est, d'une part, une reprise en compte de la photographie de guerre en période de paix relative: le voyeurisme non refréné devient un élément majeur de l'information par l'image, les paparazzi, notamment en Italie, instaurent une véritable guérilla urbaine pour traquer les vedettes dans leur vie privée; et, d'autre part, les photographies dans le style «*human interest*» suggèrent aux lecteurs/acheteurs qu'ils se retrouvent dans ces photos. Il n'est donc pas étonnant de constater que les deux revues publiées par les chefs de Time-Inc, après l'arrêt de la parution de *Life* en 1972, s'appellent *Money* et *People*.

A l'opposé des publications d'avant guerre, la part de la publicité entrant dans les recettes des magazines avait considérablement augmentée. Les pages publicitaires avaient donc augmenté en conséquence. De fait, cela amena le lecteur à saisir et à assimiler dans sa perception de la photographie la partie rédactionnelle et la photo publicitaire sur le même plan.

Sur cette toile de fond de déstabilisation de la perception on trouve évidemment des photographes échappant à l'instrumentalisation. On a tendance à oublier aujourd'hui que seuls quelques photographes des années 50 ne succombèrent pas à la tentation de cette photographie mercenaire: ce sont surtout quelques grands reporters et les photographes dits humanistes. On assiste à la naissance d'un journalisme photographique d'élite avec toutes ses variantes comme les essais-photos, les interviews-photos et les portraits de reportages.

Ces photographes ne se considèrent pas artistes mais artisans-auteurs. La réorientation et la spécialisation de ces artisans-photographes et illustrateurs apparaît dans les années 50. Certains iront vers ce qu'ils considèrent comme l'«aristocratie de la photographie» (Romeo E. Martinez): la photo scientifique. André Steiner se spécialise dans la micro-photographie et la photo chirurgicale naissante. Kitrosser venant du reportage se lance aussi dans cette direction en y introduisant l'élément couleur. Mais la photographie des années 50 est dominée par le document esthétique. Le document imprimé est roi. Henri Cartier-Bresson le constate: «Nous autres reporters, nous nous attachons moins à l'épreuve artistique par elle-même: qualité, teinte, richesse, matière, etc., qu'à l'image où surgit la vie au premier rang avant l'esthétisme. En somme notre image finale c'est celle imprimée. Même si nos épreuves sont belles et parfaitement composées (et elles doivent l'être) ce ne sont pas pour autant des photos de salon[2].»

Le monde des documents photographiques des années 50 se trouve pris dans un paradoxe. Il doit répondre à la demande de photographies rassurantes, séduisantes ou humoristiques et documenter les difficultés économiques, sociales ou naturelles et les affres des guerres ou conflits déplacés la plupart du temps dans l'espace (guerre froide, guerre de Corée, Indochine, Suez) comme s'il voulait exorciser la réalité. Si la plupart des photographes européens et américains cherchent à rendre photographiquement les spasmes de la vie quotidienne en milieu urbain et les visages ou la situation angoissée des gens confrontés à un avenir inquiétant et incertain, nombre de photographes français continueront dans un certain «réalisme poétique» né à la fin des années 30. Cette vision nostalgique sera relayée par les mêmes préfaciers populistes des années 30: Prévert (dialoguiste des films de Carné), Carco ou Mac Orlan. La photographie populiste correspond donc à une tradition bien assise de la littérature populiste française.

IMAGES DU MONDE

Dans cette continuité, celle du «Rectangle», les artisans photographes et illustrateurs français se réorganiseront après la guerre en un groupe muni d'une sorte de label de qualité française: le Groupe des XV.

Cette «École de Paris» et ce Groupe des XV étaient composés de photographes ayant connu la notoriété avant guerre comme Sougez, Masclet, Lorelle, René-Jacques, Le Prat, Chevalier et même Robert Doisneau. Les thèmes photographiés et maintes fois colportés prennent place dans un décor de Atget auquel on aurait insufflé l'élément vie. Willy Ronis, Pierre Jahan, Marcel Bovis, Robert Doisneau illustrent les valeurs humaines éternelles: les amours, l'enfance, les mauvais garçons, les artisans, la rue. Ces photos perçues comme une fuite dans le passé et une réalité littéraire devant les transformations d'une société, écran filtrant de la réalité, correspondent aussi au besoin de maintenir la composante humaine dans une vision témoignant d'un présent voué à disparaître. Cette photographie qui perdure est ancrée profondément dans l'imaginaire parisien auquel succomberont les photographes étrangers scandinaves comme Christer Christian et Tore Johnson ou américains comme Bruce Davidson, Paris étant trop surchargé d'histoire, de motifs littéraires, ne laissait pas de place à la libre interprétation qu'offraient des territoires vierges comme les États-Unis ou l'Orient vu par les Occidentaux.

Dans le Nord et le Sud de l'Europe, au contraire, l'angoisse existentielle et culturelle est largement documentée. La forme photographique commence à sortir de ses carcans pour coller à la réalité. La Scandinavie et notamment la Suède avec Hans Hammarskiöld et Kurt Dejmo cherchent à inscrire photographiquement la solitude

1 Henry R. Luce, d'après Beaumont Newhall, *L'Histoire de la photographie depuis 1839 et jusqu'à nos jours*, Paris, 1967.

2 Comparez les catalogues: Ute Eskildsen: *Fotografie in deutschen Zeitschriften 1924-1933*, Institut für Auslandsbeziehungen, Stuttgart, 1982; Christian Bouqueret, *La Nouvelle Photographie en France 1919-1939*, musée Sainte-Croix, Poitiers, 1986; Heinz Willmann, *Geschichte der Arbeiter-Illustrierten-Zeitung 1921-1938*, Berlin (RDA), 1974; interview avec Romeo E. Martinez du 24/2/1988 à Paris.

de l'homme face à cette nouvelle société en gestation. Christer Christian sorti de sa période parisienne retourne en Suède et, comme Rune Hassner, présente le visage ou les attitudes angoissées dans un milieu en train de devenir étranger ou hostile. Leurs interrogations sociales seront toutefois accompagnées de préoccupations plastiques. L'Allemagne a toujours connu une forte spécialisation dans la photographie et les années 50 ne font que renforcer les genres. Hubs Flöter, Kurt Julius et Regina Relang pour la photo de mode; la photographie d'architecture et d'industrie est le domaine de Hugo Schmölz, Erich Angenendt, Ruth Hallensleben, Willi Moegle. Les photographes de théâtre et de ballet prospèrent et essaient de sortir du cadre strict de cette photographie en dynamisant leur cadrage comme Rosemarie Clausen, Siegfried Enkelmann et Liselotte Strelow. Le reportage intra-muros ou exotique est l'apanage de Herbert List, Bernd Lohse et surtout Hanns Hubmann, Hilmar Pabel et Guido Mangold.

Quant à l'Italie, la photographie de reportage se développera très tôt en réaction face à la concurrence internationale et à la demande intérieure. Mario de Biasi comme Tonio Del Tin ont le sens visuel de la narration journalistique, tout comme le néo-réaliste Pietro Donzelli. Leurs photos représentent «une tentative d'utiliser la photographie pour l'analyse du territoire mais sans complaisance formaliste[3]», ce qui n'exclut pas une efficacité esthétique perçue comme moyen de communication.

Tout autre est la photographie, américaine : elle se distingue d'abord par sa perfection technique. Dans le reportage, un ancien marine, David Duncan, suit l'armée américaine en Corée. Homme de base et photographe de terrain, il produit des images fracassantes, W. Eugene Smith comme Alfred Eisenstaedt créent des documents précis cernant par des séries bien coordonnées des sujets préétudiés. Mais la photographie américaine est dominée par le portrait et sa haute technicité. Yusuf Karsh en est l'apôtre à la veine classique alors qu'Irving Penn, Richard Avedon et Philippe Halsman renouvèlent la forme du portrait. Comme les visages de la *Guardia civil* de W. Eugene Smith, ces portraits tirés très durs, de grands contrastes et sans fards fixent dans un cadre souvent neutre des personnages illustres ou inconnus.

RÉORGANISATION ET INTERROGATION PHOTOGRAPHIQUE

Dans la circulation de la photographie, des groupes de photographes veulent imposer un nouveau code de déontologie aux organes de presse. Excédés de voir leurs photos mutilées ou comprimées par la mise en pages et décidés à ne plus supporter la censure des rédacteurs, des agences de photographes se créent. Il est d'ail-

leurs significatif que ces photographes se soient réunis dans des coopératives d'auteurs leur assurant ainsi une indépendance matérielle et morale. Conscients de la qualité de leurs photos, ils connaissaient trop les pièges de la photographie fonctionnelle.

Henri Cartier-Bresson, Robert Capa, David Seymour et George Rodger fondèrent l'agence Magnum en 1947. Ils voulaient conserver un droit sur leurs œuvres après leur publication. En outre, il ne faut pas oublier que le photographe de cette époque n'était pratiquement jamais mentionné comme auteur, les agences d'auteurs cherchaient à remédier à cet état de fait. En Suède, une coopérative se crée en 1958 : Tio fotografer, regroupant dix photographes dont Hans Hammarskiöld, Lennart Olson et Rune Hassner. Ces nouvelles agences étaient, contrairement à celles créées avant guerre, un moyen de décider de la forme et du contenu des photographies.

Multiplicateurs de l'image imprimée, les revues de qualité, quasiment de luxe, font la conquête d'un marché vierge. *Réalités* paraît en 1947 et permet à ses lecteurs de voyager et de découvrir dans les pays exotiques la beauté des paysages, le folklore «vrai» sans aborder toutefois les problèmes sociaux. Jean-Philippe Charbonnier et Édouard Boubat prépareront soigneusement selon la volonté du rédacteur leur reportage avant de se rendre sur le terrain. Catalogue de luxe pour des voyages lointains qu'elle avait provoqués, *Réalités* ne survivra pas à la vague de consommation touristique de la fin des années 60. La revue *Magnum*, en Allemagne, abordait les domaines politique et culturel. La photographie y était utilisée sciemment comme contribution d'œuvres d'auteurs-photographes. Toutefois deux revues spécifiquement photographiques viendront imposer la photographie d'auteur : en Suisse, *Camera*, paraissant en allemand et en français à partir de 1953 lorsque Romeo E. Martinez la reprendra en main, et *Aperture* aux États-Unis, créé par le photographe Minor White et entre autres Beaumont et Nancy Newhall, Ansel Adams, Dorothea Lange, Barbara Morgan. Préoccupé par la photographie d'auteur, Minor White avait déjà publié en 1943 un *Quand la photographie est-elle créative?* Ces revues eurent un important impact sur la création photographique car elles épaulèrent les photographes ne voulant pas entrer ou voulant sortir de la photographie instrumentalisée. Il leur était alors consacré des portfolios présentant un ensemble rétrospectif de leur travail et recherches ou un ensemble cohérent et représentatif de leurs recherches actuelles et de ses aboutissements.

La photographie appliquée est enchaînée à la vieille idée de l'objectivité de l'image de l'appareil photographique, son activité essentielle est la re-

production. La photographie «libre», la photographie subjective est, elle, productive.
            J.A. Schmollgen[5], Eisenwerth, 1954.

En réaction directe à la photographie appliquée, que ce soit celle du voyeurisme ou de la presse illustrée au service de la consommation, un nouveau courant se mit en place à la fin des années 40 et d'abord en Allemagne de l'Ouest.
Son principal représentant, Otto Steinert, partant du style de la Nouvelle Objectivité, réclamait une vision subjective consciente centrée sur l'objet. Le photographe devait selon lui chercher — divergeant en cela de la photographie des années 20 et 30 — au lieu d'une distance objectivante la proximité subjective, c'est-à-dire une interprétation personnelle de l'objet photographié. Le choix de l'objet ou du motif et l'acte qui consistait à l'isoler de la nature étaient pour Steinert la condition même du processus photographique. Mais ce n'était pas l'objet ou le motif qui provoquait l'effet de l'image, mais bien la capacité du photographe formant le sujet pour en faire une image.
Le groupe Fotoform, dans lequel on trouve des artistes tels que Wolfgang Reisewitz, Peter Keetman, Toni Schneiders, Siegfried Lauterwasser, Ludwig Windstosser, Heinz Hajek-Halke se rassembla autour de Otto Steinert et propagea son influence en Europe. Ces photographes appliquent la «transformation productive», sorte de remplacement de la représentation photographique de l'objet par une image que le photographe se fait de cet objet. Leur préoccupation est aussi de cerner une réalité déformée et d'y chercher des formes d'abstractions. Leurs sujets de prédilection sont le portrait, le paysage, la nature morte et, dans une moindre mesure, le nu. Parlant de ces photographes, un ancien du Bauhaus, Georg Muche, déclarait à propos de cette nouvelle création photographique: «Le neuf ne surgit jamais là où l'on s'y attend. Il surprend, et nous ne le remarquons qu'en renonçant à certaines notions qui nous sont devenues familières.»
La photographie des années 50 diffusée par revues, annuaires photographiques et livres distribués dans tous les pays ou coédités fit connaître au petit nombre des intéressés toutes les recherches esthétiques des photographes et provoqua redites ou point de départ pour une nouvelle recherche. Les photographes juifs échappés d'Europe, comme Moholy-Nagy, Kepes, Munkacsi, Kertesz, Jacobi, Capa et Seymour, étaient installés aux USA et participaient activement à la recherche photographique et à ses applications.
La circulation des expositions photos était un moment important et décisif des interpénétrations photographiques: «Subjektive 1» est présentée à Rochester (New York) en 1952, bien avant que les expositions de Steichen comme «Family of man» ne viennent en Europe, présentées à Paris au début de l'année 1956.

Du fait qu'elle repoussait le texte, la presse, la presse de masse liée aux États-Unis, avait permis à la photo sa percée formidable. Mais sous la pression de contraintes économiques et politiques, la photographie documentaire ne paraît que dégénérer. Cette photographie «live» des années 50 ne cessa de se comporter en support pour la publicité et pour les distractions.
En même temps, ce développement a encouragé le processus essentiel de nécessaire démarcation. Pas seulement chez les photographes et dans les mouvements photographiques tels que la Photographie Subjective, mais aussi parmi les photographes qui se consacrent à l'image documentaire «live». Ce sont ceux dont les noms sont restés lorsque l'on évoque les années 50. C'est parce qu'ils émergent avec leurs travaux de la masse de photos de cette époque. Ils ont essayé d'échapper au processus d'instrumentalisation engendré par la presse illustrée en soumettant leurs photos à un processus de subjectivisation. Les photos de Henri Cartier-Bresson, Robert Capa, Bill Brandt, Brassaï, Werner Bischof, Harry Callahan, Jakob Tuggener, Robert Frank, William Klein peuvent être encore aujourd'hui perçues autrement que comme des documents historiques, bien plutôt comme un discours sur la réalité photographique qui aura su saisir plus que l'instant.
L'opposition que le théoricien de la Photographie Subjective Schmollgen, Eisenwerth, semble distinguer entre une photographie documentaire reproductive et une photographie subjective productive trouve sa justification historique dans les années 50. Steinert avait dès 1952 étendu la notion de Photographie Subjective dans son premier volume de la *Photographie Subjective* du «photogramme abstrait jusqu'au reportage qui part de l'analyse psychologique[6]». Photogrammes de Roger Catherineau, Nino Migliori, Barbara Morgan. Il a donc inclus dans son exposition des photos de Bert Hardy, William Klein, Irving Penn parce qu'il avait constaté qu'ils essayaient de ne pas laisser à la seule technique de l'appareil la reproduction de la réalité mais s'efforçaient de la mettre consciemment en forme.
Les travaux photographiques expérimentaux possèdent sans aucun doute la plus grande vitalité car ils mettent toujours en question la forme et le contenu des photos et la perception de l'homme (Marc Foucault, Arno Fischer, Mario Giacomelli). Le reproche de fuite hors de la réalité que l'on fit et que l'on fait encore aux représentants d'une prise subjective directe sur la réalité ne peut en aucun cas nous convaincre. L'histoire a justement montré dans les années 50 que le médium ne peut survivre que si l'homme n'est pas le simple exécuteur d'un automatisme technique concernant la reproduction mais lorsqu'il utilise la technique pour réfléchir aux problèmes des réalités qui l'entourent et a sa propre place dans cet ensemble.

3 «Un reporter... Henri Cartier-Bresson — Interview de Daniel Masclet», *Photo-France*, n° 7, mai 1951.

4 Italo Zannier, *70 anni di fotografia in Italia*. Modena, 1978.

5 J.A. Schmollgen, Eisenwerth: «Vom Sinn der Photographie», Otto Steinert, *Subjektive Fotografie 2*, Munich, 1955.

6 Otto Steinert, *Subjektive Fotografie. Ein Bildband moderner europäischer Fotografie*, Bonn, 1952.

Édouard Boubat
Enfants dans la neige,
jardin du Luxembourg, *1956*
Musée national d'art moderne
Centre Georges Pompidou, Paris.

Robert Doisneau
Immeuble d'habitation
vu en coupe, *circa 1947*
Musée national d'art moderne
Centre Georges Pompidou, Paris.

Roger Catherineau
Photogramme, *1953*
Collection particulière, Paris.

Mario Giacomelli
Verrà la morte et avrà
i tuoi occhì, *1959*
Collection particulière.

Arno Fischer
Müritz, *1956*
Collection particulière, Berlin.

Daniel Masclet
Sans titre, *circa 1950*
Collection particulière, Paris.

Willy Ronis
La Guerre d'Indochine, *1953*
Musée national d'art moderne
Centre Georges Pompidou, Paris.

Raoul Hausmann
Construction en fer, *1954*
Musée national d'art moderne
Centre Georges Pompidou, Paris.

William Klein
4 Têtes, New York, *1954*
Musée national d'art moderne
Centre Georges Pompidou, Paris.

3

MUSIQUE
SÉRIELLE ET NOUVEAU ROMAN
ŒUVRE OUVERTE
ET FORMES LIBRES
ÉLECTROACOUSTIQUE
ET TECHNOLOGIE
THÉÂTRE POPULAIRE
ET CONSOMMATION

ÉCHANGES ET PARALLÈLES

UNE POÉTIQUE DU ROMAN

Jean Roudaut

On était au milieu du siècle comme sur un gué, mais le passage n'était pas le souci principal. Une guerre, qu'on qualifiait de deuxième, ce qui laissait prévoir une suite, s'était terminée depuis peu. La découverte de la barbarie des camps déchirait l'esprit et mettait la raison en charpie : on attendait de la littérature qu'elle témoigne et, par l'analyse, réinvente un avenir à *L'Espèce humaine* menacée. Robert Antelme, dans un livre qui demeure essentiel avait montré le côté hagard des colonies pénitentiaires, apparemment ordonnées et réellement anarchiques. Déjà l'horizon se couvrait : deux ans après le blocus de Berlin (1948), commençait la guerre de Corée. Mais alors qu'on aurait pu s'attendre à ce que la littérature se fît militante, Sartre, après avoir publié en 1949 un dernier fragment de ses *Chemins de la liberté*, abandonnait la rédaction de l'ouvrage ; tout comme Aragon, dont la série *Les Communistes* commencée en 1949, justement, allait demeurer inachevée. Mais en 1967 Aragon faisait paraître *Blanche ou l'Oubli*, d'une organisation et d'une intention toutes différentes de celles du roman à thèse : c'est qu'entre 1955 et 1965 une modification importante s'était produite dans l'idée qu'on se fait du rôle et de la forme du récit. Et par là du pouvoir de la littérature.

Le changement est moins marqué par des disparitions, celles en 1952 de Paul Éluard et de Charles Maurras, que par des publications : *Molloy* de Beckett paraît l'année de la mort de Gide, en 1951, et *Malone meurt* l'année où Mauriac a le prix Nobel (1952). Quand meurt Claudel, en 1955, Alain Robbe-Grillet donne à lire *Le Voyeur*. Ces faits concomitants ont-ils quelque part un sens ? «Voilà un fil, essayez de le nouer ; il se casse tout de suite», écrit Victor Hugo à propos des rapports de la bibliographie de *William Shakespeare* et des événements de son temps (I,5,1). Si on croit toujours devoir accorder créance au cliché que mit en circulation le vicomte de Bonald, selon quoi «la littérature est l'expression de la société», il conviendrait d'examiner parallèlement les changements qui se produisent dans les modes de production, dans les représentations du monde, dans les organisations romanesques. Cependant, en quelque époque que ce soit, les anciennes formes romanesques sont toujours les mieux reçues (les chiffres de vente en témoignent), et les nouvelles réactivent des formes déjà éprouvées.

Si différentes que soient les œuvres de Nathalie Sarraute, de Claude Simon, de Robert Pinget, d'Alain Robbe-Grillet, de Michel Butor, elles manifestent une intention commune : mettre à l'épreuve, par la réflexion critique, l'instrument romanesque, parfois utilisé avec naïveté, ou avec perversion, pour son efficacité immédiate.

Les œuvres romanesques publiées alors sont d'abord remarquées, comme le seraient des corps étrangers, par leur refus de perpétuer l'ancien jeu romanesque. «Le génie poétique est mort, mais le génie du *soupçon* est venu au monde», écrivait déjà Stendhal dans ses *Souvenirs d'égotisme* (I), opposant au lyrisme épique des saisons, l'esprit critique et politique du roman. Lorsque Nathalie Sarraute rassemble ses essais critiques, elle les considère comme des témoignages d'une *Ère du soupçon* : la suspicion qu'elle signale porte tout d'abord sur une littérature qui, à la façon de la fable, se fait illustration d'une morale, d'une idéologie prédéterminée, que ce soit celle de Malraux ou celle de Bernanos. Elle voit également le lecteur mettre en question l'idée que le roman

Page précédente :
Henri Cartier-Bresson
Alain Robbe-Grillet, 1960.

doit donner l'illusion d'une réalité, car cette réalité n'a pour critère que sa conformité à l'idée qu'on se fait du monde à une époque donnée, dans un milieu convenu. Effaçant en lui toute trace de travail, d'hésitation, le roman tend à se faire prendre pour la restitution d'une aventure qui aurait eu lieu antérieurement à son écriture. L'esthétique traditionnelle exige que tout s'organise autour d'un élément tenu pour fondamental : le personnage et son milieu, l'histoire, la société qui le produisent. Soucieuse de beauté et d'harmonie, cette littérature sacrifie la recherche et l'aventure à la conformité.

Ce que, tout au contraire, affiche le nouveau mouvement littéraire, c'est que le texte n'est pas le produit d'un enthousiasme, d'une «fureur» par quoi l'écrivain serait dépossédé de lui-même, mais le résultat d'un travail. La critique estimera, une fois pour toutes, que le roman nouveau prend pour seul sujet la confection du roman. Ce qui est, évidemment, réduire à un détail voyant une intention complexe. Ce jugement, souvent repris avec ironie, repose cependant sur une impression juste : l'œuvre nouvelle ne cache plus son appartenance à la littérature ; elle vit d'emprunts, d'allusions ; elle est déconstruction d'ensembles antérieurs en vue d'une reconstruction ludique. En second lieu, elle expose ses éléments générateurs, les thèmes et les anagrammes, tout autant que les hésitations du récit : plusieurs versions d'une même scène sont données dans *Martereau* ; le monde de Robbe-Grillet est souvent celui des doubles ironiques. Loin de rendre les choses claires pour le lecteur, par des

Alain Robbe-Grillet, Claude Simon, Claude Mauriac,
Jérôme Lindon, Robert Pinget, Samuel Beckett,
Nathalie Sarraute, Claude Ollier.

337

répétitions contrôlées, qui assurent périodiquement l'information, par le rappel des éléments d'une topographie, par des descriptions prévisibles et reconnaissables, qui rassurent le lecteur, le roman qui s'écrit alors va jouer de facteurs de confusion : homophonies, contradictions, répétitions déviantes. Les raisons de cet usage contrôlé de facteurs de trouble, sont propres à chaque écrivain : pour Nathalie Sarraute la matière romanesque est, comme pour Robert Pinget, un chaos ; pour Alain Robbe-Grillet, le projet est de désorienter par des moyens rigoureux, de dominer des défaillances ; pour Claude Simon, la logique de l'écriture doit l'emporter (apparemment) sur la logique du récit.

Ce n'était pas absolument nouveau. Jamais, en aucun temps, un écrivain n'oublia qu'il travaillait dans un concert de voix, mais il attribuait les réminiscences et les citations à quelque personnage préposé à la répétition culturelle. Il était entendu que la voix narrative était sérieuse : elle n'énonçait aucune information qui puisse ensuite être contestée (toute l'illusion du roman policier repose sur cet a priori) ; elle ne parlait que la langue classique : les trivialités, les jeux de mots étaient donnés comme les signes caractéristiques de personnages créés pour les énoncer.

LE ROMAN DANS LE ROMAN

L'idée du lecteur, celui de Madame de La Fayette ou de Guy de Maupassant, est que le romancier doit lui livrer un produit fini ; le romancier contemporain tendra au contraire à lui donner l'illusion d'une multiplicité de récits possibles : il feint de convier son lecteur à l'élaboration d'un livre qui ne trouvera sa fin que dans la lecture. Il le guidera dans ce désordre organisé par toutes sortes de moyens : par la « mise en abîme », par la description d'œuvres d'art ; l'introduction dans le roman d'une critique du roman joue le rôle de mode d'emploi. Nathalie Sarraute, dans *Le Portrait d'un inconnu* évoque un tableau qui sera le portrait d'un inconnu, et fait dire ailleurs à un de ses personnages : «Vous savez comment Bréhier voulait appeler *Les Fruits d'or* ? *Pléonasmes* : c'était pas mal.» Michel Butor a une conduite plus pédagogique : posant au départ une situation traditionnelle, il la travaille progressivement, incluant de plus en plus d'éléments, supprimant peu à peu les transitions, les accrochages entre chapitres, quand il estime que le lecteur a suffisamment mémorisé le système de *La Modification* pour n'avoir plus à multiplier les indices de ce qui est passé proche, lointain, futur imaginé, rêve. Le roman devient un complexe d'histoires possibles, certaines n'étant que suggérées, quelques-unes balbutiées, d'autres menées à l'expression. Pour Michel Butor, un élément ne peut prendre sens que replacé dans le plus vaste réseau de ses correspondances. Ce ne sont pas les effets de causalités qui, dans les romans de Robert Pinget, portent à la réflexion, mais les bifurcations. Et les répétitions chez Alain Robbe-Grillet sont toujours légèrement impossibles et gravement déviantes.

Du fait que les traditionnels points de repère du lecteur attentivement guidé par la voix narrative, assuré de l'existence du personnage par la réitération de son nom (déjà dans *Le Dimanche de la vie*, Raymond Queneau se livrait à toutes les variations possibles sur celui de Bolucra), conforté dans sa représentation du monde par la conformité des descriptions aux idées

Michel Butor.

reçues, assuré par une série de causes et d'effets dans son idée que le temps est
une durée linéaire, prémuni contre toute distraction par l'idée que le progrès
de lecture correspond à une révélation du sens ; du fait que le lecteur est,
dorénavant, précipité dans un monde en formation, où les lois du langage
l'emportent sur la complaisance aux représentations convenues ; du fait qu'il
ne peut plus prendre la lecture pour une simple distraction, même si le monde
de Robbe-Grillet ressemble à celui d'Alice au pays des images, celui de Robert
Pinget aux voyages de flibustiers imaginaires, en quête d'un Graal, puisqu'il
est sans cesse rappelé à son devoir de lecteur qui est d'édifier une construction
à partir de mots, de simples signes noirs sur blanc ; de ce fait, il est essentiel
pour l'auteur de donner à son œuvre une structure solide, de contrôler les
liaisons et les rappels, d'établir une poétique.

On sait que la critique conjointe de Valéry et de Breton à l'égard du
roman avait été portée au nom de la poésie : l'écriture poétique avait en elle
tous les caractères de la nécessité, affirmée soit par les systèmes phoniques et
rythmiques contraignants du vers, soit par l'écriture automatique tenue pour
aussi impérative que le rêve, quand la prose était du domaine de l'incertain :
tout est à redire puisque tout peut se dire autrement, aime à rappeler Robert
Pinget. Dès le 1er janvier 1925, Jean Cassou, dans la NRF, publie des *Propos
sur le surréalisme*. Reprenant la phrase attribuée par André Breton à Paul
Valéry pour illustrer la futilité du roman : «La marquise sortit à cinq heures»,
il faisait remarquer qu'il n'y a pas dans le roman de phrase banale, et que
l'insignifiance reprochée à celle-ci, où chaque élément du syntagme semble
puisé au hasard dans la réserve paradigmatique (pourquoi une marquise et
non une duchesse, ni une comtesse ? «sortit» mais ne pourrait-il être
«rentra» ? à cinq heures est-ce mieux qu'à sept ?), cette légèreté dans le choix
des expressions n'est qu'apparente : elle provient de l'isolement de la phrase
hors de son contexte. Paul Gadenne, en 1943 dans *Confluences*, sous le titre
«Efficacité du roman», reprend l'argument de la totalité organique du livre
que Michel Butor utilisera de nouveau dans *Répertoire I*, pour défendre la
nécessité de la description de la chambre de Raskolnikoff par Dostoïevski. La
totalité donne son sens à l'élément particulier, la fin détermine l'ordre de la
narration. Aussi, très tôt, bien avant le milieu du siècle, pour répondre aux
reproches faits au roman d'être un genre sans loi, Raymond Queneau avait
décidé de construire ses romans à la façon des poèmes à formes fixes : «On
peut faire rimer des situations ou des personnages comme on fait rimer des
mots, on peut même se contenter d'allitérations», affirme-t-il dans une «Conversation avec Georges Ribemont-Dessaignes», reprise dans *Bâtons, Chiffres
et Lettres*. Aussi n'est-il pas étonnant que, au cours de la révision des valeurs
qu'a entraînée la réflexion sur l'organisation romanesque dans les années 50,
ait été relue attentivement l'œuvre de Raymond Roussel, et reconnue l'importance du travail de Francis Ponge. L'écrivain contrôle sa construction romanesque pour que la forme devienne signifiante, et que le récit, anecdotique,
n'en soit plus que l'illustration. Dès lors, la forme du roman doit être rattachée
à celle de la poésie. Ce qui apparaît en ces années-charnière, c'est une volonté
des prosateurs de reprendre à la poésie leur bien, de participer à la réalisation
d'une poétique généralisée.

Raymond Queneau avec Nicole Védrès.

REPRÉSENTER LE MONDE

On n'en revient pas pour autant à la conception classique du beau idéal; dans toutes ces œuvres intervient un élément de dégradation. Une construction rigoureuse, celle de *Degrés*, se délabre progressivement; au terme de sa recherche *Quelqu'un* connaît l'échec; la décrépitude du corps va de pair avec le ratage de *Malone meurt*; la vérité de *Martereau* n'est pas dicible parce qu'elle est à réinventer sans fin : elle est une commodité que nous nous accordons parce que nous sommes, avec innocence, de mauvaise foi, hésitons entre le faux qui nous rassure et la lucidité qui ordonne. La notion d'échec, qui mine le texte, constitue un des traits caractéristiques de l'art contemporain; elle est d'importance égale à l'introduction, par Charles Baudelaire, du «quelque chose d'un peu vague, laissant carrière à la conjecture» dans son esthétique (*Fusées*, X).

Si, à l'opposé du roman, généralement bien reçu, qui se donnait pour une œuvre achevée (c'est-à-dire parfaite), qui proposait une vision stable du monde, ce monde fût-il inquiétant, les formes nouvelles du roman proposent un récit inachevable, par enlisement (selon Pinget), par répétition circulaire (comme à la suite de Proust et Joyce, opèrent Beckett ou Robbe-Grillet), par un inépuisable jeu de combinaisons mémorielles (Claude Simon); un récit, qui feint de se déconstruire à mesure qu'on le lit, qui se donne comme n'existant qu'en tant que projet, qui propose un échange entre le fragment et l'architecture, le défait et le reconstruit. Le lecteur n'est plus dans le rôle passif d'un récepteur, ou d'un consommateur; il est appelé à poursuivre l'édification du récit, à faire entrer dans le domaine du chant ce qui est perçu comme chaos, à établir un réseau de relations, à le contester et à le réédifier. «Les choses existent, nous n'avons pas à les créer; nous n'avons qu'à en saisir les rapports, et ce sont les fils de ces rapports qui forment les vers et les orchestres», déclarait Stéphane Mallarmé à Jules Huret en 1891. Ce qui marque la fin de l'acceptation de l'opposition que J.-P. Sartre croyait pouvoir maintenir entre la prose qui doit être transparente à l'idée qu'elle véhicule, et la poésie, qui considère la matérialité du langage. C'était en 1948 dans *Qu'est-ce que la littérature?*

Purement formelle, l'activité littéraire ne renvoie à rien qui lui soit extérieur, ni le texte à rien qui lui soit antérieur; il n'y a pas d'*Année dernière à Marienbad*, selon Robbe-Grillet. Cette position extrême, que défendait déjà Marcel Proust en se posant *Contre Sainte-Beuve*, ou Raymond Roussel en dévoilant *Comment j'ai écrit certains de mes livres*, avec des arguments différents, mais avec l'intention semblable de n'être pas impliqués par l'écrit, le moi qui écrit devenant le corps glorieux de celui qui vit, si bien qu'on pouvait attendre de l'exercice littéraire une transmutation de soi qui le faisait échapper à la mort commune; cette position limite entraîne deux attitudes critiques marquées. Renonçant à l'ancien souci de faire du discours critique le lieu de révélation d'un secret, de manifestation d'un sens caché, Gérard Genette, tout comme R. Jakobson et Claude Lévi-Strauss quand ils caressent *Les Chats* de Baudelaire, s'en tiendra à la description minutieuse et précieuse d'un fonctionnement. Il est proche de Robbe-Grillet opposant au mythe de la profondeur (qui justifiait une critique herméneutique), l'évidence d'un texte tout de surface. Roland Barthes, dans sa phase saussurrienne, rappelait que l'être de la littérature n'est pas dans son message mais dans son système.

Mais on ne peut associer cette attitude à celles d'autres romanciers. Pour Nathalie Sarraute, nous n'en finissons pas de produire du sens, et de le contester, de s'imaginer et de se défaire; pour Michel Butor la construction littéraire est un moyen d'intégration de ce que nos cultures véhiculent en débris; pour Robert Pinget écrire permet «de découvrir en fin de compte une vérité tout bêtement morale qui est la mienne, mais si profondément enfouie sous les contradictions que je n'ai que l'art pour ce faire» (*Pseudo-principes*

d'esthétique). Dès lors, le texte n'est plus conçu comme insignifiant mais comme sursignifiant. Le livre n'est pas seulement un ruban de mots, une série d'images en échos, un jeu, et une combinatoire. Il est à la fois un tout complexe et mobile, un instrument de compréhension de soi et des autres, d'édification, critique, de représentation du monde.

Cette pratique du roman constituait, par son exercice même, une critique du système traditionnel; si bien qu'à la façon dont Charles Sorel intitula «anti-roman» l'ouvrage où il s'opposait à la série des *Amadis de Gaule*, on considéra comme négatif un mouvement qui obligeait à la réflexion sur la matière même de la littérature. Qui ne témoignait que d'une volonté de conscience, de resaisissement; il tendait à rappeler, après Mallarmé dans *La Musique et les Lettres*, «que la littérature existe et, si l'on veut, seule à l'exception de tout».

Samuel Beckett lors d'une répétition de En attendant Godot.

L'APRÈS WEBERN

CÉLESTIN DELIÈGE

1 Ce texte est extrait
de Célestin Deliège,
*Invention musicale
et idéologies,* Paris,
Christian Bourgois,
1986.
Au centre des
idéologies dont il est
question dans son
ouvrage, l'auteur
entend par «courant
exégétique» la
tendance
généralisée, dite
réaliste, qui
s'exprime à travers
une relecture et une
réinterprétation
constante des
grands courants du
passé que la pensée
artistique entend
réincorporer à
l'œuvre actuelle.
Cette tendance
prend aujourd'hui
les proportions
d'une attitude
civilisationnelle
dans laquelle
Deliège voit le plus
grand danger pour
l'invention (N.d.É).

Quand les attitudes de création ont résisté au raz de marée de la contestation interne, la notion de beaux-arts, surtout au lendemain de la Seconde Guerre, était pour le compositeur gravement hypothéquée : la musique ne pouvait plus être regardée comme un domaine de fiction, de diversion et de rêverie ; elle avait perdu l'auréole de valeur de refuge qui, communément, s'attachait encore très souvent à la notion d'art. Pour la génération nouvelle des compositeurs, l'esthétique devenait un terrain expérimental de recherche. Le sérialisme wébernien alliait merveilleusement les aspects théoriques et sensibles ; il y avait là plus qu'une promesse pour qui n'entendait pas se laisser emporter par les subversions anesthétiques, ou s'enliser dans le courant exégétique[1].

Dans ce contexte historique de 1945, Olivier Messiaen, comme Webern, avait le poids d'une référence pour les plus jeunes. Ce musicien exemplaire était resté indemne de tout courant de contestation. Son orthodoxie religieuse revendiquée l'en avait probablement préservé, mais elle n'avait pas, pour autant, entraîné chez lui d'option conservatrice devant les questions touchant à la poétique musicale : anachronisme bien connu des compositeurs de musique sacrée aujourd'hui. Messiaen n'aurait pu admettre que l'on pût sacrifier à la notion de beaux-arts, et, sans avoir éprouvé les atteintes idéologiques du surréalisme, il conduisait la musique au cœur de la surréalité et du merveilleux par les seules ressources de l'imagination. La conception esthétique de Messiaen demeure en tout point compatible avec la théorie des beaux-arts défendue par Alain, laquelle peut nous paraître encore très liée aux options générales de l'humanisme classique. Or il reste que la vitalité contenue dans l'art de Messiaen est manifestée par des innovations profondes en dépit de la philosophie traditionnelle qui était à la base de sa vision. Ces innovations ont été depuis longtemps répertoriées : elles concernent, d'une part, une extension de l'harmonie de Debussy maintenant greffée sur une théorie et une pratique modale chromatique ; et principalement, d'autre part, une extension de la rythmique, tendant à dépasser le cadre traditionnel de la distribution géométrique des valeurs, vers une progression arithmétique. Cet apport nouveau de la rythmique de Messiaen à la musique occidentale a eu pour intérêt majeur d'inverser la perspective progressivement instaurée depuis l'*ars nova*, aboutissant à des organisations rythmiques commandées par les hauteurs. Cette fois l'ordre des durées retrouve une prérogative telle qu'il peut subordonner l'organisation des hauteurs. La musique occidentale n'avait plus connu ce type de hiérarchie, depuis les modes rythmiques du XIIIe siècle, qu'en des cas isolés.

Pierre Boulez, dès ses premières œuvres, a eu pleinement le sens de l'héritage qui pouvait être recueilli pour que l'esthétique musicale fût poursuivie et maintenue en dehors de toute tendance exégétique. Il situa d'emblée son invention à l'intersection de l'apport de Webern et de Messiaen. Mais il est remarquable que sa synthèse comporte des refus, dès le début, de nombreux caractères stylistiques qui définissaient ses modèles de la manière la plus spécifique. On ne retrouve pas dans les premières œuvres de Boulez la raréfaction du son propre à Webern, pas plus que ne sont conservées les contraintes que Messiaen s'imposait quant au choix des figures rythmiques et à leur

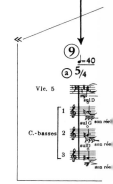

répartition. En arrière-plan, l'œuvre du jeune compositeur recelait une influence de Schoenberg assez diffuse : de fait elle portait davantage sur le projet formel que sur l'écriture.

On sait, d'autre part, que Messiaen développa considérablement son impact quand il publia en 1949 son *Mode de valeurs et d'intensités*. Boulez vit, dans cette complémentarité des catégories mises en présence, la source d'une généralisation d'une combinatoire qui demeurait conséquente avec les principes sériels les mieux systématisés dans l'œuvre de Webern. Dès ce moment, il se mit à construire de véritables algorithmes dont le point le plus fragile fut peut-être une liaison trop directe aux implications dodécaphoniques, et un domaine de prévisions devenu trop faible, du fait du nombre élevé de possibilités, pour être éventuellement conçu dans un cadre hiérarchisé. Les principes harmoniques, beaucoup plus condensés et homogènes, conçus plus tard par le compositeur, surtout à partir du second livre des *Structures* et de *Pli selon Pli* — principes maintenus jusqu'à ce jour dans *Répons* —, quelles que soient les variantes éventuelles du mode de déduction, montrent que la critique de Boulez a dû être dirigée dans un sens voisin du processus qui vient d'être décrit.

Quelques compositeurs, ceux qui semblent marquer le plus profondément notre époque, ont suivi Boulez jusqu'«à la limite du pays fertile», et il est vraisemblable, si on s'en remet à la non-ratification par la pratique sociale, que cette limite ait été en quelques cas franchie. Si quelques œuvres majeures de cette période subsistent, elles le doivent à une habileté artisanale hautement appréciable, et au contrôle que l'imagination continuait d'exercer sur les données abstraites.

Pierre Boulez
Pli selon Pli, *I, «Don» (extraits).*

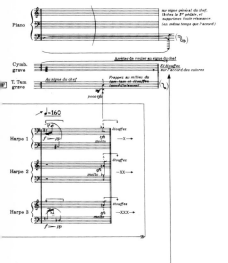

Cette brève époque décriée de nos jours avec une certaine insistance, et qui sans doute ne pourra conduire l'auditeur, tant de l'avenir que du présent, à un très haut degré de jouissance esthétique, a eu le mérite d'engager de nouvelles poétiques. La perfection résultant d'un énorme investissement de travail et d'une réflexion théorique hautement concertée sur l'état de la technique d'écriture dont témoigne une pièce comme *Kontrapunkte* de Stockhausen en garantit probablement la survie. Cette œuvre proposait en 1953 une structure temporelle discontinue mais où les éléments de différenciation se concilient selon des normes qui partiellement pouvaient préexister à la composition de l'œuvre, mais que l'intuition du compositeur intégrait avec souplesse. Un jour viendra où cette discontinuité, si frappante à l'époque de la création, sera relativisée comme cela s'est produit dans tous les autres cas de l'histoire où les contemporains ont d'abord cru la percevoir excessive.

Boulez, qui, en 1946-1947, fut le seul compositeur en mesure de découvrir les moyens d'une organisation du discours musical en référence à l'univers wébernien, fut aussi le premier à dénoncer, dès 1954, les abus auxquels ses propres propositions formulées, notamment en partie, en 1952 dans l'essai intitulé *Éventuellement*[2] lui paraissaient soumises, risquant d'engager l'aventure. Là déjà se révélait l'une des premières manifestations de cette orientation psychologique dont, depuis lors, il a très souvent témoigné, et que par ailleurs sa technique de composition reflète clairement : à savoir, une rigueur consentie mais partiellement niée par des traits d'«indiscipline» qui en tempèrent l'expression.

Il y avait, certes, dénonciation de choix techniques et esthétiques dans l'essai de 1954 intitulé *Recherche maintenant*[2] : «Comment éviter la monotonie épuisante de ces productions abstraites qui accablent peinture et musique de nos jours ? [...] flagrante est l'encéphalité de somnambules pour tremplins élevés.» Et le «maniérisme» des musiciens sériels était comparé à «Babel». Le reproche fondamental était de sacrifier la composition musicale à un souci dominant d'organisation. Mais l'argumentation comportait indiscutablement une part d'autocritique : l'auteur engagé dans la composition du *Marteau sans maître* découvrait les moyens de dégager sa poétique d'une emprise excessive de l'abstraction grammaticale, et il annonçait une réalité qui découlerait d'une dialectique nouvelle suggérée entre les structures globales et les organisations locales. Le propos paraissait encore obscur, il était question d'une recherche d'équivalents d'italiques et de parenthèses. Obscur ; et pourtant que de parenthèses la musique ne contenait-elle depuis le temps du classicisme viennois ? Sur le moment, ceux qui sentaient leur travail mis en question par ce fondateur de parti qui, singulièrement, semblait s'ingénier à le détruire alors qu'il était à peine né tolérèrent assez mal la leçon inattendue, et peut-être faut-il dater de ce moment l'abandon de la recherche commune qui avait semblé un moment être la meilleure promesse de la composition sérielle portant sur l'intégration de tous les paramètres acoustiques.

Une seconde mise en garde fut lancée par Yannis Xenakis (1955). Elle eut moins de retentissement compte tenu de la méfiance qui entourait les idées esthétiques professées par Hermann Scherchen dont on appréciait moins les discours que le talent de chef d'orchestre ; mais aussi, il en allait ainsi parce

Pierre Boulez
Pli selon Pli, *I, «Don» (extraits).*

que Xenakis, resté à l'écart du foyer post-wébernien, n'apparaissait pas comme un porte-parole autorisé. Sa critique avait cependant le mérite de se fonder sur un critère de perception, et de rechercher une base scientifique d'explication du malaise qui commençait à s'exprimer. L'argument de la réfutation était ainsi formulé : «La polyphonie linéaire se détruit d'elle-même par sa complexité actuelle. Ce qu'on entend n'est en réalité qu'amas de notes à des registres variés. La complexité énorme empêche à l'audition de suivre l'enchevêtrement des lignes et a comme effet macroscopique une dispersion irrationnelle et fortuite des sons sur toute l'étendue du spectre sonore[3].»

La proposition étant assortie d'un recours à la statistique et aux probabilités, la spéculation n'était toutefois pas éliminée. Sur ce point, il convenait d'ailleurs de se rendre à l'évidence : depuis l'époque tonale au moins, toute musique était délibérément calculée, mais le degré de calcul restait alors dissimulé, masqué par des traits qui donnaient le sentiment à l'auditeur que tout avait été soumis uniquement à des impératifs d'expressivité. C'est cet élément de conciliation d'ordre sémantique que le sérialisme ne parvenait pas à rejoindre. Issu de la tentative de maintenir l'art dans une pleine autonomie, le sérialisme avait totalement et subitement rompu, involontairement peut-être d'ailleurs, avec toute possibilité de traduire la musique en fiction ; en cela la comparaison, courante à l'époque, avec l'abstraction en peinture avait un sens. La musique s'était soudainement détachée de ses sources populaires, elle ne communiquait plus par l'intermédiaire de schèmes identifiables tels que les périodes, les motifs thématiques ou des figures rythmiques fortement prégnantes, elle visait à s'incarner dans des successions de sons n'exprimant l'un par rapport à l'autre que la sensation de leur différence.

Ici se place l'intervention de Cage qui, à l'action volontaire des musiciens sériels, opposait une passivité qu'il défendait à partir du bouddhisme zen. Cage a eu le mérite de comprendre que la grisaille sérielle résultait d'une surinformation, et il crut apporter par le recours aux seules producions du hasard un équivalent sonore mais débarrassé de toute pléthore de moyens. Son action (mot paradoxal puisque en fait l'inaction en était le mobile) a eu d'énormes répercussions. Mais il ne peut être affirmé que celles-ci aient été très heureuses même si elles ont permis de nouvelles prises de conscience salutaires quant à la distance prise par rapport à certaines illusions. Si Cage a démystifié, il a aussi substitué de nouveaux mirages à ceux qu'il détruisait.

Aucune des tentatives ayant eu pour objet la mise en question de la notion d'œuvre par l'envers de l'œuvre n'a vraiment fécondé la connaissance au cours de ce siècle, en dépit du nombre des tentatives et, souvent, de leur puissance corrosive. L'œuvre d'art ne peut être mise en question que par l'œuvre ; l'intelligence du surréalisme a été de le comprendre. L'envers de l'œuvre aboutissant à l'anesthétisme se donne, de fait, comme philosophie de l'art, comme conceptualisation éventuelle capable de modifier les idéologies de création pendant un certain temps ; mais la portée de ces subversions, fussent-elles les plus pacifistes comme dans le cas de Cage, ne peut être qu'esthétiquement ambiguë. A propos de l'art, une société n'a jamais de choix qu'entre l'œuvre et sa négation totale. L'anti-art ne peut connaître d'épanouissement dans la mesure où il ne peut trouver aucune fonction vitale

2 Pierre Boulez, *Relevés d'apprenti*, Le Seuil, 1966.

3 Iannis Xenakis, «Musique formelle», Paris, *Revue musicale*, n° 253-254, 1963.

Karlheinz Stockhausen
Kontrapunkte *(extrait).*

d'accomplissement, sinon celle de *faire penser*. On peut être agnostique devant l'institution artistique comme devant l'institution religieuse, mais cultiver l'œuvre non-œuvre n'est jamais qu'une banale forme d'idolâtrie. On a pu tout au long du siècle, chaque fois qu'une subversion esthétique s'est manifestée, en éprouver la bienfaisance ou l'opportunité, on a pu la vivre comme une libération, comme bouffée d'air frais, il n'en reste pas moins que ces divers mouvements ont fini par restaurer, au plein sens du terme, ce qu'ils s'étaient chargés d'ébranler. C'est la bonne bourgeoisie qui se délecte aujourd'hui des *ready made* que Marcel Duchamp imagina pour venir à bout des poncifs qu'elle vénérait ; la bonne société n'a aucune peine à les transférer dans la sphère de ses normes. De fait, quand un artiste intente un procès de désacralisation, son geste n'a de portée réelle qu'à l'intérieur du groupe où il s'exprime ; à l'extérieur, ce geste peut aller jusqu'à produire désarroi, crise de confiance dans les valeurs reçues autant qu'en celles qu'il produit, déviances, confusions, etc. Tel est l'impact social du choc avant l'inévitable et sécurisante récupération. A partir de là peut se comprendre le caractère ambigu des mouvements esthétiques subversifs de ce siècle ; ils s'achèvent dans le divertissement sans avoir entraîné la conviction ; ils travaillent à la mise en péril de la notion de beaux-arts sans jamais pouvoir achever leur programme ni créer le sursaut escompté par la voie qu'ils semblaient ouvrir. Ainsi Cage a-t-il été obligé de vivre son expérience dans une perpétuelle hésitation : cet anticompositeur, amoureux de musique, est passé de la partition notée au simple graphique pour finalement revenir à l'écriture après avoir organisé des manifestations où aucune donnée préalable n'était prescrite. Ses seuls émules ont été des musiciens s'engageant à corps perdu dans «l'aléatoire», une esthétique de mode passagère qui a fait long feu. Il est possible que quelques groupes actuels d'improvisation se prévalent de tels modèles, mais que représente leur apport à l'évolution profonde de l'esthétique et des mentalités ? La subversion esthétique n'aura été qu'une révolte, non une révolution ; une thérapie incertaine pour les promoteurs, et une méthode d'accentuation de l'obscurantisme et du nivellement culturel pour la collectivité.

Certains lecteurs ne manqueront pas toutefois de ressentir ces lignes comme l'expression d'un conservatisme qui refuse de s'avouer. Mais il s'agit simplement de propos qui prennent place à leur heure ; maintenant, avec un recul qui fut nécessaire, on mesure les insuffisances des avant-gardes et leur arrière-goût d'impuissance. On n'aurait pu parler ainsi de Dada, du futurisme, des post-faustrologies des curateurs pataphysiciens ou du phénomène Cage voilà seulement une vingtaine d'années, parce que l'on vouait à ces mouvements une sympathie paradoxalement quasi respectueuse ; et l'on se prendra encore, au reste, de nostalgie pour ce que ces idéologies contenaient intentionnellement de salutaire. Jarry, Duchamp, Cage, il faut le redire, nous ont éveillés à de nouveaux contenus idéologiques et représentationnels, mais ils n'ont pu proposer un dessein qui fût une référence possible pour l'histoire, un point d'accrochage pour leurs successeurs. Combattre l'art par son simulacre n'est pas un projet longtemps assumable : le canular n'est que spectacle ponctuel et volupté de scandale entre ce qu'il poursuit de sa dérision et le fracas rêvé, toujours différé.

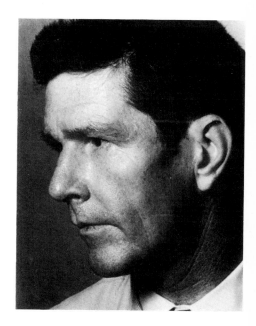

John Cage en 1958.

L'HÉRITAGE : MATÉRIEL ET IMMATÉRIEL

Tomás Maldonado

Je me propose ici de définir certaines des tendances qui ont caractérisé la vie culturelle des années 50. Mon but n'est cependant pas celui de l'historien — que je ne suis pas. Le centre de ma préoccupation est plutôt de savoir ce que signifient pour nous, dans les années 80, les modèles culturels qui ont été élaborés dans cette période.

Certains de ces modèles se sont révélés avec le temps plutôt fragiles, et leur influence sur nous est désormais très faible ou nulle. D'autres, en revanche, se sont progressivement renforcés et ont pris une telle importance qu'ils en sont venus à constituer des points de référence cruciaux pour la vie culturelle d'aujourd'hui et des années à venir.

Mais, avant d'entrer dans le vif du sujet, un éclaircissement méthodologique me paraît s'imposer. Que faut-il entendre par «années 50» ? Au sens strict, cela devrait évidemment représenter la décennie comprise entre 1950 et 1960. Mais un tel découpage me semble arbitraire. La périodisation en décennies n'exprime en réalité presque rien sur la phase historique qu'on veut examiner ou simplement revisiter.

Selon moi, ce qu'on appelle aujourd'hui par commodité les «années 50» couvre en réalité une période qui s'ouvre en 1945, avec la capitulation du IIIe Reich, et s'achève en 1960 environ, avec le dépassement de la phase la plus critique de la reconstruction urbaine et de la reconversion de l'appareil productif dans les pays les plus touchés par la guerre. Dans cette optique, il est clair que les années 20 en Allemagne et les années 50 en Europe ont, malgré leurs nombreuses différences, quelque chose en commun. Toutes deux sont à considérer comme des périodes marquées par l'immense bouleversement matériel, politique et social provoqué par la guerre. En somme, ce sont deux périodes d'après-guerre.

Il se trouve que j'ai passé la plus grande partie des années 50 en RFA, où j'ai enseigné, à partir de 1954, à l'École d'Ulm —, institution culturelle certainement la plus novatrice dans l'Allemagne de ces années-là. De par sa nature fortement expérimentale et ses liens avec le monde de la production, l'École d'Ulm — à vocation d'enseignement et de recherche dans les domaines de la conception de produits pour l'industrie, de la communication, de l'industrialisation de la construction — était sans aucun doute un observatoire privilégié pour tout ce qui se produisait dans cet après-guerre. Et pas seulement en Allemagne, si l'on tient compte de la nature internationale de cette institution.

Les tendances de la vie culturelle doivent être repérées dans le contexte politique mouvementé de l'époque. Arrêtons-nous d'abord sur la situation dans le domaine de l'art. On ne doit pas oublier que le nazisme et la guerre avaient — du moins en Europe — entraîné l'interruption d'une tradition importante de la culture contemporaine : la tradition des avant-gardes historiques dans les arts figuratifs, la littérature, la musique, le théâtre, l'architecture.

Cette tradition est reprise, dans les années 50, avec l'ivresse de reconquérir une liberté expérimentale étouffée ou annihilée durant deux décennies (ou davantage). En peinture, par exemple, on voit réapparaître en force l'abstraction, tant dans sa variante concréto-constructive que dans sa forme expressivo-informelle, mais également des courants manifestement d'origine dadaïste et surréaliste, et d'autres encore, visant au contraire à réhabiliter la figuration, voire le réalisme, tantôt d'inspiration romantique, tantôt populiste ou vernaculaire.

Il ne s'agit pas pour autant d'une restauration servile, d'un retour acritique, célébratif aux expériences de l'avant-guerre, mais bien de la recherche d'une discontinuité dans la continuité, pour employer une formule désormais un peu usée. De fait, dans les années 50, commence à se faire jour cette prolifération des modèles artistiques qui caractérisera par la suite les néo-avant-gardes des années 60, 70 et au-delà.

École d'Ulm,
Ulrich Burandt
(prof. T. Maldonado)
Surface non orientable,
1958-1959.

Dans le domaine philosophique, on assiste, notamment en Allemagne, à un regain d'intérêt pour la phénoménologie d'une part, et d'autre part pour le néo-positivisme, surtout dans sa version analytique américaine qui, dans certains cas, se trouvait mêlée de pragmatisme et de behaviourisme. C'est dans ce contexte que, dans le même pays, font retour au cœur de la réflexion les études sémiotiques inspirées de Peirce et de Morris, mais enrichies par les contributions de la linguistique de Saussure et de Trubetzkoy et de la logique polonaise. Sans parler, toujours en Allemagne, des premières élaborations, par Horkheimer et Adorno, de la «théorie critique».

A la même époque, en France, l'influence de l'existentialisme sartrien s'amplifie toujours davantage, même si l'on entrevoit déjà les premières manifestations de ce structuralisme qui, dans la décennie suivante, sera le point de convergence de l'anthropologie, du freudisme, de la linguistique et du marxisme.

Je voudrais citer d'autres aspects qui caractérisent culturellement cette période. Je me réfère spécialement à ceux qui concernent l'impact du formidable développement technico-scientifique principalement lancé — il est déplaisant de l'admettre, mais c'est ainsi — durant la guerre (ou immédiatement après) et, en grande partie, en fonction des exigences de l'industrie militaire. Ce développement connaît sa courbe maximale précisément durant les années 50, ouvrant des perspectives qui, en bien ou en mal, conditionnent aujourd'hui notre vie quotidienne, nos façons de penser et d'agir, et nos choix pour le futur. Je pense à des réalités telles que l'usage de l'énergie nucléaire, les grands ordinateurs, la production d'antibiotiques, les nouvelles matières, le lancement des premiers satellites artificiels, l'automatisation et la micro-électronique, et aux présupposés théoriques et méthodologiques qui les ont, au moins partiellement, rendus possibles : théorie de l'information, théorie de l'automation, cybernétique, théorie des systèmes, biologie moléculaire, théorie de l'auto-organisation, épistémologie génétique, recherche opérative et théorie des jeux.

*Tête de bombe
à système de guidage
électronique
Mémorial de Caen.*

Telles sont, de façon très générale, les caractéristiques les plus marquées de la réalité des années 50. Mais, au-delà de l'impact des nouvelles découvertes et inventions technico-scientifiques, des tendances repérables dans le domaine de l'art et de la philosophie, et des conditionnements d'ordre politique déjà mentionnés, les concrètes et incontournables exigences de la reconstruction jouèrent, dans ces années, un rôle décisif. Ces nécessités poussaient à privilégier certaines questions fondamentales, et en particulier celles qui engageaient les critères et les méthodes de la production urbaine et de la redéfinition du parc automobile et des produits de la société capitaliste.

Ces exigences se présentaient alors comme une véritable vérification de la plus ou moins grande validité des plus importants modèles de référence esquissés dans les années 20 et 30 dans le cadre de l'architecture, de l'urbanisme et du design industriel. Modèles qui, pour la plupart, tournaient autour de l'idée que la rationalité du processus de conception était, par elle-même, en mesure de fournir les réponses les plus convaincantes aux problèmes de la cité, du logement et des biens de consommation.

Dans l'optique de ce moment historique précis, les résultats ne furent pas négatifs. Ces modèles se sont révélés aptes à résoudre les problèmes aigus que posait l'urgence économique. Mais le prix qu'il a fallu payer — il faut

Spoutnik-3.

l'admettre — n'a pas été modeste. Il est vrai que ces modèles, parce que vidés de leur force idéale et novatrice d'origine, ont été banalisés, aplatis. Ceci a été particulièrement vrai dans le domaine de l'urbanisme et de l'architecture, où la spéculation foncière et immobilière ont eu une influence dévastatrice. Dans le domaine des produits, la situation a évolué différemment puisque, pour l'industrie, l'exigence de rationalisation et d'innovation coïncidait, dans bien des cas, avec le meilleur des valeurs portantes du design industriel d'inspiration, disons, «rationaliste». La contribution de l'École d'Ulm, en ce sens, est exemplaire.

En outre c'est bien dans les années 50 qu'il faut chercher les raisons fondamentales de l'actuelle controverse sur la modernité, c'est-à-dire sur les résultats du monde moderne. Dans ce monde moderne où le prodigieux tournant technico-scientifique de ces années-là a contribué en même temps à accélérer le rythme de son processus constitutif et à rendre plus aiguës ses contradictions.

Sans vouloir aborder la question de la modernité (sur laquelle je me suis expliqué ailleurs) rappelons à ce propos que ce sont affirmées, au nom de la fameuse postmodernité, deux attitudes : d'un côté on a cherché à présenter

Fusée Pioneer, lancement.

le savoir technico-scientifique comme une chose diabolique, en regardant nostalgiquement vers un passé pré-industriel (et cela souvent même au nom du postindustriel!); de l'autre, on a utilisé les promesses implicites ou explicites de ce même savoir pour projeter l'image d'un monde dans lequel tout ce qui caractérise aujourd'hui notre comportement individuel et social deviendrait radicalement différent, image d'un monde peut-être fascinant par certains aspects, mais somme toute peu crédible. Ceux qui adoptent la première attitude soutiennent, en art, en littérature, en architecture, en philosophie, et jusqu'en politique, les «revivals» qui font frémir; en revanche, parmi ceux qui s'identifient à la seconde, on parle (et l'on rêve) beaucoup aujourd'hui, et toujours plus, d'un processus global de «dématérialisation» de la réalité, processus qui résulterait d'un autre processus, déjà engagé (et, selon certains,

irrémédiablement) d'informatisation à l'échelle planétaire.

Je voudrais m'arrêter un instant sur le thème de la dématérialisation. Je suis en effet convaincu que ce thème-là, mieux que tous les autres, permet de voir clairement dans quelle mesure les élaborations des années 50 ont eu, et continuent d'avoir, une influence déterminante sur les années 80, voire sur nos scénarios du XXIᵉ siècle.

Certes, l'idée de dématérialisation n'est pas neuve. Il suffit de rappeler que ce concept a joué un rôle décisif dans les débats épistémologiques qu'ont engendrés les développements modernes de la physique. Il occupait une position centrale, comme on s'en souvient, dans la controverse autour de l'interprétation de la mécanique quantique fournie par Niels Bohr, la fameuse «Strife about complementary», comme l'appelait en 1955 le physicien et philosophe de la science Mario Bunge.

Mais ces débats n'avaient essentiellement de sens que dans le cadre de la physique et en particulier de la microphysique. Aujourd'hui, le thème a échappé à ce contexte spécifique et l'on cherche à le généraliser. Des sociologues, des ingénieurs, des philosophes, des économistes, des journalistes et des analystes de marché utilisent, cette fois, le terme de dématérialisation à

École d'Ulm
H. Roericht
Vaisselle d'hôtellerie empilable TC 100, *1958-1959*
Thomas/Rosenthal; collection permanente du MOMA, New York.

l'échelle de la macrophysique — de notre milieu macroscopique — c'est-à-dire à l'échelle de nos sens. On soutient que l'impact des technologies nouvelles (informatique, télécommunication, bio-ingénierie, automation) entraînera une réduction progressive de la matérialité du monde, une dématérialisation de la société dans son ensemble. En d'autres termes, on assisterait à une contraction de l'univers des objets matériels, objets qui seraient remplacés par des processus et des services toujours plus immatériels.

L'argument mérite d'être soigneusement analysé, dans la mesure où se trouvent ainsi, subrepticement, réexhumées certaines thématiques qui ont retenu l'attention de la pensée philosophique durant des siècles, par exemple, le problème du rapport entre matière et esprit. Mais il ne s'agit pas ici de rouvrir ce débat que, d'ailleurs (du moins au plan scientifique) les contributions de la neurophysiologie et de la biologie moléculaire ont rendu inactuel.

Je préférerais suivre un autre itinéraire. Le prix Nobel de physique, Alfred Kastler, a relevé qu'à l'échelle de nos sens nous sommes habitués à reconnaître, dans ce que nous appelons des «objets», deux propriétés fondamentales : la *permanence* et l'*individualité*, propriétés qui sont caractéristiques de la physique classique mais s'évanouissent dans la microphysique contemporaine.

Laissons de côté ce qui se produit en microphysique et concentrons-nous sur les questions concernant l'échelle de la macrophysique, c'est-à-dire l'échelle à laquelle devrait s'étendre, selon certains, le phénomène de dématérialisation généralisée. En suivant les traces de Kastler, il faut alors poser la question suivante : est-il vraiment certain que permanence et individualité des objets ont commencé à perdre de leur valeur spécifique par rapport à l'assiette matérielle de notre ordre social, économique et productif ?

Il serait stupide de nier que quelque chose de ce genre est en train de se produire. Dans la société industrielle avancée, la durée de la permanence et de l'individualité des objets tend, sans aucun doute, à se raccourcir. Mais ce n'est pas un phénomène récent, comme on voudrait nous le faire croire. La tendance à abréger le «cycle de vie» des produits est patente à partir de la crise de 1929 — phénomène bien connu de l'obsolescence. La nouveauté m'apparaît plutôt dans le fait qu'on abrège le cycle de vie de familles entières de produits. En d'autres termes, ce ne sont pas seulement les individus techniques — pour employer une expression de Gilbert Simondon — qui déclinent toujours davantage, mais bien les typologies mêmes auxquelles ils appartiennent.

Mais cette constatation autorise-t-elle à parler, comme on le fait souvent de façon désinvolte, d'un processus de dématérialisation en acte ? Est-il crédible, est-il vraisemblable, que notre réalité future puisse devenir un monde seulement constitué de présences ineffables, un monde privé de matérialité, de «physicité» ? Est-il raisonnable de penser qu'au XXIe siècle nous n'aurons à faire qu'à des réalités intangibles, des images illusoires, évanescentes, quelque chose de semblable à un monde peuplé de spectres, d'hallucinations, d'ectoplasmes ?

Un tel scénario me semble peu plausible. Le terme de dématérialisation pourrait être une fois de plus, un abus métaphorique et ce dont on veut

Alfred Kastler avec ses étudiants.

parler quelque chose de différent. Si ce n'était pas le cas, si l'on pensait sérieusement à un processus drastique de dématérialisation, nous nous trouverions face à la reproposition de certaines formes exaspérées de mysticisme, ou du moins d'idéalisme subjectif. Ce sont probablement des malentendus terminologiques, même si certains d'entre eux sont à coup sûr des résidus de problèmes théoriques jusqu'alors irrésolus dans le cadre de la philosophie de la science et de la technique.

En 1950, Norbert Wiener, le fondateur de la cybernétique, formulait son fameux jugement apodictique : «L'information est information, non matière ou énergie.» Quelques années plus tard, Gotthard Günther ajoutait :

«L'information est information, non esprit ou subjectivité.» Mais, à dire vrai, la nature de l'information est restée un problème théorique relativement ouvert. Il n'y a donc pas de quoi s'étonner que, dans une société comme la nôtre — où l'information est en train d'assumer un rôle fondamental — certains tendent à voir dans le processus d'informatisation en cours une sorte de dématérialisation globale et même de spiritualisation du monde dans lequel nous vivons.

La question également encore en suspens de la nature des processus sémiques dans le domaine des études linguistiques, et plus spécifiquement dans le champ de la sémiotique, n'a pas eu une influence moins grande sur cette croyance. Et là-dessus, on entend souvent reproposer, sous diverses formes et dans diverses terminologies, la théorie de la «sémiose illimitée» de Charles S. Peirce, selon laquelle les signes renvoient à d'autres signes à l'infini, et où, à l'infini, est repoussée la possibilité de repérer un référent matériel. Ce qui est particulièrement clair, selon moi, dans le cas du concept de «déconstruction» de Derrida.

Norbert Wiener.

A. et J. Polak, *arch.*
A. Waterkeyn, *ing.*
Croquis préparatoire à
l'Atomium
1955-1956
Mine de plomb
et encre de Chine sur
calque
Archives d'Architecture
moderne,
Bruxelles.

Mais, en revenant à la question d'une éventuelle réduction de l'univers des objets comme preuve d'une dématérialisation de notre société, je voudrais à présent faire quelques nouvelles observations. Nous avons admis un peu plus haut que certains produits et même des typologies de produits sont de fait entrés en crise et ont fini par être définitivement évacués. En réalité, ce processus a rarement été un acte de simple suppression ou de pur refoulement. Les nouveaux produits ne succèdent pas toujours aux précédents *ex abrupto*. La nouveauté substantielle d'un produit — son contenu technologique hautement innovateur, par exemple — se fait jour à travers des innovations secondaires ou dérivées.

Typique de ce point vue est le cas du vaste éventail de produits nés de l'impact, disons, «miniaturisant» de la technologie micro-électronique. Bien qu'on ne puisse pas toujours parler d'une amélioration de leurs prestations fonctionnelles spécifiques, une chose est certaine : leur réduction dimensionnelle a eu le plus souvent pour conséquence une chute non négligeable de leur coût de production et de leur prix de vente. Et c'est aussi, comme on le sait, ce qui a facilité leur extraordinaire succès sur le marché.

De surcroît, la substitution ne s'accomplit que rarement de façon biunivoque : rarement un seul produit vient occuper la place d'un produit périmé. Le plus souvent, l'émergence d'un produit novateur donne naissance à un processus de ramification, de prolifération, de diversification. En d'autres termes, là où l'on avait un produit, on trouve toute une gamme de produits nouveaux. Et par gamme je n'entends pas seulement une fragmentation de l'offre à travers les variations d'un même modèle, mais aussi, et surtout, l'ensemble des nouveaux produits et produits-services directement ou indirectement générés par le produit innovant.

Le système toujours plus prolifique des artefacts domestiques de communication est, à cet égard, un bon exemple. Cependant, dans ce secteur de l'électronique, on constate déjà depuis longtemps un phénomène qui pourrait finir par s'opposer à l'actuelle tendance à la prolifération de nouveaux produits. Je fais ici allusion au phénomène d'intégration d'éléments qui, tout en fournissant des prestations différentes, appartiennent à une même famille fonctionnelle. En pratique, ce procédé permet, grâce à l'agrégation de produits jusque-là séparés, la constitution d'un système unique d'éléments intégrés. L'exemple type est représenté par la chaîne hi-fi, habituellement composée d'une platine, d'un lecteur de compact, d'un lecteur de cassettes, d'une radio, d'un amplificateur et d'enceintes. Si ce phénomène se généralisait, cela signifierait, du moins en théorie, une réduction numérique des objets ; mais il est malaisé d'établir aujourd'hui ce que serait, du point de vue du rapport physique-non physique, le bilan global de ce phénomène.

Il ne s'agit pas, naturellement, de nier qu'en général, les nouvelles technologies puissent contribuer à une importante économie énergétique et matérielle, mais plutôt de s'opposer à la tentation de se laisser trop facilement séduire par le rêve d'une dématérialisation de plus en plus grande.

Les hypothèses d'une dématérialisation du monde et d'une information planétaire sont nées toutes deux des paradigmes scientifiques mis au point dans les années 50. On peut en dire autant de la très actuelle thématique de la complexité, qui envahit l'horizon de notre réflexion sur les fondements de la connaissance technico-scientifique. Mais ce n'est pas tout. La complexité est un défi à vaste rayon, dans la mesure où, de façon explicite ou implicite, elle conditionne fortement nos choix sur des questions centrales de notre temps. Il suffit de penser, par exemple, à la question de l'environnement.

Même si ses origines remontent, comme on le sait, au XIXe siècle (rappelons les travaux précurseurs de Carnot, Clausius et surtout Boltzmann et J.-W. Gibbs dans le domaine de la thermodynamique), il ne fait aucun doute que la thématique de la complexité n'a pris toute son ampleur que dans les années 50, à partir des contributions de C.-E. Shannon, W. Weaver, J. von Neumann, H. von Foerster, W. McCulloch, L. Brillouin, H. Simon, W.-R. Ashby, A. Rapoport.

Cependant, dans ces dernières décennies, la thématique de la complexité s'est révélée être une source inépuisable de nouvelles stimulations pour la réflexion théorique. Il y a à cela des causes internes, qui concernent la dynamique du développement même de la connaissance scientifique, mais également des causes de nature externe. Il faut notamment mentionner la difficulté croissante qu'on rencontre aujourd'hui partout lorsqu'on affronte des «processus décisionnels en conditions d'incertitude et de risque». (Il faut admettre que la problématique qui soustend la thématique de la complexité n'est pas étrangère aux puissantes sollicitations qui nous viennent d'un monde réel que nous gouvernons mal, ou que nous gouvernons avec un haut taux de risque, ou encore que nous ne gouvernons pas du tout.) Quoi qu'il en soit, il est évident que nous sommes en train d'assister à une formidable mutation de la manière d'entendre la complexité et les problèmes qui en dérivent. Et cela grâce aux travaux de spécialistes qui, à partir de disciplines et de points de vue divers, ont esquissé de nouveaux filons d'élaboration théorique. Je pense en particulier aux travaux d'I. Prigogine, I. Stengers, G. Nicolis, R. Thom, H. Maturana, F. Varela, C. Castoriadis, S. Beer, H. Atlan, B. Mandelbrot, E. Morin, N. Luhmann et J. Habermas.

A. et J. Polak, *arch.*
A. Waterkeyn, *ing.*
Croquis préparatoire à
l'Atomium
1955-1956
Mine de plomb sur calque
Archives d'Architecture
moderne, Bruxelles.

Dans certains cas, il s'agit d'approfondissements (ou même de grossières inversions de sens) de certaines thématiques esquissées dans les années 50 (celles, par exemple, concernant les dichotomies ordre/désordre, ouverture/fermeture, système/milieu, organisation/auto-organisation, simplicité/complexité, référence/auto-référence). Dans d'autres cas, on se trouve face à des coïncidences, certainement fortuites, au sein d'expériences très diverses (par exemple, les exercices didactiques de l'École d'Ulm, qui se référaient aux courbes de G. Peano et de W. Sierpinski, et le développement actuel des «objets fractals» chez Mandelbrot). Dans d'autres cas encore, il s'agit de la reprise courageuse de tentatives, très répandues dans les années 50, de trouver des moments de recomposition du savoir, de parvenir à une nouvelle «science unifiée».

Ce bref panorama, nécessairement réductif, nous permet de voir clairement dans quelle mesure, au seuil du XXIe siècle, nous sommes, nous, débiteurs du patrimoine culturel constitué au milieu du XXe.

TRADUIT DE L'ITALIEN PAR MICHEL ORCEL.

ZOOOOOM PING PAF LES FORMES LIBRES

Christian Borngraeber

Vous vous êtes habitués à penser en décennies ? Dommage. Hier tout était bien mieux ? Pas sûr. Aux années 20 devaient, dans les années 80, naturellement succéder les années 50 ? Cette époque-là a vu dans un design libéré une alternative aux conceptions spatiales fonctionnalistes. L'asymétrie passait pour une des caractéristiques principales. Des projets organiques remplaçaient des modèles de base géométriques. Des courbes aux mouvements dramatiques bousculaient le design mou de la précédente décennie où régnait l'aérodynamisme. Les mythes du quotidien connurent des excès surréalistes. En conclusion : c'est dans la synthèse des influences des précédentes décennies que résident les qualités spécifiques de celle qui suivit la fin de la Seconde Guerre mondiale.

RÉTRO A

Deux citations pour commencer : «Pas à pas nous reprenons en même temps conscience et possession de notre passé le plus récent», «l'ouverture du royaume de la représentation imaginative, non objectale, la réalisation d'une rythmique et d'une dynamique libres, l'importance et la force, créatrice de formes, de rapports fonctionnels». Les deux (empruntées à H. Curjel) à l'occasion du même événement : à l'été 1952, le Musée des Métiers d'art de Zurich avait montré des objets d'art et des productions des métiers d'art du tournant du siècle. C'était la première tentative d'organiser une exposition internationale autour de ce thème. En 1951, des architectes et des urbanistes allemands célébrèrent le cinquantième anniversaire de la première exposition de «La Colonie d'artistes de Darmstadt», exaltant surtout le souvenir de Joseph Maria Olbrich. N'oublions pas que certains des pères du Jugendstil allemand étaient toujours en vie — Henry van de Velde et Richard Riemerschmid. C'est pourtant l'œuvre d'Antonio Gaudì qui a été la grande redécouverte du début des années 50. Des photos de ses œuvres couvraient tout un mur du pavillon espagnol à la IXe Triennale de Milan. Les Américains parlaient de sa *prophetic imagination*. Des revues italiennes d'architecture ne furent pas longtemps avant de publier à intervalles réguliers des présentations détaillées d'œuvres de Gaudì et d'autres architectes du tournant du siècle. On oublia cependant une variante spécifique de l'Art nouveau — le style Liberty. Il fallut attendre 1956 pour qu'à l'occasion du cinquantième

Manufacture Lusso
Céramiques, *vers 1950*
Galerie J. et F. Dewindt, Bruxelles.

anniversaire de l'«Exposition style Liberty», organisée pour l'inauguration du tunnel du Simplon, on se souvienne surtout des meubles de Carlo Bugatti. A partir du milieu des années 50, presque aucune publication sur l'architecture et le design de 1900 n'omettait de faire la comparaison avec les projets contemporains. Formes libres, dynamique abstraite et asymétrie organique était plus actuelles que jamais. Ettore Sottsass avait poussé dans *Domus* un véritable cri de guerre : «Liberty : la bibbia di mezzo secolo !» («Liberty : la bible du demi-siècle)[1]. En 1959, un groupe de jeunes architectes de Milan et de Turin, dont Vittorio Gregotti et Aldo Rossi, s'élevait contre la pauvreté d'imagination, l'absence de rapport à l'homme et à l'espace et le caractère impersonnel des programmes de meubles standardisés. Proclamant leur appartenance au «Neoliberty», ils dessinèrent des meubles et des bâtiments qui se réclamaient aussi bien des débuts du mouvement Arts and Crafts du milieu du siècle précédent que de la période du tournant du siècle. De Londres, Reyner Banham s'en prit à cette attitude antifonctionnelle, voyant dans le «Neoliberty — le retrait de l'Italie de l'architecture moderne»[2]. La réaction la plus vive à l'attaque de Banham vint de Ernesto Rogers dans *Casabella*. Il déclara : «Le progrès se paie avec des erreurs mais je suis convaincu que l'architecture italienne est parfaitement consciente des quelques dangers qu'elle court. Elle n'a en cela nul besoin de l'arrogant bavardage d'un monsieur Banham, ce gardien des réfrigérateurs, qui croit réellement que "la révolution dans la maison [...] a commencé avec les fourneaux électriques, les aspirateurs, le téléphone, le phonographe et tous les auxiliaires techniques d'une vie plus agréable". Nous pourrions tout aussi bien y ajouter le mixer pour confectionner avec toutes les autres révolutions un cocktail, le "bornes miliaires" [...]. La seule chose qui manque encore à ce cocktail, c'est un peu d'épices.»[3]

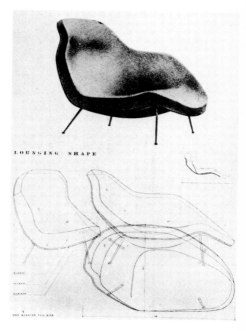

RÉTRO B

En 1940 le Musée d'Art moderne de New York organisa un concours pour un *«Organic Design in Home Furnishings»*. Les grands magasins Bloomingdale en étaient les promoteurs et en assuraient la base du financement. Travaillant en collaboration, Charles Eames et Eero Saarinen remportèrent le premier prix de la section «sièges» avec des fauteuils aux courbes douces qui s'adaptaient librement aux lignes du corps humain. Tous deux, Eames et Saarinen, enseignaient à cette époque-là, tout comme Florence Knoll et Harry Bertoia, dans le Michigan, à la Crankbrook Academy of Art, dirigée par le père de Eero Saarinen, Eliel Saarinen. Dans le catalogue de l'exposition on trouve la définition suivante du «design organique» : «c'est le recouvrement harmonieux des détails dans le respect de la construction, du matériau et de la fonction.» Dans l'usage quotidien on entendait pourtant par «organique» quelque chose d'autre : ce terme désignait des formes et des matériaux pris dans la nature, d'une luxuriance amorphe, parfois soumis à un travail stylistique excessif, mais aussi parfois abandonnés à leur vie propre. En 1957 on devait encore poser la question : «Connaissez-vous Alvar Aalto ? Cet architecte finlandais, un des plus remarquables de notre temps.[4]» Depuis les années 30, Aalto avait créé des formes et un espace au dessin libre, fluide, dont la carac-

1 *Cf.* E. Sottsass, «Liberty : la bibbia di mezzo secolo», *Domus* (292), 1954.
2 *Cf.* R. Banham, «Neoliberty, The italian retreat from modern architecture», *The Architectural Review* (747), 1959.
3 *Cf.* E. Rogers, «Neoliberty : The debate», *The Architectural Review* (754), 1959.
4 *Cf.* J.H. Richards, «Connaissez-vous Alvar Aalto», *L'Œil* (33), 1957.

Charles Eames, Eero Saarinen
Planche extraite des projets primés,
concours de 1940 organisé par le Musée d'Art moderne, New York.

Luciano Baldessari
Pavillon Breda,
Foire internationale de Milan, 1952.

357

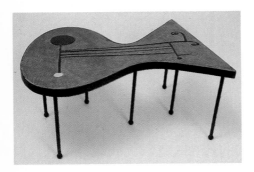

Szekely et **Borderie**
Table guitare
Métal et céramique
Collection Philippe Jousse,
Paris.

Anonyme
Lunettes de soleil
Collection
Ch. Borngraeber, Berlin.

Anonyme
Canapé
Tissu de **G.A. Andorsen**
Galerie Down-Town,
Mara Cremniter, François
Laffanour, Paris.

téristique principale, des vases de verre Savoy (1937) à la résidence universitaire de Cambridge (1947), était la ligne courbe épousant la vague. Combien la représentation spatiale de Hermann Finsterlin, l'artiste-architecte allemand le plus visionnaire des années 20 était proche de celles, par exemple, d'un Luciano Baldessari, de celles, surtout, conçues pour les Pavillons de la Société Ernesto Breda à la Foire internationale de Milan ! En Allemagne, c'est à peine si dans la jeune génération on se souvenait de l'œuvre de Hugo Häring, le meilleur représentant d'une architecture organique. Membre fondateur des CIAM, il avait, depuis les années 20, combattu les théories de Le Corbusier et leur réduction à des volumes géométriquement purs telle qu'on les trouvait dans *Vers une architecture.*

RÉTRO C

«Caca, ça, ça, caca, ça, cassation, cassé, cassaboubou, corbillard, Corbu, Corbu, Corbusier». C'est ainsi que Salvador Dali se moquait de Le Corbusier, annonçant la naissance des meubles paranoïdes. En 1936 il fit le portrait de l'actrice de cinéma américaine, Mae West, en fixant au mur ses deux yeux encadrés, en transformant son nez en cheminée et ses lèvres en sofa. Ce «sofa labial» connut à différentes époques des productions tout à fait similaires en 86x182x80 de dimensions. Il était recouvert d'un tissu pour lequel Dali avait choisi un «shocking-pink», couleur qu'Elsa Schiaparelli donna à l'un de ses rouges-à-lèvres. Celle-ci apparut une dernière fois, au début des années 60, dans les Caravelles d'Air France, terrorisant les passagers longue distance qui n'avaient plus que la ressource de fermer les yeux pendant le vol pour se relaxer. Les grands magasins new-yorkais Bonvit Teller demandèrent en 1939 à Dali de leur trouver une décoration pour une vitrine

Lucien de Roeck
Table palette *commémorative de*
l'Exposition universelle de Bruxelles, 1958
Collection Praz-Delavallade, Paris.

de perles artificielles. Il dressa dans la vitrine un mannequin de laine de verre scintillante dont le corps était comme recouvert de lèpre par les perles, le matériau d'exposition devenant la décoration. La fonction était devenue décoration, celle-ci acquérant une nouvelle valeur d'usage. A la même époque, Kurt Seligmann fabriquait à Paris un tabouret dont les pieds étaient constitués de quatre jambes de femmes très réalistes, chaussées de souliers bas à talons. C'était un «ultrameuble». Frederick Kiesler, que Philip Johnson appela un jour «le plus grand architecte ne construisant pas», dessina des tables d'aluminium en forme de reins avec des cuissots en guise de pieds. Carlo

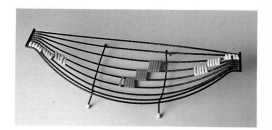

Mollino utilisa des bras et des mains en laiton comme clenches et poignées de porte dans un appartement turinois. Erberto Carboni conçut pour la foire de Milan des objets représentant des parties de tête ou de bras. Dans les vitrines de sa filiale de New York, Elisabeth Arden faisait de la réclame pour son vernis à ongles «Everlasting» en plantant des mains aux ongles délicatement vernis dans des coussins de soie. A la fin des années 30, Man Ray prit une grande palette maculée de couleurs et y vissa dessous trois pieds. Dans les années 50 on désigna vraiment du nom de tables-palettes des tables basses dont le plateau affectait la forme d'une palette ou toute autre forme plus ou moins courbe (fabriqué dans l'une de ces nouvelles matières plastiques, ce plateau était lavable). Le patrimoine conceptuel surréaliste donna naissance aux «objets usuels qui racontaient littéralement une histoire», caractéristiques des années 50. Leur production de masse contribua à en faire alors des objets triviaux. On eut ainsi le parapluie stylisé en laiton qui, par temps de pluie, servait vraiment de porte-parapluies, ou le petit voilier en fils de laiton dont les voiles étaient constituées de serviettes de papier utilisées pour le café de l'après-midi. Il y eut aussi le papillon géant servant de luxueuses lunettes de soleil qui, avec leurs incrustations de strass et de matières plastiques, cachaient en réalité beaucoup plus que les yeux de leur propriétaire. Quelques latentes tendances sado-masochistes, que presque personne n'osait avouer dans cette prude décennie d'après-guerre, se matérialisaient dans des objets d'usage quotidien. On écrasait sans sourciller sa cigarette incandescente dans un cendrier en forme de petite main stylisée. Ainsi, pour une applique de Fontana Arte, une petite main serre le corps étiré du luminaire au plus près du courant électrique. Objets usuels qui sont des citations oniriques ! Il est question de tous ces objets sur la mimique desquels rebondit la problématique

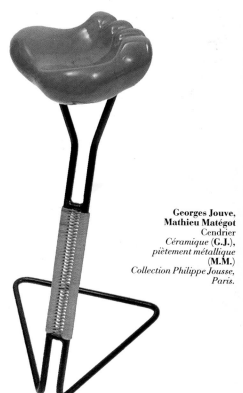

Pablo Picasso
Vase Flamenco, *1960*
Verre soufflé réalisé par
Egidio Constantini
Collection
M. et Mme Besançon.

Isamu Noguchi
Table basse, *1944*
Bois et verre
Collection Pascal Perquis,
Paris.

5 *Cf.* Ch.
Borngraeber,
*Stilnovo. Design in
den 50er Jahren.
Phantasie und
Phantastik,* Francfort
sur le Main, 1979.

fonctionnelle, d'objets qui, au premier coup d'œil, refusent de correspondre à l'emploi auquel on les destine et dont la façon avec laquelle ils racontent littéralement une histoire peut, malgré leur trivialité, surprendre. A la Xe Triennale, Salvador Dali montrait, en 1954, à Milan, dans la section espagnole, des pièces rares de sa collection de bijoux : des écouteurs de téléphone en boucles d'oreilles, des petites mains enfilées comme des feuilles sur un collier, le cliché poétique de «lèvres comme des rubis» ou de «dents comme des perles» matérialisé en épingle de cravate. Art et kitsch, extase et perversité ! Des objets aussi équivoques ne pouvaient que répugner aux critiques, censeurs de la culture à la recherche d'un sens univoque. Il leur fallait, pour en conserver la pureté, protéger l'éthique du design moderne des influences du quotidien. L'importance du kitsch pour la vie de la plupart de ceux qui se réclament du design n'avait pas encore été reconnue. «Si on est intelligent on cherche à collectionner dans le monde entier les bons objets [...] Si on est bête on a un appartement de star de cinéma. A-t-on moins d'argent, alors on s'achète chez un marchand de meubles une chambre à coucher aux placages étincelants, une armoire de toilette avec casier à liqueurs intégré, une coiffeuse avec jet d'eau et effets de lumière.» (K. Pawek). Il fallut attendre deux décennies pour que l'on puisse lire sur la jaquette de mon livre, l'un des premiers, sur le style des années 50, ce résumé d'une époque : «Le jeu avec des formes libres l'emporte sur la fidélité opiniâtre au design fonctionnel. Le renoncement à la symétrie et à l'angle droit caractérise cette époque. C'est le règne du bois recourbé, des coussins rebondis et des tubes d'acier effilés, du béton précontraint et de l'architecture liée à la terre. Cela signifie que tout, dans les couleurs et dans les formes, est organique. Respect du matériau, qu'est-ce que ça veut dire ? La terrifiante production industrielle de série est à portée de la main. La peur qu'elle inspire conditionne la culture du quotidien. La fantaisie protège de la monotonie des grilles formelles du design fonctionnel. Le kitsch, qu'est-ce que ça veut dire ?»[5]

BBPR (Banfi, Belgiojoso, Peressutti, Rogers)
Show-room Olivetti,
New York, 1954.

MUTATION A

Dans le courant des années 50, Pablo Picasso devint le représentant le plus populaire de l'art abstrait. Le sens commun mit son nom en rapport avec tout ce qui n'était pas droit, qui était tordu ou tout simplement inhabituel. Cela ne valait pas seulement pour les œuvres d'art et les objets du design, mais aussi pour les hommes. On connaît la caricature du visiteur d'une exposition d'art moderne : à la sortie, l'œil est à la place de l'oreille, le menton à la place de la nuque — et cela avec bien des variantes. Dans cette veine-là, les chaises devinrent des instruments de harakiri de l'utilisateur las de vivre. Au temps de la guerre froide on a, avec une certaine virulence, établi une relation entre d'une part la peinture abstraite, informelle et tachiste et d'autre part la liberté de l'artiste ou même, en général, la liberté de tous. Tout ce que le réalisme socialiste produisait derrière le «rideau de fer» était *pars pro toto* disqualifié comme «art d'État». En Allemagne de l'Ouest, on constatait avec gêne que la colombe de la paix de Picasso était devenue un symbole aisément compréhensible du mouvement pacifiste et des festivals mondiaux de la jeunesse dans les pays socialistes. A l'occasion de la révolte hongroise, *Magnum*, «la revue de la vie moderne», publia l'appel suivant à l'adresse de Picasso : «Nous invitons Picasso à peindre un tableau qui porterait le titre : Budapest. Aujourd'hui le grand peintre espagnol Pablo Picasso a l'occasion d'ajouter une autre œuvre à sa série de colossales peintures politiques... A la libération, en 1944, Picasso a rejoint les rangs du PCF et a participé à tous les "Congrès de la Paix" de 1948 à 1951. En 1951, il a peint, à nouveau, un grand tableau condamnant les massacres de la guerre de Corée... Pablo Picasso est instamment invité à prendre ses pinceaux et à mettre son grand talent au service de la liberté!»

Au mur, un tableau de Oskar Schlemmer, sur un socle une «femme couchée» de Henry Moore, entre ces deux œuvres des ornements en câbles industriels, devant, un rotor électrique, une essoreuse et une machine à découper la saucisse. Qu'est-ce que toutes ces choses avaient à voir entre elles ? «L'homme et la forme à notre époque», c'était le titre d'une exposition qui, en 1952, réunissait, dans la Kunsthalle de Recklinghausen, arts plastiques et design industriel. Elle connut un succès extraordinaire. L'ambition des commissaires de l'exposition était «de remédier au déclin culturel dans le quotidien, de découvrir l'unité cachée de l'époque, d'aider à échapper au divorce que nous éprouvons dans notre vie entre la technique et le sentiment de la nature.» *(Graphic* n° 7, *1952)*. Une tentative similaire eut lieu en 1949 avec l'exposition «Modern Art in Your Life» au Musée d'Art moderne à New York. On y montrait aux visiteurs dans quelle mesure l'art et le design avaient des racines communes dans le «modern movement», que la volonté formelle artistique dépassait de loin la pure valeur d'usage de l'objet, que le citoyen mal informé refusait dans un tableau de Piet Mondrian ces fondements formels qu'il acceptait sur une boîte de Kleenex. «Le ridicule de la mode, ce n'est pas qu'elle change, mais la manière dont elle change et les raisons pour lesquelles elle change. La mode vestimentaire devrait changer librement, au rythme de notre créativité formelle.» *(Form*, 1953). Trois peintres suédois, Olle Baertling, Pierre Olofsson et Karl-Axel Pehrson, firent poser devant des tableaux

Lucio Fontana
Tissu Concetto Spaziale,
1954
Collection Paola et
Rossella Colombari,
Turin.

Lucio Fontana
Décor de table basse,
1957-1958
Galerie Yves Gastou,
Paris.

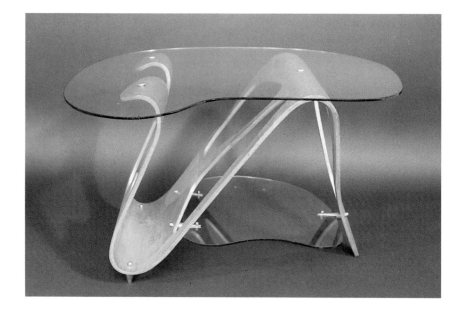

Carlo Mollino
Bureau à cylindre, *1950*
Bois
Galerie Yves Gastou,
Paris.

Carlo Graffi
Fauteuil, *vers 1950*
Structure bois courbé
Galerie Yves Gastou,
Paris.

abstraits de grand format des mannequins portant des créations de la haute couture française. Ils leur appliquèrent des éléments de décor dans la mouvance des courants artistiques contemporains, créant convergence ou contraste entre tableau et vêtement. C'était faire preuve d'audace, car ils partaient de ce qui était commercialement utilisable dans les collections de mode, permettant une recherche expérimentale dans les domaines économiques, hygiéniques, techniques et pratiques mais aussi esthétiques.

Le contemporain attentif qui avait beaucoup d'imagination découvrait des rapports formels entre le monde pictural de Fernand Léger et un réfrigérateur de la firme Westinghouse, entre Constantin Brancusi et une Buick de 1956. Pour l'avant-garde artistique, travailler avec pinceaux, palette et toile avait perdu beaucoup de son attrait originel. Les nouveaux outils de la production artistique étaient le pistolet à peinture, la perceuse, le fer à souder. Des sculpteurs travaillaient aussi maintenant pour des fabricant de meubles : Harry Bertoia fut, en 1950, pris sous contrat par Knoll Associates. Deux ans plus tard, ses premières chaises treillis en fils d'acier gainés de plastique apparurent sur le marché. Isamu Noguchi conçut pour la Herman Miller Collection des tables avec des soubassements sculpturaux et pour Knoll les premières lampes tripodes en fins fils d'acier noirs, abondamment copiées dans le monde entier. Longtemps avant d'avoir travaillé sous contrat, Noguchi avait tenté d'utiliser ses créations de sculpteur pour des objets d'usage courant. Il a ainsi produit au début des années 40 un «Lunar», relief mural aux formes douces, irrégulièrement éclairé de l'intérieur. En 1952 commença une collaboration qui devait durer longtemps entre Noguchi et l'agence d'architectes new-yorkaise Skidmor, Owings et Merrill pour la création de jardins intérieurs et de terrasses.

A propos de New York ! Une œuvre reste dans toutes les mémoires, bien que détruite dans les années 70, c'est le show-room d'Olivetti sur la Fifth Avenue. Sous la direction du studio milanais BBPR (Banfi, Belgiojoso, Peressutti, Rogers) art et architecture ont étroitement fusionné. Ce show-room : une

Carlo Mollino
Table basse, *vers 1950*
Bois courbé et verre
Galerie Yves Gastou, Paris.

grande pièce allongée, presque vide ; au sol, exclusivement du marbre vert malachite avec de grosses veines blanches ; onze carrés de mêmes dimensions dans le même matériau pour présenter les machines de bureau — dans les vitrines sous la forme de saillies basses arrondies, à l'intérieur du magasin sous celle de pointes aiguisées vers le haut, telles des stalagmites géométriquement exactes ; posé dessus, un plateau sur articulation à rotule pour le matériel exposé ; suspendu encore au-dessus un entonnoir en verre de Murano. A gauche de l'entrée, sur toute la surface du mur, un relief de 32 mètres de long de Constantino Nivola, exécuté selon un nouveau procédé technique. Sur la plage de Long Island, il coula des éléments dans du sable mouillé préformé et les intégra ensuite dans le panneau mural pour avoir des traces d'égratignures de l'instant ainsi conservé.

A propos de Milan ! Luciano Baldessari collabora des années durant avec Lucio Fontana. Ainsi, en 1954, à la IXe Triennale, la calligraphie devenue lumière d'une sculpture longue de 250 mètres déroulait ses libres volutes de tuyaux de néon au-dessus de l'escalier principal. Fontana avait également travaillé aux pavillons de la firme Breda. En 1953, un «spaziale luminoso» avec des cavités en forme de points descendait du plafond du cinéma Breda. Il exposa en 1954 à la Biennale de Venise huit variations du «concetto spaziale». Mais qui, dès les années 30, avait anticipé dans ses reliefs le langage formel du design des années 50, inventant de toujours nouvelles variantes ? César Domela (né en 1900 à Amsterdam, il avait séjourné de 1927 à 1933 à Berlin, puis à Paris). Son «relief N° 12 C - 1936» ? Triangles, bandes, plexiglas et peau de requin, laiton et cuir de crocodile. Voilà !

Bruce Goff
Maison Bavinger
Oklahoma City, 1955.

MONOGRAPHIE A

Il va toujours plus vite, lui dont la voiture de course personnelle porte le numéro 61 — les 24 heures du Mans ont encore de beaux jours devant elles — lui qui, dans le cockpit d'un avion découvert regarde en arrière par dessus son épaule gauche, survolant le «skyline» de Manhattan et s'éloignant à toute vitesse du zeppelin dans le ciel de cette photo. Il est coureur automobile et pilote acrobate. Il conçoit des carrosseries pour des autos et pour des avions. Il vécut à Turin, naquit en 1905 et mourut en 1973. Lui, c'est Carlo Mollino, oublié, dépassé par l'histoire puis redécouvert. «Saints, démons et monstres [...] nous vivons malheureux parce que c'est utile et que ça va vite.»[6] Il travaillait presque toujours seul, avait de longues périodes d'activité intense et de longues périodes de repos absolu. Il partageait un atelier avec son père mais les deux Mollino ne collaborèrent que jusqu'en 1936. En outre, Mollino écrivait des essais sur l'architecture et le design, utilisant des métaphores débridées, une langue et des références d'histoire de l'art débordantes. Il était photographe, concepteur de meubles, décorateur intérieur et architecte. «Baroque turinois», «neobarocco» «barocchismo moderno» «architecture théâtrale», ce sont là quelques-uns des jugements peu flatteurs qui s'attachaient à son œuvre à une époque où la vague de vulgarisation du fonctionnalisme n'avait pas commencé à toucher que l'Europe. Mollino contre-attaquait : «En tant qu'architecte, on crée une ambiance sur-réaliste qui dépasse le monde et est en accord avec ses propres rêves et on établit, guidé par

6 *Cf.* C. Mollino, «Tutto è permesso sempre salva la fantasia», *Domus* (238), 1949.

W. Schwagenscheidt,
T. Sittmann
Poste de radio
prototype, 1953
Collection Tassilo
Sittmann, Francfort.

Rispal
Lampadaire tripode
Bois et laiton
Galerie Yves Gastou,
Paris.

7 *Cf.* C. Mollino,
«Utopia e
ambientazione»,
Domus (238), 1949.
8 *Cf.* C. Mollino,
«Ambiente per
soggiorno e
pranzo», *Domus*
(252/253), 1950.

ses représentations les plus personnelles, un monde non-existant qu'on ne peut trouver que dans le royaume de l'utopie.»[7]. A la mort de son père, il ne changea rien dans l'atelier, ce «paysage intérieur». Il ne se permit, en guise de fuite, que quelques voyages, à New York, en Extrême-Orient ou pour aller voir les bâtiments de Gaudì. De 1953 à 1970, il dirigea le cours de décoration intérieure à la Faculté d'Architecture de Turin. Tel que Mollino le voyait, l'artiste ne pouvait rien faire d'autre que se limiter à l'expression d'un monde subjectif. Il est certain que cette revendication fonde, pour une part, les difficultés qu'ont à se comprendre artiste et amateur d'art. On peut bien considérer que le geste décoratif est une possibilité de fuir un monde surtechnicisé et surfonctionnel, il n'empêche qu'il fait partie de notre civilisation, qu'il revient à «s'éloigner de l'animal». Le rejet de l'ornement prend au contraire naissance dans un «monde euclidien et platonicien» et refoule dans sa recherche de la droite, de la propreté et du confort tous les soucis humains et les «retards douloureux» Les meubles de Mollino étaient fabriqués dans l'atelier turinois Apelli et Varesio. Les structures de chaises et de tables s'y entassaient comme des squelettes blanchis. Vers 1950 y virent le jour la plupart de ses chaises tripodes typiques, à structure de tubes d'acier recourbés, à assise et dossier en bois galbé, le tout emboîté en force. Mollino avait un brevet pour travailler le contreplaqué de manière à lui faire épouser les formes du corps. En 1950 il conçut un aménagement intérieur pour une unité d'habitation. Dans ses possibilités d'adaptation, elle est caractéristique de l'époque : des éléments muraux de mêmes dimensions, faisant la hauteur de la pièce, portent des armoires, des casiers et une table pour écrire ; on peut y ranger vaisselle, livres et autres objets. La grande table à manger est rabattable contre le mur ; une petite table roulante se laisse en un tour de main transformer en double étagère et ranger de côté. Le plafonnier est constitué de deux tubes fluorescents blancs. Un grand tryptique photographique dont on peut varier le motif à volonté, orne le mur — idée déjà réalisée dans les années 30 par Mollino dans des appartements de luxe. «Tout est permis, pourvu que l'imagination soit sauve» a-t-il écrit en 1950.[8]

MONOGRAPHIE B

Drôle de situation : en 1953, en plein milieu de la polémique allemande sur la tradition du Bauhaus, le fonctionnalisme et le «style international», un étudiant de l'architecte américain Bruce Goff arrive en Allemagne et apporte à la rédaction de *Baukunst und Werkform* — la revue allemande de design la plus prestigieuse — des dessins, des photos et des idées de son professeur. Effrayé par les débuts de la reconstruction des villes détruites par la guerre, il ne trouva qu'un mot anglais pour rejeter ce qu'il voyait : «miesian», ce qui signifiait à peu près «à la manière de Mies van der Rohe». Malgré tout, ou peut-être précisément pour cela, Goff, jusqu'alors totalement inconnu, eut assez de place dans un numéro ultérieur pour montrer ses projets et développer ses idées : «Les retardés culturels sont partout autour de nous, si bien que nous pouvons dire : des millions d'aujourd'hui vivants sont déjà morts !» Goff naquit en 1904 au Kansas. La variété des paysages et les rites des Indiens chassés vers la civilisation marquèrent son enfance et sa jeunesse.

A quatorze ans, il fit son premier projet de maison. Il fut réalisé et la maison avec ses fenêtres à battants et son toit en pente suscita l'enthousiasme et l'effroi. A partir de 1930, Goff vécut à Chicago, d'où il entretint une correspondance avec Frank Lloyd Wright. Par souci d'échapper à une trop grande influence artistique, il déclina son offre de venir s'installer à Taliesin pour entrer dans son atelier de dessin. De 1946 à 1956, il enseigna à la Faculté d'architecture de l'Université d'Oklahoma. Selon lui, c'est l'union des contraires qui fonde la bonne architecture. «Il ne suffit pas d'utiliser le matériau honnêtement. Nous négligeons souvent de nous aider de la nature de notre matériau pour déterminer les formes. Nous remplissons seulement des rectangles avec un quelconque matériau. Habituellement, pour définir l'architecture organique on dit que "par une utilisation naturelle du matériau elle se développe de l'intérieur vers l'extérieur de telle manière que forme et contenu ne fassent qu'un". Cette définition n'est pas suffisante. Nous devons aller plus loin et compléter ainsi: "comme un esprit créateur en a établi et défini les plans"».[9] Pour la Maison Bavinger qui s'élève en spirale, le commanditaire — un peintre qui collectionnait les plantes exotiques — exigea qu'elle aille peu à peu en s'épaississant de l'intérieur et de l'extérieur. Goff prit des pierres naturelles brutes et des fragments de verre bruts pour cette «coquille d'escargot» sans murs parallèles et avec des jardins naturels et des jardins de rocaille. L'intérieur est dominé par un bassin. On passe dans la cuisine par un pont suspendu. La Maison Leidig a été conçue pour un amateur de jardins aquatiques. Elle est dédiée au majestueux nénuphar, la Victoria Regia. Cette maison se divise à l'intérieur en quatre îles rondes, chacune destinée à une fonction particulière: le séjour, les repas, le sommeil et les invités. Toutes ces îles sont reliées entre elles par des passerelles et entourées d'eau courante. Pour la Maison Ford, Goff prit des poutrelles d'acier standardisées des hangars de tôle semi-cylindriques américains. Il les fit peindre en rouge clair, les habilla à l'extérieur de bardeaux verts et à l'intérieur de bois de cyprès blanc. Les coupoles en plexiglas de tourelles de bombardiers envoyés à la casse fournirent les lucarnes des salles de bains. Les réactions allemandes à cette conception de l'utilisation de l'espace et des matériaux furent partagées. Il y eut des louanges: «Ce Bruce Goff est sans aucun doute un esprit créatif et original»; mais aussi des critiques: «Il est quasiment impossible de procéder au nettoyage de constructions comme ses maisons rondes sans une énorme dépense de temps et d'énergie.»

LEITMOTIF A

Où le citadin allemand qui avait déjà dans les premières années de l'après-guerre montré un intérêt pour les questions du design aurait-il dû trouver des idées pour un nouveau style d'aménagement intérieur alors que tous les magasins étaient en ruine? «Grand est le dénuement et il faut lui donner forme» (A. Leitl). Des expositions de mobilier et d'ustensiles ménagers montrèrent les premières nouveautés qui n'avaient rien, mais vraiment rien du dynamisme des années 50 à venir. L'attitude morale des créateurs était plus forte que leur désir d'expérimentation. Le rêve de l'objet aux formes fonctionnelles qui, tout simplement, par sa bonne forme, devait devenir

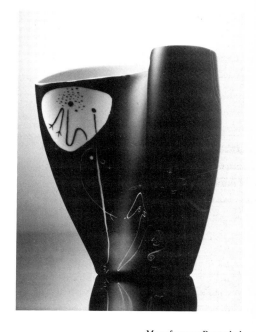

Manufactures Rosenthal
Vase surnommé
«Louise enceinte»
*Porcelaine
Collection
Ch. Borngraeber, Berlin.*
Beathe Kuhn
Vase modèle N° K 2644,
*1953
Porcelaine
Collection Rosenthal,
Munich.*

9 *Cf.* B. Goff,
«Notizen über das
Bauen», *Bauwelt* (4),
1958.

Anonyme
Cafetière et coupe
Porcelaine
Collection Doris
et Sascha Jaeger,
Dusseldorf.

Lino Sabattini
Service à thé et à café,
1956
Christofle,
Argent
Galerie Yves Gastou,
Paris.

«social au sens propre» fut réveillé par des organisations professionnelles comme le Werkbund, sans qu'on retrouve pour autant l'ancienne ferveur du Mouvement moderne des années 20. Le groupe de Cologne du Werkbund s'étant reconstitué, il organisait en 1949 l'exposition du «Nouvel Habitat» sur laquelle, pour conserver à l'ambition culturelle sa globalité, s'articulaient deux sections supplémentaires consacrées à «l'architecture allemande depuis 1945» et à «la peinture et la sculpture allemandes du présent». Cologne avait été choisie en pleine connaissance de cause : c'était la ville des foires de printemps pour le mobilier. L'idée conductrice de l'exposition du Werkbund était la suivante : «montrer des choses qui doivent être bonnes et belles pour tout le monde». Pourtant, malgré sa bonne volonté évidente, cette exposition fut controversée. Il y eut des réticences, des critiques et des condamnations de la part des milieux professionnels qui firent remarquer que «Monsieur et Madame Tout le monde», la grande masse des acheteurs, ne sauraient être gagnés avec de «tels» meubles. L'ambition morale dont auraient dû témoigner les objets du quotidien était-elle exagérée, ces nouveaux meubles étaient-ils trop simples ? Qui allait accepter, après avoir manqué tout, de s'entourer encore de meubles du plus grand dénuement formel ? Quoi qu'il en soit, le Werkbund et successeurs entendaient être en premier lieu une «institution morale» (C.O. Jatho). Les designers du Werkbund éprouvaient le sentiment d'être «la conscience de la nation» (A. Leitl), prononçaient dans les congrès des allocutions «d'une clarté formelle achevée et d'une simplicité pénétrante» (H. Eckstein), et étaient «pauvres, mais honnêtes» (A. Leitl). L'écho du texte qui accompagnait l'exposition «Le Nouvel Habitat» persista encore longtemps : «Épurée par l'épreuve du dénuement, chaque chose doit se contenter d'être ce qu'elle doit être : un lit, une table, une casserole.» (R. Schwarz). Au petit bourgeois ancienne manière était venue s'ajouter une variante, le petit bourgeois moderne. A l'Exposition universelle de Bruxelles, l'Allemagne officielle proclamait s'attacher à des «idées [...] de modestie et de délicatesse», vouloir être «une Allemagne pleine d'humaine urbanité» (J. Joedicke). On avait choisi comme maîtres d'œuvre des pavillons d'exposition Egon Eiermann et Sep Ruf dont on pensait que la modernité sèche permettrait, sans

Manufacture Vibi
Vases, vers 1950
Céramique
Galerie De Windt, Bruxelles.

faire de vagues, d'avoir une architecture de représentation. L'un des plus éminents critiques d'architecture italiens ne s'y est pas laissé prendre : «L'Allemagne oublie pour un moment les chambres à gaz, se montre à l'Exposition universelle le visage lisse et élégant et fait comme si le progrès de la technique justifiait tout ce qui s'interpose entre un char d'assaut et un rasoir électrique.»[10]

LEITMOTIF B

Une querelle d'allemands opposa entre elles les manufactures de porcelaine Rosenthal et Lindner : quand, en 1950, Philip Rosenthal jr. prit dans l'entreprise le poste de directeur commercial, on développa des formes totalement nouvelles pour les vases, les services de table, à thé, à café. C'est ainsi que peu après avoir été mise sur le marché, en 1954, la Forme 2000, conçue par Richard Latham pour le bureau de Raymond Loewy, devint le service de table allemand le plus populaire. L'existence d'innombrables variantes en témoigne encore aujourd'hui — mais ce n'est pas de cela qu'il s'agit ici. La première marque de ce nouveau style Rosenthal étaient les vases qui passaient aux yeux des puristes du design, en raison de leurs formes asymétriques, pour être des aberrations kitsch du goût — mais ce n'est toujours pas de cela qu'il est question ici. L'un de ces vases, un vase à orchidées, qu'en raison de sa forme protubérante dans le milieu, on appelait «la Louise enceinte» dans le jargon de la manufacture Rosenthal, fut l'occasion de l'un des premiers procès en plagiat de l'après-guerre, car d'autres entreprises bavaroises de porcelaine avaient, depuis le début des années 50, développé leurs collections de vases typiques de l'époque. Parmi elles, la firme Lindner mérite d'être évoquée : «Peut-être serez-vous intéressé d'apprendre que nous connûmes avec nos formes asymétriques beaucoup de succès. Monsieur Lindner, né en 1930, les a presque toutes dessinées lui-même. En 1951, à sa sortie de l'école de porcelaine, il était plein d'idées nouvelles. C'est à cette époque-là que naquirent les premières formes asymétriques. Dans les années 1953-54, ces formes avaient conquis le marché et nous en livrâmes dans le monde entier.»[11] C'est certainement pour conquérir le marché que Lindner lança un vase qui ressemblait à «la Louise enceinte» de Rosenthal. Certes, la masse de porcelaine était de couleur crème chez Lindner et blanche chez Rosenthal mais cette différence minime ne suffit pas pour qu'on ne parle pas de plagiat.

Le procès qui s'ensuivit connut son dénouement en 1955 au tribunal de Munich. Le jugement proclamé en première instance établissait que le vase de la firme Lindner était, en droit et en fait, une imitation. Toujours selon ce jugement, les quelques minimes modifications apportées ne suffisaient pas pour pouvoir parler d'une création originale. La production devait en être arrêtée et Rosenthal voulait engager un procès en dommages et intérêts de plus de deux millions de DM. Mais la direction de l'entreprise attacha moins d'importance au verdict lui-même qu'au travail d'explication auprès des commerçants spécialisés pour qu'ils puissent d'eux-mêmes reconnaître les produits d'imitation et les refuser. «Chaque magasin spécialisé reconnaîtra mieux qu'un tribunal où il y a imitation et si le négoce n'accepte pas un produit résultant d'un plagiat l'effet sera bien plus fort que tout procès.»[12]

Alexander Calder
Blue and red nails,
1950
Tapisserie
Edition Pinton
Collection Pinton,
Aubusson-Felletin.

10 *Cf.* B. Zevi, «Chiusura su Bruxelles», *L'architettura* (36), 1958.
11 Manufacture de porcelaine Lindner, lettre à Ch. Borngraeber, 14.3.1980.
12 *Cf.* anonyme, «Gegen Nachahmungen», *Rosenthal Verkaufsdienst* (69), 1956.

Giulio Minoletti
Piscine, *Monza, 1951*
Revêtement mosaïque de
verre bleu
Sculpture de **Lucio**
Fontana.

Oscar Niemeyer
Maison de l'architecte,
Rio de Janeiro
1953-1954.

Rupprecht Geiger
Table basse et sièges, *1953*
Collection de l'artiste,
Munich

13 *Cf.* P. Blake, «Le
style américain»,
L'Œil (18), 1956.

LEITMOTIF C

Fantasia degli italiani... en 1948, enfoncé dans les sièges moelleux du tout nouveau wagon des chemins de fer italiens — luxe surréaliste de ces sièges, de Renzo Zavanella, au plancher, un linoleum vert olive, des tissus beiges, blancs ou rouges lie de vin — protégé du bavardage des voisins de compartiment par des appuis-tête en forme de feuilles, le voyageur s'est rendu dans un hôtel de San Remo; il y trouve des structures de meubles du siècle passé, retravaillées par Zavanella, sofas et fauteuils en velours gris, brun, bleu clair ou bleu foncé — sculpture ou meuble? — mais les deux; il marche sur des tapis de laine grise, longe des rideaux de séparation rouge brique, des voilages de soie blanche, des plafonds blancs le surplombent, il est entouré de lustres, de miroirs, de sculptures et de compositions murales — Lucio Fontana? mais oui; et puis dans la chaleur de midi, au village voisin, il s'est, chez des connaissances, baigné dans le «swimmingpool» — piscine ou lac? — les deux naturellement, dans l'eau, des sculptures, — encore Fontana? mais bien sûr, et plus l'eau est profonde, plus les mosaïques sont bleu foncé, ensuite en dansant le soir il a observé d'autres nageurs dans des jeux de lumière: victoire de l'imagination, défaîte de la géométrie; tout à fait, c'est le retour d'une calligraphie du projet fluide, de la forme curviligne, dessinée par Giulio Minoletti jusqu'à l'exagération, par delà les associations naturalistes ou romantiques, attendue depuis longtemps et bientôt modèle pour tous les imitateurs, «Madonna delle Lacrime», ces phantasmes d'un seul pays, d'une seule décennie! «Z-O-O-O-O-O-O-M, puis PING, PING, PING, et de nouveaux Z-O-O-O-O-O-O-M, puis PING, PING, PING, PING, PING.»[13] Charles Eames essaie de décrire la réaction émotionnelle déclenchée par le nouveau centre technique de General Motors, construit dans le Michigan par Eero Saarinen. ZOOOOM renvoie à ses longs bâtiments étirés et PING est mis pour les petits qui les interrompent. Les tenants d'une architecture à la Mies van der Rohe se reconnurent avec enthousiasme dans cette installation géante. Ils n'en rejetèrent que plus violemment le terminal TWA de New York dont on ne peut absolument pas ignorer qu'il associe à la forme du bâtiment l'idée de «voler». Cet «oiseau avant son envol» était pour eux typiquement américain dans le sens d'une architecture de Disneyland pour intellectuels.

MUTATION B

Les revues spécialisées de design et d'architecture s'efforcèrent de mettre la main sur le nouveau design de produits dans le courant des années 50. En général on était d'accord pour dire qu'on vivait dans une époque de pluralité des styles. On trouvait certes les meubles empilables, strictement cubiques, dans le prolongement logique des projets types des années 20, pourtant l'évolution générale allait dans le sens du style curviligne, du style coupe, du style œuf, du style os, du style grille, etc. Une des conséquences des premières expositions sur l'histoire du mouvement Dada fut l'introduction dans cette panoplie stylistique d'un nouveau concept: Dada dans l'architecture moderne... Dada et la bonne forme... la mode Dada... la publicité Dada. A la perception des énergies cinétiques enchaînées, des moments de tension spatiale, des rapports formels dialectiques entre la nature, la technique et la science, on sentait qu'un grand élan traversait l'époque. Nous montrant optiquement la voie à travers ce monde des formes énergétiques, s'imposaient, de l'objet usuel au graphisme appliqué, les formes hyperboliques et paraboliques dans leur exactitude mathématique ou dans leurs variations artistiques. «Leur nature fait que les formes énergétiques sont des impulsions dynamiques qui touchent notre système nerveux entre l'intellect et le sentiment [...]; on peut le mieux les définir comme l'expression des rapports de tension entre la rationalité (intellect) et l'irrationalité (sentiment) qui existent dans l'homme.» (H.D. Oestreich). Et dans les arts plastiques? On en trouvait le correspondant avec les mobiles d'Alexander Calder. Des petites sculptures mobiles! Des petits mobiles étaient partie intégrante d'un type d'appliques et de plafonniers dont les éléments mobiles de décoration se mouvaient doucement dans la chaleur qui montait des parties lumineuses placées immédiatement dessous. En 1952, les tissages Pausa, pour qui travaillaient des peintres allemands comme Willi Baumeister, organisaient le premier grand concours allemand pour des tissus d'ameublement. Plus de mille participants envoyèrent près de neuf mille projets dont plus de 70 % consistaient en des dessins abstraits. Les tissus à décor libre s'arrachaient sur le marché. «Nombre de nouveaux modèles sont tellement convaincants que les critiques d'art émettent l'opinion selon laquelle les milieux des concepteurs du textile recèlent des forces vives beaucoup plus affirmées que, par exemple, la peinture.» (Schirmer). La même chose valait pour les papiers peints. Les murs recouverts de papiers peints se libéraient de leur fonction de fond, s'arrogeant celle de tableau mural, surtout dans les endroits publics, tels que halls d'entrée ou salles d'attente. Les papiers peints offrant une perspective sur le golfe de Naples passaient pour être conservateurs, de même que les motifs de fleurs réalistes. Et qu'en était-il des petits objets du ménage — des coupes et des vases de verre, de porcelaine ou de céramique? Le renvoi à la roue du potier qui en constituait autrefois l'évidente origine était radicalement nié de même que l'axe de symétrie. Toutefois il ne fallut pas attendre plus de quelques années «abstraites» pour sentir que les acheteurs commençaient à avoir les nerfs à fleur de peau. Dans l'intimité du foyer moderne se répandait une humeur empreinte de désolation. «Des motifs abstraits sur les murs des chambres et de la maison, sur les tapis, les plafonds et les livres, les vases et les tasses à café sont devenus une caricature permanente de l'art moderne. Dans leur imitation de la peinture abstraite et tout récemment même de la peinture et du graphisme tachiste, ils font l'effet de vouloir abruptement affirmer que tout l'art moderne n'a rien de particulier [...], que ces choses-là, n'importe quel designer peut les faire à la chaîne.» (K. Pawek). L'influence directe des tendances de l'art contemporain sur le design commença à décliner. Seul un de ces motifs poursuit aujourd'hui encore sa propre reproduction, fournissant un exemple vivant de l'esprit des années 50 et imposant sa forme libre avec un décor libre : c'est un poisson d'aquarium dont la désignation latine correcte est «Rhinecantus aculeatus». Mais qu'en Allemagne du moins, on appelle le «poisson Picasso».

TRADUIT DE L'ALLEMAND PAR GUY BALLANGÉ

Claude Ferré
Lustre à neuf bras
Métal et matière plastique
Collection Jousse/Varga,
Paris.

Anonyme
Motocar Messerschmitt
à trois roues,
vers 1960
Collection
Claude Le Bihan
«amateur», Brévin.

ŒUVRE OUVERTE ŒUVRE INDÉTERMINÉE

IVANKA STOIANOVA

Pour l'histoire de la musique au XXe siècle les années 50 resteront sans doute la période des bouleversements les plus intenses dans le domaine des recherches compositionnelles : la décennie de l'après-guerre en Europe est marquée par une remise en question des bases mêmes, immuables depuis des siècles, de l'art des sons. La matière «première» de la musique et le statut même de l'œuvre dans la tradition occidentale deviennent impérativement lieu d'expérimentation et objet de recherche compositionnelle.

C'est un fait, la pratique professionnelle de la tradition occidentale affirme différemment au cours des siècles le même statut de l'œuvre musicale : celui d'une œuvre-*objet*, pensée comme architecture sonore dans le temps ; comme processus musical régi par des systèmes élaborés de relations internes et inséré dans le réceptacle de schémas formels établis. Objet : produit «neutre», détaché de son auteur-compositeur ; objet d'achat et de vente dans les circuits sociaux de communication ; objet, échantillon «unique», proposé à la consommation des mélomanes, contemplatifs ou critiques ; objet des usages, des discours (scientifiques et pseudo-) pour savoir et/ou pouvoir, l'œuvre musicale occidentale se définit en tant que structure stable, close, directionnelle, téléologique.

C'est au cours des années 50 — dans l'atmosphère bouillonnante créée par le travail des premiers studios de musique concrète et électronique, par l'élargissement de la technique sérielle dans le sillage de Webern, par l'influence directe de certaines recherches de la science et de la littérature modernes ou en relation avec des modes de penser la musique étrangers à la pensée européenne — que les idées de matière et de forme musicales commencent à subir des chocs particulièrement violents. Les notions d'ouverture et d'indétermination — nouvelles pour la théorie musicale occidentale — traduisent une des mutations les plus significatives de la pensée musicale au XXe siècle : celle qui concerne les procédés compositionnels constitutifs régissant la micro- et la macro-structure de l'œuvre et son statut dans une tradition ébranlée par l'intrusion du hasard.

FORME MOBILE

Dans un texte intitulé «Alea» datant de 1957[1] et devenu par la suite une sorte de manifeste pour toute une génération cherchant à intégrer les procédés du hasard, Pierre Boulez définissait en réalité les principes de «l'œuvre ouverte». L'ouvrage théorique capital d'Umberto Eco, intitulé précisément *Opera aperta*, publié en 1962, élaborait déjà, sur la base d'une culture extrêmement vaste, le même type de raisonnement philosophique par rapport aux modalités d'inscription du hasard dans l'œuvre d'art[2].

Pour le Boulez des années 50, la préoccupation constante du hasard est «une bifurcation trop importante dans l'idée de composition pour le sous-estimer ou le refuser sans condition[1]». Sur le ton polémique et percutant qui lui est propre, Boulez refuse d'emblée, sans citer de noms, «le hasard par inadvertance» permettant l'utilisation d'événements sonores «sans contrôle» et «par impuissance» : «La forme la plus élémentaire de la transmutation du hasard se situerait dans l'adoption d'une philosophie teintée d'orientalisme qui masquerait une faiblesse fondamentale dans la technique de la composition; ce serait un recours contre l'asphyxie de l'invention, recours à un poison plus subtil qui détruit tout embryon d'artisanat[1].» Pour Boulez, l'exigence d'un très haut professionnalisme va de pair avec une responsabilité totalement assumée par le compositeur, à tous les niveaux de son œuvre. La seule version du hasard qu'il accepte est celle du *hasard dirigé*. C'est «à l'intérieur d'un certain réseau établi d'événements probables» que l'on peut compositionnellement (se) soumettre le hasard, car «il faut bien que le hasard dispose d'un quelconque éventuel[1]».

Après avoir réalisé la sérialisation intégrale la plus rigide de tous les paramètres du son (hauteur, durée, intensité, mode d'attaque) dans le premier cahier de ses *Structures* (1952) pour deux pianos, Boulez est parfaitement conscient de l'omniprésence du hasard : «Désespérément on cherche à dominer un matériel par un effort ardu, soutenu, vigilant, et désespérément le hasard subsiste, s'introduit par mille issues impossibles à calfater... "Et c'est bien ainsi!" Néanmoins, l'ultime ruse du compositeur ne serait-elle pas d'absorber ce hasard? Pourquoi ne pas apprivoiser ce potentiel et le forcer à rendre des comptes, à rendre compte[1]?»

Les deux possibilités d'introduction du hasard dirigé que Boulez propose à l'époque — dans son article «Alea» ainsi que dans sa pratique de compositeur — reposent sur le principe de la *permutabilité* relativement libre des éléments à l'intérieur des structures constitutives et au niveau de la macro-forme de l'œuvre. Dans les conditions d'une écriture sérielle acceptant la permutation des sons de la série, ce type de principe générateur unifiant apparaît comme parfaitement justifié «puisque le même principe organisateur gouverne aussi bien morphologie que rhétorique[1]».

L'ouverture de l'œuvre par la mobilité (ou la permutabilité) de ses composantes formelles devient au cours des années 50 une des modalités les plus répandues d'élaboration de processus sonores non conformes aux schémas formels préétablis ou aux réseaux de relations stables et univoques. L'exemple devenu classique — la *IIIᵉ sonate* pour piano de Boulez et, de façon particulièrement explicite, son formant central intitulé *Constellation* (ou *Constellation-Miroir*) — tout en s'inspirant directement de l'œuvre poétique *(Un coup de dés)* et des visées théoriques de Mallarmé (son projet du *Livre*)[3], élabore aussi l'idée du labyrinthe puisée chez Kafka (sa nouvelle *Le Terrier*)[4]. Deux types de texture — «blocs» et «points» notés en différentes couleurs : respectivement rouge et vert — sont joués en alternance selon des parcours dirigés pour l'exploration par l'interprète de la constellation ou du labyrinthe de la partition. Des flèches de formes différentes à la fin de chaque séquence «blocs» ou «points» suggèrent plusieurs parcours, d'où «les versions différentes toutes vraies» (selon la formule de Mallarmé) des interprétations. L'ouverture de la forme équivaut à la mobilité guidée des composantes formelles, distribuées toujours à l'intérieur de la grande forme selon le principe chargé d'histoire de l'opposition binaire dans les formes bipartites répétées. «L'œuvre doit assurer un certain nombre de parcours possibles, grâce à des dispositifs très précis, le hasard y jouant un rôle d'aiguillage qui se déclenche au dernier moment[4].»

L'intégration du hasard à la notion de structure — c'est-à-dire l'uti-

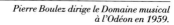

*Pierre Boulez dirige le Domaine musical
à l'Odéon en 1959.*

1 Pierre Boulez, «Alea», Conférence prononcée lors des cours d'été de Darmstadt en 1957, reprise dans *Relevés d'apprentis*, Le Seuil, 1966. Je remercie M.F. Hommel, M.W. Schlüter et l'Institut international musical de Darmstadt de leurs informations et des documents aimablement mis à ma disposition.

2 Umberto Eco, *L'Œuvre ouverte*, Le Seuil. «Même dans l'affirmation d'un art de la *vitalité*, de l'*action*, du *geste*, de la matière triomphante, du hasard, il s'établit encore une dialectique entre l'œuvre et l'"ouverture" de ses "lectures". Une œuvre est *ouverte* aussi longtemps qu'elle reste une *œuvre*. Au-delà, l'ouverture s'identifie au *bruit*.»

lisation des procédés du hasard au niveau de la micro-structure de l'œuvre —
reste pour Boulez toujours soumise à l'idée globale d'un ensemble formel
orienté. Les procédés du hasard utilisés localement dans certaines parties de
l'œuvre permettent d'élaborer des différenciations plus subtiles entre
«structure définie ou indéfinie, structure amorphe ou directionnelle, structure
divergente ou convergente[1]». Offrir aux interprètes la possibilité de choix
parmi plusieurs versions, écrites de façon tout à fait précise et insérées à des
endroits strictement définis dans la partition, signifie accepter la variabilité ou
la mobilité interne de certaines sections lors des différentes interprétations de
l'œuvre. La possibilité de modifier les tempi (d'où des durées globales différentes) ou d'omettre certaines séquences, d'effectuer différentes superpositions selon les principes du contrepoint horizontalement mobile, etc. (je pense
notamment à la *Troisième improvisation sur Mallarmé* — 1960 de P. Boulez),
tous ces procédés visent «la constitution mobile de la matière sonore proprement dite[5]». Toujours «partant d'un sigle initial, principal, aboutissant à un
signe exhaustif, conclusif», l'œuvre assimilant le hasard dans la conception de
Boulez se soumet nécessairement à «une logique de développement», à «un
sens global dirigé» : «Nous avons respecté le "fini" de l'œuvre occidentale, son
cycle fermé, mais nous avons introduit la "chance" de l'œuvre orientale, son
déroulement ouvert[1].»

3 Ivanka Stoianova, «Boulez et Mallarmé», in *Gestetexte-musique,* UGE (10/18), 1978.

4 Pierre Boulez, «Sonate, que me veux-tu», *Points de repère,* Christian Bourgois, 1981.

5 Pierre Boulez, «Son, verbe, synthèse» (1958), *Points de repère* (voir note 4).

6 Karkheinz Stockhausen, «N° 7 : *Klavierstück XI* (1956)», *Texte zu eigenen Werken zur Kunst Anderer Aktuelles,* DuMont/ Schauberg, Cologne, 1964.

7 Karlheinz Stockhausen, «N° 9 : *Zyklus* für einen Schlagzeuger (1959)», *Texte...* (voir note 6).

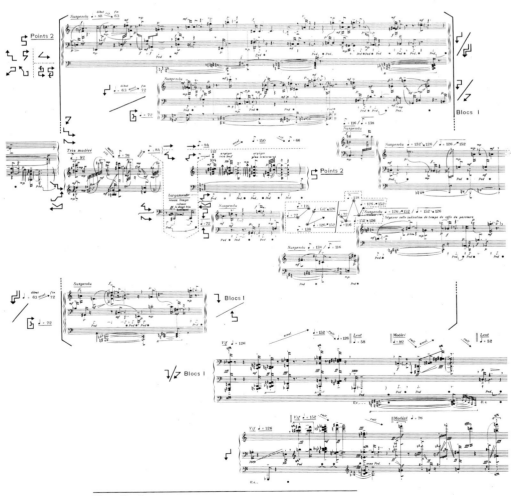

Pierre Boulez
IIIe sonate, *1957, pour piano*
Fragment du formant III. «Constellation-Miroir».

FORME VARIABLE

La notion de *«Vieldeutige Form»* («forme plurielle», «multiple», «variable», «forme à significations différentes» seraient des traductions approximatives), introduite au cours des années 50 par Karlheinz Stockhausen, exprime une préoccupation explicite de dépassement des principes formels stables de la tradition occidentale, mais encore des principes des formes mobiles, faites de composantes fermées et permutables à l'intérieur d'un réceptacle clos. Dans des œuvres comme *Klavierstück XI* (1956), *Zyklus* (1959) pour un percussionniste et *Refrain* (1959) pour trois joueurs, Stockhausen cherche à surmonter le fonctionnalisme formel (observable aussi à l'intérieur des formes ouvertes de par leur permutabilité interne) et la vision traditionnelle de l'œuvre stable «architecturale et préméditée», au profit de processus ouverts, variables lors des interprétations et générateurs de formes elle-mêmes variables dans toutes leurs dimensions. L'intérêt de Stockhausen est porté avant tout vers le processus de génération de l'œuvre et non pas vers la production de versions (ou variations) différentes d'un schéma formel, peut-être mobile, mais tout de même parfaitement préétabli. Autrement dit, la notion de *processus*, à multiplier lors des actualisations sonores des formes plurielles, remplace celle de *schéma* et *fonctions* formelles (mobiles ou immobiles), à réaliser sous la forme de «versions différentes toutes vraies».

Des stratégies compositionnelles et des procédés formels spécifiques permettent précisément de remplacer la composition de la grande forme, en tant qu'assemblage réglé de panneaux (ou composantes formelles) préfabriqué(e)s, par la composition de la grande forme en tant que conséquence et résultat — essentiellement continu, fluide, ouvert — d'un processus sonore parfaitement organisé par le compositeur et tout de même variable dans tous ses détails. Dans cette version de la forme ouverte que Stockhausen appelle *«Vieldeutige Form»*, les limites entre les différentes composantes formelles sont beaucoup moins nettes que dans les formes mobiles à permutations. Le début et la fin de la pièce ne sont pas fixes, on peut commencer et finir à n'importe quel moment. La durée globale reste généralement indéterminée. Le cheminement de séquence à séquence à l'intérieur de l'espace mouvant de l'œuvre n'est pas précisé par le compositeur mais laissé au libre choix de l'interprète.

Ainsi, la partition de *Klavierstück XI* — une grande feuille de 53 sur 93 centimètres — comporte dix-neuf «groupes» directionnels, développés à partir du même «noyau» musical[6]. Ce sont les décisions momentanées de l'interprète, selon les souhaits du compositeur, qui doivent définir l'ordre d'enchaînement et la substance musicale concrète des groupes écrits dans tous leurs détails. Le pianiste commence par n'importe quel groupe qu'il joue avec tempo, intensité et mode d'articulation choisis par lui ; puis enchaîne, au hasard de la partition, en appliquant au nouveau groupe choisi les indications de tempo, intensité et mode d'attaque données à la fin de la séquence précédente — ce qui modifie considérablement la substance musicale concrète du groupe noté de façon tout à fait précise dans la partition.

Dans *Zyklus* pour un percussionniste, Stockhausen cherche à relier l'idée de la «forme ouverte statique» de *Klavierstück XI* à l'idée d'une «forme dynamique fermée»[7] : les dix-sept périodes composées selon les principes de neuf types de structures allant de la détermination (ou de l'univocité) maximale à l'indétermination (ou à la pluralité, à la variabilité) maximale doivent être jouées successivement, mais en commençant par n'importe quelle période. Les seize pages de partition forment un cahier à spirale où il n'y a ni début ni fin. Le percussionniste peut commencer par n'importe quelle page mais joue, dans l'ordre déjà donné, tout le cycle. La durée globale de la pièce peut varier entre neuf et quinze minutes : «Je n'ai pas défini la durée de l'exécution — précise Stockhausen — pour ne pas imposer des limitations définitives à la pluralité *(Vieldeutigkeit)*, aux différents caractères de l'interprétation et aux possibilités techniques des instrumentistes[7].»

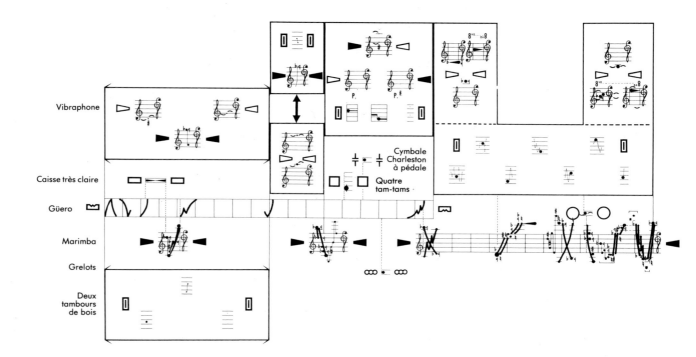

Dans *Refrain* pour trois joueurs, le matériau musical du refrain (glissandi, cluster, trille, notes graves, fragments mélodiques écrits sur une règle transparente mobile) peut être inséré à six reprises à l'intérieur de la partition, à des moments différents, librement choisis par les musiciens. Les événements sonores du refrain influencent et se trouvent influencés par la matière musicale notée sur la page de la partition. De cette façon «on suscite — à l'intérieur d'un état statique — par le biais des perturbations un processus dynamique ; l'un influence et forme l'autre sans qu'il en surgisse un conflit[8]».

Dans les versions différentes de sa conception de la «*Vieldeutige Form*», Stockhausen cherche à nuancer, transformer, développer la façon de penser les problèmes formels de la musique occidentale dans les termes de la dialectique hégélienne. Non sans être influencé par la pensée de John Cage, il se propose le dépassement des oppositions binaires : «fermer la forme ouverte en cercle, résoudre le statique en dynamique, le non-téléologique en téléologique — et ceci non pas pour exclure l'un ou l'autre, pour détruire l'un par l'autre ou pour produire un troisième en tant que synthèse des deux, mais pour essayer d'annuler le dualisme et de concilier les apparemment inconciliables[7] ».

L'utilisation des procédés du hasard au niveau de la micro-structure est pour Stockhausen en relation directe avec son travail en studio électronique et l'intérêt qu'il porte aux méthodes statistiques dans la théorie de l'information. La notion d'aléatoire — initialement réservée aux processus à déroulement global déterminé, mais dépendant du hasard au niveau de la macro-structure — devient pour lui source d'idées pour des projets fort différents. Les travaux de W. Meyer-Eppler et surtout ses idées de processus aléatoires et d'oscillations statistiques suggèrent à Stockhausen une multitude de

8 Karlheinz Stockhausen, «N° 11 : *Refrain* für drei Spieler (1959)», *Texte...* (voir note 6).

9 Dans une lettre du 24 avril 1976 adressée à W. Frobenius, Stockausen souligne l'importance pour lui, dans les années 50, de lectures comme A. Einstein-L. Infeld (*Die Evolution der Physik*), N. Wiener (*Mensch und Menschmaschine*), Le Corbusier (*Modulor 2*), W. Wieser (*Organismen, Strukturen, Maschinen*).

développements dans ses propres œuvres : la présence du hasard observable lors de l'analyse des bruits ou dans le processus de production électronique du son peut parfaitement être élargie et utilisée en tant que principe formateur à différents niveaux dans le travail du compositeur. Et l'écriture pour le piano dans les *Klavierstücke V - X* (1954), la modulation timbrale des accords sinusoïdaux dans *Elektronische Studie II* (1954), l'élaboration de certains types de texture dans *Gesang der Junglinge* (1956) et les structures complexes basées sur la distribution statistique des sons à l'intérieur de chaque groupe dans *Gruppen* (1955-1957) sont en réalité des manifestations différentes d'une même idée d'intégration formatrice de l'aléatoire au niveau de la micro-structure.

Tout en étant fortement marqué par l'atmosphère des nouvelles idées scientifiques de l'après-guerre[9] (Stockhausen était sans doute parmi les premiers compositeurs à faire évoluer la composition dans le contexte stimulant de l'interdisciplinarité englobant théorie de l'information, statistique, phonétique, etc.), il insiste sur l'appartenance de sa recherche formelle à la tradition occidentale : l'inscription de l'aléatoire au niveau de la micro-structure renvoie nécessairement pour lui aux critères statistiques observables dans les formes-processus chez Debussy.

MUSIQUE STOCHASTIQUE

La démarche d'utilisation des procédés de l'ouverture et de l'indéter-

---

Karlheinz Stockhausen lors d'un séminaire aux cours d'été de Darmstadt en 1957.

mination chez Iannis Xenakis suit une logique de raisonnement fondamentalement différente de celle développée dans la tradition de la pensée sérielle. Parfaitement conscient des limites des stratégies compositionnelles du sérialisme (le premier article publié de Xenakis, en 1955, est consacré à «la crise de la musique sérielle»), Xenakis refuse d'emblée l'extension de la pensée linéaire, transformée, d'après lui, par les successeurs de Webern en «un chapelet d'objets en nombre fini» : «La polyphonie linéaire se détruit d'elle-même par sa complexité. Ce qu'on entend n'est en réalité qu'amas de notes à registres variés. La complexité énorme empêche à l'audition de suivre l'enchevêtrement des lignes et a comme effet macroscopique une dispersion irraisonnée et fortuite des sons sur toute l'étendue du spectre sonore. Il y a, par conséquent, contradiction entre le système polyphonique linéaire et le résultat entendu qui est surface, masse. Cette contradiction inhérente à la polyphonie disparaîtra lorsque l'indépendance des sons sera totale. En effet, les combinaisons linéaires et leurs superpositions polyphoniques n'étant plus opérantes, ce qui comptera sera la moyenne statistique des états isolés des transformations des composantes à un instant donné. L'effet macroscopique pourra donc être contrôlé par la moyenne des mouvements des n objets choisis par nous. Il en résulte l'introduction de la notion de probabilité qui implique d'ailleurs dans ce cas précis le calcul combinatoire[10].»

C'est à partir de 1954 que Xenakis élabore son attitude de composition qu'il appelle stochastique (du grec *stochastikos*, «qui tend bien vers un but»). La notion de stochastique issue de la théorie des probabilités diffère fondamentalement des téléologies formelles développées dans la musique occidentale. Tout de même elle répond pour Xenakis à une nécessité d'élargissement du principe causal dont la base est fondée par la loi des grands nombres. La stochastique étudie et formule les lois dites des grands nombres, ainsi que celles des événements rares, les divers processus aléatoires, etc.

Karlheinz Stockhausen
Gruppen, *pour trois orchestres*
A Donaueschingen en 1958.

Cette nouvelle conception stochastique de la composition, née du principe de l'indéterminisme, est essentiellement fondée sur le principe d'une définition globale des textures constituant l'œuvre, en recourant aux probabilités pour calculer dans le détail les particules sonores et le passage d'un état à un autre ; états et passages dont on a déterminé au départ les moyennes, l'orientation générale : du discontinu au continu, du désordre à l'ordre, etc. Les lois du calcul des probabilités permettent l'élaboration de processus dynamiques complexes, de masses de son à spectre variable, d'espaces sonores à évolution continue, d'agrégats à densité fluctuante, dépendant du groupement d'un grand nombre d'unités constitutives. Ainsi, dans *Pithoprakta* (1955-1956) pour orchestre de cinquante instrumentistes (cordes, trombones, xylophone et wood-block), la première œuvre officiellement stochastique de Xenakis, les lois de Laplace-Gauss et de Poisson sont utilisées pour calculer les événements sonores de masse agglomérant les micro-événements sonores émis par quarante-six cordes jouant leurs parties individualisées. La grande forme est pensée globalement en tant que succession d'états et d'évolutions, définis par des critères de densité et de vitesse. C'est ensuite que le compositeur calcule individuellement les coordonnées précises de chaque son de l'œuvre autour des moyennes fixes. Dans *Achorripsis* (1956-1957) pour vingt et un instruments, les sons isolés, les figures mélodiques, les structures cellulaires ou les agglomérations denses sont régies par les lois du hasard : d'après la formule de Poisson, qui est la loi des apparitions des événements rares[10]. L'interaction de la théorie des probabilités avec celle des jeux définit la conception de *Stratégie* (1959-1962) — c'est précisément un «jeu» (avec tirage au sort, parties, coups, issue du combat, attribution du prix aux vainqueur, etc.) pour deux groupes orchestraux avec deux chefs agissant comme des adversaires. Outre les six «constructions sonores» ou «tactiques fondamentales», chacun des chefs peut faire jouer à son orchestre des combinaisons

10 Iannis Xenakis, «La crise de la musique sérielle», *Musiques formelles, La Revue musicale*, 1963.

11 John Cage, *Silence,* Wesleyan Univ. Press, Middletown, Connecticut, 1961.

simultanées par deux ou par trois des «tactiques fondamentales». Dans ce «jeu» qui devient œuvre il n'y a pas de place pour l'improvisation libre. Il s'agit toujours de parties instrumentales bien définies, mais influençables par les détours, prévisibles, et non du «duel»[10].

Dans le contexte des recherches musicales marquées par l'ultradéterminisme sériel et la tendance à une variabilité de l'œuvre, la démarche de Xenakis propose une possibilité spécifique d'inscription du hasard. Sa musique stochastique intègre le principe du hasard en tant qu'aspect essentiel dans l'élaboration de la matière du son. Il s'agit d'un hasard toujours calculé, le seul véritable hasard intégrable au travail du compositeur, selon Xenakis[10] : «Il y a avantage à définir le hasard comme une loi esthétique, comme une philosophie normale». «Le hasard jouit des propriétés bienfaisantes de régulateur esthétique. Régulateur aussi des événements sonores, de leur apparition et de leur vie. Mais, et c'est là qu'intervient la logique de fer des lois du hasard, ce hasard ne peut être créé sans soumission totale à ses propres lois.» Pour Xenakis le hasard est une chose rare, un piège; «on peut le construire jusqu'à un certain point, très difficilement, à l'aide de raisonnements complexes qui se résument par des formules mathématiques; on peut le construire un peu, mais jamais l'improviser ou l'imiter mentalement. [...] Dès que l'on sort du champ primaire du hasard, indigne d'un musicien, le calcul de l'aléatoire, c'est-à-dire la stochastique, garantit d'abord, dans un domaine de définition précis, des bévues à ne pas commettre, et ensuite, fournit un moyen puissant de raisonnement et d'enrichissement des processus sonores.

La conception de l'ouverture par l'inscription du hasard chez Xenakis n'a donc rien à voir ni avec la permutabilité de composantes formelles dans les formes mobiles, ni avec la possibilité d'alternatives au niveau du détail. La notion de hasard est chez lui un concept philosophique et esthétique régi par les lois de la théorie des probabilités et par les fonctions mathématiques qui les formulent. Il s'agit bel et bien d'un «concept cohérent dans un domaine nouveau de cohérence[10]», la cohérence étant la définition de l'essence même de l'œuvre-objet dans la tradition occidentale.

MUSIQUES INDÉTERMINÉES

Contrairement aux esthétiques européennes de l'œuvre ouverte cherchant à intégrer le hasard dirigé tout en maintenant le statut et le fonctionnement social de l'œuvre musicale, l'esthétique et la pratique musicales de l'indétermination (représentées au cours des années 50 par les musiciens américains E. Brown, J. Cage, M. Feldmann, Ch. Wolff, D. Tudor...) élargissent le hasard libre à toutes les dimensions de la composition et de l'interprétation musicale et, de ce fait, remettent en cause la notion occidentale de la musique en tant que phénomène social.

C'est au cours des années 50 que l'avant-garde musicale européenne découvre la musique de Cage. Ses pièces: *Music of Changes* (1951) pour piano (utilisant des procédés du hasard empruntés au *Yi King*), *Winter Music* (1957) pour pianos (écrite en suivant les imperfections du papier à musique), *Aria* (1958) pour voix (partition graphique en couleurs, écrite pour Cathy Berberian), *Variations I* (1958) pour un nombre indéterminé d'interprètes,

Concert for Piano and Orchestra (1957-1958), jouable entièrement ou en partie par un nombre indéterminé de musiciens avec durée d'exécution libre, toutes ces œuvres sont jouées en Europe lors de rencontres très stimulantes de l'avant-garde musicale : à la WDR de Cologne, lors des cours d'été de musique contemporaine à Darmstadt, au Domaine musical à Paris, à la Biennale de Venise, aux concerts des «Incontri musicali» à Milan, aux journées de musique expérimentale lors de l'Exposition mondiale à Bruxelles...

Les trois «Studios» — conférences retentissantes données en 1958 dans le cadre des cours internationaux de Darmstadt et intitulées «Changes», «Indeterminacy» et «Communication» — remettent en question les conceptions esthétiques de la musique européenne et obligent à repenser les stratégies compositionnelles dans la tradition de la deuxième École de Vienne. La confrontation de trois versions de *Klavierstück XI* de Stockhausen et de trois versions des *Variations* de Cage, lors de l'atelier de J. Cage/D. Tudor consacré

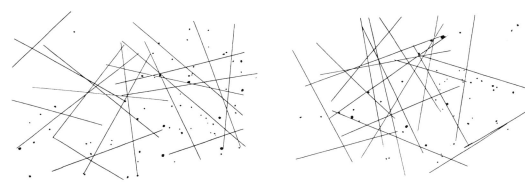

à l'indétermination (le 8 septembre 1958 à Darmstadt), permet un échange extrêmement intense d'idées. Rejeté d'emblée, accepté partiellement ou érigé en maître par certains, Cage joue, sans aucun doute, le rôle de catalyseur ou d'accélérateur puissant dans la transformation des idées concernant la création musicale durant l'après-guerre.

En affirmant la non-existence du silence ou la non-opposition de son/bruit/silence en musique (rappelons sa pièce silencieuse particulièrement choquante, *4'33''* pour n'importe quel(s) instrument(s) dont on ne joue pratiquement pas, datant de 1952, donc contemporaine des *Structures I* de Boulez), Cage renverse les notions généralement acceptées de matière et de forme en musique. «Quand le silence, en général, n'est pas en évidence, la volonté du compositeur l'est. Le silence inhérent équivaut au non-vouloir. [...] Cependant, une activité constante peut avoir lieu sans que la volonté soit présente en elle. Ce n'est ni comme une syntaxe ni comme une structure, mais en analogie avec la somme globale de la nature, qu'elle aura surgi, sans but[11].» En d'autres termes, l'œuvre indéterminée, pour Cage, n'est autre que l'œuvre ouverte, mais en tant qu'elle cesse de se concevoir comme faite d'une matière toujours précisément prescrite et comme réseau de relations (fussent-elles mobiles) prédéterminées par le compositeur. L'indétermination dans la conception de Cage signifie en fait la radicalisation du principe de l'ouverture et la suppression de l'œuvre-objet. Tous les sons/bruits de la nature et du monde environnant peuvent être utilisés pour faire de la musique. Le maté-

John Cage
Variations I, *1958*
Versions visuelles.

riau peut être choisi «comme on choisit des coquillages en marchant au bord de la mer», affirme Cage. La méthode de composition — c'est-à-dire «le chemin d'une note à l'autre»[12], mais aussi le choix des durées ou les changements des tempi, peuvent (comme dans *Music of Changes*) être fonction des manipulations du hasard. Dans ces conditions, il semble évident que les notions de structure et de cohérence formelle s'avèrent parfaitement inutiles.

Les pièces indéterminées ne sont pas conçues en tant qu'œuvres-objets destinées à transmettre un message, mais en tant que processus sans but. «Elles commencent quelque part, ont une durée indéterminée et sont jouées par un nombre variable de musiciens. En conséquence, elles ne sont pas des objets prédéterminés et les considérer comme objets serait un malentendu flagrant[12].» «Le but de ce type de musique sans but serait atteint si les gens apprenaient à écouter; s'ils pouvaient découvrir lors de cette écoute que les sons qu'ils préfèrent, en réalité, aux sons d'un programme musical à la radio sont ceux de la vie quotidienne[13].»

L'exercice de l'indétermination chez Cage (mais aussi chez Wolff, Feldmann, Brown...) annule les oppositions binaires classiques (continu/ discontinu, ordre/désordre, hasardeux/contrôlé, etc.) et renonce à tous les dualismes maintenus dans les raisonnements marqués par la dialectique hégélienne. La composition indéterminée n'est donc nullement celle qui s'organiserait autour de l'indétermination comme détermination négative, ni autour de la continuité ou l'interaction calculées de déterminé/indéterminé. La conception de l'indétermination cagienne (rappelons sa présentation de la pièce *Intersection 3* que fit M. Feldmann dans le cadre de son Studio II, «Indeterminacy», en 1958, à Darmstadt) est «fondamentalement non dualiste» et non centrée, donc étrangère à toute idée de réseau de relations hiérarchisées et strictement délimitées dans le temps. Elle comporte «une multiplicité de centres dans l'état de non-perturbation et d'interpénétration mutuelles»[14].

Le renoncement à l'idée de communication dans le sens de transmission d'un message par l'intermédiaire de l'interprète constitue un des aspects essentiels de la stratégie compositionnelle de l'indétermination. Les pièces indéterminées sont par définition celles dont la réalisation sonore — ou l'interprétation — n'est pas fixée. Pour inciter aux versions différentes en effaçant complètement l'idée d'une œuvre-«origine» ou «modèle» à interpréter, Cage propose des partitions tout à fait inhabituelles, comme le graphisme mobile dans les *Variations* ou la partition multiple et parfaitement ouverte du *Concert for Piano and Orchestra*. La partition de *Variations* est constituée de rectangles transparents en plastique sur lesquels sont inscrits des lignes et des points de diverses dimensions. Après avoir jeté au hasard l'un sur l'autre les transparents, le (ou les) musicien(s) interprète(nt) la configuration visuelle résultante en processus sonore non reproductible par la suite.

Le principe de l'indétermination compositionnelle dans la conception de Cage se révèle nécessairement «expérimentale»: «Une action expérimentale est celle dont le résultat est imprévisible. Etant donné que l'action elle-même est imprévisible, elle n'a pas à se justifier (à se soucier d'excuses). Comme la terre, comme l'air: elle n'a besoin de rien[14].»

La radicalisation du hasard transforme l'œuvre musicale en pro-

12 John Cage, *Studio I*, «Changes», Darmstadt, 1958.

13 John Cage, «Unbestimmtheit», *die Reihe,* n° 5, Vienne, 1959.

14 John Cage, *Studio II*, «Indeterminacy», Darmstadt, 1958.

15 Ivanka Stoianova, «Musikalische Graphik», *Zeitschrift für Semiotik*, Stauffenburg, Tübingen, 1987.

cessus esthétique ouvert, en pratique inventive où les relations unidirection-
nelles de dépendance (ou de soumission) entre auteur, interprète et public
sont atténuées ou parfaitement renversées : «Toute exécution est unique ; pour
le compositeur et pour le *performer* aussi intéressant que pour le public. Je
veux dire que chacun est en réalité auditeur[13].»

C'est précisément la situation dans laquelle se trouvent compositeur,
interprète(s) et public dans le cas des partitions graphiques partiellement liées
à la tradition occidentale de la notation ou totalement indépendantes par
rapport à son principe signalétique[15]. Les premières partitions graphiques en
tant que cas limite de l'indétermination apparaissent au cours des années 50.
On peut présenter schématiquement les différentes formes de partitions graphiques en deux groupes :

— en tant que graphisme statique suggérant l'idée d'un temps abstrait,

— en tant que graphisme/mouvement.

Les partitions graphiques statiques se proposent de suggérer le mouvement en sons/bruits à partir de l'exploration non dirigée de l'espace visuel
selon la distribution de signes visuels (points, rectangles, lignes, etc.) ; le
graphisme/mouvement implique de façon plus explicite la dimension du
temps (conformément à nos habitudes de lecture de gauche à droite) et du
mouvement, en guidant le regard dans l'exploration de l'espace visuel.

Cette apparition des premières partitions graphiques radicalisant de
façon particulièrement explicite l'indétermination a été ressentie comme une
irruption violente dans les mœurs de la musique occidentale.

A partir des recherches compositionnelles de Boulez, Stockhausen,
Xenakis et Cage au cours des années 50, on peut observer les stratégies principales d'intégration du hasard au processus compositionnel. Cet «absolu-
tisme», volontaire pour nous, des grands n'a été imposé que par une nécessité
d'ordre didactique et ne diminue en rien l'importance des œuvres et des écrits
théoriques de beaucoup d'autres compositeurs explorant le même type de
problématique : Pousseur, Evangelisti, Berio, Bussotti, Boucourechliev, de
Pablo, Lutoslavski, Penderecki, Schæffer, Nono, Ligeti, Haubenstock-
Ramati, Logothetis, Scelsi, Brown, Feldmann, Wolff, La Monte Young et tant
d'autres.

Les différentes modalités d'intégration du hasard apparues dans la
pratique musicale au cours des années 50 restaient en pleine évolution : pratiques d'improvisation collective, musiques intuitives, processus productifs, environnements sonores, happenings, théâtre musical utilisant plusieurs médias
— la profusion de toutes ces pratiques artistiques fort différentes au cours des
années 60-70 développait en réalité les principes de l'ouverture et de l'indétermination posés au cours de la décennie antérieure.

Loin d'être parfaitement expliquées et élaborées au cours des
années 50, les nouvelles notions d'ouverture et d'indétermination posaient
une problématique capitale sur plusieurs plans : la matière, la forme, le statut
de l'activité artistique devenaient lieu d'expérimentation. Il s'agissait, en
somme, d'une situation ouverte, d'une problématique vivante, en mouvement.

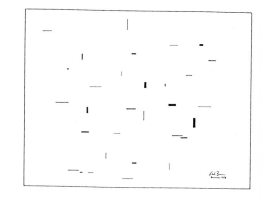

Iannis Xenakis.
Earl Brown
December 52 *(extraits), 1952.*

LA TECHNIQUE À LA RECHERCHE D'UN SENS

Dominique Janicaud

Les années 50 nous paraissent à bien des égards terriblement lointaines : plus proches des années 30 (quant à la mode, au puritanisme des mœurs, au sous-équipement, du moins en Europe occidentale) que des *sixties* avec leur sur-consommation, leur permissivité, leur cynisme du confort et de la «grande bouffe», mais aussi leurs accès d'utopie. Pourtant, les plus de quarante ans gardent des souvenirs de ces années-là. Et, sur le moment, les nostalgies d'ordre, d'abondance et de paix ne parvenaient pas à apaiser l'angoisse devant les tensions mondiales et les instabilités provoquées par les nouvelles techniques. Si lointaine, cette décade ? A jamais évanouie comme notre adolescence enfuie, elle avoue – à l'examen – des disparités qui sont loin d'être étrangères à nos actuelles difficultés et contradictions.

Ces disparités sont isolables à plusieurs niveaux. Tout d'abord, dans l'impact même des nouvelles techniques et la topologie de leur réception. La plupart des technologies de pointe (automation, production nucléaire d'électricité, ordinateur, transistor, télévision en couleurs, etc.) qui vont bouleverser la vie des masses dans les années 60 sont déjà inventées ou se mettent en place dans les années 50. Mais, d'une part, les effets spectaculaires qui sont alors retenus par l'imaginaire collectif concernent surtout l'atome et l'espace (bombe H : 1951 ; Spoutnik : 1957). L'humanité est encore sous le choc de la Seconde Guerre mondiale et des premières explosions nucléaires : comment vivre l'après-Auschwitz, l'après-Hiroshima ? D'autre part, un fossé énorme sépare encore l'Europe des États-Unis : l'Europe, tout entière occupée à reconstituer ses forces vives (sans parler, pour la France, des problèmes politiques issus des survivances coloniales) ; les États-Unis : triomphateurs de la guerre et champions des techniques qui conquièrent le monde. Du point de vue technologique (comme aussi à d'autres égards), les années 50 sont – pour l'essentiel – des *années américaines,* car l'Amérique est plus que jamais la «terre de l'avenir» : laboratoire, mais aussi immense marché où se diffusent, avec avance et rapidité, les plus révolutionnaires des équipements, des procédés, des nouveaux modes d'habillement, de vente, de loisir et de culture (de masse) que l'Europe attend avec un mélange de réticence et d'excitation.

LA POUSSÉE DE LA TECHNIQUE ET SES DÉNÉGATIONS

La seconde disparité nous intéresse plus directement ici : elle concerne l'écart considérable que l'on peut constater entre le poids réel de la technique et sa place modeste – sinon inexistante – dans les discussions idéologiques de l'époque. Le livre, à notre avis essentiel et prémonitoire, de Jacques Ellul, *La Technique ou l'Enjeu du siècle,* paraît en 1954 et passe inaperçu (l'auteur nous l'a confirmé récemment) ; or cet ouvrage, traduit en anglais, aura, sous le titre *The Technological Society*, un grand retentissement aux États-Unis à partir de 1964. La célèbre conférence de Heidegger sur «L'essence de la technique» paraît également en 1954, mais ce n'est que beaucoup plus tard qu'elle sera vraiment prise en considération hors du cercle étroit des spécialistes.

Quels sont les sujets qui occupent alors le devant de la scène en Europe ? C'est, en France, avec Sartre, Camus, Merleau-Ponty, la question de l'engagement politique avec le communisme stalinien, contre la guerre d'Indochine puis celle d'Algérie, et la grave crise de conscience résultant des événements de Hongrie (1956), après l'alerte des révoltes ouvrières de Berlin (1953). C'est aussi, en Allemagne, le problème de la *Schuldfrage*, c'est-à-dire de l'étendue de la responsabilité des Allemands en général, et des intellectuels en particulier, dans le processus nazi et dans ses effets criminels.

Il n'est pas question de contester l'importance de ces débats : ils devaient avoir lieu et être menés jusqu'à saturation ; mais il faut bien reconnaître qu'ils étaient *rétrospectifs* : il s'agissait de se dégager des rémanences d'un passé fascinant dont les démons venaient encore hanter le présent. Du même coup, la problématique philosophique qui s'y déployait, fût-ce avec subtilité (en particulier, chez Merleau-Ponty), ne dépassait guère le cadre d'antinomies classiques : déterminisme-liberté, société-individu, contemplation-action. L'humanisme se voulait militant, mais son drame consistait non seulement à constater son impuissance devant le cynisme des appareils d'État (le zéro devant l'infini, selon l'expression de Koestler dont le livre, paru dès 1945, reçut un immense écho), mais souvent à ne pas empêcher sa complicité, son aveuglement, voire ses encouragements naïfs ou résignés. C'est toute la tragédie de Sartre durant ces années-là. Camus, très tôt lucide à l'égard du stalinisme, fut à son tour pris à un piège de ce genre durant la guerre d'Algérie.

Quel rôle le poids de la technique jouait-il dans ces discussions ? Aucun. Sartre n'était pas plus sensible qu'un Mauriac à ce genre de problème ; son athéisme aurait dû lui faire prêter plus d'attention aux apports de la science, son souci du concret aurait pu le faire s'arrêter auprès des machines maniées par cette classe ouvrière dont il se voulait le compagnon. Il n'en fut rien ; son regard glissait sur les objets techniques, comme sur les choses et l'*en soi* en général. Le souci de l'homme et le rejet de toute aliénation faisaient donner une priorité absolue aux apories de la subjectivité (et de l'intersubjectivité dans la «fraternité-terreur»). D'où l'extrême difficulté de *rejoindre* l'insertion sociale pratique, même au prix d'une *Critique de la raison dialectique* (premier tome d'une *Théorie des ensembles pratiques*, paru en 1960).

La situation était-elle foncièrement différente à cet égard, à l'étranger ? La disparité que nous venons de noter était sans doute moins criante qu'en France : Lewis Mumford est, aux États-Unis et dès avant les années 50 (*Technics and Civilization* date de 1934 !), un grand historien de la civilisation technicienne et, surtout, un précurseur quant à la liaison des problèmes architecturaux aux études d'environnement ; l'ouvrage, devenu ensuite célèbre aux États-Unis, *Mecanization Takes Command* de Siegfrid Giedion paraît en 1948 aux Presses de l'université d'Oxford ; Arnold Gehlen développe, en Allemagne fédérale, une anthropologie de la technique, systématique et bien informée des premières percées de la cybernétique. Mais, dans leur grande majorité, intellectuels et philosophes se désintéressent d'une technique qui bouleverse pourtant de plus en plus la société. Peut-être s'agit-il en partie d'une réaction contre l'extrême technicisme ambiant ? Wittgenstein, qui fut ingénieur, ne se voue pas, même en ses dernières années (il meurt en 1951), à une méditation sur la technique comme phénomène déterminant de l'histoire mondiale contemporaine.

L'entrée de l'américanisme à Paris

*Chaîne de montage
de la Caravelle
dans les ateliers
de Sud Aviation
à Toulouse.*

Il faut, en effet, rappeler que les États-Unis et l'URSS partagent, malgré la guerre froide et le conflit idéologique entre libéralisme et communisme, un véritable *titanisme triomphaliste* (qui deviendra, d'ailleurs, à partir de 1960, le ciment de la détente). Cyclotrons, centrales atomiques, industrie automobile et aéronautique sont la mouvante «nouvelle frontière» américaine (sans compter l'espace : von Braun est au travail avec des équipes entières venues de l'Allemagne nazie) ; l'URSS, entrée elle aussi dans la course atomique et encore soumise à l'obsession stakhanoviste du «rattrapage» des pays capitalistes, se lance dans de vastes chantiers sibériens et spatiaux. Le «miracle allemand» commence à étinceler — si peu de temps après l'effondrement. Dans toutes les nations industrielles, la montée en puissance se fait sans complexes ; les années de reconstruction et d'expansion sont aussi des années où l'on commence à investir des sommes énormes dans la recherche scientifique, industrielle et stratégique ; même si les pollutions et les nuisances ne datent pas de 1960, la prise de conscience écologique s'avère encore inexistante ou négligeable avant cette date. Dans leur réalité massive, les années 50 sont donc des années de conquête technique *frontale*.

ELLUL ET HEIDEGGER : DEUX VISIONS PRÉMONITOIRES

Sans doute n'y a-t-il pas d'autre raison au peu d'écho rencontré alors par les travaux d'Ellul et de Heidegger. Prendre du recul vis-à-vis de la technique *comme telle*, c'est paraître la mettre en cause dans tous ses effets et lui être hostile par principe. De toute évidence, ce soupçon est injuste et surtout schématique.

Que dit Ellul ? Il veut traduire une prise de conscience de la technique *dans son ensemble* et concernant ses nouveautés absolument spécifiques. La technique n'est pas un simple moyen ; elle ne se réduit pas au domaine industriel. Elle touche la «totalité des activités de l'homme» et elle «intègre toute chose». Pourquoi ? Parce que la technique est devenue *autonome*. Ses principaux caractères sont l'auto-accroissement (elle se développe le mieux là où elle existe déjà : l'équipement appelle le suréquipement et la richesse engendre l'opulence), l'unicité (ou l'insécabilité) entre ses différents domaines ou secteurs (qui ne peuvent rester à l'écart de la circulation des idées et des inventions dans les zones «de pointe»), l'universalisme (elle tend à détruire toutes les civilisations non européennes et à devenir un véritable langage universel), enfin l'autonomie de cet immense réseau technicien qui constitue un univers fermé. Le début de la conclusion de *La Technique ou l'Enjeu du siècle* vaut la peine d'être cité : «Ainsi se constitue un monde unitaire et total. Il est parfaitement vain de prétendre, soit enrayer cette évolution, soit la prendre en main et l'orienter.»

Ce discours avait tout pour déplaire : aux marxistes, parce qu'il montrait que le problème du capitalisme est subordonné au développement technique ; aux humanistes, parce qu'il accumulait les signes d'impuissance de l'homme devant ce qui a tous les traits d'un destin ; aux conservateurs et aux nostalgiques, parce qu'il leur prouvait que le monde nouveau était en train d'éradiquer les traditions, aux optimistes, enfin (en particulier, à propos du développement du tiers monde), parce qu'il suggérait que le développement technique — loin d'induire un progrès linéaire et général — profiterait d'abord aux plus riches, déséquilibrant encore les plus pauvres.

Les mêmes raisons expliquent, toutes proportions gardées, des réticences comparables envers les thèses de Heidegger. Celui-ci critique également les définitions classiques de la technique (comme moyen en vue de fins ou comme activité anthropologique); la technique moderne n'est pas neutre; elle échappe au contrôle de l'homme; elle est, en sa *portée essentielle*, radicalement nouvelle, bien qu'elle déploie les possibilités préparées par la métaphysique depuis Platon. En tant que «mode de dévoilement», la technique (en son essence) devient le trait fondamental du réel: le dispositif (*das Gestell*) qui met toutes choses — y compris l'homme — en demeure d'être livré, connu et même produit. La nature n'est plus qu'«un complexe calculable de forces» et le réel devient un vaste stock, réserve d'énergie et d'informations. Il y a là, selon Heidegger, un immense danger: l'homme — fasciné par les objets techniques et comme emporté par le dynamisme de la production-consommation — risque de perdre tout sens de son propre être. Ce destin technique menace même le dévoilement comme tel, en réduisant celui-ci à une «commande» parmi d'autres. Ce serait la mort de la poésie, de la parole et de l'art, réduits à des éléments programmés. «Mais là où est le danger, là aussi croît ce qui sauve»: en méditant sur ces vers de Hölderlin, Heidegger discerne un tournant possible au fond même du Dispositif technique. La technique moderne est ambiguë: elle *peut* aussi abriter «la retenue de ce qui sauve», si sa portée profonde est dégagée de son simple fonctionnement.

Ce trop bref aperçu aura permis d'apprécier ce qui rapproche, mais aussi ce qui différencie Ellul et Heidegger. Alors que la pensée de ce dernier prend un altier recul ontologique à l'égard de l'actualité, l'étude d'Ellul n'a aucune prétention métaphysique; en revanche, elle est plus déterminée, plus proche des phénomènes (par exemple, Ellul discerne bien les liens entre technique et propagande politique). Autre différence importante: alors que le «salut» guetté par Heidegger est immanent à l'essence de la technique, Ellul ne voit guère de lueur d'espoir (ni de grâce) qui vienne de ce monde-ci. N'importe: en dépit de ces contrastes, ces deux pensées partagent le privilège de mettre en question la technique comme telle et, à ce titre, elles transcendent leur ancrage chronologique dans les années 50.

DU TITANISME A LA COMPLEXITÉ

Nous avons suggéré que les ouvrages d'Ellul et de Heidegger furent alors mal compris, parce que, prenant du recul par rapport à l'enthousiasme techniciste, ces travaux paraissaient hostiles au progrès technique. Sur le moment, en effet, ces pensées intempestives ne pouvaient être reçues que comme de véritables «douches froides» — et d'autant plus qu'elles ne se contentaient plus de la rhétorique humaniste ni du recours au «supplément d'âme» bergsonien. Pourtant, bénéficiant nous-mêmes d'un recul chronologique non négligeable, peut être pouvons-nous *maintenant* percevoir en quoi ces pensées restent marquées par la technique qu'elles mettent en question.

C'est l'image dominante du titanisme triomphaliste qui se voit retournée et critiquée; c'est, du même coup, un monde technique unifié, sinon

*Convoi géant
pour la construction
de la centrale nucléaire
de Marcoule.*

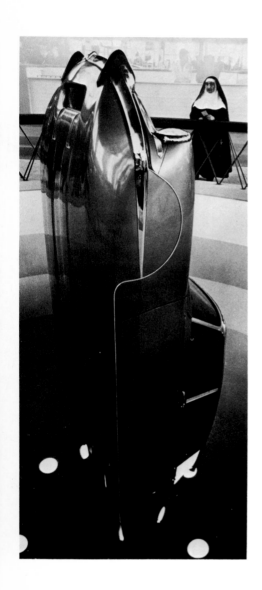

monolithique, et se démasquant comme foncièrement impérialiste (à l'égard de la nature comme de la société) dont il faut assumer et conjurer la puissance. Cette vision unifiée de la technique, comme je l'ai montré dans *La Puissance du rationnel* (1985), peut conduire à une sorte de technicisme inversé ou à un manichéisme moral : Laissons se déchaîner dans la technique les forces du mal ; le salut est ailleurs — ou dans un avenir lointain.

Dans le technicisme dominant alors, tout comme — paradoxalement — dans sa mise en question radicale, on était ainsi tenté de prêter à la technique *comme telle* plus de «perfection» (selon le mot de C.F. Jünger dans *Die Perfektion der Technik*, 1946) qu'elle ne pouvait et ne devait en avoir. Nous avons vu que la technologie des années 50 était déjà grosse de la plupart des innovations dont l'industrialisation et la diffusion de masse devaient exploser durant les années 60 et 70 : il serait erroné de présenter cette évolution comme un passage pur et simple des «technologies dures» aux «technologies douces» ; mais la massification des médias, la miniaturisation de l'informatique, la démocratisation de l'enseignement et l'éclatement de la culture en une «polyculture» (J.P. Rioux, *La France de la IVᵉ République*) allaient produire des déplacements, des renversements, voire des régressions sociopolitiques qui, sans briser la vection dominatrice de la technicisation, en feraient apparaître les contradictions internes. D'autre part, le perfectionnement fantastique des performances proprement techniques n'engendrerait nullement une «perfection» correspondante dans les domaines économique et géopolitique. Décidément, le progrès technique allait déboucher sur une complexité (pour ne pas dire une anarchie) accrue plus que sur une unification technocratique ultra-planifiée.

LE TRAVAIL ÉCLATÉ

L'homme ne passe pas directement des machines aux idées pures : un domaine particulièrement sensible médiatise sa relation à la technique ; c'est celui des conditions de travail. Sur ce terrain aussi, les années 50 sont marquées par une extraordinaire disparité. Le contraste de deux titres le fera comprendre : en 1951 paraît en France *La Condition ouvrière*, de Simone Weil ; en 1958, aux États-Unis, *The Affluent Society* de J.K. Galbraith (traduit sous le titre *L'Ère de l'opulence* en 1961). Le premier est tourné vers le passé (le «Journal d'usine» de S. Weil date, en fait, de 1934), mais la classe ouvrière des années de reconstruction connaît encore un sort sévère : le débat sur les prêtres-ouvriers le rappelle à l'opinion française, à partir de 1952 ; le second livre annonce une ère sinon d'«opulence», du moins de consommation de masse, dont les premiers signes sont décelables en France sous Guy Mollet et dont les *Mythologies* de Roland Barthes (parues en 1957) commencent à donner un premier inventaire symbolique.

Sensible à cette disparité, et se situant à la jonction de la sociologie industrielle et de l'éthique humaniste, Georges Friedmann a posé dès 1950 une question essentielle : *Où va le travail humain ?* L'éclatement des métiers unitaires, le déclin de la connaissance du matériau, les frustrations du travail à la chaîne seront-ils compensés par l'acquisition de nouvelles techniques sophistiquées de la troisième révolution industrielle et par l'entrée dans la

Je vous salue, Déesse...

civilisation des loisirs? Cette interrogation porte bien sur le sens du progrès technique; et, si elle n'est pas exempte d'espoirs chez Friedmann, elle décèle aussi avec anxiété que, tout en allégeant les tâches ouvrières, les progrès de l'automatisation vont créer de nouveaux problèmes: désœuvrement, chômage structurel.

Il n'est pas douteux — Friedmann lui-même l'a senti — que le formidable essor des années 50 ne se fait pas uniquement au service de l'homme, même si l'amélioration des conditions de travail et l'accès au confort

ont — dans un premier temps — quelque chose d'enivrant, ou presque. Le discours humaniste commence à vaciller d'anachronisme, lors même qu'il célèbre l'entrée de l'homme dans l'espace, par Spoutnik interposé. Les forces libérées pourront-elles être maîtrisées ou, à l'inverse, domineront-elles l'homme au point de le transformer et de le rendre méconnaissable? Pas plus que nous, l'humanité des années 50 ne dispose d'une réponse assurée, mais elle commence à deviner que l'interrogation sur la puissance de la technique se mesure, au croisement des possibles, avec l'essentiel.

Jacques Tati: Voyez un peu le travail!

MUSIQUES EXPÉRI- MENTALES

BRIGITTE MASSIN

Je me souviens d'un son proprement inouï, entendu étant enfant. C'était la guerre, un avion de chasse est tombé droit sur moi avec un son chargé d'un tel pouvoir de terreur qu'il m'a littéralement clouée sur place, immobile devant le danger, passive en même temps que fascinée. Un son, si totalement inédit, si fantastique, qui traversait l'espace, en s'épaississant jusqu'à l'insupportable, et qui m'a semblé se développer en un temps immensément long, avant que tout ne s'arrête dans le crash final.

«Nous nous approchons du son-bruit! Cette évolution de la musique est parallèle à la multiplication grandissante des machines qui participent au travail humain» (*L'Art des bruits*, Luigi Russolo, 1913).

Notre XXe siècle, et plus particulièrement sa deuxième moitié, dans sa formidable poussée technologique, a renouvelé notre approche du son, inventé de nouveaux matériaux musicaux, faisant exploser notre espace psychologique et physique, jusqu'à imposer une toute nouvelle approche mentale de l'acte de composer de la musique. Les musiques «électroacoustiques», un vocable unique qui recouvre des expériences très différentes, sont ainsi les fruits du progrès technologique qui caractérise notre société.

Les premières étapes de ce processus d'évolution, en fait une véritable révolution dans l'idée même de musique, tant au stade de sa conception, que de sa fabrication ou de sa perception, sont dépendantes de l'éveil et du développement d'une «conscience électrique».

Déjà, au début du XXe siècle, quelques esprits curieux s'intéressent au rapport de l'électricité et de la musique. Apparaissent çà et là, des expériences dispersées, le plus souvent liées à des recherches sur les instruments. En 1913, deux ingénieurs (Meissner et Armstrong) parviennent à obtenir des sons à partir d'oscillations électriques. En 1920, un avant-gardiste russe, ingénieur et physicien, Lev Termen, alias Léon Théremine, invente le premier appareil «électroacoustique», à partir d'oscillations électriques, l'Étherophone ou Théreminovox. Dix ans plus tard, il donne à New York, le 29 avril 1930, le premier concert de musique électroacoustique. Dans le même temps, d'autres musiciens-chercheurs tentent de concevoir des instruments, inspirés d'instruments traditionnels, mais liés à l'électricité. Maurice Martenot, un ingénieur, présente à Paris en 1928 ses premières Ondes Martenot, souvent perfectionnées depuis, mais toujours utilisées. Deux ans plus tard, en Allemagne, c'est l'électroacousticien Friedrich Trautwein qui invente le Trautonium pour lequel Paul Hindemith écrira un concertino. De son côté, Jörg Mager, avant de mourir en 1939, victime du nazisme, a inventé le Sphérophone, qui déjà prospecte les micro-intervalles.

En 1939, John Cage (né en 1912) compose aux USA *Imaginary Landscape I* «pour deux électrophones à vitesse variable, enregistrement de sons sinusoïdaux de fréquences diverses, piano et cymbales». Cette fois, l'électricité entre en prise directe avec la composition, fournissant un matériau de composition. Suivent dans la foulée *Imaginary Landscape II* «pour quintette de percussions et éléments électroacoustiques», ainsi que *Imaginery Landscape III* «pour sextuor de percussions et éléments électroacoustiques» (1942).

L'Europe marquant quelques retards par rapport aux USA dans l'emploi de nouveaux appareils supports de sons (magnétophones), la recherche vers les nouveaux horizons sonores va prendre une autre direction.

PIERRE SCHAEFFER ET LA MUSIQUE CONCRÈTE

Contemporain de John Cage, Pierre Schaeffer (né en 1910) devient en 1948 l'inventeur d'un nouveau concept, celui de musique concrète liée à la création d'objets sonores. La démarche, tout à fait empirique, est née d'un incident technique : un sillon de disque fermé. Ingénieur au Club d'essai de la Radio-Télévision française, Pierre Schaeffer, à l'écoute de ce fragment répété, prend conscience qu'il s'agit là d'une entité, d'un «objet sonore». De là naît le désir d'inventer d'autres sons, à partir de manipulations sur le disque (sons coupés de leurs attaques, sons écoutés à l'envers de leur déroulement, etc.). Pierre Schaeffer réalise *Étude aux chemins de fer*, *Étude aux tourniquets*, et c'est, le 30 juin 1948, dans le cadre du Club d'essai de la radio, le premier concert de bruits «manipulés». La musique concrète était née, ce premier foyer français va prendre une grande importance au cours des années suivantes, attirant de nombreux jeunes compositeurs. Tout comme aux États-Unis, le jeune David Tudor (né en 1926), pianiste et compositeur, est immédiatement attiré par les perspectives ouvertes par les expériences de John Cage, en France Pierre Henry (né en 1927), percussionniste, rejoint Pierre Schaeffer, presque aussitôt après avoir été auditeur du «concert de bruits».

Pierre Henry travaille avec Pierre Schaeffer à une œuvre de tout autre envergure que les brèves études précédentes, la *Symphonie pour un homme seul*, appelée à devenir un «classique» de ces nouvelles musiques, et qui est révélée en concert le 18 mars 1950. L'œuvre consiste en une suite de séquences (une heure de musique) construites à partir d'objets sonores venus du corps humain, mais «les objets sonores étaient considérés pour eux-mêmes, sans qu'il fût nécessaire de les identifier par rapport à un instrument ou à une signification» (Pierre Schaeffer).

John Cage, venu en France en 1949, y rencontre aussi bien Pierre Schaeffer que Pierre Boulez. Le centre français, qui reçoit en 1951 son nouveau statut de Groupe de recherche de musique concrète (GRMC) commence alors à travailler avec des nouveaux moyens techniques autres que le disque (magnétophones, potentiomètres). En 1951, Pierre Henry et Pierre Schaeffer composent ensemble une œuvre qui fera l'objet de transformations et de scandale, *Orphée 51* ; Pierre Boulez (né en 1925) vient au Groupe et réalise *Étude sur un ton* ; de nombreux autres compositeurs de la même génération vont l'y suivre.

LE STUDIO DE COLOGNE ET L'ÉLECTRONIQUE

Mais déjà se dessine, en Allemagne, une tout autre direction de recherche sonore, orientée beaucoup plus directement sur le son électronique. L'origine en est l'Institut de phonétique de l'Université de Bonn, et l'un de ses chercheurs, Werner Meyer Eppler (né en 1913), qui présente dès 1951, à la radio de Cologne des «modèles sonores» (*Klang Modelle*). Dès lors, comme en France dans le cadre de la RTF, c'est dans le cadre de la WDR (radio de Cologne) que se regroupent un certain nombre de compositeurs en un Studio de musique électronique. Parmi eux, Herbert Eimert (né en 1897), qui réalise

Edgard Varèse.

ses premiers essais, *Klangstudie I* et *II* (1951-1952). «Contrairement à la musique concrète, qui se sert d'enregistrements réalisés à l'aide de microphones, la musique électronique fait exclusivement usage de sons d'origine électroacoustique. Le son est produit par un générateur de son et gravé sur bande magnétique. C'est alors seulement que commence son élaboration par des manipulations de bandes compliquées et différenciées. La musique ainsi créée fait pénétrer dans un monde de sonorités jusqu'ici inconnues» (H. Eimert, 1953). En un laps de temps très bref, dans l'ardeur et la passion de la découverte se sont donc déjà constituées deux écoles résolument antagonistes dans leur approche des matériaux sonores.

LA TAPE MUSIC

Rentré aux USA, John Cage, le précurseur, reste fidèle à ses magnétophones et développe une technique de collages de sons manipulés préexistants, choisissant le hasard comme mode d'association. Ici encore, des compositeurs plus jeunes se regroupent autour de lui, Earle Brown (né en 1926), Morten Feldman (né en 1926), Christian Wolff (né en 1934). Ensemble, ils forment le projet d'un Centre expérimental sur la bande magnétique. Toujours aux USA, et dans le même moment, d'autres groupes se révèlent qui prennent aussi comme point de départ et moyen créateur le recours à la bande magnétique, c'est la Tape Music, spécifique des USA.

Contrairement à l'Europe, ce n'est pas autour des radios que se regroupent les premiers chercheurs, mais dans le cadre des Universités. Ainsi celle de Columbia-Princeton où un des professeurs, Wladimir Ussachevsky (né en 1911) présente, le 6 mai 1952, ses premiers travaux (*Sonic Contours*); il est aussitôt rejoint par un de ses collègues, Otto Luening (né en 1904). Ensemble, ils réalisent *Incantations* (1953). Le Columbia-Princeton Electronic Music Center (CPEMC) qu'ils ont fondé devient très vite un des centres les plus importants des USA. Bien que partant eux aussi de sons concrets manipulés, ils n'entendent pas épouser une démarche similaire à celle de John Cage: «Nous nous sommes délibérément astreints, jusqu'à présent, à n'utiliser que les sons musicaux émanant soit d'instruments traditionnels, soit de la voix humaine. Toutefois il n'est pas question ici de hasards, ni de collages minutieux et rapprochés, mais de longues séquences où le matériau de base est traité ensuite électroniquement» (W. Ussachevsky, 1953). Les compositeurs de Columbia parlent alors de leurs démarches comme d'une aventure sur des terres nouvelles qui «apporte au monde un renouveau de l'esprit. Cette nouvelle musique s'adresse à l'inconscient.»

En six ans, du démarrage de la musique concrète en 1948, à la première Décade internationale des musiques expérimentales qui se tient à Paris en 1953, à la présence, la même année, de la musique concrète au festival de Donaueschingen, avec la création plus que houleuse de *Orphée 53* (*Orphée 51* remanié), le paysage sonore est singulièrement éclaté.

De la Tape Music aux USA, à la musique concrète en France, à la musique électronique en Allemagne, la preuve est faite que le compositeur peut désormais faire œuvre créatrice à partir de matériaux qui ne sont plus instrumentaux. Mais les directions de recherche, les familles artistiques of-

Karlheinz Stockhausen au studio de Cologne.

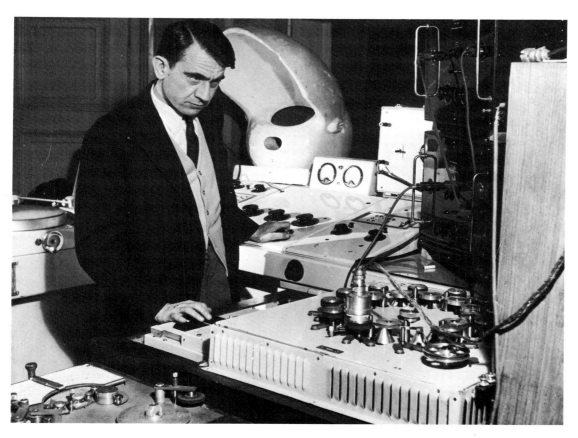

Pierre Schaeffer, en 1950, au premier studio de musique concrète,
rue de l'Université, à Paris.

Pierre Henry, en 1951, dans le même studio.

frent encore des caractères bien spécifiques voire antagonistes. Ce ne sont là encore que les prémices de ce qui, dans la seconde partie des années 50, va représenter une véritable révolution envahissant le monde, et où peu à peu les diverses écoles vont tendre à se rejoindre dans leurs approches et leurs pratiques de l'œuvre électroacoustique.

EDGARD VARÈSE: LES «DÉSERTS»

Dès 1952, les musiques expérimentales (concrète ou électronique) ont déjà éveillé suffisamment d'échos pour que certains compositeurs, aussi curieux que chevronnés, prennent le chemin des studios. Ainsi Olivier Messiaen qui compose *Timbres-Durées* au GRMC (1952) ou Darius Milhaud *La Rivière endormie* (1954) ou plus tard Henri Sauguet *Aspect sentimental* (1957). Ce ne sont là, pour les uns comme pour les autres que des expériences passagères.

On retiendra davantage le passage à Paris, toujours au GRMC, d'Edgard Varèse, qui vient y achever (en 1954) la bande sonore, commencée aux USA, de ses *Déserts*, c'est-à-dire trois interpolations de «sons organisés» qui doivent s'inscrire entre les mouvements de l'orchestre. Ce faisant, Edgard Varèse (1883-1965), le plus âgé des compositeurs-découvreurs de ce nouvel univers sonore, réalisait un vœu personnel exprimé dès 1916: «J'ai toujours senti dans mon œuvre personnel le besoin de nouveaux moyens d'expression. Je refuse de ne me soumettre qu'à des sons déjà entendus. Ce que je recherche, ce sont de nouveaux moyens techniques qui puissent se prêter à n'importe quelle expression de la pensée et la soutenir.»

Le public ne sera pas sensible aux intentions de l'auteur, la création à Paris de *Déserts* en concert, le 2 décembre 1954, sous la direction de Herman Scherchen, est un désastre. Cela n'empêchera pas Varèse de revenir une fois encore à ce type de composition avec le *Poème électronique*, composé en 1957 au studio Philips de Eindhoven (Pays-Bas). Il faut avouer aussi que, unissant la bande enregistrée à un ensemble orchestral jouant en direct, même s'il s'agissait de séquences alternatives, Varèse faisait figure de provocateur. Certes, John Cage dans ses premières tentatives avait joint des sons manipulés à des sons instrumentaux, Schaeffer et Henry avaient, avec *Orphée 51*, proposé la présence d'une voix soliste dans un échange avec la bande enregistrée, Bruno Maderna, dès 1952, esquissait avec *Musica su due dimension* une œuvre pour flûte et bande. Mais *Déserts* était la première tentative d'union de sons enregistrés et inscrits sur bande avec un ensemble orchestral présent au concert; c'est pourquoi sa création reste dans les mémoires comme le prototype de l'«œuvre mixte», une voie qu'illustrera magnifiquement Luigi Nono à partir des années 60.

A mi-parcours des années 50, le temps est déjà venu de la réflexion.

NAISSANCE DE L'ÉLECTROACOUSTIQUE

A Paris, Pierre Boulez prend violemment partie contre la musique «concrète», en dénonçant ses limites. Pierre Henry travaille de plus en plus en solitaire, façonnant ses timbres avec délectation, André Hodeir (né en 1921), Jean Barraqué (né en 1928), fréquentent le GRMC; Karlheinz Stockhausen

Un piano préparé dans les studios du GRMC.

aussi, qui y réalise déjà quelques essais de synthèse du son et en 1953 une étude, demeurée célèbre, *Étude aux mille collants*, à partir de fragments de bandes (porteurs de sons d'un piano) d'un millimètre chacun. Après quoi Stockhausen s'en va rejoindre le studio de Cologne où il travaillera désormais, aux côtés de Gottfried-Michael Koenig, son aîné de deux ans (né en 1926), un des pionniers de la musique électronique «pure et dure», dans une tradition d'écriture liée à la musique sérielle.

Magnétophone tripiste

L'Italie entre en scène; Bruno Maderna (né en 1920) et Luciano Berio (né en 1925) jettent à Milan dès 1955 les bases du Studio di Fonologia auprès de la station de Milan (RAI). Il sera inauguré officiellement en 1957, et sera désormais un des centres les plus actifs et les plus accueillants d'Europe. André Boucourechliev (né en 1925) et Henri Pousseur (né en 1929) viendront y travailler.

Au Canada, c'est Hugh Le Caine (né en 1914) qui fonde en 1954, à Ottawa, le Laboratoire de musique électronique du Conseil national de la recherche, où il peut donner libre cours à ses recherches inventives sur des

outils souvent liés à l'électronique; au Japon, ce sont de jeunes compositeurs qui décident de la fondation à Tokyo, en 1955, auprès de la Nippon Hoso Kyokai (une des plus importantes chaînes de radio-télévision du pays) du studio qui portera désormais le sigle (NHK) de la chaîne. Toshiro Mayusumi, (né en 1929), Makoto Moroï (né en 1930) et Toru Takemitsu (né en 1930), seront parmi les premiers utilisateurs de ce foisonnant studio.

Dès lors, étendus à l'Europe, l'Amérique, l'Asie, la géographie de la musique électronique devient extrêmement complexe, en même temps que, les progrès techniques continuant leurs chemins et chacun les utilisant au maximum, les frontières et classifications entre les différentes approches sonores des studios frères-ennemis, tendent à disparaître. C'est ainsi, par exemple, que la même année 1956, Pierre Henry, toujours au GRMC, réalise *Haut Voltage*, qui ne doit plus rien à des sources musicales «concrètes», tandis que Karlheinz Stockhausen réalise à Cologne son *Chant des adolescents* (*Gesang der Jünglinge*), une œuvre splendide qui va devenir un classique de cet art nouveau et qui associe des voix d'enfants (en fait la voix unique d'un

Appareillage du premier studio de musique concrète à Paris.

Le premier studio de musique concrète, rue de l'Université, à Paris.

Les premiers disques de musique concrète, parus entre 1955 et 1959.

Bernard Parmegiani.

jeune garçon) aux sons électroniques, mêlant ainsi le concret manipulé et l'électronique, faisant se rejoindre le pur et l'impur. Dès lors, seule la dénomination de «musique électroacoustique» prévaut pour toutes les expériences à venir, où qu'elles se déroulent.

Il peut paraître symbolique que le groupe parisien (GRMC) abandonne en 1958 sa référence au concert pour la dénomination GRM (Groupe de recherches musicales), cet abandon signifiant pour Pierre Schaeffer un centrage désormais indispensable sur le concept de recherche en musique.

Sur les terres reconnues et défrichées, de nouveaux studios apparaissent, en de multiples directions : Munich, Varsovie, Moscou en 1957, Bruxelles, Toronto et Genève (Radio Suisse romande) en 1959, Studio de sonologie de l'Université d'Utrecht aux Pays-Bas en 1961.

Parallèlement, de nouveaux compositeurs accourent pour travailler dans les studios, ils font tous désormais partie de cette génération qui est arrivée à l'âge adulte au lendemain de la guerre, ils sont immédiatement concernés par l'ouverture sonore que représente le travail électroacoustique. Luc Ferrari, Ivo Malec venu de Yougoslavie, Iannis Xenakis, François-Bernard Mâche passent par le GRM. François Bayle, Bernard Parmegiani y viendront un peu plus tard, tandis que Mauricio Kagel venu d'Argentine et Györgi Ligeti de Hongrie rejoignent le studio de Cologne.

La fin des années 50 prouve à l'envie la maturité et la virtuosité à laquelle sont parvenus les compositeurs dans ce domaine encore si neuf de l'électroacoustique : *Omaggioà Joyce* de Luciano Berio (1958), *Continuo* de Bruno Maderna (1958), *Poésie pour pouvoir* de Pierre Boulez (1958), *Transicion II* de Mauricio Kagel (1958), *Momenti* de Berio (1960), travail sur l'*Apocalypse* de Pierre Henry (début 1960), *Orient-Occident* de Iannis Xenakis (1960), *Kontakte* de Stockhausen (1960) en ses deux versions, la première pour bande seule, la deuxième pour bande (sons électroniques), piano et percussions, *Dahovi* d'Ivo Malec (1961).

ENTRÉE EN MULTIPISTE DE L'ORDINATEUR

C'est le moment où de nouvelles perspectives vont s'ouvrir devant les compositeurs, liées au progrès de l'outillage. La lenteur du travail en studio — le «rendement de quinze à vingt heures de studio, pour quelques secondes de musique» —, souvent dénoncée par Pierre Boulez (*Par volonté et par hasard*) va se trouver quelque peu allégée par l'apparition de l'ordinateur et du synthétiseur. La composition musicale électroacoustique va se rapprocher des mathématiques, le compositeur être obligé de devenir lui-même, de plus en plus, technicien des nouveaux outils.

C'est encore aux USA, dans le cadre du CPEMC, que le compositeur Milton Babitt (un ancien, il est né en 1916 !) réalise une des premières œuvres importantes pour synthétiseur, *Composition pour synthétiseur* (1960-1961), pour l'instrument générateur de fréquences mis au point, entre 1955 et 1959 par deux ingénieurs de la RCA, Harry Olson et Herbert Belar.

Parallèlement, se développent les travaux sur l'ordinateur. C'est en 1956 qu'est réalisée la première œuvre de composition entièrement automatique et programmée, la *Suite Illiac*, du nom de l'ordinateur qui la calcula.

L'auteur en était Lejaren Hiller (né en 1923), fondateur du Studio de musique expérimentale de l'Université de l'Illinois (Urbana), où il inventa le Musicomp (Music Simulator Interpreter for Compositional) destiné à intégrer des sons synthétisés aux autres données de la partition qu'il entend délivrer.

En France, dans des perspectives elles aussi liées au calcul mathématique, Pierre Barbaud (né en 1911) conçoit des musiques «algorithmiques» et commence à travailler en 1958 avec la compagnie Bull-General Electric ; plus jeune, Iannis Xenakis élabore sa théorie des musiques «stochastiques», dépendantes des lois des probabilités, souvent calculées sur ordinateurs IBM. Ces musiques ainsi déterminées n'ont du reste pas toujours rapport avec l'électroacoustique, mais aussi bien avec l'instrumental.

L'ordinateur, créateur de sons ; c'est à quoi vont s'atteler Max Mattews (né en 1925) et John R. Pierce (né en 1910). Dès la fin des années 50, ils travaillent sur les ordinateurs de la Bell Telephon Company, à Murray Hill dans le New Jersey, et parviennent à générer une série déterminée d'échantillons d'ondes de la parole ; une immense porte est ouverte pour les musiques de l'avenir. «En principe, on avait franchi tous les obstacles à la génération du son électronique, les limites résidant désormais dans le choix des sons à produire. En effet, ces sons doivent être spécifiés non en termes d'instruments ou d'indications de jeu, mais en termes de détails sur la nature de l'onde» (J.R. Pierce). Viendront alors, élaborés par Max Mattews, les différents «programmes» préparés pour la machine (Music IV puis Music V) suffisamment ouverts pour permettre de demander à la machine un nombre incommensurable d'échantillons. Mais ceci est déjà une autre histoire, celle qui débute avec les années 60.

Ivo Malec.

*Pierre Henry avec le premier appareil
de projection spatiale,
en 1954.*

395

AU GRAND BAZAR DES NOUVEAUTÉS

RAYMOND GUIDOT

C'est le temps où, pour quelques peuples privilégiés, les grandes blessures de la Seconde Guerre mondiale commencent à cicatriser... Les années 50 vont être pour la plupart de ces peuples-là celles de l'influence incontestable, incontestée et même souhaitée des États-Unis. Peut-on prétendre aujourd'hui qu'après les accords de Yalta, séparant brutalement en deux les pays d'Europe, ceux du «bloc» de l'ouest aient réellement désiré échapper à une emprise qui, ne serait-ce que sur le plan purement matériel, se manifestait dans l'application du plan Marshall? Pour les populations qui sortaient de l'horrible cauchemar et des privations, la générosité du grand vainqueur était d'autant plus manifeste qu'elle s'exprimait sans réserve, aussi bien à l'égard des pays alliés que de l'ennemi d'hier.

MADE IN USA

L'aide matérielle, néanmoins, ne saurait seule expliquer le pouvoir de fascination qu'exerce alors sur les populations européennes le modèle américain. Pour l'Européen, l'Amérique est plus que jamais cet Eden où l'on peut trouver gloire et fortune. Où l'on peut, surtout, vivre comme à l'heure de la civilisation industrielle, c'est-à-dire dans le confort et l'hygiène que propose globalement la «mécanisation au pouvoir». A cela s'ajoute l'attrait d'une culture qui, abondamment diffusée par la presse, la radio, le livre, le cinéma, le disque et même la télévision, apparaît elle aussi depuis les années 30 comme celle de l'homme d'aujourd'hui. Et, plus probablement encore, comme celle de l'homme de demain.

En matière d'objets «utiles» fournis par l'industrie, l'influence américaine au début des années 50 se manifeste d'abord par la production massive qui, dans un premier temps tout au moins, impose le «made in USA» sur le marché international. La machine de l'oncle Sam tourne à fond et ce qu'elle propose obéit à des critères d'esthétique, d'usage, de moindre coût de fabrication qui la place très à l'avant des éventuelles concurrences locales. Si l'on feuillette par exemple *U.S. Industrial Design 1949-1950* — intéressante sélection photographique des meilleurs produits américains de l'année présentée par la Society of Industrial Designers — on est frappé par le haut niveau de conception et de qualité de réalisation de l'ensemble de ces produits.

Poussant plus loin l'observation de ces machines et ustensiles à simplifier la vie, on constate aussi qu'à l'aube des «Fifties» ils se répartissent sensiblement en deux familles: celle qui regroupe la production qui, en dehors de tout critère de valeur d'usage, se présente esthétiquement comme l'héritière du «streamline» des années 30, d'autre part, celle des objets qui, obéissant à la stricte discipline «fonctionnaliste», apparaissent, dans un dépouillement formel assez radical, comme les purs résultats de l'étude ergonomique qui engage leur conception. De ce qui se réfère au «streamline», comment ne pas voir qu'il poursuit une tendance stylistique dérivée de la recherche aérodynamique appliquée à ces objets prestigieux: avions et automobiles.

Leurs galbes généreux correspondaient alors à ce que les techniques d'emboutissage des tôles métalliques, mises au point justement pour satisfaire aux exigences des carrosseries automobiles «aérodynamisées», étaient capables de produire. Il en allait de même des techniques de moulage sous pression dans des coquilles d'acier, des alliages à base de zinc, de cuivre, d'aluminium ou du pressage des «matières plastiques» — la plus utilisée lorsqu'il s'agissait d'obtenir des grosses pièces de résistance mécanique appréciable était sans conteste, dans les années 30, la bakélite, les dérivés de la cellulose étant réservés à l'obtention d'objets à vocation presque exclusivement décorative.

LE TEMPS DES PLASTIQUES

Dans l'après-guerre, alors que le «streamline» qui tend à trouver dans la production européenne un lieu d'expression propice conserve une sorte de prédilection pour le moulage en bakélite (voir le poste de radio Sonora Excellence 301), l'apparition massive des résines de synthèse thermo-plastiques moulées par injection à très haute pression va permettre de relayer l'ancêtre des matériaux de synthèse et d'accroître considérablement les cadences de production. Il s'agira surtout du polystyrène. Sa production mondiale (2 000 tonnes, presque exclusivement allemande à la veille de la guerre) sera devenue si importante à la fin des années 50 qu'on peut l'évaluer, au chapitre des pays industrialisés, à cinq kilos par habitant sous forme de produits courants d'usage quotidien. C'est à lui qu'on devra l'idée que le «plastique» c'est de la camelote... Il est vrai que, fragile et vieillissant mal, le polystyrène, dans sa version d'origine, ne devrait laisser pour les siècles à venir que très peu de témoins. Mais il est vrai aussi que la production de masse a pour corollaire la destruction massive et qu'un objet de «consommation» est avant tout, et quel que soit son prix d'achat, un objet à jeter lorsqu'il atteint les limites de son usage.

Rappelons aussi que, pendant toute la durée du conflit, la recherche militaire avait favorisé la mise au point de quelques matériaux de synthèse dont on exigeait qu'ils fussent opérationnels en étant capable de se substituer à certains matériaux naturels devenus manquants et en dépassant dans leurs performances ces matériaux naturels. On peut dire alors du polystyrène qu'il a profité, par ricochet seulement, de l'effort de guerre: c'est en effet la nécessité de produire massivement du caoutchouc synthétique, la route du caoutchouc naturel étant coupée, qui amènera une production intensive de «styrène» — dont le polystyrène bénéficiera évidemment, sans être lui-même véritablement concerné par un aspect stratégique de sa mise en œuvre.

C'est ce qui distingue fondamentalement le polystyrène du prestigieux «nylon» qui, sous forme de fibres utilisées pour la production de bas et lingerie féminine avait, dès la fin des années 30, conquis un important marché mais, surtout, devait pendant la guerre s'avérer indispensable pour la confection de toiles et cordages de parachutes entraînant un accroissement sensible de sa qualité.

C'est également ce qui distingue le polystyrène de son concurrent direct, le polyéthylène, dans de nombreuses utilisations domestiques sous forme d'objets moulés incassables — containers pour les aliments, seaux, bassines... — qui, dès la fin de la guerre, seront produits en quantité et connaîtront immédiatement en Grande-Bretagne et aux États-Unis un énorme succès. Obtenu en Grande-Bretagne dès le début des années 30, le polyéthylène devait en effet apparaître pendant la guerre comme supérieur au

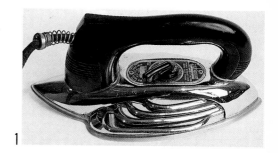

1

2

3

1 Brook Stevens *(USA)*
Fer Petit point, *1941*
Waverly Tod Company
2 Anonyme *(USA)*
Mixer 48 Hollywood
Liquefier
Machine Craft MFG Co.
3 Sheldon Rutter *(USA)*
Appareil à piler la glace
Ice o Matic n° 800, *1959*
Magic Hostess
Collection A. Ménard, Paris.

4 Raymond Loewy *(USA)*
Pèse-personne, *1952*
Borg
Collection Alain Ménard,
Paris.
5 Henry Dreyfuss *(USA)*
Téléphone 500, *1949*
Bell Telephone
Laboratories Inc.
Dreyfuss Associates, New
York.

4

5

Abram Games *(GB)*
Cafetière, *1953*
Cona

Gosta Thames *(S)*
Téléphone Ericofon, *1954*
Ericsson

William Crawford *(GB)*
Sèche-cheveux DM 396, *1954*
G.E.C.
Collection A. Ménard, Paris.

caoutchouc naturel dans l'isolation des câbles sous-marins ou des câbles à haute fréquence utilisés pour les radars. En conséquence, là encore, une mise au point accélérée qui, poursuivie dans l'après-guerre, aboutira en 1954, au Max Planck Institute du Mülheim, à la production du polyéthylène haute densité beaucoup plus rigide que le précédent.

Qu'ils soient au départ de bonne ou de mauvaise qualité, les matériaux de synthèse ont pour eux, en tout cas, l'avantage d'être de purs produits de laboratoires, modifiables, améliorables. Ainsi, dans de nombreuses applications, au début des années 60, le polystyrène se verra remplacé par l'ABS, beaucoup moins fragile, beaucoup plus durable et capable d'adopter lui aussi les couleurs les plus séduisantes et de les conserver.

BRIC-A-BRAC

Avec les années 50 est né le «temps des plastiques», celui de la consommation à outrance et, par voie de conséquence, celui de la surenchère formelle, racoleuse, base même du système qui régit la libre concurrence lorsqu'elle s'exprime dans une multiplicité croissante de produits rivaux. Et il est vrai que ce qui caractérise cette époque, plus qu'aucune autre peut-être, c'est le foisonnement des tendances — qu'il s'agisse des objets de grande consommation ou de la production de luxe. Pour s'en tenir au seul monde occidental on peut dire que quelques années de guerre auront suffi pour transformer du tout au tout les manières de vivre, d'être et de sentir. C'est de ce point de vue qu'il faudra noter, par exemple, que la fascination pour la forme aérodynamique, même si elle se prolonge dans les années 50, sera fortement perturbée par l'apparition de nouveaux «objets phares»; des objets stylistiquement décomplexés comme la glorieuse Jeep dont on peut supposer que le prestige a densfacilité l'acceptation par le public français de l'impensable 2 CV Citroën.

C'est surtout dans un délire décoratif que s'exprimeront, au travers des «belles américaines» des années 50, resplendissantes de couleurs incongrues et de chromes rutilants, les derniers soubresauts de la ligne fluidiforme. Le clinquant à l'heure de la Cadillac Eldorado, c'est lui que l'on retrouve dans la décoration intempestive des juke box et des flippers. Les nouveaux matériaux favorisent le kitsch en ses outrances. Devenus «décoratifs», les stratifiés qui habillaient les cabines et coursives des navires de guerre se plaisent à

Anonyme *(F)*
Poste de radio Excellence 301, *1956*
Sonora
Collection Raymond Hatterer, Mulhouse.

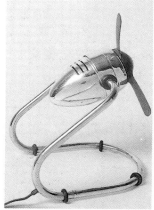

imiter le marbre... jusqu'au polychlorure de vinyle souple et brillant qui se donne des allures de bois dans ses essences les plus précieuses ou de fourrure dans ses espèces les plus rares. Chromés, dorés, duveteux, les sièges de salles de bains ou de cuisines affirment la capacité des chaînes de fabrication américaines à «tout» produire en abondance, en s'adaptant à tous les courants de mode, à tous les effets de style.

Cette frénésie de produire n'importe quoi pourvu qu'il y ait de la couleur et que ça brille affectera bien vite la production européenne lorsque, renaissante, elle s'efforcera de répondre à l'attente d'une jeune clientèle. Plus préoccupée de chasser à tout jamais la noirceur des années de guerre — et désignant les générations précédentes avec tous leurs édifiants modèles culturels comme responsables — que de rechercher des valeurs durables, cette jeunesse trouvera bien souvent dans le futile et le clinquant une sorte d'échappatoire à la morosité, voire à l'inquiétude «existentielle» qui dans l'après-guerre sous-tendait la pensée sartrienne.

FORMES LIBRES

C'est encore un souci de «libération» qui permettra simultanément de faire éclore la forme «libre» dans tous les domaines de l'environnement domestique. Délaissant l'ordre orthogonal mis à l'honneur par le mouvement moderne, de nombreux créateurs des années 50 vont en effet s'efforcer d'œuvrer dans la liberté formelle la plus totale. Pour une large part, cette recherche affecte surtout les pays européens où la nécessité de relancer l'économie par la remise en route de l'industrie lourde laisse, dans un premier temps, pour ce qui concerne la réalisation des objets domestiques et notamment des meubles, le champ libre à l'initiative artisanale. On expliquera peut-être plus facilement ainsi la prolifération des propositions qui, pour la plupart, étaient très loin de répondre aux critères de faisabilité imposés par la production industrielle de série. Bien que volontairement libres, les lignes étranges de ces réalisations particulièrement représentatives de l'époque n'en oublieront pas pour autant la référence.

Dans la plupart des cas, celle-ci est du domaine des arts plastiques. Et, curieusement, les recherches menées alors par les artistes — dont les tendances d'avant-garde sont plutôt de l'ordre de l'«abstraction lyrique» —

Louis Sognot *(F)*
Table basse
Bois, métal, verre
Galerie Praz-Delavallade,
Paris.

Carlo Mollino *(I)*
Bureau à caisson,
vers 1947
Bois
Galerie Yves Gastou,
Paris.

Carlo Mollino *(I)*
Bureau à caisson,
vers 1950
Piètement contre-plaqué
moulé, plateau de verre
Galerie Yves Gastou,
Paris.

Ico et **Luisa Parisi** *(I)*
Table Altamira, *vers 1955*
Bois
Singer and Sons, New York
Galerie Yves Gastou,
Paris.

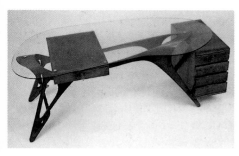

seront moins concernées que celles des années 30. Qu'on pense aux intéressantes propositions de la voie figurative avec Léger, Matisse, Henry Moore, de la voie surréaliste avec Miró, Dali, Dominguez, Picasso, Tanguy... qu'on pense surtout à la voie abstraite et aux œuvres de Kandinsky, Brancusi, Arp et Calder. On verra même un certain nombre de fondateurs du mouvement moderne tels, en France, certains membres de l'UAM comme Louis Sognot ou Charlotte Perriand, délaisser le rationalisme «rigoureux» pour s'en remettre à la souplesse, à la flexibilité d'une ligne qui ne veut avoir d'autre finalité que de servir de la manière la plus sensible et la plus adaptée l'objet projeté.

Transposé dans le domaine de l'architecture, c'est certainement avec Le Corbusier, grand organisateur des CIAM et de la Charte d'Athènes, et sa chapelle Notre-Dame-du-Haut à Ronchamp que se présente le cas le plus notoire de défense de la forme libre. Il n'empêche que celui qui fut également un des premiers à reconnaître la grandeur de l'œuvre de Gaudi commence en 1953, deux ans avant l'inauguration de la chapelle de Ronchamp, le projet du couvent de la Tourette, retrouvant l'ordre orthogonal dans le cadre du renouveau de l'Art sacré promu par le père Couturier. Suivra le paraboloïde hyperbolique du Pavillon Philips pour l'Exposition universelle de Bruxelles où il faudra faire intervenir le rôle du mathématicien - architecte - musicien Xénakis dans l'équipe de la rue de Sèvres. Sans doute, pour Le Corbusier qui optait de plus en plus pour la «Synthèse des Arts», était-ce la possibilité d'un nouveau départ où les formes mathématiques développées par Nervi ou Candela face à la forme véritablement libre auraient eu un rôle important à jouer.

On aurait aussi bien des raisons d'évoquer l'œuvre de Niemeyer ou celle de Eero Saarinen qui édifie à quelques années d'intervalle les bâtiments froidement conformes aux préceptes de Mies van der Rohe, le General Motors Technical Center de Detroit et le Terminal TWA d'Idlewild à New York.

S'il est prudent de toujours ramener les problèmes inhérents à l'éphémère cadre de vie à l'impitoyable — parce que durable — architecture, on reconnaîtra en même temps qu'il est plus facile de découper un plateau de bois, voire ses dérivés, en forme de «rognon» que de couler en béton la toiture de Ronchamp !

Pour ce qui concerne les objets de la vie quotidienne, la céramique, le verre, l'argenterie qui, traditionnellement, permettent la production d'objets-sculptures, trouvent avec des artistes tels Elisabeth Joulia, Georges Jouve, Valentine Schlegel, Fulvio Bianconi, Flavio Poli, Timo Sarpaneva, Tapio Wirkkala, Lino Sabattini, Henning Koppel, etc., ceux qui vont faire éclore quelques chefs-d'œuvre tridimensionnels très représentatifs de l'époque. L'originalité des meubles revendiquant la forme libre repose, quant à elle, dans la majeure partie des cas, sur la découpe d'un plateau de table ou de bureau, d'un dessus de meuble d'appui et d'un décor «artistiquement surajouté». Et c'est au fond à d'authentiques sculpteurs comme Noguchi ou Wirkkala qu'il appartiendra de réaliser quelques pièces probantes qui ne soient pas de simples assemblages d'éléments plans aux contours insolites. De ce point de vue, les créations de Carlo Mollino n'en apparaissent que plus exemplaires. Chez Mollino l'architecte s'allie au technicien passionné d'aviation acrobatique et de course automobile — il était pilote lui-même et un des

Reflets.
Cabriolet type 62, 1958
Cadillac (USA).

bolides qu'il conçoit gagne en 1954 les 24 heures du Mans. C'est dire que chez celui que l'on considère depuis quelques années comme l'un des plus authentiques représentants de l'anticonformisme propre à la période, les partis-pris, même s'ils se parent des signes extérieurs de la liberté la plus totale, n'en sont pas moins conformes aux contraintes de la résistance des matériaux. A l'exemple des structures naturelles, celles imaginées par Mollino cherchent à optimiser l'efficacité de la matière en la plaçant là — et seulement là — où elle est nécessaire. Pour ce faire, il sait utiliser en particulier, essentiellement traduite en formes développables, mais avec une audace qui jusqu'à ce jour n'a pas été égalée, la technique du contre-plaqué moulé. Technique qui, depuis le début des années 30, grâce aux colles phénoliques ou d'urée formol imputrescibles et très résistantes, n'a cessé de progresser. Ainsi les solutions d'«ingénieur» adoptées parfois par Mollino font-elles de lui un créateur plus proche de Jean Prouvé que de Jean Royère.

MATÉRIAUX NOUVEAUX : FORMES NOUVELLES

Dans la multitude des formes nouvelles proposées par les années 50, il y a celles qui s'exprimaient d'un point de vue essentiellement décoratif, dans la plus totale gratuité, et celles qui, induisant une nouvelle manière d'être et de vivre, répercutaient par la même occasion des principes technologiques nouveaux, générateurs de courbes et de volumes inhabituels.

Pensons par exemple à l'ultime aboutissement du concours lancé en

Aschieri *(I)*
Mobilier *dit*
«photographique»
(avec collages de
photographies)
Galerie Yves Gastou,
Paris.

Jean Prouvé *(F)*
Table Compas, *vers 1950*
Métal et bois
Collection Varga, Paris.

401

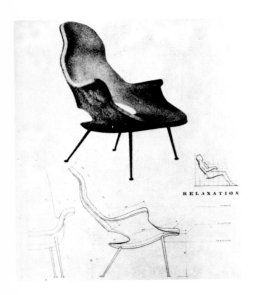

**Charles Eames,
Eero Saarinen** *(USA)*
*Planche extraite du
dossier primé
au concours organisé par
le Musée
d'Art moderne, New York,
1940.*

Verner Panton *(DK)*
*Siège cantilever, 1960
Nylon armé de fibre de
verre
Herman Miller
Collection Raymond
Guidot, Paris.*

Philippe Charbonneaux *(F)*
*Téléviseur, 1957
Teleavia
(publicité de l'époque).*

1940 par le Museum of Modern Art de New York sur le thème «Organic design in home furnishing» et dont Charles Eames et Eero Saarinen seront lauréats. La plupart de leurs projets de sièges prototypés pour une exposition en 1941 utilisaient des coques en contre-plaqué moulé dont la surface n'était pas développable et dont la réalisation, de ce fait, s'avérait compliquée.

Profitant des progrès réalisés pendant la guerre dans le domaine de matériaux de synthèse, qu'il s'agisse de leur production ou de leur mise en œuvre, c'est vers ces matériaux-là que Eames et Saarinen se tourneront dès la fin des années 40 pour donner suite à leurs projets initiaux et déboucher sur une véritable industrialisation. A part la très intéressante tentative d'élaboration d'une structure sandwich (une double coque de plastique emprisonnant du caoutchouc dur, que Eames expérimentera pour sa villa à Santa Monica) c'est au polyester armé de fibre de verre qu'ils auront recours, le principe en ayant été élaboré en 1942 par l'United States Rubber et mis à l'épreuve pendant la guerre au niveau de pièces à hautes performances tels les radomes d'avions. Ainsi naîtront, dès 1948, le fauteuil Wom de Eero Saarinen industrialisé par Knoll et, en 1950, toute une gamme de sièges de Charles Eames réalisés par Herman Miller.

On pourrait, de la même manière, parler du siège cantilever de Verner Panton. Héritier direct du ZigZag conçu par Rietveld dans les années 30, ce siège dessiné en 1954 cherche dans les «plastiques» son matériau idéal. D'abord, le polyester armé de fibre de verre qui affirmera son aspect sculptural, mais s'avèrera trop fragile. Il sera donc remplacé dans les années 60 par le «nylon» armé de fibre de verre, et ainsi commercialisé par Herman Miller. Mais trop fragile encore et nécessitant, pour les parties les plus sollicitées de nombreux renforts, le «nylon» sera définitivement remplacé dans les années 80 par de la mousse de polyuréthane rigide, compacte, à peau épaisse, matériau véritablement approprié à l'objet.

ESTHÉTIQUE INDUSTRIELLE ET INDUSTRIAL DESIGN

Adéquation parfaite du matériau à la forme est un des grands thèmes au travers duquel s'affirme le design industriel. Adéquation de la forme à la fonction est celui par lequel il se démarque totalement de l'esthétique industrielle. Brandie, au milieu des années 50, par Jacques Viénot qui prend en quelque sorte le relais de «Formes Utiles» (mouvement lui-même fondé par l'UAM en 1949) l'esthétique industrielle apparaît comme un remède à la mauvaise «image» de la qualité française et va mobiliser bon nombre de forces vives. Pourtant, il faudra attendre quelques années encore pour qu'avec de grands créateurs industriels comme Roger Tallon, l'idée d'habillage cède le pas à celle de «Concept Global» et qu'en France apparaisse un design industriel internationalement concurrentiel.

En fait, au début des années 50, peu de pays industrialisés envisagent de donner à «l'esthétique industrielle» un rôle autre que celui qui consiste à rendre les produits agréables à l'œil. C'est ainsi qu'à travers son fameux slogan «La laideur se vend mal» Raymond Loewy traduisait au lendemain de la crise économique de 1929 l'impression que les industriels américains avaient tiré d'une période particulièrement difficile mais au cours de laquelle les objets «bien dessinés» s'étaient en tout cas mieux vendus que les autres. C'est sur cette base que, répondant à la demande des industriels et profitant du chômage dans des agences d'architecture qui ne demandaient alors qu'à se reconvertir, bon nombre d'agences de «design» américaines étaient nées.

On accordera alors à de grands créateurs comme Henry Dreyfuss le mérite d'avoir su porter une attention toute particulière aux rapports qui, sur un plan physiologique, essentiellement, peuvent lier le produit et son utilisateur. On imagine aussi sans peine qu'une telle démarche va trouver un fructueux terrain d'expérimentation dans la recherche opérationnelle imposée par l'effort de guerre. Par la suite, la démarche ergonomique appliquée aux secteurs de la vie civile s'efforcera d'en tirer parti : toutes les considérations qui ont pu aboutir à l'efficacité du geste du pilote de bombardier ou d'avion de chasse seront reportées sur le système homme-machine — système qui unit l'utilisateur à son véhicule ou au matériel que l'usine, le bureau lui confient, ou aux objets qui allègent les tâches plus quotidiennes, cuisinière, aspirateur, moulin à café... Gagner quelques précieuses secondes devient également un objectif, une sorte de règle d'or. Ce qui conduit, inévitablement, à des tics, à des effets de mode au moins aussi pervers que ceux qui amenaient à parer les objets domestiques des formes et attributs normalement réservés aux engins propulsés dans l'atmosphère à grande vitesse. Reste tout ce qui, lié au confort et à la facilité d'usage, constitue bel et bien le lieu où le fonctionnalisme va, de manière indiscutable, trouver son plein emploi.

Cet aspect de la question impressionnera à juste titre les membres de la mission européenne AEP n° 278 qui, en octobre et novembre 1955, visiteront les États-Unis (sous les auspices de l'Organisation européenne de Coopération économique et de l'Alliance américaine de Coopération internationale) en se proposant d'étudier «le rôle, l'organisation et les méthodes de travail des bureaux de dessin industriel dans les industries mécaniques et électriques». D'agence en agence, ils prendront conscience du rôle de l'«esthéticien» qui «cherche à avoir une connaissance complète du produit sous tous ses aspects, ce qui, entre autres éléments, fait intervenir :

l'application de : l'imagination créatrice/la discrimination
mettant en jeu : forme/couleur/matière
compte tenu : de l'usage/de l'utilisateur/du milieu
eu égard : au rendement/à la structure/aux matériaux employés
au procédé de fabrication/à la distribution».

Agence Technès/
Roger Tallon *(F)*
Machine à écrire, *1958*
Japy
Collection privée, Paris.
Agence Technès/
Roger Tallon *(F)*
Camera Veronic, *1957*
Sem
Collection R. Tallon, Paris.

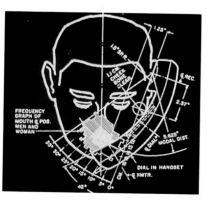

Henry Dreyfuss *(USA)*
Étude ergonomique
et Téléphone 500, *1954*
Dreyfuss Associates,
New York.

Tiarko Meunier *(F)*
Cuisinière, *vers 1958*
Thermor.

**Agence Technès/
Jean Parthenay** *(F)*
Ventilateur, *1957*
Calor
*Collection Alain Ménard,
Paris.*

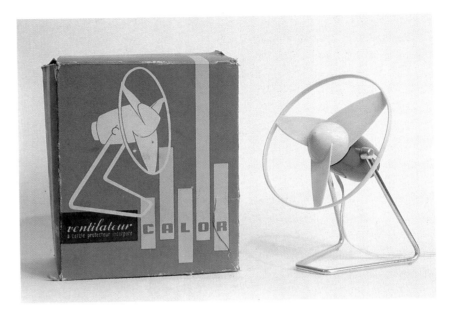

*Au Salon des Arts
ménagers, 1957, avec Zizi
Jeanmaire : la pointe du
progrès.
Le tambour (réfrigéré)
permet une livraison
directe depuis la rue, à
condition d'avoir la clef.*

En Europe, où la reprise économique va engager l'appareil industriel vers une production massive répondant à la demande d'une consommation en pleine croissance, certaines firmes sauront adopter des principes analogues. Et même en Grande-Bretagne, berceau de la révolution industrielle, le Council of Industrial Design, organisme étatique de consultation et de promotion créé dès 1944 pour «promouvoir par tous les moyens possibles l'amélioration du design dans les produits de l'industrie britannique», va s'efforcer de leur donner un caractère constitutionnel. Son premier rapport annuel de 1947 souligne que le design «doit aussi évoquer l'unité dans le processus industriel, l'idée directrice qui doit quelque chose à l'esprit créateur, quelque chose à la machine, quelque chose au consommateur et qui relie tous ces facteurs» (*cf.* Jocelyn de Noblet, *Design*).

«Hochschule für Gestaltung» avait été l'expression choisie en 1925 par le Bauhaus pour se définir lors de son installation à Dessau. Pour lui, la période de création artisanale étant terminée, il envisageait désormais, à l'instar du Deutscher Werkbund, une action directe sur la production industrielle. En adoptant la même désignation, l'école inaugurée à Ulm en 1955 entendait bien donner une suite à l'action formatrice entreprise par le Bauhaus sur ses élèves, ses enseignants, les gens d'industrie avec lesquels l'école était amenée à traiter et, par voie de conséquence, sur le public amené à se prononcer sur les produits nés de cette collaboration. De fait, cette école qui veut, par la volonté même de ses créateurs, «aider l'industrie à concilier forme et qualité», mais aussi «réunir les différents domaines de la création (langage, son, image, forme, construction) en un tout cohérent» aura l'occasion d'exercer dans son existence tourmentée une action profonde et durable. Non seulement sur l'industrie allemande — et tout particulièrement sur la firme Braun qui, en 1957, obtiendra le Grand prix de la Triennale de Milan — mais aussi sur certaines firmes et agences de design étrangères qui suivront l'expérience avec intérêt et où certains élèves et enseignants de l'Ecole trouveront un lieu d'expression favorable. C'est ainsi que Hans von Klier dont le projet de diplôme était un oscillographe cathodique interviendra auprès d'Ettore Sottsass dans le cadre d'Olivetti pour la conception formelle du programme d'ordinateur Elea 9003.

Concurrent direct du programme Ramac d'IBM, pour lequel Eliot Noyes avait été choisi comme designer responsable, Elea 9003 ne pouvait, par rapport à son usage même, qu'être un pur produit du fonctionnalisme. Pourtant, face à la rigoureuse déclinaison des standards qui, des dimensions générales à la vis d'assemblage en passant par le choix des matériaux, des profils, des couleurs, le code graphique, etc. qui caractérisaient Ramac, Elea 9003 pouvait en 1959 apparaître déjà comme un pur produit du design italien. Porté par des maîtres comme Sottsass, ce design-là allait prouver que fonctionnalisme n'est pas nécessairement synonyme de rationalisme ennuyeux et qu'au-delà du fonctionnalisme «contraignant» il existe peut-être des manières plus sensibles de sceller le système homme-machine, surtout lorsque celle-ci n'est autre qu'une «machine à habiter».

William Katavolos
Ross Littell *(USA)*
Chaise LA 1071, *1952*
Musée des Arts décoratifs,
Paris.

Charles Eames *(USA)*
Fauteuil et pouf bout de pied, *1956*
Coque en contre-plaqué moulé, piètement aluminium
Herman Miller
Collection W.A. Granoff, Neuilly.

DES CHIFFRES ET DES ÊTRES

Jean-Paul Courthéoux

L'économie française des années 50 est essentiellement une économie de *transition*. Les premiers signes d'une certaine abondance apparaissent; des facteurs déterminants de croissance (progrès de productivité notamment) se manifestent et tendent, par delà une simple expansion, à un véritable «développement» économique et social. Cependant, cette croissance se heurte encore à des obstacles de tous ordres et se paye de coûts humains et financiers qui paraîtraient difficilement supportables aux Français des années 80. Avec, entre autres, une durée du travail élevée, les contraintes d'un exode rural intense, des difficultés aiguës de logement, une augmentation des disparités de revenus, la persistance de l'inflation et divers autres déséquilibres. C'est pourquoi les premiers économistes à s'être attachés, à l'époque, à ce phénomène n'étaient pas aussi «optimistes» que le titre d'une œuvre classique en la matière (*Le Grand Espoir du XXe siècle*) pourrait le laisser croire. C'est pourquoi aussi ces années 50 ne présentent pas qu'un intérêt *historique*. Elles ont aussi un intérêt d'*actualité*, dans la mesure où elles préfigurent, toutes proportions gardées, la situation et les problèmes de pays qui, aujourd'hui en voie de développement, se préparent à leur tour aux problèmes de la croissance[1].

LES PREMIERS SIGNES DE L'«ABONDANCE»

D'une certaine manière, le signe le plus important de l'arrivée d'une certaine abondance est un signe «négatif». Il s'agit en effet du passage en France, précisément en 1950, d'une consommation à prépondérance alimentaire à une consommation à prépondérance *non alimentaire*.

La fin de la consommation à prépondérance alimentaire

La France a franchi en 1950 une étape déterminante de son histoire économique. Jusqu'alors les consommateurs affectaient, *en moyenne*, plus de la moitié de leurs ressources aux dépenses alimentaires. A partir de 1950, la consommation des Français sera, grâce à l'enrichissement général, à prépondérance non alimentaire. Plus précisément, malgré une importante croissance en valeur absolue, la *part* de l'alimentation et des boissons dans le budget moyen tombe à 49 % en 1950 et se retrouvera à moins de 40 % en 1960. Ainsi donc, en rappelant qu'il ne s'agit là que d'une moyenne générale, sous réserve de situations particulières plus dispersées, l'alimentation va passer en une seule décennie *de la moitié aux deux cinquièmes des dépenses* (indiquons pour mémoire qu'en 1987 ce «coefficient budgétaire» était tombé à un cinquième, exactement à 19,4 %).

Or, il est bien évident, par delà les faits mêmes de consommation, qu'une société dont les préoccupations prépondérantes ne sont plus alimentaires n'aura plus les mêmes comportements qu'une société d'abord préoccupée par le problème du «pain quotidien». Bien plus, cette diminution, *relative*, de la part de l'alimentation était d'autant plus remarquable qu'elle n'empêchait nullement une amélioration de la *qualité* des consommations alimentaires. En valeur absolue, entre 1950 et 1960, la consommation globale des fruits, viandes, volailles et poissons augmentait trois fois plus que la

Un des premiers libre-service, Paris, 1948.

consommation de produits céréaliers. Au reste, *cette amélioration de la qualité se manifestait non seulement par le passage des denrées frustes aux denrées nobles, mais encore par des modifications dans la présentation et la composition d'un même produit.* Ainsi le gros pain, alors déconsidéré, cédait la place aux pains de fantaisie, baguettes et petits pains. De même, les pâtes de qualité ordinaire vendues en vrac s'effaçaient progressivement devant les pâtes de qualité supérieure vendues en paquet ou, mieux encore, devant les pâtes aux œufs. Ce fait résultait de l'observation courante mais, plus sûrement, des statistiques de l'Office interprofessionnel des céréales (*cf.* tableau).

L'équipement des ménages

Il est bien connu surtout que les années 50 ont été caractérisées par une multiplication spectaculaire des biens manufacturés. Entre 1950 et 1960

1 Faut-il rappeler tant ce livre est désormais connu, que *Le Grand Espoir du XXe siècle* a été écrit par Jean Fourastié et publié, pour son édition définitive, par les éditions Gallimard en 1963 (coll. «Idées»)? Précisons, par contre, que certaines observations formulées dans le présent texte ont été présentées et

PROPORTION DES DIFFÉRENTS PAINS ET DIFFÉRENTES QUALITÉS DE PÂTES CONSOMMÉS (en %)

	1950	1962
PAINS		
Gros pain	50	11
Fantaisie	35	57
Baguettes et petits pains	15	32
Total	100	100
PÂTES		
Qualité courante	48	10
Qualité supérieure	50	80
Pâtes aux œufs	2	10
Total	100	100

TAUX D'ÉQUIPEMENT POUR 100 MÉNAGES (en %)

	1954	1960	1986
Automobile	22	31	73
Machine à laver le linge	8	24	84
Réfrigérateur	8	26	97
Télévision	1	13	92
Aspirateur	14	29	
Electrophone	7	19	

Source : INSEE

discutées dans le cadre d'un séminaire de recherche, relatif notamment aux problèmes des pays en voie de développement. L'auteur tient à cet égard, à remercier plus spécialement MM. Beye et Diabate et Mme Doh pour leurs stimulantes observations et contributions.

D'une fournée l'autre...

la production de rasoirs électriques a augmenté douze fois, celle des réfrigérateurs huit fois, celle des postes radio a triplé. Parallèlement, le taux moyen *annuel* de croissance des achats était de 11 % pour les livres, de 12 % pour les automobiles, de 28 % pour les disques ; ce qui correspondait à un doublement en moins de six ans pour les deux premiers produits, en moins de trois ans pour le troisième. Au cours des seules années 1954 à 1960, le taux d'équipement des ménages en réfrigérateurs et machines à laver le linge triplait, le taux relatif aux électrophones était multiplié par plus de deux et demi, l'équipement en aspirateurs doublait, etc. (*cf.* tableau page précédente).

La consommation d'espace

Plus particulièrement, avec le développement de l'automobile, l'importance des dépenses de «transports et communications» augmentait sensiblement, leur part dans le budget moyen allant de 5,4 % en 1950 à 8,2 % en 1962. De 1950 à 1959, le nombre de voitures immatriculées dans l'année passait de 173 à 565 milliers et le «parc» total des voitures de 1,7 million à plus de 5 millions. Tant pour l'usage privé que pour les besoins professionnels, l'automobile, comme les biens d'équipement ménagers, entrait dans l'ère de la consommation de masse, sans que, pour autant, les limites, coûts et contraintes de ce moyen de transport soient bien perçus. Il faudra attendre les années 1970, ou tout au moins 1968, pour que celui-ci soit mis en question par certains, avec le procès, plus général et quelque peu systématique, de la «société de consommation». On verra alors soutenues des thèses selon lesquelles l'automobile fait perdre du temps... cependant que sa «vitesse généralisée» (nombre de kilomètres parcourus divisés par le temps de conduite augmenté du nombre d'heures de travail nécessaires à son acquisition et à son entretien) ne dépasserait pas celle de la bicyclette ! Mais, bien sûr, dans l'euphorie des premiers développements, les Français des années 50 ne se posaient guère de telles questions et percevaient peut-être leur automobile autant comme une «fin» que comme un simple «moyen» de déplacement. L'apparition de la troisième semaine de congés payés, au beau milieu des années 50 — en 1956 — allait au reste renforcer l'importance de l'automobile dans les activités de loisir.

La sécurité économique et sociale

Mais plus encore que les dépenses d'automobile, les dépenses de santé s'élevaient (déjà) rapidement. Si la part des dépenses de transport dans le budget moyen s'était accrue de moitié entre 1950 et 1962, celle des dépenses d'«hygiène et santé» augmentait, dans la même période, de 56 %, passant exactement de 5,9 % à 9,2 % des dépenses totales.

A cet égard, pendant les années 50, la Sécurité sociale devient une institution de base de la société française, institution qui s'imposera et ne sera guère contestée pendant plus de trente ans. Il faudra en venir aux actuelles difficultés économiques pour que certains dénoncent le coût de la santé et proposent des solutions plus libérales de protection sociale ; leurs critiques devant d'ailleurs être nuancées, dans la mesure où les statistiques montrent que les pays à protection sociale précisément libérale (États-Unis notamment)

Saint-Genies
Affiche, *Junova, 1956.*

Morvan
Affiche, *Brandt, 1958.*

peuvent dépenser proportionnellement autant, sinon plus que la France, en matière de santé.

Mais ce n'est pas seulement la Sécurité «sociale» qui caractérise les années 50, c'est aussi la sécurité «économique». Face aux impératifs de la reconstruction, puis du développement, la notion même de crise économique disparaît des préoccupations, même si quelques ralentissements conjoncturels apparaissent en 1952-1953 et 1958-1959. En sciences économiques, les théories des «fluctuations», bien que toujours attentivement enseignées, perdent progressivement en influence au profit des théories de la croissance et du développement. Plus particulièrement, la conjonction d'un mouvement de croissance économique et de la stabilité de la population active aboutit à des pénuries de main-d'œuvre et à une situation favorable aux demandeurs d'emploi[2] ; et, pour ce qui est de la sécurité du revenu, l'institution du *salaire minimum* en 1950, puis son indexation sur le mouvement des prix à partir de

2 Le nombre des demandeurs d'emplois non satisfaits n'a jamais dépassé 1 % de la population active entre 1950 et 1960, alors qu'il atteint actuellement près de 10 %.

1952, garantit à tout salarié un plancher de ressources, certes alors très modeste mais néanmoins fort appréciable après tant d'années difficiles.

Il n'en serait pas moins abusif d'assimiler les années 50 à des années de pleine maturité économique. Les progrès sont évidents mais il faudra attendre les années 1960 à 1974 pour qu'ils se généralisent. Comme il ressort du tableau précédent, les ménages bien pourvus en produits d'équipement sont encore en minorité et diverses raretés et pénuries subsistent encore, par exemple en matière de services, de logement et de téléphone. Sous ces réserves, il est évident que de puissants facteurs de croissance apparaissent qui expliquent les premiers progrès et en permettront la prolongation.

LES CAUSES PROFONDES DE LA CROISSANCE

Incontestablement, le facteur prépondérant de la croissance des années 50 n'est autre que le progrès même de la productivité, phénomène que les économistes appellent «progrès technique», en le distinguant du «progrès

Savignac
Affiche, *Bic, 1951.*

Villemot
Affiche, *Perrier, 1956.*

409

technologique». Alors que le progrès technologique, notion *d'ingénieur*, est une amélioration des performances techniques, le progrès technique, concept d'*économiste*, suppose, outre les performances matérielles, une amélioration de l'efficacité économique, du rendement des facteurs de production et, plus précisément de la productivité.

Progrès technique, «grand espoir du XXᵉ siècle»

Grâce à un important effort d'investissement, à l'aide financière des États-Unis et à l'influence des méthodes américaines de production, la productivité du travail en France connaît un progrès spectaculaire. Mesurée en production par heure de travail, elle doublera exactement entre 1949 et 1962,

*Nouveautés/perplexité.
Salon des Arts ménagers,
Paris, 1958.*

*Sous la coupole.
Salon des Arts ménagers,
Grand Palais, Paris,
1958.*

*Consommateurs, à vos
marques!
Salon des Arts ménagers,
Grand Palais, Paris,
1955.*

étant précisé qu'il s'agit là évidemment d'une production «réelle», évaluée en volume, à prix «constants» (en dehors de toute augmentation nominale qui serait purement monétaire). En raison de la quasi stabilité de la population active et de la quantité de travail, ce doublement de la productivité correspond également à un *doublement de la production*. Mesuré en moyenne annuelle, ce phénomène correspond à un taux de croissance de 5,5 %. Certes, appréciée sous cette forme, la croissance peut paraître modeste. En fait, il n'en est rien. Un tel taux est exceptionnel et correspond à un doublement en douze ans. Il est, au reste, *deux fois plus élevé que les taux actuels de productivité de l'économie française*.

Bien entendu, un tel progrès de production impliquait parallèlement une augmentation de pouvoir d'achat, elle-même condition de l'accroissement de consommation. Ce phénomène, masqué par l'inflation et la dépréciation monétaire, passait en fait par l'intermédiaire d'une baisse, en valeur *réelle*, des coûts de production et des prix de vente. Concrètement, cela signifiait que les revenus et salaires nominaux augmentaient plus que les prix courants. Ainsi, entre 1949 et 1959 le salaire horaire moyen de la métallurgie parisienne passe de l'indice 100 à l'indice 277 alors que les prix de détail à Paris vont de l'indice 100 à 187. *Le pouvoir d'achat du métallurgiste parisien par rapport à l'ensemble des prix s'est donc accru de près de moitié.* Bien sûr, il s'agit là d'une tendance moyenne. Pour certains produits à grande productivité et prix de revient réels décroissants, l'augmentation du pouvoir d'achat est bien plus manifeste. Ainsi, toujours pour les mêmes dates, celui-ci quadruple pour les réfrigérateurs, double pour les récepteurs radio, aspirateurs, cyclomoteurs, augmente des trois quarts pour les machines à laver et les voitures automobiles, des deux tiers pour le kWh d'électricité, etc. Quelques petits articles

Jean Colin
Affiche, *OMO, 1959.*

DS : Citroën crée l'événement.
Salon de l'Automobile, Paris, 1955.

manufacturés connaissent même de fantastiques baisses de prix réels et nominaux, telle la fameuse pointe Bic dont le coût diminuait proportionnellement autant que celui des calculettes des années 80.

Mobilité économique et renouveau démographique

Il est évident que de tels progrès n'étaient pas possibles sans de profondes transformations économiques et sociales. Pour qu'ils se réalisent, il a fallu plus précisément que les Français améliorent leur niveau d'instruction et de qualification (le nombre des bacheliers double entre 1950 et 1959), acceptent de changer de profession, de secteur d'activité ou de résidence. Rien qu'entre les deux recensements de 1954 et 1962, un million trois cent mille personnes en âge d'activité quittaient la terre, si bien qu'*en huit années l'agriculture avait perdu le quart de ses effectifs* et ne représentait plus que le cinquième de la population active en 1962 contre le tiers en 1950. Ce mouvement était tel que, dans certaines générations, plus de la moitié des fils d'agriculteurs n'avaient pas pris — ou avaient abandonné — le métier agricole.

Parallèlement, la natalité présentait un renouveau spectaculaire. Alors qu'avant la guerre la population assurait à peine sa reproduction, la tendance relative au nombre moyen d'enfants par femme passait en 1950 à 2,6 enfants (taux qui se maintiendra du reste jusqu'à moitié des années 60 pour retomber à 2 au milieu de la décennie 70 et à 1,8 au milieu de la décennie 80). Même s'il accroissait les charges de la population active, un tel renouveau, en suscitant d'importants efforts et de nouvelles consommations, ne pouvait qu'encourager la croissance. La natalité aussi bien que la croissance économique avait d'ailleurs donné lieu à des mesures d'«incitation» dont l'effet n'était pas négligeable.

Jean Effel
Affiche, *Loterie nationale*, *1959*.

Del Bosco
Affiche, *Cocotte-minute*, *1952*.

Anonyme
Affiche, *Persil*, *1959*.

Action concertée

Si les années 50 furent en effet très favorables aux prestations familiales, versées alors sans condition de ressource et en priorité par rapport aux autres prestations, elles furent aussi celles de la *planification économique* dont on sait que le général de Gaulle allait faire une ardente obligation. D'abord axée sur l'effort de reconstruction et d'investissement, cette planification en viendrait, au seuil des années 60, à s'attacher à la répartition des fruits de la croissance, aux «dividendes du progrès». Sous l'influence de doctrines telles que le «nouveau contrat social» ou le «socialisme réduit aux acquêts» (certains diront «le capitalisme préservé pour l'essentiel»!) d'Edgar Faure, l'idée allait bientôt apparaître non seulement d'une programmation de la croissance, caractérisée par de nombreux encouragements à l'initiative industrielle, mais aussi d'une politique de répartition des gains de productivité. Cependant, s'il fut relativement aisé de prévoir dans les années 50, notamment au Commissariat du Plan, de nombreuses actions concertées entre l'État, les syndicats et le patronat, la «politique des revenus» ne fit pas l'unanimité et devait finalement échouer au beau milieu de la décennie suivante.

Ainsi donc, les années 50 n'allaient pas sans difficultés ni déséquilibres. Plus généralement, la croissance remarquable alors obtenue fut payée d'un certain nombre de *coûts humains et financiers*. La durée hebdomadaire moyenne du travail passait de 45 heures en 1950 à 46 heures en 1960 (contre moins de 39 heures actuellement!), la durée annuelle se maintenant autour de 2250 heures — l'augmentation de la durée hebdomadaire compensait l'effet de la troisième semaine de congés payés. Accentués par un douloureux exode rural et par une contraignante mobilité économique, les besoins en logements étaient loin d'être satisfaits ou ne l'étaient que dans de médiocres conditions.

Nathan
Affiche, *Telefunken, 1956.*
André François
Affiche, *Rhum Charleston, 1957.*

Les disparités de revenus par qualifications et catégories socioprofessionnelles tendaient à s'accroître. L'inflation, contenue entre 1952 et 1955, reprenait en 1956-1957 et s'aggravait par l'effet des dépenses militaires cependant que le commerce extérieur demeurait très déficitaire.

Certes, un redressement sera opéré dès 1959; mais il faudra en fait attendre les années 60 pour que les progrès se généralisent, pour que les coûts de la croissance s'allègent, pour que les objectifs de *qualité* et de genre de vie prennent le relais des simples impératifs de *quantité* et de niveau de vie. Certes la génération des années 50 fut celle des premières manifestations de la production et de la consommation de masse. Mais elle fut aussi, et peut-être même surtout, celle des grands efforts de croissance et de développement. Efforts auxquels l'actuelle génération doit ce niveau élevé de pouvoir d'achat et de protection sociale qui lui permet d'affronter les nouvelles difficultés économiques dans des conditions incomparablement moins dures que celles qui caractérisent les crises économiques de la première moitié du siècle.

RÉÉMERGENCE DU METTEUR EN SCÈNE

ÉMILE COPFERMANN

Paul Léautaud.

En 1951, Jean Vilar est nommé directeur du Théâtre national populaire. Quatre ans auparavant, il avait fondé le festival d'art dramatique d'Avignon, tandis que se formaient les troupes — embryon de la décentralisation théâtrale en France. Le festival d'Avignon avait, selon les mots de Vilar, voulu «redonner au théâtre, à l'art collectif du théâtre, un lieu autre qu'un huis clos [...], faire respirer un art qui s'étiole dans des antichambres, dans des caves, dans des salons : réconcilier enfin Architecture et Poésie dramatique.» Propos sévères, en forme d'autocritique puisqu'ils condamnent ces salles dites d'avant-garde en lesquelles lui-même avait fait ses premiers pas de metteur en scène durant les années 40. Mais prétention justifiée car c'est une pratique nouvelle qui s'esquisse avec Avignon : celle d'un théâtre populaire subventionné par les pouvoirs publics, selon des principes tout de suite affirmés : mode de représentation non conventionnel, en quelque sorte le tréteau nu cher à Copeau, dans un espace libre, ouvert (la Cour d'honneur du palais des Papes) ; élargissement du public vers des couches sociales peu ou pas représentées dans les théâtres. Les premiers festivals préfigurent aussi l'orientation future du TNP en matière de répertoire : «grands classiques», Corneille (*Le Cid*), Shakespeare (*Richard I, Henri IV d'Angleterre*), Musset (*Lorenzaccio*), Molière (*L'Avare*), Kleist (*Le Prince de Hombourg*) voisinent avec des auteurs contemporains : Claudel, Gide, Maulnier, Montherlant, Supervielle.

Dès la naissance du TNP, Vilar en définit la doctrine : «Le théâtre à rampe, le théâtre à herses, le théâtre à loges et à poulailler ne réunit pas, il divise. Or n'est-ce pas ce but immédiat d'un théâtre populaire d'adapter nos salles et nos scènes à cette fonction "je vous assemble, je vous unis"? A cette inquiétude d'assembler, en ces temps divisés, des hommes et des femmes de toutes pensées confessionnelles et politiques, s'ajoute le souci de faire et de bien faire, et cela pour un public ordinairement privé de ces joies [...] notre scène s'offrira dans sa nudité formelle : nul colifichet, nulle tricherie esthéticienne, nul décor.» Théâtre populaire, donc mais selon ce principe : le service public. Le TNP est un service public. Aussi indispensable au citoyen que le gaz, l'eau, l'électricité. Il s'adresse à tous : au petit boutiquier de Suresnes, au haut magistrat, à l'ouvrier de Puteaux, à l'agent de change, au facteur des pauvres, au professeur agrégé.

La première saison du TNP prouve qu'il ne s'agissait pas là d'une simple profession de foi. Privé des locaux qu'on lui destinait au palais de Chaillot, pendant plusieurs mois le TNP organise de petits festivals à la périphérie de Paris puis une tournée en province et à l'étranger, avec la reprise d'un succès d'Avignon, *Le Cid* (Gérard Philipe dans le rôle de Rodrigue) et une création en France, *Mère Courage* de Bertolt Brecht. L'accueil des spectateurs est enthousiaste. Le souci pédagogique de Vilar s'inscrit dès la manière de recevoir le public draîné par les associations culturelles, les syndicats, les mouvements de jeunes qui ont servi de relais. Premiers rendez-vous réussis. En revanche, l'attitude des notables et des professionnels est plus divisée : Vilar n'a pas joué le jeu habituel des «générales» et des «premières» qui leur sont réservés. Il a inauguré un circuit court, public/théâtre. Si *Le Cid*, rajeuni par la «nudité formelle», encore qu'on lui fasse grief de son aspect «western», ne suscite guère de commentaires hostiles, il n'en va pas de même avec *Mère*

Courage. Cette œuvre ne coïncide pas avec le souvenir de *L'Opéra de quat'sous* filmé par Pabst. De plus, la personne même de l'auteur indispose : il est communiste. Il travaille à Berlin-Est. Or, au début des années 50, l'Est menace. Il y a des guerres. De Corée, d'Indochine. Des procès à Prague. Des arrestations en Pologne. Aux États-Unis, les époux Rosenberg ont été condamnés à mort pour espionnage au profit du camp communiste. En France, le parti communiste dénonce l'économie de guerre et la fascisation du régime. Vilar ne serait-il pas communiste ? De l'autre côté, *Mère Courage* n'est pas en odeur de sainteté, si l'on ose écrire. L'heure est au réalisme socialiste, aux héros positifs, ce que n'est pas Anna Fierling. A toutes ces attaques, Vilar répond : «Je joue une pièce de Bertolt Brecht, laquelle ne propose aucune thèse politique. Mais je joue aussi *Le Cid*, nationaliste et cocardier. J'ai joué Kleist, chéri des nazis. Je jouerai les pièces qui me semblent bonnes, sans préoccupation politique et sans admettre qu'on m'en impose.»

Les polémiques qui vont accompagner pendant des années l'activité du TNP cristallisent les débats concernant le théâtre d'au moins deux dé-

*Jean Vilar et Gérard Philipe, en 1958,
assistant à une répétition, dans la cour
du palais des Papes, en Avignon.*

Gérard Philipe,
Jean Vilar
et le décorateur
Léon Gischia,
en Avignon.

La troupe du TNP,
en 1951,
lors d'une sortie
en banlieue de Paris.

cennies. Vilar a déclaré : «Les vrais créateurs dramatiques de ces trente der-nières années ne sont pas les auteurs mais les metteurs en scène.» Levée de boucliers. Les auteurs s'indignent. La mise en scène étrangle le théâtre. Sous-entendu : les auteurs. L'année suivante, ce seront les directeurs de théâtres privés. Le TNP leur fait une concurrence déloyale. Subventionné, il vend à bas prix des abonnements qui vident leurs salles. Il y aura enfin et surtout, à propos de la composition du public, la controverse avec Jean-Paul Sartre : le TNP n'a pas modifié cette donnée constante dans le théâtre français depuis cinquante ans : les ouvriers en sont absents.

Ce que Bernard Dort appelle «la symbiose entre Avignon et Chaillot» s'opère vers 1954-1955. Les deux lieux de représentation imposent certes des contraintes différentes. Elles ne sont pas toujours complémentaires. Par exemple, *Henri IV* de Pirandello souffre du plein air alors qu'à Paris la mise en scène paraissait évidente. En revanche, *Dom Juan* de Molière se renforce de l'une à l'autre, dégageant une figure où le personnage se confond avec la personne. Vilar militant d'un laïcisme exigeant avec Dom Juan athée.

Théâtre civique, théâtre de la conscience, de la responsabilité, les épithètes n'ont pas manqué pour définir le TNP jusqu'au départ de son ani-mateur, en 1963. Vilar a revendiqué son souci de faire coïncider le répertoire du TNP avec les préoccupations majeures de l'époque : *La Mort de Danton* avec le stalinisme, *Ubu* avec le gaullisme, *Arturo Ui* ou *L'Alcade Zalamea* avec

Gérard Philipe en prince de Hombourg,
Avignon, 1951.

la guerre d'Algérie et le fascisme. A son départ de la tête du TNP, le paysage théâtral français apparaît modifié : les festivals de province se sont multipliés, des théâtres s'implantent en banlieue parisienne. En 1957, Roger Planchon ouvre à Villeurbanne le Théâtre de la Cité, avec *La Véridique Histoire d'Henri IV* de Shakespeare, dont la filiation est double. Vilar, certes. Et Brecht, par la conception du théâtre épique.

Planchon a, lui aussi, connu les antichambres et les caves dont parlait Vilar, à ceci près que le Théâtre de la Comédie qu'il a animé a été conçu par son équipe, qu'il est à Lyon, non à Paris, ce qui ajoute aux difficultés. Et que c'est là qu'il a passé de l'«avant-garde» au théâtre qui «peut et doit intervenir dans l'Histoire» avec *Aujourd'hui ou les Coréens*, de Michel Vinaver et *Paolo-Paoli*, d'Arthur Adamov. Le Théâtre de la Cité inaugure le principe d'une compagnie dotée d'une salle y jouant de façon permanente alors que les centres dramatiques de province devaient pratiquer l'itinérance.

ALLEMAGNE : VERS UN «THÉÂTRE-DOCUMENT»

Les années 50 seront celles de la découverte, puis de la mode Brecht, qui envahira l'Europe. Elle s'accomplit grâce aux représentations du Berliner Ensemble, troupe créée en 1949, année de naissance de la RDA pour montrer les œuvres que Brecht, exilé par suite du nazisme et de la guerre, avait écrites mais n'avait pu faire jouer. Le Berliner Ensemble est dirigé par Hélène Weigel, compagne de Brecht, comédienne dont le jeu dans le rôle d'Anna Fierling, la cantinière de *Mère Courage*, ébranle les canons de la critique dramatique. Naissance de l'acteur de l'ère scientifique, pour l'un, digne de Sarah Bernhardt, pour l'autre. Pour Roland Barthes, tout est joué dans la mise en scène de Brecht sur le refus du style d'empoissement, de participation du spectateur. La scène raconte, la salle juge ; la scène est épique, la salle est tragique. «Toute la dramaturgie de Brecht est soumise à une nécessité de la *distance* [...] ce n'est pas le succès d'un quelconque style dramatique qui est en jeu, c'est la conscience même du spectateur et par conséquent son pouvoir de faire l'Histoire» à partir d'une double vision : du mal social et de ses remèdes. Ce que révèle surtout le Berliner Ensemble à travers ses mises en scène, c'est son extraordinaire maîtrise, sa magistrale capacité à user des techniques de représentation : acteurs, décors, costumes, musique se fondent au service de la pièce, réalisant la synthèse entre le dessein politique et la liberté de la dramaturgie. Il n'y a pas là, la forme de la prédication à laquelle cèdent souvent les œuvres dites progressistes.

Autre découverte — une redécouverte ? —, plus malaisée car sans théâtre, il travaille à la commande, celle d'Erwin Piscator. Émigré (comme Brecht) aux États-Unis, il revient en Allemagne (RFA) en 1951. A Mannheim, avec *Les Brigands* de Schiller, il renoue avec l'esprit de ses grandes mises en scène des années 20, il dispose enfin d'une salle modelable, d'un plateau à transformation (ce qu'il n'avait pas connu à la Piscatorbühne). Pour *Les Brigands*, un praticable coupe en deux la salle, faisant se joindre deux plateaux et séparant en deux groupes les spectateurs. Les intentions n'ont pas changé, Piscator affirme toujours, même s'il le place sous le patronage de Schiller et de Diderot, la nécessité d'un théâtre politique, qui mette en évi-

Erwin Piscator et la troupe du Schiller Theater arrivant à Paris le 1er mai 1957.

Bertolt Brecht et Hélène Weigel lors de la fête du 1er mai 1954 à Berlin-Est.

dence la liaison entre le macrocosme (monde historique total) et le microcosme (personnage individuel). Au Schiller Theater de Berlin *Guerre et Paix* dramatise l'épopée tolstoïenne dans la forme du théâtre épique. Pourquoi recourir à l'adaptation de romans? Parce qu'aucune œuvre dramatique n'est à la mesure de l'époque, «la plus atroce et la plus progressiste de tous les temps». Le traitement épique d'un roman en fait ressortir les traits significatifs. L'usage d'un récitant (comme dans *Guerre et Paix*) narrateur et commentateur, doit montrer que l'individu n'est pas l'unique artisan des événements «alors que c'est lui qui en dépend». Il transforme le spectateur en coauteur et l'acteur en cospectateur, afin qu'ensemble «ils participent au même mouvement de pensée sans commencement ni fin qui est celui de l'explication épique du monde».

Devenu directeur de la Freie Volksbühne (Theater am Kurfürstendamm) de Berlin-Ouest (à deux pas du Berliner Ensemble à Berlin-Est), Piscator met en scène les premières pièces qui seront désignées par le terme

*Hélène Weigel en Anna Fierling,
la cantinière de* Mère Courage, *en 1949 et 1957.*

générique de «théâtre-document», mise en forme dramatique de sujets d'actualité. Dans *Le Vicaire*, de Rolf Hochhuth, les rapports du Vatican et du IIIe Reich nazi. Dans *Le Dossier Oppenheimer* de Heinar Kipphardt (que Vilar mettra en scène après son départ du TNP), l'enquête menée aux États-Unis sur les activités du savant atomiste. Kipphardt veut «livrer une image raccourcie de la procédure qui soit scéniquement jouable et ne nuise pas à la vérité». Bien que par son inspiration de départ *L'Instruction* de Peter Weiss s'apparente à la démarche suivie par le théâtre-document — les minutes du procès des responsables du camp d'extermination nazi d'Auschwitz utilisées comme matériaux —, la construction inspirée de la structure de *La Divine Comédie* de Dante, qui aboutit à un oratorio en onze chants, s'en éloigne.

Il faudrait ici ouvrir une large parenthèse, montrer la spécificité de chaque situation nationale, l'entracte douloureux de la guerre, des occupations, des démantèlements de pays partagés, les exils, les censures. Faute de place, prenons un raccourci. Au cours d'une rencontre internationale organisée en 1956 par l'Institut national du théâtre et traitant de la liberté du metteur en scène, l'un des plus réticents à la théâtralisation des romans est Karel Kraus. Il est alors directeur littéraire du Théâtre national de Prague dont le responsable de la scène dramatique est Otomar Krejca. La reconstitution d'un répertoire national est prioritaire. L'ironie de l'Histoire veut que, quelques années plus tard, le même Kraus rejoint Krejca qui vient de fonder le théâtre Za Branou (le théâtre derrière la porte) afin d'échapper à la pesanteur du théâtre institutionnel. Seuls les théâtres de chambre peuvent permettre l'expérimentation d'une nouvelle dramaturgie.

ITALIE: «TEATRO STABILE»

En 1947, Giorgio Strehler et Paolo Grassi fondent le Piccolo Teatro à Milan, premier «teatro stabile» d'Italie. Une rupture avec l'itinérance des troupes italiennes dont les spectacles se font autour d'acteurs-vedettes, pour leur service. Luchino Visconti met en scène, en 1956, *La Locanderia* pour la compagnie Morelli-Stoppa. Il a choisi cette pièce de Goldoni parce qu'elle a été écrite en langue italienne — et non en dialecte vénitien —, qu'elle est située à Florence, ville où se parle l'italien le plus pur et qu'elle a été voulue par son auteur en rupture avec la commedia dell'arte. Visconti la fait jouer sur un rythme lent, dans sa version intégrale et non pas tronquée ainsi que le faisait la célèbre Duse qui l'avait transformée en monologue de Mirandola, son rôle! L'après-guerre italienne passe ainsi par deux exigences, retour au texte mis en pratique par les metteurs en scène (d'Amico, de Lullo, Squarzina et bien sûr Strehler), constitution de «teatro stabile». Là aussi, le rôle du Piccolo Teatro de Milan aura été prépondérant. Son évolution, qui précède celle du TNP, est semblable (les deux troupes entretiendront des rapports fraternels). Dans son répertoire, voisinent les auteurs italiens reconnus (Goldoni, Gozzi, Pirandello), des moins connus ou des inconnus (Ambrogi, Bertolazzi, Buzzati, Fabbri) et ce qu'on pourrait appeler les grands européens (de Shakespeare à Gorki, Calderon et Salacrou). L'un des premiers spectacles du Piccolo Teatro, *Arlequin serviteur de deux maîtres* deviendra emblématique. La rencontre avec Brecht se produit avec *L'Opéra de quat'sous*.

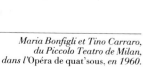

Maria Bonfigli et Tino Carraro,
du Piccolo Teatro de Milan,
*dans l'*Opéra de quat'sous, *en 1960.*

L'évolution de Dario Fo permet de suivre les mutations de la tradition italienne fondée sur l'acteur. Auteur des revues qu'il joue seul puis avec sa femme, Franca Rame, avec laquelle il créera une compagnie, il emprunte à la fois au spectacle de cirque, à la tradition de la commedia dell'arte et aux variétés. Un temps, tous deux tentent l'aventure du théâtre (bourgeois, disent-ils) en lequel ils veulent présenter des comédies satiriques, critiques des mœurs et de «la pensée dominante» (*Les Archanges ne jouent pas au billard*; *Volez un pied, vous serez heureux en amour*). Pratique abandonnée pour un théâtre d'intervention plus militant, d'abord dans le cadre d'une association culturelle de gauche où le Parti communiste italien prédomine, l'ARCI, puis de manière autonome. Dans toutes ces expériences, le charisme de Dario Fo domine. De même pour Eduardo de Filippo qui s'est construit un répertoire inspiré par la vie quotidienne du peuple des quartiers et des rues de Naples, indissociable de ses activités de comédien. Mais la venue du Living Theater de Judith Malina et Julian Beck au début des années 60 va, en Italie comme en France, brouiller quelque peu les cartes.

ÉTATS-UNIS: LIVING THEATER ET «THÉÂTRE DE GUÉRILLA»

Dans les années 50, le Living Theater se cherche encore. Créé en 1947 à New York, en marge des scènes reconnues aux mains des businessmen, il ne se manifeste qu'à partir de 1951. Les premiers pas empruntent à l'avant-garde européenne (Lorca, Picasso, Jarry, Cocteau, Pirandello) ou américaine (Stein, Eliot, Pound). Julian Beck était peintre. Judith Malina a suivi pendant deux années l'enseignement d'Erwin Piscator lorsque ce dernier dirigeait le Dramatic Workshop (auquel collaborèrent Tennessee Williams et Arthur Miller). Le Living Theater commence à trouver sa spécificité avec *The Connection*, en 1958, d'abord scénario que Jack Gelber a apporté à Julian Gelber, transformé grâce à l'improvisation dont le Living fait très tôt un élément essentiel de sa méthode de travail. Dans *The Connection*, des musiciens de jazz tentent de jouer tandis que les autres protagonistes attendent. Ils attendent quoi? Pas encore la révolution dont le Living fera son blason en 1968, mais la drogue. Qui tarde à arriver. Les répétitions de deux pièces de Brecht, *Dans la jungle des villes* et *Homme pour homme*, rencontreront de grandes difficultés. L'interprétation «brechtienne» que Malina et Beck souhaitaient respecter se heurte à la technique, plus Actor's Studio des membres de la troupe. C'est avec *The Brig* (*La Taule*) que l'accord se fait. La pièce de Kenneth H. Brown relate une journée dans une prison de *marines*. Brimades, décervelage, un enfer pour lequel le Living Theater a conçu un dispositif scénique constructiviste (on écrira alors «à la Piscator»): une cage, à l'intérieur de laquelle les acteurs jouent, dans un paroxysme, avec une violence inusités au théâtre.

Artaud et Brecht, telle sera la double paternité dont va ensuite se réclamer le Living Theater. Artaud pour les actions physiques, le jeu paroxystique des comédiens; Brecht pour la dénonciation du mal social. Et l'anarchie comme idéal politique, «la plus haute expression de l'ordre». Le théâtre où jouait le Living Theater sera saisi en 1963. Commencera alors la seconde vie de la tribu, son errance à travers le monde.

Julian Beck et Judith Malina,
dans une scène de Dans la jungle des villes,
en 1961, à Paris.

Autre troupe marquant les années 50 aux États-Unis, la San Francisco Mime Troupe de R.G. Davis, née d'un groupe de travail du San Francisco Actor's Workshop (1959). Davis a été formé par le mime Étienne Decroux, à Paris. Il puise son style dans la commedia dell'arte et les light-shows (projection de films et de diapositives accompagnée de musique rock), emprunte en les adaptant aux farces anciennes. La SFMT va pratiquer ce qu'elle appelle «théâtre de guérilla». Grâce au «gorilla band» elle joue dans les rues des villes, sur les campus des universités des sketchs ayant pour sujet des problèmes d'urbanisme, le racisme, l'armée. Peu à peu, la volonté politique se

précise. Lutte contre la guerre au Viêt-nam qui «impose de créer des œuvres aussi fortes que celle des mouvements en faveur de la paix»; pour l'égalité des droits civiques, contre la ségrégation. La SFMT marque le passage des années 50 à 60. La décennie suivante sera celle des troupes radicales aux États-Unis, qui vont accompagner les grands mouvements politiques : le Teatro Campesino des ouvriers agricoles Mexicains-Américains, de Luis Miguel Valdez, né après une rencontre avec la SFMT ; le Bread and Puppet Theater de Peter Schumann ; le Gut Theater d'Enrique Vargas des Noirs et des Portoricains de New York ; le Free Southern Theater des Noirs du Sud, etc. Un autre chapitre.

Le dispositif scénique de
Dans la jungle des villes,
par le Living Theater.

LES NOUVEAUX RÉSEAUX MUSICAUX

CLAUDE SAMUEL

Les après-guerre se suivent sans se ressembler. Les années 20 dégagèrent un parfum de joyeuse provocation, sinon à Vienne, du moins à Paris et à Berlin. Il est vrai que les grandes secousses musicales s'étaient produites dix ans auparavant et, qu'à l'instar de Stravinski, passant du *Sacre du printemps* à *Pulcinella*, les compositeurs cherchèrent plutôt à consolider les acquis ou à épater la galerie. Ils y parvinrent brillamment.

Trente ans plus tard, la situation de la création musicale, et sa relation avec le public, sera radicalement différente. L'entre-deux-guerres n'avait été que valse-hésitation entre néo-classicisme desséchant et pulsions humanistes ; avait marginalisé, voire perverti, les gestes les plus novateurs ; avait enfin provoqué, pour motif politique, la débandade des plus valeureux, soit qu'ils aient choisi l'exil outre-Atlantique (Schoenberg, Bartók), soit qu'ils aient opté pour une semi-clandestinité, tel Webern acculé à des travaux de copiste. En 1917, Verdun n'avait pas empêché les variations insolentes, via *Parade*, du trio Cocteau-Picasso-Satie. Sous l'occupation allemande, ce sont les soirées wagnériennes qui mobilisèrent l'intelligentsia parisienne de l'époque et il n'est pas sans intérêt de noter que l'œuvre française la plus importante des années 40-44 fut créée dans un camp de prisonniers : le *Quatuor pour la fin du Temps* d'Olivier Messiaen, exécuté devant cinq mille soldats captifs au Stalag A8. Les maîtres de la création contemporaine avaient, de toute façon, achevé leur parcours : Berg mort en 1935, Webern bientôt assassiné par un militaire US ; Stravinski, Schoenberg et Bartók ayant, sur terre américaine, singulièrement limé leurs griffes.

Bref, l'horizon était dégagé — perspective ouverte pour un nouvel assaut d'une ampleur insoupçonnée. Stockhausen écrira : «Rarement une génération de compositeurs a eu entre les mains les atouts de la nôtre, est née à un moment aussi favorable : les "villes sont rasées", et on peut recommencer par le commencement, sans tenir compte de ruines ni de témoins restés debout d'une époque sans goût.»

Stockhausen est un peu présomptueux. Sa génération a sans doute récusé les devanciers immédiats, mais pour mieux récupérer et réactiver les aïeux privilégiés : les pionniers viennois du dodécaphonisme.

Les années 50 vont être marquées par cette soudaine irruption d'une génération qui proclame avec Pierre Boulez : «Tout musicien qui n'a pas ressenti — nous ne disons pas compris, mais bien ressenti — la nécessité du langage dodécaphonique est INUTILE.» Boulez et ses amis vont occuper le terrain avec l'orgueilleuse certitude de détenir la vérité, et en sont d'autant plus convaincus que le pouvoir musical dont ils refusent de dépendre s'accroche à des valeurs ou à des chefs de file qu'ils estiment périmés, déconsidérés, méprisables. Les grosses pièces d'artillerie sont en place et, pendant toute une décennie, plus qu'une décennie, les combats seront rudes.

UN CLIMAT HOSTILE

La situation a, en tout cas, le mérite de la clarté. Les positions esthétiques pures et dures de la nouvelle génération ne souffrent pas la moindre compromission tandis qu'on est persuadé, dans le camp adverse, défendre les valeurs éternelles d'une civilisation menacée. D'un côté, l'atout de la jeunesse et de la combativité; de l'autre, la puissance des positions acquises et la détention des pouvoirs décisionnaires. Quant au public musical, il n'a guère l'occasion de jouer les arbitres; sauf circonstances particulières ou lieux spécialisés, l'avant-garde n'entre pas dans les circuits de distribution. Y pénétrerait-elle, qu'elle ne pourrait être entendue, les esprits étant peu préparés à sauter directement d'une symphonie de Brahms au Stockhausen des *Zeitmasse*.

Car, en 1950, les mélomanes sont loin d'avoir digéré la musique du premier demi-siècle: Stravinski reste suspect, Bartók provoque des répulsions et Schoenberg — au demeurant inconnu au bataillon des organisateurs de concerts — est totalement inacceptable. On prétend mieux tolérer Berg, mais on ne le joue pas davantage. Olivier Messiaen, dont la critique a particulièrement malmené les *Petites Liturgies* en 1945, fait figure d'original maniaque à côté de son collègue et ami André Jolivet devenu, en quelque sorte et avec l'accord de l'intéressé, la caution de ceux qui tirent encore les basques d'Arthur Honegger pour prouver qu'ils sont de leur temps. En 1954, c'est celui précisément que Jolivet tient pour un de ses inspirateurs, c'est Edgar Varèse qui, pas dodécaphoniste mais de la famille cependant, provoque le scandale: ses *Déserts*, maladroitement coincés entre un Mozart et une symphonie de Tchaïkovski, et diffusés en direct par la radio nationale, déclenchent l'exaspération d'un public qui, n'ayant naturellement jamais entendu parler d'*Octandre* ou d'*Hyperprisme*, avait guetté, par consonance italienne, l'arrivée d'un nouveau Messie de type vivaldien. Varèse, qui avait été accueilli par Pierre Schaeffer et réconforté par Xenakis, repartit, assez écœuré, vers sa résidence new-yorkaise. Mais la vérité oblige à dire qu'il était alors aussi méconnu à Carnegie Hall qu'au Théâtre des Champs-Elysées. La France ne détenait pas l'exclusivité de cet obscurantisme-là. Mais la France avait peut-être moins d'excuse, ne souffrant pas, comme l'Amérique, d'un système musical bâti sur les seuls critères de la rentabilité.

Sans doute la France musicale des années 50 n'est-elle pas comparable à celle que nous connaissons aujourd'hui. Officiellement, la musique n'était qu'un des «beaux-arts» avant l'installation d'André Malraux, en 1958, au ministère de la Culture et l'ensemble de son budget était, à hauteur de 80 pour cent, capté par l'Opéra de Paris. Faut-il ajouter que l'argent restant trouvait de meilleurs usages que l'aide à la création. L'Opéra de Paris, pour sa part, ne touchait pas à l'avant-garde, et ses directeurs successifs auraient-ils eu quelques velléités en ce sens qu'ils auraient essuyé, de la part même des jeunes compositeurs, une cinglante rebuffade. La seule institution qui, somme toute, aurait eu la capacité et les moyens d'entrer dans le jeu de la création était la RTF (Radiodiffusion-Télévision française) mais la direction de ses services musicaux était solidement prise en mains par des compositeurs académiques, certains estimables, dont l'ambition première était de préserver leur place au soleil. Mieux valait à l'époque détenir un Prix de Rome — oh! horreur! — si l'on souhaitait être admis dans le clan radiophonique; et les défenseurs de la citadelle conservatrice, à supposer qu'ils aient nourri quelques scrupules à cet égard, étaient confortés dans leur position par la violence des polémiques et le tir à vue que Pierre Boulez effectuait sur tout ce qui

Rudolf Schock en Walter von Stolzing et Elisabeth Grümmer en Eva, dans Les Maîtres chanteurs, *acte III.*
Les Maîtres chanteurs (scène finale), Bayreuth, 1959.

Sandor Konya dans le rôle titre de Lohengrin, *Bayreuth, 1959.*

bougeait dans la maison. Non seulement incompréhensibles mais arrogants de surcroît, voilà qui dépassait les bornes! La seule avant-garde tolérée était celle qui, rue de l'Université, entreprenait autour de Pierre Schaeffer les premières expériences de la musique concrète. De Sauguet à Stockhausen, tout le monde y est passé, même fugitivement.

LE DOMAINE MUSICAL

Dans ce climat d'hostilité militante, dans ce Paris de la tiédeur et de la résignation, que l'«Œuvre du XXᵉ siècle» (*Wozzeck* par l'Opéra de Vienne, et *Erwartung* de Schoenberg) n'avait pas vraiment sorti de sa torpeur, Boulez créa les Concerts du Petit-Marigny en 1954, devenus Domaine musical (terminologie que l'on doit à Pierre Souvtchinsky) l'année suivante, avec l'aide active et amicale de Jean-Louis Barrault, de Madeleine Renaud et de Suzanne Tézenas. Organisation totalement privée liée à l'existence et au prestige d'une compagnie théâtrale dont Boulez était le musicien attitré. Mais, dira Boulez, «la création du Domaine musical n'est pas le fait du hasard, d'une simple rencontre d'amitié. Deux raisons expliquent pourquoi je me suis lancé dans cette aventure : d'abord pour apporter une information, pour faire jouer des œuvres que certains critiquaient sans les avoir jamais entendues. Il fallait rattraper le retard. Et il fallait en même temps introduire les musiciens de ma génération : Stockausen, Nono, Berio, etc. D'autre part, et ce fut la seconde raison d'être du Domaine musical, la plupart des rares exécutions de musique contemporaine étaient alors non seulement maladroites mais d'un niveau indécent. J'ai donc repensé à la fois le problème du programme et de la qualité d'exécution.»

Les programmes, en effet, n'étaient pas ceux que l'on avait coutume d'entendre dans les concerts prétendument consacrés à la musique contemporaine. Premier programme : Nono/Stockhausen/Webern/Stravinski et Bach : *Offrande musicale*. Deuxième programme : Schoenberg/Webern/Bartók/Messiaen et Dufay/Monteverdi/Gesualdo. En somme, des ancêtres lointains mais soigneusement triés, des références immédiates, et c'est là où le Domaine musical a joué un rôle décisif car la majeure partie de l'œuvre de Webern, certaines pièces essentielles de Berg (ainsi l'opus 6) et de Schoenberg n'avaient jamais été données en France. Et puis, bien sûr, des partitions à l'encre à peine sèche, représentatives du nouvel élan sériel européen. Certes, les programmes étaient «cloisonnés», mais l'urgence ne permettait pas de badiner dans l'éclectisme et l'état d'esprit de la jeune garde n'autorisait pas la moindre incartade : Xenakis lui-même, pas soupçonné de conservatisme mais pas sériel pour autant, attendit longtemps son admission au Domaine.

L'étroitesse du tir, garante de son efficacité, s'explique aussi par le nombre restreint des concerts : quatre à six par an, et même si les programmes étaient spécialement copieux, les possibilités étaient limitées. Mais, dès le coup d'envoi, l'entreprise connut le succès : les deux cent quatre-vingts places du Petit-Marigny furent prises d'assaut, le samedi à 17 h 30, les concerts durent être parfois répétés le dimanche matin à 11 heures, jusqu'au jour où, à l'issue de la sixième saison, le Domaine suivit la compagnie Renaud-Barrault à l'Odéon, non sans avoir fait une halte salle Gaveau.

ODÉON · THÉATRE DE FRANCE
CONCERTS DU
domaine
musical
saison 1961-1962

Dessin de Paul Klee © by S.P.A.D.E.M., Paris 1961

ASSOCIATION CULTURELLE
FONDATEURS :
Madeleine RENAUD — Jean-Louis BARRAULT — Pierre BOULEZ
PRÉSIDENTE :
Mme Léon TÉZENAS
VICE-PRÉSIDENTES :
Mme ÉTHEL DE CROISSET — Baronne Philippe de ROTHSCHILD
PROPAGANDE :
Mme Robert GERMAIN

Dans le clan adverse, dont l'un des inspirateurs était le critique musical du *Figaro*, on a beaucoup brocardé le public du Domaine musical : «le snobisme et les visons», disait-on. Que les mondanités aient accompagné les concerts du Domaine n'est pas discutable ; que certains mondains aient accepté de donner de l'argent à la création musicale et poussé le zèle jusqu'à écouter, en s'extasiant, les sursauts pointillistes de l'opus 24 de Webern est plutôt à porter à leur crédit. Mais si l'on repérait les visons, on reconnaissait aussi, au milieu de jeunes gens sincères et curieux, des peintres : André Masson, fidèle du premier au dernier jour, Nicolas de Stael, Miró, Vieira da Silva ; des poètes : Henri Michaux, René Char, Pierre-Jean Jouve et Jean Cocteau le jour de l'inauguration ; et même des compositeurs reconnus : Olivier Messiaen qui, lorsqu'il était à Paris, ne manquait jamais un concert, mais aussi Georges Auric, qui habitait à l'époque à trois pas du Petit-Marigny, et Francis Poulenc, qui se plaçait résolument du côté de la jeunesse.

A propos de Poulenc, une anecdote est particulièrement révélatrice. Dans les années 50, les Jeunesses musicales de France bénéficiaient du dynamisme acquis, il faut le reconnaître, sous l'Occupation, mais les programmes restaient obstinément classiques. C'est alors que sous la pression des jeunes délégués du mouvement, René Nicoly, le président des JMF, décida de créer une série de concerts parisiens consacrés aux compositeurs vivants, série dont il confia la responsabilité à... Bernard Gavoty, dont les penchants naturels allaient plutôt vers Fauré et Honegger que vers Schoenberg et Stockhausen. Honegger fut, juste avant sa mort, un invité de la série, et André Jolivet naturellement, et Serge Nigg, censé représenter le courant dodécaphonique avec lequel il venait de rompre publiquement. Vint le tour de Francis Poulenc, et l'on entendit la plus mélodieuse, la plus inoffensive des musiques, mais à la question-piège : «Que pensez-vous, Cher Maître, des élucubrations intellectuelles de l'école dodécaphonique ?», l'auteur des *Mamelles de Tirésias* répondit : «Je vais vous étonner mais je pense que ces musiciens ont raison. Si j'étais jeune, c'est de ce côté-là, moi aussi, que je me dirigerais.» Le public fit une ovation, mais l'institution JMF ne fut pas, pour autant, ébranlée.

Institutions contre Domaine musical, c'était le face-à-face parisien des années 50. Formidablement inégal dans le rapport des forces. Avec des brèches dans l'institution, très remarquées parce que extrêmement rares. Ainsi n'a-t-on pas oublié le coup d'audace d'Igor Markévitch qui, responsable des concerts Lamoureux, passa une commande à Pierre Boulez : ce furent les huit minutes de *Doubles*, créées le 16 mars 1958, premier noyau de *Figures-Doubles-Prismes*. Hors Paris, on n'aura garde de passer sous silence le festival d'Aix-en-Provence qui assura la première française de la *Turangalîla-Symphonie* et du *Marteau sans maître* mais qui, au fil des années, se confina de plus en plus, hélas, dans un rôle muséographique.

DONAUESCHINGEN, DARMSTADT, VENISE

Bref, le Domaine musical a triomphé parce qu'il visait juste mais aussi parce que le champ était libre — comme ce fut le cas, dix ans plus tard, pour le festival de Royan. Et c'est d'ailleurs le public du Domaine, qui s'étant, entre-temps, rafraîchi la mémoire en écoutant les disques Véga (série

Hans Rosbaud
à Donaueschingen
en 1958.

Le prince et la princesse
de Fürstenberg,
mécènes du festival
de Donaueschingen.

«Domaine musical»), en consultant les deux bibles du temps — *L'Esthétique de la musique contemporaine* d'Antoine Goléa et le *Schoenberg et son école* de René Leibowitz —, ayant réchauffé son zèle par la lecture des premiers textes polémiques de Boulez, fit le succès de la manifestation charentaise.

Ces militants ardents avaient déjà l'habitude du pèlerinage. Les rendez-vous étant espacés, mieux valait ne pas les manquer, et les embarras du voyage n'étaient pas un obstacle. Ainsi, devenue ville de festival dès 1921, Donaueschingen, petite cité sans charme particulier, fut, à partir de 1950, un point de ralliement de la création européenne. C'est à Heinrich Strobel, musicologue allemand — auteur d'un ouvrage sur Debussy —, directeur des services musicaux du Südwestfunk de Baden-Baden, grand ami de la France et, bientôt, père spirituel de Pierre Boulez, que l'on doit la renaissance du festival — dont le prince Egon de Fürstenberg qui, de ses fenêtres, pouvait contempler un filet d'eau déjà baptisé Danube, conforta le fonctionnement. La manifestation ne durait qu'un week-end (le troisième d'octobre) mais en trois ou quatre concerts, on assistait vraiment à la présentation d'automne de la mode nou-

velle. Donaueschingen, comme le Domaine musical, devint le passage obligé, avec un profil esthétique voisin : on n'y aurait pas joué Carl Orff ou Milhaud, et l'on se méfiait de Xenakis, dont le *Metastasis*, créé en 1955 sous la direction de Hans Rosbaud, déclencha un tollé mémorable.

Le festival de Donaueschingen n'aurait pas existé sans la volonté de Strobel et l'infrastructure du Südwestfunk, et c'est l'occasion d'insister sur la place majeure occupée à cette époque par les radios européennes — moins la française (voir plus haut) et l'italienne (malgré le Studio di Fonologia de la RAI à Milan, animé à partir de 1953 par Bruno Maderna et Luciano Berio) que par les radios allemandes : Baden-Baden, Hambourg, Munich, Cologne où Herbert Eimert crée en 1951 le premier studio de musique électronique, lequel sera bientôt dominé par la personnalité de Stockhausen. Création et diffusion, ce sont les deux missions remplies par les radios allemandes. C'est également, outre-Rhin, la vocation d'un autre haut lieu de la création, avec accent particulier sur la pédagogie : les «*Ferienkurse* de Darmstadt». La ville est, si l'on peut dire, encore moins intéressante que Donaueschingen mais elle possède quelques traditions musicales et devient après la dernière guerre,

Benjamin Britten avec son interprète,
le ténor Peter Pears, à Venise en 1954.

426

grâce à l'impulsion donnée par Wolfgang Steinecke, la place forte des nouvelles idéologies et techniques. Pendant la période estivale, les cours et les conférences alternent avec les concerts publics et toute une génération de jeunes professionnels suit l'enseignement des maîtres invités, d'Adorno à Krenek, de Messiaen à Xenakis, de Varèse à Cage, de Stockhausen à Ligeti, avec le concours d'interprètes désormais historiques, tels le percussionniste Christoph Caskel, le flûtiste Severino Gazzelloni, le violoncelliste Siegfried Palm, les pianistes Aloys Kontarsky et David Tudor. On a beaucoup épilogué sur la «génération de Darmstadt» mais, comme l'a souligné Pierre Boulez, qui n'y fut guère d'ailleurs pendant les premières années, les rencontres étaient brèves et les esthétiques peu homogènes. Il n'en reste pas moins que Darmstadt, en ces années 50, est un symbole.

Dire qu'à cette époque les formes les plus avancées de la création musicale, hormis le Domaine musical parisien et la lointaine Amérique aux recherches confidentielles, fleurissaient essentiellement sur terre germanique est peut-être excessif mais non dénué de fondement. Un panorama exhaustif se doit pourtant de citer l'Automne de Varsovie fondé en 1956, oasis mêlée et tolérée, et la Biennale de Venise dont les choix allèrent des auteurs consacrés (*L'Ange de feu* de Prokofiev, *Le Tour d'écrou* de Britten) aux créateurs les plus explosifs (une tempête au Théâtre de la Fenice accueillit l'*Intolleranza 60* du Vénitien Luigi Nono), avec un regard particulièrement attentif en direction de Stravinski, qui renvoya la balle en choisissant la cité des Doges comme ultime demeure. C'est à Venise que fut créé le *Rake's Progress* en 1951, c'est Venise qui commanda et joua pour la première fois le *Canticum Sacrum* (conçu pour la basilique Saint-Marc) et les *Threni*. Mais Venise, sauf événements d'envergure exceptionnelle, n'a jamais mobilisé un véritable public.

Le public, voilà naturellement le dernier problème que l'on doit soulever. Car si certains réseaux de distribution fonctionnent, ils ne concernent qu'un milieu microscopique, noyauté par les professionnels — particulièrement présents à Donaueschingen, par exemple — et quelques amateurs inconditionnels, toujours les mêmes, dont on reconnaît les visages à travers l'Europe de l'avant-garde. Et les institutions, les organisateurs de concerts qui se réfugient dans le répertoire du passé ou saisissent, comme un alibi, un contemporain pas trop compromettant, déclarant que, de Schoenberg à Boulez, tout le courant novateur fait fuir le grand public des mélomanes, ont, en effet, de bons arguments dans leurs dossiers. Ils oublient seulement qu'ils détiennent une des solutions pour faire bouger cette situation et ne l'utilisent guère. Mais dans les années 50, la marginalisation de la création n'est pas une catastrophe: l'essentiel n'est-il pas, et cette mission est assez bien remplie, de prendre date, de donner la parole aux esthétiques nouvelles et d'offrir les dernières productions à ceux qui les demandent?

Dix ou quinze ans plus tard, lorsque à l'ère des pionniers, succédera le temps de la consolidation, lorsque l'argent de l'Etat (en France tout particulièrement) commencera à réveiller des exigences de contrepartie, et que le public continuera à préférer Brahms à Webern, le *Boléro* au *Marteau sans maître*, le problème sera posé plus douloureusement — pas encore résolu, hélas! mais c'est une autre histoire.

Au Théâtre des Champs-Élysées en 1954.

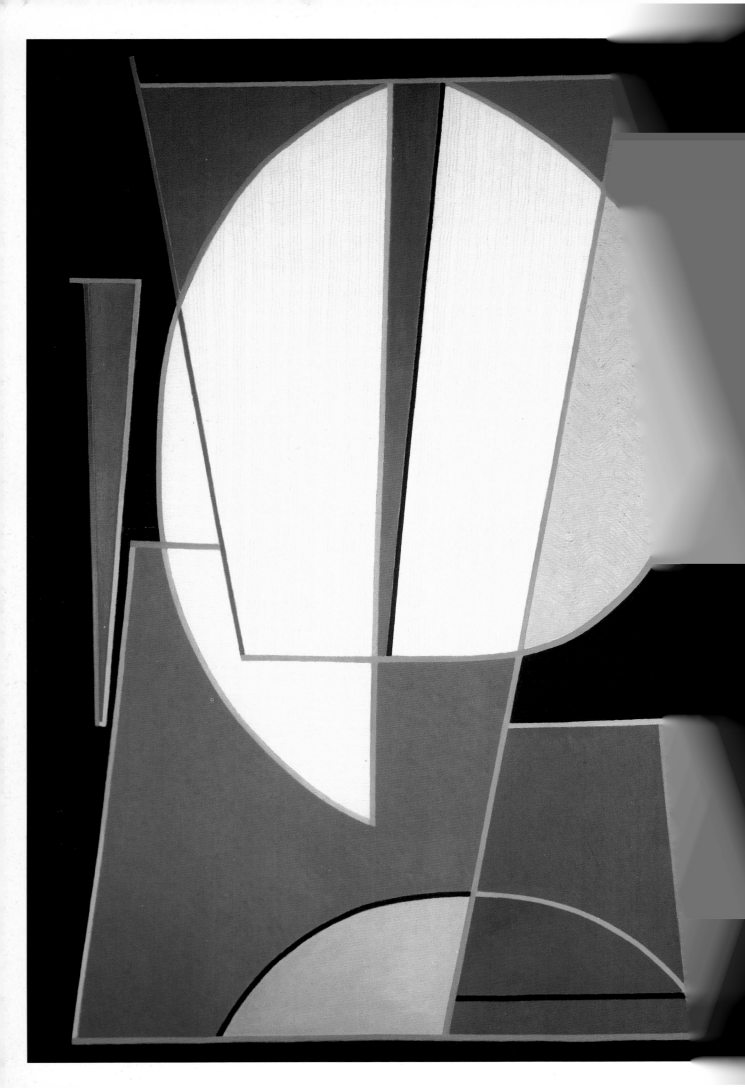

4

L'ENGAGEMENT
ET LE ROMAN AMÉRICAIN
BLANCHOT ET PASOLINI
LES BEATNIKS ET *LOLITA*...
FRAGMENTS RETROUVÉS
D'UNE HISTOIRE

LITTÉRATURE

LES ANNÉES SARTRE?

JEAN-MICHEL BESNIER

1 «Les intellectuels
en question»,
Le Débat, n° 29,
mars 1984.

LA figure de Sartre est véritablement écrasante dans les années 50. Au point de contraindre parfois les intellectuels à s'en démarquer sur le mode de la polémique ou de la rupture tapageuse.

La notoriété est souvent injuste. Depuis l'automne 1945, Sartre est célèbre et il incarne aux yeux du public l'intellectuel idéal. On a dès lors oublié combien il fut silencieux et peu enclin à agir avant la guerre, lui que tenaillaient nausée et désespoir. On a surtout oublié l'intense mobilisation de ces gens de lettres qui, dans les années 30, se jetèrent à corps perdu dans la lutte contre le fascisme, dans la dénonciation des lâchetés de nos démocraties et même, assez souvent, dans l'offensive débridée contre les institutions parlementaires. Sartre paraît abusivement, à l'aube des années 50, avoir inventé le thème de l'engagement. Né à l'Histoire avec la guerre, il va occuper la scène pendant une décennie. De manière tellement encombrante que pour un peu la guerre froide et le conflit algérien ne serviraient qu'à signaler les temps forts de ce qu'on nommera plus tard «les années Sartre».

Mais, la distance aidant, Sartre donne aujourd'hui le sentiment d'en avoir trop fait: de l'affaire Henri Martin en 52 au «Manifeste des 121» en 60, il est obstinément de tous les combats. On l'admire de ne pas savoir se ménager et d'être sans arrêt entre deux avions, entre la Chine et les USA; on s'étonne un peu de le deviner accroché à quelques adjuvants — corydrane ou whisky — pour pouvoir notamment accoucher de sa «monstrueuse» *Critique de la raison dialectique*; et puis, on s'inquiète bientôt de le découvrir incapable de résister à son premier mouvement et disposé à ériger son refus de toute stratégie en maxime justifiant éventuellement le terrorisme. La distance aidant, Sartre a sans doute cessé de nous aveugler.

SARTRE ET LES AUTRES

Autour de lui se dessine de mieux en mieux, à présent, la silhouette de ceux qui ont refusé de se confier au bréviaire de l'engagement comme à quelque diabolique contrat avec l'Histoire. La galerie des intellectuels anti-sartriens s'anime, bruissante de l'écho d'altercations aigres et vives. Georges Bataille — «nouveau mystique», ainsi que l'épingle Sartre pour avoir livré son *Expérience intérieure*? Bataille, ce politique hors du politique quand, avant la guerre, il entend dresser contre le fascisme son vertigineux mouvement Contre-Attaque ou quand il dévoile dans *La Critique sociale* la profonde complicité unissant le nazisme et le stalinisme — Bataille démobilisé en 1950? Assurément pas engagé, au sens où Sartre exige des écrivains qu'ils mettent leur plume au service de la cause universelle du socialisme. Mais sans conteste cohérent avec l'esprit de ses interventions d'avant-guerre: la littérature est subversive de ne se laisser subordonner à aucune cause, fût-elle universelle; l'écrivain est dangereux pour les pouvoirs dans la mesure même où il tente d'être souverain, c'est-à-dire dégagé de l'impatience du pouvoir. A René Char qui enquête en 1950 sur la question de l'incompatibilité entre la politique et la littérature, G. Bataille — animateur de la revue *Critique*, ce carrefour des intellectuels en prise sur leur temps — oppose à l'appel sartrien une placide fin de non-recevoir: «Jamais homme engagé n'écrivit rien qui ne fût mensonge, ou ne dépassât l'engagement. S'il semble en aller autrement, c'est que l'engagement dont il s'agit n'est pas le résultat d'un choix, qui répondit à un sentiment de responsabilité ou d'obligation, mais l'effet d'une passion, d'un insurmontable désir, qui ne laissèrent jamais le choix.»

Albert Camus — «cartésien de l'absurde» en révolte contre un «Dieu sourd et aveugle», ainsi que le fustige Sartre en août 1952 pour avoir commis *L'Homme révolté*? Au communiste tôt repenti et à l'ancien directeur de *Combat*, qui lui avait notamment demandé de «couvrir» la libération de Paris, Sartre déclare donc qu'on ne s'engage pas contre le Ciel et qu'on ne se libère pas de l'Histoire comme d'une fugitive descente aux Enfers. «Après avoir tiré vos cinq ans d'Histoire, vous

Georges Bataille.

Page précédente:
Alberto Magnelli
Coordination, *1957*
Huile sur toile 195 × 130 cm
Collection particulière.

pensiez que vous pourriez revenir (et tous les hommes avec vous) au désespoir d'où l'homme doit tirer son bonheur et à *faire la preuve que nous ne méritons pas tant d'injustice* (aux yeux de qui?) en reprenant la lutte désespérée que l'homme mène *contre son destin révoltant*» (Sartre, *Situations IV*). Camus le pensait sans doute, plus que Sartre sensible à l'irruption de l'inhumain que l'écrivain doit selon lui traduire et affronter après Auschwitz et Hiroshima, plus que lui persuadé que «le malheur est devenu aujourd'hui la patrie commune» (*L'Homme révolté*). Jeanson avait frappé le premier, Sartre a cru porter l'estocade; il n'empêche que Camus survit, en cette fin de siècle, pour son refus de laisser brader les valeurs morales au marché d'une histoire prompte à les relativiser : «Mon livre (*L'Homme révolté*) ne nie pas l'histoire (négation qui serait dénuée de sens), mais critique seulement l'attitude qui vise à faire de l'histoire un absolu... Ma vraie thèse : celle qui veut que le service de l'histoire pour elle-même aboutisse à un nihilisme.»

Maurice Merleau-Ponty — disposé à soutenir le renouveau de la politique prolétarienne lorsqu'il publie, en 1947, *Humanisme et Terreur*, a-t-il lui aussi trahi l'Histoire en se séparant de son vieil ami Sartre, devenu compagnon de route du PCF en 52? C'est ce que celui-ci prétend : «Il abandonna la politique au moment qu'il jugea s'y être fourvoyé», c'est-à-dire au moment où il découvrit que l'URSS avait engendré un impérialisme au moins équivalent en âpreté à celui des Américains. Et Claude Lefort — fer de lance du groupe «Socialisme et Barbarie» —, auquel Sartre reprochera encore, en 1960, dans *Critique de la raison dialectique* de diaboliser la bureaucratie soviétique, est-il tombé dans le camp de la réaction en questionnant le bien-fondé d'un parti prolétarien? L'outrecuidance de Sartre est totale : ils ont trahi, selon lui, ceux qui répugnent à l'engagement total et séparent désormais la littérature et la politique en deux activités distinctes; ils ont trahi, ceux qui doutent, à l'instar de Merleau-Ponty en 1955, de la possibilité d'«être libre écrivain et communiste, ou communiste et opposant» («Sartre et l'ultrabolchevisme», *Les Aventures de la dialectique*). Jamais Sartre ne se dit qu'il a peut-être lui-même raté certains rendez-vous (avec le PCF, avec l'histoire...) auxquels ont répondu précisément ceux dont il dénonce, dans les années 50, l'inertie. Intempestif jusqu'à la cécité, son engagement confine à la perversion lorsqu'il jette sur la lucidité de ses contemporains le soupçon de lâcheté.

Maurice Blanchot, pour finir : une place lui revient dans la galerie des grands témoins de la fébrile mobilisation sartrienne, parmi ces témoins revenus de l'engagement à tout prix comme d'une maladie de jeunesse. Militant de Jeune Droite dans les années 30, convaincu alors par

Ch. Maurras qu'«il n'y a qu'un moyen d'améliorer la démocratie : la détruire», déchaîné contre Blum et le Front populaire, Blanchot soutiendra en 1984, en partie contre Sartre, qu'on ne saurait être intellectuel que momentanément, que l'essentiel consiste à se préserver «le droit à la parole inattendue[1]». C'est néanmoins à sa plume que Sartre et quelques autres (dont M. Nadeau, A. Breton, M. Duras, M. Leiris, J.-F. Revel, D. Mascolo...) doivent de s'être retrouvés signataires de ce sulfureux «Manifeste des 121 sur le droit à l'insoumission dans la guerre d'Algérie». L'intellectuel Blanchot avait-il posément choisi son heure pour intervenir? Non pas. Mais il ne l'avait assurément pas manquée : «Qui se souvient de la guerre d'Algérie, écrit-il en 1984, se souvient d'avoir été un intellectuel méprisé et, à cause de cela, nullement prêt à se défendre de l'être.»

Reste que, comparé à Sartre, Blanchot paraît bien tiède dans les années qui nous occupent. Est-ce

Jean-Paul Sartre, Louis Aragon et Claude Manceron.

Maurice Merleau-Ponty.

Albert Camus.

propos des surréalistes, ou à prétendre «organiser le pessimisme», selon l'expression de Pierre Naville dans *La Révolution et ses intellectuels*.

Bataille, Camus, Merleau-Ponty, Lefort, Blanchot et tant d'autres dont l'agitation de Sartre soulignerait, par contraste, le désengagement si l'on oubliait le douloureux creuset que fut l'après-guerre pour ces intellectuels désormais portés à évaluer l'action révolutionnaire à l'aune des monstres engendrés par elle dans le siècle. Tôt pénétrés de l'idée, exprimée par Thomas Mann en 1939, que «la politique elle-même n'est que la moralité de l'esprit sans laquelle il se gâte», c'est avec la même passion que leurs homologues allemands, atterrés par le nazisme dont ils n'ont pu contrarier la folie, qu'ils affrontent la question: Comment cela fut-il donc possible? Comment l'inhumain a-t-il pu triompher? Mais, alors que l'humanisme de Sartre paraît pouvoir inclure ce qui le conteste («Dès qu'il se manifeste, l'inhumain devient partie de l'humain», *Situations IV*), le leur émerge de la guerre trop ébranlé pour justifier l'engagement sans condition, fût-ce pour «l'avènement lointain de la liberté par le socialisme» (*Situations II*). Rien ne les encourage plus à représenter le monde et à en témoigner.

Il n'est en ce sens pas étonnant que nombre d'entre eux refluent bientôt sur une position analogue à celle qui s'est imposée comme seule issue à Horkheimer et Adorno, ces rescapés du marxisme transis par l'histoire: sauver autant que possible l'individu, défendre le particulier contre les prétentions de l'universel, quitte à ce que l'intellectuel y perde le sens traditionnel de sa mission.

Déjà s'annonce en France le temps où Raymond Aron prendra sa revanche sur son «petit camarade» Sartre. Non pas qu'on soit encore prêt, chez les intellectuels, à renoncer à transfigurer opinions et intérêts en théorie englobante ou bien à opter pour le pragmatisme contre l'idéologie et la critique systématique. Il faudra pour cela attendre les années 80. Seulement, il ne paraît plus scandaleux, au milieu de la décennie 50, de mettre l'intellectuel en question avec une vivacité comparable à celle de Julien Benda, auteur de *La Trahison des clercs* en 1927: «Si la trahison consiste à valoriser le temporel et à dévaloriser l'éternel, déclare Aron, les intellectuels de notre temps sont tous des traîtres.» Publié en 1955, *L'Opium des intellectuels* traduit un constat devenu presque banal: «Les intellectuels souffrent de leur impuissance à modifier le cours des événements mais ils méconnaissent leur influence.» Autant dire qu'ils s'exposent à endosser *nolens volens* la responsabilité de ce qu'ils n'ont pu ni n'auraient voulu produire — et du communisme en tout premier lieu, selon Aron. Tel est leur messianisme, telle est leur religion. L'engagement leur est une invitation à porter les péchés du monde, invitation inavouable tant qu'ils cèdent à

parce qu'il revient de plus loin: du vertige de l'avant-guerre? Est-ce parce que son engagement précoce est venu s'échouer sur l'horreur d'Auschwitz, le figeant ainsi dans une désillusion permanente? S'il put croire jadis qu'en favorisant le Mal (la révolution ou la guerre), en le portant à son paroxysme, on précipiterait la catastrophe et hâterait ainsi la délivrance, il découvre par la suite combien le Bien (la libération des peuples) s'altère de procéder d'une telle logique (*Le Débat*, *loc.cit.*). Et, même s'il se montre, par exemple, aussi virulent que Sartre à l'égard de De Gaulle — comme le prouverait une comparaison de son article intitulé «La perversion essentielle», publié au lendemain des événements de mai 1958, avec le brûlot sartrien lancé quelques mois après contre «la Constitution du mépris» imposée par le Général —, Blanchot a pris de la hauteur par rapport à l'histoire: il a compris qu'on risque gros à vouloir «procurer à la révolution les forces de l'ivresse», comme le dit Walter Benjamin à

l'illusion de pouvoir changer la vie. En vérité, dix ans après la guerre, nombre de contemporains de R. Aron sont mûrs pour le suivre lorsqu'il conclut: «Appelons de nos vœux la venue de sceptiques s'ils doivent éteindre le fanatisme.»

LA HONGRIE AU TOURNANT DE L'ENGAGEMENT

1956 sonne tragiquement le glas de la conscience intellectuelle. Le violent réquisitoire de Khrouchtchev contre les crimes de Staline, les «flammes de Budapest» qui embrasent l'espoir à peine né, la guerre d'Algérie: autant d'événements qui imposent la désacralisation de la question des intellectuels. Trop réticent à amorcer sa «déstalinisation», le PCF commence à perdre ses nombreuses têtes pensantes et Sartre lui-même «s'éveille, guéri d'une longue, amère et douce folie» (*Les Mots*), pour glisser toutefois de la défense du Prolétaire à celle non moins acharnée du Colonisé.

La dénonciation de l'intervention soviétique en Hongrie n'y peut rien: le magistère des *Temps modernes* n'est désormais plus aussi entier. Non pas que la revue de Sartre ait jamais eu le monopole de l'engagement, comme on l'a fréquemment laissé dire. En janvier 1953, *Esprit* fête ses vingt ans et rappelle à cette occasion, par la plume de Jean-Marie Domenach, son attachement à la «tâche protestataire», ajoutant que «jamais le monde n'a eu tant besoin d'un pouvoir spirituel» pour intervenir entre l'égoïsme capitaliste et la dictature collectiviste. Au lendemain de Budapest, *Esprit* est autant que *Les Temps modernes* sur le créneau — pour exprimer notamment, avec Paul Ricœur, ce déchirant «paradoxe politique» qui impose aux intellectuels la démonstration que «le plus grand mal adhère à la plus grande rationalité» et que l'aliénation politique résulte fatalement de son autonomie (*Esprit*, mai 1957). Mais, ce qui devient proprement nouveau en 1956, c'est d'une part, le poids que vont prendre des revues qui souffraient de l'ombre jetée sur elles par *Esprit* et *Les Temps modernes* et d'autre part, la rapide notoriété que vont s'assurer celles qui surgissent alors pour soutenir une forme nouvelle de militantisme intellectuel. *Preuves* est représentative des premières, *Arguments* exemplaire des secondes.

On s'avise, en effet, de ce que la revue *Preuves* — ainsi nommée pour son ambition de fournir des preuves sur la situation du soviétisme — a procédé, dès le début des années 50, à l'analyse du phénomène totalitaire et, dans ce contexte, signalé à l'attention de ses lecteurs la clairvoyance d'une certaine Hanna Arendt. Aimé Patri, Michel Collinet et Denis de Rougemont y attirent Maximilien Rubel, Raymond Aron ou Thierry Maulnier pour défendre l'Europe contre l'Amérique de Mac Carthy, celle du racisme et du procès des Rosenberg, pour dénoncer l'aveuglement des

Raymond Aron.

Temps modernes à l'égard de la politique stalinienne, pour saper la naïveté du pacifisme et de l'anti-américanisme d'*Esprit*, pour soutenir aussi Camus contre Sartre...

Les animateurs d'*Arguments* — Edgar Morin, Jean Duvignaud, François Fejtö, Roland Barthes, Pierre Fougeyrollas, Kostas Axelos... — prouvent, par ailleurs, qu'en 1956 (comme en 1936), l'intellectuel grandit dans le vivier des revues. Si le terme d'engagement a pour eux un sens, c'est qu'il signifie la tâche d'avoir à questionner le siècle sans s'entêter de réponses et de messages dont l'actualité dit cruellement la vanité, quand ce n'est pas la nocivité. Le temps est révolu de l'intellectuel prophétique. A cet égard, *Arguments* témoigne d'une mutation décisive. Il s'agit à présent d'en finir avec la vulgate marxiste qui a stérilisé la pensée et, comme le proclame Morin, d'interroger «le nouvel âge planétaire» annoncé par la technique, la civilisation industrielle ou les progrès de la biologie. Il faut même exacerber le

2 «Le mot intellectuel», *Arguments*, n° 20, 1960.

de *Tel Quel*, la revue de Sollers qui, en 1960, se dresse contre Sartre en affichant son refus de transformer le monde — sa volonté toute nietzschéenne de le prendre «tel quel» — et qui subit ensuite toutes les fluctuations idéologiques de l'heure : communisme, maoïsme, spiritualisme érotique... Vingt-cinq ans avant Blanchot, Fougeyrollas aura, de toute façon, exprimé fermement le constat qui convainc aujourd'hui les rescapés de tant d'errances : sorti de son domaine, l'intellectuel est livré à l'impossible, exposé à l'intenable ; «qu'il se rallie sans réserves à une cause, et le voici en voie de trahir les exigences de vérité et d'universalité qui lui sont consubstantielles. Qu'il reprenne sa liberté après un temps de ralliement, et le voilà traité de renégat par les bigots de la politique. Qu'il refuse enfin tout ralliement et tout engagement, et le voilà taxé d'asexualité civique[2]». C'est ce que, déjà, l'itinéraire de Georges Bataille suggérait : l'intellectuel est, par définition, tenu à l'impossible.

Sartre achève les années 50 avec sa *Critique de la raison dialectique*, cette somme qui apparaît, dans l'histoire de la pensée politique, comme le chant du cygne d'un lyrisme révolutionnaire plutôt caractéristique des années 30. Ultime tentative pour déstaliniser le PCF et pour sauver la Révolution de sa sclérose dans le «pratico-inerte» des institutions. Consentement dévôt à une Histoire qui cristalliserait les errances individuelles et engagerait l'intellectuel à se fondre dans le groupe, mobilisé par «l'impossibilité radicale de l'impossibilité de vivre qui menace la multiplicité sérielle». Commencé en 1957, ce grand récit de la Passion de l'intellectuel selon Sartre ne reçoit, en son temps, qu'un succès d'estime. S'il nourrit assurément la décennie 60 — par exemple, le marxisme-léninisme et le gauchisme, l'antipsychiatrie et les analyses de Bourdieu... —, il survient au moment où l'on ne se sent plus guère concerné par la haine viscérale du bourgeois ou l'attirance irraisonnée pour la jeunesse et les opprimés qui qualifient la figure sartrienne. C'est que l'intellectuel est sans doute fatigué, plus que Sartre qui s'applique la formule dans *Les Mots*, de «penser contre lui-même».

désenchantement et l'échec des mythes du salut, s'il peut en résulter davantage de lucide détermination. Edgar Morin et ses amis se mettent au régime de l'autocritique. Sans s'y complaire, toutefois — l'objectif restant pour eux de soumettre l'intelligentsia à l'interrogation sociologique et non pas au sempiternel «mea culpa» des repentis du stalinisme, imbus de leurs palinodies. Trait commun avec Aron ou Michel Crozier, frais sorti du groupe politique d'*Esprit*, l'équipe d'*Arguments* réclame l'avènement de l'intellectuel formé aux sciences sociales et délivré de l'engagement idéologique.

L'appel a-t-il été entendu ? Pas immédiatement, en tous cas, si l'on songe par exemple à la fortune

Pendant l'insurrection de Budapest. | *Roland Barthes, chez lui.*

MAURICE BLANCHOT

ROGER LAPORTE

Pour certains, 1943 est l'année de la parution de *L'Être et le Néant* de J.-P. Sartre, pour d'autres, celle de *Faux Pas* de Maurice Blanchot. 1957 est, certes, l'année où Camus reçut le prix Nobel, mais n'est-ce pas aussi — ou d'abord ? — celle de la publication du *Dernier Homme ?* Dénigrer Camus ou Sartre est sans intérêt, et pourtant, à présent que nous bénéficions d'un recul de presque quarante ans, il est possible de percevoir autrement les années 50 : une réévaluation du champ littéraire s'est effectuée, ou plutôt, en dépit de résistances tenaces, commence à s'effectuer. On peut estimer que la période 1940-1960 est de première importance pour la littérature — pas seulement pour la littérature française —, dans la mesure même où Blanchot publia, d'une part, *La Part du feu* (1943), *L'Espace littéraire* (1955), *Le Livre à venir* (1959) et d'autre part *Un récit* (en 1949, réédité en 1973 sous le titre : *La Folie du jour*), *Thomas l'obscur* (nouvelle version, 1950), *Au moment voulu* (1951), *Celui qui ne m'accompagnait pas* (1953) et *Le Dernier Homme* (1957). Je ne me propose pas de remplacer la formule «les années Sartre» par «les années Blanchot», mais, en revanche, je voudrais tenter de dire, en trop peu de lignes et donc à grands traits, quelle mutation du champ littéraire — et pas seulement du champ littéraire —, a été opérée par l'œuvre de Blanchot.

Avoir aujourd'hui vingt ans ; lire Blanchot pour la première fois en disposant de la quasi-totalité de son œuvre, je n'arrive même pas à imaginer ce lecteur de quatrième génération, mais le témoignage d'un lecteur de deuxième génération (Bataille ou Lévinas, contemporains de Blanchot, sont les lecteurs de première génération) — lecteur qui, depuis 1943, a eu la chance de lire l'œuvre de Blanchot au fur et à mesure de sa parution — peut, je l'espère, aider à comprendre combien lire devint, grâce à Blanchot, «une tâche sérieuse» (formule par laquelle se termine

L'Arrêt de mort). Il est nécessaire de le rappeler : pendant bien des années, nous avons été peu nombreux à lire Blanchot ; nous étions tout à fait isolés ; nous ne nous connaissions pas encore les uns les autres, mais nous lisions la *NRF*, afin de ne jamais manquer la chronique de Blanchot que de mois en mois nous attendions avec impatience. Je ne me contentais pas de lire Blanchot, mais — je n'étais certainement pas le seul —, j'achetais la plupart des ouvrages auxquels il consacrait une chronique, car, loin de rendre compte de n'importe quelle publication, Blanchot a toujours écrit sur les seuls livres dignes de prendre place à jamais sur un rayon de notre bibliothèque. Sans Blanchot, peut-être n'aurais-je jamais lu les *Carnets* de Joubert. Grâce à lui j'ai lu l'*Héraclite* de Clémence Ramnoux. Qui de nos jours tient ce rôle d'initiateur ?

Blanchot doit beaucoup à Kafka ou à Mallarmé, mais Kafka, Mallarmé, Char, Bataille, Lévinas et bien d'autres doivent beaucoup à Blanchot. Comment aujourd'hui lirait-on Kakfa si Blanchot n'avait souvent écrit sur l'auteur du *Château* (ces dix chroniques ont été rassemblées dans *De Kafka à Kafka*) ? Il est impossible de répondre à cette question ou plutôt la réponse est inimaginable. Il est vrai qu'en lisant dans *La Part du feu* : «La parole "sacrée" de Hölderlin», nous ne lisons pas Hölderlin, mais Blanchot qui lit Heidegger, qui lit Hölderlin, qui lit les Grecs, qui, à l'opposé de tout égocentrisme, non seulement se tourne et nous tourne vers Hölderlin ou vers Kafka, nous fraye un chemin jusqu'à leur œuvre, mais, surtout, fait doucement résonner ce fascinant et incessant appel du lointain auquel la «littérature» essaie de répondre. Blanchot nous rend contemporains des œuvres dont il nous parle, il les rassemble dans une même actualité, même si elles appartiennent à des époques différentes, à des genres différents, les unes relevant de la littérature, les autres de la philosophie ou de la mystique. Blanchot n'est pas seulement un

grand commentateur parmi d'autres, car le caractère unique, le trait majeur de son travail consiste à légèrement disjoindre les œuvres et de leur passé et de leur présent, en les tournant vers leur dehors, vers l'inconnu, en faisant comme si l'orient de toute l'«écriture» était constitué par un *livre-à-venir* dont, selon lui, ne brillera jamais que l'absence.

Si Blanchot pensait différemment, il n'aurait pas lui-même tenté de répondre à l'exigence d'écrire, il n'aurait pas été un auteur de «fictions» longtemps occulté par l'essayiste plus facile à lire. Aujourd'hui, on commence à mesurer la portée de ces fictions dont, tôt ou tard, on reconnaîtra qu'elles sont encore plus importantes que les essais. Après les grands romans, tel *Thomas l'obscur*, les grands récits que nous avons énumérés au début de ce texte (*L'Arrêt de mort* paraît en 1948 et *L'Attente l'oubli*, dernier récit en 1962), Blanchot, répondant à l'exigence d'écrire, exigence jamais satisfaite, aborde une troisième «manière» (au sens où on le dit de l'œuvre de Beethoven). Après «les années 50», qui ne sauraient clôturer son œuvre, Blanchot publie, en effet, *Le Pas au-delà* (1973) et *L'Écriture du désastre* (1980), ouvrages majeurs qui ne peuvent être définis ni par référence à la seule littérature ni à la seule philosophie, qui n'opposent plus essai et fiction, mais où s'instaure une tout autre modalité d'écrire et d'abord de penser — une pensée inséparable de la trace et de l'effacement de la trace.

Qu'est-ce que nous fait entendre l'œuvre de Blanchot ? Un appel aussi impérieux que la quête du Graal, mais beaucoup plus énigmatique car sans la promesse d'aucun Graal. Peut-on lire Blanchot sans être appelé à écrire ? J'ai peine à le croire car, après quarante-cinq ans d'une lecture incessante, si je me pose la question : «Au fond qu'est-ce que Blanchot m'a apporté» ?, je réponds : rien d'autre qu'une exigence, mais une exigence sans mesure, trop haute sans doute pour être jamais pleinement satisfaite.

LA SCIENCE FICTION

GÉRARD KLEIN

EN 1950, *Le Figaro* publie un article de Claude Elsen, «La science-fiction remplacera-t-elle le roman policier?». Pour la première fois, le terme, créé en 1926 par l'Américain d'origine luxembourgeoise Hugo Gernsback, apparaît en France, au moins pour le grand public. L'année suivante, en mars, Raymond Queneau le relance dans *Critique*. Il sera suivi en octobre par Stéphane Spriel et Boris Vian dans *Les Temps modernes*. En 1953, c'est au tour d'*Esprit*, puis des *Cahiers du Sud* de célébrer le genre sous les signatures de

Michel Carrouges, de Jacques Audiberti et de Michel Butor sans négliger celle de Stephen Spriel. En quelques mois, tout ce que l'intelligence française compte de noms brillants ou prometteurs semble se coaliser pour saluer ce nouveau (?) genre venu des États-Unis.

Mais c'est dans *France-Dimanche*, hebdomadaire intellectuellement moins huppé, que le grand public découvre au début de 1952 des nouvelles de SF américaines, dues à Ray Bradbury, à A.E. Van Vogt et autres célébrités encore inconnues de ce côté-ci de l'Atlantique.

Cette rencontre des extrêmes continue à caractériser trente ans après l'audience de la science-fiction. Genre intellectuel ou genre populaire? Vecteur des possibles, de réflexion, voire de subversion, ou simple littérature d'évasion, qualifiée par Jean-François Revel de «germe intensément inepte et grossier»?

Une autre opposition, manifeste dès la redécouverte du genre au début des années 50, vient refendre le domaine. Est-il principalement, sinon purement, anglo-saxon, voire américain? Ou bien s'inscrit-il aussi, malgré son indéniable redécouverte grâce au courant américain, dans une tradition littéraire européenne et en particulier française?

La création de collections va aiguiser ce double clivage. Début 51, naît *Le Rayon fantastique*, coproduction Hachette-Gallimard, codirigée par Georges Gallet et S. Spriel, qui s'illustrera en publiant notamment *Cristal qui songe* et *Les plus qu'humains* de Théodore Sturgeon, *Le Monde des Ā* et *Le Faune de l'espace* d'A. E. Van Vogt ainsi que le premier volume de la trilogie d'Isaac Asimov, *Fondation*. Mais fin de la même année sort au Fleuve Noir une collection consacrée à des auteurs français, résolument populaire et sans aucune prétention littéraire. Son titre, *Anticipation*, la rattache à la tradition française des romans d'«aventures scientifiques» de l'entre-deux-guerres. Et ses couvertures, illustrées par Brantonne, sont en elles-mêmes un témoignage de l'époque.

Boris Vian chez lui, à Paris, en 1956.

En 1954, surgissent deux institutions du genre qui existent toujours. La revue *Fiction*, créée par Maurice Renault sur le conseil de Jacques Bergier, longtemps animée par Alain Dorémieux, réussira à faire coexister fantastique et science-fiction, traductions et nouvelles françaises. Avec sa concurrente, *Galaxie*, elle va révéler l'art du conte de science-fiction, et des écrivains comme Robert Sheckley ou Philip K. Dick. Elle donnera aussi leur première chance à des auteurs français comme Jacques Sternberg (en fait belge) et Philippe Curval.

L'autre institution, c'est la collection «Présence du Futur», dirigée chez Denoël par Robert Kanters, mais dont les premiers choix, décisifs, furent ceux de S. Spriel : Ray Bradbury avec les *Chroniques martiennes*, H.P. Lovecraft avec *La Couleur tombée du ciel*, Fredric Brown, Alfred Bester, Richard Matheson.

Il faudrait citer cent noms pour rendre compte de la richesse de cette ère de découvertes dont les témoins ne sont pas encore bien remis. Retenons-en deux qui furent des best-sellers durables et qui caractérisent bien l'ambivalence de ce rêve américain que porta la SF.

Le Monde des Ā, d'A. E. Van Vogt, célèbre le superhéros dans un univers de superpuissances et de superforces. Mais non sans subtilité ni prétention à l'intellectualisme et à l'utopie. Boris Vian, qui le traduisit, ne s'y trompa pas. Ce roman frénétique, plus célèbre en France qu'aux États-Unis, est devenu beaucoup plus tard, dans sa réédition chez J'ai lu, au cours des années 70, avec plus de sept cent mille exemplaires, le best-seller absolu du genre. Mais lors de sa parution, en 1952, il fait figure de curiosité intellectuelle pour fanatiques. Ceux-ci savent y lire la protestation victorieuse, ultime peut-être, d'un sujet autonome contre la montée des empires gris.

Le succès des *Chroniques martiennes*, comparable, fut beaucoup plus rapide, en raison sans doute de son ambiguïté entre littérature traditionnelle et «vraie» science-fiction, et plus encore de sa critique suave de l'*american way of live*. Poète habile et chatoyant, Bradbury propose à une France politiquement déchirée par la guerre froide à la fois le reflet du rêve américain et sa contestation, l'éclat des chromes et la dénonciation du racisme, l'ouverture vers l'espace et la condamnation du maccarthysme. Pour beaucoup d'enseignants de l'époque et d'aujourd'hui, Bradbury représente la science-fiction respectable. Pour la plupart des amateurs, il y a longtemps qu'il est sorti du domaine. Malentendu significatif d'un public et d'un pays travaillés par des valeurs contradictoires — humanisme et pragmatisme.

Car dans l'accueil qui fut alors réservé à la SF et dans les critiques qui lui furent opposées, il faut accorder une grande place au contexte international et à la guerre froide. Les doctes dissertèrent longuement et savamment sur le point de savoir si elle était une manifestation de l'impérialisme américain ou au contraire une occasion de sa subversion. Les amateurs s'en fichèrent éperdument, quitte à répartir leurs admirations ou anathèmes, manifestant par là une indifférence aux jugements des maîtres à penser alors originale mais qui devait s'étendre singulièrement à la fin de la décennie suivante. Pour beaucoup d'étudiants des années 50, la SF, littérature d'idées, fut une école d'ironie et d'indépendance d'esprit. Elle leur tint lieu de culture autant que de contre-culture. Elle fut la littérature de l'accession au monde des idées non reçues de toute une fraction de la classe moyenne alors en rapide ascension sociale pour cause de savoir.

La science-fiction des années 50, ce fut aussi une esthétique des couvertures, naïves comme celles de Brantonne, futuristes comme celles de *Galaxie*, abstraites et distinguées chez Denoël, recherchées pour *Fiction*. Une esthétique de l'objet technologique et du paysage extra-terrestre qu'il convient de rapprocher de l'indifférence absolue avec laquelle la France artistique et bourgeoise reçut vers 1950 la première exposition d'Yves Tanguy puis les œuvres de Matta.

Il est enfin un lieu qu'il faut citer pour rendre compte de l'intense prurit intellectuel qui accompagna la naissance de la SF en France : la Librairie de la Balance créée en 1953 par Valérie Schmidt et que fréquentèrent Vian, Queneau, François le Lionnais, Butor, Pierre Versins, et très assidûment les deux hommes qui ont sans doute le plus fait à cette époque pour le développement de la science-fiction, Stephen Spriel (de son vrai nom Michel Pilotin) et Jacques Bergier.

Apparue en France dès le début des années 50, quelque peu négligée au cours des années 60, explosant dans les années 70 et s'étant bien maintenue au cours de nos années 80, la littérature de science-fiction apparaît avec le recul comme le signe d'un basculement de la France dans le monde moderne, industriel, technologique, voire scientifique — et plus encore dans un univers international, planétaire, et même, désormais, interplanétaire, où les écrivains nationaux tentent, tant bien que mal, de préserver leur identité sans avoir pu s'appuyer sur une école indigène ancienne et honorable mais trop longtemps interrompue.

Il ne fait guère de doute que la tradition de Jules Verne et de J.-H. Rosny aîné, reprise par Jacques Spitz puis René Barjavel et prolongée par Pierre Boulle et Robert Merle, n'a pas fait le poids devant l'invasion anglo-américaine. La sagesse relative de l'anticipation à la française a définitivement cédé le pas devant la frénésie poétique et explosive de la science-fiction, dont la découverte fut probablement l'un des faits culturels marquants et durables des années 50. La persistance des deux principales collections et de la revue créées à cette époque suffit sans doute à le démontrer.

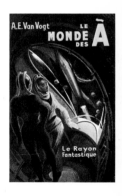

Couvertures des premières éditions françaises de A.E. Van Vogt et Ray Bradbury.

L'ALLEMAGNE APRÈS

JEAN-LOUIS DE RAMBURES

COUPÉE du reste du monde pendant douze ans, vidée de ses forces vives par un exode intellectuel sans précédent dans l'histoire, la littérature allemande avait dû elle aussi repartir de zéro.

Entre les balbutiements du poète Günter Eich essayant tel un naufragé après la tempête de dresser l'inventaire des décombres laissés par l'écroulement du IIIᵉ Reich («voici ma casquette, voici mon manteau, ici mon rasoir dans un étui de lin, boîte de conserve, mon assiette, dans le fer-blanc j'ai gravé mon nom») et la parution du *Tambour*, best-seller mondial, une nouvelle génération d'écrivains marquée par la guerre et le traumatisme du nazisme a vu le jour outre-Rhin, une nouvelle littérature s'est imposée, prenant le contrepied du système de valeurs prônées par l'Allemagne du Miracle économique.

«Mettre les doigts dans les plaies, telle est selon Heinrich Böll la mission de l'écrivain. De bons yeux pour voir les choses de loin, tels sont ses instruments.»

Pour les intellectuels antinazis d'outre-Rhin qui avaient espéré en 1945 la naissance d'une société différente où les valeurs spirituelles auraient eu la primauté, et eux-mêmes, leur mot à dire, la «restauration» des années Adenauer, placées sous le signe de la guerre froide et de l'anticommunisme, de l'américanisation et du culte de l'argent, avait signifié la fin d'une illusion. Mais s'ils tournent alors le dos à la politique pour se consacrer à la littérature, ce n'est plus, comme jadis, pour se réfugier dans une tour d'ivoire, mais pour poursuivre la lutte sur un autre terrain et avec d'autres moyens.

Réunis en septembre 1947 dans une petite ville bavaroise, à la suite de l'interdiction par les occupants américains de la revue contestataire *Der Ruf*, à laquelle participe entre autres Alfred Andersch, une poignée d'intellectuels amorcent une réflexion sur les objectifs et les perspectives d'une littérature entièrement différente, l'ancienne, selon les participants de cette première session du futur «Groupe 47», ne pouvant être tenue pour innocente de ce qui s'est passé.

LA DIFFICULTÉ D'«ÉCRIRE SIMPLE»

Il s'agit tout d'abord de rompre avec la tradition spécifiquement germanique de l'«intériorité», pour regarder la réalité quotidienne. La description des misères, des angoisses, des frustrations de l'individu, occultées par une société dont le mot d'ordre est l'optimisme, sera désormais le thème lancinant de tous les romans. Dans *Rentrez chez vous Bogner* (1952), Heinrich Böll raconte aussi la détresse des soldats revenus du front et confrontés avec un monde qui leur est devenu étranger. *Das Treibhaus (La Serre)* de Wolfgang Koeppen (1953) a pour héros un émigré, de retour au pays, et qui finit par se suicider après avoir cru changer l'Allemagne en s'engageant dans la vie politique. *Les Enfants des morts* (1954) de Böll ont pour personnages des orphelins et des veuves de guerre.

Quant au passé hitlérien, ce traumatisme contre lequel la majorité des Allemands a dressé, si l'on en croit le sociologue francfortais Alexander Mtscherlich, un barrage psychologique, afin de ne pas avoir à en supporter les conséquences, c'est lui qui sera la toile de fond, la référence obligatoire, destinée à ébranler une société pétrifiée dans sa fausse bonne conscience.

Très vite, il est apparu que la langue elle-même, pervertie par l'usage qu'en avait fait l'idéologie nazie, était devenue impropre à traduire la réalité. Au départ, les romanciers des années 50 nourrissent une véritable allergie pour tout ce qui pourrait rappeler «l'art pour l'art», voire pour la littérature elle-même. On s'efforce, suivant le mot d'ordre de Böll, d'«écrire simple». Entre la phrase courte hachée, presque squelettique des premiers romans de celui-ci et le flot torrentiel du *Tambour*, un long chemin reste à parcourir.

La nécessité de trouver un langage différent, susceptible de rendre compte des malaises du temps, se pose avec autant sinon plus d'acuité encore dans le domaine de la poésie.

En 1949, Theodor W. Adorno avait proclamé de façon retentissante dans un essai intitulé *Critique culturelle et société* que «persister à vouloir écrire un poème après Auschwitz relevait de la barbarie».

S'inscrivant en faux contre ces propos, Paul Celan, poète juif, né en Roumanie et réfugié à Paris après avoir échappé à l'holocauste, choisit pour exprimer l'horreur un langage chiffré. «La mort», écrit-il dans «Todesfuge» («Fugue de mort»), le plus célèbre poème du recueil *Mohn und Gedächtnis (Pavot et Mémoire)*, qui paraît en 1952, «est un maître venu d'Allemagne. Son œil est bleu et il te touche d'une balle de plomb, il te touche en plein cœur.»

Un an plus tard, Ingeborg Bachmann, poétesse de vingt-sept ans, relève à son tour le défi, démontrant à travers la langue somptueuse de *Die gestundete Zeit (Le Temps partagé)* que l'évocation des angoisses secrètes de la société du Miracle économique n'est pas inconciliable avec le lyrisme. S'opposant radicalement au principe, prôné à l'époque par Gottfried Benn, du dualisme définitif entre l'art et la vie, elle avertit, telle Cassandre, dans une Allemagne qui ne songe qu'à ses succès : «des temps cruels s'approchent».

Quant au premier recueil de poèmes de Hans-Magnus Enzensberger, *Verteidigung der Wölfe (Plaidoyer pour les loups)*, qui paraît en 1957, son effet est un peu celui d'une bombe dans le paysage apparemment tranquille d'outre-Rhin. Pour la première fois, un poète fait de la réalité politique la matière de la poésie, il utilise les mots mêmes mis à la mode par les faiseurs du Miracle économique pour en démontrer le caractère pervers.

«Le matériau du poète, précise Enzensberger, est d'abord et avant tout la langue. Mais la langue est-elle vraiment l'unique matériau du poème ?... L'objet lui aussi, oui, cet objet antédiluvien démodé depuis des lustres, est un matériau indispensable de la poésie... Mes objets, les objets de mes poèmes sont des objets brûlants — il n'en existe pas d'autres car je vis, comme tout un chacun, dans un monde d'écume en ébullition...»

A mesure que le drame hitlérien s'éloigne dans le temps, tout se passe au demeurant comme si, face à une perspective qui ne cesse de s'élargir, les écrivains découvraient peu à peu l'impossibilité de décrire de manière naïve et directe le réel.

LE GROUPE 47

Dès 1951, prenant le contrepied du principe de l'«écrire simple», cher à Böll, Wolfgang Koeppen avait déjà, dans *Tauben im Gras (Pigeons sur l'herbe)*, mélangé la chronologie et bousculé les notions de lieu selon une technique inspirée à la fois de Döblin, de Dos Passos et de Joyce. L'action de ce roman se déroule en une seule journée du printemps 1951 à Munich occupée par les Américains. Mais à travers la profusion des personnages et le chassé-croisé des anecdotes, c'est le tableau éclaté de l'Allemagne tout entière, au début de l'ère adenauerienne, que brosse l'auteur.

Au fil des années 50, et cela, sans perdre à aucun moment son caractère de «fixation permanente» sur le passé (Hans Mayer), la littérature allemande s'engage sur les chemins du formalisme. Ses structures se compliquent, sous l'influence notamment du Nouveau Roman français. Le simple constat fait place à une analyse de plus en plus subtile.

En 1957, dans *Zanzibar oder der letzte Grund* (traduit en français sous le titre *Zanzibar, le voyage d'Italie*), Alfred Andersch éclaire le présent par le passé. Le livre se déroule dans un port de la Baltique en 1938 et décrit l'odyssée d'une poignée de personnages qui ont décidé de fuir le Reich pour découvrir un monde meilleur. Sous la forme d'une parabole, l'Allemagne nazie renvoie

à l'Allemagne adenauerienne.

Paru la même année, *Ehen in Philippsburg (Quadrille à Philippsbourg)*, premier en date des romans de Martin Walser, met à jour les frustrations, la perte d'identité d'une petite-bourgeoisie courant vers le succès matériel et s'efforçant d'entrer dans le moule social.

Emprunté à l'essai de Jean-Paul Sartre, *Qu'est-ce que la littérature ?* paru en 1949 et traduit outre-Rhin quatre ans plus tard, le mot «engagement» (en français) est à la mode dans l'Allemagne des années 50. Pour ces écrivains, qui se veulent «le sable et non l'huile dans les rouages du monde» (Günter Eich), il n'est pas question de ne pas être «engagé». «Que l'auteur doit être engagé, écrit par exemple Heinrich Böll, je considère cela comme évident. Pour moi, l'engagement est la condition préalable, pour ainsi dire la justification de ce que j'entends par le mot art.» Ce qui n'empêche pas ces mêmes écrivains, échaudés par l'expérience du IIIe Reich, d'être allergiques à toute idéologie.

Pour les intellectuels d'outre-Rhin, le compa-

*Heinrich Böll
à sa table de travail.*

gnonnage pratiqué à l'époque en France par un Sartre avec les communistes n'est pas concevable. L'engagement a pour arme la littérature, celle-ci possédant «une force créatrice susceptible de rendre à l'individu son visage perdu, de le libérer de l'anonymat, de le défendre contre les exigences de la foule, contre le rouleau compresseur de la politique» (Wolf-Dietrich Schnurre). Parmi les règles non écrites du forum de l'opposition intellectuelle qu'est le Groupe 47 figure d'ailleurs l'abstinence politique. Définissant les écrivains allemands des années 50, le critique Marcel Reich Ranicki les qualifie de «moralistes sans code et de croyants sans credo. Des écrivains engagés. Oui, certes, mais engagés sans programme.»
Faut-il y voir la conséquence de leur refus de se

Au fil du temps, le Groupe 47, cette étrange association sans statuts, ni structure, ni siège social, est devenu, en effet, une véritable institution, à la fois «café littéraire d'une littérature sans capitale» (Enzensberger), groupe de pression, voire clique aux dires des malveillants. De plus en plus nombreux, de plus en plus enthousiastes, les critiques, les éditeurs, le public se pressent lors des sessions du Groupe, deux fois par an, au printemps et au automne. *Littérature allemande moins Groupe 47 égale combien?* titre un ouvrage polémique. La réponse, avec le recul du temps, est claire. A de rares exceptions près, par exemple Arno Schmidt, individualiste impénitent et talent inclassable, tout ce qui compte dans les années 50 a été mêlé à un moment ou à un autre aux activités du Groupe 47. La réussite de ce dernier se confond avec celle de cette génération d'écrivains qui se voulaient des troubles-fêtes, des empêcheurs de danser en rond, dans l'Allemagne du Miracle économique, et dont la «Success Story» s'inscrit, par une ironie du sort, au bilan de ce même miracle.

Triple révélation romanesque de la foire de Francfort, en 1959, *Les Deux Sacrements* de Henrich Böll (une tranche d'histoire de l'Allemagne depuis 1907, à travers le destin d'un couvent symbolique tour à tour édifié, détruit et reconstruit), *Conjectures sur Jacob* d'Uwe Johnson (interrogation dans la lignée du nouveau roman sur la problématique de l'Allemagne divisée), et surtout *Le Tambour* qui sera traduit bientôt en plus de vingt langues et dont le tirage dépassera en un quart de siècle les trois millions d'exemplaires, marqueront, pour cette littérature, l'heure de la consécration internationale en même temps que l'achèvement d'une époque. Dès 1961, Martin Walser publie, avec la participation d'autres vedettes du Groupe 47, un essai, au titre éloquent, *L'Alternative ou nous avons besoin d'un nouveau gouvernement.* «La politique telle que je la conçois, déclare Willy Brandt de son côté, a besoin des écrivains.»
Pour la littérature allemande, une nouvelle heure commence, celle de la réconciliation avec la politique. Mais c'est là une autre histoire.

rallier à quelque bannière que ce soit? Jamais les écrivains allemands n'ont été aussi solitaires qu'au cours des années Adenauer. Jamais non plus ils n'ont été aussi solidaires.

«LES RAGAZZI» DE PIER PAOLO PASOLINI

Enzo Siciliano

Depuis 1948, Einaudi publiait les volumes de la première édition des *Quaderni dal carcere* (Cahiers de la prison) d'Antonio Gramsci, sous la direction de Palmiro Togliatti. On était en plein jdanovisme. Après avoir donné quelques signes d'indépendance, le parti communiste s'était rangé sur les positions de l'orthodoxie soviétique, y compris en matière culturelle. Mais Togliatti, très intelligemment, fit de tout ce que Gramsci

Une réunion du Groupe 47 (de g. à d.):
Walter Jens, Wolfgang Hildeshimer, X, Siegfried Leuz, Günter
Herburger, Joachim Kaiser, Marcel Reich-Ranicki, Jürgen Becker.

avait écrit dans les geôles fascistes un point de repère obligatoire pour la réflexion intellectuelle du parti communiste comme de toute la gauche italienne.

Aux principes rigides du «réalisme socialiste», la critique historiciste et matérialiste de Gramsci apportait de façon souterraine de nombreuses corrections, jusqu'à se présenter comme une alternative. Les questions abordées n'étaient pas seulement politiques ou éthico-politiques, elles étaient aussi littéraires. Un argument cher à Gramsci concernait la «littérature nationale populaire». Au cours de ces années de guerre froide, une telle idée adoucissait ou contrebalançait la raideur jdanoviste que dictait la Russie de Staline.

C'est ainsi qu'en Italie on ne participait guère aux débats sur le héros positif, thème soviétique obligatoire. En revanche, on s'intéressait toujours plus à ce que le fascisme avait refoulé comme des manifestations marginales de la nation: les périphéries linguistique et culturelle qui expriment l'âme populaire, même si celle-ci est dispersée. Ces thèmes allaient rendre Pasolini extrêmement sensible à la lecture de Gramsci: ils reprenaient et renforçaient ce que lui avait appris son expérience personnelle au Frioul.

Pasolini vivait sa marginalité linguistique et morale comme une marginalité physique, qui dépassait de beaucoup les limites de la notion marxiste de prolétariat. Si la langue du Frioul était marginale, les «borgate» de Rome l'étaient encore plus. Et ces faubourgs ont bientôt concrétisé, dans l'imaginaire de Pasolini, le concept d'une culture «nationale populaire». Peut-être l'écrivain était-il influencé en cela par sa sensibilité chrétienne, et par l'idée que les exclus le sont d'autant plus qu'ils concentrent en eux une certaine vérité. Il était aussi marqué par l'idée romantique selon laquelle le rejeté acquerrait presque mystiquement le droit à la transgression des codes linguistiques, moraux et politiques. De ce fait, le torchon rouge de l'espoir révolutionnaire lui appartenait, ainsi qu'à tous ses semblables: les ragazzi.

Être communiste était pour Pasolini presque naturel. Chassé du parti au Frioul pour homosexualité, il fréquentait à Rome les bals populaires de la ceinture rouge. Dans ces quartiers, il côtoyait fatalement les «camarades», mais il y avait aussi chez lui cette conviction que le capitalisme conduit à la disparition de tout ce qui existe de bon et de réel sur terre. Il avait foi dans le communisme pour donner forme à l'instinct de conservation et la volonté de survivre. De même que pour le Candide de Leonardo Sciascia, le communisme avait pour lui «à faire avec l'amour et aussi avec le faire l'amour».

En 1955 paraît *Ragazzi di vita*. Le roman est dans les librairies en avril. La présidence du conseil des ministres le signale au procureur de la République de Milan comme une œuvre à caractère pornographique vers la fin de juillet. Pour comprendre le «scandale» provoqué par la sortie de ce livre et son succès fulgurant, avec les débats qui s'ensuivent, il faut se reporter aux bandes d'actualités de l'époque. Pornographie, mais quelle pornographie au juste? A peine quelques points de suspension après un «vaffan...» *(va te faire...)*, quelques pédophiles peints en ombres chinoises sur les murs de carton des cinoches de banlieue, ou ce mot «cazzo» *(bite)* même pas prononcé en entier mais glissant à fleur de peau du récit. Ce qui était pornographique, c'est l'odeur de vérité que dégage ce livre picaresque: la vitalité maladive et en sueur des protagonistes, leur frénésie hurlante, la plasticité dérisoire et effrontée de leurs corps.

Les Ragazzi évoque les «borgate», quartiers périphériques peuplés d'existences à la dérive. Pasolini décrit une vie qui de la vie n'a que l'apparence. Il lève le voile sur la mauvaise conscience d'un pays accroché à ses préjugés moraux et sociaux; il montre le squelette caché dans le placard, qui se met à vitupérer dans un langage outrageux.

L'urgence qu'il y avait à sortir des schémas archaïques de production et la survie de principes éthiques figés et enkystés ont seuls fait accuser de pornographie un livre qui n'a rien de pornographique, où l'érotisme n'est évoqué que pour débusquer une secrète image de mort.

Le poids politique de ce livre est indéniable. Il met à nu, avec la nouveauté d'un style très élaboré, les marges existentielles de la société italienne. Celle-ci venait de panser de graves blessures, mais trop vite. Elle prétendait être guérie, mais se cachait à elle-même ses maux anciens. La vie gâchée de Riccetto et de ses amis représente sans doute, quelles qu'aient été les intentions de l'auteur, le miroir brûlant de ces maux. Il était alors facile de nier la maladie en essayant d'en interdire le miroir.

Les «borgate» de Rome, avec leur bouillonnement humain, constituaient une inquiétante ceinture autour de la capitale. Leur simple existence accusait les gouvernements successifs qui n'arrivaient pas à se libérer de cet héritage fasciste. Le cancer social et urbanistique de ces faubourgs avait été voulu par la dictature de Mussolini. La nouvelle démocratie décollait vers le bien-être, mais cette plaie visible s'étalait toujours davantage, telle une métastase maligne.

Même si la démarche peut aujourd'hui sembler naïve, il demeure qu'on a tenté de faire taire cette voix que Pasolini donnait aux «borgate». «C'est une colonne sonore», disait Gadda, qui aimait le roman. Il fait aussi allusion à l'extraordinaire don du verbe qu'avait Pasolini. *Les Ragazzi* utilisent le son de façon follement matiériste et timbrée, sans recours à la mélodie.

Le roman fait mieux que représenter une réalité; il est une réalité du fait de sa conception rigoureusement littéraire. «Dans une tension obsessive et monotone, Pasolini vide le monde des faubourgs de tout ce qui n'est pas animal ou brutal. Il supprime tout souffle humain, tout soupirail d'espoir, toute raison de vivre plutôt que de mourir», écrit Pietro Citati. Mais cet enfer maldororien, où règne en maîtresse la défaite, est bizarrement heureux: le style le transforme en une éclosion perpétuelle d'images et le nourrit d'une vitalité exubérante. Innocent et rusé, l'écrivain transmet au lecteur le frisson hilare et impudique de sa propre découverte, qui est à la fois érotique et littéraire. Sa subjectivité triomphe alors en un érotisme diffus, impossible à arrêter, et qui creuse une perspective inédite, élégamment politique.

Extrait de Pasolini, une vie *dont une traduction est parue à La Différence, Paris, 1983.*

441

L'ESPAGNE SOUS DICTATURE

ROBERT MARRAST

JUIN 1950 : la guerre de Corée — abcès de fixation de la guerre froide — offre à l'Espagne franquiste, bastion de l'anticommunisme, l'occasion de faire sa rentrée sur la scène internationale : le blocus dont le pays était l'objet depuis 1946 par décision de l'ONU est révoqué par celle-ci en 1950. En mars 1951, la Grande-Bretagne et les États-Unis rénovent leurs relations diplomatiques avec Madrid ; en 1953, un concordat est signé avec le Vatican, après la tenue du Congrès eucharistique international à Barcelone en mai 1952 ; l'Espagne est successivement admise dans les grandes instances internationales : l'OMA (1950), l'OMS (1951), l'Unesco (1952), l'ONU (1955), l'OECE et le FMI (1959). En 1953, les États-Unis lui accordent une aide militaire et financière qui lui permettra de faire face à un déficit de plus en plus important, dès 1952, de sa balance commerciale, et de mettre en œuvre, dès 1954, divers plans de redressement de son industrie et de son agriculture.

Si, en mars 1952, une récolte exceptionnelle permet de mettre fin au rationnement du pain, la situation intérieure du pays n'en est pas moins très tendue au cours des années 50 : dès mars 1951, des mouvements sociaux, durement réprimés, se produisent à Barcelone, au Pays basque, à Madrid, et vont se poursuivre jusqu'en 1962.

Franco choisit la date symbolique — anniversaire du soulèvement dont il avait pris la tête en 1936 contre la République — du 18 juillet 1951 pour remanier son gouvernement ; il crée alors le ministère de l'Information et du Tourisme, à la tête duquel Arias Salgado exercera pendant neuf ans un contrôle rigoureux et tatillon sur les médias et la création littéraire. Son collègue de l'Éducation nationale, Ruiz-Giménez, catholique d'esprit ouvert, s'efforcera, en revanche, de favoriser la liberté d'expression au sein de l'Université, réintégrera dans leurs fonctions des professeurs révoqués parce que ayant pris parti pour la République pendant la guerre civile de 1936-1939, ou de retour d'une longue émigration. Pedro Laín En-

tralgo et Antonio Tovar, respectivement recteurs à Madrid et à Salamanque, soutenus par leurs collègues, Tierno Galván, Aranguren, Marías, Zubiri, Caro Baroja, Maravall, Marañón, lutteront pour l'ouverture et le dialogue avec les intellectuels exilés depuis 1939. Grâce à eux, l'Université commencera à rompre avec les interdits prononcés par le régime ; grâce au Catalan Vicens Vives et à ses disciples, l'histoire connaît un renouveau sans précédent. Mais les tensions sociales persistent ; en février 1956, une grève des étudiants de Madrid, suivie de manifestations de rues, entraîne la destitution de Ruiz-Giménez et de Laín Entralgo, et l'arrestation de nombreux intellectuels.

La libéralisation relative de l'économie s'accompagnera d'une répression de plus en plus dure des activités de l'esprit de tendance libérale. A partir de 1955, le directeur général de la presse, Juan Aparicio, interdit à la publication plusieurs revues universitaires ; à Barcelone, où l'écrivain et futur éditeur Carlos Barral publie en 1952 ses premiers vers, la revue *Laye*, où le critique José Maria Castellet joue un rôle important, cessera vite sa courte vie (1950-1953). En janvier 1956, c'est le retour de la revue de renommée internationale *Ínsula* (fondée en 1946 par Enrique Canito et le poète José Luis Cano), qui ne reparaîtra qu'en décembre de la même année, grâce à Juan Beneyto, qui vient de succéder à Juan Aparicio. Cependant, l'*opus dei* se livre à de violentes attaques contre les intellectuels libéraux — monarchistes, franquistes comprenant la nécessité d'une certaine ouverture, membres de l'opposition clandestine — dans les pages de sa revue (née en 1954) *Punta Europa*.

Les partis de gauche en exil renforcent leur action : le PSOE et le PCE, notamment, se préparent — mais avec un optimisme prématuré — à l'après-franquisme. Le 18 juin 1959, la grève nationale pacifique organisée par le PCE se solde par un échec cuisant et l'arrestation de plusieurs leaders de ce parti.

Optimisme prématuré, car le franquisme imposera encore longtemps sa dictature dans tous les domaines d'activité du pays. La presse muselée ou aux ordres, le fait du prince érigé en loi quotidienne, la création soumise à une censure imbécile — comme toute censure —, voilà qui ne favorise guère la littérature de l'Espagne. Peut-être parce que son langage était le plus souvent hermétique aux censeurs, la poésie est particulièrement bien représentée au cours des années 50. Des revues — *El pájaro de paja* (1950-1954), *Ágora* (1951-1955), *Poesía española* (1952), à Madrid; *Planas de poesía* (1950-1951) aux Canaries, etc. — font connaître des œuvres de jeunes poètes espagnols ou de grands poètes étrangers. En 1956, le romancier Camilo José Cela commence à publier, à Palma de Majorque, sa presti-

gieuse revue *Papeles de Son Armadans*, où poésie, prose, essais trouvent leur place, et dont les numéros monographiques (Miró, Picasso, Alberti, etc.) sont aujourd'hui très recherchés. En 1958-1960, *Acento cultural*, revue du syndicat unique des étudiants, ouvre ses pages à des textes parfois audacieux. A Barcelone, le très officiel Instituto de Estudios Hispanicos décerne à partir de 1949 son prix Boscán, de poésie, qui couronne notamment *Redoble de conciencia* de Blas de Otero (1950), *España, pasión de vida* d'Eugenio de Nora (1953), *Salmos al viento* de José Agustin Goytisolo (1956), qui savent l'art de dire des vérités sous des formes apparemment anodines. Parmi ces poètes, les plus engagés — malgré les différences profondes de leur écriture — sont,

*Rafael Alberti avec sa femme et sa fille
en 1950, en Uruguay.*

justement, Blas de Otero (*Je demande la paix et la parole*, 1955; *Ancia*, 1958), dont le recueil *En castellano*, interdit en 1958, paraîtra à Paris chez Seghers l'année suivante, traduit par Claude Couffon sous le titre *Parler clair*). En 1954, Gabriel Celaya pourra publier ses *Cantos iberos*, mais en 1957 c'est à Mexico que sortira son livre *Les Résistances du diamant*, et à Buenos Aires en 1960 son recueil *Poesía urgente*.

L'EXIL, LE NOUVEAU ROMAN

Mais le plus grand poète de l'Espagne de l'intérieur est Vicente Aleixandre — prix Nobel 1977 —, dont le discours académique de 1950 et celui qu'il prononça en 1955 sur la poésie espagnole contemporaine contiennent un éloge de ses confrères plus

un écrivain qui, quoique non engagé au sens strict du terme, avait constamment réprouvé le franquisme. Autant que le penseur et poète catholique José Bergamín qui, exilé, avait cédé à la légitime tentation de regagner en 1959 l'Espagne qu'il avait dû quitter à nouveau pour la France en 1964 tant il y étouffait.

Dans cette Espagne des années 50, le théâtre est l'objet d'une étroite surveillance : deux dramaturges nouveaux parviennent, au prix de mille difficultés, à faire jouer des œuvres qui s'écartent de la médiocrité du répertoire traditionnel, et posent des problèmes sociaux ou politiques actuels : Antonio Buero Vallejo (*Historia de una escalera*, 1950; *En la ardiente oscuridad*, 1951; *Las cartas boca abajo*, 1957; *Un soñador para un*

jeunes, qui y virent avec raison un encouragement. *Nacimiento último* (1953) et *Historia del corazón* figurent parmi ses deux livres de poésie les plus importants de cette époque.

D'autres, cependant, continuaient leur œuvre en exil, dans des conditions souvent difficiles. Si les poètes Pedros Salinas (mort en 1951), Luis Cernuda (mort en 1953) et Jorge Guillén (mort en 1984) — dont la poésie, à partir du recueil *Maremagnum* (1957) prend une dimension sociale et politique — gagnaient leur vie, comme le romancier Arturo Barea (mort en 1957) en enseignant dans des universités étrangères, Rafael Alberti, exilé à Buenos Aires, ne vivait alors que de ses conférences, articles et livres — *Teatro I* (1950), *Revenances du vivant lointain* (1952), *Ora maritima* (1953), *La Futaie perdue* (mémoires, 1959) —, comme son épouse María Teresa León. De même, León Felipe, José Moreno Villa et Manuel Altolaguirre à Mexico, et bien d'autres.

Deux événements — la mort du penseur Ortega y Gasset en octobre 1955 et celle du grand romancier Pio Baroja un an plus tard — donnent lieu à des hommages qui tournent à la manifestation anti-franquiste. En 1956, c'est au grand poète exilé à Porto Rico Juan Ramón Jiménez qu'est décerné le prix Nobel de littérature, c'est-à-dire à

pueblo, 1959) et Alfonso Sastre (*Escouade vers la mort*, 1953; *La mordaza*, 1954; *La cornada*, 1960).

Le roman connaît des vicissitudes diverses. C'est en février 1951 qu'est publié à Buenos Aires — parce que interdit à Madrid — l'un des meilleurs de Camilo José Cela, *La Ruche*, qui décrit avec une impitoyable minutie la vie médiocre des clients d'un café de la capitale. Chacun selon leur tempérament, les romanciers de ce moment optent pour le roman social : Luis Romero (*La noria*, 1952), José María Gironella, *Les cyprès croient en Dieu*, 1953), Jésus Fernández Santos (*Los bravos*, 1954), Carmen Martín Gaite (*A travers les persiennes*, 1958), Jésús López Pacheco (*Central eléctrica*, 1958), Ana Maria Matute (*Fête au nord-ouest*, 1953; *Los hijos muertos*, 1958), Antonio Ferres (*La piqueta*, 1959), Juan García Hortelano (*Nuevas amistades*, 1959), Armando López Salinas (*La mina*, 1960), Luis Goytisolo (*Las afueras*, 1958), Lauro Olmo (*Ayer, 27 de octubre*, 1958), Ángel María de Lera (*Les Trompettes de la peur*, 1958), etc. Mais, le plus important de ces romans est *Les Eaux du Jarama* (1956) de Sánchez Ferlosio, le premier écrit en Espagne selon la technique rigoureuse du réalisme objectiviste. Cependant, Juan Goytisolo,

*Juan Goytisolo avec Claude Gallimard
en 1956, en Espagne.*

444

le plus doué de sa génération, publie successivement *Jeux de mains* (1954), *Deuil au paradis* (1955), *El circo* (1957), *Fiestas* et *La resaca* (1958), et l'essai *Problemas de la novela* (1959), avant de devenir, à partir de *Pièces d'identité* (1966) le représentant le plus éclatant du nouveau roman espagnol. Mais les émigrés continuent de produire en exil : Arturo Barea publie sa trilogie *La Forge d'un rebelle* à Buenos Aires, en 1951 ; Max Aub poursuit au Mexique, avec *Campo abierto* (1951), sa série romanesque sur la guerre civile, et publie *Les Bonnes Intentions* (1954), ainsi que des recueils de nouvelles et de brèves pièces de théâtre ; Ramón J. Sender édite en 1953 à Buenos Aires un de ses plus célèbres romans, *Requiem pour un paysan espagnol*.

Trois événements marquent la fin de la décennie : le 1er avril 1959, Franco inaugure le monument du Valle de los Caídos qu'il a fait élever à sa gloire non loin de l'Escurial ; au mois de février de la même année, des Espagnols libéraux et des exilés de la guerre civile se retrouvent pour rendre hommage à la mémoire du grand poète Antonio Machado, devant sa tombe au cimetière de Collioure (l'hommage organisé simultanément à Ségovie sera interdit par la police) ; et 1959 s'achève (presque), le 21 décembre, sur la poignée de main de Franco et d'Eisenhower qui vient d'atterrir sur la base américaine de Torrejón, à quelques kilomètres de Madrid. Tel fut, à grands traits, le panorama de l'Espagne des années 50.

La récolte des poivrons près de Granada.

JEUNES GENS EN COLÈRE

FRANÇOISE DU SORBIER

L'EXPRESSION *Angry young men* (jeunes gens en colère) devient à la mode en Angleterre vers 1956. Elle rassemble sous une même désignation des écrivains très différents qui ont fait à partir de 1953 une apparition pleine de bruit et de fureur sur une scène littéraire anglaise assez ronronnante. Ils étonnent au point que la comparaison la plus souvent employée dans les médias de l'époque est celle de «visiteurs de l'espace», ou d'êtres descendus de «soucoupes volantes». D'où viennent-ils donc?

Nés entre 1922 et 1930, ils ont eu une enfance ébranlée par la crise économique des années 30 et une adolescence marquée par la Seconde Guerre mondiale. De 1945 à 1951, ils ont connu le *Welfare State* (État providence) travailliste d'Attlee, auquel a succédé le retour durable des conservateurs. Or les lois votées sous les travaillistes ont ouvert les portes des universités comme Oxford et Cambridge — jusque-là réservées à l'élite —, aux jeunes issus des classes laborieuses et moyennes. Si le système de classes n'en a pas été aboli pour autant, cela a contribué à son érosion. A côté de la hiérarchie fondée sur la naissance et la fortune, une autre apparaît, fondée, elle, sur la réussite intellectuelle: la «méritocracie».

Avant-guerre, les écrivains étaient soit issus de la bourgeoisie et formés à Oxford ou Cambridge, comme W.H. Auden, Evelyn Waugh, Graham Greene, soit autodidactes brillants tels que Bennett ou Lawrence par exemple; ceux-ci avaient pu accéder au monde de la culture et s'y intégrer, parfois après un passage dans une université de province. Après-guerre, la génération des «jeunes gens en colère» est le premier fruit du rapprochement entre masses et culture voulu par le *Welfare State*. Or ce n'est pas le moindre des paradoxes que ce fruit est amer et que nombre de ces jeunes ainsi favorisés se révoltent contre une société qui croyait les élever mais n'a fait d'eux que des déclassés. Une telle attitude exaspère certains écrivains parmi leurs aînés, tel Somerset Maugham: «Ils ne vont pas à l'Université pour y acquérir une culture, mais pour obtenir un travail; et quand ils en ont un, ils le bâclent», s'indigne-t-il dans une lettre au *Times*.

Pourtant, ces jeunes auteurs ne crient leur colère que pour mieux masquer leur détresse. Ils expriment un double sentiment d'insécurité: insécurité sociale de déracinés qui conservent un certain nombre de réactions de leur classe d'origine, alors que leur trajectoire leur demande une adaptation à un univers radicalement étranger à celui de leur enfance et de leur cellule familiale; insécurité existentielle aussi, car ils se trouvent confrontés à un monde destructuré par la guerre et où les valeurs matérielles sont au premier plan. Face au monde qui les attend à l'entrée dans l'âge adulte, les «jeunes gens en colère» hésitent entre fascination et répulsion, adhésion et repli. Malaise et désenchantement se manifestent dans des comportements provocateurs ou iconoclastes. Les «Angries» ont en commun leur violence, réaction-

A Londres, en 1954.

nelle, qui répond à celle qu'exercent sur eux le système, l'*Establishment*, et la société en général. Celle-ci, perçue comme répressive, mortifère et figée, suscite chez eux une révolte qui s'exprime de diverses manières selon les tempéraments.

LA QUÊTE DE L'IDENTITÉ

John Wain, né en 1926, diplômé d'Oxford, a publié en 1953 le premier roman de rupture et de protestation de cette génération : *Hurry on Down* (paru chez Hachette sous le titre : *Les Diplômes de la vie*, en 1953 et republié chez Plon en 1968 sous un autre : *Le Laveur de carreaux*). Au sortir de l'Université, son héros refuse d'entrer dans l'univers auquel ses diplômes lui donnent accès et cherche sa voie dans les zones marginales de la société. Cette démarche de fuite est aussi quête d'un refuge contre l'aliénation qu'implique l'intégration sociale.

En 1954 paraît *Lucky Jim*, (*Jim-la-Chance*, Plon, 1956) de Kingsley Amis (né en 1932 et diplômé d'Oxford lui aussi). Ce roman connaît un succès immédiat. Jim Dixon, jeune enseignant d'une université de province, ne peut se résoudre à se conformer aux usages de la vie universitaire. Complètement déclassé, ce curieux héros ne survit qu'en prenant, grâce à son cynisme et sa verve corrosive, des distances radicales vis-à-vis du système.

En mai 1956, John Osborne se fait un nom en une soirée avec *Look Back in Anger* (*La Paix du dimanche*, pièce jouée à Paris en 1958; traduite chez Gallimard en 1962 sous le titre : *Le Jeune Homme en colère*). Véritable manifeste contre l'ordre établi, l'ennui et les habitudes de l'Angleterre conservatrice, la pièce fait l'effet d'une bombe sur une scène où régnait un aimable théâtre de boulevard comme celui de Noël Coward, ou un théâtre poétique moins accessible (T.S. Eliot, C. Fry). Le héros, Jimmy Porter, fils d'ouvriers, marié à une bourgeoise, dénonce avec violence l'inanité du monde, la sclérose d'une société dont il ne veut pas devenir un rouage, et crie son malaise devant sa propre impuissance à communiquer. Anarchique, sa révolte n'a pas de dimension politique mais exprime le mal de vivre d'une génération qui s'est reconnue en lui.

Autre exemple de succès immédiat, le premier roman de John Braine, *Room at the Top* (1957), qui devient un best-seller après l'Oscar obtenu par Simone Signoret dans le film tiré du livre (*Les Chemins de la haute ville*, 1960). Pur produit du *Welfare State*, le héros, Joe Lampton, est en quête de confort matériel et d'ascension sociale. A l'inverse des autres héros des *Angries*, s'il méprise le système, il ne le rejette pas, mais l'exploite et use avec cynisme de son pouvoir de séduction sur les femmes pour gravir les échelons de la réussite sociale.

D'autres auteurs ont été associés aux *Angries*, tel Colin Wilson, essayiste et polémiste, qui eut son

heure de gloire comme «intellectuel du lumpen prolétariat», ou encore son ami Stuart Horoyd, essayiste aussi, et influencé comme lui par l'existentialisme. Mais leur heure de gloire a été sans lendemain.

Les «jeunes gens en colère» n'ont jamais formé un groupe. Seules leurs sensibilités ont coïncidé. Ils ont crié en même temps, mais pas à l'unisson. Ils partagent cependant le sens de l'absurdité de la vie dans un monde où les relations humaines sont frelatées à force de conditionnement, et où talent et capacités individuelles ne peuvent s'épanouir. Tous font preuve du même scepticisme face à la religion, au système économique et à la politique. Leur attitude est celle du non-engagement. Contestataires, voire anarchistes, ils ne sont pas révolutionnaires. Leur comportement blasé et rétractile cache en fait le romantisme frustré d'hommes jeunes qui voudraient pouvoir croire en l'absolu. Le point commun de toutes ces œuvres est sans doute la quête d'une identité, d'autant plus difficile à découvrir que les modèles sont brisés. Comment survivre, comment s'adapter sans s'aliéner, telle est la question lancinante qu'elles posent.

Fruit d'une combinaison unique de circonstances socio-historiques et de jeunes talents, le phénomène des *Angries* a été insulaire et éphémère, épisode déterminant mais transitoire dans la carrière que poursuivent à ce jour les plus doués d'entre eux.

1 John Wain.
2 Kingsley Amis.
3 John Osborne.
4 John Braine.

La Paix du dimanche
d'après John Osborne
Au Théâtre des Mathurins en 1958
Avec Brigitte Auber et Pierre Vaneck.

447

L'INQUIÈTE QUIÉTUDE DE L'AMÉRIQUE

PIERRE-YVES PÉTILLON

Norman Mailer.

"ON n'avait pas l'impression que Noël allait arriver. Pas seulement Noël. C'était comme si rien, plus jamais, n'allait arriver», songe Holden Caulfield, en traversant frileusement Central Park le dimanche matin, sa casquette ringarde enfoncée jusqu'aux oreilles. Il ne fait pas trop froid, mais le soleil ne se montre toujours pas : un temps humide, morne, couvert. Le lac est gelé et Holden se demande, on s'en souvient, où vont les canards quand «il n'y a plus que de la glace». Il fredonne vaguement, sans y croire, sa comptine lointaine : «Si un cœur rencontre un cœur venant à travers les seigles...» Si, quand parut le roman de Salinger, en 1951, «l'année de *L'Attrape-Cœur*», toute une génération adolescente dans les

années 50, celle qu'on a appelée la «génération silencieuse», s'est identifiée à son héros comme jamais peut-être génération depuis le temps lointain où, dans une toute autre tonalité, les souffrances du jeune Werther faisaient défaillir, c'est en partie parce que, dans son idiome de collégien traqué par l'aphasie, Holden Caulfield, cheminant en ces temps de guerre froide parmi les «terres froides» qu'évoque obliquement en anglais son nom, captait si exactement le climat particulier à ces années, en donnait mieux que personne la «météo». Le temps semblait s'être ralenti jusqu'à la stase totale; tout était comme engourdi et gelé; le pays était comme définitivement encalminé. Quatorze ans en 1951, le romancier Thomas Pynchon évoque rétrospectivement cette sensation qui ne commença à se dissiper que vers 1957 : «Un des effets pernicieux des années 50 fut de convaincre les gens qui y grandissaient qu'elles dureraient toujours. C'était une époque où chaque année était semblable à une autre. Tant qu'Eisenhower était en place, il n'y avait, semblait-il, aucune raison pour que tout ne continue pas tout simplement dans l'état.» Le «statu quo», ce terme qu'Eisenhower avait, et on s'en gaussait, chaque fois tant de mal à prononcer, fut, avec «consensus», un des mots clés du temps; en haut lieu, on vivait dans la hantise de le maintenir; on avait le sourd pressentiment que toute mutation risquait d'être catastrophique et qu'il fallait, pour reprendre un autre mot clé de l'époque, l'«endiguer». Holden Caulfield fut le Hamlet de cette génération emmurée dans le silence : peureusement replié sur lui-même, intériorisant les diktats et interdits, esquissant quelques gestes de rébellion vite avortés avant d'acquiescer au compromis et de sombrer dans la dépression.

DE LA FRESQUE SOCIALE
AU HUIS-CLOS PSYCHOLOGIQUE

L'époque, en littérature, est au repli névrosé sur soi. En l'espace de quelques années, on est passé de l'arène publique, son tumulte et ses luttes, à la claustration dans l'enclos privé du terrier. Le climat s'installe dès la fin de la Seconde Guerre mondiale, mais dans les cercles de l'intelligentsia, comme celui de *Partisan Review*, par exemple, on le voit s'esquisser dès les années 40, lorsque Kafka et Dostoïevski remplacent subrepticement Marx comme référence culturelle. S'agissant d'une époque dont les classiques majeurs furent après tout *Le Zéro et l'Infini* de Koestler (publié en 1940) et *1984* de George Orwell (publié en 1949), on serait même tenté de faire remonter le «*mood*» des années 50 au double trauma des procès de Moscou et du pacte germano-soviétique. Publié en 1939, le chef-d'œuvre du roman social, *Les Raisins de la colère*, de John Steinbeck, parvient d'une planète déjà morte et, dès la publication, en 1940, de l'autre grand roman social, *L'Enfant du pays*, de Richard Wright, avec son héros déraciné, traqué et qui se cogne sauvagement la tête contre les murs de sa prison, l'inflexion a changé du combat social à l'exploration psychologique de l'aliénation. Dans *Sur la route*, écrit en 1951, Kerouac semble vouloir donner un *remake* romanesque des années 30, mais ses transhumants ne sont plus que le fantomatique écho des «Okies» de Steinbeck, et, au centre de son livre, il y a moins le vagabond anarchiste de la tradition syndicaliste des Wobblies que la figure du «fellah» qu'il a trouvée dans Oswald Spengler : le paysan au crépuscule de l'Occident, attendant, silencieusement, passivement, enfoui «dans le sommeil de la terre». C'est dans l'étrange roman qu'écrit, pour opérer «une lobotomie du passé», en 1948-1950 Norman Mailer, *Le Rivage de Barbarie*, qu'on trouve peut-être la meilleure description de l'oppressant huis-clos où tant des romans américains les plus symptomatiques des années 50, ceux notamment de Bernard Malamud, vont désormais se dérouler : un estropié de la guerre, étranger à lui-même, amnésique, ayant perdu ses repères familiers, vit dans la claustration d'une pension de famille minable de Brooklyn où il assiste, au cours de nuits hallucinées, au face à face entre deux autres pensionnaires — un ancien membre du comité central du parti communiste américain et un agent de ce FBI qu'on vient de charger de la sécurité intérieure. C'est un procès depuis le fond du souterrain où l'homme de Dostoïevski griffonnait ses «notes», un rituel de l'aveu et de l'expiation, dans la claustration où vous terre l'insidieuse terreur de l'«ère du soupçon».

Un mot indexe l'époque : «*containement*», qui, en v.o., a le double sens d'endiguement du péril extérieur et, dans le for intérieur, la hantise de se contenir jusqu'à la répression. Plus encore que le livre de Mailer, qui est une sorte de requiem pour l'Amérique radicale prenant le maquis avant de resurgir à ciel ouvert dans les années 60, un roman de Saul Bellow, *La Victime*, paru en 1947,

a exploré les ambiguïtés de ce mot. Analyse avant la lettre du maccarthysme déjà sensible dans la société américaine, c'est un roman sur l'intimidation. Leventhal est un petit bourgeois, un fils d'immigrant de la vieille Europe juive russe qui s'est donné bien du mal pour acquérir petitement un statut dans la société américaine : il l'a fait en se «conformant», en adoptant le profil le plus bas possible, en se censurant, en effaçant de son comportement toute trace de ce qui pourrait d'aventure être interprété comme une déviance par rapport à la norme — dans le procès de Moscou en miroir qui est, pour certains, en train de se jouer, la «déviance» est au monde américain ce que la déviation est au monde communiste. Il se tient crispé sur le petit territoire qu'il est parvenu à se découper et où il croit avoir atteint une précaire sécurité. Or, cet îlot est un beau soir envahi par un personnage trouble sorti tout droit de *L'Éternel Mari* de Dostoïevski, qui s'insinue dans son intimité, et le déstabilise : une sorte de Neveu de Rameau, mi-grand seigneur arrogant, mi-clochard bouffon, qui joue au chat et à la souris avec Leventhal, usant alternativement du dis-

Un Noël aux États-Unis, en 1957. | *Jérôme David Salinger.*

cours nativiste pour inquiéter le fils d'immigrant, et du discours populiste pour inquiéter le petit-bourgeois. Leventhal s'est construit une enclave d'ordre dont il défend les remparts, mais ce qu'il découvre, c'est finalement la précarité de cette enclave. Et du coup aussi, le prix qu'il lui a fallu payer pour essayer de la maintenir : l'atrophie du spectre de ce qui lui est permis de dire, de penser, de ressentir, l'asphyxie qui l'amène jusqu'à la lisière où il va craquer, donner libre cours à ce qu'il ressent dans son tréfonds, lever l'interdit sur la parole. Mais à cette lisière, il prend peur devant le chaos, l'anarchie intime que cette sortie déclencherait, devant l'aveu qui, peut-être, l'exposerait à des risques qu'il a peur de prendre : le cri hors norme qui voudrait sortir, pour dire que le vécu ne se limite pas à ce que le «code» officiel qui se met en place prescrit, reste noué dans sa gorge.

Oscillant entre la hantise de l'ordre — mais cet ordre signifie également enfermement et atrophie — et la tentation d'un désenclavement, d'une ouverture — mais cette ouverture signifie également déferlement anarchique, aléatoire, du chaos —, c'est un livre qui dessine l'espace culturel particulier à l'époque.

PAS D'ORIGINALITÉ OU PAS DE COMMUNICATION

Rétrospectivement, on s'aperçoit que l'écrit qui eut le plus d'importance peut-être pour la littérature de l'époque se trouve où l'on ne l'aurait à priori pas attendu : dans une revue scientifique absconse où en juillet et octobre 1948 Claude Shannon, un ingénieur ayant travaillé au MIT et au laboratoire de Bell Telephone Company sur le problème de la transmission d'un signal et de

l'élimination maximale du «bruit» dans un canal, publia deux papiers repris en 1949 dans *The Mathematical Theory of Communication.* Cet ouvrage non seulement fonda, comme on sait, la théorie de l'information, mais il fournit à la génération d'écrivains américains dont la carrière commençait alors une sorte de schème à travers lequel appréhender et décrire le paysage culturel qui était le leur. Tel qu'ils le lurent, ce schème dessinait, pour le résumer grossièrement, un espace épistémologique marqué par deux limites entre lesquelles on oscillait : la fermeture totale et l'ouverture totale, le 1 et le 0. Limite 1 : le message est parfaitement structuré, sa *Gestalt* totalement perceptible ; le taux de redondance est de cent pour cent, tout «bruit» parasite a été éliminé, filtré par une bande passante accordée sur la fréquence du signal qui émerge clair et pur ; mais le taux d'originalité du message transmis tend vers zéro. Limite 0 : l'entropie du message est à son maximum ; aucune structure n'est repérable ; dans la chaîne stochastique, l'apparition de n'importe quel signal est également probable ; l'imprévisibilité est totale ; tout est ouvert et aléatoire ; le taux d'originalité est de cent pour cent, mais l'information ne passe plus, faute de structure qui la rende signifiante. Ce schème, d'une certaine manière, ravivait une problématique très ancienne dans la culture américaine : la dialectique entre l'enfermement dans le cadastre des «habitations» et l'exposition à l'inconnu des «terres sauvages». Cependant, il n'aurait pas connu une telle vogue si le mathématicien Norbert Wiener n'avait pas mis toute la flamboyance de sa personnalité, non seulement à le vulgariser largement, mais à en souligner quasi prophétiquement les implications politiques dans le climat de l'époque. La préface de *The Human Use of Human Beings* est datée de Mexico, le 12 octobre 1949, et la date a son importance. L'été 1949 qui vient de finir a été un tournant crucial : on vient d'apprendre que les Soviétiques ont dépossédé l'Amérique du monopole de l'arme nucléaire ; Mao vient d'entrer à Pékin ; «la Chine est perdue» ; le «monde libre» (selon l'expression qui fait en 1949 sont apparition) s'inquiète et, quelques mois plus tard, en février 1950, le sénateur Joe McCarthy commence à menacer de «nommer» ceux qui ont permis l'infiltration de l'ennemi jusque dans les rouages de la haute administration. Dans cette atmosphère, qu'il compare à celle de Venise à la Renaissance, d'obsession du complot menaçant le secret d'État, Wiener rappelle qu'il n'y a «pas de ligne Maginot du cerveau», que l'information ne peut se conserver dans un champ clos : que le degré d'originalité qui en fait de l'information est fonction de l'écart différentiel avec l'Autre. Au diable extérieur que McCarthy va voir partout, il oppose un plus subtil diable, le diable qui dégrade l'information de l'intérieur.

*Le repas familial
sur la «table comptoir».*

Dans la littérature la plus typique des années 50 en Amérique, on retrouve ce double aspect de la perte de l'information mise en évidence par Shannon et Wiener : d'un côté, la perte d'originalité par répétition à l'infini de la même forme dont la prégnance est totale, de l'autre, l'implosion de la forme et la dégradation entropique en fragments aléatoires. Holden Caulfield, sensible au premier risque, en avait fait son refrain : c'était une époque où tout le monde était, comme il disait, «phony». Pas un original, pas un excentrique, à son avis ; chacun semblait décalquer un script déjà écrit, jouer un des rôles du maigre répertoire permis. Le symbole de cette grisaille, ce furent les banlieues vers lesquelles rentraient le soir de leur bureau les «hommes au complet gris». A chaque époque, son «Rush vers l'Oklahoma» : celui des années 50, ce fut le jour, le 7 mars 1949, où William Lewitt ouvrit, dans un ancien champ de pommes de terre de Long Island, son premier lotissement de maisons préfabriquées, montées dans la journée, toutes sur le même modèle, chacune la copie conforme des autres — afin d'éviter les écarts, un règlement stipulait, par exemple, quel jour on avait le droit de mettre son linge à sécher dans le jardin. Le cadastre en damier des lotissements venait effacer toute trace de l'ancienne «diversité». L'Interstate Highway System, la grande réalisation de l'administration Eisenhower, semblait transformer l'ensemble du pays en une vaste zone anonyme. Rien n'arrivait plus, et tout de plus en plus se ressemblait, en une duplication à l'infini de copies. On dit parfois que l'événement littéraire des années 50 fut, le 15 octobre 1955, la lecture publique qu'à San Francisco Allen Ginsberg fit de son poème *Howl* ; mais à l'époque, ce fut un événement marginal, lointain, à peine perçu aux franges de l'espace culturel ; sa gloire est d'avoir préfiguré le «réveil» à venir dans les années 60. Le 10 mars de la même année, un roman avait paru qui se situe lui au cœur du syndrome des Fifties : *The Recognitions* de William Gaddis, le plus «grand roman non lu» de l'après-guerre, écrit entre 1948 et 1955 par un jeune dandy issu de Harvard qui allait ensuite devenir «écrivain posthume» pendant vingt ans, avant, une fois passé la parenthèse des années 60, de faire à partir de 1975 un *comeback* remarqué. Le thème : la copie, l'histoire d'un faussaire qui décalque à l'infini des forgeries jusqu'à ce que sa fausse monnaie ait chassé selon la loi de Gresham la bonne, mais aussi la dégradation entropique de tout l'héritage culturel en «bruit», en rumeur aléatoire dans un paysage où tout se sclérose ou bien se défait — ou, pis encore, les deux à la fois.

QUELQUES LÉZARDES DANS L'ENFERMEMENT
Ce jeu de la forme fixe, où l'ordre règne mais qui ne peut que se dupliquer à l'infini, et de l'espace ouvert, où l'originalité se paie par un désordre qui

disloque le moi, serait repérable un peu partout dans l'espace littéraire américain des années 50, en poésie notamment, dans le cheminement du poète le plus typique de l'époque, Robert Lowell, de l'enfermement torturé dans le poème comme icône à la sortie, finalement, avec *Life Studies* en 1959, mais au prix de la dislocation du moi. Il revient à Thomas Pynchon, parvenu à l'âge d'homme dans les années 50 mais qui a commencé à écrire, en 1957, alors qu'à divers signes et symptômes on pressentait qu'elles se terminaient, d'avoir dans un texte célèbre intitulé *Entropy*, dressé l'état des lieux et traduit de manière graphique cet écartèlement, cette schizophrénie presque, de l'époque. On est à Washington, en février 1957. La scène se passe dans une maison de deux étages, comme un théâtre élizabéthain. En haut, un homme a calfeutré son

appartement pour protéger le secret de son intimité, éviter la dislocation de son histoire — mais dans cette enclave, tout s'étiole et s'enlise dans la stagnation : rien bientôt ne bouge plus, la température est étale, sans hauts ni bas, sans plus même de fluctuations locales. Il protège son monde, mais son monde n'est plus que la répétition à l'infini d'une forme morte. En bas, c'est la fête, une soirée qui n'en finit pas, un brouhaha de secrétaires polyglottes parlant toutes les langues de la terre, un va-et-vient incessant de matafs en bordée, un lieu ouvert à tous vents sur l'extérieur, mais qui du coup dégénère dans le chaos, n'est plus qu'une rumeur aléatoire et amorphe. Et entre les deux, cheminant l'un vers l'autre : en haut, une fille, Aubade, qui brise finalement la fenêtre de l'appartement hermétiquement scellé pour y laisser entrer un air d'ailleurs, et en bas,

Américains prenant leur retraite dans une caravane, en Floride.

Meatball Mulligan, bricolant au milieu du chaos quelques îlots d'ordre qui résisteront à l'entropie, essayant de restaurer ce que son nom évoque, l'échange, le métabolisme entre les deux mondes, ou plutôt les deux registres de la conscience. A mi-chemin entre l'enclos où s'arase toute différence de potentiel jusqu'à ce qu'il n'y ait plus qu'une morne plaine, et le dehors où l'originalité imprévisible défait toute structure jusqu'au chaos, Meatball, ce rôdeur de frontières, fait à la fois le diagnostic des années 50 et en annonce en 1957 la fin toute proche.

Des années de quiétude, mais sourdement minées dès le début par d'inquiétantes fissures annonçant presque clandestinement le séisme culturel à venir. Une époque à la lisière parfois de l'aphasie, mais où il y avait cependant des graffiti sur les murs gris. Pas les graffiti baroque, et somptueux qu'on verra fleurir quand «les murs [auront] la parole» à ciel ouvert, mais des graffiti clandestins, furtifs, des inscriptions et des traces maintenant malgré tout, à la limite de l'extinction, une trace minimale de survie. «Si nous sommes vivants, alors qui est mort?» se demandait Ginsberg. Qui est mort? mais aussi «qui vive?» Au lendemain de l'enterrement, en mars 1955, de Charlie Parker, les graffiti partout disent: «Bird Lives», et les années 50 furent aussi le temps où, dans la «musak» servant de «bruit de fond» aux surpermarchés, certains écoutaient, enfoui, le fantôme de *Cherokee* comme une rumeur «subliminale», cryptique, subvertissant les «berceuses» en train d'anesthésier, semblait-il, le pays. Vu sous cet angle, celui qui vint le plus d'exprimer l'étrange *«mood»* des Fifties, ce serait, en 1952, l'«homme invisible» du romancier Ralph Ellison. Comme les autres, il s'est replié hors de l'arène publique, s'est terré dans sa tanière dans le sous-sol de Harlem. Le temps s'est mis au froid, alors lui: «Appelez-moi "Jack The Bear", car je suis dans un état d'hibernation.» Sur les «fréquences officielles», il n'y a plus que rhétorique paranoïaque ou silence radio, mais lui s'est mis à l'écoute des «fréquences basses» où, dans le clair-obscur du demi-réveil, le blues, fugitif passant, lui souffle que tout en surface a beau avoir l'air d'être gelé, et rien, en cette période de glaciation, ne devoir «plus jamais arriver», dessous, malgré tout, ça craque, ça se lézarde, ça chemine.

«LOLITA» DE NABOKOV

Marc Chénetier

Lolita est publié à Paris par l'Olympia Press de Girodias en 1955; il ne paraît aux États-Unis qu'en 1959. Si ces deux dates, soulignant la force des résistances et des préjugés, valent commentaire, l'archéologie littéraire invite à repérer deux autres indications précieuses. En 1956, Nabokov rappelait avoir parlé, dans une partie de ce qui devint *Le Don*, du germe de son récit: un singe, au Jardin des Plantes, venait d'achever son premier tableau qui représentait les barreaux de sa cage; incitation limpide à considérer le roman sous l'angle de la poétique... En outre, on connaît depuis 1986 la forme première que l'émigré avait alors donnée à une obsédante image: *L'Enchanteur* (1939) est le «bleu» du roman qui lui vaudra procès, réputation et... indépendance; titre qui vaut pour guide de nos plaisirs.

Des années qui cernent les deux parutions de *Lolita*, Ginsberg devait dire qu'elles manifestaient, aux États-Unis, un «syndrome de la clôture»: un militaire à la Maison-Blanche, le confort intellectuel doublant un confort social et matériel dû à l'ascension économique qui suivit la guerre, un sénateur accablant de sa paranoïa tout ce que l'Amérique compte de non-conformistes... On comprend que *Lolita* ait prolongé la tradition des œuvres fortes qui, de *Madame Bovary* à *Lady Chatterley*, furent honorées d'un procès pour obscénité par les «bourgeois étroniformes» chers à Flaubert. En 1956, le *Howl* de Ginsberg reçut d'ailleurs le même hommage...

Lolita fut donc rejeté. Seul l'aspect scandaleux superficiel avait frappé, bien que Nabokov déclarât qu'il aurait pu dire la même chose en écrivant l'histoire d'une bicyclette. Pourtant, tout bien considéré, on aurait eu, idéologiquement, raison de le poursuivre: ce chef-d'œuvre *est* un scandale. Non parce qu'il s'agit — sur fond d'un monde kitsch de formica, de réclames et de plastiques traduisant la superficialité de l'après-guerre américain — de l'histoire d'un homme mûr qui aime une «nymphette» de douze ans, ni parce que, pour vivre plus près d'elle, il séduit cyniquement sa mère et se réjouit de sa mort, ni parce que l'adorable s'y révèle peu innocente, que la «séduction» perverse est partagée, ni même parce que tels mots «de quatre lettres» relevant du code pénal y figureraient en abondance. Sur ce plan, on le sait, les juges guettant pornographie et méséances lexicales en furent pour leurs frais. Non, le scandale de *Lolita*, tient à ce que Nabokov célèbre dans ce livre de réelles perversions littéraires, aux yeux, s'entend, d'une certaine tradition mimétique et réaliste. Son extraordinaire agilité verbale, ses inventions enchanteresses, de bien étranges positions d'énonciation: les censeurs en conçurent des idées... Le nom de l'hôtel de la séduction («The Enchanted Hunters») peut certes renvoyer à la traque et aux délices à l'avance savourées par le narrateur. Il est pourtant l'emblème d'autres plaisirs découverts quelque part entre langage et corps (le calembour, dit Nabokov, c'est «deux mots pris en flagrant délit»). Le plaisir de la chasse se double de l'intrigue quasi «policière» d'un roman de la quête. *Lolita* n'est pas le récit d'un viol, c'est un récit-viol; plus que des convenances: viol des conventions et du contrat de lecture, notarié par le temps, qui lie l'auteur au lecteur, le lecteur aux personnages, les personnages à l'auteur. Humbert Humbert, narrateur ironique, grinçant et désespéré, exilé politique et exilé sexuel, doublement isolé, y est son propre double. La parodie règne. L'«avant-propos» de John Ray met en perspective le récit de Humbert qui, lui-même, a recours à tous les artifices de la rhétorique pour nous séduire, nous convaincre et nous tromper. Il est trompé lui-même. *Lolita* est aussi un livre sur la littérature, annonciateur d'une «métafiction» qui triomphera dans les années 70. Outre que le verbe phagocyte l'intrigue, que le désir en est le moteur poétique, nombre de littérateurs s'y cachent, de Melville, Poe et Joyce à Nabokov lui-même qui y paraît sous l'anagramme de Vivian Darkbloom.

Les premières lignes du récit valent programme:

«Lolita, lumière de ma vie, feu de mes reins. Mon péché, mon âme. Lo-li-ta: le bout de la langue fait trois petits bonds du palais pour venir, à trois, cogner contre les dents. Lo. Li. Ta.»

L'héroïne, à vrai dire, se mue en princesse sous l'effet de la langue elle-même, qui la couronne en la créant. L'ambiguïté de «palais», en français, ne fait que précipiter sa métamor-

phose. De même, pour documentées que soient les descriptions du paysage américain dans ce roman, elles constituent un paysage verbal, manipulable au gré des désirs du narrateur, travaillé par les contrepèteries, les jeux de mots, les allitérations, une rythmique: picaresque verbal. «L'érotique de l'art» que Susan Sontag appellera de ses vœux dans son essai «contre l'interprétation» a déjà ici sa pratique. Nabokov est, comme Conrad, un exilé de la langue; jouissant de la distance nécessaire, il fait l'amour du bout des lèvres et de la plume à un anglais savouré pour ses sonorités, ses jeux et sa texture. Ce goût de la cataglossie, il le communiquera à des écrivains américains aussi différents que Guy Davenport, Jérôme Charyn, Alexander Theroux, William Gass... La matéria-

lité sensuelle de la langue, de ses figures, de sa syntaxe, de ses volumes et de ses sons relègue loin derrière elle sa transitivité, récuse avec bonheur l'univocité sur laquelle pourrait s'appuyer une référentialité sans problème, se construire un réalisme conforme aux attentes du temps. Le fond du scandale est bien cette rupture violente avec l'utilitarisme linguistique dominant, hommage, peut-être, à l'Annabel Lee de Poe, filigranée sous les premières pages. Est-il artiste plus éloigné du réel que le magicien, écrivain plus suspect que celui qui va caresser du regard le revers des mots, la doublure des atours d'une langue faite ainsi somptueuse et désirable, objet bien plus qu'agent?

Une tension coupable nuit d'abord à *Lolita*. Elle naît de l'opposition ressentie entre deux attitudes de lecture: celle du «bon citoyen», Babbitt des années Eisenhower, et celle du lecteur pur. Et comme, au mieux, ce roman contraint son lecteur à une position schizoïde, le «malaise» éprouvé par le citoyen qui hait les récits impalpables valut à notre enchanteur ses ennuis, et aux lecteurs ses bonheurs. La matière de *Lolita* est celle dont on fait les contes. «L'écriteau sur la porte de mon chantier disait DÉFENSE D'ENTRER lorsque j'y travaillais à *Lolita*. Aujourd'hui cette porte est grande ouverte, mais le chantier est démonté; les ouvriers partis, les instruments ont disparu, un peu de poussière dorée voltige dans un rayon oblique, c'est tout.»

Alain Robbe-Grillet avec Nabokov, en 1959.

LE THÉÂTRE AMÉRICAIN

MARIE-CLAIRE PASQUIER

"BLANCHE DuBois, c'est nous» : voilà ce que semblent dire, du théâtre américain, les années 50. C'est en 1947 (et c'est peut-être la date inaugurale de ces années-là) qu'Elia Kazan met en scène *A Streetcar Named Desire* de Tennessee Williams. Jessica Tandy joue Blanche, Kim Hunter joue sa sœur Stella, Marlon Brando joue Stanley Kowalsky. Dès le début, Williams met en place un climat — lourd, sensuel —, un éclairage — tamisé, artificiel : cinématographique. «On croit sentir le souffle chaud du fleuve brun au-delà des entrepôts, avec leurs effluves de bananes et de café» : Williams rêve sa mise en scène, son décor, comme s'il écrivait un scénario pour le cinéma. C'est le «piano bleu» des joueurs de jazz de La Nouvelle-Orléans qui exprime la vie du quartier, du Sud américain, des rêves de Blanche, et du théâtre de Tennessee Williams : nostalgie de la jeunesse trop tôt enfuie, de la pureté perdue, reconstructions mensongères et fabuleuses. L'Amérique rêve à son passé, Tennessee Williams, que la nostalgie hante comme un mauvais rêve, va lui donner une voix, tisser un réseau fragile comme des fils de la Vierge, du sucre candi, du verre filé : cela va de «Blue Roses», la jeune infirme de *Glass Menagerie*, à Maggie la chatte dans *Cat on a Hot Tin Roof*, à Princesse, l'actrice de *Sweet Bird of Youth*, dont on dit cruellement qu'elle est sur le retour. En 1950, Elia Kazan fait un film du *Tramway*, et c'est une Anglaise, Vivien Leigh, qui sera Blanche. Le monde entier va pouvoir rêver à la «Southern belle» déchue, dans sa fragilité proche de la folie, captée par la magie des images en noir et blanc, en blanc sur blanc.

Elia Kazan est un homme clé du théâtre des années 50, parce qu'il assure un va-et-vient constant entre la scène et l'écran, et une contamination de l'un par l'autre. Tout le jeu des acteurs de ces années-là, de ce théâtre-là — Marlon Brando, James Dean, Paul Newman —, c'est l'Actor's Studio, que Kazan a fondé et où Lee Strasberg enseigne. C'est la «Méthode» inspirée du «Système» de Stanislawski, avec l'accent mis sur l'improvisation, sur les exercices de «mémoire affect», sur la recherche de l'émotion vraie. Un grand moment d'aboutissement de cette technique sera, en 1955, *East of Eden*. Bien que ce film de Kazan soit tiré d'un roman (de Steinbeck), paradoxalement, c'est l'un de ceux qui nous restituent le mieux, dans sa fraîcheur, ce que fut le théâtre de ces années-là, souvent centré (voir *All my Sons*, ou *Death of a Salesman*, d'Arthur Miller) sur les rapports entre pères et fils. Cette histoire d'un fils mal-aimé, incompris, et d'un père qui incarne avec raideur toute l'intransigeance puritaine, n'a de sens que dans le contexte des années 50 : on prêche encore la tolérance mutuelle, le rapprochement entre les générations. Plus tard, la coupure sera plus radicale, les fils seront hippies et déserteurs pendant que les pères soutiendront l'effort de guerre au Viêt-nam. James Dean est un pur produit de l'Actor's Studio : avec ses poings dans les poches, sa démarche élastique, et le «naturel» de son jeu, si l'on entend par naturel le fait que les émotions passent sur son visage comme la pluie, le soleil ou les nuages dans le ciel. Kazan disait de lui (à peu près) : je cherchais un loup, j'ai trouvé un loup.

Il n'y a pas rupture brutale, dans les années 50, avec les années qui ont précédé. On joue encore O'Neill, et l'un des grands succès de l'année 1956 fut *Long Day's Journey into Night*. Les Américains ont soif d'authenticité, le côté autobiographique leur va droit au cœur. Le théâtre se veut chronique de son temps, histoire immédiate ou légendaire, constitution d'un imaginaire collectif. C'est une mission presque patriotique, en cette période de guerre froide, que de poursuivre inlassablement le récit mythique de la libre Amérique. On pose des problèmes de conscience : qui est coupable quand un homme parle sous la torture ? On met en scène des procès *(The Caine Mituny)*. *A View from the Bridge* expose les contradictions qui agitent le milieu des immigrés siciliens, et c'est un avocat qui joue le rôle du narrateur. *The Crucible* se penche sur le passé de l'Amérique et sur les procès de sorcières pour réfléchir, indirectement, sur le phénomène du maccarthisme. De l'Europe, les Américains ne retiennent que la guerre (on jouera en 1956 *Le Journal d'Anne Frank*), pas les recherches formelles. Julian Beck et Judith Malina, à qui l'on devra la grande explosion du Living Theatre, sont en avance sur leur temps en montant, dès 1951, *Doctor Faustus Lights the Lights* de la presque Européenne Gertrude Stein, *Ubu roi* en 1952, *Orphée* de Cocteau en 1954. Même eux ignorent encore l'existence d'Artaud, dans ces années-là. On peut dire que c'est leur spectacle *The Connection*, très américain, mais qui déconstruit l'espace et la durée dramatiques, qui, en 1961, clôt avec éclat les années 50, et ouvre toute grande la porte aux années 60. Quant au théâtre de l'absurde, c'est Albee qui le fera connaître avec *The Zoo Story* (1958) et *The Sandbox*, proche de Beckett, en 1959.

«valeurs», même si ce ne sont pas tout à fait les mêmes, même si Miller est plus attentif à dénoncer les torts que les hommes se font les uns aux autres, cependant que Williams est plus sensible à cette injustice suprême selon lui : le fait que nous sommes mortels, et condamnés à vieillir, et voués à toujours perdre notre combat contre notre ennemi le Temps. Tous deux pensent que la parole est action, que les scènes les plus fortement dramatiques peuvent être suggérées par la simple parole, mais qu'en même temps l'image (dite ou montrée) est le langage même du théâtre, sa respiration naturelle. Tous deux croient avec ferveur au théâtre, à la magie de la scène, à ces monstres sacrés que sont les grands acteurs, et c'est en cela sans doute qu'ils peuvent encore nous faire signe aujourd'hui par-delà la coupure radicale avec une époque, les années 60, dont ils furent tous deux les victimes expiatoires.

Les années 50 croient encore au bien-fondé de l'institution théâtrale : Broadway, Off-Broadway se partagent le public new-yorkais. Les progrès techniques permettent une plus grande fluidité (éclairages, bande-son), un plus grand lyrisme, l'intrusion du passé dans le présent, une rêverie en quelque sorte plus crédible. Deux grands écrivains vont se saisir de cet instrument assoupli et dominer la décennie : Tennessee Williams et Arthur Miller. On les a longtemps opposés, on voit mieux maintenant ce qui rapproche ces deux contemporains. L'ouverture de *Salesman* ressemble étonnamment à celle de *Streetcar* : «On entend une mélodie jouée à la flûte»; tel est le premier coup d'archet de Miller. Les deux pièces sont mises d'emblée sous le signe de la musique. Et *Salesman* est aussi l'histoire d'un rêve qui a mal tourné. «Il y a du rêve, écrit Miller, qui s'accroche au lieu, rêve qui surgit de la réalité elle-même.» Williams comme Miller sont porteurs de

Arthur Miller. | *Tennessee Williams.*

LA RÉBELLION BEAT

CLAUDE GRIMAL

1953: fin de la guerre de Corée, «disgrâce» de Mac Carthy, début de la guerre froide. La décennie ne sera pas aux remises en question culturelles ou politiques, mais plutôt à l'acquiescement, au conformisme. Pourtant, dans la communauté intellectuelle, ils sont quelques-uns à trouver l'atmosphère pesante, leurs voix discordantes troublent le concert d'autosatisfaction que semble vouloir entonner l'Amérique : c'est le moment «beat». Le premier hurlement est poussé sur la côte Ouest, à «San Fran, terre de branchés», selon les mots du poète Bob Kaufman.

L'étiquette de beat dont les étymologies probables ont souvent été glosées (*beat*: «rythme» du jazz et «béatitude» du mysticisme oriental, deux intérêts vitaux dans la pensée de cette génération, mais aussi *beat*: «battus», «défaits»...) rassemble des sensibilités littéraires plus ou moins proches autour de la figure centrale d'Allen Ginsberg et dans le respect d'un aîné presque toujours physiquement absent, en marge, le romancier William S. Burroughs. Jack Kerouac, qui va s'instituer chroniqueur de la décennie et de la geste beat, est pratiquement le seul autre romancier de cette génération riche en poètes plutôt qu'en prosateurs. Si Allen Ginsberg domine la scène poétique, les autres voix poétiques sont nombreuses et variées : Gregory Corso, Bob Kaufman, Philip Lamantia, Michael McClure, Peter Orlovsky, Kenneth Rexroth, Philip Whalen, Gary Snyder (dont les rapports avec la Beat Generation ou la région de San Francisco sont plus ou moins étroits). Les beats ont aussi leur imprimeur-libraire-«régisseur» (et poète) Lawrence Ferlinghetti, et leur héros, leur *angel headed hipster*, leur Jacques Vaché : Neal Cassady (le Dean Moriarty ou Cody Pomeray des romans de Kerouac). Bob Kaufman, acteur et spectateur de cette histoire, s'amuse dans le poème *Sons de la côte Ouest* (1956) à faire une présentation presque complète des protagonistes, depuis les débuts prophétiques du mouvement à sa fin médiatisée, où le vrai beatnick cède le pas au futur yuppie.

San Fran, terre de branchés,
Bruit de jazz, de types qui s'éclatent,
  De tremblements de terre, de toutes sortes
     de choses,
Allen sur Chestnut Street,
Donnant de la poésie aux bourgeois,
Corso à genoux implorant
Yeux divins.
Rexroth, Ferlinghetti
Se déchaînant dans les sous-sols,
Kerouac chez Locke,
Écrivant à Neal
Sur une machine à écrire planante.
Neal, faisant teuf-teuf
Sur le zig-zag des rails.
Maintenant, plein de mecs
Se ramènent
Des mecs de New York,
Trop de mecs.
C'est plus cool à Monterey,
Sans Franers,
Les conserveries ferment.
Les sardines se barrent
Pour le Mexique.
Moi aussi.

Le mouvement beat ne manque pas historiquement de pères : Henri Thoreau et Walt Whitman pour la manière libertaire, romantique de voir l'Amérique et le Moi, Henry Miller pour l'égocentrisme lyrique de la prose, pour la vitupération drolatique des USA, ce «cauchemar climatisé».

Devant la trahison du rêve américain, les beats proposent de laisser tomber («*to drop out*»), de s'évader sur la route ou en soi-même avec l'aide du jazz, de la sexualité, de la drogue, de quelque méditation vaguement orientale. Cette philosophie de marginal qui célèbre le voyage vers l'Ouest et à l'intérieur de soi, la tendance à l'intériorisation et à la sacralisation du Moi, la joie de la liberté, de l'abandon physique, de l'émotion va définir l'esthétique des années 50 et 60. Le romantisme anarchique, amoureux de l'instinct, du mysticisme, de la spontanéité, ne peut que rejeter les contraintes de la forme, désirer que l'écriture soit, comme le dit Kerouac, «le flux non contrarié de l'esprit».

Avec *Sur la route*, Jack Kerouac (1957) devient historiographe officiel de la Beat Generation, inscrivant sa légende autour de la figure de Neal Cassady. Il met en scène le héros «*hipster*», le gentil vilain garçon, sentimental et enthousiaste, «ange terrible, frissonnant et brûlant», «saint déconnant», «vrai comme la vie», dont les activités sont toujours «l'explosion sauvage de joie américaine qui crie ouais».

Il s'associe avec l'Amérique qui «s'éclate», qui «plane», à l'Amérique non blanche (ou en tout cas non WASP), non sobre, avec casier judiciaire. «Je n'aime que les gens qui sont fous, fous de

La prose de Kerouac, qu'il veut «spontanée» (Ginsberg prétend lui aussi que son mètre poétique est fondé sur «ses propres impulsions neuronales»), donne parfois ce «sentiment juvenescent de printemps» dont parle Allen Ginsberg à son propos. Sensible au rythme de l'oral, son écriture sait être «*soft, sweet, mysterious, dark*» — les adjectifs favoris de Kerouac.

La trahison du rêve américain ne provoque pas chez Allen Ginsberg, le grand poète de cette génération, autant de mélancolie. *Howl*, qui paraît en 1957 entouré de la publicité d'un ridicule procès pour obscénité, vitupère à tout va. (La virulence du poème fait que, trente ans plus tard, les radios publiques américaines qui désiraient pour l'anniversaire du poème en faire une lecture sur les

vivre, fous de parler, fous d'être sauvés, désireux de tout en même temps, ceux qui ne bâillent jamais, ne disent jamais rien de banal, mais qui brûlent comme d'extraordinaires feux de Bengale et explosent, araignées de lumière dans les étoiles...»

Ainsi *Sur la route* réitère le thème vieux comme l'Amérique du voyage et des copains. «C'est quoi ta route mon vieux ? La route du petit saint, la route du cinglé, la route des poissons, la route arc-en-ciel, n'importe quelle route. Toutes les routes, de toute manière, et pour tout le monde.»

ondes s'en sont vu refuser l'autorisation.)

Le poème de Ginsberg a pourtant aujourd'hui pris sa place parmi les œuvres qui ont changé la poésie américaine, secoué la routine savante et bien-pensante qui l'accablait depuis *The Waste Land*. Il s'agit d'une libération psychologique (franchise sexuelle, engagement politique du poète), et d'un renouveau du lyrisme, d'un retour à la grande phrase whitmanienne. Le début de *Howl* est un incipit aujourd'hui plus que célèbre, un exemple devenu classique du «*No in thunder*» de ces pas si jeunes gens en colère.

Jack Kerouac lors d'une lecture publique
à San Francisco en 1958.

*J'ai vu les meilleurs esprits de ma génération
    détruits par la folie, affamés hystériques nus,
se traîner à l'aube par les rues nègres à la
        recherche d'une furieuse piqûre,
des branchés à tête d'ange brûlant de trouver
    l'ancienne liaison céleste avec la dynamo étoilée
        dans la machinerie de la nuit.*

Les images déferlent, la première partie du poème n'est composée que d'une seule phrase, qui se détruit elle même dans sa continuelle expansion, mais Ginsberg arme sa syntaxe pour contenir ce «cri», réussissant par là l'imprécation mystique, l'appel à l'ordre et au désordre, le refus d'obéissance, propres à sa vision. Glorification autant qu'apostasie du sujet parlant et impré-

*humains, les marins, caresses d'amour atlantique
        et caraïbe
qui baisèrent le matin et le soir dans les roseraies
et sur le gazon des jardins publics et des
    cimetières, répandant leur semence à qui que
        ce soit jouisse qui pourra.*

Allen Ginsberg a écrit là une œuvre essentielle, tonitruante, exaltée, d'un mauvais goût violent et sardonique. Il a revivifié la poésie et redonné le goût de sa pratique orale, du «*poetry reading*». (*A Coney Island of the Mind*, 1958, de Lawrence Ferlinghetti, sera vendu à cinq cent mille exemplaires, peut-être un des plus gros tirages qu'ait jamais fait la poésie aux USA.)
La virulence drôle, généreuse d'Allen Ginsberg

cateur, lequel suscite ces images mais disparaît dans le flot qu'il a engendré. La voix prophétique du poème, l'esprit hyperbolique qui l'anime, l'ampleur de son ironie et de sa critique en font un poème exceptionnel, bien autre chose que le péan homosexuel qui a obsédé les censeurs :

*J'ai vu les plus grands esprits de ma génération
                                [...]
qui se laissèrent enculer par des saints
            motocyclistes et hurlèrent de joie,
qui sucèrent et furent sucés par des séraphins*

semble ne pas s'accorder avec le tempérament littéraire, sinistre, apocalyptique de William S. Burroughs, l'aîné et l'ami de toujours.
Après la prose conventionnelle de *Junkie* (1953), journal de bord d'un drogué, Burroughs dans *Le Festin nu* (1959), *La Machine molle* (1960), utilise de manière neuve le fantastique, le paranoïaque et l'obscène : sexe, drogue, pouvoir sont les thèmes centraux fortement métaphoriques d'un monde imaginé comme conspirationnel, où l'état toujours policier soumet l'homme par la came, le sexe, tous les fascismes et tous les

*Allen Ginsberg lors d'une lecture publique
à New York en 1959.*

contrôles. *«Junk»* dans le sens de drogue et de détritus est essentiel à cette écriture qui a choisi pour mode le *«cut up»*, le *«fold in»* empruntés paraît-il à l'artiste Brion Gysin mais où on reconnaît plutôt très clairement l'influence du surréalisme.

Ce type de collage permettrait de faire exploser la forme romanesque, d'incorporer des bribes diverses du monde. Les livres de Burroughs apparaissent surtout fascinés par une panoplie de fantasmes homosexuels sadiques, par un univers d'images successives défiguré par la violence et l'obscénité.

La sensibilité beat est multiple, l'énergie poétique créatrice immense (le rythme de la prose de Kerouac, les découvertes poétiques de Kaufman, Snyder, Rexroth, le souffle de Ginsberg, le réaménagement du fantastique de Burroughs sont un héritage souvent pillé).

Et puis, ils savaient s'insurger et rire. En attendant de passer à la postérité, ils avaient mis en exergue de la *Beatitude Anthology* de 1960 une petite phrase : «You are all a Beat Generation» — *Gertrude Stein in conversation with Jack Kerouac.*

Citation apocryphe, bien sûr.

TIERS MONDE : NAISSANCE D'UN CONCEPT

JACQUES CELLARD

Il est rare que l'on puisse assigner à un mot nouveau une date de naissance précise ; et plus rare encore que l'on puisse appuyer cette date d'un texte signé, qui fournit de ce fait un «créateur» au mot.

C'est cependant le cas pour ce tiers monde aujourd'hui entré dans l'usage quotidien de tous les francophones, et qui ne leur pose aucun problème d'identification ni d'interprétation alors que l'emploi de «tiers» pour désigner un troisième individu (en présence d'un *tiers*) ou de son féminin «tierce» (une *tierce* puissance) nous apparaît comme un archaïsme ; et que les expressions contemporaines de *tiers provisionnel* et de *tiers payant* (dans le domaine de la Sécurité sociale) utilisent, au risque de contresens, le même mot (tiers), la première dans son sens moderne de «fraction d'un tout obtenue en le divisant par trois», et la seconde dans le sens ancien et en principe hors d'usage de «troisième personne (en l'espèce la caisse de Sécurité sociale) intervenant dans un règlement entre deux autres (en l'espèce le malade et le pharmacien)».

C'est à partir d'une référence historique qu'a été créé, lexicalement parlant, le tiers monde. Nous avons tous entendu parler à l'école, peu ou prou, du Tiers État d'avant la Révo-

lution : ce troisième «état» de la société française qui n'était ni le premier en prestige (le clergé), ni le second (la noblesse), mais du travail duquel vivaient les deux autres.

D'où la question révolutionnaire posée par Sieyès en janvier 1789 : «Qu'est-ce que le Tiers État ? — Tout. Qu'a-t-il été jusqu'à présent dans l'ordre politique ? Rien. Que demande-t-il ? A devenir quelque chose.»

Une situation du même genre, planétaire cette fois, s'était établie au lendemain de la Seconde Guerre mondiale. Que l'on attribuât à la coalition atlantique ou à la coalition soviétique les rôles du clergé et de la noblesse, la majorité numérique du globe en était un nouveau «tiers état» : ce qu'Alfred Sauvy, alors directeur de l'Institut national d'études démographiques, exprima pertinemment en août 1952, dans un article de l'*Observateur* : «car enfin ce tiers monde, ignoré, exploité, méprisé comme le tiers état, veut lui aussi être quelque chose».

Dans l'esprit de l'auteur, c'est d'abord politiquement que le «tiers monde» voulait exister. On était en pleine guerre froide, et la coupure de la planète entre un camp capitaliste libéral et un camp socialiste autoritaire était avant tout politique. De fait, l'expression passa à peu près inaperçue jusqu'au jour (avril 1955) où

quelques-uns des pays que l'on appela plus tard «non alignés» se réunirent à Bandung.

En novembre 1956 paraît, sous la direction de G. Balandier, un cahier (n° 27) de l'INED intitulé explicitement : «Le tiers monde, sous-développement et développement», dans lequel A. Sauvy reprend et développe l'expression créée quatre ans plus tôt, et qui entre désormais dans l'usage universitaire, puis, par l'intermédiaire des médias, dans l'usage général.

Le «point de visée» s'en est cependant déplacé : le concept de «tiers monde» n'est plus qu'économique, la visée politique étant assumée par le concept de «non alignés». Le tiers monde, c'est la misère collective, sous quelque bannière et quelque régime politique qu'elle apparaisse. D'où, à une date beaucoup plus récente (vers 1985), la création d'un calque lexical, le *quart monde*, pour désigner la pauvreté, «le tiers monde» des pays riches.

De «tiers monde» est né, vers 1982, *tiers-mondisme*, que l'on peut définir comme le souci d'affirmer sa solidarité idéologique (c'est un «isme») avec le tiers monde, puis *tiers-mondiste*, l'un et l'autre dûment enregistrés par le *Dictionnaire du français* paru en 1987 chez Hachette.

LES LATINO-AMÉRICAINS

CLAUDE COUFFON

EN 1949 paraissaient en Amérique trois œuvres capitales d'une littérature en train de prendre son essor : *Hommes de maïs*, de Miguel Angel Asturias, *Le Royaume de ce monde*, d'Alejo Carpentier, et *L'Aleph*, de Jorge Luis Borges. Les deux premières ouvraient la voie au «réalisme magique» qui allait s'imposer à une génération acharnée à chercher son identité à travers une écriture nouvelle ; la troisième illustre la fascination qu'exerce le conte fantastique sur les écrivains du río de la Plata.

Dans *Hommes de maïs*, M.A. Asturias entendait dénoncer les exactions commises au Guatemala par les grands propriétaires à l'encontre des petits exploitants. Il s'appuyait sur un argument fourni par le *Popol Vuh*, le livre de la Genèse indienne. Les dieux, après de vaines tentatives pour créer l'homme à partir de l'argile, puis du bois, l'avaient finalement fait de maïs. Le maïs devenait dès lors une plante sacrée que l'homme ne devait cultiver que pour sa nourriture. Le cultivait-il à des fins lucratives, il encourait la colère des dieux qui déchaînaient l'ouragan ou le tremblement de terre. Cette conception, que défend le cacique Gaspar Ilom contre les producteurs partisans de l'exploitation industrielle, triomphe finalement avec la complicité des sorciers qui exercent alors la vengeance de la magie. Une autre magie, africaine, le vaudou, imprègne *Le Royaume de ce monde* par lequel Alejo Carpentier révélait une vocation qui devait extraire de la nuit du passé antillais des personnages hors du commun pour intégrer les Caraïbes à la littérature. Le protagoniste est ici le roi nègre Henri Christophe qui, après avoir aidé à chasser les Français de leur possession d'Haïti, régna sur le pays de 1811 à 1820. Ancien chef cuisinier, il se proclama Premier Monarque couronné du Nouveau Monde et, admirateur de Louis XIV, fit construire près de la ville du Cap un Versailles tropical, le palais de Sans-Souci, dans les jardins et galeries duquel déambulaient les domestiques noirs poudrés et portant blanches perruques. Le vaudou, qui avait créé l'atmosphère de révolte des Haïtiens contre la France, trama ses liens secrets pour l'abattre, quand le libérateur se changea en tyran. La rébellion qui incendia Sans-Souci l'obligea à se suicider avec, dit-on, des balles en or. Son cadavre, transporté jusqu'à la citadelle La Ferrière, un nid d'aigle érigé par un peuple redevenu esclave, fut déposé sur une masse de mortier frais destiné à la construction d'une nouvelle salle. Il s'enfonça lentement dans ce mausolée imprévu qui se referma à jamais sur lui.

Ayant vécu longtemps en France dans les années 30 et fréquenté les surréalistes, M.A. Asturias et A. Carpentier avaient découvert que l'Amérique indienne ou noire étaient naturellement surréalistes et que le «baroque» et le «réel merveilleux» recherchés par les surréalistes se trouvaient «à l'état brut, latent, omniprésent, dans tout ce qui est latino-américain» (Carpentier). Ce que constatera de son côté Ricardo Navas Ruiz, étudiant *Monsieur le Président* (1946) de M.A. Asturias : «Il y a, en effet, une remarquable similitude entre l'approche surréaliste de la réalité et celle des Mayas à travers la valeur magique des mots, du rêve et de l'imagination, du recours au surnaturel, du mythe comme expression de l'inconscient collectif.» Écrire n'est donc plus inventer des situations, mais un langage. «Dieu me délivre d'inventer rien», affirme alors le poète chilien Pablo Neruda, qui exalte l'originalité grandiose de l'Amérique dans le *Chant général* (1950).

Cette attitude et son expression furent alors baptisées «réalisme magique». Le terme, créé vers 1925 par le critique d'art allemand Franz Roh pour qualifier la peinture post-expressionniste, fut repris dès 1948 par Arturo Uslar Pietri dans son essai, *Lettres et Hommes du Venezuela*. Il caractérisait une littérature qui considérait «l'homme comme un mystère au milieu des éléments réalistes» et qui était «une divination poétique ou une négation poétique de la réalité».

La décennie 1950-1960 fut celle du «réalisme magique». Alejo Carpentier le rendit lyrique en présentant dans *Le Partage des eaux* (1953) l'épopée d'un fleuve américain, l'Orénoque; le voyageur qui remonte son cours remonte le temps jusqu'à l'origine. Asturias, lui, le politisa dans sa trilogie bananière. *L'Ouragan* (1949) évoque les pressions qu'un trust fruitier étranger exerce sur les paysans pour les déposséder. Après avoir tenté de s'organiser sans réussir à arrêter l'engrenage économique qui les broie peu à peu, ceux-ci décident, désespérés, de faire appel à la sorcellerie, et le chaman Rito Perraj convoque l'ouragan qui détruit toutes les plantations, rase la compagnie bananière et venge ses victimes. *Le Pape vert* (1954) raconte l'ascension d'un Yankee plein d'ambition, Geo Maker Thomson, qui débarque dans un port guatémaltèque, où il a la vision d'un avenir de richesses que lui donnera une gigantesque plantation de bananiers. Cette fortune, il la constitue grâce à son cynisme, à ses calculs à froid, à son sens de l'exploitation des faibles. Tel un poulpe, il étend ses tentacules sur plusieurs provinces, expropriant les paysans par la complicité, le chantage ou le crime. Il devient le Pape vert, le pontife tout-puissant d'une nouvelle religion matérialiste, née sous les tropiques à partir d'un fruit. *Les Yeux des enterrés* (1960) est un roman d'action politique, une exhortation à l'union nationale contre l'exploitation des déshérités, ici majoritaires, et les dictatures économiques. Selon la tradition, les morts indiens gardent les yeux ouverts dans leurs tombes. Lorsque la justice des hommes rendra terres et liberté, ils pourront les fermer.

PARAGUAY, MEXIQUE, URUGUAY, PÉROU

Paraguayen en exil, Augusto Roa Bastos suggéra à travers *Le Tonnerre parmi les feuilles* (1953) le charme inquiétant de son pays natal. Le Paraguay est la terre où dans l'esseulement d'un paysage grandiose des hommes obsédés par le culte de nombreux mythes vivent une existence misérable. Selon le cosmographe Pinelo, il serait le lieu réel du paradis terrestre. Ses forêts auraient abrité l'Arbre du Bien et du Mal et Adam et Ève se seraient baignés dans la lagune d'Isla Po'i. La colère de Dieu livra leurs descendants, les Indiens guaranis, à toutes les violences humaines et telluriques, la dernière en date étant la guerre du Chaco qui, de 1932 à 1935, décima dans la jungle la moitié d'un peuple en l'opposant à la Bolivie pour la conquête du pétrole. Ce que raconte *Fils d'homme* (1960).

Au Mexique, Juan Rulfo n'écrivit que deux livres mais ce sont deux chefs-d'œuvre. Dans les nouvelles du *Llano en flammes* (1953), la nature hostile de la province de Jalisco, le dénuement, la solitude exacerbent le primitivisme des protagonistes et les poussent au crime. La personnification de l'inanimé, le mauvais augure des bruits, le clin d'œil lunaire aux vengeurs ou aux meurtriers donnent une dimension fantastique à des actes

souvent ambigus. Dans le bref roman aux scènes éclatées comme les pièces d'un puzzle, *Pedro Paramo* (1955), un jeune Mexicain chevauche sur une route poudreuse à la recherche de son père qui l'a autrefois abandonné et ne rencontre que des morts. Est-il déjà dans l'au-delà? Ici, semble-t-il, on se parle d'un cercueil à l'autre pour reconstituer par bribes ce que fut le cacique Pedro Paramo.

Comme une oasis de l'imaginaire au milieu de cette magie tropicale, le río de la Plata vit se développer avec *L'Aleph* (1949) de J.L. Borges le courant fantastique annoncé dans *Fictions* (1945). Pour Borges, le monde cohérent organisé et régenté par la raison n'est pas réel. L'univers est chaotique, la vie est un labyrinthe d'où l'homme

s'évade par l'imagination. Cette remise en question et un même souci de découvrir sa réalité dans l'imaginaire inspira à la même époque Julio Cortázar dans les nouvelles de *Bestiaire* (1951), *Fin de jeu* (1956), *Les Armes secrètes* (1959). Parti d'un petit rien de la vie quotidienne, souvent

Miguel Angel Asturias avec Youki Desnos.

Jorge Luis Borges.

Alejo Carpentier venant recevoir à Paris, en 1956, le prix du meilleur roman étranger pour Le Partage des eaux.

d'une expérience personnelle, il donne à celui-ci une dimension hallucinante qui le métamorphose en histoire extraordinaire.

En Uruguay, le labyrinthe borgésien prenait, avec Juan Carlos Onetti et son roman *La Vie brève* (1950), l'allure d'une petite ville imaginaire, Santa María, où des fantômes pathétiques traversent la vie, cherchant avec angoisse à découvrir une identité problématique ou à concrétiser des rêves impossibles et des désirs inassouvis.

Mais déjà une seconde génération naissait. Elle restait fidèle à la quête de l'identité mais avait lu Dos Passos et Faulkner. A l'instar du Yoknapatawpha de ce dernier, Gabriel García Márquez créait le Macondo de ses futurs romans dans *Des feuilles dans la bourrasque* (1955). Romançant en quelque sorte l'étude sociologique d'Octavio Paz, *Le Labyrinthe de la solitude* (1950), Carlos Fuentes radiographiait avec éclat la société mexicaine dans *La Plus Limpide Région* (1958), tandis que le romancier existentialiste du *Tunnel* (1948), Ernesto Sabato, radiographiait Buenos Aires dans *Alejandra* (1961). Au Pérou, où l'âme indienne et ses rites secrets avaient inspiré à José Maria Arguedas l'un des plus beaux romans du «réalisme magique», *Les Fleuves profonds* (1958), Mario Vargas Llosa déposait telle une carte de visite dans la littérature un premier livre, *Les Caïds* (1958). Tout en préparant une œuvre maîtresse : *La Ville et les Chiens* (1963).

«TRISTES TROPIQUES», DE CLAUDE LÉVI-STRAUSS

JACQUES MEUNIER

Il ne viendrait à personne l'idée de dire que *Tristes Tropiques* est un livre rigolo. Rien que le titre ! Cette allitération deux fois désolée ! Et les photos ! Tout cela respire la mélancolie et le monde perdu. Partout l'image obsessive des charognards et des mendiants, comme si l'ethnologue, venu trop tard, n'était qu'un embaumeur et un huissier, voué à un travail de deuil. Claude Lévi-Strauss avait cru se frotter au danger des sauvages, et c'est la misanthropie qui le guettait...

Peut-on parler de l'énergie du désespoir ? De l'ironie de soi et du sort ? Peut-on seulement dire un mot face à ce désastre ? Claude Lévi-Strauss restera muet pendant quinze ans. Ce long silence — qui n'empêche pas le classement des fiches, le travail monographique et l'enseignement — parle de lui-même. Ce n'est pas qu'il hésite à écrire : il ne le peut pas. Comment va-t-il faire entrer, dans un même livre, sa démarche et sa méthode ? Comment fondre le vécu et le théorique ? Comment être sensible sans être subjectif,

sentimental, contingent ? Lévi-Strauss l'avoue : son livre a été écrit au prix d'une irritation permanente. Il lutte contre un profond dépit scientifique. Il a l'impression de tirer un trait sous une faillite intellectuelle.

Or, paradoxalement, c'est en reconnaissant le caractère subjectif de sa science que Claude Lévi-Strauss sera reconnu, par le grand public, comme une figure scientifique. Cela, probablement, l'a encouragé à continuer. Il faut donc considérer *Tristes Tropiques* comme un passage à vide, un doute, une crise, par quoi toute science se constitue et se fonde. A ce propos, il convient de lire l'excellent *De l'angoisse à la méthode* de l'un des fondateurs de l'ethnopsychiatrie, Georges Devereux.

Si les tropiques sont tristes, ils ne sont pas mornes. Que le livre ne soit pas drôle n'empêche pas qu'il soit — à son corps défendant — drolatique. Au risque d'apparaître antipathique, Claude Lévi-Strauss n'hésite pas à grossir le trait, à caricaturer. Exigeant, s'accep-

tant mal lui-même, il n'est pas tendre avec les autres. Il lui arrive d'en griffer plus d'un. Voyez les portraits-minute qu'il fait de Georges Dumas, d'une petite dame démente à l'hôpital Sainte-Anne, du *stewart* marseillais, d'André Breton («Vêtu de peluche, il ressemblait à un ours bleu»), de Victor Serge, de l'Indien qui a rencontré le pape à Rome et qui lui sert d'informateur auprès des Bororo, des deux frères corses qui trafiquent dans le Mato Grosso, des colporteurs syriens et libanais, des fonctionnaires stupides et tatillons... De fait, *Tristes Tropiques* recèle une étonnante galerie de personnages, à peine esquissés, mais qui donne au récit cette saveur particulière — bien française — d'intelligence narquoise. Ce qui pourrait, chez un autre, être attribué à de la hauteur ou à une manière aristocratique de voyager doit être ici attribué à un humour froid et quelque peu vengeur.

Claude Lévi-Strauss cultive le regard clinique et l'observation pince-sans-rire. La dimension romanesque du réel l'attire, jusqu'au moment où, d'une phrase, il referme la porte à la tentation. N'empêche que la fiction, à la fin du compte, aura raison de lui : elle rentrera dans son laboratoire par le truchement des mythes.

Le récit de voyage est un genre fourre-tout. Il permet les ruptures de ton et autorise le mélange des styles. Le refus de la fiction entraîne chez Claude Lévi-Strauss la nostalgie de la littérature. A preuve ces trois petits poèmes surréalisants qu'il donne à lire en passant, le scénario d'une pièce inaboutie qu'il offre en témoignage de ses égarements, ce coucher de soleil qu'il place comme un morceau choisi d'avance, et aussi cet hétéroclite inventaire de tous les marchés qu'il a visités, où il accumule les mots bizarres pour reproduire l'entassement des souks et des bazars.

La littérature affleure encore par des références directes ou des pastiches. Outre Jean de Léry, Chateaubriand, Rousseau, l'auteur fait plusieurs fois allusion aux grands livres d'apprentissage de l'enfance, dans lesquels, sûrement, il a puisé son goût de l'ailleurs. Tel port fluvial lui fait penser à Jules Verne et deux chapitres portent des titres transparents : «Le monde perdu» et «Robinson». Au reste, la société brésilienne de l'époque, où les rôles sociaux ne sont souvent tenus que par une seule personne, fait indubitablement penser à une distribution romanesque : il y a *le journaliste*, *le professeur*, *le poète*, *le communiste*, *le non-conformiste*... Les Indiens eux-mêmes n'échappent pas à ce traitement particulier où l'analogie épaule l'analyse : ainsi les Caduveo, avec leurs peintures faciales et leurs structures sociales, sont assimilés au jeu de cartes animées d'*Alice au pays des merveilles*.

La science et la littérature, la théorie et la fiction entretiennent chez Lévi-Strauss des rapports complexes. Son approche a besoin de ces deux registres qui lui permettent de jouer du local et de l'universel. *Tristes Tropiques* n'est pas un livre structuraliste, mais le réflexe structural — qui parle des choses en termes d'opposition — y est partout présent. Ce seront, par exemple, les comparaisons entre les tropiques bondés et les tropiques vacants, les anciennes villes de l'Ancien Monde et celles, neuves ou démodées,

du Nouveau, les sociétés cannibales et les sociétés qui pratiquent «l'anthropoémie». L'idée aussi, fortement affirmée, que chaque société correspond à un choix dans un stock limité de modèles possibles.

On a reproché à Claude Lévi-Strauss l'aspect touche-à-tout de *Tristes Tropiques*, et surtout, le caractère mal ordonné de son plan. A cela l'auteur réplique par l'ambition qui l'avait guidé dans la rédaction de ses souvenirs : construire une autobiographie intellectuelle à la façon d'un opéra. Le «je» correspond aux récitatifs, et la réflexion ethnologique aux arias. Il a aussi glissé, discrètement, çà et là, des chœurs et des *tutti* orchestraux.

Les *travellings* entre l'Amérique du Sud et l'Orient alternent comme des parties chantées et des interludes orchestraux. Ces effets de composition — qui gênent par leur côté systématique — n'en font pas moins le charme de ce livre dont le héros, à la croisée des chemins, se retrouve finalement dans la contemplation d'un minéral, le parfum d'un lis ou le regard d'un chat...

Dans les années 50, qui verront se tenir la conférence de Bandung, *Tristes Tropiques*, en essayant de concilier le goût de la science et le refus du progrès, va à contre-courant. Le tiers-mondisme ne se satisfait pas de l'attitude distanciée de l'auteur. Sa

passion pour les civilisations lentes semble passablement désuète au regard du monde qui s'accélère. Les Caduveo, les Bororo, les Nambikwara, qui vivent près du cosmos et s'intéressent plus aux relations sociales qu'à la technologie, sont alors disqualifiés. Hors-jeu.

Le succès du livre tient à un malentendu. Peut-être que les lecteurs de l'époque ont plus vu le caractère contre-utopique, anti-exotique, désenchanté, le côté testamentaire du texte, que le constat provisoire d'inutilité et d'impuissance. Car *Tristes Tropiques* — la suite le prouve — n'est qu'une sorte de mascaret. Un repli stratégique du désir de comprendre, d'observer, de décrire, de comparer.

Peu importe que Claude Lévi-Strauss n'ait passé qu'un peu plus de deux ans sur le terrain. D'autres pourraient y séjourner trente ans sans rapporter le dixième de ce qu'il a observé. *Tristes Tropiques*, mieux qu'un compte rendu de missions, mieux qu'un voyage philosophique, mieux qu'un ouvrage documentaire, mieux qu'un récit d'initiation même, raconte l'histoire bouleversante, décisive, de la rencontre avec une poignée d'hommes nus. Moments forts qui déstabilisent les certitudes et désarment les mieux préparés. *Blow up* d'un instant fulgurant : Claude Lévi-Strauss en sera définitivement irradié.

Claude Lévi-Strauss en 1935-1936,
dans son campement de Nalike,
sur les plateaux du Mato Grosso (Brésil).

FRANCOPHONES DU MAGHREB

TAHAR BEKRI

SANS être extérieure à l'arrivée des Français en Algérie (1830), en Tunisie (1881), au Maroc (1912), la littérature maghrébine de langue française ne peut être isolée des autres expressions littéraires au Maghreb : littérature écrite en arabe littéral, littérature orale arabe et berbère. Écrite dans la langue de l'Autre, elle est portée à ses débuts, vers les années 30, par des sentiments qui cherchaient à attirer l'attention du colonisateur sur la condition des indigènes. Sans vraies qualités littéraires, la littérature de cette période renvoyait l'image de la métropole dans un style très marqué par le regard exotique que portaient sur le Maghreb les auteurs du XIXe siècle : Flaubert, Guy de Maupassant, etc.

Côte à côte avec la prise de conscience nationale, elle évolue rapidement vers la recherche d'une spécificité : se distinguer de la littérature des Français du Maghreb à l'idéologie coloniale, dire la différence et l'appartenance à une autre culture, arabo-berbère et islamique, mais surtout affirmer une personnalité historique menacée par la défiguration de l'identité.

Ce seront là des thèmes dans lesquels la littérature puisera son langage, non sans un regard ethnographique, porté sur soi-même, comme s'il s'agissait de se persuader de sa propre image, déformée par tant d'adversités et de calamités historiques. Remonter le cours du temps pour aller à la conquête de sa mémoire et quérir la trace des «ancêtres fondateurs», selon l'expression de Kateb Yacine, était le projet nouveau d'une littérature appelée à devenir l'expression de peuples en lutte pour leur libération.

Le traumatisme du 8 mai 1945 où des milliers d'Algériens seront tués à la suite de l'émeute qui éclata à l'occasion de l'armistice va constituer une base des revendications de plus en plus précises des partis nationalistes. Sur le plan de la littérature, deux grandes tendances se précisent : une littérature humaniste, conciliatrice, croyant au devenir commun et possible entre colonisateurs et colonisés (c'est le cas de l'écrivain tunisien, Hachemi Baccouche, par exemple) et une littérature

plus radicale et engagée dans la lutte pour l'indépendance, contre la colonisation.

En 1950, la parution du *Fils du pauvre* de Mouloud Feraoun installe la littérature dans l'investigation du passé culturel et la peinture sociale et réaliste de l'être colonisé. Jean Sénac préside la rédaction de la revue *Soleil* (1950) à côté des auteurs comme Mohamed Dib, Mouloud Mammeri, Djamila Debèche. Cette revue prêche la conciliation mais dénonce la colonisation. C'est grâce aux années 50 qu'on peut parler de véritable littérature maghrébine de langue française. Albert Memmi écrit à ce propos : «Ce n'est évidemment pas un hasard si cette génération d'écrivains maghrébins, définitivement nommée la génération de 1952[1], éclôt à la veille de l'indépendance du Maghreb. C'est qu'il fallait oser enfin s'en prendre à sa propre vie, à celle de ses concitoyens, aux relations avec le colonisateur. Il fallait en somme découvrir et affronter son véritable domaine, son objet spécifique.»

A titre d'indication, nous pouvons citer, de cette génération, les auteurs suivants : Mohamed Dib (né en 1920) — *La Grande Maison*, 1952; *L'Incendie*, 1954; *Le Métier à tisser*, 1957. Mouloud Mammeri (né en 1917) — *La Colline oubliée*, 1952; *Le Sommeil du juste*, 1955. Albert Memmi (né en 1920) — *La Statue de sel*, 1953; *Agar*, 1955. Mouloud Feraoun (1913-1962) — *La Terre et le Sang*, 1953; *Les chemins qui montent*, 1957. Le déclenchement de la guerre d'Algérie en 1954 va engager la littérature maghrébine dans la mêlée politique. Portant un discours plus affirmé et direct, elle devient œuvre de combat et joint la résistance à l'aliénation culturelle à la revendication de la liberté nationale. Une littérature militante, révolutionnaire est née avec des écrivains comme Malek Haddad, Bachir Hadj Ali, Noureddine Aba, Henri Kréa, Anna Gréki, Jean Sénac, Djamila Debèche, Djamal Amrani, etc. Des thèmes comme la guerre, la liberté, l'identité, la personnalité historique, la culture nationale seront développés dans des œuvres où le lyrisme politique est continuelle-

1 Allusion à l'édition parisienne du *Fils du pauvre*, Le Seuil, 1950.

2 *Anthologie des écrivains maghrébins de langue française*, Présence Africaine, 1964.

---

*Kateb Yacine
lors d'une répétition de sa pièce
La Femme sauvage.*

ment présent, où la poésie dit la souffrance et chante — non sans rappeler celle d'Éluard et Aragon — l'être nouveau, digne et libre. Malek Haddad est certainement le poète et romancier qui a le plus fait de son œuvre le lieu d'une revendication éclairée de l'indépendance. Dans ses œuvres, *Le Malheur en danger*, 1956, *La Dernière Impression*, 1958, *Je t'offrirai une gazelle*, 1959, la dialectique de la guerre et la paix est posée avec un sens aigu du drame historique qui se joue mais avec une conscience lucide que la guerre n'était qu'un mal nécessaire imposé aux peuples algérien et français et ne devait aucunement les séparer dans les épreuves du malheur. Son humanisme réel et authentique face à la colonisation donne à son œuvre une dimension profonde et un sentiment qui repousse l'usage de la violence comme fin.

Mais c'est avec Kateb Yacine (né en 1929) que la littérature maghrébine de langue française des années 50 atteint son niveau le plus accompli. Avec la parution du roman *Nedjma* (1956), l'écriture participe de la quête de la liberté collective et de l'élaboration littéraire. Ce roman, une des œuvres les plus étudiées au monde, rompt avec les premiers regards ethnographiques et innove sur le plan de la création romanesque. L'œuvre est exigeante dans son écriture mais ne souffre jamais de l'artifice ou de l'«exercice de style». Sans détours ni concessions, elle est parole libre et fière. Nedjma est la femme aimée, le pays en lutte, l'Algérie meurtrie, la liberté rêvée. Ce roman, qui est l'écho des événements de mai 1945 où le jeune lycéen Kateb Yacine fut incarcéré, est une fresque romanesque, une forêt où s'enchevêtrent des arbres aux branches infinies. Dans l'apparente inaccessibilité de l'œuvre, réside le mystère d'une écriture profondément enracinée dans la mémoire et l'imagination populaires. Tout s'y mêle : poésie, contes puisés dans le patrimoine oral, proverbes et dictons, récit théâtralisé. Tout est métaphore illuminée, révolte jamais tue, chant à l'écoute des ancêtres et des hommes libres, voix fraternelle. Il n'est pas exagéré de considérer Kateb comme un écrivain appartenant à l'école du nouveau roman par ses innovations formelles. Mais il serait plus pertinent de penser qu'il est plus proche de Faulkner auquel il se réfère souvent, en dépit de la divergence sur la vision du peuple qui se trouve dans leurs œuvres respectives. *Nedjma* est cette œuvre clé, au centre de toutes les créations poétiques et théâtrales de Kateb, une quête continue de la liberté, une écriture dans une gestation permanente, éclatée et refusant tout arbitraire formel.

Avec Kateb Yacine, l'appel du futur libre et indépendant est contraint de s'enraciner dans le passé historique en une sorte de «dialectique du malheur», selon l'expression de l'historien tunisien Hichem Djaït. L'écrivain algérien Malek Haddad disait à ce propos : «L'avant-garde serait

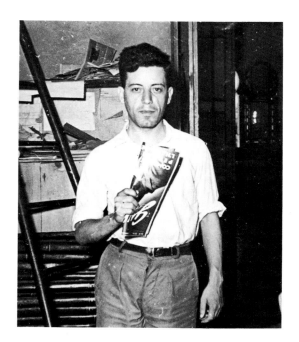

le retour en arrière, si par malheur l'impérialisme était gagnant.» Les écrivains des années 50, conscients de ces dilemmes, surtout en vivant la langue de l'Autre comme un exil, un drame, prédiront la disparition de la littérature maghrébine de langue française une fois l'indépendance survenue en Tunisie (1956), au Maroc (1956), en Algérie (1962). Pourtant, il n'y a pas une année qui passe sans que l'on découvre au Maghreb une œuvre nouvelle ou une voix porteuse d'ambition littéraire en langue française...

*Albert Memmi
à Tunis.*

Un Djerbien typique plongé dans la Thora. | *Mohamed Dib à Alger en 1950.*

RECONSTRUCTION
GRANDS ENSEMBLES
FONCTIONNALISME
MAIS AUSSI LA MODE
LES OBJETS DESIGN
LES PREMIERS ORDINATEURS
JUSQU'AU SPOUTNIK...

ARCHITECTURE ET DESIGN

L'UTOPIE
AU PIED DU MUR

MARC EMERY

"Human problems are too complex to demand simple solutions." Isiah Berlin[1]

La publication, en 1943, de la Charte d'Athènes par Le Corbusier n'est guère un événement marquant ; l'actualité ne s'y prête pas et le contenu de l'ouvrage est trop éloigné des matérialismes de l'époque pour intéresser. Le Corbusier, alors en pénitence à Vichy, cherche, par ce biais, à promouvoir une reconstruction conforme à ses visions mais la reconstruction se fait à l'identique (ou presque) et ses échecs confortent implicitement les thèses de la Charte d'Athènes.

Esquissée, dans les années 30, par un groupe d'architectes issus des mouvements modernes, la Charte d'Athènes est moins un manuel d'urbanisme qu'une affirmation doctrinale de ce que pourrait et devrait être la ville contemporaine. Déplorant l'incohérence des croissances urbaines, elle définit des principes, énonce des règles et prône un nécessaire recours au fonctionnalisme et à la technologie. Ses propositions sont radicales et l'image de la ville qu'elles expriment se résume à l'essentiel : des centres d'affaires, quartiers d'habitation, espaces verts et zones industrielles dans lesquels sont pratiquées les quatre fonctions urbaines (habiter, travailler, circuler, cultiver le corps et l'esprit). Seuls les bâtiments et tissus anciens ayant valeur architecturale ou culturelle sont conservés.

Une telle conception mécaniste de la ville paraît, avec le recul du temps, naïve et d'autant plus discutable qu'elle ignore l'élémentaire de tout urbanisme : la réalité des marchés fonciers, les lois de l'économie urbaine, les problèmes sociaux et la dimension temps. C'est, en fait, une vision utopique, un modèle figé qui, conjugué au productivisme de la croissance économique, cautionnera l'urbanisme des années 50. Les doctrines de la Charte d'Athènes justifieront ainsi les grands ensembles, les rénovations au bulldozer et la primauté des transports individuels.

L'Amérique, qui toujours fascine les architectes européens, a, dans ces années-là déjà réalisé certains éléments de cette vision utopique : la ségrégation des fonctions et des modes d'occupation du sol, les centres d'affaires et leurs gratte-ciel, les autoroutes, les rénovations radicales et les grands espaces verts urbains mais, pour intéressante qu'elle soit, la ville américaine ne peut servir de critère. Expression spatiale d'une économie libérale, elle présente trop l'image du désordre urbain que les modernistes entendent corriger. Les Américains en sont d'ailleurs très conscients quand, pour répondre à la croissance urbaine de l'après-guerre, ils mettent en pratique la planification urbaine rationnelle que Rotival avait développée à Yale dans les années 40.

Observant l'effort de guerre américain et l'efficacité d'une organisation qui, pour des finalités prédéterminées, avait pu mettre en œuvre et contrôler d'énormes moyens de production, Rotival en a pragmatiquement déduit qu'une logique similaire pouvait s'appliquer aux problématiques urbaines pour peu que les objectifs soient précisés et les moyens recensés. Les principes de planification urbaine qu'il établit sont basés sur trois points : constat critique de la situation, définition des buts à atteindre et recensement des moyens disponibles. Le premier point implique une analyse des mécanismes urbains et de leurs fonctionnements que Rotival formalise en modèle dans lequel il intègre simultanément les données sociales, économiques, politiques et techniques et leurs interférences.

Ce type de modèle globalisant est maintes fois repris et affiné, l'ordinateur aidant, dans les années 50 et 60 pour traiter notamment les questions de transport. Ces questions priment alors et la pratique de l'urbanisme consiste souvent à les résoudre en priorité puis, par leur biais, à régler les autres. L'extraordinaire développement du parc automobile américain pose, en effet, des problèmes complexes qui impliquent d'autres facteurs : les modes d'occupation des sols et leurs incidences sur les valeurs foncières et les comportements économiques ou sociaux.

[1] Introduction à *Childhood, Youth and Exile* d'Alexandre Herzen.

Page précédente :
Sheldon Rutter
Étude pour presse fruit Rival, *1953*
Dessin sur carton
Collection A. Menard, Paris.

Le New York qu'en dictateur Robert Moses façonne, est caractéristique de cet urbanisme : l'augmentation du pouvoir d'achat — celui, en particulier, des classes moyennes — y crée une demande de logements et d'équipements à laquelle il faut rapidement répondre. Les rénovations urbaines ne peuvent y suffire mais les périphéries offrent d'énormes potentialités pour peu qu'elles soient accessibles. Est alors lancée une politique d'autoroutes et de voies urbaines qui a pour conséquence l'exode des classes moyennes, l'implantation en banlieue d'une partie des secteurs secondaire et tertiaire et, corrélativement, la crise financière qui secouera la ville de New York dans les années 70.

De ces expériences américaines, les Européens des années 50 ne perçoivent que les méthodes et les techniques ; ils en sous-estiment les effets et appliquent les rationalités qui leur paraissent correspondre aux axiomes de la Charte d'Athènes. Les questions de transport ont pour eux moins d'importance que les problèmes d'habitat. La croissance économique et la hausse consécutive des pouvoirs d'achat se traduisent en effet par de fortes demandes en logements et équipements. Le parc existant ne peut suffire et le développement en périphérie paraît d'autant plus logique que les prix y sont bas et que les entreprises peuvent désormais produire en grandes séries des éléments préfabriqués de logement.

Cette politique européenne d'habitat prend divers aspects : chaque pays l'applique à sa manière, suivant ses moyens. Les Anglais lancent une première génération de villes nouvelles dans lesquelles ils reformulent le thème de la cité-jardin. Destinées à décongestionner les grandes agglomérations, celle de Londres en particulier, ces villes sont prévues pour des populations de quarante à soixante mille habitants. L'entreprise est d'autant plus risquée que ces villes nouvelles doivent économiquement se suffire mais l'expérience réussira et les Anglais réaliseront, dans les années 60 des villes de trois et quatre cent mille habitants.

L'aventure des villes nouvelles anglaises n'a que de faibles échos sur le continent : Tapiola, une ville-satellite d'Helsinki dont la population ne dépassera jamais les vingt mille habitants et Vallingby qui, dessinée par Markelius, ne sera finalement qu'un gros centre suburbain de Stockholm. La politique française des années 50 est, en matière d'habitat, essentiellement quantitative. Elle vise à produire des logements mais ne tient aucun compte des contextes urbains dans lesquels ils s'inscrivent et des équipements commerciaux, culturels ou sociaux qui doivent les accompagner. Conçus suivant des normes minimales de taille et de confort, ces logements répondent néanmoins à la demande mais ne la satisfont pas pour autant. Le quantitatif ne justifie pas l'absence de qualitatif et les grands ensembles français, pâles caricatures de la Charte d'Athènes, laisseront dans la

Houston,
vue aérienne, 1957

Frederick Gibberd
Centre de la ville nouvelle
d'Harlow, Essex, Grande-
Bretagne, vers 1950.

mémoire collective de bien mauvais souvenirs.

La construction, aux mêmes époques, de l'Unité d'habitation de Marseille par Le Corbusier accuse l'aberration de cette politique quantitative. Le Corbusier démontre en effet que la production massive de logements et ses implications urbanistiques pourraient prendre d'autres formes; l'expérience, reconduite à Nantes puis à Briey-en-Forêt, est cependant trop probante pour être acceptée.

Le Corbusier est pourtant le seul qui ait alors en France une doctrine cohérente de l'urbanisme. *Les Trois Etablissements humains,* publié en 1947 et 1959, exprime une réflexion sur les rapports ville-campagne, industrie-agriculture, centres urbains-voies de communication et propose un aménagement du territoire basé sur trois points: la cité linéaire industrielle, les unités de production agricole et les pôles d'échanges. La cité linéaire est constituée de rubans industriels implantés au long de voies rapides reliant les villes existantes; dans les mailles du filet ainsi formé, se développent les établissements ruraux. Les usines sont vertes, les villages, coopératifs.

L'ouvrage n'a pas le ton polémique des premiers écrits de Le Corbusier. Mis à part certains points de détail (usines vertes et villages coopératifs), la thèse est réaliste, voir même prémonitoire; elle n'aura cependant aucun écho. Le corpus théorique de l'urbanisme français est encore très embryonnaire, centré autour des tristes palinodies historico-humanitaires de Marcel Poete, Auzelle, Lavedan ou Bardet. Chambart de Lauwe essaye d'y introduire la sociologie de l'École de Chicago mais n'y réussit guère.

L'Architecture d'Aujourd'hui lance l'idée d'un Paris parallèle qui, construit à l'ouest de la capitale, la décongestionnerait; elle abandonne le projet, faute d'intérêt. L'urbanisme, souvent réduit à l'art de dessiner des plans-masses, n'intéresse, en fait, personne et la France prendra en ce domaine un retard qu'elle mettra longtemps à compenser.

Cet aveuglement des Français est d'autant plus absurde qu'Anglais, Américains et, dans une certaine mesure, les Hollandais, profitent des possibilités de l'époque pour aborder les questions fondamentales. Les Anglais tentent une nationalisation des sols qui échoue mais laissera des traces positives. Dans le même esprit, les Hollandais lancent une politique à long terme de municipalisation du sol encore perceptible. De façon pragmatique, les Américains développent leurs recherches en économie et sociologie urbaines; ils établissent un champ théorique qui servira de base aux réflexions des années 60 et aux contestations des années 70.

Analysant les ambiances et paysages urbains dont ils déplorent la médiocrité, les Anglais élaborent un «Urban Design» qu'ils appliquent dans les villes nouvelles et quartiers anciens. Les dessins de Cullen, les écrits polémiques de Nairn et les essais sur la composition urbaine de Gibberd mettent en évidence l'importance de la publicité, du mobilier urbain, des lumières et des perspectives dans le paysage de la ville. Les Américains reprennent ces analyses, les adaptent à leur contexte et développent, avec Lynch, plusieurs méthodes de notations d'ambiances et de paysages. Pour intéressantes qu'elles soient, ces sensibilisations ne seront guère comprises et beaucoup d'urbanistes continueront à critiquer le désordre visuel des agglomérations sans pour autant y remédier.

Cet ensemble de réflexions sur le phénomène urbain et l'image de la ville n'interfère aucunement

Grand ensemble français,
banlieue parisienne.

Le Corbusier
Palais de l'Assemblée,
Chandigarh, 1958-1960.

2

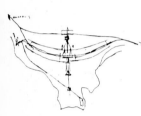

Lucio Costa
Esquisses pour le plan de
Brasilia, *1957.*

dans l'élaboration des deux grandes aventures urbaines de la décennie: Chandigarh et Brasilia, deux interprétations de la Charte d'Athènes mais aussi l'application de ses doctrines dans des contextes économiques et sociaux autres que ceux pour lesquels elles étaient prévues. Ces capitales de pays en voie de développement matérialisent, dans leur quête de modernité, l'utopie qu'une société industrialisée a su concevoir mais n'a jamais pu réaliser.

Chandigarh, métropole d'un État créé en 1947, n'est confié à Le Corbusier qu'après la mort accidentelle de Novitzki, son premier urbaniste. Le Corbusier respecte le tracé précédemment établi, le rationalise et place le Capitole, siège des trois pouvoirs, entre la ville et l'Himalaya. Le plan général est orthogonal, régulièrement divisé en unités de voisinage qu'alimente un système de voies hiérarchisées; des coulées continues de verdure traversent la ville que ponctuent les équipements commerciaux et culturels. Le contraste entre ville et Capitole est volontairement accusé: la première, construite avec les technologies locales, dénote dans ses morphologies et ses appropriations d'espaces, le banal du quotidien; le second, réalisé en béton, exprime par son architecture, la puissance des pouvoirs institutionnels et leurs idéologies.

Le Corbusier conçoit ce Capitole en acropole, disposant les différents éléments suivant de subtils rapports d'espaces, de volumes, de plans d'eau et de jardins. La composition est classique mais Le Corbusier en atténue la rigidité par des jeux d'écritures architecturales et de courbes sensuelles. L'absence de contraintes spatiales lui permet d'exprimer, en toute liberté, sa brillante intelligence de l'espace et son extraordinaire sens de la forme. Son génie est à l'apogée; il le sait et entend l'affirmer; ses détracteurs sont encore trop nombreux.

Chandigarh et Brasilia dérivent d'une même rationalité mais là se bornent leurs similitudes. Les deux villes sont en effet très différentes: la capitale brésilienne est plus importante par sa taille et sa population que celle du Pendjab; l'application de la Charte d'Athènes y est plus intégriste qu'à Chandigarh où Le Corbusier semble avoir pris quelques libertés avec un évangile qu'il avait écrit; le plan de l'une est fermé, celui de l'autre est ouvert; l'architecture moderne brésilienne est une réalité quand s'ouvre le chantier de Brasilia; l'indienne se cherche encore quand Chandigarh se termine.

La création d'une nouvelle capitale au centre du pays est un vieux projet que les Brésiliens ont caressé pendant deux siècles sans trop y croire; un président ambitieux, Kubitschek, décide de le réaliser et lance un concours que Lucio Costa gagne avec un simple schéma: deux axes perpendiculaires parfaitement inscrits dans le triangle que définit un grand plan d'eau. Sur l'axe ma-

jeur, le tertiaire; sur le mineur, les zones d'habitat. L'essentiel de la ville doit être terminé en quatre ans, le temps d'une législature; Kubitschek fait appel à Niemeyer et lui donne pleins pouvoirs. Les deux hommes se connaissent et s'estiment; Niemeyer avait déjà réalisé pour Kubitschek les ensembles de Pampulha, ses premières grandes œuvres.

Costa affine le plan: il place à l'extrémité du grand axe le siège des trois pouvoirs et les ensembles administratifs puis, au croisement des deux axes, le centre d'affaires, les grands équipements commerciaux et la gare routière; les habitations sont regroupées en «quadras», unités de quartier disposées de part et d'autre du second axe. Dans chaque «quadra», des immeubles de quatre niveaux entourent un espace vert; les équipements de quartier sont localisés entre ces unités, sur les cheminements piétons ou rues à faible circulation. La ville, à l'échelle de la voiture, est structurée par un système hiérarchisé d'autoroutes et de voies urbaines qui suivent les axes.

Niemeyer dessine pour la place des Trois-Pouvoirs un vaste espace rectangulaire sur lequel il pose, face à face, le siège de l'exécutif et la haute cour; les coupoles de l'assemblée et du sénat et leur double gratte-ciel de bureaux complètent l'ensemble et assurent une liaison formelle avec la ville. La symbolique est discrète et la monumentalité, diffuse. Niemeyer a très habilement joué des rapports d'échelles et de masses pour atténuer les trop fortes tensions spatiales et donner à l'ensemble sa dimension humaine.

Brasilia se termine dans les temps prévus. A son inauguration, en avril 60, sa population est de cent-cinquante mille personnes dont la moitié habitent les «villes libres», ces agglomérations spontanées que les ouvriers de Brasilia se sont construites et qu'ils ne peuvent quitter le chantier terminé, faute de moyens. Les autorités ont bien prévu de recaser cette main-d'œuvre, désormais inutile, dans de grandes entreprises agricoles à créer dans la région mais cette politique ne sera jamais appliquée et les villes libres échapperont aux bulldozers. Envers d'un brillant décor, elles donnent à Brasilia sa véritable dimension symbolique.

Les expériences de Chandigarh et Brasilia n'auront pratiquement pas de suites; elles marquent la fin d'un urbanisme. Les doctrines de la Charte d'Athènes sont encore appliquées mais perdent leur crédibilité et sont abandonnées. Les problématiques ont changé et la planification urbaine prend définitivement le pas sur l'urbanisme. La rationalité des ingénieurs de transports, des sociologues et des économistes remplace celle des architectes mais la question urbaine n'en est pas pour autant réglée. La ville est, par nature, trop complexe pour être réduite à un système.

Oscar Niemeyer
Palais de l'Aurore, *Brasília,*
1959.

TRENTE ANS APRÈS

ENTRETIEN AVEC REM KOOLHAAS

LA plupart des architectes, quand ils parlent de «modernité», se réfèrent aux «années héroïques», autrement dit aux années 20, pour mieux se désoler ensuite de la médiocrité qui a suivi et qu'ils n'excusent que par les nécessités du quantitatif. Apparemment, tel n'est pas votre cas. Ce sont plutôt les années 50 qui semblent vous séduire. Pourquoi?

Je suis resté fidèle à mes premières amours, car c'est en voyant ce qui se construisait alors que je me suis intéressé à l'architecture. J'y voyais les promesses d'un complet renouvellement de l'atmosphère urbaine qui me fascinait. Je me souviens très bien du chantier d'un immense garage Renault aux colonnes recouvertes de mosaïques et au «mur-rideau» bleu qui, à douze ans, m'émerveillait: c'était comme s'il m'encourageait à devenir architecte! Les pilotis, les murs-rideaux, Brasilia ont eu un grand impact sur l'amateur que j'étais, comme ils l'ont encore sur le professionnel que je suis devenu; et cette coïncidence est en elle-même significative.

Vous avez sûrement aujourd'hui des raisons plus théoriques à cet intérêt?

C'est en travaillant à mon prochain livre qui a pour sujet les villes contemporaines que je les ai identifiées. L'une de ces raisons est que, pour la première fois, les architectes modernes ont trouvé là une des conditions idéales à la production de leur architecture: la «tabula rasa». Durant les années 20, tout ce qu'ils avaient réussi à construire n'était qu'exercices plus ou moins frustrants puisque leurs recherches impliquaient un champ d'activité beaucoup plus vaste que celui dont ils disposaient. Dans les années 50, leur moindre engagement a coïncidé avec leur impossibilité d'échapper aux conditions de cette «tabula rasa» qui les a transformés en «prisonniers involontaires»; leur refus des idéologies (dont la guerre avait rendu l'idée suspecte!) étant contrecarré par la disponibilité de vastes terrains qui faisaient de chaque projet, par sa taille même, un exercice idéologique inconscient.

Cette situation était celle de l'Europe. Que pensez-vous de celle des États-Unis?

La qualité majeure des architectes américains était alors le savoir-faire. J'ai dit, un peu comme une boutade, que le siège de l'ONU à New York était un bâtiment que seuls les Européens pouvaient inventer et que seuls des Américains pouvaient construire. Je pourrais aujourd'hui ajouter que, dans les années 50, a pu être enfin réalisé ce qui avait été imaginé avant la guerre. Ce qui me frappe, et m'intéresse, est que ceux qui ont construit alors n'étaient pas ceux qui avaient élaboré les solutions. Cela donne un caractère un peu tragique à la situation des seconds: ils sont là, mais seulement en tant que spectateurs d'une pièce qu'ils ont pourtant écrite... on ne les a pas, ou si peu, invités à participer.

Qu'aimez-vous dans cette architecture?

Sa simplicité et sa banalité. Sa poésie et sa sensualité.

Sa sensualité?

Oui. Elle est très surprenante et très difficile à concevoir aujourd'hui. C'est une architecture où les choses sont souvent ou trop fines ou trop lourdes, ou trop raffinées ou trop brutales, une architecture qui joue de façon étonnante avec l'immatérialité et l'apesanteur, qui parvient à donner une impression presque métaphysique du flottement.

Tout cela allègrement, sans besoin de le justifier et avec des moyens d'une simplicité et d'une normalité surprenantes.

Si on compare les meilleurs exemples d'aujourd'hui aux réalisations des années 50, on découvre qu'ils sont d'une complication tout à fait superflue. Cela tient sûrement au fait qu'à cause de la «tabula rasa» et de l'ampleur des besoins, ceux qui construisaient n'avaient réellement pas le temps de réfléchir; ainsi, l'inconscient de la modernité pouvait se révéler dans un espèce d'état pur qui m'a toujours et continue encore à me fasciner.

Parler de sensualité à ce propos, n'est-ce pas de la provocation ?

Absolument pas ! Elle me paraît évidente à Brasilia, dans les formes courbes bien sûr, mais aussi dans cette volonté de réduire au minimum l'épaisseur de la paroi, de la peau qui sépare le monde et la nature de soi-même.

Ce n'est plus, comme avant la guerre, la traduction d'une pensée sociale, mais une véritable discrétion qui se double d'une espèce de défi où la recherche du minimum a pour but le renforcement maximum du contraste.

Est-ce aux maisons de Neutra que vous pensez ? Les vitrages y sont en effet presque invisibles.

N'empêche que si la nature est là, toute proche, elle est complètement idéalisée. On la regarde, mais il n'est pas question de la toucher...

Par cet éloignement, la nature n'en devient-elle pas, en un sens, plus attirante ? Le verre qui, durant les années 20, était chargé d'une sorte d'aura symbolique, mystique, se référant à la pureté du cristal, n'est plus, dans les années 50, qu'une membrane nécessaire, minimale, concrète, dépourvue de tout symbolisme.

Comment expliquez-vous le rejet dont ces années 50 ont été l'objet ?

Je me demande si le malaise et la gêne que nous avons éprouvés vis-à-vis de cette période ne viennent pas de ce que nous percevons la déception et la frustration qu'éprouvèrent nos prédécesseurs devant ce que devenaient leurs visions.

Parce que leur travail y perdait ses qualités d'exceptionnel et de polémique pour n'y être plus que banal ?

En fait, la modernité n'étonnait plus, elle était entrée dans les mœurs... ce qui, paradoxalement, la rendait suspecte à leurs yeux. Paradoxalement puisque, après s'être faits les tenants d'une idéologie pétrie de social, ils supportaient mal d'avoir été rejoints par la masse, de n'être plus l'élite. Ils se sentaient trahis. Or ce qui s'est passé là d'intéressant, c'est bien ce phénomène de démocratisation, de divulgation de leurs idées, d'autant plus que la qualité de l'architecture n'y a rien perdu, loin de là !

Appréciation qui va à l'encontre de tout ce que l'on a toujours affirmé à propos, par exemple, des «grands ensembles» ! Qui n'a pas prétendu qu'ils auraient été parfaits si c'était Le Corbusier qui les avait construits ?

Ses dernières œuvres peuvent être vues comme un commentaire empreint de jalousie envers cette modernité si largement acceptée. Il est évident par exemple que, pour le siège de l'ONU, il ne pouvait pas supporter la réalité de son propre projet.

Pensez-vous réellement que les grands ensembles sont mieux que sa Ville radieuse ?

En un certain sens, oui !

Il me semble, à tout le moins, que leur vulgarité leur donne de l'énergie, et leur exagération un élan que n'avait pas son architecture, même s'il a,

B. Zehrfuss, P.L. Nervi, M. Breuer
Palais de l'Unesco, *Paris, 1953-1957.*

lui aussi, projeté de très bons bâtiments durant ces années (je pense tout particulièrement au centre de calculs électroniques Olivetti près de Milan, du tout début 60...)

Les architectes se seraient-ils trompés?
Il faut se demander si leur appréhension critique de l'architecture n'a pas eu un rôle très négatif sur ce siècle. N'a-t-elle pas rendu tout insupportable? Et les années 50 ne furent-elles pas les seules, justement, à échapper à ce phénomène: une trêve où, pour une fois, l'architecture ne tirait pas sa légitimité d'une critique de l'existant comme dans les années 20 ou 60, mais de l'obligation de réagir à la «tabula rasa» et à l'ampleur des besoins matériels. Ces critiques ne sont-elles pas d'ailleurs le fait, la plupart du temps, des plus grands défenseurs du «populaire» et du «social» qui, finalement, ont le plus grand mal à accepter que l'architecture devienne vraiment moderne, populaire et démocratique?

Parce qu'elle en devient banale?
Parce qu'elle perd ses secrets! Or, pour moi, cette architecture n'en est que plus attirante!

Votre passion pour Ivan Leonidov est connue. Comment s'accorde-t-elle avec cet intérêt pour les années 50?
Son projet d'immeuble pour le ministère de l'Industrie à Moscou qui date de 1929 est très «50», en particulier quant à cette sensualité du minimum. Son plan d'étage est extraordinaire; il y a, d'un côté, une multitude de petites cellules où chaque travailleur a son bureau, de l'autre, une longue bande destinée à la détente, avec douche, piscine, etc., sa théorie étant qu'on devait s'épuiser au travail vingt minutes puis se reposer quelques instants avant de recommencer! C'est une tour très simple, un projet très proche du siège de l'ONU à New York. Leonidov a énormément fait pour amener une véritable neutralité,

pour promouvoir une véritable facilité à n'être pas torturé, pour développer l'idée ou le mythe qu'il fallait aller au-delà de l'architecture. Les années 50 ont suivi cette route; les émotions y sont moins exhibitionnistes, les projets moins polémiques et, en Europe, les architectes plus disponibles parce qu'ils ne sont plus sous la double obligation de réussir leurs constructions et d'être intellectuellement responsables; autrement dit, parce qu'ils n'ont pas à se préoccuper de la légimitisation intellectuelle de leur projet (situation terrible où se perdent bien des architectes d'aujourd'hui).

Une autre de vos références est W.K. Harrison. Est-ce vraiment une figure emblématique des années 50?
Il est unique par cette coïncidence (qui ne peut être tout à fait accidentelle) d'avoir été associé au meilleur architecte américain — Raymond Hood — et au meilleur européen — Le Corbusier. C'était un homme très cultivé. Son appartement était rempli d'œuvres de ses amis: Mondrian, Calder, Léger, Picasso, Noguchi; et pourtant, les architectes des années 70, par une curieuse ironie du sort, le considéraient comme le comble du mauvais goût et de l'incompétence. Sa carrière même est exemplaire. Il a profité de la meilleure éducation architecturale d'alors, aux Beaux-Arts de Paris, a commencé par réaliser des bâtiments en pierre, puis a travaillé à New York, sur le Rockefeller Center. A la fin des années 30, Léger, dont il aimait beaucoup la peinture, lui a comme injecté une dose de modernité européenne. Sa propre maison était composée de cinq cercles

Ivan Leonidov
Projet de concours pour le ministère de
l'Industrie, *Moscou, 1929-1930.*
Richard Neutra
Maison Brown, *États-Unis, 1955.*

Rem Koolhaas/OMA
Projet pour le Théâtre national de la danse,
Scheveningen, Pays-Bas, 1980-1984,
deuxième version.

concentriques sur le plus grand desquels, Léger, Harrison et sa femme avaient peint un grand mural. Léger avait aussi travaillé sur son projet pour l'Exposition universelle de New York de 1939, une belle idée où des boulevards bleu, rouge, jaune, convergeaient vers un boulevard blanc qui ceinturait la sphère centrale.

Ses œuvres atteignent une espèce de raffinement ultime et possèdent cette mystérieuse qualité d'être à la fois très personnelles et très discrètes ! Et c'est cela que j'admire finalement ! Dans les plus impressionnantes, il parvient à une sorte d'abstraction absolue... qui coïncide avec un fonctionnement d'une facilité indéniable — qualités spécifiques à ces années 50 ! A l'ONU, qui est son chef-d'œuvre, cette abstraction commence avec le divorce complet entre l'extérieur et l'intérieur. Sur les dessins, on voit que l'assemblée est une boîte de béton et de verre où flottent des objets-sculptures à la Calder ou à la Noguchi.

Du plus décrié des architectes américains, vous faites un architecte génial... alors j'ai envie, pour conclure, de vous demander ce que vous pensez des projets «50» de celui qui fut l'un des plus célèbres pionniers des années 20: Gropius?

Gropius a toujours été, tel un baromètre, celui qui annonçait le temps qui venait, celui qui tombait dans les pièges dix ans avant les autres. Si on passe outre la laideur de ce qu'il a fait aux États-Unis, on peut percevoir sa peur de l'abstraction, sa volonté constante d'être intéressant, humain, symbolique, décoratif, toutes choses qui trouvèrent leur pertinence dans les années 80.

PROPOS RECUEILLIS PAR PATRICE GOULET

André Aubert
Siège de Saint-Gobain, *Neuilly-sur-Seine, 1957-1960.*

Pᴀʀ-ᴅᴇʟᴀ LES TENDANCES

Pᴀᴛʀɪᴄᴇ Gᴏᴜʟᴇᴛ

LES GRANDS ESPACES

Ils sortaient de l'enfer et faisaient face à l'avenir. Derrière eux résonnaient les derniers échos d'une formidable explosion, devant eux se déployaient d'immenses espaces vides. Le souffle qu'une telle situation créait, était irrésistible.

La guerre avait provoqué d'énormes destructions et parfait le modèle industriel capable de pallier ses ravages. Les terrains étaient là, prêts à être envahis comme en Amérique, prêts à être reconstruits comme en Europe. La production s'accélérait, la consommation augmentait, l'ampleur des besoins était immense; tout le monde avait soif de liberté, d'espace, de clarté et de confort. Il fallait construire beaucoup et vite. Les modèles étaient là, tout prêts, imaginés durant les années 20. Il n'y avait plus qu'à les réaliser. La modernité avait gagné.

Jamais, peut-être, une telle énergie n'avait poussé l'architecture. Comment pourrait-on s'étonner alors que les architectes aient foncé, sans aucune angoisse métaphysique, sûrs d'eux et des qualités du nouveau monde qu'ils allaient construire? Le seul problème (mais qu'en avaient-ils à faire!) était que la force et la rapidité de l'expansion étaient telles qu'il leur était devenu impossible de garder une vision globale de ce qui se projetait et que chacun avait tendance à généraliser ses propres particularismes, sans se rendre compte qu'en fait c'était l'ampleur des différences et l'étendue des territoires arpentés qui étaient significatives. Aujourd'hui, nous pouvons profiter de notre recul pour élaborer des grilles nous permettant de revenir à une vision plus générale capable d'intégrer toutes les exceptions que l'on n'avait pas eu le temps de voir ou que l'on avait préféré passer sous silence.

MULTICOUCHES

Ce n'est pas facile, tant, dès que l'on agrandit son angle de vision, il est surprenant de découvrir combien ces années furent riches; pourtant, après un moment, une première structure apparaît, constituée de trois couches.

La première consiste en une nouvelle mouture de «l'architecture internationale» qui correspond, comme le dit justement Rem Koolhaas, à une vulgarisation de la «modernité». Elle est essentiellement, aux yeux de tous, le fruit de la nécessité et d'une gestion obligatoirement efficace des moyens dont on disposait.

En France, elle se caractérise par un aller-retour attendrissant entre le dur et le souple, que l'on pourrait ainsi décrire: 1/ on construit l'immeuble le plus élémentaire: la barre; 2/ on lui colle une façade que l'on agrémente judicieusement de quelques motifs géométriques et taches de couleurs (avec, si possible, des auvents en biais supportés par des piliers artistiquement inclinés); 3/ derrière, on additionne des cellules d'un minimalisme et d'une orthogonalité toute monacale; 4/ on les meuble d'un mobilier affectionnant les zig-zag. Pour aller au bout de cette description, il faut ajouter qu'à partir d'une certaine quantité de «barres», l'architecte a le droit de prouver son imagination, s'il en est encore besoin, en se défoulant sur un équipement public, par exemple une église ou une salle de sports, qu'il pourra tordre tout à loisir. Mais cette solution n'est pas à généraliser; seule la France a poussé aussi loin l'obsession planificatrice et la légèreté conceptuelle architecturale.

Plus généralement, au-dessus de cette première couche, émergent une série d'«œuvres» que l'on peut lire comme des «prototypes», parce qu'il semble qu'on en a tiré les matrices d'une production internationalement diffusée.

L'un des plus célèbres est le siège de la société Lever, édifié à New York, sur Park Avenue en 1952 par Gordon Bunshaft de l'agence Skidmore, Owings and Merill: deux boîtes rectangulaires, la première posée verticalement sur la seconde qui est, elle, horizontale, toutes deux étant revêtues de «murs-rideaux». On peut en voir des reflets à Paris, Londres, Copenhague, Stockholm ou Caracas.

Le hall d'exposition de Raleigh (Caroline du Nord), construit en 1952 par Matthew Nowicki,

W. Dietrich et F. Severud, est un autre de ces prototypes, bien qu'en ce cas, il le soit par la répétition non de sa forme mais de son idée, à savoir la force architecturale d'une forme-structure.

A Raleigh, elle est constituée de deux arcs paraboliques croisés entre lesquels deux nappes de câbles, eux aussi croisés, sont tendus ; mais ailleurs, comme au CNIT, l'exemple français le plus spectaculaire, elle peut être une double coque autoportante ou encore, comme au restaurant «Los Manantiales», à Xochimilco au Mexique, l'une des plus célèbres réalisations de Felix Candela, huit segments de paraboloïde hyperbolique.

Exercices de prédilection des ingénieurs comme Nervi, Morandi, Lafaille, Sarger, Esquillan, Candela, ils ne sont pas dédaignés par les archi-

«Comment peut-il espérer être architecte s'il n'invente pas un nouveau toit?»
Dessin d'Alan Dunn pour la revue Record.

tectes comme Wright au musée Guggenheim, Utzon à l'Opéra de Sydney, Saarinen à la patinoire de New Haven ou encore Niemeyer qui en a tiré l'essence même de son architecture.

R. Camelot, J. de Mailly, B. Zerhrfuss
CNIT (Centre national des Industries et des Techniques),
Paris, 1958.

«Toi et ton "monde meilleur"!»
Dessin d'Alan Dunn pour la revue Record.

En 1955, son projet pour le Musée d'Art moderne de Caracas, révèle le trajet parcouru depuis le XIXe siècle. Viollet-le-Duc n'écrivait-il pas, en 1872, dans son *Troisième entretien sur l'architecture*, pour ridiculiser ceux qui s'opposaient au règne de la raison et du bon sens auquel il aspirait : «Encore aujourd'hui, une partie du public s'imagine que le nouveau en architecture serait de placer une pyramide sur la pointe...» Eh bien, apparemment, il n'y avait pas que le public : Niemeyer avait osé la projeter.

Un autre prototype est évidemment la maison «moderne» avec ses pilotis à la manière de la Villa Savoye (Le Corbusier), son porte-à-faux comme à la Maison sur la Cascade (Wright), son grand vitrage en angle comme au Pavillon de Mies van der Rohe à Barcelone, ses matériaux naturels comme chez Aalto, et puis, bien sûr, ses placards intégrés et son séjour en creux : une réalisation de Marcel Breuer ferait ici parfaitement l'affaire. Les dessins d'Alan Dunn qui faisaient chaque mois les délices des lecteurs de la revue américaine *The Architectural Record* la racontent très bien : les pilotis étaient très utiles en cas d'inondation, les placards pour cacher tout le fatras des objets personnels qu'il fallait soustraire à l'œil intransigeant de l'architecte et du photographe, sans oublier les bandes de fenêtres placées au ras du plafond de la cuisine qui forçaient la maîtresse de maison à faire un peu d'exercice puisque, si elle voulait se distraire tout en épluchant les pommes de terre, il lui fallait installer sa chaise sur la table pour pouvoir regarder dehors. Nombreux sont les chefs-d'œuvre de cette seconde «architecture internationale» dont les plus étonnants ne sont pas forcément les plus connus comme ce garage du centre de San Francisco de G.A. Applegarth ou la maison construite à Orinda (Californie) par William R. Everritt.

La seconde couche n'apparaît jamais dans les revues d'architecture. Pourtant, sans aucun doute, c'est elle qui a le plus fortement défini ce qu'on appelle communément le «style 50». C'est celle des stations-service, des fast-foods, des motels, des magasins, des cinémas, celle de l'architecture commerciale, de l'architecture des «décorateurs», celle qui trouve son apothéose dans les hôtels de Morris Lapidus ou au Strand de Las Vegas. C'est

le nouvel Art déco — le «style Arlequin» comme disent les Italiens — qui brasse allègrement les stratifiés, les couleurs pastel, l'éclairage indirect, les néons, les losanges et les nuages (les «palettes» ou les «haricots»); c'est celle dans laquelle on a l'habitude de ranger la maison de Marilyn Monroë à Hollywood et celle de *Mon oncle*, alias Monsieur Hulot, alias Jacques Tati. La fantaisie qui est sa marque déteint, bien sûr, sur la pre-

Le Strand de Las Vegas
de nuit.

mière couche : on l'y classe habituellement sous la rubrique «Intégration des Arts».

La troisième couche est plus secrète : elle appartient essentiellement à la culture des architectes mais chacun d'eux n'en reconnaît qu'un fragment qu'il apprécie parce qu'il s'y retrouve, refusant habituellement de voir les autres et, s'il les voit, les détestant et n'imaginant pas qu'ils puissent être significatifs, utiles, féconds, «modernes» en quelque sorte. Signe des temps, elle est minoritaire, éparpillée, toujours sous-estimée, sinon méprisée par ceux qui se voient comme les vrais bâtisseurs, qu'ils soient hommes d'affaires ou de politique. Elle réunit les œuvres de Ralph Erskine et de Takamasa Yoshizaka, de Carlo Scarpa et de Louis Kahn, de Bruce Goff et de Mario Ridolfi, de Craig Ellwood et de Paolo Soleri, de Vico Magistretti et de Hans Scharoun, etc. sans oublier, bien sûr, celles des maîtres : Alvar Aalto, Mies van der Rohe, Le Corbusier et Frank Lloyd Wright...

Si elle frôle les deux autres couches, elle est pourtant toujours étrangement autonome, marquée de cette cohérence, de ces redondances, de ces maniérismes qui désignent, sans erreur possible, la pensée et la main de l'architecte. Et elle est beaucoup plus difficile à dater. Heureusement, sur les vieilles photos, les détourages (on enlève le contexte toujours trop chaotique), les couleurs (pareilles au technicolor des films d'alors), les meubles, les objets, les tissus (toujours ce zigzag!) les trahissent! Bref, elle gêne parce qu'elle ne se laisse pas classer, qu'elle perturbe les rangements, qu'elle ne semble faite que d'exceptions. Où la mettre, comment l'expliquer, en quoi justifier son appartenance aux années 50? Essayons de trouver quelques réponses.

MINORITÉS

Los Angeles, 1950. John Entenza, propriétaire et directeur du magazine *Arts and Architecture*, lance la seconde étape de son programme «Case Study» en commandant huit nouvelles maisons à de jeunes architectes (Rafael Soriano, Craig Ellwood, Pierre Koenig, Killingworth, Brady, Smith, A. Quincy Jones, Frederick E. Emmons...). Il en publie en détail les projets et les réalisations et il les vend.

Le simplicité de leur volume, l'efficacité de leur système constructif, l'intensité de leur transparence en font des illustrations parfaites du «less is more» de Mies Van der Rohe.

Ossature métallique (si elles sont en bois, les sections y sont si minces qu'on s'y tromperait), toiture-lame en bac acier, parois et cloisons constituées de panneaux modulaires préfabriqués, vitrages à lamelles ou coulissants : elles sont la quintessence du «concept» de la maison préfabriquée, montée à sec en quelques jours, à base de matériaux industriels où l'élégance des proportions doit coïncider avec la perfection de la fabrication. Elles sont abondamment publiées en Europe, en particulier dans *Aujourd'hui*, la revue satellite de *L'Architecture d'Aujourd'hui* et en Italie dans *Domus*. Elles n'ont pas vieilli. Elles pourraient dater d'aujourd'hui. Elles semblent même plutôt appartenir à demain.

A quelque 300 miles de là, exactement au même moment, d'autres architectes, tout aussi modernes, poursuivent de tout autres objectifs. Plus préoccupés de «contexte» que de développer un modèle universel, ils construisent des maisons en bois qu'ils laissent brut la plupart du temps, fortement articulées, aux «bow-windows» caracté-

---

Mies van der Rohe
Maison Farnsworth, *Plano, Fox River, Illinois, 1950.*

qu'il produisait était trop pluriel, trop «sauvage» pour qu'on s'y intéresse. Il faudra attendre que le temps passe, que notre regard change et que ses meilleurs élèves, le Team Zoo, nous indiquent la piste à suivre pour que nous comprenions enfin son importance et pourquoi sa Villa Coucou pouvait être vue comme un des prototypes de l'architecture japonaise d'aujourd'hui.

Au même moment, Kazuo Shinohara, l'autre père de cette architecture, diverge également en entreprenant d'extraire de l'architecture japonaise traditionnelle l'essence d'un espace qu'il va bientôt manifester dans son état le plus brut.

On pourrait ainsi faire le tour du monde mais j'en ai dit assez, il me semble, pour qu'on comprenne que l'image rapide que l'on peut avoir, notamment en France, de ces années 50 cache une réalité d'une tout autre densité. Mais comment la saisir ? Elle est faite d'œuvres si divergentes ! Une fois encore, cette divergence n'est-elle pas la base sur laquelle établir un nouveau schéma propre à donner du sens à cette pluralité ?

Il y a, en effet, une figure qui pourrait bien en rendre compte : elle aurait l'allure de deux cônes se touchant par le sommet. Le premier représenterait l'architecture pré-moderne qui, petit à petit se serait rétrécie, condensée, pour pouvoir passer de l'autre côté comme le sable dans un sablier. Quelle serait la date du passage ? Eh bien, elle devrait se situer vers les années 20. Fait caractéristique : à cette époque, une étrange ressemblance a affecté toutes les tendances, réalistes, idéalistes ou romantiques de l'architecture. Les œuvres de Le Corbusier, Mies van der Rohe, Gropius et même de Scharoun, Aalto et F.L. Wright, se sont rapprochées. La cité du Weissenhof à Stuttgart (1927) est à ce propos très significative. De l'autre côté, il y a eu une explosion, comme si l'architecture, telle une bombe atomique, avait atteint sa masse critique. Les années 50 seraient alors comme la crête de la première vague du raz de marée qui a suivi. Et, comme une onde de choc s'élargit, le cercle des possibles architecturaux se serait déployé, agrandi, chaque architecte étant projeté sur sa propre trajectoire qui, partant de ce foyer, filerait vers l'extérieur en l'éloignant des autres.

Ce schéma, on peut le tester en considérant l'évolution des trois grands «maîtres» de l'architecture moderne : Mies van der Rohe, Le Corbusier, Frank Lloyd Wright.

C'est dès son arrivée aux États-Unis, en 1938, que le premier semble avoir abandonné toute hésitation sur la voie qu'il entendait suivre. Plus aucune tentative d'articulations, d'enchaînements, de jeux de volumes mais un effort permanent pour atteindre la perfection, l'idéal ; et pour cela, il ne s'intéresse plus qu'au volume, à la fois le plus astreignant et le moins susceptible de tentation expressive : la boîte, et la boîte la plus vide

ristiques, abritées sous de larges toits, entourées de vérandas, de «decks» (des terrasses en bois, comme le pont d'un voilier), de pergolas, perchés sur les reliefs accidentés qui entourent la baie de San Francisco. Personne n'y prête attention. Leur enracinement, leur naturalisme, leur empirisme les rendent invisibles. Pourtant, ces architectes sont en train de mettre au point une architecture que l'on a qualifiée de traditionnelle mais que l'on appellera bientôt «vernaculaire», qui va complètement transformer et considérablement élargir l'idée que l'on se faisait de «la maison moderne».

Exactement comme les «Case study» faisaient du «high-tech» sans le savoir, les maisons de la «Bay Region» pratiquaient le détournement. Elles allaient bientôt aboutir à ce chef-d'œuvre, le «Sea Ranch» (dû à Joseph Esherick, Laurence Halprin, Charles Moore et son MLTW) qui influencera profondément toute la production architecturale ultérieure. Leurs maisons non plus n'ont pas vieilli.

De l'autre côté du Pacifique, K. Sakakura, J. Maekawa et son élève Kenzo Tange (les deux premiers avaient travaillé chez Le Corbusier, Sakakura de 1929 à 1936, Maekawa de 1928 à 1930) réalisaient une synthèse attendue dont, à vrai dire, on ne savait pas très bien si elle était une traduction japonaise de l'architecture européenne tel le Nikkon par rapport au Leica, ou l'inverse, une version occidentalisée et plutôt athlétique de l'architecture japonaise.

Mais invisible était en Occident (et pourtant leur célébrité au Japon était considérable) le travail des Imaï, Shiraï, Murano, parce que non identifiable et non classable. Le cas de Takamasa Yoshizaka, est peut-être le plus révélateur. Lui aussi avait travaillé chez le Corbusier, mais plus tard, de 1950 à 1953 (c'est d'ailleurs lui qui a traduit en japonais les écrits du «Maître», cependant ce

possible qu'il raffine obstinément. Et en cela, bien qu'on ait toujours dit qu'il était le père du «style international», il est seul, et de plus en plus seul.

Il suffit de jeter les yeux sur le panorama des œuvres de Le Corbusier pour voir comment, lui aussi, diverge. Si, au départ, on pouvait encore se tromper (était-ce Lurçat — Meyer ou Leonidov?), dans les années 50, Ronchamp, la Tourette, les Unités d'habitation, Chandigarh ne pouvaient être que du Le Corbusier : une architecture beaucoup plus matérielle, charnelle, âpre, puissante, brutale.

Quant à Frank Lloyd Wright, sa trajectoire est encore plus claire : si, au début du siècle, il a découvert un nouveau territoire et y a ouvert des routes, si, ensuite, il a construit avec la Maison sur la Cascade et les bureaux de la Johnson Wax, les bornes permettant de le comprendre et de s'y repérer, il s'est jugé, à l'aube des années 50, suffisamment quitte pour donner libre cours à son imagination. Faut-il rappeler qu'en dix ans (de 1948 à 1959, date de sa mort à 82 ans) il a construit plus de cent vingt maisons dont les superbes David Wright, William Palmer, I.N. Hagan, Harold Price Sr., etc. alors qu'il projetait ses plus étonnants et singuliers bâtiments : l'Arizona State Capitol, l'Opéra de Bagdad, «The Illinois», un gratte-ciel d'un mile de haut, et construisait la Price Tower, le Musée Guggenheim (dont le projet remontait à 1943) et le Marin County Government Center.

Ce n'est pas qu'ils aient jamais suivi des routes parallèles, mais après la guerre, le combat pour la modernité était définitivement gagné et chacun ne s'est préoccupé alors que d'aller le plus loin possible sur son propre chemin. Cette attitude se retrouve chez tous. Ils semblent comme catapultés par une force extrêmement violente — la modernité — dans un territoire immense et vierge (une sorte de «tabula rasa» intellectuelle).

Plus question de cohérence, mais une fuite en avant où chacun prend ses distances, trouve sa vérité, marque son territoire et prouve son existence par son originalité et son individualisme. Chacun pousse à ses limites extrêmes ses idées, son vocabulaire, ses fantasmes, ses obsessions. L'inquiétude, la réflexion ne viendront qu'au début des années 60, quand l'onde de choc commencera à s'amortir pour laisser la place à la suivante dont aujourd'hui, nous voyons la formation.

Qu'on ne se méprenne pas. Si ce schéma à quelque intérêt, ce n'est pas par son exactitude (tel n'est pas le but) mais par la possibilité qu'il offre de changer notre angle de vue. Il permet en effet d'échapper aux classifications conventionnelles qui, établies dans le feu de l'action, sont aujourd'hui une trop grande incitation à ne plus se poser de questions.

Que veut dire en effet «organique» dès lors qu'on

Drawn for the Record by Alan Dunn

Dessin d'Alan Dunn pour la revue Record.

y met Wright, Scharoun, Goff, Aalto, Mendelsohn, Scarpa? Qu'ils s'inspirent de la nature? Que le tout est plus que la somme des parties? Qu'une architecture doit surgir de son terrain comme une plante?

Et que signifie le «brutalisme», quand on y met les Smithson, Stirling and Gowan, Viganò, Kahn, Le Corbusier et les Japonais? La mise en évidence des structures et des services? Un expressionnisme des masses? Une préférence pour les matériaux bruts? Une volonté morale et puritaine? Un refus des compromis?

Pourquoi ne pas associer Louis Kahn et Bruce Goff? Serait-ce un plus grand blasphème? Après tout, ne montrent-ils pas tous deux, une foi absolue envers le pouvoir intégrateur de la géométrie? N'ont-ils pas en commun une façon très particulière de régler plans, coupes et façades au moyen d'une seule figure qui se diffuse et entre partout en résonance comme le montrent par exemple le projet de la bibliothèque de la Washington University de St-Louis de Louis Kahn et les maisons Wilson, Pollock ou Gutman de Bruce Goff. En quoi le second est-il plus obsessionnel ou excentrique que le premier?

La réalité est que tout est possible et donc que tout se fait.

Prenons le cas de l'Italie (si les années 50, en

Villa de Mon Oncle,
film de Jacques Tati, 1958.

architecture, furent riches, ce fut bien en Italie ; comme les années 60 seront le terrain privilégié de l'Angleterre). La culture architecturale y a si violemment explosé qu'il est même devenu impossible de distinguer ces tendances.

Qu'y a-t-il de commun, en effet, entre le «néo-réalisme» du Tiburtino et de la Martella de Quaroni, le «brutalisme» à la Viganò, le «néo-organicisme» à la D'Olivo ou à la Pellegrin, le «néo-rococo» de Jaretti et Luci, «le néo-liberty» à la Gabetti et d'Isola, le «néo-vernaculaire» à la Albini et Gardella, le «néo-artisanal» à la Ridolfi, le «contextualisme» à la BBPR, le «structuralisme» à la Mangiarotti et Morassutti, le «néo-modernisme» à la Lucchicenti et Moretti, le «néo-rationalisme» à la Figini et Pollini, sans parler des Michelucci, Scarpa, Castiglioni, Baldessari tout aussi difficiles à placer ? Leur savoir-faire, leur habileté, leur élégance, leur art du détail, leur sens du graphisme, l'ampleur de leur culture, sûrement, et... leur individualité !

LA MORT DE L'ARCHITECTURE ?

Je pourrais continuer à accumuler les exemples car aucun pays n'échappe à cet éclatement et rien n'est plus facile que d'en trouver des preuves dès que l'on sait ce que l'on cherche, mais sans doute est-ce plus utile d'essayer d'en tirer quelques réflexions.

Le premier problème, on le comprendra facilement maintenant, réside essentiellement dans le décollement de ces trois couches et, pour les architectes, tout particulièrement de la troisième.

Que s'est-il passé pour que la «culture» architecturale se soit ainsi si marginalisée, pour que le langage des architectes soit devenu si «étranger» aux autres ? Il faudra bien un jour approfondir cette histoire qui a vu une séparation fonction-

Takamasa Yoshizaka
Villa Coucou, *Japon, 1957.*

nelle (les monuments et le reste) devenir structurelle et linguistique (l'architecture et le reste). Une histoire qui semble bien parallèle à celle de la transformation de l'architecte en Artiste, dont on lit les premiers épisodes dès le début du siècle, dans les proclamations de l'Art nouveau. Une incommunicabilité qui se développe aussi en peinture, littérature et musique.

Mais pourquoi ce foisonnement et cette divergence ? Nous l'avons vu : d'une certaine manière, ils sont involontaires. C'est la situation qui les a créés. Peut-être pourrait-on ajouter, grâce à ce que nous avons aujourd'hui sous les yeux, que la nature nous fournit une analogie significative, à savoir qu'elle n'est pas économe quand il s'agit d'évoluer, qu'au contraire, elle n'a aucune hésitation à multiplier les tentatives.

Ne nous a-t-on pas assez dit combien notre société d'aujourd'hui se transforme et avec quelle vitesse, quelle accélération ? Ne sommes-nous pas placés dans une situation semblable, depuis l'explosion des technologies ? Ne nous pousse-t-elle pas inexorablement à explorer le maximum de voies ? Et cet éclatement n'est-il pas la traduction culturelle du «tout est possible» qui caractérise les deux autres couches ?

Mais à quoi sert ce foisonnement s'il reste isolé, clandestin, s'il ne touche qu'un milieu étroit de professionnels et d'amateurs éclairés, si la réalité se construit à côté et différemment ? Problème propre à toutes les avant-gardes.

Tous les architectes ont souffert et souffrent de cette marginalisation. Au mieux, ils ont l'impression que leur scénario a été défiguré ; au pire, qu'on ne l'a même pas lu. Beaucoup ont essayé, dès les années 60, d'y trouver une parade.

Les uns ont imaginé que la seule issue était de passer à la vitesse supérieure, c'est-à-dire qu'il fallait considérer la ville entière comme une seule et unique œuvre architecturale.

D'autres ensuite, plus pessimistes, ont supposé qu'il s'agissait d'une maladie propre aux architectes, que c'était donc chez eux qu'il fallait trouver la cause et à eux qu'il fallait administrer le remède. Que la seule solution possible était, pour l'enrayer, de briser cet individualisme par le rétablissement d'un corpus — qu'il soit typologique, morphologique ou autre — constitué de règles simples, suffisamment faciles et claires pour que tous puissent les comprendre et s'y inscrire, permettant ainsi le rétablissement d'un consensus général semblable à celui qui avait permis la croissance «harmonieuse» de la ville traditionnelle. D'une certaine manière, cette «mort de l'architecture» leur paraissait seule capable d'arrêter le chaos. Rien d'étonnant d'ailleurs que ce mouvement fût si fort en Italie ! N'était-ce pas là, en effet, que la diversité fut la plus extrême et n'était-ce pas là qu'elle correspondait très précisément à une spéculation intense qui donnait d'autres arguments à cette réaction ? (Il faudra, là

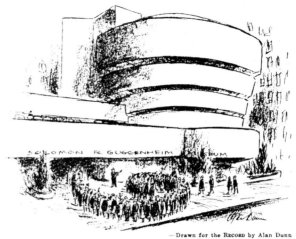

Dessin d'Alan Dunn pour la revue Record.

encore, tracer une histoire parallèle de l'explosion des villes italiennes et françaises pour voir qu'elle est la structure, planificative ou spéculative, qui s'y est le mieux adaptée et y a produit les tissus les plus vivants).

Heureusement, tous les architectes ne se sont pas sentis malades et d'autres ont entrepris des actions plus positives, plus optimistes, plus subtiles en s'efforçant par exemple de rebattre les cartes. Ainsi peut-on interpréter l'effort accompli par Robert Venturi pour réintégrer dans la culture architecturale la seconde couche grâce à une lecture affinée de Las Vegas ou encore, la politique de Rem Koolhaas qui élabore avec une grande habileté l'enveloppe théorique qui est en train de réintégrer de la même manière la première couche, celle de la seconde Architecture internationale.

Ils ont compris qu'il ne s'agissait pas de réagir contre mais de pratiquer cet art délicat qui consiste à entraîner son vis-à-vis dans son camp, et cela grâce à des gestes, des images, des mots, sans déploiement athlétique ni dispositif coercitif. Après tout, ces architectures des années 50 sont le terrain sur lequel nous devons bâtir. Mieux vaut trouver la trame transversale la plus positive qui nous permettra de recomposer au mieux notre propre paysage.

John Esherick
Maison Hewlett, *Berkeley, Californie, 1957.*

MAISONS
À PIGNON OU GRATTE-CIEL?

WERNER DURTH

EN mai 1945, nombre de grandes villes allemandes n'étaient plus que des champs de ruines. Les bombardements des Alliés avaient surtout visé les centres ; après avoir fui dans la campagne environnante, leurs habitants refluaient maintenant dans les cités détruites à la recherche d'abris de fortune. Presque la moitié de l'ensemble du parc de logements des trois zones d'occupation occidentales avait été rasée ou gravement endommagée ; seul un tiers environ de ce parc avait été épargné. Au milieu du chaos et des bâtiments effondrés, on devait déblayer les décombres, récupérer les précieux matériaux de construction, établir voies et réseaux de transport.

L'immédiat après-guerre, jusqu'en 1948, fut avant tout consacré au déblaiement des villes, aux mesures de réparation les plus chichement calculées et à la construction d'un habitat d'urgence. On ne pouvait pas encore entreprendre une reconstruction planifiée, les fondements juridiques et économiques de la future société allemande faisant l'objet de controverses. La réforme monétaire de juin 1948, stabilisant la situation de la propriété dans le commerce, l'industrie, le foncier et l'immobilier, fut le point de départ d'une reconstruction menée dans les règles — à laquelle la fondation de la République fédérale en 1949 devait donner un cadre constitutionnel. Pourtant, l'introduction de deux monnaies et de deux systèmes économiques en 1948 allait préfigurer le partage de l'Allemagne. L'architecture devait désormais, elle aussi, suivre des voies différentes à l'Est et à l'Ouest.

Malgré les soucis quotidiens pour répondre aux besoins les plus criants, on vit éclore, dans cette période qui va de la fin de la guerre à la réforme monétaire, une étonnante variété de représentations du futur auxquelles le manque de moyens et les orientations politiques de 1948 allaient imposer des limites pragmatiques. Les débats de l'immédiat après-guerre firent apparaître un large éventail de propositions : de la reconstruction à l'identique qui mettait en jeu une rénovation radicale des villes, à une modernisation importante des agglomérations qui ignorait les structures existantes au bénéfice d'une expansion du système économique et des transports, sans oublier des plans pour la dissolution des grandes villes par le recours à «la construction à partir du village».

LE CONCEPT DE PAYSAGE URBAIN
Dominant les tensions entre conceptions architecturales et ambitions planificatrices d'inspiration traditionaliste ou moderniste — les projets pour la ville de Mayence de 1946 et 1947 permettent d'en faire une étude exemplaire — un fil conducteur s'impose alors et permet de donner aux différents courants esthétiques une direction commune. Le concept de «paysage urbain» prônait l'interpénétration de la ville et de la nature, des structures urbaines et des spécificités du paysage. La ville du futur devait clairement se distinguer de celle du XIXe siècle par une aération du bâti et son articulation en «voisinages» spatialement lisibles : plus jamais de casernes locatives aux arrière-cours obscures ni de rues-corridors aux façades pompeuses cachant un habitat misérable. Le fil d'Ariane d'un paysage urbain aéré et articulé reliait diverses traditions toujours d'actualité dans le débat international. Venaient s'y rattacher les théories américaines des *green-belt-towns* aussi bien que les projets, issus du mouvement des cités-jardins, des *new towns* en Angleterre ou que les principes des CIAM formulés par Le Corbusier et repris en Allemagne à partir de 1946. L'essentiel de cet amalgame consistait en fait à transformer les villes en paysage urbain — propositions déjà développées sous le Troisième Reich puis révisées à partir de 1943 de manière à prendre en compte les problèmes de la reconstruction. Ainsi Albert Speer, alors ministre de l'armement, avait, en 1943, sous le coup des bombardements alliés, fondé un «groupe de travail-planification de la reconstruction» dont des membres occupèrent, après 1945, des postes clefs d'où ils purent, en de nombreux endroits, exercer une influence décisive sur les projets de reconstruction.

Un large consensus sur le principe d'un tissu urbain aéré et bien articulé permit, dans les années 50, à différentes conceptions architecturales, (certaines encore ancrées dans le passé le plus récent) de voir le jour.

En simplifiant beaucoup pour déterminer ce qui relevait de la tradition et ce qui revenait à la modernité, on aboutit, grosso modo, à cinq catégories qui, bien entendu mériteraient d'être analysées plus finement. Nous aurions ainsi, dans l'ordre : les tentatives de reconstruction sur le modèle ancien, l'adoption d'éléments stylistiques néo-classiques, la revitalisation de formes de lotissements se référant au paysage et à l'artisanat, le prolongement du «*Neues Bauen*» (Nouveau Construire) des années 20 en un deuxième mouvement moderne allemand, et enfin un nouveau constructivisme issu du manque de moyens et de l'ingéniosité artisanale.

VARIÉTÉ DES CONCEPTIONS

La première phase de la reconstruction se caractérisa avant tout par des mesures d'urgence et de remise en état. Elles concernaient le substrat des maisons restées debout et des structures urbaines sauvegardées, réseaux des rues et des égouts, installations de gaz et d'électricité. De grands édifices témoignèrent alors d'une culture qui savait faire preuve de modestie, car en procédant à la simple restauration des bâtiments en ruines on rappelait leur destruction ; ils devenaient ainsi des lieux qui exhortaient au souvenir. L'ancienne Pinacothèque de Munich et l'église Saint-Paul à Francfort sont parmi les témoignages les plus impressionnants d'un renouveau intellectuel et moral après 1945, en contradiction croissante avec les tendances de l'époque à imposer une restauration. Parallèlement au désir bien compréhensible de faire revivre des images familières du passé et prenant racine dans une histoire toute proche, refirent surface, dans les années 50, des théories qui avaient marqué l'architecture officielle sous Hitler. On eut droit, ainsi, à des plans pour des édifices monumentaux et des ensembles urbains relevant du pur esprit de représentation, conçus par d'éminents architectes de naguère qui, après 1945, n'avaient rien perdu de leur influence ; ils pouvaient la faire valoir dans des projets pour de puissants commanditaires du commerce, de l'industrie, des banques et des assurances. Nombre de bâtiments administratifs du début de ces années-là se caractérisent par un néo-classicisme édulcoré, où se lisaient d'une part le recours à un langage formel traditionnel et à un modèle conventionnel de représentation, d'autre part, la nécessité de s'adapter et d'économiser au mieux les matériaux de construction.

Malgré cette survivance de l'architecture de représentation, l'année 1945 n'avait pas interrompu le cheminement de ces courants qui, dans la continuité du mouvement pour la protection du

Abris de fortune du quartier Eilbek à Hambourg après guerre.

Quartier du marché à Munster en 1880.

Le même quartier en 1962 après sa reconstruction, de 1947 à 1961, par seize architectes locaux sous la direction de l'urbaniste Heinrich Bartman.

Wilhelm Riphan
Opéra de Cologne,
1954-1957.

patrimoine, visaient à la rénovation d'une construction de caractère régional par référence au paysage et à l'artisanat. Cependant la politique du logement de l'après-guerre, manifestement orientée vers la propriété et la maison individuelle, restait empreinte de conservatisme. Aussi les clichés de la douce chaleur du foyer allemand ne tardèrent-ils pas à l'emporter sur les ébauches d'un nouveau régionalisme ou même sur les tentatives pleines de sensibilité de se rattacher, en toute modestie, à une modernité liée à la tradition. Aussi ses représentants, des architectes comme Karl Gruber, Rudolf Schwarz ou Emil Steffann, se tournèrent-ils de plus en plus vers l'architecture religieuse.

A la phase de profond bouleversement et de dénuement intellectuel et matériel succéda une période de croissance économique et de production industrielle accélérée. Ce qui donna du poids aux conceptions architecturales qui, se réclamant du *Neues Bauen* des années 20, préparèrent l'avènement de la norme et du type dans le cadre de systèmes modulaires stricts. Calculs objectifs, méthodes de construction industrialisées et innovation technique permanente devaient, selon eux, marquer l'architecture de la nouvelle modernité qui, écartant tout sentimentalisme, prétendait ignorer les attaches historiques et s'en tenir à un fonctionnalisme mécaniste. D'importants traités prônant cette architecture avaient été publiés sous le Troisième Reich, de nombreux bâtiments dans le domaine de l'industrie et de l'armement illustraient de manière évidente la continuité de la modernité de 1933 à 1945. Et pourtant, le *Neues Bauen* des années 20, honni et diffamé par les nazis qui l'avaient qualifié de «bolchevisme culturel» continuait de passer en toute intégrité pour l'héritage de la nouvelle république. Mais, pour l'avoir banalisé inconsidérément, les années 60 ont montré qu'on en arrivait à de fâcheux excès. Application répétitive de la grille modulaire, une «grillite» aiguë apparut très vite comme une épidémie menaçant l'architecture.

Seuls quelques éminents représentants du *Neues Bauen* de la République de Weimar eurent l'occasion dans l'Allemagne de l'après-guerre de continuer à développer leurs théories. Un trop grand nombre d'entre eux étaient morts, s'étaient exilés ou avaient été psychiquement broyés par les remous de l'époque. Il y eut pourtant des tentatives isolées pour reprendre les controverses d'antan et faire fructifier le discours de la modernité. Des protagonistes du mouvement moderne, comme Hans Scharoun et Hugo Häring, s'efforcèrent de reprendre le chemin, interrompu dans les années 30, d'un «fonctionnalisme organique». Après avoir produit une série d'immeubles d'habitation de tendance expressionniste, celui-ci devait conduire à de nouveaux sommets : le bâtiment de la Philharmonie de Berlin, construction d'une légèreté aérienne qui est comme un symbole de la réconciliation dans ce terrain vague désertique qu'est le centre de Berlin, cette ville écartelée.

L'ESTHÉTIQUE DE L'IMPROVISATION

Au-delà des différents courants esthétiques et de la concomitance des styles, apparaît parfois sur nombre de bâtiments des années 50 — souvent sur des constructions techniques sans prétentions formelles — une intention commune. Elle s'exprime, en fait, dans la solution de problèmes marginaux, peu frappants parce que quotidiens : puisqu'il faut faire des économies, on se lance dans une esthétique de l'improvisation. Etre contraint de faire avec le minimum engendre la vertu d'un maniement plein de sensibilité des matériaux, si précieux; l'imagination formelle ne s'en trouve que plus sollicitée. Ainsi, ce sont souvent des constructions apparemment accessoires

Erich Schelling
Pavillon Schwarzwaldhalle, Karlsruhe, 1953, première construction en Europe à toit suspendu.

Rolf Gutbrod
Siège de la Coopérative du bois, Stuttgart, 1958.

— pavillons de verre, marquises, auvents en porte
à faux, cages d'escaliers rapportées — qui nous
paraissent être le plus «typiquement années 50».
Souvenons-nous de ces façades aux poteaux déli-
cats et à la fine membrane qui, entre temps, me-
nacent ruine ou que guette la démolition (pour
des raisons de détériorations ou de défaut d'isolation thermique).

Ce sont précisément ces bâtiments des modestes
débuts de notre République fédérale qui, à travers nombre de formes et d'éléments, témoignent
de cette tentative, que ne démentent pas leurs
références à des exemples étrangers de l'architecture et du design, de créer un monde sensible
en totale opposition avec la culture architecturale
officielle du Troisième Reich. A la lourdeur d'une
construction sentant le terroir, réputée en quelque sorte raciste (style *Blut und Boden* «Sang et
terre»), on oppose une idée de légèreté qui semble
flotter; aux grands volumes massifs, des murs
transparents de panneaux de verre tenus par de
minces poteaux; à la rectitude figée des bâtiments de représentation, une architecture «dynamique» de lignes galbées; à la prédilection pour
la stricte symétrie, les formes asymétriques aux
courbures «organiques».

On voulait que, débarrassé du poids du passé, ce
ton d'optimisme du redémarrage dans la nouvelle
république trouve son expression formelle dans
des bâtiments respirant la gaieté et qui peuvent
sembler aujourd'hui être les reliques d'une enva-
hissante «culture du refoulement» des années 50.
Ces bâtiments à la délicate simplicité, avec leur
élan de renouveau esthétique dans la mise en
forme de l'environnement quotidien, sont les plus
menacés et disparaissent peu à peu du panorama
des villes, donc de notre mémoire. Notre tête est
pleine de cette légende qui veut qu'il y ait eu
«rupture» historique en 1945 et qu'elle ait tout
naturellement engendré le miracle économique
des années 50. C'est ainsi que se sont imposés des
signaux architecturaux, ces «dominantes» qui se
dressent fièrement dans les villes allemandes.
Leur construction, leur technique et leur forme se
rapprocheront à vue d'œil, dans les années 60, de
leurs modèles des *cities* américaines.

Si nous voulons continuer à lire dans l'architecture des années 50 l'histoire de notre pays et la
prégnante concomitance de la non-concomitance,
il faudra nous efforcer, avec plus de constance, de
sauvegarder les modestes témoins d'une pauvre
époque qui suivit la terreur et la guerre. Nous
devrions en prendre le plus grand soin, précisément parce qu'ils offrent à une société qui prend
dans de surprenants succès économiques une
nouvelle conscience d'elle-même des contrastes
qui poussent à la réflexion et des souvenirs qui
incitent à la gravité.

TRADUIT DE L'ALLEMAND PAR GUY BALLANGÉ

Paul Schneider-Esleben
*Bâtiment administratif Mannesmann,
Dusseldorf, 1953-1955;
le premier gratte-ciel d'Allemagne.*

491

UNE NOUVELLE LIGNE ALLEMANDE : LE STYLE BRAUN

CÉCILE MIHAILOVIC

Lorsque Erwin et Arthur Braun décident en 1951 de changer totalement le style des produits de leur usine de postes de radio à Francfort, ils engagent Fritz Eichler, imprégné des idées du Bauhaus, comme directeur de design, et Hans Gugelot, professeur à l'École de design d'Ulm, comme conseiller extérieur, Braun devient ainsi le haut lieu d'application des enseignements de l'École d'Ulm. Dieter Rams renforcera l'équipe en 1955 et contribuera magistralement à la création du style Braun.

Le programme design commence par la radio, le tourne-disque et le magnétophone, puis développe les appareils ménagers, les rasoirs et les flashs électroniques. La nouvelle méthode de travail implique une collaboration étroite entre le marketing, la recherche technique et l'esthétique industrielle. L'objectif est de rechercher plus d'élégance en tenant compte de l'aspect sociologique et culturel des nouveaux produits. Suivant l'idée du Bauhaus dont s'inspirait l'École d'Ulm, et selon laquelle «le moins est le plus», Braun crée alors un style très dépouillé, où la forme suit la fonction et évoque l'idée de solidité et d'efficacité.

La simplicité rationnelle des lignes les démarque nettement du kitsch des produits américains ou de la fantaisie italienne.

Braun obtient pour la nouvelle ligne de ses produits, la Médaille d'or à la Triennale de Milan en 1957.

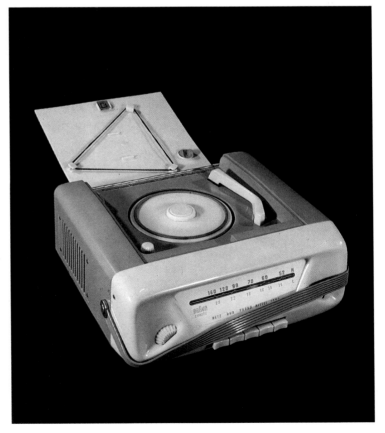

Rasoir électrique, *1949*
Collection Alain Ménard, Paris.

Postes de radio, *1955*
Collection Alain Ménard, Paris.

Wilhelm Wagenfeld
Combiné radio-phono, *1954*
Collection Livio Castiglioni.

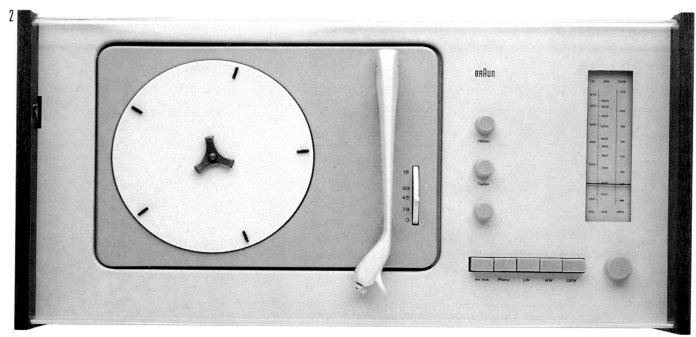

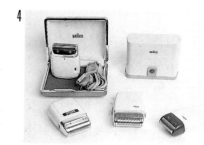

1 Dieter Rams
Combiné radio-phono,
1956
*Collection Alain Ménard,
Paris.*

2 Hans Gugelot
Combiné radio-phono,
1955
*Collection Alain Ménard,
Paris.*

3 Dieter Rams
Poste de radio à
transistors, *1956*
*Collection Alain Ménard,
Paris.*

4 Dieter Rams
Rasoirs, *1955-1957*
*Collection Alain Ménard,
Paris.*

ORGANIQUE OU FONCTIONNEL?

DOMINIQUE ROUILLARD

LES années 50 croient s'ouvrir sereinement avec la troisième exposition d'architecture au MOMA, «Built in USA Post-War Architecture». Arthur Drexler y fait à nouveau appel à Philip Johnson et Henri-Russel Hitchcock pour un remake actualisé de leur célèbre manifestation de 1932, «The International Style», au même MOMA. Johnson prendra malgré tout ses distances, laissant à Hitchcock le choix des quarante-trois bâtiments, et s'en tenant à préfacer le catalogue.

L'exposition présente une architecture moderne «ayant atteint sa majorité» (Johnson), autrement dit, une architecture qui, après avoir reçu ses directives d'une éducation rigoureuse, est assez grande, libre de faire ce qui lui plaît. Frank Lloyd Wright se voit réhabilité, c'est-à-dire reconnu comme un «moderne» à part entière, tandis que «quatre interprétations du mur-rideau» sont recensées, dont celle de l'Alcoa Building de Harrison et Abramovitz (1952), avec une façade en aluminium embouti qui paraît superposer «plusieurs milliers de postes de télévision» (Drexler).

Les mots d'ordre sont ouverture, différence, pluralité, intégration des tendances disparates. Même Soleri et Mills sont présents, pour rire: «l'amusant dôme de verre et d'aluminium». Les pratiques de l'ouest sont également là: le Bay Region Style représenté par Mario Corbett; la tendance wrightienne: H.H. Harris, Lloyd Wright; la miesienne: Gregory Ain, Charles Eames, Rafael Soriano; et Richard Neutra pour la Tremaine House.

Cette ouverture tient à la conviction que «la bataille de l'architecture moderne» est gagnée. On en verra la marque irréfutable dans les édifices gouvernementaux que l'Amérique, après la guerre, se décide enfin à élever en «style moderne»: «Que ce soit consciemment ou non, le gouvernement a maintenant fait de l'architecture américaine un véhicule de notre culture dominante» (*Architectural Forum*, 1953). *Architectural Design*, qui rapporte l'enquête de la revue américaine, interprétera cette adoption tardive,

propre aussi à l'Angleterre, comme une méfiance levée: «jusqu'à présent, sans doute, on semble avoir pensé que l'architecture moderne n'était pas assez sérieuse pour la gravité d'une ambassade ou d'un consulat». Le MOMA célèbre la victoire de l'architecture moderne aux États-Unis; au milieu du siècle qui l'a vu naître, il en montre les acquis, l'héritage inaliénable: «Chaque bâtiment dans ce livre paraîtrait différent s'il n'y avait pas eu le Style International» (Johnson). La pluralité n'est en fait envisagée que sur la base de la grande opposition, même lorsqu'elle est jugée simplificatrice (par Hitchcock),

Eero Saarinen
Arche monumentale
Saint-Louis, Missouri,
1961.

entre le parti wrightien, «organique», et le parti «fonctionnaliste» avec Mies et Le Corbusier. Les exposants sont loin d'imaginer ce qui les attend.

SAARINEN

La star par qui le scandale arrive, mais aussi le héros qui dresse un monument à l'Amérique au moment où il décède se nomme Eero Saarinen. Il traverse la décennie, applaudi au départ par les modernistes voyant en lui un des chefs de file de la génération des continuateurs miesiens (avec le Centre de la General Motors près de Detroit), puis par les revues avec ses recherches formelles renouvelées (bâtiments du MIT, patinoire, aéroports), et par l'Amérique tout entière quand s'élève l'Arche monumentale de Saint-Louis à

qu'il pose son crayon sur le papier» (Ph. Johnson). Contrairement aux maîtres (Mies van der Rohe, F. Lloyd Wright), il construit beaucoup, obtient des commandes énormes et prestigieuses. Il est reconnu par la presse spécialisée, tandis que les «mauvais élèves» de Wright perdus à l'ouest ou dans les déserts (J. Lautner, B. Goff, P. Soleri), ou trop occupés à satisfaire les aspirations de la middle class (Morris Lapidus) resteront des marginaux. Son œuvre ne sera pas soupçonnée de commercialisme comme celle de SOM (le succès du Lever Building à New York en 1952 tient à une interprétation miesienne méticuleuse, mais presque trop pour un bâtiment destiné à une firme de produits détergents où les parois de verre totalement lisses se transformèrent en message

partir de 1961. Sa production est comparée à celle de la plus grande agence d'architecture du monde, Skidmore, Owings and Merill (Mumford, *Frozen Faced Embassy*, 1962). Comme toute vedette, il est sollicité, ses projets sont annoncés plusieurs années à l'avance ; il fait la couverture du *Time Magazine* aussi bien que d'*Architectural Forum ;* ses dernières œuvres sont attendues comme la sortie d'un film à succès ; et bien sûr il est inattendu, surprenant, déroutant (agaçant pour les architectes seulement), nul ne peut prévoir à quoi ressemblera son prochain exploit : «Saarinen fait un bâtiment différent chaque fois

publicitaire). Largement publié, Saarinen intervient dans le débat doctrinal, sans être écarté pour des propos trop scandaleux (comme ceux de Johnson à partir de 1949 à Yale). Il se distingue encore de Buckminster Fuller qui, comme Johnson, mais dans un slogan et avec une écoute totalement inverses, se déplace de campus en campus pour indiquer la voie du salut aux étudiants, hypnotisés des heures durant, mais sans que ses propositions soient généralisables à tous types de programmes (le dôme géodésique est, malgré les ambitions de son concepteur, toujours présenté comme une solution partielle).

Eero Saarinen
Centre technique de la General Motors
Warren, Michigan,
1950-1955.

Eero Saarinen
Patinoire, *Yale University,*
New-Haven,
1958.

SOM (Skidmore, Owings, Merill)
Lever House
New York, 1952.
Publicité parue dans
Architectural
Forum, *nov. 1952.*

CONSOMMER L'ARCHITECTURE

Ce que les critiques ont tout de suite vu d'«américain» chez Saarinen — «son travail est américain, toujours; celui de son père jusqu'à la fin resta de quelque façon finlandais» (Hitchcock, *Post-War architecture*, 1952) — voire d'américanicité, tient en partie à cette rare notoriété obtenue en son temps, à la fois publique et professionnelle (contrairement à Ed. Durell Stone, seulement présent sur la scène médiatique); popularité comparable à celle d'Alvar Aalto en Finlande, mais avec davantage de présence publicitaire, démonstrative, provocante sans excès, et aussi sans humour ni cynisme.

Saarinen conçoit son projet comme un produit à livrer à la consommation et qui doit marcher (fonctionner, plaire), et il y réussit parfaitement — «peu d'architectes ont été autant prisés par leurs clients», remarque Scully (*American Architecture and Urbanism*, 1969). Comme Lapidus, mais sans toutefois son abandon total de la discipline architecturale, Saarinen raisonne en professionnel de l'image et de la communication. Tous deux bâtiront des succès commerciaux, et c'est bien ce qu'on reprochait à Lapidus, comme à Saarinen à partir des années 60: il sera alors accusé de «styling» (*Progressive Architecture*, 1961), quand jusque-là on voyait au pire un «form giver» (*Architectural Forum*, 1955).

Mais Saarinen n'utilise pas pour vendre son pro-

comme travail architectural. Ni Yamasaki, ni Durell Stone, et encore moins Lapidus ou Johnson qui, chacun à sa manière, en faisait trop, ne parviendront à cette limite du publiable.

Lapidus reconnaît sa propre démarche dans le travail de Saarinen maniant l'espace par séquences émotionnelles, en particulier dans l'intérieur du terminal TWA (New York, 1956-62), tandis que Scully considère, dès le bâtiment pour la General Motors (1951), que «Saarinen était déjà en train de montrer son remarquable instinct pour attirer le goût américain. General Motors s'étirait étincelant à travers le paysage et happait comme un objet dessiné pour la lune».

Cette première œuvre en dehors du cabinet paternel était loin d'être une version miesienne

duit les imageries filmesques et les «trucs» du spectacle qu'emploie sans retenue Lapidus dans ses gigantesques hôtels de Floride, qui transportent loin du monde quotidien. A ce programme de divertissement Lapidus répond, comme Walt Disney qui ouvre son domaine fabuleux en 1955 à Los Angeles, par l'artificiel et la mise en scène du faux. Une attitude qui ne peut le faire reconnaître, à son grand désespoir d'ailleurs, par les architectes. Les projets de Saarinen, de plus en plus mouvementés, différents et expressionnistes, représentent ce que la doctrine architecturale des années 50 était capable d'intégrer, d'accepter

fidèle. D'une part Saarinen s'emparait du modèle des bâtiments de l'IIT, amincissait les meneaux, tendait le mur-rideau, allégeait l'allégé, composait plus symétriquement; d'autre part, il substituait aux couleurs d'origine des briques aux «tons d'orange brûlée et de bleu, très brillantes, rappellant les faïences perses» (Drexler, 1952). Tout le vocabulaire descriptif de Drexler ou de la revue suggère un bâtiment éclatant, miroitant, accrocheur, par ses membranes bleues vertes, ses panneaux de brique chatoyant dans le site uniformément plat, et ses étonnantes colonnes d'aération bleu sombre, émergeant du sol sans raccord

Morris Lapidus
Fontainebleau Hotel
Miami, Floride,
1952.

Ludwig Mies Van der Rohe
Lake Shore Drive Apartments
Chicago, Illinois,
1948-1951.

au bâtiment des dynamos qu'elles aèrent, ali-
gnées symétriquement sur deux côtés, telles des
fûts de colonnes s'élevant des ruines d'un forum.
Pour Saarinen, «si un grand bâtiment aujour-
d'hui doit être impersonnel, laissons-le au moins
avoir une impersonnalité excitante» (*Architectural Forum*, 1951).
Saarinen réalise des programmes austères ou officiels, sans perdre son âme, sans abandonner l'utilisation des matériaux et des techniques de son
temps, c'est-à-dire «modernes» (acier, verre,
béton armé, briques apparentes). Il exhibe un
structuralisme constructif fait de grandes portées,

de porte-à-faux, d'exploit technique, entretenant
le dialogue avec les leaders — Mies et les ingénieurs Nervi et Candela, d'une grande audience
aux États-Unis.
L'absence de répétition dans ses projets est quasiment un gage de succès (quand il en déroge, c'est
l'échec: l'ambassade américaine de Londres
«copiée» sur celle d'Oslo selon Mumford). Ce
changement, toujours souligné, est facilement interprété comme une réaction à la position de Mies
proposant une enveloppe susceptible de recevoir
n'importe quelle activité. Quand Mies répète qu'il
n'est pas nécessaire de faire une architecture nou-

Harrison et Abramovitz
Alcoa Building (Aluminium Co of America)
Pittsburgh, Pennsylvania,
1952-1953.

velle tous les lundis matin, Saarinen défend la forme qui exprime, fait vivre et ressentir la fonction («the style for the job»). Mumford verra dans cette volonté de changer de «trademark» à chaque projet, une attitude proprement publicitaire caractérisant bon nombre de bâtiments de l'époque qui auraient pu être lancés sur le marché par des slogans du type : «Et maintenant! une nouvelle sensation» ou «Vous, aussi, prenez des années d'avance avec le dernier modèle» (*The case against «Modern Architecture»*, 1962).

Avec la publication des deux projets de Saarinen pour le campus du MIT en 1955 (la chapelle circulaire en brique encerclée d'eau et l'auditorium couvert d'un dôme attaché par trois pointes) les réactions sont violentes, Saarinen atteint le scandale. Pour Eugenio Montuori : «The mess is complete»; pour Nervi : «l'extravagance» (un dôme à terre sur trois points!); pour Bruno Zevi c'est «l'impasse figurative», «peut-être même la crise morale d'aujourd'hui». Néanmoins, il reconnaît en Saarinen «un des architectes les plus remarquables de sa génération» : «les défauts d'un grand architecte sont toujours significatifs» (*Architectural Forum*, 1955).

Saarinen a dominé et chahuté la décennie, la der-

sité de Yale, 1952; mais les revues notent d'abord les sections tétraédriques des plafonds), puis les prémisses du postmodernisme avec Philip Johnson, qui reste pourtant un inconnu des publications américaines pendant toute la décennie. Les revues ne montrent pas seulement le degré d'affection mensuel des architectes. Elles révèlent combien les constructions qui se développaient le long des «freeways» et de la «main street», formant des «Roadtowns», étaient un problème très présent, nullement ignoré par les architectes comme pouvait l'être la production de Lapidus par exemple. Certes, c'est la revue anglaise *Architectural Review* qui, à deux reprises (1949 et 1955), avait montré du doigt l'«outrage», les honteuses proliférations que l'Amérique engendrait dans son «laisser-faire» caractéristique. Les revues essayèrent d'abord de les comprendre («un pays de cinquante millions d'automobiles vit et doit vivre le long des routes») et reconnurent la vitalité, le bon sens, l'intelligence de l'implantation sur les axes de grande fréquentation, vite imitée par les compagnies bancaires venant y installer leur maison mère (*Architectural Forum*, 1955). Quand il entreprend en 1968, avec ses étudiants de Yale, une étude sur le «strip» de Las

nière que l'Amérique vécut dans son assurance de grande puissance : «Les bâtiments de Saarinen sont les emballages ("packages") les plus populaires de leur temps et une image révélatrice de celui-ci. A travers eux court le persistant instinct américain pour des solutions simplistes et, dans ce cas, spectaculaires» (Scully).

LES ROADTOWNS

Voir en Saarinen une figure majeure de l'architecture américaine est loin de recouper l'histoire de l'architecture qui recherche plus volontiers les débuts de Louis Kahn (Galerie d'art de l'univer-

Vegas, Robert Venturi opère un renversement de valeur d'un événement urbain déjà sélectionné. Il a poussé la «compréhension» de cette production américaine, déjà engagée quinze ans plus tôt, jusqu'à en faire un objet esthétique, quand on ne pensait alors qu'à l'enrayer (W. Gropius, *L'unité dans la diversité*, 1958) ou à lui substituer les shopping centers ou les mails de I.M. Pei ou de Victor Gruen.

Les revues nous font passer d'une histoire des avant-gardes et des changements à une histoire où le changement est en lui-même continu, permanent, moteur de la revue autant que de l'archi-

Grand route dans les faubourgs de Denver.

tecture; Saarinen était pour elles un véritable turbo. La cause de Wright ou de Mies était entendue — mal, trop souvent — et les revues d'architecture trouvaient en Saarinen l'architecte à partir duquel le vieux débat entre «organique» et «fonctionnel» trouvait un nouveau souffle, à défaut d'une sérieuse alternative.

Cela ne veut pas dire que Wright — qui voit les commandes affluer jusqu'à sa mort, en 1959, quand démarre le chantier du musée Guggenheim à New York — et Mies van der Rohe étaient absents de la scène architecturale et sans influence sur la production massive. Mies, surtout, voyait chacune de ses œuvres-prototypes immédiatement publiée (la maison Farnsworth et le Crown Hall à l'IIT avec leur structure rejetée à l'extérieur ou les tours jumelées des Lake Shore Drive Appartments) et générer des séries. Ces variantes appauvries («glass boxes») uniformisaient jusqu'à l'écœurement le paysage urbain; rares furent les réussites originales comme en Californie, notamment à partir du programme des Case Studio House lancé en 1949 par John Entenza. Les adeptes de Mies en Californie réalisent des interprétations à partir d'éléments standardisés. Ils exploitent sur tout terrain le thème de l'industrialisation et ses corollaires (économie et rapidité de construction), même si ces projets sont restés à l'état de prototype. Vingt maisons seront construites, entre autres par Charles Eames (qui collabore en outre avec Saarinen pour la mise au point d'une CSH pour J. Entenza en 1949); C. Ellwood, qui développe des versions en métal puis en bois; P. Koenig dont le CSH de 1959 surplombant la grille illuminée de Los Angeles fera la une des magazines.

REVIREMENTS

Saarinen a déçu les modernistes en passant de la conduite miesienne — «l'architecture n'a rien à faire avec la création de formes» (1950) — à la «recherche pour la forme», même fonctionnelle. Le ralliement d'Edward Durell Stone dans la même voie choquera, surtout s'agissant de bâtiments officiels: l'Ambassade US à Delhi en 1957, toute ornementale au moment où Le Corbusier élevait Chandigarh, ou le pavillon des États-Unis à l'Exposition Universelle de Bruxelles en 1958, sorte de soucoupe volante illuminée déposée sur un plan d'eau. Le revirement doctrinal de Ph. Johnson était, quant à lui, proprement inavouable, inconcevable, et ne sera diffusé à l'échelle nationale qu'au début des années 60. Tandis que Saarinen traversait la décennie avec une couverture médiatique inégalée, Johnson la parcourait de façon souterraine mais autrement déstabilisatrice: «le seul principe que je peux concevoir en matière de croyance est le *Principe d'Incertitude*. Il est brave l'architecte qui peut posséder des convictions et des croyances» (*Progressive Architecture*, 1961). En 1969, les plus

célèbres élèves de Mies — Skidmore, Owings and Merill — seront à leur tour atteints, marquant le retour du «décoratif» avec le Hancock Building, certainement aujourd'hui le plus éloquent bâtiment de Chicago, qui expose sur sa forme tronconique les diagonales des contreventements. Ils récidiveront à San Francisco la même année avec le Crown Zellerbach Building, et ne cessent depuis de copier Johnson...

UN SUCCULENT CHAOS

En 1950, Philip Johnson énumère les références et les raisons esthétiques qui ont conduit à la réalisation de sa Glass House (1949). Un éclectisme cultivé s'en dégage, avec, d'un côté, les influences «modernes» — Le Corbusier pour le tracé courbe des voies, Mies pour l'implantation, les briques et le verre (la maison Farnsworth s'achève au même

moment), De Stijl pour l'assymétrie, Malevitch pour autre chose encore, et Johnson ne sait plus à qui il doit la cuisine; de l'autre, des sources antiques, néo-classiques ou romantiques: les Grecs à travers Choisy, le casino de Schinkel, les pavillons de Ledoux. Traiter l'histoire de l'architecture comme un réservoir de formes dans lequel puiser, tout comme le fait d'emprunter à d'autres sont à l'époque des attitudes neuves. La «création» n'est plus inscrite dans l'être de l'architecte à partir de rien. Avec Johnson, c'est le diable en personne qui parle (V. Scully). En 1954, il prononce à Harvard, patrie d'adoption de Gropius, une confé-

---

Rafael Soriano
Shulman House
Los Angeles,
1950.

Pierre Koenig
Case Study House n° 22
Hollywood, Californie,
1958.

rence publiée l'année suivante par les étudiants de Yale, «Les sept béquilles de l'architecture moderne», titre ironique plagiant bien sûr les sept lampes de John Ruskin. Les sept béquilles prônent l'abandon des règles du fonctionnalisme qu'il avait fortement contribué à implanter aux États-Unis. En 1960, Johnson, peu écouté, trouve l'architecture moderne «terriblement ennuyeuse». Le sort de l'architecture moderne sera joué et sa défaite perçue comme telle par Johnson: «Il devient de plus en plus difficile de parler d'architecture. Il y a vingt ou trente ans [...] c'était relativement simple. Nous avions une bataille à mener. [...] L'architecture moderne va à sa ruine [...]»

«Aujourd'hui, je suis honteux du travail terriblement dispersé que je fais».

«Je n'ai aucune foi en quoi que ce soit. En bref, l'éclectisme fonctionnel permet d'être capable de choisir dans l'histoire n'importe quelle forme, silhouette ou direction désirées, et de les utiliser comme bon nous semble [...]. Je n'ai réellement aucune attitude exprimable en architecture, et si nous nous dirigeons vers un chaos je pense que nous pourrions aussi bien avoir un joli, un succulent chaos» (*Informal Talks*, 1960).

En mars 1961, le mouvement s'étend; la revue *Progressive Architecture* fait un bilan de l'état de l'architecture: c'est la confusion, le «chaotisme».

ments, une église comme un supermarché). On se contente d'identifier les coupables. Une tendance régressive cherchant à arrêter l'hémorragie s'appuie sur les conduites de Mies et de Khan, «qui savent où ils vont». Si Louis Kahn n'est pas encore totalement reconnu, son proche succès viendra en partie de sa capacité à retourner à une stabilité des formes s'appuyant sur une logique des matériaux, la recherche d'un ordre face au chaos. Mais la plupart des architectes entretiennent le sentiment d'entrer dans une ère nouvelle de l'architecture, où tout reste encore à exploiter dans le registre moderne défini par Wright, Mies et Le Corbusier. A l'instar de Siegfried Giedion qui, à l'époque, a fini par trouver en Jorn Utzon

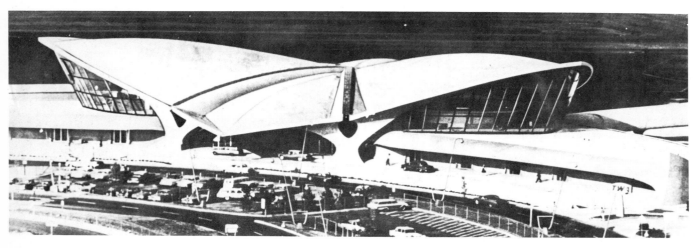

Dix ans après l'exposition du MOMA, il n'y a plus aucun espoir de voir les idéaux de l'architecture moderne conduire les œuvres à venir. Les mêmes mots reviennent dans la bouche des cinquante architectes interrogés, avec autant de regret que de plaisir: variation, multiplicité, liberté, rebellion, révolution. Sont condamnés pêle-mêle: le «style mur-rideau», les stands de hot-dogs, les constructions de Saarinen (ange déchu), les plages de Miami, l'épuisement des modes, le trop grand choix des matériaux et des techniques, ainsi que la disparition de toute typologie (on a mis des structures hyperboliques sur tous les bâti-

ce qu'il croit être le successeur des pionniers, peu saisissent la nature du changement. On pense alors seulement à une libération, à un retour à l'expression indépendante de la structure ou à l'insertion dans le contexte. L'architecture, la vraie, existe toujours, le styling n'est qu'une mauvaise passe.

Faut-il dire que la suite — jusqu'à l'actualité française — donnera raison à Johnson: «Nous allons vers un chaos brumeux. Réjouissons-nous de la multiplicité dans son ensemble. Laissons les étudiants avoir un héros différent chaque année. Peut-être est-ce bon pour eux.»

Eero Saarinen
TWA Kennedy Airport
New York,
1956-1962.

Richard Buckminster-Fuller | **Franck Lloyd Wrigh**
Dôme géodésique | Solomon R. Guggenheim Museum
Seattle, | *New York,*
1958. | *1956-1959.*

501

Du STYLISME AU DESIGN GLOBAL

EVERT ENDT, SABINE GRANDADAM

Raymond Loewy dans son agence en 1957.

LA consommation : tel nous apparaît le phénomène marquant de l'après-guerre américain, qui conditionne en grande partie l'évolution du design américain dans les années 50 et les grands traits de son expression.

Avec l'espoir d'un monde meilleur, la fin de la guerre, dans son optimisme retrouvé, plonge le public dans une frénésie de consommation le plus souvent dénuée de sens critique à l'égard de la qualité esthétique et des valeurs culturelles. Ce comportement est parallèlement encouragé par l'emprise grandissante de la publicité que vient renforcer le développement des médias : magazines, radio et bientôt télévision façonnent les styles de vie de l'Amérique, manipulant les besoins et leurs objets.

Pour illustrer ce propos il n'est que de rappeler le succès d'un objet en apparence anodin, l'arceau en plastique dit «hula hoop» qui, dans les années 50, propulsé au faîte de la gloire par une forte médiatisation, transforma le continent américain et l'Europe en vaste terrain de contorsions avec ses 60 millions d'exemplaires produits.

«THE BIG TIME»

A l'instar d'une production industrielle en pleine effervescence, le design des «fifties» connaît outre-Atlantique un essor significatif : c'est le design «de l'obsolescence dynamique et pour le plus grand nombre». Ainsi l'industrie automobile voit-elle dans le design et le stylisme un dopage qui lui permet chaque année d'introduire des changements toujours plus extravagants dans ses modèles, suscitant un comportement de masse dicté par la possession éphémère et la culture du «jetable».

L'époque est aux grands ailerons des Cadillac ou aux habillages en chrome promus avec force manifestations médiatiques, telles que les «motoramas» des trois grands de l'industrie automobile, Ford, General Motors et Chrysler. Il faut se souvenir que la voiture, ce «second home», constituait l'élément essentiel de promotion personnelle, à travers l'acquisition de l'objet symbole dont «l'élégance» permet aussi d'échapper à la grisaille standardisée de l'environnement architectural des banlieues d'après-guerre.

Ces industriels doivent désormais compter aussi avec l'influence féminine dans la décision d'achat. Harley Earl, vice-président du styling chez General Motors, se vantait d'employer neuf stylistes femmes afin d'apporter cette «touche féminine» dans le choix des couleurs, de la décoration et de l'habillage des voitures. C'est bien la «beauté» qui fait vendre la voiture américaine et la femme qui devient cible de vente. Telle était du moins la devise des constructeurs et des designers de Detroit, les poussant à se préoccuper davantage de styling que... de sécurité.

Les notions classiques du «bon goût et du beau» se trouvent donc entamées. Tout créateur de produits et d'objets «exemplaires» sortant d'une logique commerciale et industrielle se voit taxé d'élitisme et suspecté de vision romantique d'artiste... Dans un marché qui semble ne plus devoir limiter ses appétits, la place appartient aux grands studios de création fondés par les designers pionniers d'avant-guerre : Walter Dorwin Teague, Henry Dreyfuss, Raymond Loewy, Donald Deskey, Henry Van Doren, Dave Chapman,

Sundberg et Ferar deviennent les grands noms d'une profession désormais reconnue. Au service de la consommation, leurs agences se lancent dans un «marketing design» emboîtant le pas à une industrie vouée à la standardisation.

Ce «marketing design», tenu en piètre estime par la communauté du design en Europe, se traduit par une expression fortement symbolique des formes qui se doivent d'être le reflet des modes de vie («life style») du moment. Cédant aux caprices de la mode qui leur insuffle de nombreuses variations morphologiques, les produits connaissent alors une diversité d'aspect aussi éphémère que basée sur des impératifs commerciaux.

Cette démarche génère naturellement ses propres contradictions : par exemple lorsque des designers de moindre talent, par motivation purement commerciale, en viennent à appliquer aux produits des formes étrangères à l'objet ou à décliner un même langage formel sur des objets aussi différents que des aspirateurs, des voitures, des appareils radio, des stylos... banalisant de ce fait la valeur fonctionnelle et informative apportée par le design. C'est ainsi que l'on voit apparaître des radios «jetstyle», «tappered shape», suivies d'autres interprétations stylistiques, et que naît un design dit de «styling».

Parmi les pionniers du design aux Etats-Unis, Raymond Loewy, avec son agence new-yorkaise, devient à cette époque la figure de proue incontestée d'un design commercial légitimé par son impact sur les ventes et son succès auprès du public. A la différence de nombre de ses homologues, Loewy sut pourtant éviter de verser dans un galvaudage irresponsable de la conception de produits, ce qui lui assura sans doute notoriété et confiance auprès des plus grands industriels du monde entier tout au long de sa carrière.

Loin de voir dans la forme d'expression du stylisme un discrédit du design, il considérait au contraire que donner du style aux objets allait dans le sens du consommateur, suscitant le désir et le plaisir «d'avoir» de celui-ci. En cela, le design sut parfaitement saisir le sens de ces années 50 où comptaient essentiellement la recherche d'une identification sociale et d'un statut à travers l'acquisition de l'objet-symbole. L'époque, en effet, se vouait au «paraître», dans une débauche de luxe, de clinquant, ou plus simplement de confort matériel, concrétisé par la voiture personnelle ou l'équipement ménager électrique de la cuisine «moderne».

La gigantesque agence de Raymond Loewy, réunissant au sommet de sa gloire plus de deux cents collaborateurs, façonna une bonne partie de la production américaine de ces années 50. Des cigarettes Lucky Strike à la fameuse Studebaker, des réfrigérateurs aux appareils radio, de la bouteille familiale de Coca-Cola au conditionnement de soupes, toutes ces créations participent de l'imagerie populaire des «fifties» qui forgea une

culture de masse développée après-guerre et dont s'inspirera le pop'art. A y regarder de près, on s'aperçoit que Richard Hamilton, l'un des premiers artistes du pop'art britannique, puise en 1956 ses propres critères dans ces mêmes ingrédients du design commercial à l'américaine : le pop'art se veut, «populaire (destiné à une audience de masse), éphémère, sacrifiable (facilement oublié), bon marché, produit en masse, jeune (ciblé sur la jeunesse), plein d'esprit, sexy, astucieux, fascinant, "big-business"...»[1]

On comprend mieux l'ampleur de cette époque dorée du design anglo-saxon en écoutant le témoignage d'un ancien collaborateur de Raymond Loewy, Jai Doblin : «Loewy fut l'un des premiers designers à mettre sur pied une gigantesque organisation de design. L'agence comptait plus de cent clients parmi les plus prestigieux : sociétés de

1 Extrait et traduit de *Shock of the new*, Robert Hughes, Knopf Inc., 1980.

Raymond Loewy
Design du paquet de Lucky Strike, 1940 ; la «réclame» pour ces cigarettes est extraite de The Saturday Evening Post, *août 1951.*

Raymond Loewy
Studebaker 1951.

you'll love the way your kitchen looks...
you'll love the way your kitchen works!

HOTPOINT
Quality Appliances
for kitchen and laundry

What a joy it is to please your good taste *and* your good judgment at the same time! Hotpoint lets you do just that. Never were home appliances so beautiful to look at—so automatically convenient to use—so thrifty to own—as are the Hotpoint 1959 models in your choice of four lovely Colortones or classic white. Whether you're planning a complete all-electric kitchen and laundry, or simply replacing a single appliance, visit your Hotpoint dealer and see what he has in store for you!

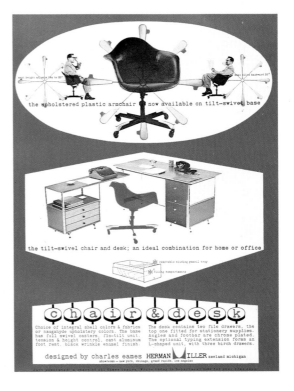

Dave Chapman
Presse-fruit, *1944*
National Die Casting
Company
Collection Alain Ménard,
Paris.

Eero Saarinen
Fauteuil 150,
dit Tulipe, *1957*
Knoll International
Musée des Arts décoratifs,
Paris.

André Brenet	**George Nelson**
Times Square, *1958*	Canapé Marshmallow, *1956*
Aquarelle	*Structure métal*
Galerie Alain Blondel, Paris.	*Galerie Natalie Seroussi, Paris.*

L'image du bonheur par l'image...
Publicité de Motorola TV extraite de The Saturday Evening Post, *février 1952.*

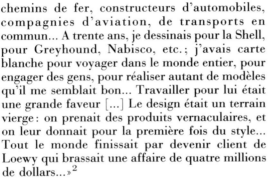

LA NOUVELLE GÉNÉRATION

Il serait schématique de ramener la créativité industrielle de ces «fifties» américaines à une simple expression de marketing design. Vers le milieu des années 50 s'opère en effet le croisement de courants très différents, celui du styling du design de produit et du global design introduit par le mobilier. Ce dernier donne naissance à une nouvelle génération de designers et infléchit la tendance du styling vers des conceptions plus globales du design.

Parallèlement à l'évolution du marketing design, les idées européennes sur la modernité et la responsabilité éthique du design font leur chemin auprès d'un groupe d'architectes américains influencés depuis les années 40 par le travail sur le mobilier d'architectes européens tels que Breuer, Aalto, Mies ou Le Corbusier. Dès 1940, en effet, l'exposition «Contemporary American Industrial Art» du Metropolitan Museum of Art de New York préfigure les tendances qui s'imposeront quelques années plus tard dans le mobilier. On y perçoit l'amorce des formes dites «biomorphic» promues par des artistes tels que Arp ou Calder. Les formes plutôt géométriques de l'Art déco y sont remplacées par des lignes ondulatoires ou des vagues rendues possibles grâce au développement des techniques de moulage déjà perceptibles dans les formes aérodynamiques (streamline) du «machine age» d'avant-guerre. Un nouvel esprit esthétique s'y confirme, vecteur des notions de légèreté exprimées par le flottement horizontal grâce à des supports et piètements tubulaires.

Cette évolution épouse celle de l'utilisation, optimisée pendant la guerre par l'industrie militaire, de matériaux longtemps ignorés comme la fibre de verre et de techniques telles que celles du pliage, du pressage ou du moulage du bois en contre-plaqué, dont se sert par exemple Alvar Aalto dans ses créations de mobilier présentées au Musée d'Art moderne de New York. Ces techniques se prêtent en effet à des formes sculpturales «en feuille», légères mais suffisamment solides pour servir de support et, épousant la forme du corps, donner naissance à un design d'expression organique: le fameux siège «lounge chair» créé par Charles Eames en 1956 s'inscrit dans cette évolution.

Eliot Noyes, architecte américain et conservateur du Museum of Modern Art, organise un concours en 1938, suivi deux ans plus tard, d'une exposition sur le thème «Organic design in home furnishing». Les lauréats, Eames et Saarinen, architectes, y présentent un mobilier en bois moulé qui donnera un nouvel élan au design, en particulier grâce à l'influence d'un autre architecte créateur de meubles, George Nelson.

Le «déclic» du mobilier aux Etats-Unis doit beaucoup à Nelson qui, malgré les fortes réticences de l'époque, réussit à convaincre De Pree, propriétaire des usines Herman Miller, de s'impli-

chemins de fer, constructeurs d'automobiles, compagnies d'aviation, de transports en commun... A trente ans, je dessinais pour la Shell, pour Greyhound, Nabisco, etc.; j'avais carte blanche pour voyager dans le monde entier, pour engager des gens, pour réaliser autant de modèles qu'il me semblait bon... Travailler pour lui était une grande faveur [...] Le design était un terrain vierge: on prenait des produits vernaculaires, et on leur donnait pour la première fois du style... Tout le monde finissait par devenir client de Loewy qui brassait une affaire de quatre millions de dollars...»[2]

Le design américain des années 50 est perçu par ses contemporains européens avec scepticisme. Notre éducation fonctionnaliste issue d'écoles dans la mouvance du Bauhaus et imprégnée d'architecture moderniste dans l'esprit de Le Corbusier, Gropius ou Neutra, condamne ce «design commercial» qui noie les valeurs éthiques de la profession défendues par la génération européenne. Avec le recul, force est pourtant de constater l'impact de cette approche. Les années 50 ont indéniablement fait reconnaître l'expression par le design d'une certaine culture qualifiée outre-Atlantique de «popular». Cet univers du «commercialisme» américain, en réalité, intrigue les esprits européens par son écho sur l'environnement social et les mentalités. Jouant sur l'éphémère, sur l'aspect ludique des produits, pour coller au plus près de «l'american way of life», le design américain, à l'inverse de thèses européennes plus dogmatiques et moralistes, réussit à prendre une dimension populaire qui inspire à leur tour les artistes, comme nous l'avons vu pour le pop'art.

quer dans ce renouveau. Au-delà d'un simple pari commercial, il lui fait comprendre que les pièces proposées introduisent un «nouvel art de vivre». Dès l'après-guerre, Herman Miller relève le défi en éditant les concepts de mobilier développés par Nelson et d'autres créateurs comme Eames, espérant réussir une percée du «mobilier contemporain» dans l'habitat individuel...

C'est donc avec le soutien d'éditeurs tels que Miller ou Knoll que s'affirme la génération montante de designers-architectes qui, de Nelson à Eames, Bertoia, Saarinen, et Noyes, transformeront en profondeur le design américain des années 50.

La formation d'architecte de ces créateurs leur confère une approche globale de l'environnement humain, tenant compte à la fois du bâtiment, des espaces intérieurs et des produits. Cette démarche les éloigne définitivement de la génération précédente du design et permet à la profession de s'extraire de sa finalité purement commerciale.

Mais les résistances sont grandes dans les mentalités des consommateurs de masse. Le «good design», ainsi qualifié par ces nouveaux façonneurs de l'univers américain, ne peut, à haut niveau de qualité, éviter l'écueil du coût élevé. D'autre part, la maison individuelle reste plutôt fidèle au style «pastiche colonial», et le design n'entre en ligne de compte que pour l'équipement électro-ménager et le confort de la cuisine.

La brèche ne sera ouverte qu'à la faveur du développement de l'architecture intérieure et de l'aménagement des buildings de grandes sociétés. C'est en effet vers le milieu des années 50 que les puissantes corporations américaines jettent leur dévolu sur le design, y percevant les moyens d'accroître leur notoriété. Profitant de la prospérité acquise après-guerre grâce à l'explosion de la société de consommation, les géants de l'industrie commencent à se soucier de développer de façon homogène leur identité d'entreprise, ou «corporate image», ciblée sur la conquête de nouveaux marchés et capitaux. Avec cette nouvelle donne, le design industriel peut désormais évo-luer vers une activité globale fondée sur la recherche de l'image de marque. Architecture, aménagement d'espaces de travail et de lieux de vente, produits, identité visuelle, conditionnement se trouvent ainsi réunis dans une même approche conceptuelle...

Le «global design» ne manque pas de susciter dans la profession et auprès des grandes sociétés une émulation propice à faire rivaliser les idées les plus progressistes et les images de marque les plus percutantes. Ainsi la firme IBM s'engage-t-elle, dès 1956, parmi les premières, dans un vaste programme: Eliot Noyes devient le maître d'œuvre d'un projet de «total design» qui s'étalera sur plusieurs années et mobilisera les noms les plus prestigieux, de George Nelson à Ray et Charles Eames, Paul Rand, Eero Saarinen, Edgar Kaufmann. De l'architecture au développement des ordinateurs, à la signalétique, au conditionnement et jusqu'aux opérations de promotion institutionnelle, une stratégie d'image se met en place: créer un «style maison» pour IBM, une expression formelle reconnaissable entre toutes. A plus de trente ans de distance, les acquis de cette politique d'image restent aujourd'hui encore parmi les plus probants.

La fin des années 50 entérine l'avènement des grandes agences de la créativité industrielle pure. Pluridisciplinaires, elles développent un «global design» au service de l'identité et de l'image institutionnelle des grandes sociétés américaines.

Ce glissement de la profession provoque un élargissement du champ d'application du design qui, des produits de consommation des années 50, s'introduit peu à peu dans les nouveaux secteurs économiques, ceux de l'ère électronique et plus généralement technologique. D'IBM à Westinghouse, des compagnies pétrolières aux lignes aériennes, le design se trouve désormais impliqué dans les produits de service et d'investissement, épousant la «modernité» d'une société de haute technologie.

2 Extrait et traduit d'une interview parue dans *Industrial Design Magazine*, New York, déc. 1986.

Donald Dailey
Toaster, *1949-1950*
Proctor Electric Company
Collection Alain Ménard, Paris.

Harry Bertoia
Fauteuil 421 A, *1952-1953*
Knoll
Musée des Arts décoratifs, Paris.

RAMAC DESCENDANT D'ENIAC :
LE COMPUTER IBM

CÉCILE MIHAILOVIC

Premier calculateur électronique universel créé en 1946 par le Balistic Research Laboratory et l'armée américaine pour définir les trajectoires balistiques, ENIAC était un monstre de 30 tonnes qui occupait 160 m² et consommait 150 kW/h.

En 1952 la Société IBM décide d'entreprendre en Californie l'étude de l'ordinateur RAMAC (Random Access Method of Accounting and Control) pour répondre à la demande croissante du monde des affaires.

Objectif : stocker un très grand nombre d'informations, les traiter et restituer rapidement les résultats.

La technique des disques magnétiques et l'idée de les empiler verticalement apportaient des solutions novatrices aux différents problèmes d'ingénierie

et de configuration du matériel.

Les études de design sont confiées à partir de 1955 au bureau d'ingénierie Sundberg-Ferar et au designer Eliot Noyes, qui conçoivent un ensemble de modules techniques dont les dimensions, les composants, les matériaux et le graphisme sont rigoureusement codés et déclinables. Implanté en forme de U, le système prévoit deux postes de travail signalés par deux couleurs différentes : l'un est un poste assis, pour l'entrée des données, l'autre est debout, pour la sortie des résultats du traitement. La transparence des modules disques, au cœur du système, apporte une dynamique à l'ensemble d'apparence statique.

Le RAMAC 305 est lancé sur le marché international en 1957.

Unité à accès sélectif, le RAMAC 305 se composait de disques d'aluminium magnétisés qui emmagasinaient de grandes quantités de données sur des pistes concentriques.
En une fraction de seconde, une unité de lecture-écriture était capable de retrouver et d'extraire un enregistrement en n'importe quel point d'un disque. Les cinquante disques rotatifs du RAMAC avaient une capacité de cinq millions de caractères.

SPOUTNIK CONTRE EXPLORER

ALBERT DUCROCQ

LA décennie 1950-1960 voit l'homme se lancer à la conquête du cosmos.

Dans des conditions en vérité très étranges.

Quand elle débute, le premier congrès international d'astronautique se réunit à Paris — le 30 septembre 1950 dans le grand amphithéâtre de la Sorbonne — à l'instigation d'Alexandre Ananoff. Depuis de longues années, dans nombre de pays existent des sociétés astronautiques comptant chacune quelques dizaines de membres, spécialistes de la mécanique céleste doublés de passionnés qui se demandent pourquoi cette grande aventure de l'humanité — sa marche vers les terres du ciel — tarde tant.

Un mouvement est créé. Désormais, chaque année, pareil congrès se tiendra dans une ville différente et un pas sera franchi. Dès 1951, à Londres, les bases d'une Fédération astronautique internationale sont jetées et les problèmes du satellite artificiel longuement évoqués.

Sans toutefois sortir du cadre des chercheurs.

A l'adresse de l'astronautique, les gouvernements feignent d'affecter une royale indifférence. Forts de la centaine de fusées allemandes par eux récupérées, les Américains auraient sans doute pu se lancer très tôt dans la course à l'espace, la firme Westinghouse ayant même dressé les plans propres à faire arriver un engin sur la Lune, mais ils ont été abandonnés.

Il faut attendre 1955 pour enregistrer un changement de ton dans les langages officiels. Dans un discours mémorable prononcé le 29 juillet, le président Eisenhower annonce que, dans le cadre de l'Année géophysique — une année de dix-huit mois prévue pour durer du 1er juillet 1957 au 31 décembre 1958 —, les Américains mettront en orbite un petit satellite pour une étude in situ de la haute atmosphère.

L'événement fait l'effet d'un coup de tonnerre. Et, contrastant avec l'extrême discrétion qui avait entouré les précédents congrès d'astronautique, celui tenu quelques jours plus tard à Copenhague va être placé sous les projecteurs de la plus brûlante actualité.

Singulièrement, l'attention se porte sur le représentant, à ce congrès, de l'Union Soviétique, le professeur Leonid Sedov, un Caucasien grand spécialiste de la mécanique des fluides. Sedov précise que les Russes préparent eux aussi un satellite artificiel ajoutant «qu'il sera prêt le premier et qu'il sera plus gros».

En URSS, on n'a en effet de pensée que pour le centenaire — il se situera le 17 septembre 1957 — de la naissance de Constantin Tsiolkowski, l'homme qui, à la fin du siècle dernier, a jeté les bases de la cosmonautique. Mis à l'honneur par le régime soviétique, il n'a pas hésité à annoncer sur la Place rouge, le 1er mai 1933, le temps des vols Moscou-Mars.

Le bruit court que le premier satellite russe sera lancé à une date très voisine de ce centenaire.

Les circonstances veulent que je me trouve à Moscou, le 24 septembre 1957, faisant partie d'une délégation de spécialistes en automatique invités par le gouvernement soviétique ; ce jour-là, nous sommes reçus par le Comité d'État pour la Science et la Technique. Non seulement son président, C.B. Alexenko, me confirme que le lancement du premier Spoutnik est imminent, mais en outre l'ingénieur N.N. Streltchenko — président de l'association radio-électrique Popov — me communique les paramètres de l'orbite et les fréquences sur lesquelles ce satellite émettra.

Rentré en France, il ne me reste plus qu'à attendre l'événement.

Ce dernier ne va pas tarder. Le 4 octobre 1957, peu avant minuit — on apprendra par la suite que le lancement a eu lieu à 19 h 28 mn 34 s TU — un communiqué Tass annonce que «Les Russes ont lancé le premier satellite artificiel de la Terre». Et c'est à travers le monde l'émotion que l'on imagine. Elle est d'autant plus grande que, sur le moment, les Russes ne donnent aucune précision sur le lieu du lancement — l'existence d'un cosmodrome à Baïkonour sera seulement révélée au lendemain du vol de Youri Gagarine — ni sur les moyens mis en œuvre. Ils se bornent à mentionner la masse de ce Spoutnik-1 : 83,6 kg. C'est une valeur jugée énorme alors que les Américains ont en projet des satellites de quelques kilogrammes.

Or ce satellite constitue bien une réalité : chacun peut l'observer dans le ciel nocturne. Il a été fait pour cela.

Consistant en une sphère de 58 cm de diamètre, soigneusement polie de façon à être vue toujours de la même manière, il recèle des batteries chimiques alimentant deux émetteurs créateurs d'un continuel «bip-bip-bip» pour prévenir de son passage, sa localisation étant dévolue à des systèmes de repérage optique. Les Russes désirent collecter un maximum d'informations sur ses positions successives de manière à en déduire les caractéristiques de son orbite et les conditions

ce sont les portes de l'espace virtuellement ouvertes à l'homme.

Au moins autant, le monde est impressionné par la masse de ce Spoutnik-2 : 508 kg.

Que font donc les Américains ?

Bien entendu, pour des raisons psychologiques évidentes, ils cherchent à lancer eux-mêmes un satellite le plus vite possible. On active aux États-Unis les préparatifs de l'opération Vanguard : tel est le nom d'une fusée à quatre étages, porteuse d'un «Pamplemousse» de 1,5 kg. Las, le 6 décembre 1958, à Cap Canaveral, cette fusée explose sur sa plate-forme. Ce sera «l'humiliation Pamplemousse», très durement ressentie outre-Atlantique.

Alors, les Américains se souviennent de la pré-

dans lesquelles celle-ci est usée par la haute atmosphère dont les densités ainsi seront révélées jusqu'à une altitude de 950 km. Le résultat va constituer une surprise : ces densités s'avéreront dix fois supérieures à ce que l'on imaginait.

Les émissions de Spoutnik-1 cessent le 24 octobre ; son observation se poursuit.

Mais le 3 novembre, voici que Spoutnik-2 prend à son tour la route de l'espace avec, en guise de charge utile, l'habitacle d'une petite chienne, Laïka, dont le comportement sera, huit jours durant, suivi par télémétrie. Et c'est un événement dans la mesure où, pour la première fois, un être vivant est mis en orbite, la parfaite adaptation du système circulatoire de Laïka à l'apensanteur étant jugé constituer un fait très positif, car

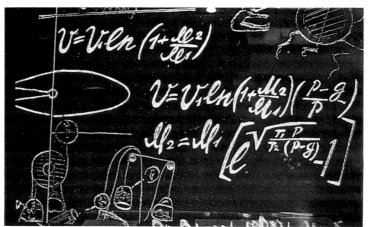

L'intérieur de Spoutnik-1
(les deux hémisphères ont été écartés pour montrer
les lourdes batteries chimiques du satellite).

Un écrit de Tsiolkowski,
l'homme qui en 1897 avait créé la cosmonautique.

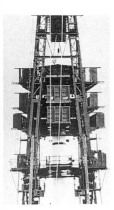

sence chez eux du père des fusées V-2, Wernher von Braun. Au lendemain de la guerre, il s'est installé aux États-Unis et n'a cessé de multiplier les offres, suggérant notamment que l'Amérique s'emploie à construire une grande station orbitale. Il n'a guère été écouté et aucun poste de direction ne lui a été confié.

Voici que la situation change du jour au lendemain. A Wernher von Braun, ce sont de véritables pleins pouvoirs qui sont donnés, pleins pouvoirs dont on sait qu'il les utilisera jusqu'à permettre que, douze ans plus tard, des astronautes marchent sur la Lune. Mais il s'agit d'abord de parer au plus pressé, l'objectif étant de mettre quelque chose en orbite. A cette fin, Wernher von Braun bricole une fusée Jupiter de l'US Army et, le 1er février 1958, ce sera le succès. Cette fusée satellise Explorer-1, dont la masse — 14 kg — est loin de pouvoir rivaliser avec celle des Spoutnik. Le retentissement de cette opération n'en est pas moins immense, pour des raisons psychologiques, mais également compte tenu de l'équipement sophistiqué que recèle ce satellite. Il porte des compteurs Geiger et son orbite l'élève jusqu'à 2 546 km, de sorte qu'il va inscrire à son actif la découverte d'une «ceinture de radiations» entourant la Terre, et c'est là un élément scientifiquement fort important.

Après le temps d'une incroyable indifférence, les Américains vont accorder à la conquête spatiale la priorité des priorités, jetant dans la bataille tout le poids de leur économie et de leur technologie, avec pour conséquence un extraordinaire feu d'artifice d'opérations en tous genres et un passage immédiat au temps des applications de l'espace.

Cependant les Russes ne restent pas inactifs. Le 15 mai 1958, ils mettent en orbite un Spoutnik-3, destiné à une étude systématique de l'environnement terrestre, dont la masse atteint rien moins que 1 327 kg.

Et ce nouveau bond dans la course aux poids lourds ne laisse d'intriguer : de quels lanceurs les Soviétiques disposent-ils donc ? En réalité, il faut parler au singulier. L'atout des Russes c'est une lourde fusée intercontinentale dont la création a été décidée par Staline le 15 mai 1949. La construction en a été menée à bien par l'ingénieur Serguei Korolev qui a retenu une solution très originale : alors que, partout ailleurs dans le monde, les fusées revêtent la forme d'un crayon, Korolev a conçu sa «Semiorka» — dont la masse est voisine de 300 t — sous les traits d'un corps central flanqué de quatre propulseurs coniques, ces cinq éléments étant équipés de moteurs à haute performance mis au point par l'homme qui (toujours en activité aujourd'hui) était dès 1931 le grand motoriste des fusées soviétiques : Valentin Glouchko.

Non seulement cette fusée satellise les Spoutnik, mais le corps central — dont, réservoir vide, la masse est voisine de 10 t — se met lui-même en orbite dans la première version du lanceur, de sorte que les Russes auraient pu annoncer un tel tonnage dès Spoutnik-1. Ils ont voulu ménager leurs effets.

La tour de lancement, encore rudimentaire,
créée par les Américains pour la mise en orbite, le 1er février 1958,
de leur satellite Explorer-1.

En 1960, le vaisseau cosmique Korall est destiné à faire voyager des
cosmonautes.

Même avec Spoutnik-3, la Semiorka est au demeurant employée très en deçà de ses capacités. Celles-ci seront révélées lorsqu'au-dessus du corps central, un étage supérieur sera placé.

C'est ainsi un étage supérieur court qui, l'année suivante, surmonte la fusée pour en faire un lance-Luna.

En janvier 1959, Luna-1 passe à 6 500 km de la Lune avant de se placer sur une orbite solaire et de devenir la première planète artificielle, Meichtcha. Un impact est enregistré le 13 septembre 1959 avec Luna-2 : pour la première fois, un objet fabriqué par l'homme atteint la Lune, porteur d'un emblème soviétique. Puis, en octobre 1959, Luna-3 suit une trajectoire qui le conduit à survoler la face «cachée» de la Lune qui, le 7, peut être photographiée, les clichés étant, à bord, développés automatiquement et transmis à la Terre par radio-bélinographie. C'est encore une grande première et la réalisation d'un vieux rêve des astronomes : il leur faut constater — sans en comprendre la raison — que la face arrière de la Lune, très accidentée, comporte peu de mers, celles-ci couvrant 10 % de sa surface (en regard de 40 % sur la face visible).

Les Américains n'ont, cette année-là, pu mieux faire que passer à 45 000 km de la Lune avec leur Pioneer-4, un engin avec lequel ils ont toutefois maintenu le contact jusqu'à 800 000 km.

Cependant tout cela n'a encore constitué qu'un prologue.

1960 est une grande année. Elle voit les Soviétiques doter leur Semiorka d'un troisième étage long pour satelliser des «vaisseaux cosmiques» dont la masse atteint 4,5 t. Le premier d'entre eux est lancé le 15 mai ; l'expérience se déroule mal en raison d'une erreur commise par le système d'orientation.

C'est en revanche un succès total qui est enregistré trois mois plus tard avec le vaisseau cosmique n° 2, en tout point semblable au véhicule qui, l'année suivante, emportera le premier homme dans l'espace. Deux éléments le constituent, à savoir une «salle des machines» avec une énorme rétrofusée et une cabine sphérique à l'intérieur de laquelle ont pris place, le 19 août, les petites chiennes Bielka et Strelka, récupérées le lendemain : pour la première fois des êtres vivants retrouvent la Terre après un vol cosmique.

Ce n'est pas pour autant la première récupération de l'ère spatiale. Quelques jours auparavant, le 11 août, les Américains ont réussi à repêcher en pleine mer le satellite Discoverer-1 largué par une fusée Agena après 17 révolutions. L'événement a une portée considérable dans la mesure où il a représenté la première grande première spatiale américaine.

Les événements vont maintenant se précipiter.

Convaincus de la possibilité d'envoyer des hommes dans l'espace, les Américains ont, dès 1959, constitué une équipe d'astronautes — la célèbre équipe des sept — qu'ils ont commencé à entraîner en vue du projet Mercury, tandis qu'ils mettaient en chantier une impressionnante gamme de fusées de manière à pouvoir lancer de plus en plus loin des charges de plus en plus lourdes.

C'est au début de 1960, que les Russes ont, pour leur part, formé une équipe de futurs hommes de l'espace qui, elle, comporte vingt cosmonautes dont l'entraînement pourra être assuré en une année seulement, de sorte qu'une fois encore, les Américains seront devancés par les Soviétiques.

On connaît la suite. Alors qu'en 1950 l'astronautique était encore un rêve, l'année 1960 s'achève sur l'implantation d'une fabuleuse infrastructure pour permettre à des engins et à des hommes de voler à leur guise vers les cieux azurés où les astres vont paître.

La fusée Semiorka de Korolev dans sa version bi-étage,
telle qu'elle fut utilisée pour lancer, depuis Baïkonour,
les premiers Spoutnik.

La petite chienne Laïka,
passagère de Spoutnik-2, dans son habitacle.

DU RÉALISME AU FONCTIONNALISME D'ÉTAT

JEAN-LOUIS COHEN

E
N 1964, le jeune architecte milanais, Aldo Rossi, célèbre les vertus de la Stalinallee de Berlin-Est[1], «réhabilitant» ainsi une réalisation qui, depuis une dizaine d'années, avait fait figure de repoussoir pour la culture architecturale occidentale. Cette appréciation d'un des artisans du retour à l'urbanité dans l'architecture italienne déclenchera avec quelque retard une vive polémique dans les pages de *L'Architecture d'Aujourd'hui*[2]. Elle témoigne encore aujourd'hui de l'ambiguïté de l'architecture de l'URSS et des pays socialistes européens des années 50.

En URSS et dans les pays du glacis établi après la Seconde Guerre mondiale en Europe de l'Est, les années 50 voient une série de phénomènes contradictoires s'enchaîner de part et d'autre de la ligne de fracture correspondant à la crise du stalinisme. Cette période-clé dans l'établissement du système socialiste, marquée par la critique khrouchtchevienne et la crise de 1956, correspond dans la sphère de l'aménagement des villes à la mise en œuvre effective d'une reconstruction qui n'est guère engagée avant 1950, et au début d'une politique d'extension et d'industrialisation poursuivie avec vigueur bien au-delà de 1960.

Elles sont marquées, dans la sphère de la politique culturelle, par l'exportation des thèmes et des critères établis dans l'URSS des années 30 après la liquidation des avant-gardes, et notamment par l'imposition des schèmes du «réalisme socialiste» hégémoniques à Moscou depuis deux décennies.

«RÉALISME SOCIALISTE» ET FONCTIONNALISMES LOCAUX

La doctrine du «réalisme socialiste», imposée aux architectes soviétiques à partir de 1932[3], prend un sens nouveau avec la guerre et la victoire sur l'Allemagne qui permet l'introduction du répertoire de l'architecture traditionnelle de la Russie (clochers, décor sculpté inspiré des constructions en bois, etc.). Elle s'applique notamment à la conception d'ensemble des reconstructions étu-

diées dès 1942 dans les steppes d'Asie centrale où l'Académie d'Architecture est repliée.

La constitution d'un «bloc» socialiste, entreprise dès le lendemain de la guerre lors du début de la «guerre froide», puis avec le «Coup de Prague» de 1948, la création du Kominform et la rupture avec la Yougoslavie de Tito, se conjuguent avec le raidissement idéologique imposé dès 1946 par Andrej Ždanov, et qui atteint jusqu'aux partis communistes occidentaux comme le PCF. Le modèle du «grand frère» soviétique est exporté non sans grincements, et les doctrines modernistes — en art, en littérature et en musique — ou fonctionnalistes — en architecture — sont écartées avec une rapidité et des ménagements fort variables.

Loin d'être accueillis en sauveurs, les architectes fonctionnalistes revenus d'exil trouvent un accueil peu enthousiaste en Allemagne de l'Est, dès lors que les utopies des lendemains immédiats de la guerre, comme le Kollektivplan étudié sous la direction de Hans Scharoun pour un Berlin uni, se dissipent. Aux premiers logements à coursives inspirés des *Siedlungen* de la période de Weimar élevés dans le secteur oriental de la ville, succèdent les projets de Hermann Henselmann, telle la tour de la Weberwiese, dont l'entrée conjugue des colonnes doriques noires et une inscription éclairante de Berthold Brecht[4]. De Rostock à Dresde, des tentatives sont engagées pour trouver une nouvelle interprétation des thèmes et des matériaux régionaux.

En Tchécoslovaquie, plusieurs projets marquants prolongent le vigoureux fonctionnalisme de l'entre-deux-guerres — d'ailleurs nourri par le constructivisme russe —, des logements de Gottwaldov développant le langage rationnel des architectes de la firme Bat'a qui dominait la ville avant la guerre (alors qu'elle s'appelait encore Zlín), à la maison-commune de Litvinov, dont la réalisation s'achève en 1958. Mais certains modernes provisoirement repentis, comme Josef Havlíček dans les logements de Kladno-Rodželov,

1 A. Rossi, «Aspetti della tipologia residenziale a Berlino», *Casabella Continuità*, Milan, n° 288, 1964, rééd. *Scritti scelti sull'architettura e la città*, Milan, Clup, 1975.

2 B. Huet, «Formalisme/ réalisme», *L'Architecture d'Aujourd'hui*, n° 190, avril 1977.

3 A. Kopp, *L'Architecture de la période stalinienne*, Grenoble, PUG, 1978.

4 H. Henselmann, *Gedanken, Ideen, Bauten, Projekte*, Berlin (RDA), Henschelverlag für Kunst und Gesellschaft, 1978.

utilisent un langage monumental fortement teinté de références soviétiques[5].

En Hongrie, les bâtiments édifiés dans la première moitié des années 50 prennent dans leur laconisme une couleur nordique témoignant d'un intérêt persistant pour l'architecture des Scandinaves Asplund ou Tengbom, tandis que plusieurs ensembles conçus avant 1951, année qui voit le triomphe du «réalisme socialiste», sont achevés[6].

Le «réalisme socialiste» et l'«assimilation critique» de l'héritage architectural qu'il propose s'imposent donc dans les plans de villes, dans les monuments et dans l'habitation. Diversifié par hypothèse, puisqu'il est censé permettre à une architecture «socialiste» dans son «contenu» de rester «nationale» par sa «forme», il permet en fait souvent de plaquer un ornement local sur des schémas distributifs académiques. En effet, si le corpus doctrinal exporté par les Soviétiques reste aussi compact que réduit, il connaît de significatives inflexions locales.

LES DÉTERMINANTS DE LA FORME URBAINE

C'est dans les années 50 que la reconstruction des centres rasés lors de la Seconde Guerre mondiale s'engage, avant tout par la réalisation prioritaire des ensembles monumentaux bordant les voies majeures. Les principes d'un urbanisme pittoresque basé sur la recherche du contraste, quelque peu dilaté par l'ampleur des programmes et la prévision d'une circulation automobile encore réservée aux camions et aux limousines de la bureaucratie, se conjuguent avec l'utilisation d'accents nationaux appliqués sur les superstructures des bâtiments.

Les interventions dans les centres, parfois animées par un souci exacerbé de précision historique lorsque l'action des nazis avait tendu à détruire toute trace nationale, comme à Varsovie[7], s'accompagnent de polémiques contre les recons-

tructions fonctionnalistes à l'Ouest, expression d'un «cosmopolitisme» blâmable. C'est ainsi que les «17 principes de la reconstruction des villes» promulgués en Allemagne de l'Est apparaissent aujourd'hui bien proches du discours sur la «Reconstruction de la Ville Européenne» par leur insistance sur la continuité historique et sur la dimension communautaire de l'urbanisme[8].

En écho aux centaines de villes nouvelles construites en URSS depuis le premier Plan quinquennal (1928-1932), les Démocraties populaires engagent des projets similaires, articulés à de grandes entreprises industrielles, dont les plus importants sont Stalinstadt[9] en République démocratique allemande, Nowa Huta en Pologne, et Dunaújváros en Hongrie.

En rupture avec le zonage homogène des projets

5 O. Dostál, J. Pechar, V. Procházka, *Moderní Architektura v Československu*, Prague, Obelisk, 1970.

6 Sur l'architecture du «réalisme socialiste» magyar, voir les analyses récentes *in* A. Moravánszky (dir. par), «Az ötvenes évek», *Magyar Epítömüvészet*, Budapest, n° 3, 1984.

7 B. Bierut, *The Six-year plan for the reconstruction of Warsaw*, Varsovie, Ksiazka i Wiezda, 1951.

8 C. Borngraeber, «Das nationale Aufbauprogramm der DDR, Architekten zwischen 1950 und 1955», *Arch +*, Aix-la-Chapelle, n° 56, avril 1981.

9 Aujourd'hui Eisenhüttenstadt.

Hermann Henselmann
Stalinallee
(aujourd'hui Karl-Marx-Allee*)*
Berlin Est, 1956.

Le boulevard circulaire et l'hôtel Pékin, Moscou, 1954 (vue de 1978).

fonctionnalistes, ces ensembles sont réglés par de grands tracés dont l'orientation est parfois symbolique : la Stalinallee témoigne ainsi à la fois de l'insertion du logement ouvrier dans le centre de Berlin et de la réorientation vers l'Est du centre historique de l'ancienne capitale du Reich. L'articulation des *Magistraly*, grands axes monumentaux, et des *kvartaly*, grands îlots d'habitation, devient le dispositif général utilisé dans toutes les circonstances[10].

L'ARCHITECTURE PARLANTE DES BÂTIMENTS PUBLICS

En 1952, le critique soviétique Mihajl Capenko célèbre une architecture «optimiste, gaie, claire, symbole de notre foi dans l'avenir»[11], celle des gratte-ciel en cours d'achèvement à Moscou. Issus d'un croisement de l'inspiration américaine qui ne cesse, malgré les dénégations, de traverser l'architecture soviétique depuis les années 20 et de la référence aux clochers médiévaux de la Sainte Russie, cinq d'entre eux sont construits en des points stratégiques de Moscou pour abriter des bureaux ou des logements, auxquels vient s'ajouter l'Université.

L'architecture des immeubles en hauteur de Moscou ne tarde pas à devenir un produit d'exportation, lorsque les Soviétiques offrent fraternellement aux capitales des pays du «camp» socialiste des édifices en reproduisant le modèle au service de programmes variables, de l'Hôtel International de Prague aux Editions du Parti à Bucarest en passant par le Palais de la Culture à Varsovie. Sous des formes atténuées, le même don atteint la Chine et l'Albanie où plusieurs cadeaux monumentaux sont aussi érigés.

Mais la production des bâtiments publics de type nouveau, tels le *Club ouvrier* ou le *Palais de la Culture* est parfois aussi l'occasion de débats dans lesquels les figures les plus originales de la culture marxiste sont impliqués, comme en Hongrie où les ressources d'un Gyorgy Lukács sont mises à contribution dans les jurys pour préciser la notion de «réalisme» dans les programmes monumentaux.

L'HABITATION COMME MONUMENT

Un des principes essentiels de l'architecture du «réalisme socialiste» est la monumentalisation de l'habitation, dont les formes doivent témoigner à la fois de la continuité de la tradition nationale et d'un contenu social nouveau. Malgré les expériences tchèques la perpétuant, l'idée de la maison-commune, qui était au centre des recherches des années 20, est abandonnée, ainsi que les principes d'aménagement expérimentés dans les *Siedlungen* de la République de Weimar qui avaient connu dans les années 30 une diffusion appréciable en Europe centrale et en URSS avec le travail des exilés des équipes de Ernst May et Hannes Meyer.

Établis sur le modèle soviétique, les instituts de projet étatisés développent les projets-types à l'échelle urbaine ou à celle des immeubles. L'économie spatiale de ces logements, inégale selon qu'il s'agit d'habitations pour la classe ouvrière ou pour ses «serviteurs», s'accompagne d'une industrialisation de la construction et aussi de l'ornementation des immeubles.

En définitive, dans cette sphère comme dans celle des bâtiments publics et de la composition urbaine, la dialectique entre les mesures directement inspirées par le «centre» moscovite et celles relevant des «périphéries» nationales reste assez complexe. Un authentique «éclectisme socialiste» s'établit ainsi, parfois dans une continuité larvée avec les anciens architectes des avant-gardes, comme en Pologne ou en Tchécoslovaquie.

LE «DÉGEL» KHROUCHTCHEVIEN

C'est le terrain de l'architecture que Nikita Khrouchtchev choisit, sans doute pour des raisons de visibilité évidentes, afin de marquer la première coupure avec le stalinisme, par son discours au Congrès des Constructeurs. Khrouchtchev y dénonce le 7 décembre 1954 les «excès décoratifs» de l'académisme bureaucratique. Considérant qu'«on ne peut pas transformer une maison d'habitation moderne par sa présentation architecturale en un semblant d'église ou de musée», il exige une architecture simplifiée et économique, au moment où, pour la première fois, des moyens importants sont investis dans la production industrielle de logements[12].

La condamnation des débordements ornementaux, dont l'écho s'étend jusqu'au journal satirique *Krokodil* est, toutefois, doublée d'une reprise modérée mais ferme des attaques contre le constructivisme, la lutte contre celui-ci devant être menée désormais, selon Khrouchtchev, «avec des moyens raisonnables».

Les effets de ces critiques sont immédiats en URSS, et les chantiers en cours sont achevés sans pilastres ni corniches. Mais les thèmes de la modernité n'émergent à nouveau qu'avec une lenteur très prudente dans une culture traumatisée par deux décennies de refoulement, alors que les architectes des Démocraties populaires sont plus prompts à se réintroduire dans le débat international.

UN FONCTIONNALISME INTÉGRAL

Ironie de l'histoire, c'est le Palais des Soviets, ce programme qui avait servi, entre 1932 et 1934, pour mettre en place la ligne du «réalisme socialiste», qui permet, en 1957, de relancer le débat par un concours dont la conséquence ultime sera, en 1961, la réalisation du Palais des Congrès dans l'enceinte du Kremlin. Les pavillons de l'URSS et des Démocraties populaires à l'Exposition universelle de 1958 à Bruxelles rendent manifeste l'utilisation nouvelle de plans ouverts et de grandes façades vitrées.

Dans la sphère du logement, des investissements

Hermann Henselmann
*Immeuble sur la Werberwiese
Berlin Est,
1951.*

*Caricature identifiant les flèches
des bâtiments staliniens
aux pique-papier des bureaucrates
parue dans* Krokodil, *1955.*

massifs et sans précédent permettent la réalisation de quartiers neufs dans lesquels la continuité du *kvartal* est brisée et les barres réintroduites. Le premier de ces *mikrorajony* dont les maisons seront vite baptisées par leurs habitants *Hruščёby*, calembour sur *Truščoba* (taudis) et *Hruščёv* (Khrouchtchev), est l'ensemble nº 9 de Novye Čerёmuški à Moscou.

Les villes nouvelles de la fin des années 50 en URSS et en Europe de l'Est, comme Hoyerswerda en République démocratique allemande, marquent un retour aux principes de projets de la *Neue Sachlichkeit*, renforcés par les moyens industriels nouveaux. En 1955, l'arrivée à la Bauakademie du Suisse Hans Schmidt qui avait participé à la conception des villes du premier Plan quinquennal russe renoue le fil brisé des expérimentations antérieures.

L'ouverture au monde extérieur débouche sur un nouveau formalisme fonctionnaliste se mesurant avec l'architecture brésilienne ou scandinave, tandis que l'influence des grands ensembles français se traduit par l'exportation du procédé de préfabrication Camus.

MONOLITHISME ET DIVERSIFICATION NATIONALE

Malgré l'image flatteuse qui en était donnée encore il y a peu en URSS, l'hégémonie soviétique se révèle en définitive assez brève. Ses traces les plus profondes apparaissent dans l'organisation des professions de l'architecture et de l'urbanisme et dans les choix techniques qui conduisent à l'industrialisation du bâtiment.

Artiste «au service du peuple» dans l'ère du «réalisme socialiste», l'architecte devient par la suite un technicien chargé de mettre en œuvre un projet productif. Pourtant, le cadre institutionnel rigide des agences d'État, des Académies et des Unions, s'il est étouffant dans le champ de l'habitation, où les *kombinaty* industriels engagent le tranquille amortissement de leur outillage, reste ouvert dans celui des bâtiments publics et de l'architecture des usines.

Ce n'est pas, cependant, avant la fin des années 60 et l'affirmation de nouvelles générations formées au contact de la culture mondiale que des démarches plus originales donneront un visage architectural spécifique aux productions de certaines Républiques soviétiques comme l'Estonie ou à la Hongrie et à la Tchécoslovaquie. Dès lors, les configurations nationales deviendront à nouveau déterminantes, et la fiction d'une «architecture du socialisme» demeurera définitivement une catégorie littéraire.

10 J.-L. Cohen, «La forme urbaine du "réalisme socialiste"» *in* J.-L. Cohen, M. De Michelis, M. Tafuri, *URSS 1917-1918, l'architecture, la ville*, Paris, L'Équerre, Rome, Officina, 1979.

11 M. Capenko, *O realističeskih osnovah sovetskoj architektury*, Moscou, Gos. Izd. Lit. po Stroitel'stvu i Arhitekture, 1952.

12 N. Khrouchtchev, *Pravda*, Moscou, 28 décembre 1954.

N. Osterman et al.
Quartier expérimental de Novye Cerёmuski *Moscou, 1956-1959; vue d'une allée.*

L'interruption des corniches sur cet immeuble moscovite de 1955 traduit l'ablation des «excès» décoratifs consécutive au discours de N. Krouchtchev en 1954.

UNE GÉANTE SUR LE DANUBE : NOVI BEOGRAD

CÉCILE MIHAILOVIC

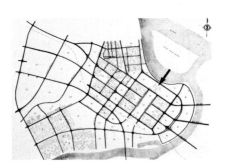

Novi Beograd est la nouvelle partie de la capitale de la Yougoslavie. Sa construction a commencé le 11 avril 1948. Un territoire de 4 096 hectares situé au confluent de la Sava (260 m de large) et du Danube (700 m de large), constitué de marais inondables, a d'abord été asséché par 23 millions de mètres cubes de sable déversés par des milliers de jeunes volontaires. Les techniques occidentales de construction et d'emploi du béton ont permis, à cette époque, pour la première fois en Yougoslavie, l'expérience des tours et des bâtiments de grande longueur,

dont l'un atteint jusqu'à 1 000 m d'un seul tenant.

La Cité universitaire, le Palais de la Fédération et les premiers quartiers d'habitation ont été bâtis en quelques années. Lors de sa création en 1952, la commune de Novi Beograd comptait 8 000 habitants. Le recensement de 1961 en dénombrait 40 000. En 1987 la ville nouvelle a 250 000 habitants.

Le Plan urbain général de 1948, revu et corrigé en 1952 et 1958, a défini le développement des travaux jusqu'en 1983, date à laquelle de nouvelles orientations devaient être prises.

Plan urbain de Novi Brograd ; son pivot : le Palais de la Fédération édifié face au Danube (signalé par une flèche).

Début des travaux de construction réalisés entre 1948 et 1952 par les brigades de jeunes bénévoles.

1 *Le maréchal Tito examine une maquette de la ville nouvelle.*

2 *Vue des premiers bâtiments d'habitation réalisés vers 1953 dans la ville nouvelle.*

3 *Blocs d'habitation réalisés d'après les plans revus en 1959; ils adoptent les techniques de montage préfabriqué pour les tours et les barres; l'une d'elles mesure près d'un km de long.*

4 *Le Palais de la Fédération, premier bâtiment mis en chantier dès 1949, reflète l'architecture monumentale yougoslave. Architectes :* **V. Potocnjak, Z. Najman, A. Urlih, D. Perak,** *puis* **M. Jankovic.**

LES CHAISES DORÉES DE LA MODE

GINETTE SAINDERICHIN

LE 12 février 1947, les projecteurs de la mode illuminent les salons du 30, avenue Montaigne à Paris. Ils révèlent une silhouette inattendue, buste galbé, taille menue, jupe infiniment ample qui tombe jusqu'au mollet. C'est le new-look de Christian Dior — Colette, elle, écrit «nioulouk». Il éclate comme un coup de cymbales et ouvre la symphonie fantastique de la mode des années 50.

C'est de 1947 qu'il faut donc dater la naissance, ou plus exactement la renaissance, d'une Haute Couture parisienne si longtemps condamnée, elle aussi, aux fenêtres occultées de la défense passive. Deux ans après la fin de la guerre, la France vit, cependant, davantage d'espoir que de pain blanc. Les restrictions continuent. La reconstruction va cahin-caha. Et les ministères n'arrêtent pas de tomber. La guerre froide ne va pas tarder à succéder à la guerre chaude, tandis que les conflits se rallument en Asie et couvent en Afrique.

S'il n'y a plus d'uniformes vert-de-gris à Paris, il flotte une certaine grisaille dans une France éprouvée. Mais la grisaille n'empêche pas la grisserie de la paix revenue et la certitude que les rêves d'avenir sont enfin à nouveau possibles. La réaction en chaîne — et trame — contre les privations et les ersatz de l'Occupation se traduit dans la Haute Couture par des débauches de tissus. Foin des contingences et des contingentements ! Le new-look, c'est une revanche sur les années terribles, une compensation impérieuse.

Certes, Paris n'a pas retrouvé toutes ses lumières. Mais la Haute Couture a retrouvé tout son éclat. Un éclat universel. Paris dicte la mode. Christian Dior explique: «La guerre terminée, une révolution absolue est nécessaire.» Il ajoute, non sans quelque ambiguïté: «La femme a pris goût à l'uniforme. Il faut la réféminiser coûte que coûte.»

Coûte que coûte... L'expression vaut son pesant d'or. La Haute Couture renoue avec le faste, le luxe et l'argent. La bourgeoisie nantie emboîte le pas à l'aristocratie — cette Belle au Bois Dormant confinée dans ses châteaux en attendant que les Américains lui permettent de briller à nouveau

Le new-look de Dior: au centimètre près.

Aussi «classiques» que les modèles, les chaises dorées... Collection Dior 1949-1950.

sous les lustres d'antan. Dès lors, les grands couturiers parent et magnifient les festivités avec une profusion de matières, de métrages, de dentelles, de broderies et de bijoux. On s'habille. On se déguise aussi. Les fêtes se succèdent comme à la Belle Époque, dans les demeures historiques, les ambassades et les palaces. On danse sur le volcan à peine éteint (mais l'est-il vraiment?).

La valse des bals costumés tourne à tous les temps. Le couturier Jacques Fath — beau comme les guerriers de la mythologie et qui, comme eux, mourra jeune — organise des nuits texanes et brésiliennes dans son château de Corbeville. Le marquis d'Arcangues offre un bal Napoléon III à Biarritz. Carlos de Beistegui invite tout le (beau) monde à Venise, dans son palais Labia restauré. Marie-Laure de Noailles invente une soirée au «Casino de Lune-sur-Mer.» Elsa Schiaparelli orchestre un bal des couleurs et le baron de Cabrol un bal des quatre-saisons.

Par surcroît et par une bienveillance particulière du destin, des événements princiers, voire royaux,

justifient tenues de gala et falbalas : le couronnement de la reine Elisabeth d'Angleterre ; le mariage du prince Rainier avec Grace Kelly, resplendissante dans 46 mètres de taffetas, 90 mètres de tulle et 240 de Valenciennes ; le mariage d'Ali Khan avec Rita Hayworth à Vallauris — l'un des spectacles les plus prodigieux qu'on ait jamais vus sur la Côte d'Azur qui en a pourtant vu d'autres ; le mariage du Shah d'Iran avec Farah Diba ; le mariage du prince Albert de Belgique avec la séduisante Paola, puis celui du roi Baudouin avec l'altière Fabiola de Mora y Aragon... Bref, des cérémonies à en perdre le fil, mais qui font tirer l'aiguille dans tous les ateliers de la Haute Couture. Les petites mains s'affairent fébrilement sur les grandes robes du soir, à décolletés gracieux et bustiers généreux.

La Haute Couture est à son apogée. Les couturiers habillent pour le jour autant que pour le soir. Les règles raffinées qu'ils édictent ont valeur d'ukases. Les femmes sortent gantées et cha-

Tailleur Bar de Dior : le new-look de 1947.

Départ des mannequins pour une présentation de collection à l'étranger, 1951.

Tailleur cintré, collection Pierre Balmain, 1953.

Marlène Dietrich à la présentation de la collection Dior 1954-1955.

1958

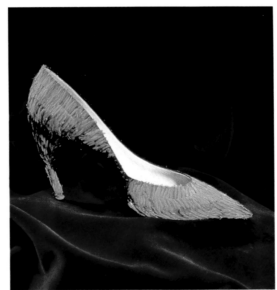

*Tailleur de Pierre Cardin,
1958.*

*Escarpin de Roger Vivier,
1956.*

peautées, extrêmement attentives à l'harmonie du vêtement et de l'accessoire et même des accessoires entre eux : chapeaux, sacs, chaussures doivent s'assortir de façon parfaite. C'est une mode très élaborée, très dessinée qui consacre une remarquable conjonction de la ligne, d'un couturier à l'autre.

La ligne ? Après le new-look, elle évolue puis s'assouplit. Elle est baptisée successivement «sweater» (1952), «tulipe» (1953), «H», «I» ou «A» (1954), «fuseau» (1957), «trapèze» (1958)... Mais le genou reste caché, la longueur se maintient à 37 ou 38 cm du sol, jusqu'à l'automne 1959 où Yves Saint-Laurent présente une jupe entravée qui remonte astucieusement au-dessus du genou. Il est le seul. Il fait sensation.

D'Alexandre à Carita, de Rose Valois à Paulette et Jean Barthet, de Pérugia à Roger Vivier, les coiffeurs, modistes et chausseurs concourent à cette extrême sophistication de la silhouette. Eux aussi servent la mode. Plus qu'avec talent, avec ferveur. Le rayonnement de Paris devient planétaire. La présentation des collections de couture est un événement. Chaque saison dévoile de nouvelles idées — ou de nouvelles idoles.

A la une des magazines du monde entier : Christian Dior, le maître ; Jacques Fath, le charmeur ; Balenciaga, le plus secret (artiste rigoureux de la coupe, il formera Courrèges et Ungaro) ; Hubert de Givenchy, que choisira Audrey Hepburn (héroïne de *Vacances romaines*, consacrée par le journal *Marie-Claire* la «jeune fille du demi-siècle», à cause de son style ballerine, son cou de gazelle et le seul maquillage de ses yeux) ; Pierre Cardin, le grand anticipateur ; Pierre Balmain, sa «jolie madame» et ses jolies princesses (la comtesse de Paris et ses filles, Marie-José d'Italie et la reine Sirikit de Thaïlande) : les fiancées du Gotha ne sauraient alors se marier qu'en Pierre Balmain, sauf à déchoir.

Enfin Chanel, la grande Chanel. En 1954, elle rouvre sa maison. Elle a soixante et onze ans. Elle n'a rien perdu de sa pugnacité. «Si je me suis lancée dans ce métier, décrète-t-elle, ce ne fut pas pour créer ce qui me plaisait, mais bien pour démoder ce qui me déplaisait». Il n'empêche : les tailleurs Chanel atteignent le comble de la féminité et du raffinement. Ils ne cesseront d'être copiés.

Tous ces couturiers-phares ont leurs propres étoiles : les mannequins. C'est là un phénomène très caractéristique des années 50. Les demoiselles de la Couture sont aussi célèbres, aussi inaccessibles, aussi hiératiques que les gloires du cinéma. Impeccables du bout de l'ongle carmin à l'escarpin doré, du sourcil bien tracé à l'ourlet millimétré.

Comme la Metro Goldwyn Mayer, la 20th Century Fox, la Paramount ou la Columbia, chaque maison de couture a ses stars attitrées. Les plus notoires s'appellent Bettina et Sophie (future

Sophie Litvak) chez Fath, Praline chez Balmain, Alla chez Dior, Marie-Hélène Arnaud chez Chanel et puis les Américaines aux jambes interminables, Dorian Lee et Suzy Parker.

Cependant, avant même la fin des années 50, le mode de vie va insidieusement transmuter la vie de la mode. La société de consommation s'amorce. En 1954, 500 000 4 CV Renault vrombissent, moteur à l'arrière, dans les rues et sur les routes. La télévision s'incruste dans les foyers. Le Salon des arts ménagers devient l'événement à ne pas manquer. Les gadgets envahissent la cuisine. La salle à manger se mue en living-room.

La femme — désormais citoyenne à part entière jouissant du droit de vote — se libère de ses complexes, de ses tabous et bientôt de ses jarretelles : les premiers collants apparaîtront vers 1957.

Dieu et Vadim créent Brigitte Bardot qui lancera tout à la fois la petite robe Vichy, la mode de Saint-Tropez et le culte du soleil, avant celui des animaux.

Le prêt-à-porter commence à percer sous la

Haute Couture, comme Napoléon perçait sous Bonaparte. Tout au long de la décennie 50, les grands couturiers ont régné sur la mode. Sans partage. Stimulés par les acheteurs américains, certains songent pourtant à faire reproduire industriellement leurs modèles. Un prêt-à-porter de luxe démarre avec componction : il mise sur le prestige de la griffe, prône la qualité de la fabrication. La diffusion est sélective. Les seigneurs de la Haute pressentent l'ascension du Tiers-État, cette classe moyenne, en appétit de consommation, que la petite couturière ne satisfait plus et qui dédaigne la confection trop banale.

Enfermée dans ses salons, ses conventions et ses relations, la Haute Couture ne voit pas surgir la génération de l'après-guerre. Une jeunesse conquérante, impérieuse et désinvolte va bousculer l'étiquette et les étiquettes, imposer une autre mode, lancer d'autres talents. Avec le prêt-à-porter de style, la mode va descendre dans la rue. Mais ceci est une autre histoire. Celle des années 60.

Brigitte Bardot : naissance de la robe Vichy, 1951.

Modèle de Schiaparelli, 1952.

Coco Chanel et Suzy Parker, son mannequin vedette, en 1957.

Croquis pour la ligne Trapèze d'Yves Saint-Laurent, 1958.

LE FRANÇAIS DANS SES MEUBLES

YVONNE BRUNHAMMER

LES années 50 sont ancrées dans le bouleversement de la civilisation occidentale au cours de la Seconde Guerre mondiale. Les prémices en étaient sensibles lors de l'Exposition de 1937 où le pavillon de l'Espagne témoignait de la précarité de ses valeurs face à la montée irrésistible des fascismes. «Tout ce que nous aimons va mourir», écrivait Michel Leiris dans les *Cahiers d'art*, lisant dans Guernica un message «de deuil». Mais peu nombreux étaient ceux qui en pressentaient les conséquences irrémédiables.

Le dernier Salon des Artistes Décorateurs, à la veille de la déclaration de guerre, restait sourd à «la menace et au bruit des armes» dans lequel il avait été conçu : «Notre fierté, annonçait le Co-

mité du salon au futur public, sera que vous n'y trouviez que la preuve de notre sérénité. Les alarmes du monde se sont évanouies à nos portes. Le langage que nous prétendons y tenir est un langage d'optimisme. C'est celui de la France des ingénieurs et des jardiniers, des établis et des forges...». C'est cette même France que prône, six ans plus tard, le critique Waldemar George lorsque paraît à nouveau la revue *Art et Industrie* : «Cette revue est un acte de foi. Sa tâche consistera à prouver qu'au lendemain de la guerre, la France reprend sa place traditionnelle, celle d'un pays capable de façonner le goût et d'enseigner aux peuples une manière de vivre, d'humaniser et d'embellir la vie...». Reprenant un thème dont il

Joseph A. Motte
Fauteuil, *1949*
Hêtre, acier et rotin
Collection J.A. Motte,
Paris.
Pierre Paulin
Fauteuil 560, *1959-1960*
Structure métallique,
mousse, habillage jersey
élastique
Collection Antifort,
Paris.

Jean Royère
Ensemble table et chaises
pour Henri Salvador
Sycomore blond
Galerie Down-Town,
Paris.

Charlotte Perriand
Chaise, *1953*
Contre-plaqué noir moulé
Musée des Arts Décoratifs,
Paris.

Jean Royère
Lampadaire porte-fleurs
Métal
Collection Varga, Paris.

s'était fait le défenseur dans les années 30, il oppose au monde broyé par «la machine souveraine» la France «pays des travaux manuels»: «un meuble moulé peut être exécuté dans n'importe quel pays, par n'importe quel manœuvre spécialisé. Un meuble en ébénisterie, une belle tapisserie ne peuvent être désormais réalisés qu'en France». Ce sera le rôle des pouvoirs publics que «de montrer ce que sont les beaux métiers français» pour favoriser le rayonnement national.

Le ton est résolument nationaliste, optimiste, élitiste: «Les esprits chagrins nous objecteront qu'une France meurtrie a des tâches plus urgentes que la restauration des industries de luxe...». Mais Waldemar George est confiant dans le rôle de premier plan que «nos industries d'art sont appelées à tenir, aussi bien en Europe que de l'autre côté de l'Atlantique» et imagine que «renouant avec la tradition des princes et des rois, les chefs démocratiques des pays étrangers» feront appel «à nos ouvriers d'art, à nos lissiers, à nos ferronniers...».

A ce discours triomphaliste, décidé à ignorer à tout prix le changement de société qui s'est opéré au cours des années de guerre et d'Occupation, s'oppose celui qui prend en compte les réalités du moment et, au premier chef, la reconstruction et ses implications. Après plus de quatre années de silence, Pierre Vago reprend sa «place de combat» à l'*Architecture d'Aujourd'hui*: «[...] une ère nouvelle commence: l'ère des Constructeurs, l'ère des Architectes». En 1949, le nouveau président de l'Union des Artistes Modernes, Georges Pingusson, rédige un nouveau manifeste «réaffirmant avec force» l'esprit, les tendances et les buts de cette association née en 1929 de la scission de la Société des Artistes Décorateurs. Le *manifeste 1949* s'oppose en tous points à l'acte de foi d'*Art et Industrie au Service des Beaux Métiers*: «[...] il faut faire cesser le divorce entre l'objet d'art et l'objet usuel, [...] l'art doit être mêlé à notre vie de chaque jour et non réservé aux solennités, [...] il ne doit pas conditionner seulement les formes, mais les fonctions...». En 1929, l'art que proposait l'UAM était «une invite à un certain mode de vie, il s'adressait à une foule immense d'hommes en attente d'un renouvellement social, d'une amitié retrouvée, d'une vie plus ouverte, enrichie des découvertes de la science...». En 1949, «l'UAM propose une rationalisation de la construction pour atteindre à l'économie, une normalisation pour entrer dans le cadre de la production en série...». Les membres de l'UAM 1949 sont pour la plupart architectes, engagés dans l'état d'urgence du logement au lendemain de la guerre: «15 millions de logements détruits par la guerre ou délabrés jusqu'à l'insupportable par l'inconscience de plusieurs générations...» commente aujourd'hui Eugène Claudius-Petit, chargé du programme de la Reconstruction avec cinq

Pierre Jeanneret
Chauffeuse, *1959*
Hêtre, mousse de latex, tissu
Musée des Arts Décoratifs, Paris.

Marcel Gascoin
Chaise, *1950*
Bois, mousse de latex, tissu
Musée des Arts Décoratifs, Paris.

Mathieu Matégot
Chaise Nagasaki, *1951*
Tôle perforée
Collection Jousse, Paris.

André Monpoix
Chauffeuse, *1956*
Tube métal laqué noir, fil plastique
Musée des Arts Décoratifs, Paris.

Jean Royère
Perspective d'un salon,
1950-1951
Dessin aquarellé
Musée des Arts Décoratifs,
Paris.

Jean Lurçat
Grand Vase, *1951*
Céramique
Collection Alan et
Ch. Duran, Paris.

Mathieu Matégot
Fauteuil Kyoto
Métal peint
Collection Jousse, Paris.

Ets Boussac-Romanex
Tissu d'ameublement
«Aux oiseaux», *1956*
Collection Mihailovic,
Paris.

autres ministres qui se succèdent de novembre 1944 à septembre 1948. La reconstruction implique une nouvelle organisation du logis qui réponde, selon le manifeste 1949, «à ce propos : un bel outil est un outil efficace».

Marcel Gascoin qui avait été l'un des plus jeunes membres de l'UAM, se réfère à Le Corbusier lorsqu'il écrit que «SE LOGER n'est [...] pas seulement [...] une nécessité fondamentale, mais la première règle de *l'art de vivre*». *Art d'habiter*, répond Charlotte Perriand dans un numéro spécial de *Techniques et Architecture* qu'elle se voit confier en 1950 : «Pour cette étude, systématiquement je me posais des questions et je me reportais à d'autres temps, à d'autres lieux, à d'autres mœurs. Quel enrichissement! Art d'habiter - Art de vivre».

Ainsi, au seuil des années 50, s'installe une dialectique ancien/moderne où la référence à l'homme est prioritaire : qu'il s'agisse de perpétuer la tradition des «beaux métiers» au service d'une civilisation où le «goût» et le «savoir-faire» sont privilégiés, ou de mettre la technologie moderne au service d'un habitat dont les règles sont : l'organisation de l'espace, la rationalisation du mobilier, et les finalités «un mode d'existence, un esprit et un cœur». Durement malmené pendant la Seconde Guerre mondiale, l'homme est au centre des préoccupations et sera le thème de l'Exposition universelle de Bruxelles en 1958 : point de «rebondissement vers un idéal plus humain et plus universel», l'exposition élargit le thème «au monde» tenant compte de l'expansion démographique, du développement des sciences et des techniques.

Fermés pour la plupart sous l'Occupation, les salons reprennent leur rythme annuel la paix rétablie. Le Salon des Artistes Décorateurs accueille les décorateurs-ensembliers qui proposent, sinon un style original, du moins, écrit Renée Moutard-Uldry dans *Mobilier et Décoration*, un «confort logique presque amical». Ils sont pour la plupart héritiers de la tradition de l'ébénisterie de haute qualité, en faveur du luxe menacé, regrette Jules Leleu, en cette période d'appauvrissement général. Leur clientèle est le Mobilier National, chargé de meubler les ministères, les ambassades, les résidences du chef de l'État, et les Compagnies maritimes qui lancent jusqu'au *France*, en 1962, un nombre conséquent de paquebots. Considérés comme des ambassadeurs du goût français, ils sont le refuge du luxe qu'attendent les passagers. Plusieurs générations se côtoient : ébénistes d'avant-guerre, partisans d'un mobilier d'apparat — Jules Leleu, Dominique, Baptistin Spade —, voire baroque — Jean Royère —, ou défenseurs de la tradition classique, pour ne pas dire antique — André Arbus, J.-M. Rothschild, Jean Pascaud —, et nouveaux venus qui recherchent cet «agrément» dont parle Renée Moutard-Uldry,

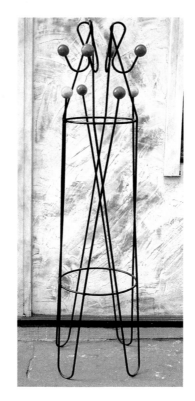

Boris Lacroix
Lampadaire à trois directions
Métal
Collection Praz-Delavallade, Paris.

Anonyme
Service à café
Céramique de Vallauris
Collection Praz-Delavallade, Paris.

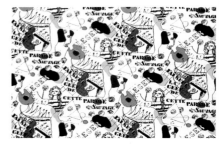

Fernand Léger
Tissu d'ameublement,
1956
Musée des Arts Décoratifs, Paris.

Anonyme
Portemanteau
Métal et bois
Galerie 1950 Bastille, Paris.

Michel Buffet
Lampadaire, *1953*
Métal
Galerie 1950
Alan/Ch. Counord, Paris.

Maxime Old
Table basse
Bois, formica et verre
Galerie Christine Diégoni,
Paris.

Serge Mouille
Lampadaire à trois bras,
1953
Métal laqué noir
Collection Jousse, Paris.

Jacques Adnet
Bureau
Bois métal, habillage cuir
Hermès
Collection Varga, Paris

Jean Prouvé
Bureau Présidence
Bois et métal
Galerie Down-Town et
Galerie
Touchaleaume, Paris.

Pierre Guariche
Luminaire, *1952*
Métal et rhodoïd
Collection Praz-
Delavallade, Paris.

«dans un certain rythme constructif, [...] dans une ordonnance harmonieuse, dans un goût pour la lumière...» : il s'agit de Jacques Adnet, Maxime Old, Colette Gueden, Suzanne Guiguichon.

André Arbus qui avait représenté la tradition classique française à l'Exposition de 1937 s'était fait également le défenseur de l'artisanat prenant «la route pour aller chez les artisans», à la recherche de modèles d'objets paysans qu'il voulait adapter à des besoins urbains. Il fut ainsi l'un des pionniers de ce retour au terroir favorisé par les années d'Occupation. Le mot d'ordre du gouvernement de Vichy devint une nécessité pour les artistes dispersés du fait de la guerre, et leur repli, pour certains d'entre eux, dans des villages où ils se trouvèrent au contact d'artisans perpétuant des métiers traditionnels.

Le renouveau de la céramique est, sinon une conséquence, du moins redevable de ces circonstances. Son champ d'expression alla très vite au-delà des modèles traditionnels, que ce soit dans la Puisaye et le Haut-Berry, autour de Jean et Jacqueline Lerat, Vassil Ivanoff, Elisabeth Joulia, ou à Vallauris, dont la présence de Picasso dans l'atelier de Madoura fit le lieu de rendez-vous des peintres. Cependant qu'une tradition orientalisante, rameau lointain du japonisme, s'installait dans les ateliers de Paris, à partir du message intransigeant de Bernard Leach.

Les galeries parisiennes s'ouvrent à la céramique nouvelle. La Demeure, haut lieu de «l'association des Peintres-Cartonniers» fondée en 1946 par Jean Lurçat et Denise Majorel, expose les pots sculptures de Valentine Schlegel en même temps

que les tapisseries de Mario Prassinos; Steph Simon, à Saint-Germain-des-Prés, défend les pots anthropomorphes et les cylindres de Georges Jouve, dans le cadre unique où voisinent les meubles de Charlotte Perriand et Jean Prouvé, les luminaires de Isamu Noguchi et de Serge Mouille. La Galerie Steph Simon fut, à partir de 1955, le lieu où venaient s'approvisionner les adeptes des meubles-épures de Jean Prouvé, et des bibliothèques faites d'éléments normalisés en bois, métal et plastique de Charlotte Perriand. L'on y trouvait aussi ses tables en bois massif, «formes libres faisant chanter l'espace» dont le concept remontait à 1937.

L'Union des Artistes Modernes vit ses dernières années. Elle crée en 1949 une section «Formes Utiles» qui s'inspire du *bazar* que Francis Jourdain n'avait pu réaliser à l'Exposition de 1937. La première exposition ouvre en décembre 1949 au Musée des Arts décoratifs à Paris. Pierre Sonrel qui en est l'architecte sépare, d'entrée de jeu, l'«utile» de l'«utilitaire» : «Le développement de l'utilitaire conduit au "confort", tandis que la pointe de l'utile est "le sublime".» L'année suivante, à la demande de Paul Breton, président du Salon des Arts ménagers, Formes Utiles devient l'un des lieux de sélection et de référence de ce salon qui prend une importance décisive à l'heure de l'esthétique industrielle.

La production industrielle est un fait acquis, qui suscite son contrepoint, l'intervention des artistes dans le grand débat de l'art de vivre à la fin des années 50.

Guidette Carbonell
Harpie, *vers 1950*
Ciment, céramique polychrome
Collection Mara Cremniter, Francois Laffanour, Paris.

Georges Jouve
Vase La Poule
Céramique noire
Galerie 1950 Alan/Ch. Counord, Paris.

Alexandre Noll
Bar dit «à magnum», *1947*
Ebène
Collection Alan, Paris.

Valentine Schlegel
Vase L'Oiseau blanc, *1957*
Terre cuite émaillée
Collection Yvonne Brunhammer, Paris.
Charlotte Perriand
Table Forme libre, *vers 1950*
Bois
Collection J.L. Amiaud, Paris.

CES ENSEMBLES QU'ON VOULAIT GRANDS

JEAN DUBUISSON

COMMENT parler d'un tel sujet sans évoquer rapidement ce qui, dans le domaine de la construction de logements économiques, a précédé les années 50.

Dans la période dite «entre-deux-guerres» (1919-1939) il s'est construit peu de logements sociaux en raison du blocage des loyers et de la situation de la France qui, comme bien des pays, a dû faire face à une grave crise économique mondiale. A Paris, le cas des constructions sur les boulevards des Maréchaux, à l'emplacement des fortifications, est exceptionnel; il constitue toutefois un exemple très remarquable de réalisation de logements sociaux pendant cette période. Mais, évidemment, c'était insuffisant.

Après la dernière guerre, ce pays s'est retrouvé non seulement avec des destructions importantes, mais aussi avec un parc immobilier très dégradé et peu adapté aux immenses besoins en qualité et en quantité. Naturellement, la reconstruction a eu la priorité: il fallait reloger ceux qui avaient tout

perdu. Cette reconstruction a été réalisée avec plus ou moins de bonheur, souvent sans audace, mais toujours marquée par la personnalité de l'architecte en chef désigné — une leçon à méditer...

Le plus souvent, ce fut du raccommodage car les destructions étaient importantes mais non massives. Le Havre est un cas particulier : les destructions y étaient si importantes qu'on pouvait envisager une reconstruction sur un nouveau plan — tâche confiée à Auguste Perret qui a imaginé des solutions audacieuses. La réalisation a tenu compte des grandes lignes de sa proposition et Perret a fortement marqué de sa personnalité la ville du Havre.

Malgré son talent, le résultat n'a pas été celui que nous aurions pu espérer et démontre, si c'était nécessaire, la grande difficulté qui consiste à créer des villes «nouvelles» sur de grands tracés à la française. C'est un sujet de réflexion. Une ville nouvelle peut-elle avoir un jour le même charme qu'une cité qui s'édifie au cours des siècles par adjonctions successives des éléments nécessités par sa vie même ?

En 1950 la reconstruction était déjà très avancée, mais il fallait répondre sans tarder à l'immense besoin en logements neufs (poussée démographique, apport de main-d'œuvre étrangère, vétusté du parc immobilier). Si le pouvoir politique en avait conscience, les moyens semblaient insuffisants. La reconstruction s'était faite avec des méthodes traditionnelles à faible rendement; les matériaux utilisés s'harmonisaient avec ceux des constructions qui n'avaient pas été touchées par la guerre.

Répondre à ces nouveaux besoins, c'était trouver des solutions nouvelles améliorant le rendement sur les chantiers. Depuis longtemps déjà des esprits éclairés tels qu'Eugène Beaudoin, Marcel Lods, Jean Prouvé, etc. pensaient à l'industrialisation du bâtiment. Il paraissait impossible de continuer à construire comme au siècle précédent. C'était une nécessité inscrite dans le cœur et la raison des hommes de cette époque. Nous avions le vif désir de faire évoluer la construction. Les logements devaient répondre à de nouvelles exigences et à un nouveau mode de vie, ils devaient offrir plus de confort et plus de contacts avec la nature environnante. Une solution satisfaisante ne pouvait être donnée qu'à deux conditions : améliorer très sensiblement la productivité dans le bâtiment et chercher de nouveaux tracés libérant de grands espaces qui seraient plantés. Beaucoup d'entre nous étaient prêts. Nous rêvions à la préfabrication industrielle d'éléments de façade, à la préfabrication industrielle d'équipements mécaniques à introduire dans les logements pour le confort des habitants — nous avions sous les yeux de nombreux exemples de fabrication industrielle de biens d'équipement. La nation américaine avait fait une démonstration, avec ses Liberty Ship produits à la chaîne. Tant de matériaux nouveaux pouvaient et devaient être introduits dans la construction : il fallait qu'elle soit de son siècle ! Mais l'importation massive de main-d'œuvre bon marché, en perpétuant les méthodes traditionnelles de construction, a beaucoup perturbé l'évolution normale des méthodes qui, par nécessité économique, auraient intégré une véritable industrialisation du bâtiment.

Il faut ici rendre hommage à ceux qui, à l'époque, ont imaginé des solutions pour améliorer la productivité dans la construction de logements. Je peux en parler d'autant mieux que j'ai eu la chance d'étudier une des toutes premières réalisations en préfabrication lourde. Il s'agissait de réa-

liser deux cents logements pour les officiers du SHAPE dans le parc du château d'Hennemont à Saint-Germain-en-Laye. L'opération devait être réalisée en un temps très court (dix mois) ce qui, pour l'époque, constituait une prouesse. Une usine de préfabrication de murs panneaux, de planchers et escaliers a été construite ; la mise en œuvre s'est déroulée comme prévu dans les délais impartis avec une main-d'œuvre peu spécialisée. L'analyse de cette opération a fait apparaître un gain de productivité très remarquable. Le ministère de la Reconstruction et de l'Urbanisme avait joué là un rôle majeur : du ministre au di-

J. Prouvé, P. Herbé, M.-L. Gauthier
Palais de la Foire, *Lille, 1952.*

Jean Dubuisson
Résidence du Parc, *Roubaix, 1952-1953,*
logements sociaux.
Plan de deux appartements-type.

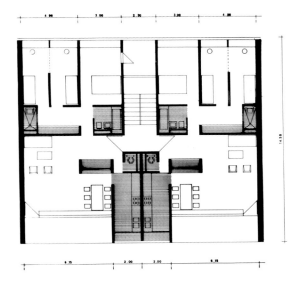

recteur de la Construction, tous étaient conscients que se présentait là une expérience à ne pas rater, car elle était pleine de promesses. Nous nous sentions architecte et entrepreneur, à la fois encouragés et surveillés; tout s'est fait dans l'enthousiasme. Le directeur de la Construction au ministère de la Reconstruction et de l'Urbanisme encourageant beaucoup cette filière, ce fut le démarrage des «grands ensembles». Une filière qui avait ses avantages, mais aussi ses contraintes: grande répétition, plan de masse simple (simplifiant la mise en œuvre), besoin de terrains vierges et si possible au relief peu accusé. Le piège était tendu, la tentation était grande. L'action était lancée.

Les terrains près des villes étant rares et la spéculation foncière en marche, il fallait créer un outil juridique pour appréhender les espaces qui permettraient de réaliser ces «grands ensembles». C'est ainsi que sont nées les zones à urbaniser en priorité — les trop fameuses ZUP qui, pour la plupart, se trouvaient à la périphérie des villes. Les réalisations allèrent bon train dans un cadre réglementaire très rigide. Trop rigide, car ce fut à l'évidence un frein à l'innovation et à la création de nouveaux types d'habitats favorisant la vie communautaire. En fait, toutes les réalisations intéressantes de cette époque ne pouvaient être que «hors normes». Si, chaque année, on construisait un nombre croissant de logements, si les nouveaux habitants avaient des «intérieurs» comme ils n'en avaient jamais eu auparavant... il fallut vite se rendre compte que la vie dans ces «cités» n'était pas ce que leurs promoteurs en attendaient: la population n'était pas heureuse et les dégradations étaient grandes. Le problème en France avait été mal posé. Nous ne faisions pas des villes nouvelles, pas même de nouveaux quartiers, nous ne faisions que des «grands ensembles» dans lesquels la vie ne prenait pas.

Que se passait-il chez nous?

Pourtant, à la même époque, nous avions la pos-sibilité de voir des villes nouvelles en Angleterre, de nouveaux quartiers en Suède et en Finlande... Chaque fois il fallait se rendre à l'évidence: nous ne savions plus faire de nouveaux quartiers; en France, il n'était même pas question de «villes nouvelles».

Les responsables politiques étaient pour la plupart inconscients du problème, et j'ai été moi-même souvent réprimandé pour avoir dit qu'il était important d'aller voir et d'analyser ce qui se réalisait hors de nos frontières. Il m'était répondu vertement dans des discours de tribuns que nous, Français, nous n'avions pas de leçons à recevoir de l'étranger! Pourtant l'analyse minutieuse de ces réalisations aurait facilement démontré que nos méthodes d'approche étaient trop sommaires. L'urbanisme est, comme chacun sait, un art qui demande beaucoup de qualités à ceux qui font les études et contrôlent les réalisations. Visiblement nous ne savions plus faire.

De bons esprits, relayés par les médias, ont accusé les architectes. C'était évidemment facile de faire porter la responsabilité sur une profession. Il est vrai que souvent les bâtiments des «grands ensembles» étaient d'une architecture très médiocre, sinon franchement mauvaise, mais ce n'est pas, à mon avis, la seule raison de nos échecs. Je ne peux toutefois nier l'influence de la forme architecturale sur le comportement des habitants car, au-delà du confort procuré par un équipement technique de qualité et une distribution fonctionnelle, il est indispensable que l'architecte ajoute, s'il le peut, au logement et à ses prolongements une qualité plus subtile qui sera donnée par l'équilibre des volumes et la richesse des rapports dimensionnels.

Certes, le cadre de vie a une influence sur le comportement des habitants, mais qui me fera croire qu'il suffit de mettre un paysan d'une région lointaine dans le château de Versailles pour qu'il se transforme en nouveau Louis XIV? La cause des échecs des «grands ensembles» est ailleurs. Je pourrais rapidement citer: manque d'équipements, ségrégation par l'argent, sensation d'abandon des habitants, isolement, mauvaise image de marque du quartier et, surtout, pas d'intégration urbaine. L'urbanisme était mal géré. Le développement des villes était très souvent entre les mains de services techniques qui, malgré leur bonne volonté, n'avaient pas la formation suffisante pour diriger les études nécessaires et orienter l'urbanisation. Il n'était question que de plans d'alignement et d'embellissement, alors que nous savons maintenant que la maîtrise du développement d'une ville est chose difficile. Dans ce domaine, nous avions, en France, perdu le savoir-faire tandis que dans les pays voisins il n'y avait pas eu de rupture. L'action continue est toujours préférable à l'action discontinue et brutale. Heureusement la situation a beaucoup évolué et il est fait actuelle-

Jean Dubuisson
Plan d'appartements-type pour le
SHAPE Village,
Saint-Germain-en-Laye, 1950.

Jean Dubuisson
Le SHAPE Village
Préfabrication des panneaux et des escaliers en usine;
en cours de construction
achevé en quelques mois en préservant l'environnement.

ment beaucoup d'efforts pour corriger les erreurs du passé, voire créer des villes nouvelles. Ces efforts sont souvent récompensés par des résultats acceptables, même si la réussite est loin d'être totale.

D'où vient ce que l'on pourrait appeler «la maladie des grands ensembles»? Certainement pas de la seule forme architecturale. On entend souvent parler des «barres trop longues» et des «tours trop hautes», comme si ces deux formes pouvaient être retenues comme critères de jugement. Que des esprits sans culture avancent de tels arguments, on peut facilement le comprendre, mais que des esprits cultivés se laissent aller à formuler des critiques aussi simplistes c'est inadmissible. N'existe-t-il pas à travers le monde, et même tout près de nous, des exemples d'alignements longs, très recherchés et dans lesquels il fait bon vivre? Bien sûr, mais qui y voit des «grands ensembles» dès lors qu'il s'agit d'emplacements prestigieux où les habitants jouissent de la considération qu'ils recherchent?

Nous pouvons aussi constater que les «grands ensembles» sont souvent habités par de nouveaux citadins; or il est évident qu'il est très difficile de passer de l'habitat rural à l'habitat urbain dans des immeubles à étages. Cette nouvelle population urbaine a besoin, plus que d'autres, de soins attentifs nécessitant des équipements spécifiques qui font cruellement défaut.

Les «vrais» grands ensembles, eux, ont souvent, sinon toujours, une mauvaise image de marque; ils sont considérés comme des quartiers de sous-population — image renforcée par le mépris de ceux qui habitent «en ville» ou dans des quartiers chics. Il est bien regrettable que, pour la plupart, ils ne soient constitués que d'HLM, donc dévolus à une seule catégorie, modeste, d'habitants. Cette ségrégation par l'argent est mal acceptée: les gens se sentent rejetés, méprisés, isolés, relégués dans une sorte de ghetto. Ils n'aiment pas leur quartier car ils n'ont pas *choisi* d'y habiter. Or la liberté de choix est un des éléments majeurs de la liberté et ceux qui ont la responsabilité des textes législatifs concernant les logements sociaux ne devraient jamais oublier ce principe fondamental. L'aide à la personne, plus juste et plus souple, est préférable à l'aide à la pierre, souvent aveugle et ségrétative.

Jean Dubuisson
Logements sociaux, *Stains, 1956-1957.*

Jean Dubuisson
Résidence Cormontaigne, *Thionville, 1959-1960*
Foyer de travailleurs :
aménagement intérieur d'une chambre ;
piscine ;
vue d'ensemble.

DES PERLES DANS LE BÉTON :
ARCHITECTURES DE... PLAISANCE

Bruno Vayssière

Le Mesme
Chalets HLM, les Mourets,
Megève, 1952-1955.

Guillaume Gillet, *arch.*
René Sarger, *ing. cons.*
Château d'eau,
La Guérinière,
Caen, 1952-1955.

Entre 1944 et 1974, la France construira plus qu'au cours des deux millénaires précédents. Une quantité colossale de béton viendra conformer une architecture désormais sous la coupe des grandes entreprises de travaux publics. Mais face au processus étatique, des dissidences apparaîtront particulièrement nombreuses dans la décennie 50 pour qui sait rechercher les promotions marginales.

A tout seigneur, tout honneur : la construction héroïque des ponts précontraints d'avant-guerre osera des châteaux-d'eau faisant office de supermarchés miradors, puis des cathédrales érigées selon les mêmes courbures de voiles légers précontraints. Les HLM iront, eux, à la montagne, déguisés en chalets témoins de l'envahissement du territoire par la même procédure. Les stations-service deviendront des auvents démesurés. Les églises courberont toutes les perversités de la forme libre, confrontée aux rectitudes des barres. Les premiers motels à l'américaine se risqueront dans un paysage routier hérité du travail des Ponts et Chaussées au XVIIIe siècle.

Vent d'exotisme, appel du large. Une liaison virtuelle est créée entre Royan et le Brésil. «Coca», scooter, mixer et samba, la France est à l'écoute d'un continent : l'Amérique — du Nord pour le progrès, du Sud pour le plaisir.

Royan joue le jeu et nous offre un décor digne d'un film de Tati comme expression maximale de libertés admissibles par l'Europe. Royan se marginalise, rompt avec le modèle officiel français ; Royan fuit ainsi le protectionisme et l'Occupation.

Partout ailleurs, on parlera du style MRU (ministère de la Reconstruction et de l'Urbanisme), réalisation de concepts établis par le ministère et soumis à des contraintes très stéréotypées.

Mon oncle en extérieur. Frémissement de béton, désaxement de porte-à-faux, piscines en «haricot», casquette... maisons comme des postes de radio, calandres d'automobiles... Volumes éclatés, striés d'ombre, ponctuation de pavés de verre, escalier sans «cage», couleurs primaires et délavées.

Aujourd'hui Royan voit son béton se déliter, des murs «rideaux» s'ériger et masquer son architecture, désarticulant le concept initial de symbiose entre esthétique et technique.

1 2 3 4 *École de Royan,* **Ferret,** *arch. en chef,* **Hébrard, Morisseau, Quentin, Simon,** *architectes d'opération : Villas et petits immeubles de l'association syndicale de remembrement édifiés en compensation des cottages néo-normands d'avant-guerre, 1950-1956.*

5 *Palais des Congrès, Royan, 1952-1955 (aujourd'hui masqué par un mur-rideau...).*

6 *Le premier motel de Gérardmer, 1955.*

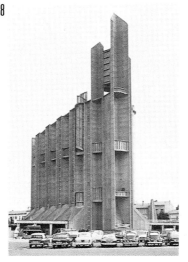

7 Fayeton, Deligny
Église Ste Jeanne-d'Arc, *Verdun.*

8 Guillaume Gillet, *arch.* **René Sarger,** *ing. cons.* Notre-Dame de Royan *1954-1959.*

9 *Station service Ozo (devenue Total) Neufchâteau, 1954.*

LE MALENTENDU BRUTALISTE

JACQUELINE STANIC

«Passera à côté de l'essentiel toute discussion sur le Brutalisme qui ne tiendra pas compte de ses efforts pour voir objectivement la "réalité", les objectifs culturels de la société, ses impulsions, ses méthodes, etc. Le Brutalisme essaie de s'adapter à une société de production de masse». (A. et P. Smithson).

EN 1951, la Grande-Bretagne affichait son fier optimisme avec le Festival of Britain — série de manifestations à travers tout le pays rassemblées sous le titre-programme «Tonic of a Nation». A cette occasion, l'architecture était mise à l'honneur sur les rives de la South Bank à Londres. Des édifices monumentaux, tels le Dome of Discovery de Ralph Tubbs, le Royal Festival Hall de Robert H. Matthew, ou le signal du Skylon de Powell and Moya exaltaient tous la technologie moderne que la célèbre agence Tecton, dirigée avant guerre par Lubtkine, avait contribué à populariser. La vitalité anglaise s'exprimait aussi dans les nouveaux complexes urbains conçus pour 30 à 50 000 habitants, intégrant industries et équipements sociaux, dont le projet de développement avait été arrêté dès 1946. L'année suivante, le Town Planning Act prévoyait une clause de protection de la nature et des sites historiques dans la planification des «New Towns». La qualité architecturale qui résulta de ces initiatives étatiques (le fameux «social estate») ne parvenait pourtant pas à enthousiasmer la génération d'architectes formée dans l'immédiat après-guerre. Il ne serait pas étonnant qu'elles aient préparé le terrain aux critiques formulées par la section anglaise du CIAM réuni à Hoddesdon au moment du Festival of Britain.

M. et P. Powell, H. Moya
Skylon, *signal vertical (91,5 m)*
pour le Festival of Britain,
South Bank, Londres, 1951.

Un autre aspect de la construction trouvait son originalité outre-Manche. De nouveaux modes d'industrialisation et de préfabrication étaient expérimentés; ils ont donné lieu à une production en série d'écoles comme celle de Chesnut qui servit de prototype pour la région du Hertfordshire. C'est dans ce climat d'urgence qu'apparaît le jeune couple d'architectes Alison et Peter Smithson, arrivé de Liverpool à Londres après avoir gagné le concours pour l'école d'Hunstanton, Norfolk, en 1950. Ce bâtiment énigmatique à force de simplicité, construit seulement en 1954, irrite l'«establishment». Dépourvue de tout accessoire superfétatoire, dérivée d'un design militaire courant à cette époque, l'école était très «miesienne» par l'élégance de ses structures et la transparence des façades. Elle portait bel et bien les marques du style que les Smithson venaient d'inventer: «New Brutalism». Reyner Banham le critique assidu des réunions du groupe des «Brutalistes» décrit ainsi le bâtiment: «Les planchers et la couverture sont composés de plaques préfabriquées en béton armé, brutes en sous-face. Les murs en maçonnerie montrent les mêmes briques à l'intérieur et à l'extérieur. Partout à l'intérieur on peut voir des matériaux de construction sans enduit et souvent sans peinture. Les tubes électriques, tuyaux et autres conduits apparaissent avec la même franchise. Il s'agit en fait d'un essai de création d'architecture par assemblage de matériaux bruts». (*New Brutalism: Ethic or Aesthetic?*, 1966).

Quant à l'esprit du groupe, Alison Smithson le définit ainsi: «L'expression "New Brutalism" a été inventée spontanément comme un jeu de mots contrecarrant le "New Empirism" de l'*Architectural Review*. Le "brutal" était emprunté à une coupure d'un journal anglais — *The New Chronicle* — qui, reprenant les reproches de la municipalité de Marseille à l'Unité d'habitation, décrivait le bâtiment comme "brutal" en manière de traduction de l'expression française "béton brut". C'était le Le Corbusier des anciens CIAM qui continuait à parler et à construire en terme d'œuvre-bâtie représentant un dialogue entre l'individuel et le collectif. Voilà ce qui intéressait notre génération.» (*Architects' Journal*, décembre 1966).

La fortune que connut le terme dans les années 60 tient en grande partie à l'usage que l'on en fit après le livre de Banham pour qualifier toute architecture tirant une certaine plasticité de l'usage de matériaux à l'aspect rugueux comme le béton ou les briques. Le meilleur exemple en est l'Institut Marchiondi de Vittorio Viganò, construit à Milan en 1957, et dont l'auteur ignorait tout des discussions des jeunes contestataires anglais. Théoriques, pamphlétaires, les Smithson traduisaient une nouvelle sensibilité esthétique influencée par Le Corbusier sans doute («l'Architecture c'est, avec des manières brutes, établir des rapports émouvants») mais plus encore par la découverte de la peinture américaine : «Nous avons vu notre premier Pollock dans la demeure vénitienne de Peggy Guggenheim en 1949. Notre impression immédiate tenait autant de la stupéfaction que du soulagement. Nous n'avons compris que beaucoup plus tard que c'était là le signe qu'une autre sorte d'ordre était possible pour l'architecture.» (*Architects' Journal*, déc. 1966).

De façon diffuse, cette nouvelle génération d'architectes avec, en tête, James Stirling et James Gowan, réagissait brutalement à une situation de pénurie économique, sans compromis avec leurs exigences.

Après deux ou trois maisons individuelles modestes — dont l'une, sur l'île de Wight, fut qualifiée de brutaliste par R. Banham — l'agence Stirling and Gowan signa une série de petites habitations en briques et béton à Ham Common dont la ressemblance avec les Maisons Jaoul de Le Corbusier attira l'attention. C'est le moment où James Stirling précisait par ailleurs sa position par rapport à Le Corbusier : «Le désir de tourner en dérision les bases schématiques de l'architecture moderne et l'habileté à renverser un projet pour en faire de l'architecture sont symptomatiques d'une situation dans laquelle le vocabulaire ne peut plus être étendu. Un parallèle pourrait être fait avec la période maniériste de la Renaissance. Assurément, les formes qui se sont développées à partir du rationalisme et de l'idéologie de départ du mouvement moderne se sont aujourd'hui maniérisées et recherchent délibérément l'imperfection.» (*Architectural Review*, mars 1956).

Lyons, Israel, Ellis
Atelier du Old Vic Theater,
Londres, 1959.

Le Corbusier
Maisons Jaoul,
Neuilly-sur-Seine,
1952-1954, (détail).

A. et P. Smithson
École secondaire
Hunstanton, *Norfolk,*
1949-1954.

James Stirling,
James Gowan
Immeuble en bande
Ham Common,
Richmond, Londres, 1957.

Nigel Henderson
Kids à Bethnal Green, vers 1950.

A. et P. Smithson
Maison du Futur,
*prototype pour
l'exposition «Ideal Home»,
Londres,* 1956.

photographies de la vie urbaine prises à Bethnal Green par Nigel Henderson, et par sa femme Judith qui, autour de 1950, était très active sur le plan de la recherche sociale. A cette époque les Henderson et les Paolozzi vivaient et travaillaient à Bethnal Green.» (*Architects' Journal*, décembre 1966).

Parmi les multiples actions entreprises par les Smithson, ce sont les expositions qui leur ont permis d'élargir la vision brutaliste aux limites de l'Art. Dans la première, «Parallel of Life and Art» en 1953, la section architecture montrait «un masque mexicain, une planche d'anatomie végétale, ainsi qu'un certain nombre d'objets pouvant normalement passer pour des structures d'ingénieurs, ou des ensembles d'habitations trop primitifs pour pouvoir compter comme architecture» (R. Banham). Expression d'une anti-architecture proche de l'«Art brut» de Dubuffet, elle suscita l'hostilité de nombreux critiques.

Déroutant leurs adversaires, les Smithson présentent une tout autre esthétique, dans l'exposition «Ideal Home» en 1955 à Londres, avec la Maison Pop à patio ou House of the Future. (*Architectural Review*, 1956).

L'imagerie américaine du «Googie Style» analysée par le groupe des brutalistes joua un rôle de premier plan dans la conception de cette cellule ainsi décrite par R. Banham : «La Maison du Futur était aussi "styled" que dessinée. Une esthétique complète des éléments et des joints (à l'instar de l'industrie automobile) fut créée, et l'extérieur montrait, comme l'équipement ménager intérieur, des chromes témoignant une affinité avec les carrosseries de voitures. On envisageait même la possibilité d'un changement annuel de modèle».

L'autre aspect du Brutalisme, ses résonances sociologiques, dérive des activités des Smithson et de quelques Anglais présents au IXᵉ congrès du CIAM, à Aix-en-Provence en 1953. Venue rencontrer le «Maître» et effectuer le pèlerinage de Marseille (l'Unité d'habitation n'est-il pas le premier bâtiment à mériter le qualificatif de «brutaliste» ?), la délégation anglaise sentit le besoin de prendre ses distances par rapport à la Charte d'Athènes et à quelques architectes, notamment le Néerlandais Josef Bakema. Elle constitua un groupe de réflexion pour préparer le prochain congrès du CIAM, qui prit le nom de «Team X». C'est à cette occasion que les Smithson découvrent le travail de Marcel Écochard, urbaniste en chef au Maroc, qui exprimait une nouvelle attitude critique à l'égard de la technologie occidentale et invitait à une réflexion sur le contexte de l'habitat traditionnel : «Ce que nous appelions arrière-cour..., ils l'appellent "patio", connaissant les besoins des Arabes dans cette région de grandes migrations [...] où le système de collectivité inclut à l'espace habitable une partie extérieure. Alors que l'Unité de Marseille est le ré-

Pour mieux approcher l'originalité des jeunes architectes anglais, il convient de relire Alison Smithson dans son article de mise au point après la parution du livre de Banham en 1965 en Grande-Bretagne : «L'intérêt pour la "pensée de la rue" est partagé par toute cette génération d'architectes. Ils se sentent un peu les co-inventeurs de l'anthropologie sociale (Bill Howell était à Cambridge avec Bill Watson par exemple). Cet intérêt, loin d'être livresque, est un souvenir de leur enfance ; il est lié à la vogue qu'ont connu les romans et les documentaires sur la ville : *Kidders Luck* pour Newcastle, Gwin Thomas pour les villes du Pays de Galles, *Mister Jelly Roll* pour la Nouvelle-Orléans. Peter Smithson, ce même été, figurait dans le *Voleur de bicyclette* en 1948. Nous avons été profondément marqués par des

sultat de quarante ans de réflexion sur l'habitat, l'importance de ces bâtiments au Maroc se situe dans un nouveau mode de pensée dont ils sont la première manifestation».

Le fameux rapport de Bodiansky, Candilis et Kennedy sur les bidonvilles à la périphérie de Casablanca amenait à la conception d'un habitat évolutif, souple, adapté à la spécificité des lieux et destiné à des populations rurales migrant vers les grandes villes. Cette approche contextuelle de l'architecture et de l'urbanisme rejoignait les préoccupations du groupe anglais : William Howell, John Voelcher et les Smithson préconisaient eux aussi une «hiérarchie des modes d'association humaine destinée à remplacer la hiérarchie fonctionnelle de la Charte d'Athènes». Ce milieu avait été très attentif à une étude de Rudolf Wittkower, *Architectural Principles in the Age of Humanism* qui plaçait le «cluster» au centre de l'urbanisme : «Nous avons commencé à employer le terme "cluster" à la réunion de La Sarraz en 1955, avant le CIAM de Dubrovnik, afin d'éviter des expressions trop lourdes désignant un agrégat, une grappe de bâtiments.»

L'idée de grappe devait également inspirer la configuration des tours résidentielles à Londres-Est construites par Denys Lasdun et appelées «Cluster Blocks». Lasdun se réfère, quant à lui, à l'urbaniste américain Kevin Lynch pour l'origine du terme. (*Scientific American*, 1954).

Après une série de réunions préparatoires à Dorn (Hollande) et Paris en 1955 avec Ralph Erskine (architecte anglais émigré en Suède), Josic et Gutman et Candilis, la terminologie de Team X change et l'on voit apparaître les notions de flexibilité, mobilité et croissance. Les sciences sociales ont été intégrées dans leurs réflexions alors qu'en 1959, à Otterloo, le CIAM se disloque définitivement. On assiste à une radicalisation des thèses du groupe Team X par la voix du périodique *Forum*, édité à Amsterdam, qui milite pour une reconnaissance de l'usager et une architecture non plus anonyme mais «rituelle», en accord avec les idées du groupe artistique Cobra.

L'axe fonctionnaliste Allemagne-France dénoncé dès 1949 par Bruno Zevi lors du VIIIe CIAM à Bergame s'est donc brisé. Une pensée influencée par le structuralisme de Levi-Strauss et le situationnisme de Guy Debord pénètre le cercle de Team X à la fin des années 50 et l'urbanisme en général dans la décennie suivante.

C'est du côté de la branche hollandaise de la famille «brutaliste/Team X» que l'on trouvera la plus proche adéquation entre les aspirations morales et le projet réalisé dans l'orphelinat d'Amsterdam (1960-61) par Aldo Van Eyck, auteur par ailleurs d'un «Appel à l'imagination» : «On attrape à nouveau froid dans les parages — et comme à chaque fois, je me demande comment réchauffer l'architecture, comment faire pour qu'elle nous loge en elle. Après tout, les gens

achètent des chaussures et des vêtements à leur taille et savent quand ils se sentent bien dedans ! Il est temps d'inventer la chose construite qui nous aille comme un gant».

Peut-être en Grande-Bretagne le «New-Brutalism» n'a-t-il fait que préparer la scène pour des acteurs plus radicaux encore, comme Peter Cook du groupe Archigram, qui poussera la liberté d'invention jusqu'à la science-fiction avec «Plug in City» (la ville jeu de construction) ou le projet visionnaire de Cedric Price, «Fun Palace». Quant à l'idée d'osmose entre l'architecture et l'urbanisme lancée par le groupe fondateur, elle se propagera au-delà des professionnels jusque dans l'esprit des usagers plus conscients de leurs droits face aux diktats des planificateurs. Un sens de l'utopie cher aux Smithson et à leur famille hybride irriguera désormais les milieux universitaires ainsi que nombre de revues d'architecture.

A. et P. Smithson
Maison du Futur,
*porte d'entrée,
exposition «Ideal Home»,
Londres, 1956.*

Denys Lasdun
Cluster block,
*Claredale Street,
Bethnal Green, Londres,
1955 (maquette).*

Aldo van Eyck
Orphelinat, *Amsterdam,
1957-1960.*

NAISSANCE DU POP' ART

Michael Compton

A PRÈS 1945, l'attitude à l'égard du design, de la publicité et du cinéma a été, en Angleterre, toute différente de celle qui avait cours en France et dans les autres pays d'Europe occidentale. Une des raisons de cette différence réside dans les expériences de guerre respectives. N'ayant pas subi l'occupation de son territoire, la Grande-Bretagne servit de base à de très nombreux soldats américains durant plusieurs années. Ceux-ci sont alors apparus comme la personnification des films hollywoodiens qui, du fait de la langue, régnaient sur les écrans britanniques. Ils donnaient l'image d'une vie de rêve qui, contrairement à l'éclat de l'aristocratie locale, semblait accessible avec un peu de chance (et éventuellement de mérite). Les soldats américains transportaient avec eux leur culture graphique, qu'ils répandaient dans le pays sous forme de bandes dessinées qui ont fini par remplacer les anglaises, par trop enfantines. En outre, pendant que nos industries étaient presque entièrement tournées vers l'effort de guerre, les produits américains envahissaient le marché.

Bien sûr, cet engouement rencontrait l'opposition de l'intelligentsia, de droite comme de gauche, qui mena campagne contre le phénomène. Mais les intellectuels se sont mépris sur la nature de la mutation sociale qui s'opérait et dont l'américanophilie n'était qu'un aspect. Le changement n'était pas encouragé par un parti, ni combattu par un autre. Il se produisait à un niveau trop bas pour qu'on y prête attention, d'autant plus qu'il s'agissait d'initiatives individuelles ou émanant de groupes dispersés.

On a dit qu'aucun changement radical n'était à craindre dans ces circonstances, puisque l'idéologie capitaliste déterminerait toujours la forme de la demande et les critères pour y répondre. Mais les événements ont montré que ce n'est pas toujours vrai. Ces choix cumulés, y compris ceux qu'offrait le système, ont affecté l'idéologie de façon radicale.

Bien que cette révolution concernât les attentes et les comportements, elle s'est traduite par la perception des biens et des services comme autant de signes. C'est un des traits de la pensée universitaire depuis deux siècles que d'avoir été obnubilée par des problèmes du langage. Que ce soit en mathématiques, sciences, politique ou philosophie, l'expression simple ou naturelle a été combattue ou rejetée au niveau le plus bas. Conséquence : cette façon de penser est demeurée étrangère à la plus grande partie de la population. Mais le désir de jouer un rôle dans nos sociétés dynamiques, multi-culturelles et socialement très mobiles, a engendré une habileté toujours plus grande à manipuler les signes-objets, et tout le monde s'est vite aperçu qu'on pouvait effectivement en infléchir le sens.

La publicité est un des principaux moyens de charger les objets d'un sens populaire : ainsi, l'emballage et la promotion sont devenus des parties intégrantes de l'objet, permettant d'élargir les marchés dans le plus grand intérêt des industriels. Le raffinement croissant des consommateurs semble avoir entraîné le déploiement d'une rhétorique du design et de la publicité pouvant atteindre des degrés de subtilité proprement littéraires, voire cicéroniens. On trouve partout la *métaphore*, la *synecdoque*, la *métonymie*, la *litote*, le *paradoxe* ou la *tautologie*, la vieille *hyperbole*, sans parler du mensonge pur. Si, même aux élèves les plus doués, l'on n'enseigne plus les figures de la rhétorique classique, celles-ci sont bel et bien mises en pratique afin de répondre à la demande des consommateurs ; car seul ce qui est exceptionnel peut donner lieu à une signification nouvelle volontairement apprise, surtout si cela s'inscrit dans une mythologie populaire.

Cette situation a été décrite, il y a trente ans, dans les publications d'un cercle anglais connu sous le nom de Independent Group. L'idée était qu'au fond, ces capacités étaient largement réparties dans la société et qu'elles étaient utilisées au plus haut niveau par les gens «ordinaires» dans leurs appréciations des produits courants, exactement comme l'intelligentsia ou la bourgeoisie lorsqu'elles ont à juger de philosophie, d'opéra, de beaux-arts ou de vin... Afin d'éviter les formulations littéraires de la culture universitaire, certains membres de l'Independent Group, y compris les critiques Lawrence Alloway et Reyner Banham, empruntèrent leurs termes à la théorie de la communication et à l'anthropologie de l'école anglo-saxonne — plutôt que de la française considérée comme une branche des belles-lettres.

Voulant mettre les arts populaires et le design sur le même plan que le «grand art», ces intellectuels en ont fait l'objet d'étude de «hautes» disciplines, telles que l'histoire de l'art ou l'analyse iconographique : ils ont souligné l'importance des éléments linguistiques non-verbaux dans toutes les formes de discours. Les comportements, les objets

Ils estimaient aussi que la compréhension et, partant, le contrôle des produits et des médias dépendaient de sous-cultures plus ou moins répandues, mais imbriquées. La conscience de partager un tel pouvoir jouait le rôle de lien communautaire, non plus à base locale, comme les mœurs ou les accents régionaux de la classe ouvrière, mais d'une manière plus diffuse, comme un culte, une religion ou même un fan-club. Ils concevaient un monde peuplé de marginaux plutôt que de connaisseurs.
Les artistes de l'Independent Group, dont Richard Hamilton, Eduardo Paolozzi et John McHale, cultivaient une très large notion du design. Ils retrouvaient avec le même plaisir, dans le style des stars de cinéma de Howard Hughes, le

Publicité pour Chevrolet parue dans The Saturday Evening Post, *mai 1959.*

Richard Hamilton
Hers is a lush situation,
1957 Collage
Collection de l'artiste.

et les images étaient traités comme des phénomènes culturellement significatifs, analogues à ce que découvre l'archéologue ou à ce qu'un anthropologue peut enregistrer. Le goût populaire servit aussi de critère pour le choix des formes à étudier. Ils s'attachaient, par exemple, au sens des ailerons et des gros pare-chocs des voitures américaines ; ils les associaient à la science-fiction et aux images de pin-up. L'enveloppe intégrée des automobiles et des appareils ménagers était opposée aux éléments additionnables du matériel spatial et de certains animaux invertébrés.

Le temps des teddy boys.

design de ses avions. Pour parler d'une sous-culture qui les attirait, ils en adoptaient le langage, moins pour l'identifier que parce qu'ils estimaient que cette sous-culture ne pouvait être décrite que dans un langage approprié. Ils sont ainsi parvenus à enrichir les vocabulaires en vogue par l'assimilation de champs lexicaux qu'ils considéraient proches ou analogues.
Le pop'art de Richard Hamilton, en tant que grand art, a été conçu de cette manière : par le mélange hybride d'images et de techniques issues de diverses cultures artistiques, raffinées ou non.

Eduardo Paolozzi
I was a rich man's plaything,
1947
Collage sur papier
Tate Gallery, Londres.

culture pop' américaine n'étaient que pour la galerie ; leur expression «naturelle» se trouvait plutôt du côté des idées socialistes, si bien que leurs œuvres sont souvent teintées d'ironie. Mais leur attachement aux matériaux américains (films, bandes dessinées, publicité, etc.) ressurgissait toujours tant ils avaient fini par se les approprier et tant était grande l'opposition de ces matériaux à la pensée universitaire. Ils diffèrent en cela des artistes européens du continent qui, comme Télémaque ou Fahlstrom, sont non seulement plus jeunes, mais montrent en outre une certaine hostilité envers ces mêmes matériaux — véhicules, selon eux, de l'impérialisme américain. Lorsqu'au début des années 60, ont été connues en Angleterre les œuvres de Warhol et de Lichtenstein, elles sont venues confirmer ce que nous décrivions ci-dessus, quand bien même il leur manquait l'infléchissement propre aux œuvres

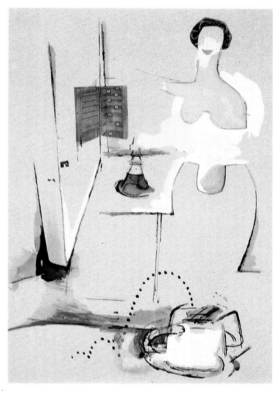

Dans ses toiles de la fin des années 50, il amalgamait la manière de Cézanne avec la distraite attention que demande la publicité grand-public contemporaine. Pour ses titres, il trouvait des choses à cheval entre le calembour ou les «fautes de prononciation» à la Joyce ou à la Beckett, et celles des rédacteurs de petites annonces.

La plupart des artistes de ce groupe, comme ceux du pop'art anglais qui suivit peu après, étaient d'origine modeste — fils d'artisans ou de petits bourgeois. Pour tous, l'emploi des attitudes et du langage universitaires et même la référence à la

anglaises et qui était dû à l'exotisme des objets américains qu'on y voyait représentés. La principale conséquence des peintures de Warhol, le premier à avoir reproduit fidèlement des boîtes de soupe en conserve et à avoir signé ces reproductions, fut de rejeter entièrement sur le spectateur la responsabilité de la signification du tableau. Presque au même moment, les magasins de nouveautés, puis les boutiques dites «Life Style», se sont mis à vendre les mêmes objets : en plastique gonflable, en terre cuite, hors mesure, ou simplement vides. Les œuvres de Warhol étaient d'une

Publicité automobile,
vers 1956,
utilisée par R. Baham
pour ses cours de styling.

Richard Hamilton
She, 1958
Collage
Collection de l'artiste.

aussi grande ambiguïté que les conserves de «Merde d'Artiste» produites par Manzoni, mais leur influence sur le design et la publicité leur a donné un pouvoir d'ironie encore plus fort. Son style ou sa composition représentent une transgression bien plus efficace que tous les discours moralisateurs sur le rôle de l'artiste, si bien que ses œuvres ont duré plus longtemps que l'art européen le plus engagé.

Certains tenants de l'Art conceptuel qui a suivi et plus spécialement Victor Burgin, ont cherché un biais pour «démystifier» la publicité. A la manière de certains scientifics ou analystes politiques, ils ont prétendu savoir décoder les photographies et autres images utilisées par les médias. Mais contrairement aux membres de l'Independent Group, ils décèlent dans la culture des significations idéologiques qui ne sont pas admises par

les créateurs ni par les consommateurs. Ce faisant, ils agissent une fois de plus non en participants mais en élite hors jeu.

La peinture, la sculpture et l'art conceptuel qui ont succédé au pop'art anglais n'ont pas ébranlé son attitude fondamentale : ils restent préoccupés par le phénomène de la publicité et du design de produits, emphatiquement introduit dans l'art durant les années 50. En particulier, ils semblent attentifs aux sophistications introduites de plus en plus souvent dans la publicité et le design et que les premiers artistes pop' cultivaient déjà pour leur plus grand plaisir.

TRADUIT DE L'ANGLAIS PAR
ARMANDO URIBE ECHEVERRÍA

Richard Hamilton
Just what is it that makes today's homes so different, so appealing? *1956*
Collage
Kunsthalle, Tübingen.

UNE MOBILISATION D'APRÈS-GUERRE : LE DESIGN COUNCIL

MARION HANCOCK

**Exposition
"Britain can make it",
1946**

Affiche de l'exposition.

«Avant la guerre, vous pouviez avoir tout ce que vous vouliez sauf du "good design"», disait le concepteur et fabricant de meubles Gordon Russell en 1947. Le design contemporain devait, à ses yeux, faire preuve de vigueur dans une situation d'urgence nationale ce qui, dans une certaine mesure, s'est réalisé. Durant la guerre, la pénurie de travail et de matières premières (le bois, par exemple, servait à la construction d'avions) exigeait qu'on réduisît les dépenses, en contrôlant la fourniture des articles domestiques et en rationalisant leur conception. C'est ainsi que Russell fit partie, avec des industriels, des syndicalistes, un prêtre et une maîtresse de maison, du Committee for Utility Furniture, mis en place en 1942. «Essayez d'imaginer, a-t-il écrit plus tard, ce que nous proposions de faire. Dans une corporation qui a toujours eu des tendances anar-

chiques comprenant des centaines de petites entreprises parfaitement compétitives, ayant des milliers de modèles à proposer, nous projetions de réduire le nombre de pièces à environ une trentaine, avec, tout au plus, pour chaque pièce, trois designs d'un type peu familier à beaucoup de fabricants, et l'interdiction de produire tout autre meuble, quel qu'il fût. C'était drastique, je vous l'accorde. Mais il faut bien l'être quand c'est le diable qui mène la danse.» Considérées au début comme un pis-aller, quelques-unes des gammes fonctionnelles devinrent pourtant populaires, et les schémas en furent conservés après la guerre, jusqu'à ce que des firmes importantes en reprennent la fabrication.

Pendant la guerre, l'ingéniosité militaire des Allemands servit d'aiguillon aux industriels anglais : ils n'eurent de cesse de chercher de nouveaux maté-

La section «War to peace» présentait de façon didactique les retombées positives de l'effort de guerre sur l'environnement quotidien. Dans un décor de ville sinistrée, jaillissant des entrailles d'un bombardier, les futures applications pacifiques des techniques de guerre sophistiquées qu'il recèle.

D'une manière analogue, les progrès réalisés pendant les hostilités dans le domaine du caoutchouc sont illustrés, entre autres, par un fauteuil gonflable, manifestement issu d'un ballon captif utilisé pour la défense aérienne.

riaux et de tester de nouvelles techniques. Vers 1944, quand la défaite allemande fut évidente, le gouvernement britannique mit en place le Council of Industrial Design, avec à sa tête S.C. Leslie. Le but était de promouvoir un meilleur design des produits industriels. Son statut officiel était quelque peu paradoxal, s'agissant d'un établissement d'enseignement allant à l'encontre de l'establishment, et d'une institution financée par l'État rapportant des bénéfices non négligeables. La subvention était modeste, mais la tâche très vaste. On commença par élaborer une stratégie d'effet de choc maximum et on persuada les autres de faire la plus grande partie du travail. Selon les points de vue, le Council pouvait être stimulant ou irritant.

Une de ses premières activités, en tout cas la plus visible, fut l'organisation, en 1946, d'une exposition pour remonter le moral d'un public usé par la guerre en lui montrant ce dont l'industrie anglaise était capable. Présentée au Victoria and Albert Museum, cette exposition de quelque 5000 produits fut baptisée «Britain Can Make It» (L'Angleterre peut le faire), et le roi George VI l'inaugura. Presque un million et demi de personnes s'y pressè-rent. Même si le titre a prêté à plaisanterie — «but Britain can't have it» (mais elle ne peut se l'offrir) — l'exposition fut une réussite. Hugh Casson écrivit que le public était «si aigri et affamé, si tracassé par les coupons et le manque de biens de première nécessité, par les permis de construire, par les dégâts des bombes, par la tension et la fatigue, que ce bébé d'à peine un an, le Council of Industrial Design, effraya les esprits, rendit fou».

Le soin de ce bébé passa, l'année suivante, aux mains de Gordon Russell qui quitta le Committee for Utility Furniture pour prendre ce poste. Durant l'après-guerre, les organismes gouvernementaux devaient s'ingérer davantage dans l'économie du pays et, de ce fait, le rôle du Council of Industrial Design devint essentiel. Gordon Russel l'organisa en deux secteurs : l'un réservé à l'industrie, l'autre à l'information. Le Council exerçait déjà la plupart des activités qui sont les siennes aujourd'hui : conseil aux entreprises, assistance pour le design des produits, catalogage des meilleures réalisations ; encouragement à l'enseignement et à la diffusion du design, y compris par la publication des revues *Design* et *Engineering*, les meilleures en la matière.

Section des ensembles fonctionnels. La cuisine équipée est séparée de la salle à manger par un système modulaire de placards faisant office de cloison, avec une partie évidée qui tient lieu de bar, passe-plats.

Section des designers d'avant-garde. Elle proposait, entre autres projets, un lit à air conditionné et une bicyclette particulièrement futuriste.

Section de la mode.

**Exposition
«Festival of Britain»,
1951**

Emblème de l'exposition.

*Vues des pavillons de
l'exposition.*

En 1951, le Council rassembla de nouveau toutes ses forces pour préparer une grande exposition : le «Festival of Britain», qui devait commémorer la Grande Exposition de 1851. Elle devait se dérouler dans un site de 15 hectares sur la rive sud de la Tamise, mais on avait prévu aussi des manifestations itinérantes : l'une d'elles à bord du *Campania*, le bateau du Festival, l'autre dans un train qui fut, à l'époque, la plus vaste exposition itinérante jamais organisée. Le Festival consolida la position du Council. Mais au même moment, le design anglais était en pleine transition entre l'austérité des années 40 et l'excentricité des années 60, et parmi les choses exposées au Festival, certains n'épousaient pas vraiment les principes de design rationel prônés par le Council. Un compte rendu dans *Architectural Review* concluait que les industries avaient conservé une certaine tenue, que quelques-unes l'avaient même

améliorée, mais que, néanmoins, y étaient exposés «un bon nombre d'horreurs et de très nombreux produits esthétiquement sans intérêt». Dans sa défense des critères de sélection, Gordon Russel déclara : «Quand *Architectural Review* prétend que nous avons du mal à maintenir un niveau esthétique élevé et que nous avons ouvert toutes les vannes, alors que l'Association des fondeurs de cuivre se plaint que la sélection a été trop sévère, je ne peux m'empêcher de penser que nous ne nous sommes pas trompés de beaucoup.» C'est le type de réponse qu'il ne manquait pas de faire. A l'étranger, les commentaires sur le Festival furent divers. En Suède, Arthur Hald écrivit que les designers et les industriels britanniques se voyaient «confrontés non seulement au conservatisme en général, aux différences de classe, mais aussi à la demande hétérogène du marché mondial». A propos des bâtiments abritant le Festival, l'Américain Frank Lloyd Wright remarque: «Je ne pense pas que ce soit une architecture merveilleuse, mais il est merveilleux que votre pays *ait* une nouvelle industrie du bâtiment.»

Deux étapes furent franchies par le Council en 1956. L'une d'elles fut d'instaurer un système de bourses; l'autre fut l'inauguration (par le duc d'Edimbourg) d'un Design Center dans Haymarket, à Londres. Gordon Russel décrivit les locaux comme «un immeuble neuf et laid, mais à un endroit presque parfait». Au printemps de l'année suivante, un sondage révéla que le Design Center était extrêmement populaire. Les trois quarts des personnes interrogées (dont un tiers à la sortie du Centre) en faisaient l'éloge; tous, ou presque, étaient jeunes et d'un rang social et économique plus élevé que la moyenne. Un Scottish Design Center ne tarda pas à ouvrir ses portes à Glasgow. En 1957, fut mis en place un système de labels:

des étiquettes triangulaires imprimées en noir et blanc ont commencé à être apposées sur les produits approuvés par le Council, labels qu'on trouve encore aujourd'hui. En 1959, Gordon Russell céda sa place de directeur à Paul Reilly.

Tout au long des années 50, le Council of Industrial Design rehaussa l'image du design et des designers aux yeux d'un public réceptif mais souvent critique. Lors de l'exposition «Britain Can Make It», un sondage avait établi que 94 % du public n'était pas du tout de l'avis des experts sur le design d'une chaise droite. Mais les condamnations globales furent rares. Dans son ensemble, l'œuvre de ce qu'on appelle maintenant le Design Council fut bien accueillie, appréciée, et copiée un peu partout dans le monde.

TRADUIT DE L'ANGLAIS
PAR ARMANDO
URIBE ECHEVERRÍA

Section des loisirs domestiques: pièce atelier-couture.

Section des loisirs domestiques: pièce pour mélomane.

LE
DÉSIR DE RÉALITÉ

VITTORIO GREGOTTI

LA période comprise entre 1951 et 1958 marque, en bien et en mal, un tournant important dans l'histoire de l'architecture moderne italienne. Nous appellerons ce tournant «désir de réalité» et tenterons d'analyser ses formes fondamentales : désir de réalité comme histoire et tradition ; comme aspect de l'idéologie national-populaire de la gauche politique ; comme liaison, enfin, avec le cadre existant. Je parle d'un «désir de réalité» pour distinguer les avatars de l'architecture des autres réalismes ou, mieux, du néo-réalisme de la culture italienne en littérature, peinture, et surtout au cinéma. Le fait que les aspirations réalistes de l'architecture italienne n'aient trouvé le moyen de se concrétiser (du fait, aussi, d'un retard économico-opérationnel propre à la discipline architecturale) qu'après 1950 — c'est-à-dire après la défaite politique de la gauche en 1948 et la progressive bureaucratisation du PCI à partir de là — modifia complètement le sens des tentatives des architectes ; ils finirent par projeter leurs efforts moins sur la réalité nationale que sur une image, souvent empreinte de sentimentalisme, des éléments qui la composaient : forces économiques, prolétariat, méthodes de production, rapports politiques, place de l'architecture dans la société, se transformèrent en projections imaginaires d'eux-mêmes. En vérité, le réalisme italien s'achève précisément en 1950 ; il s'achève avec la revue *Politecnico* et les efforts d'Elio Vittorini pour donner à la gauche un contenu compatible avec la culture moderne, avec la complicité à l'égard du jdanovisme soviétique, avec la montée au pouvoir de la Démocratie chrétienne, et avec la constitution de structures de favoritisme politique de partis qui devaient durer très longtemps.

Il convient cependant de dire que ce désir de réalité fut en général développé par les architectes qui, pour la plupart, appartenaient à la gauche progressiste, même s'ils en arrivèrent souvent à soutenir qu'il fallait déduire les formes de l'idéologie, de peur de perdre ce contact avec la réalité prolétarienne qui semblait ne pouvoir se concrétiser

qu'à travers de nouvelles formes de populisme. La même insistance pointilleuse sur le détail constructif — lié de façon polémique au fait que le bâtiment vivait encore à l'heure de l'entreprise artisanale et appartenait par ailleurs à un langage qui s'estimait compréhensible par les masses populaires et capable d'articuler la forme architecturale — fut caractéristique de l'architecture de cette période-là. C'est ce qui fit passer les pages du *Manuale dell'Architetto*, publié à l'époque, du rôle d'instrument à celui d'élément expressif, emblématique de la situation ; la technologie comme produit du système devait être exorcisée ; toute possibilité de la considérer comme une fin devait être annihilée. Et c'est ainsi qu'on n'a plus compris le sens qui liait la technologie au travail humain. Et ce n'est pas tout, car on pensait que la culture populaire et nationale devait trouver son langage propre, autonome par rapport à celui de l'élite bourgeoise, et cela sans voir qu'un tel langage pouvait, de façon parfaitement authentique, être représenté par l'avant-garde du mouvement moderne.

La réalisation qui représente de la façon la plus achevée, en bien et en mal, les extrêmes de cette attitude de désir de réalité est, selon moi, le quartier populaire INA Casa Tiburtino III à Rome. Dans cet ensemble sont impliqués non seulement Quaroni et Ridolfi, les deux personnalités les plus marquantes de l'architecture romaine d'après-guerre, mais aussi la génération suivante, récemment diplômée.

Entre 1950 et 1952, Mario Ridolfi construit à Rome le complexe d'habitations de la via Etiopia. C'est là sans aucun doute le sommet atteint par l'architecture italienne dans son désir de réalité : cette réalisation affronte directement la structure urbaine dans sa dureté, sans en refuser la densité et la stratification, causes de ses avantages comme de ses maux ; une solution linguistique réellement populaire n'y renonce pas aux préoccupations technologiques et typologiques, mais les réduit rigoureusement dans le cadre d'une structure narrative, transformant l'ensemble en épopée populaire, néanmoins fidèle aux principes du mouvement moderne. Entre 1950 et 1958, Ridolfi entreprend une recherche consciente et tourmentée sur ce terrain : des maisons de Cerignola aux prisons de Nuoro, en passant par l'«Asilo» (école maternelle) d'Ivrea, le développement est continu et généreux, et s'expose sans restrictions aux risques de l'expression et de l'erreur.

LE VERNACULAIRE ET LE RATIONNEL

L'autre pôle de cette même tentative de connexion avec un langage populaire de l'architecture est représenté par l'expérience de Quaroni à La Martella, un quartier près de Matera bâti dans le cadre de la réforme agraire (fort discu-

chitectes» locale, ces architectes parviennent à élever notablement le niveau de l'architecture de toute la région. D'ailleurs, en consacrant à cette architecture vernaculaire une grande exposition, la IXᵉ Triennale avait mis à jour un extraordinaire répertoire formel qui influença longtemps l'architecture italienne dans son effort pour rester en contact avec les couches populaires.

Une autre attitude de désir de réalité que nous définissons comme philologico-historiciste trouve, dans ces mêmes années, son centre d'élaboration culturelle autour de *Casabella* — revue qui était reparue en 1953 sous la direction d'Ernesto Rogers. Une nouvelle génération d'architectes se forma autour de cette publication : elle visait à faire de la critique et de l'histoire un

table au plan économique et politique) lancée à la même époque dans le Sud. L'attitude sociologico-communautaire exercera une grande influence sur les réalisations de l'habitat subventionné ; elle semble s'appuyer sur des éléments plus objectifs, mais il s'agit en fait d'une illusion : on se rend vite compte que cela correspond en fait à ancrer les structures sociales dans leurs conditions mêmes de sous-développement.

Sur le plan linguistique et technique, c'est sans doute le groupe de la Cooperativa Ingegneri e Architetti de Reggio Emilia qui propose les éléments les plus significatifs. S'appuyant d'une part sur une tradition de vérité constructive, qui procède de l'exemple donné par Manfredini et surtout par Albini dans son immeuble mixte (logements et bureaux) de Parme, et d'autre part sur un répertoire visiblement issu de l'«architecture sans ar-

instrument de conception recourant directement au discours théorique comme discours de projet et pensant l'architecture comme connaissance. Un groupe animé par des intérêts analogues s'est constitué peu après à Rome autour de Paolo Portoghesi, groupe marqué par le conservatisme néo-éclectique de Saverio Muratori, un architecte dont la contribution technique aux études urbanistiques connaîtra plus tard une grande renommée.

Le groupe des jeunes architectes de *Casabella* n'échappe pas, quant à lui, bien que plus lointainement, à une double influence : d'une part la critique de la société de consommation développée par Adorno (son livre est traduit à cette époque en Italie), d'autre part la relecture de Marx effectuée au même moment par l'école phénoménologique d'Enzo Paci.

Ludovico Quaroni, Mario Ridolfi
Quartier Tiburtino, *Rome, 1950.*

Liberty". Pour les Turinois, en majorité d'extraction catholique, cela signifiait un regain d'intérêt pour les valeurs survivantes de la bourgeoisie. [...] Pour les Milanais, la plupart de formation marxiste, le "néo-Liberty" fut un geste de protestation, une volonté de réfléchir une situation, déjà jugée négativement.»

On le constate, ces positions ont en commun — contrairement à l'attitude que nous avons précédemment décrite — le refus du folklore et de la tradition vernaculaire au profit d'un rapport savant avec les éléments progressistes de la construction inachevée d'une culture nationale, sans que déclinent pour autant les traditions locales. L'aspect européen de la culture bourgeoise de l'Art nouveau, le néo-médiévalisme de Boito, la tradition néo-classique lombarde comme architecture de l'engagement civique, sont aussi les éléments linguistiques auxquels ce groupe fait le plus souvent référence, précisément dans sa tentative d'établir une relation (que nous pouvons aujourd'hui juger mécanique et déductive) entre idéologie et langage architectural.

Les possibilités de concrétiser directement ces principes en réalités ont été fort rares et le nombre de projets construits extrêmement limité ; mais leur influence fut très grande, même si elle eut des conséquences extrêmement néfastes sur le plan de la diffusion, précisément parce qu'en tant qu'œuvres de protestation elles n'avaient pas d'ambition pédagogique quant à la méthode. C'est ainsi qu'on se trompa beaucoup en jugeant cette position hédoniste.

La théorie de l'acclimatation fut en revanche le véhicule culturel essentiel avec lequel les architectes de la première génération du rationalisme ont répondu au désir de réalité. La génération intermédiaire fut certes moins sensible à l'histoire, certains de ses représentants n'y étant pas confrontés du fait même de leur insertion dans la production. Le MSA (Movimento di Studi per l'Architettura) fut à cette époque le lieu où étaient débattues les diverses positions, mais il ne fait pas de doute que l'indiscutable autorité culturelle de Rogers fut au cœur de ce désir de réalité. La thèse de la préexistence du cadre semblait être en mesure de produire un déplacement, y compris linguistique, permettant d'introduire dans la méthodologie rationaliste des projets de nouveaux éléments tels que l'histoire et la tradition, destinés à enrichir les matériaux disponibles pour la structuration de l'objet.

On peut affirmer que, pendant ces années-là, tous les meilleurs architectes italiens de la première génération du rationalisme passent par ces expériences : Michelucci avec l'église de Collina et, dès 1950, avec la Borsa Merci de Pistoia ; Gardella avec l'Hôtel de Punta San Martino (en collaboration avec Zanuso) et la Casa alle Zattere à Venise ; Albini avec le Musée du Trésor de San Lorenzo — à coup sûr une des plus belles œuvres

Dans ces perspectives idéales, le rationalisme semblait substantiellement vidé de ses capacités révolutionnaires, réduit au rôle d'instrument et d'allié de la classe au pouvoir. «C'est ainsi que naquit — écrit Portoghesi en 1963 — dans les deux pôles représentés par Turin et Milan, par l'intermédiaire du groupe de Novare, le "néo-

Roberto Gabetti, Aimaro Isola
Immeuble Bottega d'Erasmo, *Milan, 1953 (détail de façade).*

Ignazio Gardella
Casa alle Zattere, *Venise,*
1954-1958.

de l'après-guerre —, et avec le projet pour la Rinascente de Rome, notamment dans sa première version, si profondément liée au souvenir des structures métalliques du XIXe siècle ; Samonà avec l'immeuble de l'INAIL à Venise, et enfin les BBPR qui, avec la Tour Velasca, deviennent un symbole de la recherche mémoriale en même temps que l'injuste cible d'une sourde critique internationale qui, vingt ans plus tard, applaudira à l'interprétation formaliste, dite «postmoderniste», de ces mêmes principes.

DESTRUCTION DE LA VILLE ET DU PAYSAGE

Sur le plan quantitatif, la construction italienne des années 50 suit des lois radicalement différentes. Une des caractéristiques de la reconstruction italienne a été la priorité de la spéculation foncière sur la spéculation immobilière, le marché des terrains n'étant contrôlé ni par une législation moderne ni par une politique municipale d'achat. Cela a freiné le développement de l'industrie du bâtiment qui s'intéressait beaucoup moins aux progrès techniques qu'aux profits retirés de la plus-value foncière. La reconstruction échappa ainsi au contrôle démocratique et aux architectes modernes qui, justement, avaient misé sur une réglementation.

La bourgeoisie invente alors le «condominio» (copropriété) et la «palazzina» (petit immeuble collectif) et, dotée de ces instruments typologiques, elle envahit le terrain d'une pâte inconsistante, sans structure, sans verdure, grignotant la campagne de «slums» pour classes aisées, qui ne se distinguent de ceux des pauvres que par des revêtements coûteux et le nombre des voitures. Les centres urbains ne subissent pas de moindres dommages : avant que les plans régulateurs ne soient mis en place, les jeux de la spéculation sont faits, sans même un minimum de semblant formel. Les résultats sont le scandale de la reconstruction de Por Santa Maria à Florence, les ignobles architectures du Corso Vittorio Emanuele à Milan, l'ahurissant entassement napolitain, les immeubles Parioli à Rome qui font — quelle absurdité — apparaître le quartier de l'EUR comme l'unique proposition architecturale clairvoyante de la capitale.

La question du plan régulateur de Rome fut l'occasion de voir le parti que prenait chacun, et il faut dire que les partisans d'un langage rationaliste vidé de sa substance, devenu seulement affaire de style et d'élégance, furent les meilleurs alliés de la spéculation.

A peine les conditions économiques s'étaient-elles améliorées que l'agression se déplaçait des centres urbains vers le paysage, devenu avec le tourisme un trésor à rentabiliser. Ce type de spéculation est si aveugle qu'il tend à la destruction même de son capital : 4 000 km de côtes investis sans plan de coordination ont ainsi été défigurés. Les rares propositions qualifiées, comme le plan

d'Arenzano par Gardella et Magistretti ou ceux de Lignano et de Manacore dans les Pouilles, dus à D'Olivo, sont rapidement bouleversées par la voracité des spéculateurs.

En outre, le déboisement systématique, le manque de régulation du régime des eaux, ou d'un plan de protection écologique, entraîneront des

Franco Albini, Franca Helg
Grand magasin La Rinascente, *Rome, 1957-1961.*

Giuseppe Samonà
Siège de l'INAIL, *Venise, 1959-1960.*

désastres tels que l'inondation de Florence, l'élargissement chronique du delta du Po, l'enfoncement progressif de Venise. *I vandali in casa* (Les Vandales à domicile), tel est le titre du livre de dénonciation qu'écrit Antonio Cederna, un des plus tenaces défenseurs du patrimoine paysager italien, et dont l'action favorisera la naissance en 1957 d'«Italia nostra», une association qui, au-delà de l'ambiguïté de ses propositions, contribuera grandement à populariser le problème de la protection des sites.

Face à tant d'anarchie comment se comportent les architectes? Certains se contentent de protester par des écrits; d'autres se mettent à élaborer des théories sur la prééminence du fait urbanistique; d'autres encore, comme Quaroni, dé-

doublent leur action entre protestation et tentative d'intervention. C'est encore à Quaroni qu'on doit ainsi le projet des «Barene» à San Giuliano qui, avec le livre de Giuseppe Samonà, *L'urbanistica e l'avvenire della città*, ouvrira le débat sur le rapport entre urbanisme et architecture dans les années 60. Certains, enfin, essaient d'assainir la situation en redoublant d'efficacité productive pour rivaliser avec l'industrie. Méfiants à l'idée d'une compromission idéologique, ils sont tentés de représenter la nécessaire neutralité de leur profession par une interprétation pratico-positiviste de la méthode rationaliste. Au niveau du langage architectonique, la critique développée par le réalisme a tendu à briser la membrane unitaire rationaliste en rendant expressifs ses éléments, constructives ses composantes, et en marquant ses liaisons par un vocabulaire analytique où le détail constructif prend valeur de matrice expressive, de véritable travail sur la modénature. Tel est le cas des typologies à plusieurs étages, dont les cadres en ciment armé avec remplissage de briques apparentes et dont les bâtis verticaux particulièrement adaptés à la construction semi-artisanale se répandent comme un modèle de composition honnêtement maniériste qui ne manque pas, à l'occasion, d'une certaine noblesse.

Là où ce processus est, me semble-t-il, le plus visible, c'est dans son association, sur le plan technique aussi bien qu'expressif, avec la préfabrication (ou, mieux, la semi-préfabrication). D'un côté, on trouve les expériences de Samonà et des Architetti Associati de Novare qui reprennent de façon critique les modèles «perettiens» du

Luigi Moretti
Villa La Saracena, *Santa Marinella, 1954.*
BBPR (Belgiojoso, Banfi, Peressutti, Rogers)
Tour Velasca, *Milan, 1957.*

Pier Luigi Nervi
Palais des Sports *(jeux olympiques), Rome,*
1958-1959.

tamponnement préfabriqué; de l'autre, les travaux de Mangiarotti, qui s'appuient sur la préfabrication pour proposer un nouveau purisme.

Il faut toutefois dire qu'au milieu de la désespérante désorganisation de l'industrie du bâtiment, l'Italie a produit dans ces années-là, et notamment dans le domaine des grandes structures en béton armé, quelques réussites incontestables: en tout premier lieu certaines œuvres de Pier Luigi Nervi, puis de Riccardo Morandi, qui a connu (surtout avec ses structures à tirants et chevalets)

architectural. Sur cette voie, déjà ouverte par Moretti, s'avancent d'excellents architectes tels que Nizzoli, Ponti, Giordani et, dans certains cas, Mangiarotti lui-même. Tous placent leur travail formel bien au-dessus d'un débat qu'ils jugent provincial, directement au niveau du style international. Il y a aussi quelques cas à part comme ce retour de Luciano Baldessari (architecte important des années 30) avec son pavillon Breda pour la Foire de Milan, d'une indiscutable force plastique; ou comme Paolo Soleri, émigré par la

une célébrité internationale; à ses côtés, Zorzi, Musumeci, Favini, Raineri, pour ne citer que quelques noms.

Entre 1951 et 1960 Olivetti a fait construire plusieurs usines et fait appel à des architectes importants: Cosenza à Naples, Figini et Pollini à Ivrea, Zanuso à Buenos-Aires et à Sao Paulo, Vittoria à Ivrea encore. Il s'agit à chaque fois de partis différents: quasi domestique pour Cosenza, rigoureusement stéréométrique pour Figini et Pollini, orgueilleusement technologique pour Zanuso. Parfois la modernité se présente comme une tentative pour racheter l'œuvre par le style, un style expressif qui n'est guère dissemblable, d'un point de vue méthodologique, de l'aérodynamicité des formes des années 30. L'influence du design et des débuts de la peinture informelle sont les signes d'une apparente libération, purement formelle, des «rigidités du langage rationaliste», libération qui tend dangereusement à rendre plus sensible à la mode qu'il n'est besoin le langage

suite aux États-Unis, et Vittorio Viganò, qui développe un langage «brutaliste» avant la lettre dans l'Istituto Marchiondi à Milan; ou comme Enrico Castiglioni et le groupe des Florentins, de Ricci à Savioli, d'un incontestable talent dans leurs tentatives plastico-structurelles. Enfin, le cas destiné à devenir le plus éclatant — à la fois par sa tardive reconnaissance et par l'influence qu'il devait exercer dans les années 70 — est représenté par Paolo Scarpa, qui construit et projette à cette époque certains de ses chefs-d'œuvre, dont le Pavillon du Vénézuéla à la Biennale de Venise de 1956.

Jusqu'en 1959, toutes ces expériences se développent, en quelque sorte, parallèlement à l'engagement idéologique du désir de réalité... Depuis, les parties ont repris un dialogue confus et plein de compromis.

TRADUIT DE L'ITALIEN PAR MICHEL ORCEL.

Enrico Castiglioni
Projet de sanctuaire, *Syracuse, 1957.*

Carlo Scarpa
Villa Veritti, *Udine, 1955-1961.*

REGARD SUR LA VILLE

FRANCESCO ROSI

A Naples, dans les années 50, les gens étaient animés par l'espoir de compter pour quelque chose, d'être reconnus. Ils espéraient aussi vivre plus confortablement. D'où les adhésions massives aux syndicats — sauf dans les campagnes, naturellement... J'habitais Rome, mais mes intérêts culturels et sociaux me portaient vers le Sud et je vous assure que dans les campagnes napolitaines et siciliennes, la vie était atroce. En 1979, je suis retourné en Lucanie pour tourner *Le Christ s'est arrêté à Eboli.* J'ai vu pour la première fois des enfants en tabliers, chaussettes et chaussures, qui montaient dans le petit car de ramassage scolaire : le monde avait changé... Dans les années 50, Palma di Montechiaro, où Visconti tournera *Le Guépard* et Acitrezza où j'avais tourné *La Terre tremble* avec Visconti, étaient encore misérables. J'ai mieux compris la Sicile pendant ces six mois de tournage. Un monde de pauvres et d'humiliés que j'avais déjà connu auparavant pendant les tournées de ma compagnie de théâtre. Je me souviens que de Monreale, près de Palerme, j'ai entendu tonner le canon à Montelepre : c'était la bataille que livrait Salvatore Giuliano contre l'État italien. J'ai alors dit à Carlo Mazzarella : «Ce serait formidable un film sur Salvatore Giuliano.» Une dizaine d'années plus tard, je l'ai tourné...

A l'époque, la banlieue n'arrivait pas encore jusqu'à Cinecittà. Naples non plus n'avait pas de banlieue. Le centre étant fortement détruit, la spéculation commençait dès le Vomero sur les collines de la baie. Elle n'a pu se développer qu'à cause de cette proximité avec le centre. Je me souviens que lors du tournage de *Main basse sur la ville* j'avais choisi pour la fin du film une colline agricole déjà entourée par des immeubles monstrueux qui enfonçaient leurs structures en ciment dans un terrain qui semblait friable.

Pour *Main basse sur la ville* j'ai pris contact avec des architectes. A Naples, j'ai surtout fréquenté Luigi Consenza. Je le connaissais de réputation ; avant de faire le film, j'ai voulu le rencontrer. J'ai assisté assidûment aux réunions du conseil muni-

cipal de Naples. C'est là que j'ai entendu Fermariello, un élu que j'ai ensuite engagé pour le film. L'événement qui m'a le plus frappé pendant ces années-là, c'est que dans cette dégénérescence de la vie sociale, dans cette dégradation des grandes villes italiennes, on ne se soit pas senti coupable de n'avoir pas su prévoir le rythme de développement de la société. Par exemple, la croissance du parc automobile, ce n'était pas impossible à imaginer. Les centres de décision politique communaux et régionaux ont une grande part de responsabilité à ce sujet.

S'il y a une différence entre le consumérisme de la machine à laver et des petites Fiat et celui que nous connaissons aujourd'hui, c'est, selon moi, qu'il y a eu une transformation de l'activité criminelle organisée : la mafia sicilienne, la camorra napolitaine et l'honorable société calabraise sont passées d'une organisation de type agricole à une organisation industrielle. Quand s'est développée la spéculation immobilière, mais surtout quand la drogue est arrivée, un grand changement est intervenu dans la société italienne, parce que l'argent de la drogue a été recyclé en des milliers d'activités. Il suffit de voir comment les petits villages du Sud se sont transformés. Jusqu'à il y a quelques années, ils étaient minables ; aujourd'hui, les boutiques prolifèrent. On ne peut pas tout inscrire à l'actif de l'évolution économique et

Francesco Rosi pendant l'entretien, Rome, 1988.

sociale ! La misère qui régnait autrefois a disparu : je me souviens avoir été interloqué, à Naples, il y a quelques temps, lorsqu'un porteur m'a refusé un pourboire ! Il n'y a pourtant rien d'étrange si l'on considère que c'est la criminalité organisée qui donne du travail à tant de jeunes. Dans mes films, j'ai toujours essayé de saisir l'événement sur le vif. Visconti était le seul à l'avoir fait avec *La Terre tremble* ; je me suis inspiré de lui, peut-être. Cela venait d'une sorte de rigueur professionnelle ; je me disais : si je dois choisir des acteurs non professionnels, je ne peux pas les choisir seulement pour ce qu'ils représentent, je dois les choisir aussi pour la façon dont ils s'expriment. J'ai toujours gardé la voix des acteurs que j'ai pris dans la rue. Quand j'ai dû les

vous avoir ? Je m'expose à ce risque qui peut influer sur mon œuvre, mais je le fais parce que je suis sûr que vous m'apporterez quelque chose de plus. C'est bien ce qui s'est passé. L'épisode de Portella della Ginestra, je l'ai tourné avec la participation des gens qui l'avaient vécu. Eh bien, au moment des coups de fusil, à blanc naturellement, le décor étant plus que réaliste, une femme âgée, habillée en noir, s'est mise à cher-

post-synchroniser pour des raisons techniques, je les faisais se doubler eux-mêmes. Lorsque nous tournions dans les rues, comme je suis du Sud et que je parle la même langue, j'arrivais toujours à établir un rapport de confiance avec les gens et à obtenir leur collaboration, après avoir brisé une méfiance initiale. En 1960-61, j'ai voulu tourner coûte que coûte *Salvatore Giuliano* à Montelepre et à Castelvetrano, dans les lieux mêmes où l'histoire s'était déroulée. J'ai voulu le tourner sous les yeux de ceux qui en avaient été les protagonistes, depuis 1946, quand Giuliano avait été reconnu par les politiques comme le représentant de l'indépendance sicilienne, jusqu'à son assassinat en 1951. Inutile de dire que les gens me prenaient pour un fou. Pensez donc, tourner un film sur la mafia en Sicile, là même où Giuliano avait vécu et où s'était passé tout ce bordel ! Je leur ai dit : je viens tourner sous vos yeux, dans vos villages ; quelle meilleure possibilité de contrôle pouvez-

cher ses enfants qui avaient été tués le jour du massacre ! Salvatore Giuliano a été la première grande manipulation politique. Je pense que c'est depuis Portella della Ginestra qu'ont commencé les grands délits politiques italiens ; c'est là qu'est née l'idée du terrorisme...

PROPOS RECUEILLIS PAR MASSIMILIANO FUKSAS
ET DORIANA O. MANDRELLI
TRADUITS PAR ADRIANA PILIA

Main basse sur la ville | *Les embarras de la*
scène du film tourné à Naples. | *ville, Rome, 1958.*

INDUSTRIEUX ARTISTES

VITTORIO GREGOTTI

L'HISTOIRE du design italien après-guerre et pendant les années 50 est étroitement liée à celle de l'architecture rationaliste issue des mouvements de libération anti-fascistes et regroupée pour l'essentiel à Milan. Les thèmes internationalistes et quelque peu élitaires du standard et de la préfabrication étaient alors dominants. Restaient néanmoins vivants quelques vestiges de la tradition d'avant-guerre se référant aux valeurs artisanales, à la défense de l'objet de luxe, à l'italianité du design et à la spécificité de l'expression artistique. Pour de nombreux concepteurs, la production d'objet type, à la base du design, restait liée à la volonté de transmettre des valeurs ethico-sociales, les critères pédagogiques et moraux l'emportant sur les conditions économiques et quantitatives. Cela était d'autant plus vrai dans les domaines de l'architecture intérieure et du mobilier.

L'industrie italienne a suivi dans l'immédiat après-guerre un difficile processus de reconstruction, de rénovation et aussi de redémarrage économique. Un cinquième (seulement!) du patrimoine industriel a été sérieusement endommagé par les bombardements et les destructions des Allemands. Mais l'Italie est parvenue difficilement à mettre en phase sa politique conjoncturelle et une réelle planification, malgré l'existence d'entreprises partiellement étatisées, en plus grand nombre que dans les autres pays occidentaux. Après 1947, la remontée des libéraux et de leurs idées est favorisée par une forte aversion idéologique à la politique de planification que la gauche avait prônée, mais qui est alors jugée néo-impérialiste.

L'industrie italienne a su profiter de façon très habile, et sans investir dans la recherche, de découvertes technologiques qui avaient déjà fait internationalement leur preuve. Mais elle s'est également appuyée sur les capacités d'improvisation propres au génie italien : les vertueux vices nationaux. Elle a su faire confiance à l'intelligence du professionnel artisan qui possédait une culture technique, certes peu actualisée, mais polyva-

lente. Son esprit de synthèse resterait d'ailleurs un modèle, face à la rationalisation industrielle. Les écoles professionnelles et d'arts appliqués demeurent alors tournées vers la production artisanale, tandis que les facultés d'architecture, à l'exception de celle de Venise, se renferment dans l'académisme jusqu'à la moitié des années 60. Malgré leur contribution à la recherche, les écoles polytechniques et d'ingénieurs subissent une forte évolution dépassant la compétence technique de toute idée de créativité.

Par ailleurs, les hasardeuses conditions économiques de l'après-guerre favorisent l'éclosion d'une nébuleuse de petites entreprises, souvent animées par un autodidacte qui ne doit sa réussite qu'à lui-même. C'est une tradition italienne de la fin du siècle précédent avec toutes les qualités d'invention, d'agressivité et d'acharnement au labeur qu'elle suppose, mais aussi toutes ses limites culturelles.

SCOOTERS ET PETITES VOITURES

C'est pourtant ainsi que sont apparues d'étonnantes réussites du design qui ne devaient rien aux architectes-designers ni à la vieille tradition d'usine. Les meilleurs exemples en sont la Vespa à carrosserie portante de la société Piaggio et le scooter Lambretta à structure tubulaire. Ces deux véhicules représentent un bond typologique dans la tradition de la moto et ont longtemps caractérisé le paysage urbain de la péninsule. Ils ont été conçus pour parcourir de courtes distances sur des routes étroites et tortueuses, correspondant ainsi parfaitement à la répartition territoriale des agglomérations et répondant, par leur faible prix, à la demande de motorisation. Corradino d'Ascanio, le concepteur de la Vespa, était célèbre pour ses travaux sur les hélicoptères, et avait appliqué à une motocyclette les méthodes de l'aéronautique.

De même, l'automobile Isetta, d'un encombrement minimum et avec une intéressante solution d'ouverture par l'avant, était le fruit des expériences aéronautiques de ses concepteurs. Cette voiture possédait d'étonnantes capacités pour un coût de fabrication et d'entretien très faible. La firme BMW l'a fabriquée en Allemagne à partir de 1955.

Le secteur automobile a été pour beaucoup dans la reprise économique italienne. La Fiat avait soutenu dès 1947 une politique antidéflationniste et s'était réorientée vers les petites et moyennes cylindrées. Depuis 1946, Gabrielli pour l'aéronautique et Giacosa pour l'automobile, y sont responsables de projet. Ils renouvellent les modèles 500, 1100 et 1500 d'avant-guerre. Après un voyage aux États-Unis, Giacosa travaille à la première Fiat à carrosserie portante, la 1400, pro-

Et pourtant elle roule...
«Vacances sans histoires»
Dessin de **Frankin**
Le Journal de Spirou,
1957.

Avec cette étonnante mini-voiture
la publicité va de l'avant...
Luigi Preti
Design de l'Isetta, 1954
pour la firme Iso.

Élégance
Pinin Farina
Design de l'Aurelia Gran
Turismo, 1954
Lancia.

duite à partir de 1954. Pinin Farina s'affirme alors comme le plus élégant des dessinateurs de carrosserie. Il améliore la conception formelle à volume continu et rencontre un énorme succès. Au salon de Turin, Lancia présente l'Aurelia, une nouvelle six cylindres, tandis qu'Alfa Romeo collectionne les victoires sportives. L'Alfetta 1500 de Orazio Satta remporte 28 grands prix en 1950 et 1951. La firme produit à cette époque 50 000 voitures par an.

LE DESIGN DE PRODUIT

Au début des années 50, les objets au design de qualité demeurent en nombre limité : la rencontre entre industrie et design ne s'est pas encore vraiment faite. Une exception cependant : le groupe Olivetti qui, depuis longtemps, mène une politique de pointe. Après 1945, la collaboration que s'assure Adriano Olivetti avec le graphiste Pintori et le designer Marcello Nizzoli débouche sur des résultats exemplaires. La Lettera 22 (1950) et surtout la Lexicon 80 dénotent une maturité formelle et technique dont les prémisses remontent à la calculatrice de 1940 qui possédait déjà une continuité plastique dans la façon de faire ressortir les parties mobiles et les commandes. La Lexicon 80 résolvait le rapport carrosserie-

Fine mouche chevauchant
une guêpe.
Poursuite des «Vacances
sans histoires»...

Pour qui roule Gina ?

Piaggio
Le roi au milieu d'un
essaim de Vespa :
il célèbre la millionième
le 29 avril 1956.

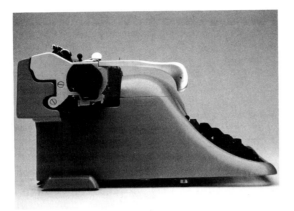

mécanisme au moyen d'un moulage sous pression dont la typologie était tout à fait nouvelle et le niveau du design absolument révolutionnaire. Ce produit est vite devenu une référence dans l'histoire internationale du design.

Simultanément, les architectes de la génération rationaliste persévèrent dans l'optique fonctionnelle qui est à la base de leur méthodologie. Carlo Mollino et le groupe de Turin utilisent un vocabulaire formel fondé sur des courbes complexes assez éloigné de la tradition puriste milanaise. Franco Albini étire le bois jusqu'aux limites de ses possibilités expressives : il travaille sur les sections fines, sur la tension, sur la réduction en noir et blanc. Très actif et plein d'intuition, Giò Ponti s'intéresse au design depuis 1948 ainsi qu'en témoigne sa cafetière Pavoni ou sa machine à coudre Visetta. Il opère magnifiquement la liaison avec les artisans auteurs de pièces uniques destinées à l'exportation. Il s'avère aussi le meilleur continuateur de la tradition bourgeoise d'avant-guerre qui s'était exprimée dans le mouvement moderne. Sa création la plus significative dans ce «style» reste la chaise «super légère» dont Cassina donne plusieurs éditions jusqu'en 1957. En 1951, le design fait son entrée officielle à la IXe Triennale de Milan, qui comprend notamment une section intitulée «Les formes de l'utile». On y remarque la volonté de relier la tradition artisanale aux nouveaux principes figuratifs et constructifs. Pour la nouvelle génération (représentée par Marco Zanuso) les impératifs de production représentent moins un obstacle qu'une source d'inspiration formelle. Ils incitent aussi à remettre en cause un monde rationaliste trop renfermé dans sa rigueur morale. A cette occasion, Zanuso présente une série de meubles en mousse et «nastricord» qui s'inspire des méthodes de l'industrie automobile. Ces recherches débouchent sur la création de la société Arflex (liée à Pirelli) dont le but est de produire en petites quantités avec des méthodes industrielles. Parallèlement, la société Kartell se taille une première place dans le domaine des plastiques, et Solari se fait connaître par ses pendules électriques.

TROIS ÉVÉNEMENTS

Avec les années 50, le développement industriel subit une accélération imprévue. Les portes s'ouvrent alors devant une série d'aspirations lontemps contenues. Apparaissent les mythes du frigidaire, de l'électroménager et, par dessus tout, le désir qui semble réalisable d'un meilleur confort et d'une plus grande sécurité. L'ascension sociale se traduit concrètement dans les objets qu'on possède.

Entre 1952 et 1954, trois événements confirment le niveau de maturité atteint par le design italien : la Xe Triennale et son colloque, la création de la revue *Stile e industria*, l'institution du prix «Compasso d'Oro».

La Xe Triennale avait pris pour thème «art et production». C'était une nouveauté par rapport à la tradition architecturo-commerciale de l'exposition. Mais le thème choisi était d'une telle évidence qu'il dominerait encore les deux éditions suivantes de la Triennale. Au centre géographique et conceptuel de celle de 1954 se trouvait la section «design industriel», organisée notamment par les frères Castiglioni, avec Menghi, Rosselli, Nizzoli. Un colloque a réuni Paul Reilly, Tomàs Maldonado, Max Bill, le sociologue Pizzorno, Giulio Carlo Argan, Ernesto N. Rogers, le philosophe Enzo Paci, Konrad Wachsmann, Gino Martinoli, Walter D. Teague, etc. C'est là que Giulio Carlo Argan a exposé sa fameuse thèse sur l'urbanisme comme forme étendue du design et lieu de son rachat social, sans pour autant nier le caractère esthétique du design. La discussion qui s'ensuivit a grandement concouru à la maturation théorique du design en Italie.

Le deuxième événement a été la création de la revue *Stile industria* dirigée jusqu'en 1963 par Alberto Rosselli. Elle a exercé une influence considérable dans le domaine du design, malgré l'existence d'autres publications intéressantes, comme *Casabella*, *Domus* et *Civiltà delle macchine*.

Quant au «Compasso d'Oro», il a été créé à l'initiative des grands magasins La Rinascente. Cet intérêt des circuits de grande distribution est un signe des temps, montrant que l'idée de consommation allait l'emporter sur la forme même de l'objet.

LES PLASTIQUES

Les efforts d'une minorité concourent à la reconnaissance du designer, figure jusqu'ici restée dans l'ombre de l'architecture. La société Necchi (machines à coudre) s'adresse à Marcello Nizzoli qui conçoit le modèle Mirella (1957) en restant fidèle au principe de la continuité plastique : le dessin de la machine se termine par une coupe brutale qui révèle de façon quasi démonstrative le rapport entre carrosserie et mécanisme. Les frères Castiglioni produisent une série de luminaires et un aspirateur portatif très fonctionnel. A partir de

1956, leurs luminaires, meubles, projecteurs, récepteurs radio ont tendance à souligner, avec ironie, le fantastique de l'objet en le réduisant formellement à son aspect utilitaire. Gino Valle collabore avec Rex Zanussi pour produire une nouvelle ligne d'électroménager — un secteur alors en forte expansion qui commence à s'ouvrir aux designers. En 1954, la chaise Luisa de Albini constitue l'une des plus belles réussites dans le domaine du mobilier. Redessinée plusieurs fois à partir d'un modèle en tube d'acier produit par Knoll, la Luisa est un symbole de recherches patientes représentatif des méthodes d'Albini. En 1957, Alberto Rosselli crée un bloc sanitaire en matière plastique pour Montecatini. Menghi conçoit pour la même société une série de containers industriels en polyéthylène où le design sait tirer parti des propriétés complexes des matériaux. S'étant assuré la collaboration de Gino Colombini, la société Kartell, outre ses lampadaires, produit une série de petits objets ménagers d'excellente qualité.

Comme tout matériau récent, les plastiques, avant de révéler leur spécificité, traversent une longue période d'imitation de la technologie et des formes propres aux matériaux traditionnels. Toutefois, les deux domaines principaux d'application des plastiques — objets pour la maison ou de haute technicité — sont rapidement amenés à affronter la question de leur design selon une méthodologie tenant compte de façon expressive du rapport fonctionnel entre leurs différentes parties. C'est particulièrement clair pour les luminaires qui deviennent une spécialité italienne, davantage pour leur esthétique que pour leur technologie. Grâce à Gino Sarfatti, la société Arteluce se hisse au niveau international dans ce domaine.

AUTOMOBILES

L'attribution du Compasso d'Oro à la Fiat 500 de Giacosa a démontré la volonté de la profession de dépasser l'équation «design = beauté + utilité» et de reconnaître l'importance de l'invention typologique et du système productif industriel, ceci afin de maîtriser sur le terrain les conséquences urbaines et environnementales du produit. Parallèlement, le développement du secteur automobile ouvre de nouvelles perspectives au design. C'est entre 1951 et 1957 que la Fiat met à l'étude et commence à produire la 600, (lancée en 1955) et la 500 (en 1957). Ces deux voitures représentent une première confrontation entre les tendances opposées de la tradition des arts décoratifs et de la culture industrielle : la Giulietta carrossée par Bertone, Pinin Farina et Zagato devient le modèle sportif par excellence et remporte un grand succès international. En 1957, Lancia commence à produire la Flaminia, dont les partis-pris formels ne sont plus fondés sur le volume continu, mais sur la rencontre en arête

Carlo Scarpa
Show-room Olivetti,
Venise, 1958.

Carlo Mollino
Bureau, *vers 1947*
Bois
Galerie Yves Gastou,
Paris.

V. Gregotti,
L. Meneghetti,
G. Stoppino
Fauteuil Cavour,
1959
Collection Vittorio
Gregotti, Milan.

des surfaces et des grandes vitres au montant étroit. L'attitude des carrossiers s'est d'ailleurs globalement modifiée : tandis que certains dessinent pour de grandes firmes, les autres produisent en petite série des modèles moins expérimentaux que publicitaires. A l'inverse, certaines expérimentations dérivent de la grande industrie. En 1958, par exemple, l'ingénieur Maurizio Walf conçoit pour Fiat un réfrigérateur à énergie solaire et une série d'appareils de chauffage.

Dès le début des années 50, le design italien reçoit une consécration internationale. Le modèle Cisitalia, carrossé par Pinin Farina est présenté à l'exposition «Huit automobiles» du MOMA de

grammes du centre gauche ne remédiaient pas au manque d'efficacité des services administratifs. Il suffisait (et c'est encore vrai aujourd'hui) de rentrer dans un bureau de poste, un hôpital ou une école pour se rendre compte du peu d'effets des tentatives d'amélioration et d'harmonisation du design des produits, et cela plus encore dans le Sud paysan et bureaucratique que dans le Nord industriel.

LES OBJETS MÉNAGERS

A la fin des années 50, les électroménagers «blancs» s'améliorent beaucoup du point de vue économico-productif, pour leur facilité d'usage

1

2

3

4

New York. En 1955 et 1958, deux expositions de design italien sont organisées à Londres et une en 1959 à l'Illinois Institute of Technology de Chicago. Le catalogue de la manifestation londonienne de 1955, organisée par Gillo Dorfles et Marco Zanuso, reproduit des meubles, luminaires, objets artisanaux, mais aussi le nez en plexiglas de la Fiat V8 expérimentale, le tableau de bord de la 600, la moto Guzzi 350 de Giulio Carcano et, bien sûr, l'inévitable Olivetti.

Malgré cette ferveur productive et inventive, l'idée d'un renouveau moderne ne semblait guère intéresser le public italien. Les efforts idéologiques sans réel débouché pratique des pro-

ainsi qu'en ce qui concerne la coordination modulaire des divers composants en fonction des espaces d'habitation. Au contraire, les électroménagers «bruns», en particulier les téléviseurs, à cause de leur position dominante dans le système de représentation domestique, parviennent difficilement à trouver une qualité formelle propre. Il faudra pour cela attendre les années 60.

Le secteur plus traditionnel des ustensiles ménagers en métal (concentré pour plus d'un tiers de la production dans la région de Novare avec Lagostina, Calderoni, Alessi, Bialetti) commence très lentement à s'intéresser au design en tant que simple synonyme d'un goût contemporain. Un renouvellement ne s'opère vraiment que pour les modèles de luxe moins soumis aux impératifs de production. A partir de 1953, Sambonet crée des couverts et d'autres objets de table en recourant à des systèmes sophistiqués d'emboutissement.

A la fin de la décennie, tout le secteur de la maison est secoué par un vent de modernisation générale. Pendules, machines à coudre, appareils sanitaires, cuisines et autres se renouvellent à la demande du public et élargissent la base sociale de leur marché. Les jeunes, moins traditionalistes, deviennent des acheteurs dynamiques. Les choix sont caractérisés par un sens plus grand de l'éphémérité des objets et un affaiblissement de

leur charge mémorielle, surtout quant à leur valeur symbolique pour un groupe ou une famille. L'importance moindre accordée à la valeur de l'objet favorise beaucoup un renouvellement du goût.

CARLO SCARPA ET ETTORE SOTTSASS

Pourtant, les années 1955-60 sont marquées par une crise profonde du design bien que la section d'esthétique industrielle de la XIe Triennale ait servi de vitrine aux créateurs les plus importants du moment ; on a pu y déceler une coupure idéologique entre la pratique du design et la culture architecturale qui l'avait jusqu'alors soutenu. La jeune génération voyait dans le design un symbole de la récupération économique des idéaux progressistes du mouvement moderne par l'industrie capitaliste. Bien que de faible portée et limitée à un cercle restreint de jeunes, l'action polémique de ce qu'on a maladroitement appelé le courant «néo-liberty» a été d'un grand poids critique, même si elle a ensuite dégénéré en mode à partir d'interprétations erronées.

C'est dans ce contexte qu'apparaissent deux personnalités appelées à marquer le design italien : Carlo Scarpa et Ettore Sottsass.

L'influence du premier sur le design n'est qu'indirecte. Scarpa avait travaillé dans les années 30 pour les verreries Venini, mais jusqu'à la fin des années 60, il n'a pas dessiné un seul meuble de

série. Il sait faire preuve de beaucoup de liberté, tout en montrant un grand sens du métier s'inscrivant dans l'histoire culturelle de l'Europe centrale (malgré des emprunts évidents à Frank Lloyd Wright). Il est en même temps capable d'épouser la sensibilité de l'avant-garde plastique et picturale.

Pour Sottsass, le choix du design est au contraire la marque d'un engagement plus profond, consécutif à sa déception devant la superficialité prétentieuse de l'architecture. Également peintre, il participe activement à la vie littéraire, surtout aux États-Unis. Sa vocation se confirme après le premier voyage qu'il y effectue en 1955. Jusqu'en 1960, il conçoit l'ameublement comme la patiente recomposition de fragments d'images où tableaux, tissus, objets, meubles, deviennent les éléments d'un grand collage spatial. Il travaille en même temps pour Olivetti, concevant des machines à écrire électroniques et des calculatrices électriques au dessin sévère et maîtrisé, mais plein d'inventions colorées.

L'influence de Sottsass a bien sûr été très forte les années suivantes ; très fort aussi l'attrait pour ce personnage qui ne séparait pas travail et vie personnelle, ni l'univers professionnel du moment du jeu.

TRADUIT DE L'ITALIEN
PAR ADRIANA PILIA

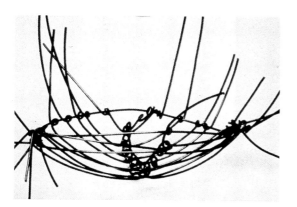

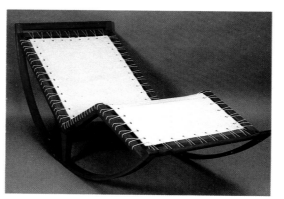

ELEA FILS D'ETTORE :
LE CALCULATEUR OLIVETTI

Cécile Mihailovic

ELEA 9003 est le premier calculateur électronique italien produit par Olivetti en 1958. A l'origine, il fonctionnait avec des lampes, rapidement remplacées par des transistors. Cette invention révolutionnaire qui réduisait le volume et le poids et supprimait le système de refroidissement par air, permettait au bureau d'ingénierie Borgolombardo, dirigé par Mario Tchou, et à Ettore Sottsass, chargé du design chez Olivetti, de développer des unités compactes et modulaires, infiniment combinables et mobiles grâce au réseau aérien d'alimentation.

Ettore Sottsass, assisté de H. Von Klier, élève de l'École d'Ulm, conçoit les formes des modules et crée la console de contrôle, choisit les matériaux et dessine les signes graphiques. Il se préoccupe de l'influence physique mais aussi émotionnelle des machines dans les bureaux et opte pour des couleurs vives et un environnement à structure d'implantation ouverte, se démarquant totalement du programme RAMAC 305 d'IBM.

ELEA 9003 est un jalon constitutif de l'évolution du design italien dans son ensemble. Ettore Sottsass appliquera cette même idée de modules équipés lorsqu'il concevra des blocs aménagés, combinables à l'infini, pour des appartements qu'il présentera à l'exposition «New domestic landscape» au MOMA de New York en 1972.

Imprimante rapide type B.

Structure du système modulaire.

*Système en service
dans une entreprise.*

La mémoire au cœur du calculateur.

DE L'ARTISANAT AU DESIGN

YOLANDE AMIC

AU lendemain de la Deuxième Guerre mondiale et au cours des années 50, l'art décoratif scandinave triomphe sur le marché international. En un quart de siècle, une première génération de grands créateurs : architectes, ébénistes, orfèvres, verriers, céramistes jette les fondements de ce nouvel art mobilier que définissent des concepteurs et fabricants de la génération suivante. Cependant, le terme «scandinave» donne une image assez fausse laissant supposer une certaine égalité entre les cinq nations qu'il englobe. L'exposition «Formes scandinaves» présentée à Paris en 1958 au Musée des Arts décoratifs par les Sociétés d'Art décoratif et industriel responsables de la promotion des productions de ces cinq nations fut une des premières manifestations valorisant ce vocable, faisant apparaître équitablement les meilleurs domaines d'intervention de chacune d'elles. Le Danemark (avec une surface double de celle des autres) présentait surtout mobilier, orfèvrerie, céramique ; la Finlande : mobilier (en moindre quantité), verrerie et céramique, textiles et tapis Rya ; la Suède : mobilier (même proportion), verrerie de qualité remarquable ; la section norvégienne, un peu en retrait, se distinguait dans le domaine de l'émaillerie tandis que la participation islandaise, réduite, relevait davantage de l'artisanat folklorique que de l'industrie.

Les traits communs à l'ensemble ? Simplicité, qualité, amour du beau métier et du matériau dont la mise en œuvre procède à la fois de l'artisanat et de la petite industrie. Aucune outrance, aucune virtuosité gratuite ; une production propre à satisfaire les besoins de populations régies par des situations politiques et religieuses ainsi que des conditions climatiques analogues : les longs hivers aux journées courtes font de la maison le lieu privilégié ; le nivellement des fortunes dû à une politique socialisante, la ri-

gueur protestante favorisent le goût du rationnel, cependant qu'un niveau de vie élevé autorise des fabrications soignées relativement coûteuses. La langue, aussi, est un lien d'unification puissant : si chacune des cinq nations a son parler propre, les similitudes sont telles que tous peuvent se comprendre.

LE DANEMARK : RÉALISTE

En matière de mobilier, les Danois, grâce à la collaboration entre architectes et ébénistes, montrent la voie ; la transition du style historique (influencé par l'Angleterre et le mouvement Arts & Crafts) au «moderne» se fait sans heurt. La *Kritish Review* et l'enseignement pragmatique de Kaare Klint accélèrent cette évolution. Animés d'une même idéologie sociale, ils réclament des produits simples mais d'une esthétique agréable, d'un bon rapport qualité/prix, propres à améliorer la vie quotidienne du plus grand nombre. Si les idées du Bauhaus retiennent l'attention, elles ne pénètrent que plus tard. En fait, le réalisme pragmatique des premiers concepteurs est diamétralement opposé à l'esthétique de l'école de Dessau : à l'encontre de la thèse du Bauhaus qu'à temps nouveaux répond une expression nouvelle, c'est par le travail, le plus souvent manuel, par épuration progressive des modèles traditionnels que s'élabore le «moderne» danois. Dans les intérieurs dépouillés où dominent les formes orthogonales, le siège est très représentatif des recherches de l'heure. Le matériau privilégié est le bois : frêne, hêtre, chêne, teck, essence familière à ce peuple de navigateurs. Si le fauteuil «Paon» (1947) de H. Wegner dérive de la «Windsor chair», traitement du bois et assise quadrangulaire foncée en cordelette sont d'une évidente modernité. Wegner, et plus particulièrement Finn Juhl, développent des formes organiques — fauteuil «Wishbone», porte-vêtement «Jakkens Huile» (1953), fauteuil pivotant (1955) du premier, aux courbures sans mollesse; teck poli «à fleur de coin» du second dont les bois sont traités comme une sculpture — sont encore du travail d'ébénisterie. Jacobsen, le premier, recourt aux techniques industrielles: contreplaqué moulé et acier inoxydable des chaises empilables «la fourmi» (1952) et «4130» (1957), fauteuil pivotant l'«Œuf» (1959) à coque en polyester garnie de mousse de latex. Le jeune Poul Kjaerholm, le plus puriste des designers danois, dédaigne les garnissages super moelleux, «pompeusement bourgeois»; sa chaise «22» (1957) à piètement en lames d'acier chromé mat et assise en rotin montre la nouvelle tendance.

LA SUÈDE: AUSTÈRE ET SIMPLE

La production suédoise est plus austère. L'art et les métiers qui en dérivent, ici comme au Danemark, s'inspirent de celui du continent. Mais la pauvreté qui sévit pendant des siècles impose la simplification des formes. Si après la Seconde Guerre, la Suède connaît une remarquable expansion économique (le revenu moyen par habitant y est le plus élevé d'Europe), simplicité, refus de complaisance restent les caractères distinctifs de l'art appliqué. Mobilier de bureau, équipement rationnel des zones de travail et de séjour de l'habitat retiennent particulièrement l'attention ainsi qu'en témoigne l'exposition d'Hälsingborg en 1955. «La production massive de mobilier économique est une nécessité sociale; mieux vaut un *bon* design qu'un design *innovant*». Les sièges que fabrique Dux en bois tourné, ceux de B. Mathsson en hêtre lamellé et courbé à couverture de sangles entrecroisées (1941) n'ont rien perdu de leur actualité ni les rayonnages à supports en échelles d'acier chromé et planches de bois créés par Nisse Strinning qui lui valent une médaille d'or à la Triennale de Milan (1954). K.-E. Ekselius approfondit ses connaissances ergonomiques auprès du Dr Akerblom et dessine des

1 **Poul Kjaerholm**
Chaise longue
Acier et rotin
Fritz Hansen,
Allerød (DK).

2 **Arne Jacobsen**
Chaise La fourmi, *1952*
Acier chromé,
teck lamellé et moulé
Fritz Hansen,
Allerød (DK).

3 **Hans J. Wegner**
Siège pivotant, *1955*
Acier chromé, cuir et teck
Johannes Hansen (DK).

4 **Søren Georg Jensen**
Chauffe-plat, *1958*
Métal
Georg Jensen
Copenhague (DK).

5 **Henning Koppel**
Théière, *1956*
Argent
Georg Jensen
Copenhague (DK).

6 **Magnus Stephensen**
Couverts, *1955*
Acier
Georg Jensen
Copenhague (DK).

Nils Landberg
Coupes
Verre coloré
AB Orrefors Glasbruck
Orrefors (S).

Stig Lindberg
Ensemble Gourmet
AB Gustavsbergs Fabriker
Gustavsberg (S).

sièges de bureau d'une franchise sans concession, voire brutale ; C.-A. Acking «a un sens aigu de la structure [...] ainsi que l'exprime un fauteuil de 1958 [...] à cadre souple, où le cuir du dossier et du siège sont suspendus en tension.»

L'orfèvrerie suédoise voit la montée de nouveaux produits, notamment en orfèvrerie religieuse avec S.-A. Gilgren. Les couverts de table sont d'une rigoureuse simplicité, les pièces de forme dérivent, pour la plupart, du cylindre ou du cône. Le designer F. Arström et l'orfèvre S. Persson conçoivent des modèles que la firme Gense exécute en acier chromé ou en inox. Ce dernier dessine pour les plateaux-repas de la compagnie aérienne SAS des pièces en mélamine d'une pureté de forme exemplaire.

LA FINLANDE : RAFFINÉE

Une solide tradition folklorique et rurale entretenue par un sentiment national ardent est le support de l'artisanat, source de l'art appliqué. Eliel Saarinen édifiant le Pavillon finlandais de l'Exposition de 1900, Alvar Aalto construisant et aménageant ceux des Expositions internationales de Paris (1937) et de New York (1939) avaient fait connaître architecture et ameublement finlandais. Viennent la guerre et l'oubli. C'est avec stupeur qu'en 1951, à la Triennale de Milan, l'Europe découvre un art décoratif et industriel dont la maturité, le raffinement, la poésie étonnent venant de cette nation si peu peuplée, aux conditions géographiques et économiques si incompatibles, semble-t-il, avec une production où parfois la dilection l'emporte sur l'utile. Six grands prix, sept médailles d'or, huit d'argent sont décernés à la section finlandaise ; *Domus* lui consacre quatorze pages illustrées. Céramique et verrerie retiennent particulièrement l'attention. Kaj Franck et Ulla Procopé renouvellent l'art de

la table, le premier avec ses services de porcelaine (il crée aussi bols et saladiers en métal émaillé, note joyeuse de couleur), le second avec plats à feu et cocotte en grès brun ne déparant pas une table bien mise. Tapio Wirkkala, graphiste, designer, est le directeur artistique de la verrerie de Kahrhula Iittala depuis 1947. L'œuvre qu'il y réalise symbolise la création finlandaise des années 50 : légers verres «chanterelle» aux formes mouvantes, verreries de table originales, vases massifs à couleurs contrastées ou à striures profondes. Artiste verrier lui aussi, Timo Sarpaneva se montre plus intellectuel.

Peintre, Eva Brummer ressuscite le tapis de haute laine «Rya», jadis utilisé en couverture de lit ou de bateau, tandis que Dora Jung exécute dans son atelier de tissage rideaux et tentures en damas de lin à dominantes d'écru, de blanc et de noir ; V. Eskolin et M. Isola, pour les tissus imprimés à décor géométrique ou linéaire de Printex et sa filiale Marimekko, composent de savantes harmonies colorées.

En 1952, Aalto dessine un dernier siège, tabouret à trois pieds en bouleau lamellé raccordé à l'assise par une forme en éventail. I. Tapiovaara, cosmopolite comme la plupart des Finlandais, dessine pour Knoll USA un petit fauteuil empilable. Utilisant aussi bien le bois sous toutes ses formes — tourné, lamellé, contreplaqué — que le métal, il est bientôt considéré comme le spécialiste du petit siège utilitaire empilable et accrochable, facile à démonter. Il ne dédaigne pas pour autant la tradition : les deux fauteuils exposés aux Arts décoratifs en 1958, issus de la «Windsor chair», montrent avec quelle aisance il joue des thèmes classiques et leur confère charme et modernité.

NORVÈGE ET ISLANDE

En 1918 une première association, Brukskunst (Arts et Métiers), est fondée en Norvège dans le but déjà souvent défini de promouvoir le beau dans l'utile. L'industrialisation est relativement récente ; l'artisanat traditionnel subvient aux besoins ; il faut attendre la fin de la guerre pour voir reprendre cet effort de modernisation de mise en rapport des artistes et de l'industrie. Les meubles que créent Rastad et Relling, A. Sture, B. Winge ont les qualités scandinaves d'exécution et de rationalité mais ne se différencient guère de ceux de leurs émules danois dont ils s'inspirent. Il en va autrement du textile resté plus près des méthodes artisanales traditionnelles. E. Halling, qui tisse ses tapisseries avec une laine locale filée à la main, exécute de grands tableaux vivement colorés à personnages schématisés. A. Knudtson fait des tapis de haute laine d'après des cartons de peintres abstraits et compose pour Roros Tweed rideaux de laine et tissus d'ameublement très francs de ton. Mais la spécificité de l'art décoratif norvégien des années 50 est l'émaillerie sur métaux précieux or et argent — technique artisanale

mettant à profit les effets de transparence à travers les émaux colorés.

Culture intellectuelle et artisanat artistique sont fort appréciés en Islande. Mais, désavantagée par la rudesse du climat, ne comptant que 165 000 habitants (1958) son industrie d'art y est nécessairement peu développée. Une école d'Art appliqué est fondée à Reykjavik en 1939 et, du fait de l'isolement de la guerre, contribue au développement d'un design proprement islandais. Pourtant, la plupart des créateurs en renom des années 50 ont été formés dans un des pays scandinaves voisins. C'est le cas de S. Kjarval, auteur de très bons sièges dont le style ne se différencie guère de celui de ses collègues danois.

Que penser en conclusion de ces «formes scandinaves»? Les choses vont vite aujourd'hui; modes et théories se succèdent. Mais la pérennité de nombre de ces «formes» témoigne de leur qualité à la fois technique, esthétique et humaine qui leur a permis de résister à l'usure du temps.

1 Antti Nurmesniemi
Plats et cafetière
Émail
Wärtsilä A/B
Maskin och Bro (Fin.).

2 Alvar Aalto
Vases, *1936*
Iittala Glassworks (Fin.).

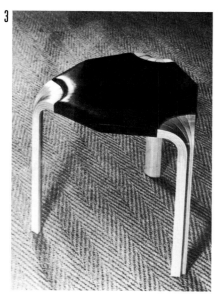

3 Aino et Alvar Aalto
Tabouret, *1954*
Bouleau lamellé et courbé
Artek (Fin.).

4 Ilmari Tapiovaara
Chaise
Bois
Arko Oy (Fin.).

5 Tapio Wirkkala
Verres Tapio, *1954*
Iittala Glassworks (Fin.).

6 Tapio Wirkkala
Verres Chanterelle
Iittala Glassworks (Fin.).

7 Ulla Procopé
Série Flamme
résistant au feu
Wärtsilä-Arabia (Fin.).

8 Timo Sarpaneva
Vases Orkidea, *1953*
Iittala Glassworks (Fin.).

LE MODERNISME COMME IDYLLE ?

VILHELM HELANDER

DANS les débats internationaux, le concept d'architecture nordique est apparu dans les années 1950. Que représentait-il ? Une solide forteresse de l'architecture nouvelle, sa terre promise. Le fonctionnalisme avait pu s'y réaliser et évoluer sans interruption : il s'était «humanisé», la petite échelle et les matériaux naturels l'avaient rendu chaleureux. On admirait aussi la simplicité, la netteté et la pureté des lignes qui caractérisaient ce mouvement — comme on admirait ces mêmes qualités dans le design scandinave et nordique, rendu célèbre par les succès remportés aux Triennales. L'architecture nordique incarnait les forces créatrices d'un régionalisme fondé sur les particularités locales. Sa familiarité avec la nature, jusque dans les agglomérations, devint presque un mythe.

Les pays nordiques se ressemblent incontestablement par le climat, par les conditions de vie et, aussi, par une tradition commune dans l'histoire de l'architecture du XXᵉ siècle. Les idéaux du fonctionnalisme international commencèrent à s'enraciner chez eux vers 1930, alors que l'architecture nouvelle restait, ailleurs, une tendance minoritaire et que, dans d'autres pays, les décrets politiques stoppaient brutalement son évolution. Les pays nordiques, qui entraient dans l'ère industrielle, offraient à l'architecture nouvelle un terrain fertile : il leur fallait assumer d'importantes tâches de construction et, surtout, résoudre les problèmes de logement. Tous aspiraient à créer un bel environnement quotidien. «Vackrare vardagsvara» (des objets quotidiens meilleurs qu'avant), tel était l'objectif déjà proclamé en 1919 dans un pamphlet de G. Paulsson. Cet idéal était encore très vivant aux lendemains de la Deuxième Guerre mondiale — la conférence du Suédois Hakin Ahlberg, «Vardagens arkitektur» (Architecture de tous les jours, 1949), le rappelle.

Le corps des architectes nordiques ressemblait encore dans les années 1950 à un cercle d'amis. L'image n'est guère exagérée. Les relations personnelles au-delà des frontières jouaient un grand rôle, et l'on comparait, lors des rencontres, les expériences acquises dans des milieux similaires et les influences internationales. «Les Journées nordiques de la construction» étaient organisées à quelques années d'intervalle, depuis les années 1920.

Rappelons que, dans les années 1930, le fonctionnalisme international devenait de plus en plus hétérogène et diversifié — à se demander s'il y avait jamais eu un idéal commun... Cela apparaît dans les travaux de Le Corbusier lui-même. Les matériaux naturels et les surfaces tactiles remplaçaient la blancheur abstraite, les formes variées des toitures et, surtout, les toits pointus se substituaient aux toits en terrasse. L'organisation des groupes de bâtiments se faisait plus libre tandis que l'on adaptait les constructions au site en les ouvrant sur la nature et sur le paysage. Certains architectes nordiques se distinguaient par leurs efforts pour faire progresser ces tendances. L'œuvre du Suédois Gunnar Asplund s'acheva en 1940, mais ses derniers travaux sont restés des sources d'inspiration pour l'architecture des décennies suivantes. Le Finnois Alvar Aalto fut remarqué dès les années 1930 (notamment dans les écrits de Siegfried Giedion) comme l'un des principaux précurseurs de l'architecture nouvelle.

Les années de crise consécutives à la Deuxième Guerre mondiale contraignaient les constructeurs nordiques à utiliser les seuls matériaux disponibles — pour la plupart traditionnels : la brique et le bois (Alvar Aalto s'exprimait depuis les années 1930 par les nouvelles structures de bois avec des détails élaborés). Les formes de l'archi-

**Jorgen Bo
Vilhelm Wohlert**
Louisiana Museum,
Humleback,
environs de Copenhague,
1958.

Alvar Aalto, Hôtel de ville, *Säynätsalo, 1949-1952.*

tecture nouvelle s'associent donc, dans les pays nordiques, à une tradition plus ancienne de constructions utilitaires simples et au traitement vivant des matériaux dans l'art de construire du début du siècle.

Kay Fisher, l'un des plus éminents architectes danois, parle justement dans ses articles de 1950 de cette tradition qui est, selon lui, *fonctionnelle*, proche du pratique, plutôt que fonctionnaliste.

Dès les années 1910, les architectes nordiques avaient partagé aussi leur intérêt pour l'architecture intemporelle des pays méditerranéens et surtout pour l'architecture vernaculaire des villes italiennes chargées d'histoire. Après la Deuxième

Guerre mondiale, toutes ces tendances réapparurent, sous une forme enrichie. Alvar Aalto en donna une sorte de synthèse personnelle, peut-être le plus célèbre symbole de l'architecture nordique des années 1950 qu'est sa Mairie de Säynätsalo, achevée au début des années 1950, un petit ensemble monumental de bâtiments en brique qui entourent un patio, dans un paysage typique de pinèdes en Finlande centrale.

Pendant et après la guerre, les pays nordiques durent rester relativement fermés. Avec le redressement, de nouveaux phénomènes apparurent dès la fin des années 1940. En Scandinavie, et notamment en Suède, une nouvelle tendance naquit à laquelle les critiques anglo-saxons donnèrent à la fin des années 1940 le nom un peu ambigu de «New Empiricism». On voulait appliquer les expériences acquises aux conditions locales, on s'intéressait à l'étude du comportement des habitants tandis que, par ailleurs, les détails décoratifs et romantiques apparus dans l'architecture étaient vivement critiqués. L'Europe en reconstruction suivait tout particulièrement l'évolution de la Suède qui, étant restée en dehors de la guerre, avait pu vite commencer à construire des logements. Elle faisait figure de pays modèle en matière de construction sociale. Mais dans ce «foyer du peuple» que se voulait la Suède, l'architecture était par ailleurs critiquée parce qu'elle s'écartait des nouvelles lignes de conduite; n'allait-on pas jusqu'à y découvrir des analogies avec le «Heimatstil» (style régionaliste) de l'Allemagne des années 1930 si vilipendé!

Alvar Aalto
Université
Jyväskylä,
1953-1956.

Sven Backström
Leif Reinius
Cité Gröndal, *Stockholm,*
1946-1951.

Sven Backström
Leif Reinius
Vällingby, centre commercial,
1953-1955.

Les principes du fonctionnalisme, toujours influents dans l'architecture industrielle, étaient réapparus avant le début des années 1950, en même temps qu'apparaissait l'industrialisation du bâtiment. La première ouverture internationale après la guerre fut l'exposition «L'Amérique construit», qui itinéra dans les pays nordiques immédiatement après la guerre, en 1945. Bien que Frank Lloyd Wright ait été influent dans les réformes architecturales européennes depuis les années 1910, il avait fallu attendre cet événement pour que ses grands toits en surplomb et ses espaces dynamiques insérés dans la nature devinssent une source d'inspiration directe. Les maisons en bois préfabriquées américaines servaient de modèle aux maisons individuelles rapidement montables, et on trouvait des correspondances avec la tradition fonctionnelle nordique surtout dans l'harmonie du style «Bay Region» de la côte ouest des États-Unis.

Si l'architecture des logements traditionnels japonais a aussi, à plusieurs reprises, marqué les architectes nordiques (ses traces sont surtout visibles chez les Danois et les Finlandais), on adopta aussi certains aspects de la systématique et des espaces libres de Mies van der Rohe. Les maisons individuelles danoises des années 1950 constituent une synthèse originale de ces influences. Le Musée d'art de Louisiana avec ses galeries, s'étendant dans le décor paysagé (1958, architectes Bo et Wohlert), est sans doute le point culminant de cet idéal nordique d'ouverture vers la nature et le paysage.

Les États-Unis furent assurément un pays modèle dans le domaine des réformes techniques. Les structures métalliques d'un Mies van der Rohe ou d'un Eero Saarinen indiquaient la direction que devaient suivre les formes techniquement harmonieuses et les détails raffinés caractéristiques des constructions commerciales et industrielles dans les pays nordiques des années 1950. Le Danois Arne Jacobsen fut un architecte aux aptitudes variées, et surtout un maître des détails élégants. Les constructions industrielles rectilignes de Viljo Revel et les bâtiments universitaires d'Aarne Ervi montrent ce que les réformes techniques signifiaient réellement pour l'architecture finlandaise. L'expression nordique variait selon les projets: un architecte qui, dans les bâtiments commerciaux, aspirait à la prouesse technique pouvait, dans la conception des logements, rechercher une échelle intimiste et utiliser des matériaux tactiles. Alvar Aalto dessinait simultanément la façade en mur rideau de la Rautatalo (Maison de Fer) au

centre d'Helsinki et le bâtiment principal de l'Université de Jyväskylä (construit en 1953-1956) qui s'intègre dans un paysage de crêtes au cœur de la Finlande.

La construction des logements sociaux était, encore longtemps après les guerres, la mission principale des architectes nordiques et c'est dans ce domaine qu'ils ont apporté leur plus importante contribution. Les prêts de l'État la subventionnaient. Dès les années 1940, les zones résidentielles scandinaves, notamment suédoise, intéressaient en particulier, les Italiens et les Anglais. On y trouvait les types les plus variés de construction en les intégrant dans le paysage; au lieu des rangées d'immeubles étroits et longs, on voulait à nouveau créer des cours intérieures protégées. En Suède les tours et les bâtiments en étoile, œuvre principalement de Backström et Reinius, suscitaient l'admiration, c'est le cas de Gröndal à Stockholm (1946-1951) et Rosta à Örebro (1948-1952). Un exemple type d'immeubles crépis en blanc avec leurs encadrements de fenêtres soulignés est la zone résidentielle de Baronbackarna à Örebro (1957, architectes Ekholm et White).

C'est surtout le débat dans les pays anglo-saxons qui influençait la planification des ensembles: on admirait les «grands ensembles» (Neighbourhood Units), leurs centres sociaux et commerciaux (Community Centres) et les villes nouvelles (New Towns). A l'arrière-plan miroitait aussi l'idée des cités jardins qui avait fleuri dans les pays nordiques au début du siècle. Ces idées nouvelles se matérialisèrent plus vite en Suède qu'en Angle-terre. Dès les années 1940 on avait réalisé un premier Community Centre, Arsta, à Stockholm. Le plus grand effort était consacré à la construction de Vällingby, ce nouvel ensemble urbain de 25 000 habitants, dont le centre à l'architecture assez bigarrée fut construit en 1953-1955. L'un des pionniers de la percée du fonctionnalisme, Sven Markelius, coordonnait les projets.

Au Danemark, on créait des lotissements exemplaires intégrés dans des territoires paysagés, s'ouvrant sur une aire de verdure commune, à la manière des villages anglais traditionnels. Près de Copenhague, à Söndergårdsparken (1950, Hoff et Windinge, architectes) se trouve un excellent exemple de lotissements comprenant des maisons individuelles et des immeubles en longueur et à Bredalsparken (1955, Eske Kristensen, architecte) une zone d'immeubles bas, dont le matériau principal est la brique claire. Jörn Utzon

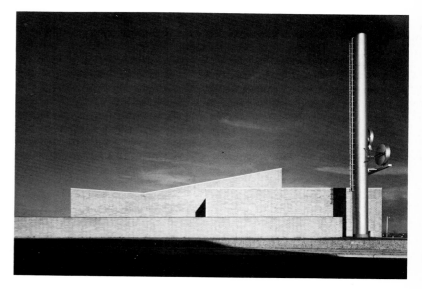

commença dès le début des années 1950 à développer ses propres variations de la maison avec cour qui devait gagner une grande popularité dans les pays nordiques, — Utzon a pu pour la première fois réaliser ses idées dans les maisons Kingo d'Elseneur (1955-60). Les enchaînements d'immeubles en brique qui, situés sur un terrain vallonné, entourent une aire de verdure commune, appartiennent à la tradition danoise et rappellent en même temps l'habitat traditionnel «intemporel» du monde méditerranéen et maghrébin.

En Finlande, la plus importante tentative de créer une zone urbaine, au cœur de la nature nordique est la cité-jardin de Tapiola (Tapiola Garden City) à proximité de Helsinki, et notamment ses parties les plus anciennes, commencées en 1953. Les petites grappes de bâtiments, les enchaînements d'immeubles en longueur ou collectifs sont intégrés dans une forêt finlandaise vallonnée, les

Arne Jacobsen
Usine Tom's chocolate *environs de Copenhague*, 1961.

Arne Jacobsen
Maisons individuelles en bande *Søholm, environs de Copenhague*, 1950-1955.

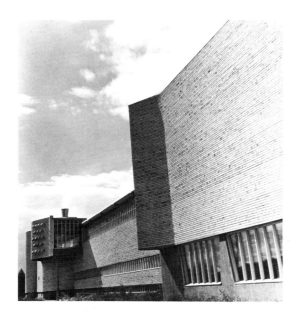

Ralph Erskine
Cartonnerie
Fors,
1950-1953.

Kaija, Heikki Siren
Chapelle
Université de technologie,
Otaniemi, 1956-1957.

anciennes clairières sont devenues aires de verdure communes. Quelques-uns des architectes finlandais les plus éminents conçurent Tapiola dans les années 1950 : le centre est l'œuvre d'Ervi, tandis que Revell, Aulis Blomstedt et Kaija et Heikki Siren conçurent les ensembles de logements.

Tapiola est qualifiée de ville forestière finlandaise. Dans les années 1930, déjà, Alvar Aalto avait défendu l'idée selon laquelle un pays peu peuplé comme la Finlande ne devait construire des logements que dans des lieux propices du point de vue psychologique et biologique. Les premières phases de la construction de Tapiola ont obéi à ce principe : on y ménageait la nature et les espaces libres étaient préservés. Pourtant les critiques ne tardèrent pas à proclamer que cette façon de construire était anachronique dans une région métropolitaine. Aussi vit-on bientôt surgir à côté de Tapiola un centre commercial à plusieurs niveaux dont l'effet de contraste était d'autant plus impressionnant.

L'intimité avec la nature de l'architecture nordique s'est surtout réalisée dans les maisons individuelles. En Norvège, la tradition du bois et des maisons individuelles a toujours été forte. Les villas de Knut Knutsen en sont des exemples caractéristiques. La maison d'été de Portör (1948), construite en débris de bois échoués sur la côte, cristallise à l'extrême l'intégration et la soumission à la nature. Deux architectes norvégiens ont été particulièrement attentifs aux formes pures et nettes : Arne Korsmo, l'un des pionniers du fonctionnalisme et Svere Fehn, qui a réalisé ses premiers travaux dans les années 1950.

Bientôt, les logements ne furent plus la seule urgence : il fallait construire pour les services sociaux, les établissements sportifs et même les grands édifices publics. Les nouvelles écoles des années 1950, surtout danoises, méritent d'être signalées en tant que solutions rénovatrices au même titre que les écoles anglaises d'après-guerre. Les bâtiments peu élevés sont groupés librement et entourent souvent des cours au caractère intimiste.

A la fin de la décennie, les édifices monumentaux marqués par la personnalité de l'architecte prennent de l'importance dans les pays nordiques, alors que la construction de logements devient une industrie de masse. Pendant l'immédiat après-guerre aucun nom n'avait dominé vraiment l'architecture — excepté, peut-être, Aalto. C'est alors qu'apparaissent des architectes novateurs. Utzon au Danemark, Ralph Erskine en Suède et, en Finlande, Reima Pietilä. Leurs missions internationales témoignent du rang pris par l'architecture nordique, par exemple les travaux d'Aalto en Allemagne de l'Ouest, le premier prix de Jörn Utzon au concours pour l'Opéra de Sydney (1956) ou le succès de l'équipe de Vilho Revell au concours pour l'Hôtel de Ville de Toronto (1958).

Sigurd Lewerentz
Église de Skarpnäck,
environs de Stockholm,
1960.

Alvar Aalto
Église
Vuoksenniska, Imatra,
1956-1958.

Aulis Blomstedt
Maisons en bande
Tapiola,
1953-1954.

Jørn Utzon
Cité Dansk Samvirkes
Fredensborg,
vers 1960.

Les édifices religieux commencent à jouer un rôle essentiel ; la chapelle de Ronchamp de Le Corbusier avait montré le chemin vers une architecture personnelle et expressive. Les premières réalisations du Suédois Peter Celsing sont des églises, comme celle construite à Vällingby en 1959. Des détails élégants contrastent avec les surfaces en brique et en béton, qui expriment des forces primitives, à la manière du «brutalisme», qui avait gagné les pays nordiques. Dans les travaux de Celsing on peut voir des analogies avec la tradition d'élégance de la Suède des années 1920.

Encore plus avancées sur la voie des fondements archaïques de l'architecture sont les œuvres de Sigurd Lewerentz, maître suédois à la forte personnalité, qui avait commencé sa carrière dans les années 1910. Son église à Björkhagen, Stockholm, fut terminée à la fin de la décennie (1960). Alvar Aalto, qui dans les années 1930 et 1940 s'était surtout consacré à l'habitat social, dessine

maintenant de grands édifices publics au service des besoins communautaires. L'immeuble de l'Office national des pensions à Helsinki (1954-1956) est un bâtiment énorme, dont les formes sont à la fois gravement monumentales et étonnamment humaines. Dans sa Maison de la Culture de Helsinki (-1958) Aalto applique les formes résolument plastiques qu'il avait expérimentées dès les années 1930. Cette évolution culmine dans l'église de Vuoksenniska (-1958) : les lignes dynamiques de l'espace intérieur et la lumière du jour constamment changeante en font l'une des constructions religieuses les plus remarquables de notre siècle.

On perçoit intensément dans l'architecture nordique des années 1950 un optimisme et une foi

Aulis Blomstedt
Maisons d'artistes
Tapiola, Espoo,
1955.

Knut Knutsen
Maison de vacances
Portør
1948.

résolue dans les possibilités offertes par la technologie pour accomplir les grands travaux de l'avenir. Le travail artisanal prédominait encore dans la construction, mais on expérimentait et développait déjà la construction industrielle. Les années de crise de la guerre avaient imposé la standardisation et les expériences techniques, par exemple les systèmes de construction perfectionnés des maisons individuelles rapidement montables. Dans les années 1950, les «Journées nordiques de la construction» avaient pour thème principal la construction industrielle, et les résultats de chacun furent passés en revue en 1961. Même Tapiola, célèbre pour son rapport intime avec la nature, avait été en partie construite industriellement. Dans les années 1950, l'échelle

était le plus souvent encore moyenne; on préservait la nature autour des bâtiments et la qualité constructive était d'un haut niveau. Malheureusement, ces idéaux furent, comme partout, supplantés par la construction de masse, qui s'imposa peu à peu, surtout dans les années 60. Les nouvelles tâches exigeaient de nouvelles solutions — mais c'est là un autre débat. Du point de vue actuel, les années 1950 dans les pays nordiques ressemblent à une idylle réalisée, à un âge d'or perdu. Cette époque ne connut sans doute pas de tournants dramatiques dans l'architecture, ni de polémiques pittoresques ou d'antagonismes doctrinaires. Architecture signifiait *construire* de façon pratique. L'architecture des années 1950 aboutit néanmoins à une tradition nordique homogène. A leur plus haut niveau, ses réalisations méritent d'être appelées «culture de la construction».

TRADUIT DU FINNOIS PAR ANNA KOKKO-ZALCMAN

Aarne Ervi
Tower Building
Tapiola,
1961.

Aulis Blomstedt
Quartier Ketju
Tapiola, Espoo,
1954.

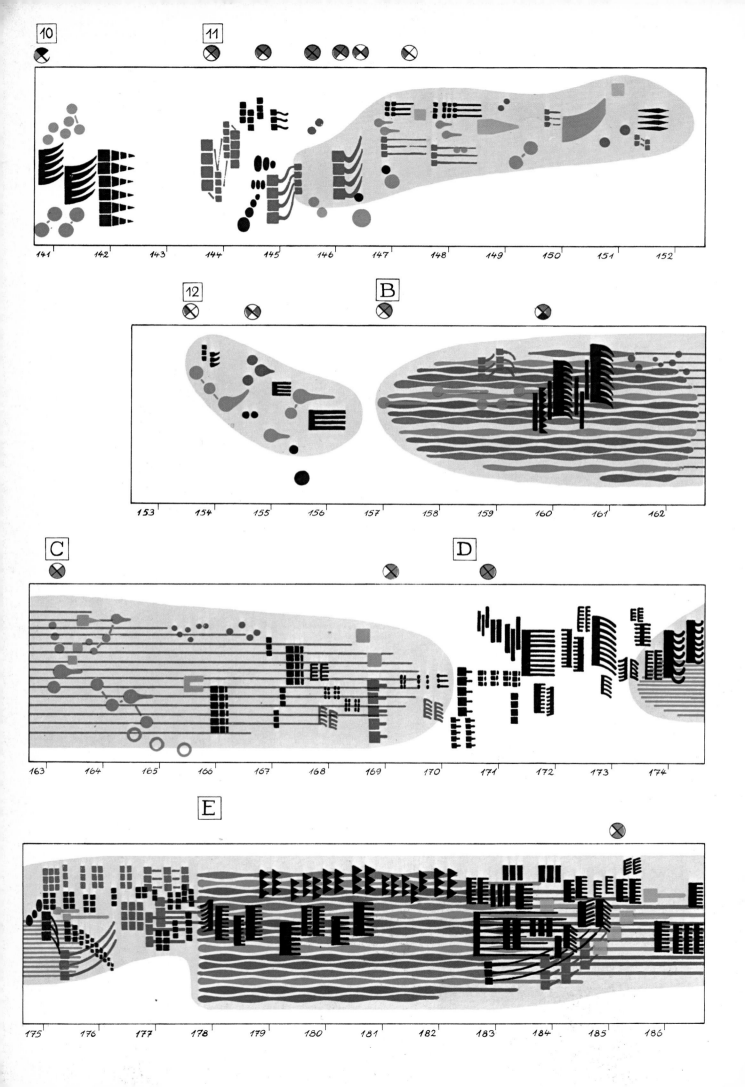

DE
BOULEZ A XENAKIS
EN PASSANT
PAR
BERIO, CAGE
NONO
STOCKHAUSEN...
SANS OUBLIER LE
JAZZ

MUSIQUE

LA GÉNÉRATION DE DARMSTADT

PATRICK SZERSNOVICZ

LA modernité en musique avait commencé bien avant la Première Guerre mondiale, mais c'est au lendemain de la Seconde que naît ce phénomène unique : une avant-garde vécue collectivement par toute une génération. L'éclectisme, l'ironie et les faiblesses du néo-classicisme de l'entre-deux-guerres avaient montré à quel degré toutes les ruptures avec le passé accomplies auparavant étaient difficiles. La plupart des grandes œuvres diatoniques et refusant l'atonalité écrites dans les années 20 et 30 admettaient implicitement la corruption du matériau. L'avant-garde des années 50 a d'abord réagi contre les décombres d'une telle culture, qu'elle jugeait exsangue. Cette volonté explicite d'un bouleversement intégral des techniques et des modes d'expression n'était pas fortuite, elle était issue principalement d'une prise de conscience. Prise de conscience d'un retard : réassumer, sinon redécouvrir, les œuvres de l'École viennoise de Schoenberg, Berg et Webern, explorer les différents axes qui ont orienté ces fondateurs d'une pensée musicale que l'on considère alors comme neuve et, surtout, fondamentalement *actuelle.* Il faut préciser que «rattraper ce retard» n'est jamais envisagé comme une fin en soi, et que le regain d'intérêt pour Schoenberg, Berg et Webern en 1945 ou en 1950 n'a d'autre sens que retrouver l'idée d'un développement historique de la musique qui soit vraiment un processus dynamique. Découvrir et réévaluer une technique musicale — l'écriture sérielle — étrangement tenue dans l'oubli pendant deux ou trois décennies permettra de s'engager dans un nouveau monde d'expériences.

La «génération de Darmstadt» — le Français Pierre Boulez, l'Allemand Karlheinz Stockhausen, les Italiens Luigi Nono, Bruno Maderna, Luciano Berio, le Belge Henri Pousseur, auxquels se joindront, dans la mouvance des cours d'été de Darmstadt et des concerts du Domaine musical à Paris, quelques autres grandes personnalités, tel le Français Jean Barraqué ou l'Argentin Mauricio Kagel — a stigmatisé l'enlisement du débat esthétique, et tenté, avec succès, d'unifier théorie et pratique. Que retient-elle du passé ? D'abord Webern, et Debussy. Webern représentait en 1945-1950 une économie de moyens à peu près unique dans toute l'histoire de la musique occidentale, et une application méthodique de la discontinuité à tous les niveaux du discours musical. En ne voyant Webern que comme le rigoureux assembleur de structures sérielles, la génération de Darmstadt créera certes un extravagant malentendu mais, à l'époque, on ne pouvait rêver plus fabuleuse *tabula rasa* sur quoi articuler création et élaboration théorique. L'idéal à conquérir est celui d'un «totalitarisme sériel», synthèse supérieure et généralisante du contrôle des différents paramètres. Rien n'est plus subordonné qu'à une forme sérielle générale «dans laquelle la forme globale et toutes les formes de détail d'une œuvre dérivent d'une seule série de proportions» (Stockhausen), tout jouit d'une importance significative égale. Réduire les variables de la musique à quatre dimensions élémentaires (hauteur, intensité, timbre, durée) neutralise sans doute en un nivellement abusif ses diverses propriétés. Dans un premier temps (premières œuvres de Boulez, Stockhausen, Nono), le mode d'articulation polyphonique et morphologique des structures reste wébernien, mais le projet devient celui d'une musique «abstraite», basée sur la conception pure. Cette musique n'est plus, à la lettre, langage, mais forme linguistique. La transparence n'est recherchée que dans cette forme, la *structure* demeurant le sens même de l'œuvre, les sons n'exprimant que l'abstraction de leur propre syntaxe. A la limite, la pureté de cette abstraction

suprême n'aura d'égale que son éventuelle vacuité !

Le rapport du continu et du discontinu fut la
problématique première, puis majeure, de la musique post-wébernienne, «pointilliste» à ses
débuts, et la quête d'imprévisibilité est devenue
peu à peu son moteur constant. D'où l'importance d'une réévaluation — décisive — de Claude
Debussy. «J'arriverai, disait Debussy, à une musique vraiment dégagée de motifs, ou formée d'un
seul motif continu, que rien n'interrompt et qui
jamais ne revienne sur lui-même.» Debussy
comme Webern brisent toute continuité formelle,
pour rejoindre une continuité sous-jacente, celle
de l'écoulement du temps. L'atomisation du matériau est bien sûr beaucoup moins apparente
chez Debussy qui demeure, en mettant en œuvre

le pouvoir constructeur et constituant du temps,
un compositeur de la grande forme.

UNE REMISE EN QUESTION

La génération de Darmstadt est d'abord iconoclaste. La réprobation englobe les modèles traditionnels, les archétypes morphologiques et esthétiques auparavant dominants, à l'exception d'un
petit nombre de références précises : Machaut,
Dufay, Gesualdo, le Bach de l'*Art de la fugue* et
de l'*Offrande musicale*, le Beethoven de la
Grande Fugue, le Stravinsky de *Petrouchka*, du
Sacre du printemps, des *Symphonies d'instruments à vent* et de *Noces*, les œuvres atonales de
Schoenberg et de Berg, Debussy, Bartók, Webern,
Varèse. Le rejet des idéologies et de tout moyen-
terme hybride assurait l'intégrité de la démarche.

Stravinsky et sa femme à Venise en 1956.

La cohérence et la force — éphémères — de ce mouvement imposent tout de même, durant quelques années, une unité de style faisant fi des inflexions nationales et individuelles, et une communauté de langage inconnue dans l'histoire depuis Haydn, Mozart et Beethoven. On a eu beau jeu depuis de stigmatiser cette homogénéité «réductrice», exerçant sur la recherche musicale un monopole de fait. Pourtant une telle cohérence, une telle conscience collective deviendront un signe de ralliement lourd de signification et de conséquences.

Très paradoxalement, ce fut un musicien totalement éloigné de l'École de Vienne et du dodécaphonisme qui réalisa le premier une œuvre entièrement prédéterminée. Olivier Messiaen, en composant en 1949 une petite étude pour piano intitulée *Mode de valeurs et d'intensités*, va boule-

verser la jeune génération. Les trente-six sons du mode inventé par Messiaen, répartis sur différentes octaves de toute l'étendue du clavier, sont pourvus, chacun, d'une durée, d'une intensité et d'une attaque déterminées. L'œuvre se déroule selon une triple structure mélodique, où aucun son ne ressemble à aucun autre, tous étant définis selon des combinaisons de durées, d'attaques et d'intensités fixées une fois pour toutes. La musique sérielle intégrale de Boulez et Stockhausen est née d'une simple étude modale !

Pendant une dizaine d'années, Boulez, Stockhausen, Nono, Maderna, Berio et Pousseur vont pratiquer une remise en question considérable du matériau hérité. L'influence de Debussy, celle de Stravinsky, celle de Bartók, celle de Messiaen et celle des musiques extra-européennes seront capitales dans le domaine du rythme, et dans l'in-

vention d'une musique non métrique généralisant l'emploi de valeurs rythmiques irrationnelles. Dans le domaine des hauteurs, le dodécaphonisme de Schoenberg, Berg et Webern, ce «système d'écriture avec douze sons n'ayant de rapports qu'entre eux», sera vite dépassé et aboutira à un matériau de hauteurs différent des douze sons, et souvent supérieur en nombre. La mélodie de timbres (*Klangfarbenmelodie*) de Schoenberg et Webern, et la spatialisation du son par éparpillement des timbres (Debussy) ouvrent un nouveau chapitre où intervient une autre influence, celle d'Edgard Varèse, premier compositeur à avoir considéré, dès les années 20 et 30, le *son* comme un matériau autonome.

La composition sérielle intégrale a eu une histoire brève, parfois brillante, en suivant l'évolution habituelle de toute théorie à prétentions normatives : la théorie générale, toujours trop schématique, est peu à peu évincée par les poétiques individuelles. Le développement du sérialisme n'a pas exactement suivi l'itinéraire idéal d'une «pure» avant-garde, mouvement fort imposant son idiome, dominant la recherche, l'invention, la pratique et l'institution. Ce rêve de communication parfaite et de conscience collective, «entreprise démesurément ambitieuse» (Pousseur), impliquait certes une reconsidération totale des formes musicales, qui se révéla à la fois nécessaire et insuffisante. A partir de cette reconversion systématique, on peut suivre l'évolution du projet sériel à travers les œuvres de Boulez, de Stockhausen. On s'aperçoit que le sérialisme «doctrinaire» fait place à un effort de reconstruction du langage plus humble, plus éparse aussi, où il sera, malgré les apparences, de moins en moins question de règles prétendant gouverner tout, à tout jamais. «Organiser le délire» signifiait d'abord pour Boulez régénérer son assimilation des acquisitions «valorisées» du passé par une nouvelle ductilité du matériau, sinon par un style d'improvisation. Sa véhémence d'expression rejoint naturellement la poésie de René Char et son extrême condensation (*Le Marteau sans maître*, 1953-1955). A partir du *Marteau* et des premiers formants de la *IIIe sonate* pour piano (1956-1957) la méthode sérielle est appliquée de façon de plus en plus souple par Boulez.

Si Boulez échappe assez vite à l'impasse du sérialisme intégral par un détour vers des préoccupations plus purement esthétiques, Stockhausen explore et exploite à chaque nouvelle œuvre une nouvelle idée structurale, où la leçon «positive» du sérialisme est sans cesse étendue, développée vers des échelles de valeurs très différentes, parfois même contradictoires. Depuis *Kreuzspiel* (1951), *Punkte* (1952) et *Kontrapunkte* (1952-1953) jusqu'à *Gruppen* (1955-1957), *Carré* (1959) et *Kontakte* (1959-1960), le parcours de Stockhausen forme une sorte d'inventaire où s'édifie un vocabulaire, une syntaxe et un style excluant dans le principe toute référence historique. L'asymétrie, l'apériodicité, la discontinuité vont ouvrir la voie à leurs contraires, sans renoncer à une utilisation de l'espace acoustique où n'importe quelle transformation du son puisse être soumise à la plus stricte organisation. Pendant cette décennie, Stockhausen sera pratiquement le premier musicien à réussir sur le plan esthétique une synthèse entre l'électronique pure et les sources concrètes (*Gesang der Jünglinge*, 1955), le premier à introduire le hasard dans une forme «ouverte» (*Klavierstück XI*, 1956), le premier à maîtriser avec logique et efficience la superposition de différents tempos (*Zeitmasse*, 1955-1956), la spatialisation de plusieurs orchestres (*Gruppen*), ou l'association de la musique instrumentale et des timbres électroniques fixés sur bande magnétique (*Kontakte*).

Durant cette décennie presque entièrement consacrée par certains à la «table rase», d'autres compositeurs, fascinés eux aussi par l'écriture dodécaphonique, et plus encore par l'esthétique de l'École de Vienne, ont développé leur propre style sériel. L'Italien Luigi Dallapiccola, les Allemands Hans Werner Henze et Bernd Alois Zimmermann, réalisant différentes synthèses, intègrent progressivement des techniques neuves à une expansion mélodique davantage traditionnelle. Ils s'interdisent les tabous de l'«École de Darmstadt», tout en conservant plus ou moins la série comme moyen de structuration. Si la forme et le contour mélodique demeurent relativement traditionnels dans l'œuvre de Dallapiccola, ils s'intègrent par une homogénéité de style très pure. La synthèse de différents courants devient beaucoup plus hétérogène, voire inégale, avec Henze, tandis que Zimmermann, par son attention envers la dimension harmonique et les questions de formes — négligées par la génération de Darmstadt —, réalise une œuvre radicalement originale. Son approche du temps musical et de la citation témoigne d'une pensée temporaire polyvalente. Le «pluralisme» de Zimmermann justifie ses emprunts à d'autres musiques par une volonté d'exprimer, au travers d'une juxtaposition de couches sonores très différenciées, la complexité d'un phénomène musical où «passé, présent et avenir sont liés dans une seule réalité spirituelle». L'hétérogénéité stylistique, quoique sous-tendue là aussi par une organisation stricte, n'est plus liée aux fondements du langage musical ou à son évolution, mais résulte de l'utilisation d'éléments aux significations symboliques. Divergence et simultanéité convergent dans une expérience quasi mystique de l'instant.

Tout en appartenant à la génération des musiciens sériels de l'«École de Darmstadt», le Français Jean Barraqué s'est éloigné du sérialisme strict. En une approche neuve de la dialectique compositionnelle, il a tenté de réconcilier l'héritage de Webern et de Debussy à la grande forme

beethovénienne. Barraqué transgresse la technique sérielle en imaginant une exploration illimitée du matériau, selon un processus de séries *proliférantes* produisant une certaine repolarisation du discours. Malgré sa force et sa singularité, l'œuvre de Barraqué demeure malheureusement inachevée. Son principal mérite est moins dans ses recherches combinatoires que dans sa réflexion originale sur le devenir musical et la logique du développement.

UN NOUVEAU CONTINUUM

Au lendemain du *Rake's Progress*, Igor Stravinsky se convertit progressivement au sérialisme, dans lequel il va trouver une précieuse source d'expérimentation. La technique sérielle donne une plus grande intensité à la texture de ses compositions. La densité d'œuvres impor-

Edgard Varèse, Wolfgang Steinecke et Hermann Scherchen (de g. à d.) à Darmstadt en 1950.

tantes devient supérieure à celle de sa période «néo-classique». En moins d'une décennie, la *Cantate* (1951-1952), le *Septuor* (1952-1953), *Three Songs from William Shakespeare* (1953), *In Memoriam Dylan Thomas* (1954), *Canticum Sacrum* (1955), *Agon* (1953-1957), *Threni* (1957-1958) et les *Mouvements* pour piano et orchestre (1958-1959) engendrent une concision et une concentration de plus en plus riches. Stravinsky s'accorde une liberté considérable dans l'emploi de la série, le langage diatonique et le langage chromatique sont ingénieusement combinés dans une écriture souvent contrapuntique, où émergent des implications tonales et modales. En changeant d'ordre stylistique, Igor Stravinsky a su inventer une poétique sérielle profondément originale dont l'atonalité ne constitue qu'un aspect. Très critiquées, à l'époque, pour leurs

structures harmoniques hybrides ou trop conso-
nantes, les œuvres sérielles de Stravinsky nous
apparaissent au contraire extrêmement raffinées,
et prémonitoires par leur cohérence organique. Il
semble aujourd'hui que certaines de leurs potentialités aient été singulièrement peu exploitées, ni
même prises en considération.

Condamné par sa position en flèche à un quart de
siècle d'isolement et d'incompréhension, Edgard
Varèse se trouve au lendemain de la Seconde
Guerre de plain-pied avec les plus jeunes musiciens sériels. Son rôle dans l'évolution du langage
musical a été exactement complémentaire de
celui de l'École de Vienne. *Déserts* (1950-1954)
est la manifestation d'une résurrection créatrice,
après quinze années de silence. L'écriture de
Varèse s'est profondément dépouillée, intério-
risée. Bien que le projet principal de *Déserts* soit
la juxtaposition, sans solution de continuité, des
sons de l'orchestre et d'éléments pré-enregistrés,
c'est aujourd'hui l'écriture spécifiquement instrumentale, épurée et donnant toute sa valeur à
l'intervalle qui fascine, ainsi que la tension résultant d'une grande économie sonore et dynamique. En «travaillant avec les fréquences et les
durées», Edgard Varèse annonce la fusion et la
synthèse des paramètres (le terme *fréquence* recouvre à la fois hauteur, timbre et intensité). La
durée devient en plus en plus l'élément structu-
rant fondamental de la forme musicale. Avec
Iannis Xenakis (*Metastasis*, 1953-1954; *Pithoprakta*, 1955-1956), héritier le plus immédiat et
authentique de Varèse, les éléments ne sont plus
destinés à être perçus isolément, mais influencent
de manière décisive la sonorité globale. On
s'oriente vers une perception globale du matériau. Cette remise en question d'une discontinuité purement linéaire trouvera une autre actualité, après 1960, avec les œuvres du Hongrois
György Ligeti.

Xenakis a d'emblée considéré le sérialisme
comme une impasse totale. Il entreprend d'organiser des surfaces, des masses, des galaxies de
sons en les soumettant à l'organisation des lois
mathématiques. Simultanément, il élargit le matériau, celui des hauteurs dans le sens d'un espace
infra-chromatique (micro-intervalles, glissandi),
et celui des timbres par extension des sonorités
instrumentales habituelles et intégration de
l'électroacoustique. Il fera bientôt appel à l'ordinateur pour le calcul des divers paramètres.
Après Varèse, Xenakis, comme le Stockhausen de
Gruppen et de *Carré*, et le Ligeti d'*Atmosphères*
(1961), substitue à une division métrique du
temps son articulation illimitée, et la possibilité
d'un nouveau *continuum*. D'un contrepoint de
sons, puis de lignes, puis de surfaces, on va passer
à un contrepoint de masses, voire de musiques.

LES MUSIQUES EXPÉRIMENTALES

Lorsque Pierre Schaeffer fonde le Club d'essai de
la RTF, les expériences de production du son à
partir d'appareils électriques n'en sont qu'aux
balbutiements. Pierre Schaeffer et les musiciens
qui se rallient à sa démarche vont expérimenter
les ressources de la bande magnétique en défendant une appréhension «concrète» et empirique
des sons. Avec l'apparition du magnétophone, en
1951, les procédés de montage, de collage, de
fondu enchaîné, de *flash-back* propres au cinéma
vont devenir partie intégrante de la pensée structurelle du compositeur. Se trouvant confronté à
un solfège neuf, le «musicien concret» invente
une esthétique particulière qui, pendant quelques
années, va s'opposer à la musique électronique du
Studio de la Westdeutscher Rundfunk à Cologne.
La musique électronique à ses débuts est faite à
partir de fréquences synthétiques fournies par des
générateurs. Elle limite le matériau aux sons sinusoïdaux *purs*. Après quelque temps de rivalité,
musique concrète et musique électronique vont
dépasser leurs étapes initiales et donner naissance, en fusionnant leurs richesses, à une véritable musique électroacoustique. Mais cette musique directement conçue pour la bande magnétique ne s'affirmera comme réel vecteur de la
pensée musicale que plus tard, après 1960.

La plus grande singularité de la musique électroacoustique et, sans doute, sa principale vertu,
est d'avoir introduit une réflexion spécifique sur
la nature du matériau. Le matériau sur lequel la
musique occidentale avait édifié toute sa combinatoire est-il parvenu à saturation? Faut-il
d'abord renouveler ce matériau? Ou plutôt renouveler une combinatoire qui de toute façon
s'enrichit sans cesse à partir d'un plus grand
nombre de sons? La musique doit-elle demeurer
fidèle à une conception dynamique du discours et
de la forme? Peut-il y avoir combinatoire complexe sans matériau hiérarchisé? Ou bien
s'oriente-t-on vers une musique d'*état* plutôt que
d'*action*, où la nature discursive de la musique
occidentale va disparaître au profit d'une analyse
spectrale infinitésimale, niant toute dynamique
temporelle? On voit que les problématiques les
plus actuelles sont en bonne part déjà incluses
dans la succession précipitée des tendances et
dans les divergences nées dès les années 50.

L'ŒUVRE MOBILE

L'Américain John Cage a été le premier musicien
qui ait consciemment fait place au hasard, mais
on ne saurait nier l'insuffisante rigueur de certaines de ses expériences, ni leur relatif échec esthétique. La démarche de John Cage tend à rapprocher la musique du geste. Éthique parfois ni-
hiliste, qui oppose à l'idéal de l'achèvement le
souci de faire entendre, en une «ouverture» quasi
utopique, toute la sphère de l'audible. Le
Concerto pour piano (1957-1958) de Cage a été
décrété par quelques-uns «tournant décisif dans
l'histoire de la musique». Stockhausen dans son

Klavierstück XI et Boulez dans sa *IIIe sonate* vont substituer à la «non-intention» de John Cage et à sa négation de la composition une forme permutationnelle, où les structures aléatoires ne s'appliquent qu'à des réseaux de possibilités plus ou moins prédéterminés. Cette musique aléatoire n'est qu'une extension — spectaculaire — de la liberté accordée à l'interprète, où la cohérence interne et la qualité du matériau initial jouent le plus grand rôle. Mais l'auditeur d'une telle «liberté limitée» peut-il apprécier autre chose qu'une fixité unidimensionnelle, aussi «finaliste» que celle de n'importe quelle œuvre écrite? L'imprécision volontaire laissée à certains paramètres induit une certaine flexibilité à l'*œuvre mobile*, sans fondamentalement transformer sa perception.

Si le néo-classicisme (Hindemith, Martinu, Milhaud, Honegger, Poulenc), encore tout-puissant et prédominant dans la vie musicale officielle, jette ses derniers feux, il s'en faut de beaucoup que l'aventure de l'avant-garde soit la seule à prendre en compte dans ces années 50. D'autres compositeurs arborent une attitude plus fermement positive à l'égard du passé immédiat, et

s'expriment à l'intérieur d'un certain nombre de catégories communes. L'Américain Elliott Carter, les Anglais Michael Tippett et Benjamin Britten, l'Italien Goffredo Petrassi, l'Allemand Karl-Amadeus Hartmann, le Russe Dimitri Chostakovitch, le Polonais Witold Lutoslawski, en France Olivier Messiaen, André Jolivet, Maurice Ohana et Henri Dutilleux se préoccupent moins de développer directement le langage ou d'explorer un nouvel univers que de représenter un développement expressif, où la tension émotionnelle et la construction s'imposent en des styles pleinement individuels.

Malgré le brouillage inévitable des lignes directrices, le mouvement d'exploration radicale des années 50 marque un réel tournant: sans doute est-ce la première fois dans l'histoire que le futur est pris en compte de manière aussi vive et consciente. Vouloir innover à tout prix a permis d'ériger en systèmes plusieurs méthodes de composition dont les ramifications et les possibles sont encore loin d'avoir livré toutes leurs conséquences. Et pourtant seules survivent, aujourd'hui, les trajectoires qui ont su dépasser toute visée dogmatique ou par trop restrictive.

Les cours d'été de Darmstadt en 1958.

587

LA CLASSE MESSIAEN

PROPOS RECUEILLIS PAR CLAUDE SAMUEL*

PENDANT *plus de quarante ans, vous avez enseigné quotidiennement. D'où vous vient la passion que vous avez mise au service de cette activité?*
C'est sans doute banal, mais je vous répondrai que j'ai d'abord enseigné pour gagner ma vie. Je ne voulais pas gagner de l'argent en écrivant de la mauvaise musique, et j'ai donc opté pour une activité musicale plus noble. Mais, au-delà des questions matérielles, l'enseignement a toujours eu, pour moi, une double fonction : il m'a à la fois permis de venir en aide à de jeunes compositeurs qui cherchaient leur voie, et de compléter ma culture en analysant des partitions qui m'étaient parfois très étrangères. Par ailleurs, j'ai toujours aimé l'analyse et, curieusement, c'est en captivité que j'y ai pris goût. Un officier allemand m'avait fait cadeau d'une édition des sonates pour piano de Beethoven. J'avais beaucoup regardé, dans ma jeunesse, le traité de composition de Vincent d'Indy et ses explications sur Beethoven et la forme «sonate». J'étais donc tout préparé à lire de près ces sonates, et j'ai constaté que c'étaient des merveilles de construction. C'est ainsi que l'analyse musicale est entrée dans ma vie. Au Conservatoire de Paris, l'analyse m'a permis d'être entouré par des jeunes musiciens qui avaient confiance en moi, des musiciens que j'avais le devoir de ne pas contrecarrer, mais de guider vers leur propre voie. Ces jeunes s'intéressaient naturellement aux musiques les plus avancées et leurs questions me poussaient à entreprendre des recherches auxquelles, sans eux, je n'aurais peut-être pas songé.

Pensez-vous qu'on puisse déceler une ligne esthétique commune parmi les jeunes musiciens qui ont suivi cette classe?
Non, ils ont été, et sont restés, tous différents. La gloire de ma classe, c'était justement de respecter les personnalités. Je vais vous donner un exemple précis et terrible à propos de Iannis Xenakis : quand il est venu me trouver, je l'ai bien regardé et j'ai appris qu'il était architecte, collaborateur de Le Corbusier, j'ai appris aussi qu'il était

mathématicien ; il m'a demandé s'il devait courageusement recommencer à zéro ses études musicales, entrer dans une classe d'harmonie puis dans une classe de fugue, etc. J'ai réfléchi quelques jours et je le lui ai déconseillé ; contrairement à mes prédilections musicales, je l'ai poussé à se servir des mathématiques et de l'architecture dans sa musique sans se préoccuper des problèmes d'ordre mélodico-harmonico-contrapuntico-rythmico, etc. ; il a suivi ce conseil qui, me semble-t-il, lui a réussi... Quelque reproche que l'on puisse opposer à son attitude, c'est tout de même une attitude extraordinaire, dans tous les sens du terme et qui a apporté une pierre nouvelle à l'édifice musical.

Parlons des personnalités marquantes de votre classe, et tout d'abord des combattants de la première heure, de ceux qui furent vos disciples dès la fin de la guerre.
Ils sont restés les plus affectueux et les plus importants, et ce sont maintenant les plus célèbres — peut-être parce qu'ils étaient les plus doués. En tout premier lieu, il y a Pierre Boulez. Il était tellement intelligent et tellement musicien qu'il n'avait pas besoin de professeur ; je suis persuadé qu'il aurait fait quelque chose de formidable sans aucun secours. Il a travaillé peu de temps avec moi, juste une année d'harmonie ; il n'a pas suivi cette fameuse classe d'analyse. Il a obtenu son Prix d'harmonie du premier coup, mais il a participé ensuite à mes cours privés chez Guy Bernard-Delapierre.

Quand Le Marteau sans maître *a été joué pour la première fois à Paris[1], sans doute vous souvenez-vous de la surprise, de la stupéfaction des auditeurs du Petit Théâtre Marigny. Même ceux qui connaissaient Schoenberg et Webern avaient le sentiment d'être projetés sur une planète inconnue. Trente ans plus tard, on s'est habitué à la nouveauté du* Marteau *et l'on distingue mieux les arrière-plans du paysage boulézien: Webern et Debussy.*

*Extraits de
Musique et Couleur,
entretiens O. Messiaen
et C. Samuel, Belfond.

1 *Le Marteau sans maître.* Œuvre de Pierre Boulez pour voix et ensemble instrumental, composée entre 1953 et 1955 et créée au festival de Donaueschingen en 1955.

C'est exact. Boulez venait de Webern et, en tant que «musicien sériel», il l'a largement dépassé. Je ne suis finalement pas certain que Schoenberg ait été sériel, et Berg moins encore. Sans doute Webern a-t-il été le vrai musicien sériel, mais la série l'a gêné, lui interdisant de pratiquer les grandes formes. Comme vous le savez, les œuvres de Webern ne durent que quelques minutes. Ce n'est pas un reproche, mais cela pose quand même un problème. Boulez, lui, n'a pas été l'esclave de la série; il est parvenu à la dominer. Il a ajouté aux recherches wéberniennes un peu de mon inquiétude rythmique et, surtout, le chatoiement debussyste. Il s'est libéré et a pu composer des œuvres de grandes proportions comme *Le Marteau sans maître*, *Pli selon pli*, et plus récemment, *Répons*. A la durée, Boulez a joint la variété, ce qui n'était pas, il faut le reconnaître, le propre de la musique sérielle.

Revenons aux autres élèves de la première heure.
Il y avait Maurice Le Roux qui aimait la musique avec passion; il était aussi doué pour tout. Il y avait Serge Nigg, qui a emprunté différentes directions: je l'aimais beaucoup, il était un de mes plus grands espoirs...

Vous n'êtes pas troublé par les variations esthétiques de ce compositeur?
Je ne peux rien dire, sa personnalité est ainsi faite. Certaines personnes ont une ligne très droite et fulgurante, elles partent comme des flèches; d'autres zigzaguent... L'essentiel est d'atteindre le but. Je citerai encore Jean-Louis Martinet qui

*Olivier Messiaen, Michel Fano et Pierre Boulez
(de g. à d.) en mars 1954.*

possédait déjà une forte technique, Michel Fano qui s'est tourné vers le cinéma mais qui était un très bon musicien, enfin Jean Barraqué, un révolté genre Boulez quoique dans un sens différent, comme le montrent ses œuvres.

C'est le moment d'évoquer Yvonne Loriod, qui fut également, en même temps que Pierre Boulez, votre élève.
Il m'est difficile de vous répondre puisqu'elle est ma femme. Mais il est vrai qu'elle est extraordinaire, qu'elle est une pianiste géniale, qui dispose d'une technique exceptionnelle, qu'elle est capable de déchiffrer n'importe quelle musique, qu'elle est douée d'une mémoire peu commune et que, en outre, elle a l'avantage sur ses confrères d'avoir étudié l'harmonie, la fugue, l'orchestration, la composition, et d'avoir même fait de la poésie.

Dans votre album de souvenirs, il y a sûrement une place pour vos élèves étrangers...
Parmi les étrangers, le plus important est évidemment le très génial Karlheinz Stockhausen, qui a suivi ma classe d'analyse au moment ou j'étudiais l'accentuation chez Mozart. A cause de cela, il fut malheureux dans ma classe. A l'époque, les règlements du Conservatoire me contraignaient à analyser des sonates et des symphonies classiques ; je ne disposais pas de la liberté que j'ai acquise par la suite. Après quelques années, je ne me suis plus soucié ni du règlement ni du directeur, j'ai conduit ma classe comme je l'entendais. Mais Stockhausen n'a pas connu ce temps.

Nous avons parlé des compositeurs dont l'œuvre se renouvelle : Stockhausen illustre bien cette démarche. Pour vous, c'est rassurant ou c'est inquiétant ?
Je pense que c'est à l'époque des *Momente*[2] que Stockhausen a été le plus lui-même. Le titre est, à lui seul, une explication. C'est une musique qui évolue moment par moment, minute par minute, fragment de temps par fragment de temps.
Ainsi Stockhausen a-t-il rejoint ce que j'ai fait, puisque j'ai utilisé des formes qui suivent la succession des heures du jour et de la nuit. La musique est différente mais la démarche est analogue.

Évoquons à nouveau le contexte historique. Nous sommes en 1945, au début d'une ère nouvelle. «Les villes sont rasées et on peut recommencer par le commencement», dira plus tard Stockhausen de cette époque. Une nouvelle génération, que vous avez largement contribué à sensibiliser, s'empare des modèles viennois. Tout est à découvrir. Dans les années cinquante, à Paris, cette découverte passe par le Domaine musical ?
Le Domaine musical a représenté l'effort d'un seul homme, Pierre Boulez, non seulement pour révéler les œuvres de l'école sérielle, mais pour satisfaire les consciences avides d'avant-garde musicale. Et cette entreprise fut d'autant plus extraordinaire qu'elle était le fait d'un artiste isolé, dont le courage et la lucidité se sont alliés à une merveilleuse technique et ont proposé, d'un seul coup, des solutions à nos problèmes.
Le Domaine musical fut le lieu où l'on pouvait entendre les œuvres nouvelles qui venaient du monde entier (les très bonnes comme les moins bonnes — surtout les très bonnes !) et c'était quand même réconfortant de savoir que nous avions à Paris une sorte de creuset d'où émergeaient de temps en temps des chefs-d'œuvre.

Vous étiez un auditeur assidu du Domaine musical.
J'avais mes places attitrées. Quand j'étais à Paris, je ne manquais jamais un concert.

C'était l'époque où les occasions d'interpréter la musique nouvelle étaient rares.
C'est vrai. Pour entendre les œuvres d'avant-garde, il fallait suivre les manifestations du Domaine musical ou assister à des festivals. Les amateurs de nouveautés allaient donc régulièrement à Donaueschingen, Darmstadt, Venise, Varsovie, Royan.

J'aimerais connaître vos réactions sur les opinions concernant la «modernité» de vos œuvres. Au départ, elles ont paru terriblement modernes.
Je me souviens de la création parisienne de *Chronochromie*[3]. Il n'y avait que des ennemis dans la salle. A la fin de l'œuvre, tout le monde s'est mis à siffler, et quand je me suis levé pour aller saluer le chef d'orchestre, qui était Antal Dorati, un auditeur furieux s'est même penché hors de sa loge et je me suis baissé pour éviter de justesse un formidable coup de poing sur le crâne. Puis je suis monté sur la scène et les sifflets ont redoublé. Que pouvais-je faire ? J'ai levé les yeux, j'ai regardé le plafond de Maurice Denis, j'ai vu Parsifal qui dresse ses mains vers le ciel, et j'ai attendu que la tempête se calme.

Vous n'étiez pas spécialement impressionné ?
Non. Je me suis dit : ils sont de mauvaise humeur, cela marchera mieux la prochaine fois.

La modernité n'a qu'un seul temps. La musique sérielle, elle-même, appartient au passé, et pourtant elle était considérée, à l'époque du Domaine musical, comme l'alpha et l'oméga de la création, comme le passage indispensable, comme le seul courant valable de l'avant-garde.
Le seul courant ? Il y en a eu d'autres. J'en vois au moins un autre, tout aussi important, qui englobe la musique dite «électronique» et sa sœur aînée, la «musique concrète» ; et là, il faut tout de même mentionner le nom de Pierre Schaeffer, auquel tant de gens jettent la pierre, en oubliant qu'il fut

2 *Momente.* Œuvre de Karlheinz Stockhausen pour soprano, chœur et ensemble instrumental, créée à Cologne en 1962.

3 *Chronochromie.* Œuvre d'Olivier Messiaen pour grand orchestre, composée en 1958-1959, créée au festival de Donaueschingen en 1960 et reprise à Paris en 1962.

un grand découvreur de sonorités nouvelles, et ensuite le nom de son continuateur, Pierre Henry, auteur de l'extraordinaire *Voyage* (d'après le Livre des morts tibétain).

Avez-vous ressenti la tentation de la musique concrète ou de la musique électronique ?
Je n'étais pas doué. Autrefois, j'ai fait une œuvre de musique concrète : elle était très mauvaise. Les musiques concrète et électronique nous ont donné des timbres proprement inouïs, ainsi qu'une nouvelle conception du temps et de l'espace sonore. Maintenant, il est possible de reprendre leurs procédés tout simplement avec des instruments symphoniques ; c'est le cas de certains travaux de Xenakis.

Autre innovation : l'utilisation du hasard ou, plutôt de l'«aléatoire». Cette école fut lancée d'abord aux États-Unis par des musiciens comme John Cage ou Earl Brown, mais de nombreux compositeurs, dont certains sont aussi éminents que Boulez et Stockhausen, ont, à leur façon, sondé l'«aléatoire». Qu'en pensez-vous ?
Il faut considérer ces tentatives avec beaucoup de prudence ; c'est d'ailleurs l'attitude de Boulez. Personnellement, je ne crois pas au hasard. Xenakis n'y croit pas davantage puisqu'il le calcule : un hasard calculé n'est pas un hasard ! Je ne crois pas au hasard car je suis chrétien ; je crois à la Providence et je considère que tout ce qui arrive est prévu. Bien sûr, la liberté des événements est respectée mais, pour Dieu qui voit simultanément toutes choses, il n'y a pas de hasard. En outre, je pense qu'en art il y a une vérité, une version qui est la bonne, un choix qui s'opère automatiquement par le génie.
Une fleur, dont un insecte prend le pollen pour le répandre aux alentours, va sans doute susciter une autre fleur ; mais elle a envoyé une quantité de pollen capable de produire des milliers de fleurs ; néanmoins, une seule résultera de l'insémination faite par les pattes de l'insecte...
J'ajoute encore une dernière constatation qui est très grave ; il est impensable que l'homme qui n'a, à cause de sa nature même, qu'une vue fragmentaire et surtout successive des choses, puisse, sur n'importe quelle donnée, en concevoir tous les possibles avec leurs conséquences : *cela n'appartient qu'à Dieu.*

La classe d'Olivier Messiaen en 1952.

«LE MARTEAU SANS MAÎTRE» DE PIERRE BOULEZ

DOMINIQUE JAMEUX

Curieuse destinée que celle de cette œuvre célèbre et mal connue de Pierre Boulez, abordable et complexe, souvent enregistrée mais presque jamais jouée, et qui sert d'«étiquette» à son auteur jusqu'à valeur de périphrase: «l'auteur du *Marteau sans maître...*». Son histoire institutionnelle plaide en faveur du mythe: ce fut une œuvre maudite, envisagée en 1954 pour représenter la France au festival de la SIMC, au grand dam des représentants français, et créée le 18 juin 1955 sous la direction de Hans Rosbaud, avec pour soliste Sybilla Plate. Il fallut un coup de force pour la faire admettre à ce festival — avant qu'elle ne remportât de flatteurs succès sur les scènes européennes et mondiales. Étrangement, une sorte de défaveur la rend aujourd'hui moins présente dans les concerts de musique contemporaine.

UNE RÉFÉRENCE: «LE PIERROT LUNAIRE» DE SCHOENBERG

C'est Boulez lui-même qui, dans un article («Dire, jouer, chanter», 1963), souligna la parenté fondamentale de son œuvre avec celle de Schoenberg: construire un ensemble de pièces pour voix et petit ensemble, dont la nomenclature instrumentale varierait de pièce en pièce, et qui s'organiserait en trois cycles internes distincts. La référence est «voulue et directe». On remarquera, en outre, la durée identique des deux ouvrages (trente-cinq minutes). Un programme qui les réunit constitue évidemment une introduction idéale à la musique de notre temps.

Des différences nombreuses séparent cependant les deux œuvres. La plus spectaculaire — hormis l'évidente distance des langages — est l'organisation linéaire des trois cycles chez Schoenberg (n°s 1 à 7, 8 à 14, 15 à 21), tandis que l'œuvre de Boulez est d'organisation plus complexe — trois cycles, mais enchevêtrés. Le premier regroupe les pièces 1, 3 et 5 autour du poème de *L'Artisanat furieux*; le deuxième les pièces 2, 4, 6 et 8 autour de *Bourreaux de solitude*; le troisième

enfin se compose d'une pièce (n° 5) et de son *Double* (n° 9), à la manière de Couperin, autour du poème *Bel Édifice et les pressentiments*. Chaque cycle comprend donc au moins une pièce chantée (n°s 3, 5, 6 et 9), entourée, pour les deux premiers poèmes, de pièces de commentaires *a priori* ou *a posteriori*.

UNE INSTRUMENTATION ÉTUDIÉE ET MOBILE

Le tableau ci-contre donne le détail de l'instrumentation de l'œuvre, dont la nomenclature change à chaque pièce. L'ensemble va du seul soliste accompagnant la chanteuse (pièce n° 3) au tutti (pièce n° 9), en passant par diverses formules intermédiaires.

Cet ensemble est composé de six instrumentistes liés deux à deux par quelque caractère de leur instrument (y compris la voix):

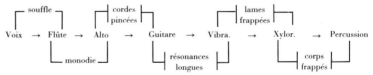

A noter la prédominance des instruments de tessiture moyenne: la voix d'alto, mais aussi la flûte en *sol*, l'alto, la guitare. L'imposante percussion, enfin, qui réunit les différents types de percussion (tambours, crécelles, idiophones) n'est jamais employée pour ses effets de masse, mais toujours en fonction de ses possibilités de couleurs, et concourt en particulier à la «trace exotique» que l'auteur revendique: «le xylophone transpose le balafon africain, le vibraphone se réfère au gamelan balinais, la guitare se souvient du koto japonais» (Boulez). Mais l'auteur précise bien que «ni la stylistique ni l'emploi même des instruments ne se rattachent en quoi que ce soit aux traditions de ces différentes civilisations musicales».

LE TEXTE ET LE TRAITEMENT DE LA VOIX

Les poèmes (et le titre même) du *Mar-*

teau sans maître sont empruntés à René Char, dont Boulez avait déjà mis en musique deux textes (*Le Visage nuptial* et *Le Soleil des eaux*). Le style de Char est ici plus ésotérique et vaut tant par ses fortes images que par les conflagrations sonores de ses vocables. Son absconsité empêche, en tout cas, toute tentation illustrative.

Une clé pour saisir le rapport «alchimique» qui régit la voix et le texte peut être l'observation des différentes *densités* dans la répartition du texte sur la musique. Tantôt un texte moyennement court (pièce n° 3, *L'Artisanat furieux*) est réparti sur une musique de courte durée, avec un résultat homogène dans sa densité. Tantôt un texte court émerge périodiquement de l'ensemble instrumental (*Bourreaux de solitude*) — laissé à lui-même pour des séquences plus ou moins longues (pièce n° 6). Selon l'un ou l'autre cas, le traitement de la voix sera différent: monosyllabisation ou chant très orné, rythme, débit, accentuation changeant à chaque fois.

Le caractère de chaque pièce est ainsi très différent. La première, la plus déroutante, est constituée de cinq énoncés successifs, dans un tempo très allant, d'où aucune ébauche mélodique, ou pulsation rythmique claire, ne peut être perçue: c'est dans le rapport des instruments entre eux que réside le processus constructif de la pièce.

L'ensemble sonne comme une «ouverture» très astringente. La deuxième pièce est un «rituel» basé sur une scansion obstinée de la percussion. La troisième est un duo flûte et voix, «citation» de la *Kranke Mond* du *Pierrot lunaire*. La quatrième surprend par l'absence de la flûte, qui a ordinairement un rôle «leader» à l'oreille. Il est particulièrement intéressant de

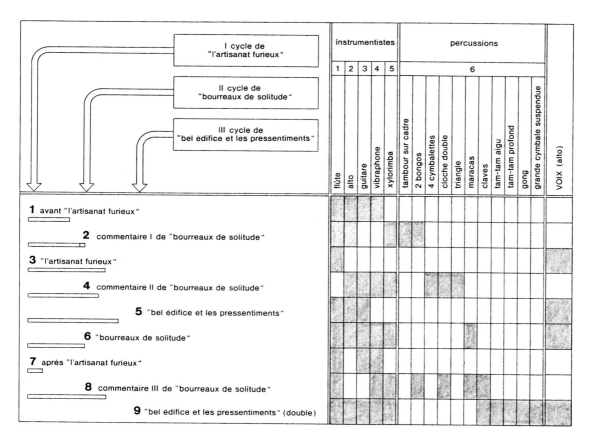

voir comment Boulez «double» sa cinquième pièce lors de la neuvième, où, sur le même texte, un caractère tout à fait différent est obtenu : passionné et véhément dans la pièce n° 5, plus serein et contemplatif dans la dernière pièce, où la voix, une fois énoncé son texte, continue bouche fermée et se perd dans l'ensemble instrumental, réduit à la flûte seule pour la dernière page. L'œuvre est souplement sérielle, avec parfois une utilisation très «bel canto» de la série (début de la troisième pièce) et un élargissement très imaginatif des règles dodécaphoniques : notamment à la fin de cette même troisième pièce, ou dans d'autres (jeux d'«échos», contrepoint, partage de la série, etc.).

Le Marteau sans maître «sonne» remarquablement bien, et inaugure la veine «hédoniste» de son auteur, qui le conduira jusqu'à Cummings ou Explosante-Fixe. On ne sait plus s'il faut davantage y admirer le bonheur sonore présent à chaque page, ou la rigueur d'écriture enclose en chaque mesure.

Extrait du Dictionnaire de la musique, *Larousse.*

Pierre Boulez
Le Marteau sans maître
Première édition discographique illustrée par André Masson
Enregistrement réédité en compact disc.

Dix
ANNÉES BOULEZ

DOMINIQUE JAMEUX

IL faut jouer le jeu du titre : durant les années 50, Pierre Boulez a entre vingt-cinq et trente-cinq ans. L'apogée de ce qu'on peut appeler, de manière générale, la jeune maturité d'un créateur. De fait, cette période est capitale pour le compositeur Boulez, marquée par des œuvres aussi décisives tant dans sa trajectoire personnelle que dans l'histoire de la musique contemporaine : le premier livre des *Structures* pour deux pianos (1952), *Le Marteau sans maître* (1954), la *IIIᵉ sonate* pour piano (1957), la première version intégrale de *Pli selon Pli* (1957-62). Autant d'œuvres, de chefs-d'œuvre, qui définissent à chaque fois une orientation nouvelle à l'intérieur d'une esthétique en voie d'unification.

Pourtant, avec Boulez, le compositeur, s'il est le premier, n'est jamais le seul, n'est jamais seul : il entraîne dans son sillage un autre personnage — un créateur en prise sur le monde musical contemporain. Pas encore un chef d'orchestre (on fera naître véritablement celui-ci un certain soir de 1963) mais plus seulement le chef d'une amicale avant-garde. Quelque chose de plus subtil.

LE CONCERT DU 18 JUILLET 1950

Dans la torpeur d'une soirée d'été, la saison finie, le public déjà parti au soleil et à l'eau, un concert au Théâtre des Champs-Élysées fait événement. L'Orchestre national de la radiodiffusion française, sous la direction d'un chef connu et respecté, Roger Désormière, donne notamment la première du *Soleil des eaux*, une cantate de Pierre Boulez pour trois solistes vocaux et orchestre de chambre (il s'agit du *Soleil des eaux* — l'œuvre connaîtra deux autres versions). Salle légèrement dégarnie, mais atmosphère électrique. On sent « qu'il va se passer quelque chose » (Maurice Le Roux). Boulez compositeur est *à peu près* inconnu — seul un cercle restreint a entendu ses premières compositions pour piano seul, dont une *IIᵉ sonate* créée trois mois plus tôt à l'École normale. Mais c'est un personnage déjà repéré. On sait qu'il a été l'élève de Messiaen, puis rapidement de Leibowitz, qu'il a une formation de

« mathématicien », et qu'il entraîne dans son sillage une petite cohorte de jeunes musiciens. Le concert de ce soir a une fonction : établir légitimement le compositeur à un niveau de notoriété au moins égal à celui atteint par le « personnage ». L'œuvre est acclamée. Sept minutes de musique sur un texte de René Char résonnant soudain comme une musique neuve, périmant d'un coup la musique moderne « instituée » de l'époque (Ibert, Delvincourt, Poulenc, Jean Françaix, Arthur Honegger...). Les critiques musicaux n'avaient pas encore pris la mauvaise habitude d'être bénins par prudence. Clarendon (Bernard Gavoty) dans *Le Figaro*, prend la défense des interprètes : « Victimes infortunées d'un tyran capricieux, que vous avez dû souffrir sans nous donner en échange de vos douloureuses prouesses le moindre plaisir ! [...] Affreuse tristesse de la musique inutile ! »

Le critique indigné, plus une belle salle, plus un grand orchestre, plus un grand chef : le mythe était constitué. Boulez entre avec fracas dans la vie musicale française.

Paradoxalement, cette « sécularisation » du phénomène Boulez — son entrée dans le « monde musical » — s'effectue au moment où le compositeur se « régularise » et se retire dans un couvent compositionnel... De 1949 à 1952, Boulez quitte un style marqué à la fois par l'exigence d'une écriture sérielle repensée mais point amendée, celle par exemple de la magistrale *IIᵉ sonate* (1948) ou avant du *Visage nuptial* (1946), mais que portait une rhétorique de l'incandescence, voire de la passion, de la véhémence : ce qu'on pourrait appeler son « artisanat furieux ». A trois reprises, il s'attache à une révision déchirante des principes mêmes de son écriture, ce qui veut dire pour lui : de toute écriture.

DE L'ÂGE LYRIQUE AU « DEGRÉ ZÉRO DE L'ÉCRITURE »

Messiaen vient de composer son *Mode de valeurs et d'intensités* (1949), où il esquisse quant aux hauteurs et au rythme une « sérialisation » cohérente. Boulez se saisit, afin de disposer d'un matériau neutre, de la même série, et systématise la démarche de Messiaen : ce qu'on a appelé la «sérialisation totale des paramètres» (hauteur des sons, durées, intensités, attaques). «Degré zéro de l'écriture» ? ainsi que Boulez, empruntant à Barthes, qualifia par la suite cette phase? Toujours est-il que l'œuvre qui en résulta, ce premier livre des *Structures*, et singulièrement la première créée à l'Unesco par l'auteur et son maître Messiaen le 4 mai 1952, allait résonner comme un manifeste : celui de la radicalité et de la rigueur théorique de la part de «la jeune génération».

Cette page mythique de trois minutes et demie avait été composée avant *Polyphonie X*, créée le 6 octobre 1951 à Donaueschingen par l'Ensemble du Südwestfunk de Baden-Baden sous la direction de Hans Rosbaud. Dix-sept instruments solistes, dont Boulez connaît encore mal le maniement. Une œuvre qui obéit à un «programme» abstrait, dont le principe — le croisement des différents paramètres — est stipulé dans le titre même de l'œuvre. Le résultat ne satisfait pas l'auteur, qui retire sa partition. Elle ne sonne pourtant pas si mal, pas plus mal en tous cas que tant de partitions inutiles. Celle-ci ne l'était pas, qui jouait le rôle de certaines recherches en science : indiquer les impasses.

La machine — en l'occurrence : le magnétophone à bande, tout nouveau tout beau! — allait-elle aider le compositeur à réaliser son idéal d'une musique dont le contrôle le plus absolu possible serait seul à même de garantir l'essor de l'imagination? La bande magnétique offre par rapport aux instruments, singulièrement concernant le paramètre des durées, un avantage certain : là où l'instrumentiste compte en secondes (subjectives), le compositeur de musique électroacoustique compte en centimètres, qui laissent moins de place à l'interprétation. Pierre Schaeffer vient de créer le GRMC (Groupe de recherches de musique concrète), installé rue de l'Université. Boulez y sera stagiaire quelques mois, le temps d'y composer deux études (*Étude sur un seul son, Étude sur sept sons*), en 1951-52. Un conflit, d'ordre à la fois personnel et théorique, ne manquera pas d'éclater entre Schaeffer et son équipe et les bouléziens — mais surtout, ce premier apprentissage effectué, Boulez ne sera pas satisfait de ses travaux. Par-delà les expériences également insatisfaisantes de *Poésie pour pouvoir* (1964) et d'*Explosante - Fixe* (1972), il faudra attendre une autre technologie (l'ordinateur), un autre cadre institutionnel (l'IRCAM) et un autre âge (les années 80) pour que la rencontre du musicien et de la machine soit féconde. Pour l'heure, Boulez retire de cette troisième expérience de «recherche fondamentale» à la fois quelques illusions en moins et une «main» incroyablement assouplie — en l'occurrence, un cerveau désormais prêt à donner d'autant plus librement essor à l'imagination que la technique de l'écriture a été repensée dans ses fondements ; les «influences» (Debussy, Webern, Messiaen...) entièrement assimilées sans aliénation, les *a priori* théoriques dépassés. Un article célèbre, «Éventuellement», paru en 1951, apparaît aujourd'hui comme le journal de cette expérience. «Recherches maintenant», qui paraît en 1954, indique déjà d'autres voies.

Pierre Boulez devant une page des
Structures *pour 2 pianos,*
à Hambourg en 1957.

Pierre Boulez
Le Marteau sans maître
(extrait)
*Premières mesures
de la pièce 9.*

LA CRÉATION DU DOMAINE MUSICAL

Il faut reprendre le fil de cette deuxième vie, étroitement tissé à la première, qui fait de Boulez, depuis 1950 au moins, un personnage de la vie musicale française. Rappeler d'abord — les histoires de la musique contemporaines sont souvent étrangement pudiques sur ces choses ! — la façon dont depuis 1946 et pour dix ans Boulez gagne sa vie : en étant «directeur musical» de la compagnie Renaud-Barrault. La séduction réciproque a fait l'objet d'évocations qui sont hors sujet ici. Mais on soulignera que cette charge absorbante, fatigante, souvent décevante de par les musiques de scène à diriger, aura eu pour triple contrepartie de permettre au compositeur de travailler en paix, au futur chef d'orchestre de se faire la main, et au musicien tout court d'élargir ses horizons — tournées, contacts, rencontres... — et de se confronter à la pratique artistique d'une soirée et d'un public.

L'épopée du Domaine musical attend encore son historien. Installé à l'ombre des Barrault-Renaud au Petit Marigny d'abord (1953-54), puis à Gaveau (1957), enfin à l'Odéon (1959), le Domaine mit vite au point la formule de son succès : une «ligne» esthétique très ferme, même si l'étude des programmes réserve des surprises — mais enfin : on était «joué au Domaine» ou on ne l'était pas —, l'agrégation d'un public éclairé hors du... domaine musical : littérateurs, peintres, philosophes, gens de théâtre ; des bases financières indépendantes et saines, alliées à une organisation active et rigoureuse, tenue en main avec énergie par l'âme de l'entreprise : Boulez lui-même. Mais le point le plus remarquable du «manifeste boulézien» que le Domaine constitua semble être, plus même que les œuvres créées et jouées, l'accent mis sur la qualité des exécutions. Boulez repart du mot célèbre de Schoenberg («ma musique n'est pas difficile, elle est mal jouée») pour en faire l'épigraphe de toute pratique institutionnelle dans le champ de la musique contemporaine. La leçon est toujours actuelle.

«LE MARTEAU SANS MAÎTRE»

Le Domaine réussit. Vite. Dès le milieu des années 50, Boulez avait triomphé des difficultés inhérentes à une entreprise de cette sorte et conquis véritablement un public, extraordinairement fidèle, patient, et exigeant. La presse fut loin de lui être farouchement hostile, et deux de ses meilleurs représentants (Claude Rostand et Antoine Goléa) furent là d'excellents relais d'opinion. D'autres, nombreux, se disposèrent sur les différents degrés de l'hostilité : la terre continua de tourner.

Reste une question, une hypothèse plutôt, d'une vive importance, mais dont la réponse ne sera probablement jamais donnée : par quelle alchimie obscure cette acception institutionnelle, qui se mêlait d'une telle considération presque affectueuse, a pu *aussi* conduire Boulez à une décrispation stylistique dont *Le Marteau sans maître* allait être l'éclatant exemple ? Non que l'œuvre soit relâchée, bien sûr : mais après celles de la période précédente, elle acceptait à plein la séduction sonore mais aussi formelle, et allait en quelque sorte d'elle-même à la rencontre de son public. Une création héroï-comique à Donaueschingen en 1955, où l'officialité française mène un baroud de déshonneur ; des reprises avec succès à Aix-en-Provence dès 1955 et au Domaine en 1956 (une des rares œuvres de Boulez à y avoir été jouée), différents solistes vocaux qui s'y affrontent déjà (Sybilla Plate, Marie-Thérèse Cahn, Jeanne Desroubaix bientôt), un disque, puis plusieurs, un ballet (Béjart) : l'œuvre devenait un fétiche de son auteur, et un des grands jalons de la musique du siècle, adressant un petit signe d'amitié et d'hommage au *Pierrot lunaire* auquel il y a toutes raisons de le confronter.

ET LA BARQUE VA

La barque boulézienne. Esquif agile, qui serpente au milieu de la vie musicale française en évitant — pas toujours — ses «basses de basalte et de lave», mais souvent aussi au milieu des approbations qui montent de ses rives ! Il n'est pas possible de raconter ici tous les épisodes d'une carrière qui est en plein déploiement ; mais seulement rappeler quelques jalons : le directeur du Domaine musical cesse d'être le directeur musical de son ami Barrault (1955). Récitals à deux pianos avec Yvonne Loriod ici et là, notamment en Allemagne (*En blanc et noir, Structures I...*) ; travail pour le cinéma (*La Symphonie mécanique*, de Jean Mitry, 1956). Une musique de scène pour *L'Orestie* d'Eschyle chez Barrault (1955).

Mais l'essentiel se passe à Darmstadt. Par une de ces dilatations du passé dont la mémoire individuelle et collective est familière, on fait de toute cette période des années 50 celle «de Darmstadt», où toute la créativité musicale européenne (Boulez, mais aussi Stockhausen, Berio, Nono,

Pousseur...) se serait régulièrement retrouvée. En fait, la petite cité allemande fut sans doute un creuset de la musique de l'époque, mais Boulez lui-même y vint fort peu. L'apogée de la présence boulézienne se situe en 1956, où l'Europe sérielle découvre Cage, où Stockhausen se montre tenté par l'introduction du hasard dans l'œuvre la plus écrite, où Boulez à la fois imagine une véritable «réforme» de la directionalité et de l'univocité des œuvres mais est plein de réticence envers toute perte de contrôle du compositeur sur son œuvre. En prime, audition de la *Sonatine* pour flûte et piano, déjà vieille de dix ans, qui frappe les esprits.

«L'ŒUVRE OUVERTE»

C'est dans ce cadre culturel et à ce moment de l'histoire que va se placer, en 1957, à quelques semaines de distance et au même endroit (Darmstadt, toujours), la création par David Tudor du *Klavierstück XI* de Stockhausen, et par Boulez lui-même de sa *IIIe sonate*. Les deux œuvres sont fort dissemblables, le même principe d'indétermination partielle du parcours de l'œuvre et la liberté relative laissée à l'interprète d'en assurer le déroulement sont différents chez l'un et l'autre, mais la convergence est tout de même trop forte pour être accidentelle : les deux musiciens, indéniables leaders dans leur pays respectif, engagent la musique dans une voie nouvelle.

On ne peut raconter en quelques lignes l'ensemble de la saga de «l'œuvre ouverte». L'idée que la partie à trois que joue toute œuvre musicale — compositeur, interprète, public — voie ses règles de jeu modifiées de telles façons que la «performance» de l'œuvre apparaisse sous des jours changeants a inspiré peu ou prou la quasi-totalité de la musique issue du courant sériel depuis 1957 et pour une bonne dizaine d'années au moins. Boulez lui-même continuera dans cette voix avec des œuvres comme *Pli selon Pli*, mais surtout le deuxième livre des *Structures* (1962), *Éclat* (1964-65) et *Domaines*. Des traces d'«ouverture» subsisteront dans *Rituel* (1974), éliminées de versions ultérieures. L'«ouverture» de l'œuvre, à vrai dire fort limitée chez Boulez et qui se réduit pratiquement (et «réalistement») souvent à une pratique de l'*ossia*, malgré certaines dénégations du compositeur, a coloré toute une période de l'histoire contemporaine de la musique, et se trouvait en phase avec des préoccupations analogues dans des champs voisins : *L'Œuvre ouverte*, d'Umberto Eco, parut en 1958.

L'EXIL ET LE RETOUR

On sent qu'une période s'achève, qu'une autre commence. Le départ de Boulez pour l'Allemagne et son installation à Baden-Baden (janvier 1959) marque une rupture mais aussi — à terme — la chance d'une reconnaissance. Pas seulement celle du pays d'adoption, de son sérieux musical, de ses

possibilités, notamment grâce aux radios (et singulièrement à Heinrich Strobel) d'un travail véritable. Mais aussi pour la France elle-même, qui n'eût beaucoup plus tard pas offert à Boulez d'y revenir en gloire s'il n'en n'était pas parti. La carrière du chef se profile à partir du moment où Boulez franchit le Rhin.

Et ce départ, accueilli souvent en France par un soulagement furieux, s'effectue au moment où le compositeur fait retour sur lui-même au moyen d'une lecture d'un grand texte français : les sonnets de Stéphane Mallarmé.

Retour sur lui-même : car *Pli selon Pli*, dont les différentes étapes vont se dérouler durant le passage d'une décennie à l'autre, n'est pas seulement le grand chef-d'œuvre où s'aboutit toute une jeunesse et où s'exerce une maîtrise. Une connivence étroite la lie à la *IIIe sonate*, via Mallarmé précisément. Mais là où l'œuvre pour piano interrogeait la pensée compositionnelle elle-même au moyen d'une réforme du dispositif formel, les sonnets mallarméens posent à un degré de plus grande abstraction, et en même temps de façon presque pathétique, la question de la composition elle-même. Ce que nous appelons un mythe de création. A la fin des années 50, le catalogue boulézien est encore *rare*. Et splendide. Mais il porte, fiché en son cœur, une interrogation que seules plusieurs années ultérieures dénoueront :

Le Vierge, le vivace, et le bel Aujourd'hui
Va-t-il nous déchirer avec un coup d'aile ivre
Ce lac dur oublié, que hante sous le givre
Le transparent glacier des vols qui n'ont pas fui !

Pierre Boulez et l'ensemble
du Domaine musical
à Donaueschingen, en 1959.

597

XENAKIS MUSIQUE ARCHITECTURE

PROPOS RECUEILLIS PAR JEAN-NOËL VON DER WEID

COMMENÇONS *par camper l'environnement histo-rique. En Grèce, vous aviez pris le maquis, subi la prison, les camps, la torture, et un terrible acci-dent qui vous a fait perdre un œil. C'était un 1er janvier, dans la nuit de 1944 à 1945. A la suite de cela, vous avez dit : «Dès lors, j'ai été obligé de réfléchir plutôt que de sentir, je suis donc arrivé à des émotions beaucoup plus abstraites...»*
C'était un éclat d'obus de char. D'où des pertes d'équilibre, plus de prise directe avec la réalité et des sons dus à l'explosion que j'ai encore dans les oreilles. En outre, arrivé ici, j'étais complètement seul et désabusé par les déboires d'une idéologie, la mise en berne de toute une confiance dans l'homme, dans l'humanité et dans la paix.

Est-ce que, lors de ces années 50, vous pensiez que la France restait vraiment cette terre d'asile, de diffusion de la musique où les compositeurs venaient s'installer comme au début du siècle ?
Je ne sais pas. Ce que je puis vous dire, c'est que lorsque je suis arrivé ici, en 1947, il n'y avait pas de problème de réfugiés, de racisme. Tout au moins, je ne l'ai pas remarqué. Mais j'étais un individu quelconque, sans patrie, ni famille ni rien. Ingé-nieur, oui, mais sans consistance sociale.

Pensez-vous que durant les années de l'après-guerre régnait une manière d'esthétique du diver-tissement en musique ? J'aimerais faire ici un rap-prochement historique en vous donnant l'exemple du film Nosferatu le vampire, *celui de Murnau : la peste provoque des hécatombes, et les gens dansent, font la fête, etc. Est-ce que, esthéti-quement, et toutes proportions gardées, vous pensez qu'il a pu se produire quelque chose d'analogue, une espèce de libération ?*
Oui, sans doute ; la Libération a apporté une bouffée de liberté et des possibilités d'avenir. Mais c'était un climat d'après-guerre, d'après les catastrophes. Moi, je travaillais beaucoup, j'étais isolé et désespéré, même dans ce calme, cette paix qui existait à Paris. C'était formidable par rap-port à ce que j'avais connu.

C'est à cette époque que vous allez voir Nadia Boulanger qui vous refuse dans sa classe de com-position...
C'est exact. Je vais la voir avec des compositions pour piano. Elle me dit que j'avais du talent, mais que j'étais trop ignare, qu'en outre elle était trop vieille et ne pouvait s'occuper de moi. Je me suis alors rendu à l'École normale où enseignait Ho-negger, mais avec qui j'ai eu une prise de bec. Puis j'ai rencontré Darius Milhaud, personnalité magnifique, qui m'a prodigué quelques conseils.

Puis il y eut Messiaen, qui vous accepte, et qui a déclaré : «Xenakis avait une telle personnalité qu'il n'avait pas besoin d'un professeur», comme il l'a également dit pour Boulez. Alors, quel im-pact Messiaen a-t-il eu sur vous ? Est-il plus pé-dagogue que compositeur ?
Je pense que Messiaen a apporté beaucoup de choses en musique. Il était pédagogue, assu-rément, parce qu'il n'essayait pas d'influencer ses élèves comme un professeur, un maître. Très ou-vert, il se livrait à l'analyse de toutes sortes de musiques. Son attirance pour les mathématiques, son instinct, son intuition, lui ont fait écrire des pièces remarquables, car originales. Un exemple : c'est le seul qui ait, depuis Debussy et Bartók, pensé au problème des échelles mais avec un noyau théorico-rationnel neuf. En outre, il a élargi le champ du rythme en étudiant les rythmi-ques grecque et hindoue. Il avait sa méthode bien à lui, qui était d'un type, disons permutationnel, combinatoire, qu'il appliquait d'une manière libre, intuitive. Une combinatoire peut-être plus riche que celle des musiciens sériels.

Contre lesquels, en 1955, vous publiez de vio-lentes et fameuses critiques...
Pas violentes, très douces ! Je faisais une critique, tout simplement, sans morigéner quiconque. En revanche, je préconisai un projet qui introduisait une expression mathématique de la musique. Là, j'ai dû affronter l'assaut de tous les sériels : la critique de leur musique était une question de

rapports entre le côté théorique et le résultat. Le résultat, pour moi, ne passait que par une nécessité théorique, telle qu'elle était présentée. La complexité trop dense, parfois, de la musique sérielle fait que l'homme ne raisonne plus de la même façon. Mais de manière statistique, ce qui est précisément une défense de l'homme devant la complexité. La statistique n'a pas été inventée par les mathématiciens; tout le monde est statisticien, c'est un comportement naturel.

Il faut être statisticien pour jouer vos partitions...
Non, c'est une approche différente de celle de la polyphonie qui demande une écoute et une intelligence de la musique à double sens. C'est-à-dire que lorsque vous l'écoutez, vous pouvez la transcrire, et quand vous l'écrivez vous pouvez l'écouter. Or, il y a des phénomènes sonores impossibles à transcrire mais qu'on saisit et comprend globalement. La nature, par exemple, fourmille d'événements sonores dont on ne peut rendre compte. Mais revenons à notre période charnière: passionnante parce qu'il y avait la musique classique; celle de Messiaen commençait d'être reconnue, René Leibovitz et Hermann Scherchen introduisaient la musique sérielle; ce mouvement a été suivi par le Domaine musical qui l'a amplifié. Devant cette abondance de tendances différentes, j'écoutais, j'essayais de penser. J'ai assisté au premier concert de musique concrète au Petit Conservatoire: je trouvai cela intéressant du point de vue technique, mais blême pour ce qui est du côté sonore. Néanmoins, j'aurais voulu travailler avec eux.

Face à ce foisonnement d'éclosions, sentiez-vous que votre voie était tracée?
Pas du tout. D'ailleurs, je ne sais pas si ma voie était tracée, car je n'en ai pas. Si vous croyez en suivre une, fuyez. Je ne savais rien, je n'étais rien. J'ai assemblé certains éléments et voilà, j'ai fait ma musique comme cela. Des affectuosités internes, de violentes poussées et, comme je le disais, le désespoir. Mais je bénéficiais des vastes possibilités de Paris à cette époque: peu de gens s'intéressaient à la nouvelle musique, beaucoup moins de médias, nous vivions comme en province où la sélection est plus rigoureuse; les informations ne nous abreuvaient pas tous azimuts, mais elles étaient plus précises; les critiques se trouvaient de notre côté (aujourd'hui il n'y a plus de discussions); le public, quand il n'aimait pas une œuvre, hurlait, sifflait. A l'heure actuelle, même si une pièce ne lui plaît pas, il s'endort, s'en va ou ne dit rien.
Donc, après la guerre, Paris, comme aucune autre ville, sursautait sous les chocs artistiques, vivait de constants moments d'effervescence. Manière de capitale culturelle — surtout musicale —, elle se différenciait du festival de Darmstadt: la première faisait la première place au public; le second, à des spécialistes ou des compositeurs en herbe.

Parlez-nous de votre discours théorique à l'époque.
La musique était aussi présente pour ce qui est de l'esthétique que du théorique. Mais je ne pensais pas qu'il fût nécessaire que l'auditeur comprît les théories sous-jascentes à mes œuvres. Parce que la musique n'est pas reçue comme cela. Les théories, il faut les sentir; après seulement, on

Xenakis à sa table à dessin avec Le Corbusier.

Le pavillon Philips, conçu par Le Corbusier et Iannis Xenakis (Exposition Universelle de Bruxelles en 1958).

1 *Le Compositeur et l'ordinateur,* publication IRCAM-Centre Georges Pompidou, 1981. I. Xenakis, *Musiques formelles,* Paris, Stock-Musique, 1981.

peut essayer de les comprendre. En revanche, j'attribuais une importance fondamentale à l'explication des prémices théoriques de ce que je composais. Sans tout élucider, car je ne puis le faire et ne peux décrire l'évolution exhaustive de telle ou telle pièce, comme dans *Pithoprakta,* qui ne dure que neuf minutes, mais où le temps de calcul fut très long. Je puis le décrire d'une manière en quelque sorte descriptive.

Les années 50, c'est aussi l'ordinateur.
Oui, j'ai été l'un des premiers à m'y intéresser — ce qui est tout à fait naturel. Non en raison de l'existence de l'ordinateur, mais parce que celui-ci m'offrait de grandes facilités de calcul. Mais je ne vais pas insister sur les rapports entre la musique et la science, dont j'ai longuement parlé[1]. En revanche, entre musique et lumière : je me suis

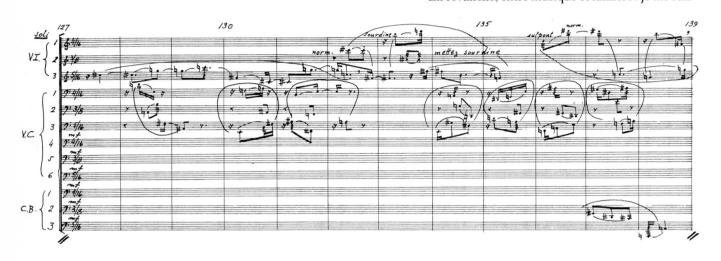

Iannis Xenakis
Metastasis (extrait), 1954.
Soli, mesures 127 à 150.

aperçu que ce que je faisais en musique, je pouvais le transposer dans le domaine visuel. Toute la théorie que j'avais élaborée pour la musique devenait possible dans ce domaine. Cette théorie est possible encore aujourd'hui, mais avec d'autres moyens et dans un espace à trois dimensions. Je pense que les possibilités offertes à l'homme et à l'artiste ont considérablement augmenté. Ces possibilités nouvelles, ce sont les équipements, les machines qui nous permettent d'exécuter des œuvres, des objets qui n'existaient pas auparavant. Ce qui pose des problèmes : en tant que créateur, artiste, l'homme doit dominer tout cela ; c'est pourquoi il n'est pas formé. Il faudrait pourtant qu'il le soit pour que son pouvoir soit plus intelligent, plus sensible. Quant à l'auditeur, au spectateur, il n'a pas besoin de pénétrer dans nombre d'élaborations scientifiques ou très techniques, car l'homme est fait de telle manière qu'il assimile vite les formes et les structures. A savoir qu'il se lasse rapidement des inventions, des technologies nouvelles. Dans les années 50, lorsqu'on voyait passer un avion, de temps en temps, on croyait au miracle. Alors qu'aujourd'hui...

*Pensiez-vous, à ce moment, à la formidable évo-
lution de la technologie, l'arrivée des systèmes
experts, de la robotisation, etc. ?*

Oui, car c'était déjà un phénomène inéluctable.
Est-ce que les machines vont pouvoir un jour
remplacer l'homme, c'est-à-dire avoir les mêmes
qualifications que lui, avoir une psyché, des sentiments ? Ce n'est pas impossible, mais quelque
chose, sans doute, les différenciera, car l'homme
n'a peut-être pas le pouvoir d'aller plus loin : il
n'est pas complètement un dieu.

La machine a la mémoire. Elle sait calculer, je
sais la programmer. On m'objectera que la mémoire humaine est le souvenir qui évolue tout le
temps, tous les jours, s'alourdit de nouvelles
images : or il peut y avoir des machines évo-
lutives. On fait souvent des confusions quant au
processus de pensée de l'homme ; dans notre cer-

veau aussi, il y a des *0* et des *1* : lorsqu'une dé-
charge électrique de neurones se produit, ce peut-
être *oui*, ou *non*. Il n'y a aucune raison pour que
l'on ne construise pas des machines qui seront à
l'égal des hommes : je pense que cela se fera, dans
très longtemps.

*Quels rapports entreteniez-vous avec les composi-
teurs des années 50 ?*

J'en avais très peu. Je ne voyais presque personne.
Les deux compositeurs avec lesquels j'eus de véritables contacts, à la fois personnels et esthétiques,
furent Varèse et Messiaen. Pour terminer, j'aimerais parler de Hermann Scherchen qui créa précisément *Déserts*. de Varèse, en 1954 au Théâtre
des Champs-Élysées, et qui déclencha un immense chahut. Ce personnage, tout à fait spécial,
fut l'un des seuls à si bien connaître la musique
du XXᵉ siècle, celle de Schoenberg, de Webern, de
Stravinsky, et à la promouvoir. Indépendant,
sans compromission, il fonda, avec l'argent qu'il
gagnait en tant que chef d'orchestre, la revue
Gravesaner Blätter, à laquelle il me pria de collaborer. Voilà comment j'ai commencé d'écrire.

UNE RENAISSANCE

JEAN-NOËL VON DER WEID

RÉFLÉCHIR sur la musique, plus encore la juger, est intimement lié à l'histoire, à la philosophie. Ce que réalisa précisément un Theodor Adorno : non pas tant l'analyse technique de telle ou telle œuvre — essentielle, il est vrai —, mais plutôt la façon qu'il a de situer l'importance de l'œuvre au sein de la société, la manière de dépeindre l'«environnement» de la musique, d'analyser la destinée de telle ou telle pièce, la nécessité de son existence. En d'autres mots, le discours que tient Adorno à propos de l'œuvre est dialectique, car il juxtapose musique et sociologie.

Peu de temps après avoir dominé l'Europe, l'Allemagne devient un simple enjeu de politique internationale. Le traumatisme éprouvé, les bouleversements subis par la société et le système politique, les changements introduits par les occupants laisseront des séquelles définitives qui font de 1945 une date clé de l'histoire allemande.

Le pays se relève de ses ruines (Wolfgang Rihm disait que la plupart de ses œuvres étaient marquées par les bruits insinuants que faisaient marteaux-piqueurs et autres bulldozers). Les morts, les mutilés, les prisonniers se comptent par millions. L'argent a perdu toute valeur. D'où une profonde démoralisation. Ce n'est que lors de la réforme monétaire de 1948 que le désordre matériel et moral s'atténue, pour engendrer une course éperdue à l'enrichissement, peu favorable à la réflexion.

Il en est de même pour l'art. L'ère nazie l'avait condamné. Dès la liberté recouvrée, les compositeurs allemands se sont jetés avec frénésie dans des recherches audacieuses. Le fil de l'évolution musicale avait été coupé (Bernd Alois Zimmermann, par exemple, eut douze années décisives de sa vie gâchées par le nazisme entre quinze et vingt-sept ans), et une nouvelle génération de créateurs le reprit. Il est certain que les compositeurs nés durant le grand chambardement musical des années 20 et dont le cursus correspondit à la décennie de désintégration sociale aboutissant à la Seconde Guerre mondiale éprouvèrent le désir de fondre leurs diverses individua-lités dans la sécurité engendrée par l'anonymat d'un mouvement collectif d'avant-garde. C'est alors que des compositeurs de toutes nationalités (B. Maderna, G. Ligeti, M. Kagel, F. Donatoni, L. Berio, L. Nono, S. Bussotti...) convergèrent vers des lieux de rencontres régulières, comme le festival de Darmstadt (créé en 1946) où, chaque année, avait lieu un cours d'été de deux semaines. Ou celui de Donaueschingen, fondé il y a plus d'un demi-siècle. Bien sûr, le problème d'un renouvellement de la pensée musicale concernait d'abord et surtout la génération des jeunes Allemands complètement désorientés dans leurs propres traditions culturelles.

Néanmoins, la situation générale de la musique dite nouvelle ou expérimentale n'était pas transcendante dans nombre de pays du monde. Aussi, le besoin d'un renouvellement se fit-il bientôt plus fort que les spécificités de la situation allemande.

LE FESTIVAL DE DARMSTADT

Darmstadt est alors synonyme de l'idéal de toute une génération de compositeurs et constitue, grâce à ses conférences, séminaires, concerts et cours d'instruments, lesquels furent souvent un catalyseur pour la littérature instrumentale grâce à des musiciens comme A. Kontarsky, D. Tudor (piano), S. Gazzeloni (flûte) ; cours de direction d'orchestre avec B. Maderna, H. Scherchen ; cours d'esthétique avec T. Adorno ; cours d'acoustique avec H. Eimert et W. Meyer-Eppler, la plaque tournante où s'élabore un nombre croissant de théories quasi scientifiques publiées chaque année. Car suite au développement des échelles de durée par O. Messiaen, de simples calculs numériques et des principes acoustiques élémentaires gagnent peu à peu les processus compositionnels.

Parmi les créateurs qui prêtèrent leur concours à cette nouvelle orientation, il convient évidemment de citer Messiaen, qui participe au festival en 1949 et 1952, et Edgard Varèse en 1950. Mais c'est le jeune Pierre Boulez qui, avec son cri,

*La Philharmonie de Berlin, extérieur et intérieur
Architecte : Hans Scharoun.*

«Schoenberg est mort», donna le signal du départ dans ces années 50 de Berio, Pousseur, Nono, Stockhausen.

Une des grandes et originales forces de Darmstadt fut de regrouper plusieurs fonctions complémentaires : diffusion, production, enseignement, information, tous domaines qui conservaient leur intégrité les uns par rapport aux autres. Les cours et conférences, eux, furent regroupés dans un ensemble de fascicules, les *Darmstädter Beiträge*, primordiaux pour comprendre la musique d'aujourd'hui.

Autre témoignage de cet appétit de recherche et de création, le festival de Donaueschingen. Qui prend sa véritable ampleur en 1950 sous l'impulsion du critique et musicologue allemand, Heinrich Strobe (d'une indépendance intellectuelle et esthétique rare), ainsi que la radio de Baden-Baden (Südwestfunk). Ce festival, théâtre de la presque totalité des créations contemporaines les plus marquantes, est alors reconnu dans le monde entier comme le symbole d'une manifestation audacieuse et novatrice.

KARLHEINZ STOCKHAUSEN

Parmi les compositeurs les plus saillants de cette époque, un premier nom sourd au bord des lèvres, celui de Karlheinz Stockhausen (né en 1928), principal représentant, avec le Français Pierre Boulez et l'Italien Luigi Nono, des courants sériels, puis post-sériels. Stockhausen introduit des inventions audacieuses dans tous les domaines de la composition. Les *Zeitmasse*, pour cinq instruments à vent (1955-1956), peuvent être considérées comme l'aboutissement de ces travaux et d'une influence décisive sur l'orientation de la musique d'avant-garde des années 50. Très vite aussi, il se dégage des risques de dogmatisme et apparaît comme un pionnier dans toutes les directions qui vont caractériser l'évolution de la composition moderne, telles que la musique aléatoire et la musique électronique, laquelle explose en 1945 et constitue une rupture radicale avec les formes anciennes. *Gesang der Jünglinge* (1955) et *Klavierstück XI* (1956) constituent les jalons importants de cette recherche. Pour ce qui concerne ces nouvelles sources de production du son (grâce à l'électricité et à la possibilité de former toutes les caractéristiques sonores à partir de cette seule technique), Stockhausen pense qu'il a «le privilège, dans l'histoire de cette planète, d'appartenir à une génération qui, aussi bien dans les sciences atomiques, la conquête de l'espace ou les découvertes biologiques, a injecté à la conscience humaine des données nouvelles dont l'interprétation demandera plusieurs siècles à l'humanité, avant qu'une nouvelle révolution se fasse jour». Dès les années de l'après-guerre, donc, toute la conception du monde sonore se trouve bouleversée. Il en va de même pour la conception de l'espace musical. Des œuvres sont créées, où le public est environné par des sons. «Toute l'exécution, ajoute Stockhausen, se voit transformée en un nouveau rite musical [...]. L'art doit tirer les gens par les cheveux pour les conduire vers l'avenir. C'est comme une montagne à gravir. Plus elle est élevée, plus l'ascension est stimulante. La musique fait entendre, dans cette ascèse, une voix spécialement secrète et spirituelle. Celle du génie, la bouche de l'univers par laquelle nous parvient la vérité.»

Chez Stockhausen, aussi, la guerre est omniprésente. Voici ce qu'il déclara à Maurice Fleuret[1] : «Bref / Je suis un enfant de la guerre / ou / de la préparation d'une grande guerre / un grand changement en Europe / et de la guerre même, et de la période après la guerre [...] / bon la guerre qu'est-ce qu'on peut dire / elle m'a marqué énormément.»

ZIMMERMANN, HARTMANN, SCHNEBEL

Autre figure de proue : Bernd Alois Zimmermann (1918-1970), l'un des compositeurs les plus importants de l'après-guerre, dont l'œuvre est celle d'un indépendant. Contrairement à Stockhausen, «il n'a jamais tiré un trait sur le passé et rêvé d'un degré zéro de l'écriture musicale» (Ph. Albèra). Sa conception fondamentale est celle de la «sphéricité du temps». A savoir que le temps change de signification, que notre perception du temps, depuis les théories de la relativité d'Einstein, est devenue autre. Pour ce compositeur, le successif devient simultané : «Après Leibniz et Newton, le temps objectif, de même que l'espace, possédera une réalité *absolue*. Contrairement au concept rationaliste et mécaniste du temps comme succession extérieurement mesurable, nous trouvons depuis Bergson la représentation du temps *intérieur, réel*, considéré comme le temps du mouvement pur, de l'écoulement et de la durée [...]. Le concept du mouvant et du changeant, le flux perpétuel, était à vrai dire une pensée à laquelle Leibniz n'attachait pas peu d'importance, et cela sonne presque comme une "considération inactuelle" lorsque Leibniz dit que "tous les corps sont dans un flux perpétuel comme les rivières"[2].»

Hans Werner Henze, lui (né en 1926), dont les études furent également interrompues par la guerre, séjourna aussi à Darmstadt : ses *Variations pour piano* (1949) en témoignent. Son œuvre, abondante et controversée, comporte une *Symphonie n° 3* qui fut créée à Donaueschingen en 1951 sous la direction de Hans Rosbaud (qui ne fut pas sans influencer Pierre Boulez chef d'orchestre).

Autre grand compositeur, son compatriote, qui l'a précédé d'une courte génération, Klaus Amadeus Hartmann (1905-1963), qui, dès 1945, fonde à Munich, pour faire connaître les œuvres contemporaines, l'importante association Musica Viva, laquelle lui a survécu jusqu'à aujourd'hui.

1 Maurice Fleuret, *La Musique et l'Enfant,* éd. des Jeunesses musicales de France, 1975.

2 Bernd Alois Zimmermann, *Contrechamps,* Lausanne, L'Age d'Homme, 1985.

En 1953, il est nommé président de la section allemande de la Société internationale de musique contemporaine. Sa musique, qui s'apparente à l'expressionnisme d'un Berg ou, en littérature, d'écrivains aussi marqués par la guerre que Böll ou Borchert, est, généreuse et dramatique, celle d'un humaniste et d'un démocrate passionnément engagé. Hartmann fut également présent à Donaueschingen (*Deuxième Symphonie*, pour grand orchestre, créée en 1950). Le fer rouge de la guerre, la révolte, la détermination farouche qu'ils lui inspirèrent transparaissent aussi dans sa *Deuxième Sonate*, intitulée « 27 avril 1945 », qui porte l'épigraphe : « Le 27 avril 1945, nous vîmes passer dans les rues de la ville le cortège lamentable, le fleuve humain de 20 000 prisonniers sortis du camp de Dachau. Infini était le fleuve. Infinie était la misère. Infinie était la souffrance. »

Mais il y a d'autres engagements : ceux de Dieter Schnebel (né en 1930), l'un des plus importants compositeurs allemands post-sériels, qui se consacra à la théologie protestante, à la philosophie et à la pédagogie musicale. Il participe aux cours d'été de Darmstadt, où il rencontre Nono, Boulez, Henze, mais aussi Adorno, qui lui fait reconsidérer son travail de composition. Ce qui n'empêche pas celle-ci de blesser à vif, de laisser pantelant, de charrier en vrac des sons harmonieux et des bruits organiques. Les voix s'y étranglent, les souffles s'y épuisent. Faut-il y voir de l'humour, la joie de vivre qui exhale son dernier balbutiement en présence d'un terrible danger, telle la peste dans le film *Nosferatu le vampire* (celui de Murnau), où tout le monde danse et fait la fête ? Déjà, durant l'après-guerre, pourtant — et préfigurant notre aujourd'hui —

tout était interdit : le bonheur, la santé, la jouissance. Schnebel, comme beaucoup d'autres compositeurs, proteste « contre le monde qui arrive à sa fin. Mais il y a tant de choses contre lesquelles nous devons protester et si peu de moyens musicaux pour y parvenir ! On ne peut charger la musique d'un message politique. Pourtant elle peut donner une indication, fournir un objectif, chanter pourquoi on est contre et pourquoi on proteste[3] ».

UN CARREFOUR, UN LIEU D'ACCUEIL

Quant à Pierre Boulez, il se présentait déjà comme une des personnalités les plus importantes, mais aussi les plus énigmatiques de la musique d'alors. En raison, peut-être, des champs musicaux, nombreux et variés, qu'il balaie. En subissant des influences, bien sûr : « Ce qui est intéressant, c'est non pas d'absorber directement les influences, mais de les abstraire de la musique et de les prendre comme telles[4]. » Toutefois, il pense que du point de vue de la forme « c'est la musique allemande qui [l']a le plus influencé ».

Nous l'avons dit, le monde musical est bouleversé. Boulez avec son passé de mathématicien (débutant) et l'affiliation dodécaphonique font que les mélomanes éprouvent un malaise envers la création contemporaine (ce qui perdure, comme pour Xenakis). « Des partitions peu déchiffrables, des photos des cours donnés à Darmstadt ou ailleurs — où l'on voit Stockhausen ou Boulez manier la craie et le chiffon pour disposer sur le tableau des hiéroglyphes indéchiffrables —, des textes et des analyses remplies de chiffres ont décidément accrédité cette idée : la musique est devenue affaire de mathématiciens, fort intelligents mais au cœur sec, à la sensibilité bridée, à

3 Dieter Schnebel, *Le Monde de la musique*, n° 30, janvier 1981.

4 Pierre Boulez, *Le Monde de la musique*, n° spécial, Musica '85.

*Karlheinz Stockhausen lors d'un séminaire
à Darmstadt en 1959.*

5 Dominique Jameux, *Pierre Boulez,* Fayard/Sacem, 1984.

6 G. Ligeti, *Le Monde de la musique,* n° 32, mars 1981.

l'explication ésotérique[5].» Si les synthétiseurs numériques et les palettes graphiques ne constituent plus aujourd'hui un barrage inaccessible à l'innocence des sons, à la peau délicate des rêves, c'est bien à ces créateurs que nous le devons. Car ils ont compris que notre monde, la modernité ne devaient pas être relégués au musée de creuses et flasques nostalgies.

L'Allemagne, lieu de rencontre, nous l'avons dit. Mais pays où, également, des compositeurs se fixent. Ainsi, l'Italien B. Maderna (1920-1973), qui dispensa régulièrement son enseignement à Darmstadt, dès 1954. De quelques années l'aîné de Berio, Nono et Boulez, il joua un rôle essentiel dans la naissance de l'«avant-garde» italienne d'après la Seconde Guerre mondiale. A Darmstadt encore, Maderna fut le premier à analyser les œuvre de John Cage (1957) et à allier un instrument à l'électronique. Une fois encore, ouverture vers l'extérieur dans un pays où les artistes avaient été considérés comme «dégénérés», et avaient les menottes aux poignets.

Mauricio Kagel s'établit à Cologne en 1957. Ce musicien sud-américain, né en Argentine (pays qui reste pour lui le symbole des généraux, des fonctionnaires ubuesques et de la nauséabonde Église), était comme prédestiné à s'installer en Allemagne. Car il résume tous les paradoxes et les distances infinies : depuis l'Occident renaissant, le romantisme germanique, la philosophie hégélienne et l'esthétique d'Adorno — mais aussi Brecht — jusqu'à la théologie négative, sans oublier les innombrables formes de chamanisme et de magie. C'est le principal paradoxe : depuis qu'il vit en Allemagne, Kagel sape les bases de l'esthétique. Mais derrière cette formidable entreprise de démolition, usant de l'absurde, de l'ironie (autre rapport à la littérature : le rire sous-jacent et omniprésent de Kafka), il y a aussi beaucoup de tendresse, de la délicatesse, et de la musique avant tout. Face à cet après-guerre, où ne demeuraient plus que l'inanité de nos espoirs,

la désolation de nos joies (le «*K(l)agellied*»), Kagel édifia d'étranges et somptueuses ruines esthétiques.

Autre compositeur de première importance venu se fixer en Allemagne, le Transylvanien, naturalisé autrichien, G. Ligeti. Également homme de contrastes et de paradoxes, il nous propose allusions, illusions, reflets, doubles sens — nous donne la clé des mensonges. Il me déclarait qu'il n'y avait pas aujourd'hui de renouveau musical aussi puissant que dans les années 50 : «Peut-être est-ce dû au fait que les œuvres de Boulez, de Stockhausen, aujourd'hui académiques, pèsent encore trop lourd sur les jeunes[6].» Mais lui, se qualifie lui-même de vieux révolutionnaire d'avant-garde, puisque depuis il aime à égalité la pop, le tango et même Mozart.

La musique en Allemagne, durant les années 50, ne fut-elle pas la jouissance comme forme d'opposition à tout muselage, à tout pouvoir ?

Karlheinz Stockhausen
Klavierstück XI *(extraits)*, 1956.

Peter Schat, Monika Lichtenfeld, Christoph Caskel, Jacques Calonne, Mauricio Kagel, György Ligeti, Franco Evangelisti (de g. à d.) à Darmstadt en 1958.

Pierre Boulez, Bruno Maderna et Karlheinz Stockhausen à Darmstadt en 1956.

«KLAVIERSTÜCK XI» DE KARLHEINZ STOCKHAUSEN

JEAN-NOËL VON DER WEID

Stockhausen a composé un cycle de onze «pièces pour piano» (ses «dessins», comme il les a appelés), de dimensions très diverses, écrites entre 1952 et 1961 (il prévoit d'en composer vingt et une — nombre aussi déterminé que mystérieux; car Stockhausen ne néglige point l'étude des numérations écrite, figurée ou parlée). A cette époque, sa pensée, comme il le déclare, était bousculée, stimulée par la «musique électronique, pointilliste, spatiale, aléatoire, calme, statistique»,

bref un athanor où brûlaient maintes tendances.

Le *Klavierstück XI*, écrit en 1956, fut, avec la *IIIe sonate* (1957-1958) de Pierre Boulez, l'amorce d'un certain type de musique aléatoire, de ce que Umberto Eco a pu nommer «œuvre ouverte». Le concept et son applica-

tion en remontent au Moyen Age, avec la théorie de l'allégorisme, selon laquelle la Sainte Écriture (puis la poésie et les arts figuratifs) peut être interprétée suivant quatre sens différents: littéral, allégorique, moral et anagogique. Théorie reprise par Scot Érigène, Bède, Alain de Lille, Thomas, etc.

Une œuvre conçue sur ce principe comporte incontestablement une «ouverture». Allant de l'esthétique baroque, négation même du statique, du sans-équivoque, à Valéry («il n'y a pas de vrai sens d'un texte»), en passant par le symbolisme, que résument ces quatre vers de Verlaine:

De la musique avant toute chose,

et pour cela préfère l'impair
plus vague et plus soluble dans l'air
sans rien en lui qui pèse et qui pose.

Le *Klavierstück XI* se compose, sur une même feuille, de dix-neuf structures musicales autonomes, dont l'ordre est librement choisi par le pianiste. Celui-ci décidera du niveau dynamique fondamental et de la forme générale d'attaque selon lesquels chaque groupe doit être articulé. Chaque groupe peut être mis en relation avec chacun des dix-huit autres, de manière à pouvoir également être joué dans

chacune des six vitesses, des six intensités fondamentales (de *ff* à *ppp*) et des six formes d'attaque indiquées sur la partition. «Chaque groupe, déclare Stockhausen — ou structure —, choisi instantanément, détermine temporellement et spatialement le caractère de celui qui lui succède; la continuité provient seulement du moment de l'exécution; la musique n'existe pas en dehors de sa pure réalisation sonore.» Aussi l'auditeur doit-il constituer lui-même son système de rapports, à partir d'éléments sonores sans pôle, où toutes les vues sont également valables. Ce qui est contigu à l'espace-temps d'Einstein, où «chaque observateur, au fur et à mesure que son temps propre s'écoule, découvre, pour ainsi dire, de nouvelles tranches de l'espace-temps, qui lui apparaissent comme les aspects successifs du

monde matériel, bien qu'en réalité l'ensemble des événements constituant l'espace-temps préexistent à cette connaissance» (Louis de Broglie). Pour Stockhausen, il s'agit de «considérer à une grande échelle ce qui se passe à une très petite échelle, à l'intérieur d'un son». Ainsi fermer les yeux et regarder la lumière que l'on voit; peu après, de petits points flottent, des particules lumineuses se répartissent dans l'espace, un rythme s'insinue, une vibration secoue l'univers, le musicien devient la constellation de la partition.

Aloys Kontarsky enregistra les *Klavierstücke*, dont le *XI*, bien sûr, fin 1965. Aussi précis et foisonnant que Schumann dans son *Journal*, Karlheinz Stockhausen relate, dans *Texte zur Musik 1963-1970*, les faits et gestes de l'interprète pendant l'exécution de ces pièces redoutables. Un extrait: «Au matin, il prit — comme de coutume — un bain brûlant; son classique petit déjeuner, constitué de jus d'orange, d'un œuf à la coque, de thé au lait et d'un petit pain avec confiture de cerise. Contrairement à son habitude, au lieu de parler, enthousiaste, de livres, de raconter des anecdotes dans son dialecte, de commenter les dernières histoires du "Spiegel", il profitait de chaque occasion, durant l'enregistrement, de rêver tout haut à de sémillantes subtilités gastronomiques.»

LA NOUVELLE ÉCOLE

PHILIPPE ALBÉRA

L A musique italienne[1], à la fin de la guerre, participe à l'effort général de reconstruction d'un pays marqué par plus de vingt années de fascisme. Une nouvelle génération de compositeurs apparaît, déterminée à reconquérir un héritage occulté ou tronqué, et à briser le provincialisme de la vie culturelle italienne. Ces jeunes compositeurs, nés pour la plupart dans les années 20, ont pour nom : Riccardo Malipiero (1914), Guidoo Turchi (1916), Valentino Bucchi (1916-1976), Bruno Maderna (1920-1973), Camillo Togni (1922), Luigi Nono (1924), Luciano Berio (1925), Aldo Clementi (1925), Franco Evangelisti (1926), Franco Donatoni (1927), Vittorio Fellagara (1927), Boris Porena (1927), Sylvano Bussotti (1931), Niccolo Castiglioni (1932). On parlera d'eux, à la fin des années 40, comme de la «nouvelle école italienne[2]». La plupart se détournent de l'esthétique néo-classique qui caractérisait la musique italienne de l'entre-deux-guerres — où, comme le dira Petrassi[3], «tout ce qui arrivait de Paris avait une valeur et une résonance universelles», alors que «Vienne restait un terrain quasiment ignoré» —, sans rompre toutefois avec certaines personnalités de l'époque telles que Petrassi justement, Malipiero ou Ghedini. Ils retiennent notamment de ces compositeurs le goût d'un contrepoint rigoureux, et un grand intérêt pour les musiques de la Renaissance et du début du baroque[4]. Mais ce qui préoccupe principalement les jeunes compositeurs, c'est l'assimilation du dodécaphonisme, qui n'a guère pénétré jusque-là en Italie, sinon à travers le travail solitaire d'un compositeur qui va devenir, à la fin des années 40, une référence essentielle pour toute une génération : Luigi Dallapiccola. «Il y a eu une rencontre d'une importance fondamentale, non seulement pour moi, mais pour toute la musique italienne : Luigi Dallapiccola. En ces années, Dallapiccola était un point de référence, et pas seulement musical. C'est peut-être lui, plus que tout autre, qui a inlassablement et consciemment soudé les rapports de la musique italienne avec la culture musicale européenne[5].»

C'est en 1933 que Dallapiccola entendit pour la première fois la musique de Berg. En 1935, à Prague, il est bouleversé par l'audition du *Concerto opus 24* de Webern : «Bien que je n'aie pas bien compris l'œuvre, il m'a semblé y relever une unité esthétique et stylistique telle que je n'aurais pu en désirer de plus grande.» La musique de Webern a «éliminé tout élément décoratif». «Son, couleur, articulation, distribution des instruments, tout est *invention*», écrit-il dans son *Journal* après l'audition de la cantate *Das Augenlicht*, créée à Londres par Hermann Scherchen en 1938[6]. L'utilisation du dodécaphonisme, chez lui, est une nécessité à la fois musicale et morale ; elle est liée à la recherche d'un style épuré, authentique, capable d'exprimer la solitude tragique (comme dans *Vol de nuit*, son premier opéra, qui date de 1937-1939) et la violence de la répression fasciste (dans les *Canti di Prigonia* de 1938-1941 et dans *Il Prigionero* de 1944-1948).

La plupart des compositeurs italiens, après la guerre, s'initièrent au dodécaphonisme ; Camillo Togni, l'un des premiers à rompre avec le style néo-classique, l'utilisa déjà dans ses œuvres au début des années 40 ; Maderna et Nono s'y intéressèrent dès la fin de la guerre : chez le premier, les *Liriche greche* de 1948 sont la première œuvre complètement dodécaphonique ; pour Nono, ce fut *Incontri*, en 1955 seulement. Berio «exorcisa» le sérialisme, comme il le dit lui-même, avec des œuvres telles que *Nones*, en 1954, et *Serenata*, en 1957. Riccardo Malipiero organisa en 1949 à Milan un congrès sur le dodécaphonisme. Rapidement, au contraire de ce qui se passa en France, les ouvrages théoriques de Schoenberg furent traduits en italien (par le compositeur Manzoni), et des ouvrages parurent sur l'École de Vienne (Rognoni) ou sur le dodécaphonisme (Vlad publiera un livre sur ce sujet en 1958).

Hermann Scherchen, qui fut l'un des défenseurs les plus fervents de la musique contemporaine dans l'entre-deux-guerres, et notamment de la musique de Dallapiccola, joua lui aussi un rôle de

1 Il est toujours un peu illusoire de faire en quelques pages le panorama d'une époque ; le concept de «musique italienne» ne serait acceptable que s'il recouvrait une réalité homogène. Mais la caractéristique nationale ne coïncide que rarement avec les catégories esthétiques. Aussi, dans les lignes qui suivent, avons-nous tenté de dégager quelques problématiques concernant la part la plus importante de la musique italienne des années 50. On ne peut éviter que des noms y dominent, alors que d'autres sont éludés : ainsi avons-nous mis de côté la part traditionaliste. De même, nous n'évoquons pas la trajectoire atypique du compositeur Giacinto Scelsi, qui résidait en France à cette époque.

référence. Invité par la Biennale de Venise en 1948, il donna un cours de direction auquel s'inscrivirent, entre autres, Maderna et Nono. Ce dernier accompagna Scherchen durant ses tournées «en un apprentissage permanent[7]». A travers lui, il se familiarisa avec la culture progressiste de l'entre-deux-guerres. Dans une lettre de 1953, il parle de la «très belle réalité de notre très forte union dans la vie et dans la musique. En train pour l'Italie, Bruno (Maderna) et moi avons parlé avec un enthousiasme particulier et nous avons constaté encore une fois l'importance fondamentale pour nous de vous avoir connu, de vous avoir rencontré à Venise en 1948 et d'avoir été tout de suite unis à vous. En 1948 tout a vraiment commencé pour nous[8]». Paroles auxquelles Maderna ajoutera plus tard : «Pour nous, Scherchen était le monument vivant de la musique contemporaine[9].» Scherchen eut une forte influence sur les orientations techniques et esthétiques des deux compositeurs au début des années 50 ; il leur fit par ailleurs connaître de nombreuses personnalités du monde musical et artistique européen[10].

Dans ces années décisives de l'après-guerre, les jeunes compositeurs, à l'image de Dallapiccola et Scherchen, lient la recherche d'un langage nouveau, de formes novatrices, à un sens profond de l'histoire, à un véritable engagement dans la réalité sociale, et à un constant travail de réflexion et d'expérimentation. Leur développement n'est toutefois pas homogène : certains, comme Maderna, Nono et Berio, trouvent rapidement leur propre style, qu'ils développeront de manière organique par la suite ; d'autres, comme Donatoni, Clementi ou Bussotti, n'y parviendront qu'à la fin des années 50 et au début des années 60 ; d'autres encore, comme Castiglioni ou Togni, voire, à la fin des années 50, Evangelisti, opèrent différentes mutations stylistiques. Chez les compositeurs de la génération précédente, on trouve les mêmes différences : Dallapiccola poursuit dans la voie qu'il s'était tracée, alors que la musique de Petrassi se transforme de manière spectaculaire au cours des années 50, ses œuvres se rapprochant progressivement des travaux de la jeune génération.

L'HISTOIRE

Les années 40 sont donc des années de reconquête ; la curiosité qu'éprouvent la plupart des compositeurs italiens pour la technique dodécaphonique s'accompagne d'un renouvellement de la vision historique. Ainsi, Maderna proposait à ses élèves des «études comparatives : par exemple, les motets isorythmiques de Machaut et Dunstable, la variation chez Beethoven et Schoenberg, l'écriture vocale de Landini, Monteverdi, Bellini et Webern, l'œuvre de ce dernier à travers Isaac, Haydn, Schubert, Wolf, etc.». Il «montrait de quelle manière les différents élé-

ments compositionnels ont été traités à différentes époques[11]».

L'intérêt pour la musique de l'École de Vienne rejoint le mouvement de redécouverte de la polyphonie ancienne ; l'une et l'autre stimulent la recherche d'un style concis, non décoratif, débarrassé des schémas harmoniques du néoclassicisme, des effets de timbre post-impressionnistes, et d'une rythmique mécaniste (Dallapiccola notait déjà, outre la nécessité d'inclure la dimension du timbre dans le travail d'invention [voir *ante*] que la musique de Webern possédait «un rythme interne qui n'a rien de commun avec le rythme mécanique»)[6].

La position de Maderna, qui fut la figure centrale et décisive du renouveau de la musique italienne après la guerre[12], est en ce sens significative.

Comme Berio l'a fait remarquer, c'«était peut-être le seul à Darmstadt qui possédait le sens de l'histoire[13]». Il n'avait pas de vision linéaire de l'évolution historique menant de façon logique au sérialisme, comme on la trouve chez Webern, Leibowitz et Boulez. Comme la quasi-totalité des compositeurs italiens, il refusa l'idée d'un «degré zéro» de la musique et le rejet de l'histoire au nom d'un langage nouveau.

La plupart des compositeurs italiens, à sa suite, tentèrent une synthèse entre différents modes de structurations, entre différents styles historiques. Certains, comme Camillo Togni, visèrent à une sorte de «pantonalité» où coexisteraient des éléments tonaux, modaux et dodécaphoniques. D'autres, comme Niccolo Castiglioni à ses débuts, s'intéressèrent aux racines mêmes de l'esthétique schoenbergienne, et développèrent un style que l'on pourrait qualifier de post-expressionniste. D'autres encore, comme Boris Porena ou Gof-

2 Cette dénomination est apparue notamment à l'occasion d'un concert historique dirigé par Bruno Maderna en 1946 à Venise, et au cours duquel furent jouées des œuvres de Maderna, Turchi, Togni, Bucchi et R. Malipiero.

3 Enzo Rastagno, «Entretien avec Petrassi», *Petrassi*, EDT/Musica, Turin, 1986.

4 Malipiero avait entrepris depuis le début des années 30 un immense travail d'édition des œuvres de Monteverdi et Gabrielli ; Monteverdi était également très présent dans l'enseignement de Ghedini, si l'on en croit le témoignage de Berio.

5 Luciano Berio, *Entretiens avec Rossana Dalmonte*, Lattès, 1983.

Kazimierz Serocki, Nuria Nono-Schoenberg, Luigi Nono, Bruno Maderna (de g. à d.) à Darmstadt en 1959.

6 Luigi Dallapiccola, «Rencontre avec Anton Webern — Pages de Journal», *Revue musicale suisse*, juillet/août 1975.

7 Enzo Rastagno, «Entretien avec Luigi Nono», *Luigi Nono*, EDT/Musica, Turin, 1987.

8. Luigi Nono/ Hermann Scherchen/Karl Amadeus Hartmann, «Correspondance», *Luigi Nono*, L'Age d'Homme, 1987.

9 George Stone et Alan Stout, «Une conversation avec Bruno Maderna», *Bruno Maderna, Documenti*, Suvini Zerboni, Milan, 1985.

10 Entretiens avec Luigi Nono *(voir notes 7 et 8).*

11 Philippe Albéra, «Entretien avec Luigi Nono», *Luigi Nono (voir note 8).*

12 Nono fut extrêmement proche de lui entre 1945 et 1953 ; il fut alors son ami et son élève. Berio fut à son tour très proche de Maderna entre 1953 et 1959 ; ils eurent l'un sur l'autre une influence réciproque. Maderna eut également une influence décisive sur Donatoni et sur Clementi, ainsi que sur de nombreux autres compositeurs italiens, à qui il prodigua généreusement ses conseils.

fredo Petrassi, s'inspirèrent de Bartók, qui jouissait dans années d'après-guerre d'une grande influence sur la musique italienne (il apparaissait comme une solution entre le néo-classicisme stravinskien et le dodécaphonisme schoenbergien[3]). Bref, chez la plupart des Italiens, la modernité ne se développe pas *contre* l'histoire, mais elle s'y adosse, elle en réinterprète la signification et l'intègre à son propre travail. Cela provient pour une bonne part de ce qu'elle est marquée par l'esprit de la résistance antifasciste par des idées et des idéaux qui, élaborés dans la clandestinité, se développèrent dans tous les domaines artistiques et dans les sciences humaines à partir de 1945. Cet ancrage dans les valeurs véhiculées par la résistance contribua à singulariser les compositeurs italiens au sein de l'avant-garde européenne. La méfiance envers l'idée d'un degré zéro de la musique, envers toute pensée d'exclusion, s'enracine dans le combat contre le fascisme. Le développement de la musique italienne, dans un contexte qui regroupe l'ensemble du monde artistique et intellectuel, se différencie forcément de ce qu'il fut en France, où la musique moderne était encore liée aux salons, et en Allemagne, où la musique contemporaine dépendait des radios. Dans les années 50, les compositeurs italiens envisagent la musique avant tout comme une «présence historique» (Nono) et comme un «acte social» (Berio). Vers la fin des années 50, pour des compositeurs comme Donatoni, Clementi, voire Castiglioni, ce rapport à l'histoire s'inscrit dans le caractère autonome et autoréflexif de l'œuvre, comme une position philosophique radicale. Une telle position résulte aussi bien de l'influence de la pensée d'Adorno que de la «crise» de la pensée sérielle. Ainsi, pour Donatoni, «après Adorno, peut être en progrès celui qui se niant dans l'œuvre précédente évolue en changeant et, dans les transformations, implique sans les choisir les régressions nécessaires ; est réactionnaire, je crois, celui qui, restant immuable dans l'engagement du progressisme, nie le devenir au nom de l'avènement d'une utopie dans laquelle le déjà-devenu ne permet pas de changements ultérieurs».

L'ENGAGEMENT

«Pour nous les jeunes, le souvenir de la résistance, de la lutte contre le fascisme, était alors le moteur de la vie», écrivit Nono[14]. Ainsi, dans la cantate *Quattro Lettere*, de 1948, Maderna utilise des lettres de Gramsci et de Kafka, la lettre d'un condamné de la résistance, et une lettre commerciale. Dans ses œuvres des années 50, ainsi que l'écrit Stenzl, Nono conçoit sa musique comme, «une conscience de la situation historique[15]». La thématique de la lutte contre le fascisme apparaît soit de façon directe (comme dans *La Victoire de Guernica* sur un texte d'Éluard, ou dans *Il canto sospeso* sur des témoignages de condamnés à

mort), soit à travers la figure de Garcia Lorca, poète assassiné par les fascistes espagnols (*Epitaffio a Federico Garcia Lorca* sur des textes du poète, ou *Der rote Mantel*, ballet sur un texte tiré de Lorca), soit encore à travers les textes de poètes antifascistes comme Cesare Pavese, Giuseppe Ungaretti, Antonio Machado (*La Terra e la compagna, Cori di Didone, Sara dolce tacere, Ha venido*). Vittorio Fellagara lui aussi écrit des œuvres telles que *Lettere di condannati a morte della resistenza italiana* (1954), et plusieurs œuvres sur des textes de Garcia Lorca (*Requiem di Madrid*, 1958 ; *Dies Irae*, 1959). Cette thématique de la résistance est encore au centre de l'opéra de Niccolo Castiglioni, *Uomini e no*, écrit en 1955 sur le texte de Vittorini, et elle reste présente dans une œuvre purement instrumentale de 1957, *Elegia, Ouverture in tre tempi*, qui est dédiée à Anne Frank. Giacomo Manzoni suit la voie tracée par Nono dans deux œuvres de 1958 : les *Cinque Vicariote* dénoncent les conditions du prolétariat sicilien ; les *Tre liriche di Paul Éluard* se rapportent à la guerre civile en Espagne.

Progressivement, cette thématique de la résistance prit le sens d'un engagement plus directement politique chez Nono : «Je me rendis compte que la lutte contre le fascisme et la répression n'était pas seulement un souvenir, mais qu'elle continuait, qu'elle devait continuer dans le tiers monde, qui, avec l'Algérie, était mis au premier plan[14].» Dans *Intolleranza 1960*, sa première œuvre de théâtre musical, Nono mêle des textes d'Alleg et Sartre à ceux de Césaire, Éluard, Maïakovski et Fucík. Berio n'est pas très loin d'une telle sensibilité lorsqu'il écrit : «Sous la surface brillante de la libéralité artistique contemporaine, une sorte de fascisme plus subtil est en train de prendre forme, un fascisme déguisé qui, tout en ne nous privant, pour le moment, d'aucune "information" courante, menace tout de même de changer nos consciences et la reconnaissance de nos responsabilités face à la musique en tant qu'acte social[16].» La musique de Berio demeure toutefois sur le plan d'un engagement éthique et esthétique ; ce n'est qu'à partir des années 60 qu'il traitera plus directement de situations concrètes, comme dans *Epifanie, Passaggio, O King, Opera, Coro*, etc. Berio travaille principalement sur le rapport dialectique entre l'individuel et le collectif, à différents niveaux de sens. Il est proche en cela de la démarche de Maderna, qui vise «de plus en plus à la représentation du poète, de l'artiste, d'un homme qui est seul et tente de convaincre les autres, de les amener à ses idées, à ses idéaux[17]» (voir *Hyperion* d'après Hölderlin, poète qui prendra chez Nono une signification essentielle dans les années 70).

Chez d'autres compositeurs, tels que Camillo Togni ou Boris Porena, les textes jouent également un rôle capital. Togni écrivit ses œuvres les plus significatives, entre 1946 et 1955, sur des

13 Luciano Berio, «Bruno Maderna ai Ferienkurse di Darmstadt», *Bruno Maderna...* (voir note 9).

14 Luigi Nono, «Gespräch mit Hansjörg Pauli», *Luigi Nono, Texten, Studien zu seiner Musik*, Atlantis, Zurich, 1975.

15 Jurg Stenzl, «Luigi Nono und Cesare Pavese», *Luigi Nono...* (voir note 14).

16 Luciano Berio, «Méditations sur un cheval de douze sons», *Contrechamps n° 1*, L'Age d'Homme, Lausanne, 1983.

17 «Conversazione Maderna-Olof-Bitter», *Bruno Maderna...* (voir note 9).

18 Lettre inédite, Fondation Sacher, Bâle.

19 Les dates de présence des compositeurs italiens à Darmstadt sont extrêmement contradictoires selon les documents consultés; c'est pourquoi nous renonçons à les donner ici.

20 Luciano Berio, «Aspects d'un artisanat formel», *Contrechamps...* (voir note 16).

21 Bruno Maderna, «Esperienze compositive di musica elettronica», conférence tenue à Darmstadt en 1957, *Bruno Maderna...* (voir note 9).

textes expressionnistes, comme ceux de Trakl. La musique, chez bien des compositeurs italiens, se veut en effet ultra-expressive. Elle semble craindre la futilité ou la récupération idéologique des formes purement instrumentales, tout en évitant le style illustratif de la musique à programme. Elle s'oppose à celle de l'entre-deux-guerres, néo-classique et décorative, en exprimant l'aspiration à la liberté dans un langage neuf. Les compositeurs ont une vision non réductrice de l'histoire et une aspiration universaliste qui se manifeste par leur goût pour la synthèse des styles et par leur intérêt pour la poésie étrangère (ils font appel à Auden, Eliot, Joyce, Goethe, Hölderlin, Kafka, Celan, Sachs, Trakl, Verlaine, Éluard, Garcia Lorca, Machado, Cummings...). La relation poésie/musique, qui joue un rôle très important, n'a pas pour seule fonction d'éviter que la musique se referme sur elle-même; elle conduit à un travail très profond sur l'intégration des structures phonétiques au langage musical. Par là, les compositeurs italiens renouvellent les anciennes formes du madrigal et de la cantate, ainsi que celle de l'opéra (Nono, Berio, Maderna, Manzoni notamment).

La notion d'engagement doit aussi comprendre l'ensemble des efforts entrepris par la jeune génération pour renouveler le paysage institutionnel de la musique italienne. Maderna joua là aussi un rôle central: dès 1945, il s'attacha à la rénovation de la vie musicale; au début des années 50, il créa avec Berio et le technicien Marino Zuccheri le Studio di Fonologia à la RAI (la date officielle de la création du Studio est 1955). Il rêvait de créer à Milan un équivalent de Darmstadt. Dans une lettre à Berio[18] de 1955, il parle de «réunir les forces» et de créer un lien entre le «Domaine musical» de Boulez, les cours d'été de Darmstadt, et le groupe des musiciens de Milan (Berio, Castiglioni). Il évoque l'idée d'une revue internationale qui serait «une sorte d'organe trimestriel des musiciens européens»; il propose également de créer un ensemble instrumental qui pourrait assurer des concerts dans ces trois villes et ailleurs, le tout devant «conduire à cette union des forces jeunes ou du moins des forces vives de la musique qui est toujours plus ressentie et souhaitée». D'un tel projet naquirent les «Incontri Musicali», qui, sous la direction de Berio, proposèrent entre 1956 et 1960 des séries de concerts, des débats, et une revue musicale (quatre numéros parurent). Maderna parvint encore à convaincre Ghedini, directeur du Conservatoire de Milan (professeur de composition de Berio et Castiglioni), d'ouvrir un cours d'introduction à la musique dodécaphonique, lequel eut lieu en 1957-1958. Certains compositeurs déployèrent par ailleurs une activité critique, tels Manzoni ou Dallapiccola. Des musicologues et des critiques progressistes, comme Mila, Rognoni, ou Pestallozza, tentèrent eux aussi de faire un travail de rénovation, et s'engagèrent aux côtés des compositeurs de la nouvelle génération. Toutefois, ces efforts, dans les années 50, ne purent se développer qu'en marge de la vie musicale officielle: ils ne parvinrent jamais à déboucher sur des structures stables.

Pierre Boulez et Luciano Berio à Darmstadt en 1959.

THÉORIE/PRATIQUE

Les compositeurs italiens vécurent presque tous l'expérience de Darmstadt. Après Maderna, qui fut invité par Hermann Scherchen en 1949, ce furent Nono et Togni en 1950, puis Peragallo, Petrassi, Berio, Castiglioni, Clementi, Donatoni, Evangelisti, Riccardo Malipiero, Bussotti, Castaldi[19]... On doit ajouter à cette liste des interprètes tels que Gazzelloni ou Canino, qui jouèrent un rôle important, et des musicologues comme Rognoni ou Mila.

Maderna fut rapidement la pierre angulaire de ces rencontres. Comme chacun l'a noté après coup, il y était le plus ouvert, le plus tolérant, le plus généreux, et le plus pragmatique. «Il donnait sans le savoir une leçon d'humanisme», dira Berio[5]. On peut illustrer sa position par une phrase : «Le contact direct et continu avec la musique, non seulement comme pensée abstraite, comme formulation théorique, mais aussi comme pratique d'exécution, comme matériau sonore vivant, est extrêmement important[17].» Par là, Maderna se différenciait effectivement d'un certain dogmatisme de la pensée sérielle. L'élément central de sa pensée était l'idée de la musique comme mouvement, comme processus ; elle s'opposait à toute vision académique, qu'il s'agisse de la musique ancienne ou de la musique contemporaine. Dans son enseignement, Maderna faisait étudier «les traités théoriques du Moyen Age jusqu'à Zarlino[11]», et mettait en rapport les formulations ou les débats théoriques avec les œuvres de l'époque ; comme nous l'avons déjà vu, il confrontait des styles très éloignés à partir de certains concepts formels. Il eut, vis-à-vis de la série, la même attitude, refusant les formes préétablies et les procédés mécanistes. Berio rappelle qu'il doit «en grande partie à Bruno d'avoir abordé la possibilité de quantifier la perception musicale sur la base de proportions inventées *ad hoc*, afin de redécouvrir aussi et de réorganiser ce qui était déjà connu[5]». Dès le début des années 50, aux cours de Darmstadt, Nono et lui s'opposèrent à «la conception statistique, archiviste, descriptive qu'avait Stockhausen» de l'approche de Webern. «Nous nous sommes aussi révoltés contre l'article de Boulez "Schoenberg est mort" (1952). Nous avions l'intuition d'une relation entre Schoenberg et l'époque franco-flamande, entre Schoenberg et la tradition romantique, et pas seulement la vision restreinte du Schoenberg sériel que Leibowitz présentait à partir d'une simple numérologie[8].» Dans leurs œuvres d'alors, Maderna, Nono et Berio utilisent, outre la série, divers moyens de structuration, tels le canon (qui renvoie à Dallapiccola, et qui deviendra, chez Clementi, une sorte d'obsession), l'usage du *cantus firmus* donné ou inventé, l'utilisation de structures rythmiques dérivées de musiques populaires, notamment espagnole et brésilienne.

En posant en 1956 le problème de la «cassure» entre «intention» et «réalisation»[20], Berio se montrait lui aussi critique vis-à-vis de certaines apories du sérialisme strict. Il prit des positions violemment polémiques : «Il est déconcertant de constater que la possibilité de faire de la musique en dehors d'une participation physique à l'acte musical et d'un contrôle total du matériau est une chose désormais acquise pour "l'histoire" [...] toute confiance est accordée à la schématisation d'objets sonores dématérialisés, avec la garantie inerte de l'expression inconsciente. En l'espace de quelques années, cette attitude "fiduciaire" dans la composition s'est constituée en classe[20]...» On trouve chez Maderna, Berio et Nono une attention particulière aux problèmes acoustiques, aux problèmes de la perception, à ce contact «physique» avec le son dont parlait Maderna. Il n'est pas interdit de penser que le passage de Varèse, en 1950, à Darmstadt, qui provoqua «un choc important, durable[8]», porta ses fruits en profondeur. On en trouve en tous les cas la trace dans certaines œuvres et notamment chez Nono. Le travail dans le domaine électroacoustique, dès 1952 pour Maderna, et juste après pour Berio, fut également très important. Il provoqua «un véritable renversement dans mes relations avec le matériau musical», écrivit Maderna. Il permettait de substituer à «une pensée de type linéaire» une pensée de la multiplicité, ouverte sur «un grand nombre de possibilités d'organisations et de permutations du matériau à peine produit»[21]. Cette idée, rapidement partagée par Berio, conduisit les deux musiciens au concept d'«œuvre ouverte», qui fut formulé en 1958 par Umberto Eco dans un article portant le titre «L'œuvre en mouvement et la conscience de l'époque[22]». Il faut le mettre en relation avec la musique aléatoire de John Cage, que l'Europe découvrait alors, ainsi qu'avec la réaction qu'elle provoqua chez Boulez et Stockhausen ; il s'en différencie toutefois considérablement. Chez Maderna et Berio, la non-linéarité du langage musical permet d'accueillir une infinité de «discours» différents, ancrés dans une réalité historique, sociologique et stylistique diverse. L'un et l'autre cherchent à intégrer, à *articuler* ces différents types de discours en un projet cohérent. La série ne sert plus dès lors à développer un monde homogène à partir d'éléments premiers quasi abstraits, mais à unifier, à relier de façon organique des éléments de nature étrangère. Par là, Maderna et Berio se situent aux antipodes du projet de création d'un langage nouveau. Ils s'engagent au contraire dans un travail de réinterprétation et de transformation des multiples «langages» existants. La nuance est fondamentale : il en va de la question du sens musical. On retrouve ici le souci propre à de nombreux compositeurs italiens : fonder et finaliser le travail compositionnel. Ce qui avait nécessité, et continuera dans les années 60 à nécessiter le choix de textes significatifs comme base du travail de composition, est atteint aussi dans le cadre de la musique instrumentale, de la musique «pure». Maderna et Berio portent ainsi au plus haut degré de réussite ce que recherchaient certains de leurs collègues.

La venue de Cage à Darmstadt, qui *révéla* et accéléra la crise de la pensée sérielle, suscita des réactions très différentes chez les compositeurs italiens. Nono, dans une conférence fameuse lue à Darmstadt en 1959, stigmatisa «une fuite résignée de la responsabilité» fondée dans une attitude «refusant toute historicité» et limitant l'expression «au décoratif, au pittoresque ornemental» à cause de la non-compénétration réciproque «entre conception et technique»[23] (on reconnaît là quelques thèmes déjà abordés). Le propos, qui visait en premier lieu John Cage, s'adressait tout autant à Stockhausen.

Pour des compositeurs comme Donatoni et Clementi, qui accédèrent au dodécaphonisme dans la deuxième moitié des années 50 seulement (leur musique, jusque-là, ayant été marquée par le néo-classicisme pétrassien et par la double influence de Stravinsky et Bartók), l'ébranlement des certitudes sérielles par l'extrémisme de la position cagienne provoqua une remise en question fondamentale. Ils sacrifièrent l'un et l'autre, bien que de manière différente, la positivité de l'acte compositionnel et la subjectivité de l'expression sur l'autel de la «pensée négative» d'Adorno. Pour Donatoni, qui venait d'assimiler la technique dodécaphonique (vers 1956-1957), et qui, après sa fascination pour la musique de Boulez, s'était placé «sous le signe du structuralisme musical propre à Stockhausen[24]», le concept de style s'oppose radicalement à celui de langage: par là est scellée l'impossibilité d'une réconciliation entre le moi et l'œuvre, devenus deux entités parallèles. De même, le rapport du moi au monde qui accuse une irrémédiable fracture: «Le structuralisme mimait le geste du langage: c'étaient les gestes sonores d'un muet par absence de surdité. Ceux qui étaient capables d'écouter le monde avaient été récompensés par le mutisme, tandis que seul aux sourds était concédé de continuer à parler le langage du monde[24].» Pour Donatoni, l'expérience de Cage ne signifie pas «composition musicale négative», mais «négation de l'acte de composer». «Au-delà des langages de la musique existe un désert qui offre de fausses pistes et des oasis inexistantes: la seule loi est le mouvement, pour qui sait ne pas arriver. Les pistes, d'autre part, sont toutes fausses, il n'existe aucune piste qui ne soit fausse: qui les évite toutes indique une fausse piste à celui qui le suit. Il est nécessaire toutefois de se mettre en chemin, en se retournant sans cesse pour annuler les traces[24].»

La «dissolution de la conscience dans le matériau[25]» apparaît d'une façon parallèle chez Aldo Clementi. Le temps psychologique, l'expression individualisée disparaissent chez lui au profit d'une densification du matériau ou de sa spatialisation. L'œuvre développe des procédures irrationnelles à partir d'une extrême rationalisation de la pensée, basée notamment sur l'usage généralisé du contrepoint. Pour Donatoni et pour Clementi, cette «pensée compositionnelle négative», qui s'oppose à l'allégresse positive d'un Berio ou d'un Maderna, débouche, à la fin des années 50 et au début des années 60 sur le concept d'informel (titre, par ailleurs, d'œuvres de Clementi à cette époque), sur un *non voluto* dans le travail même de la composition, sur un «abandon au matériau». Pour ces deux compositeurs, l'influence de la pensée d'Adorno fut déterminante. Il faut rappeler qu'Adorno était présent durant les cours de Darmstadt, et qu'il fut traduit en italien dès le début des années 50 (il est même significatif que ce soit un compositeur, Giacomo Manzoni, qui traduisit la plupart de ses livres)[26]. «Si dans ma musique manque la théâtralité, l'effet, l'optimisme néo-classique et toute positivité inutile, cela est dû en grande partie à l'influence explicite ou sous-entendue de la pensée d'Adorno.» Ainsi s'exprime Clementi[27]. Pour Donatoni, la lecture des *Minima Moralia*, parus en 1954 en Italie, fut un choc essentiel. «Nier Adorno, écrira-t-il plus tard, signifie aujourd'hui, pour moi, nier l'impossibilité de la survie (de la musique) pour qu'il ne soit pas permis d'éviter l'engagement envers la pérennité de son sacrifice[27].» La pensée d'Adorno influença également profondément Bussotti, qui à la fin des années 50 travailla sur la dissociation radicale du signe graphique et du résultat acoustique, l'écriture acquérant chez lui une sorte d'autonomie indépendante de la réalité musicale. C'est ainsi qu'il conçut ses *Pieces* pour piano que David Tudor créa en 1959 à Darmstadt. Dans une direction parallèle, un compositeur comme Franco Evangelisti, après une période marquée par le sérialisme et les recherches électroacoustiques, se dirigea vers la création collective, qu'il présenta comme une alternative à la conception de l'œuvre-objet. C'est ainsi qu'il créa, avec d'autres musiciens, le groupe «Nuova Consonanza» en 1960. Enfin, l'évolution de Castiglioni tendit vers la fin des années 50 à une condensation de plus en plus grande du discours musical, à des formes éphémères, fugaces et fragmentées, où s'instaure un jeu énigmatique entre son et silence, faisant appel à toutes les ressources de la virtuosité instrumentale (*Movimento continuato*, 1958-1959; *Tropi*, 1959).

Ainsi, à l'image de la musique européenne dans son ensemble, la musique italienne se ramifia à la fin des années 50: les compositeurs qui étaient apparus au sortir de la guerre cultivèrent des styles de plus en plus personnalisés se développant indépendamment les uns des autres.

22 *Incontri Musicali n° 2*, Suvini Zerboni, Milan, 1958.

23 Luigi Nono, «Geschichte und Gegenwart in der Musik von heute», *Luigi Nono...* (voir note 14).

24 Franco Donatoni, *Questo*, Adelphi, Milan, 1970.

25 Renzo Cresti, *Franco Donatoni*, Suvini Zerboni, Milan, 1982.

26 On peut mesurer toute la différence qui existe, sur ce point, avec la situation en France. Tous les grands livres d'Adorno furent traduits en italien à partir de 1954 (*Minima Moralia*), et ses livres sur la musique entre 1959 et 1973.

27 Aldo Clementi, cité par Giacomo Manzoni, «Adorno e la musica degli anni '50 e '60 in Italia», *Musica/Realta 2*, août 1980.

«IL CANTO SOSPESO» DE LUIGI NONO
«EPIFANIE» DE LUCIANO BERIO

PHILIPPE ALBÉRA

Il canto sospeso de Luigi Nono (1956) et *Epifanie* de Luciano Berio (1959-1961/1965) représentent deux points culminants dans la production des années 50. Ces deux œuvres magistrales, bien que très différentes du point de vue technique et esthétique, réunissent un certain nombre de caractéristiques propres à la musique italienne. Ancrées dans ce qu'on pourrait appeler, un *esprit de résistance* et dans la modernité des années 50, elles furent saluées à leur création pour avoir substitué le lyrisme et l'immédiateté expressive au rigorisme austère des œuvres sérielles de l'époque, et pour avoir réconcilié la force d'un message humaniste avec le langage musical nouveau.

Luigi Nono composa *Il canto sospeso*, pour voix solistes (soprano, contralto, ténor), chœur et orchestre, au cours des années 1955 et 1956. L'œuvre fut créée par Hermann Scherchen à Cologne le 24 octobre 1956. Elle est basée sur des extraits de lettres de condamnés à mort de la résistance européenne qui expriment l'adieu au monde, le désespoir et la solitude, mais aussi la détermination, la foi dans un monde plus juste et la solidarité envers ceux qui luttent pour la liberté. Aux images poétiques provoquées par la souffrance chez le jeune berger polonais Chaim («[...] si le ciel était de papier et d'encre toutes les mers du monde, je ne pourrais vous décrire mes souffrances ni tout ce que je vois autour de moi. Je vous dis adieu et je pleure...»), répond la conscience du militant bulgare Anton Popow, persuadé de mourir «pour la justice. Nos idées vaincront». A travers de tels témoignages, Nono nous rend attentifs aux voix oubliées, réprimées, censurées, aux voix secrètes ou inconnues, aux voix intérieures auxquelles son œuvre donne leur envol.

Il canto sospeso est divisé en onze parties selon un agencement que Massimo Mila a pu comparer à l'ordonnancement d'une messe. Il est écrit dans le style du sérialisme post-wébernien, mais subit également l'influence de Varèse (notamment en sa huitième partie, pour vents et timbales). L'écriture du chœur, qui n'est pas sans référence à la polyphonie de la Renaissance, utilise le texte comme un matériau musical: les syllabes sont distribuées aux différentes voix, en une sorte de fusion du son et de la parole, et des textes différents sont superposés. Contrairement à ce qui fut affirmé par certains critiques à l'époque, cette manière de traiter le texte n'en obstrue pas le sens, elle le renforce. Elle en déploie les différentes potentialités, substituant à une signification unique et immédiate une pluralité de sens médiatisés par la sensibilité du compositeur lui-même. Comme certains l'ont remarqué peu après la création, la densité de l'écriture, le concision de la forme, la fragilité même d'une polyphonie fondée sur la discontinuité des timbres et des tessitures, rejoint l'intensité de ces adieux au monde à la fois simples et pathétiques. Lorsque Mila écrivit en 1960: «pour une fois, l'invention et l'hégémonie de la technique servent à la communication d'un message», il exprimait une philosophie de la musique propre à l'école italienne, et à l'enseignement de Scherchen, qu'on trouvait déjà dans cette réflexion de Nono à propos d'une œuvre de Maderna *(Quattro Lettere):* «[...] nous avions une interpénétration réciproque entre un contenu idéal totalement lié à la réalité, et une conception musicale tendant à des formes totalement nouvelles.»

Epifanie, de Luciano Berio, est un peu plus tardive; elle fut composée en 1959-1961 et créée à Donaueschingen par Cathy Berberian et Hans Rosbaud en 1961. L'œuvre fut révisée en 1965. Elle constitue, par conséquent, un tournant entre l'esthétique des années 50 et celle des années 60, et doit être considérée à la lumière du concept d'«œuvre ouverte» énoncé par Um-berto Eco en 1958. Elle comprend douze parties et se présente, selon les termes mêmes de Berio, comme «un cycle de pièces orchestrales à l'intérieur duquel est interpolé un cycle de pièces vocales. Les deux cycles peuvent être combinés de façons différentes; ils peuvent aussi être joués séparément» (les pièces orchestrales prennent alors le nom de *Quaderni*). Berio a réalisé un montage de textes ou d'extraits de textes de langues, de provenances et de genres divers, signés M. Proust, C. Simon, A. Machado, E. Sanguineti, B. Brecht et J. Joyce. Le titre de l'œuvre provient de ce dernier: «Par épiphanie, il entendait une soudaine manifestation spirituelle, se traduisant par la vulgarité de la parole ou du geste ou bien par quelque phrase mémorable de l'esprit.» (Joyce, *Stephen Hero*).

Berio cristallise, par l'écriture musicale, des images et des sonorités différentes, où s'entrechoquent les sphères de l'histoire et de la réalité (texte de Sanguineti, par exemple), du souvenir et du moment présent (Proust), du réalisme abrupt et de la transfiguration lyrique du réel (Simon). Comme chez Nono, le témoignage individuel est articulé à un contexte plus général, l'émotion immédiate au travail de la conscience. L'œuvre pose notamment la question de sa propre fonction au travers du bref poème de Brecht: «Qu'est-ce que c'est que ce temps où une conversation sur les arbres est presque criminelle puisqu'elle renferme le silence sur tellement de crimes!» Le choix même d'une forme ouverte et d'un matériau hétérogène conduit à cette autoréflexi-vité de l'œuvre. L'attention est immédiatement polarisée sur les relations capables de réunir ces éléments divergents. Ainsi, Berio nous mène d'emblée au cœur de sa propre poétique musicale: lier de façon significative, *par le travail compositionnel*, ce qui est dissocié ou éloigné, et qui semble s'exclure en apparence: tradition et innovation, recherche et expression, éléments triviaux et éléments nobles, culture populaire et culture savante, rigueur et sensualité, etc. Sa démarche, contrairement aux musiciens sériels de Darmstadt, part de la totalité de l'expérience, mais ne vise pas à la reformuler en tant qu'objet esthétique ou idéologique. Cette position apparaît aussi bien dans sa façon d'organiser le sens global de l'œuvre que dans sa technique même de composition.

Ces deux œuvres posent au premier plan la question de savoir comment la musique peut absorber le matériau et les significations du texte dans son processus propre. Elles travaillent à partir des éléments et des structures phonétiques de la langue, qui deviennent matériau musical à part entière, et engendrent souvent les sonorités ou les structures musicales ; d'autre part, elles en reformulent le contenu, grâce notamment au montage d'extraits de textes différents, et créent, à partir d'éléments univoques, un réseau de significations complexes. Les deux compositeurs cherchent une articulation organique et significative entre le son et le sens : par là, ils évitent le formalisme d'une certaine musique sérielle et les pièges de la musique engagée (bien qu'à l'époque du *Canto sospeso*, un critique tel que Metzger dénonçât l'orientation réaliste-socialiste de Nono). Leur exploration du langage, qui s'appuyait dans les années 50 sur l'essor de la linguistique structurale, est liée à une réflexion sur la fonction et la finalité de l'œuvre musicale. *Il canto sospeso* et *Epifanie* héritent aussi bien de recherches fondatrices dans le domaine électroacoustique (Berio) et dans le domaine prospectif du sérialisme (Nono), que d'un engagement vis-à-vis de l'histoire, de la tradition, et de la situation politique. Comme l'écrivit Nono en 1960, il y a «fusion du contenu musical et du contenu sémantique des paroles chantées». Avec ce continuum entre son et sens, la voix n'est plus soumise au jeu instrumental, comme dans la tradition du bel canto.

Chez Nono, les instruments se plient au geste vocal, d'une manière qui rappelle le «a cantar e a sonar» de Gabrielli (que Nono citera plus tard dans son *Prometeo*). Il existe dans son œuvre une opposition thématique entre la violence répressive d'une part,

les images de la nature, de l'amour et de la femme d'autre part ; elle est réalisée de façon paradigmatique par l'opposition des timbres instrumentaux. Chez Berio, l'élargissement du registre vocal au parlé, au parlé chanté, aux gestes vocaux, et aux différentes techniques empruntées à la tradition savante ou à la tradition populaire, permet de créer des liens multiples avec les différentes familles instrumentales, et notamment avec les

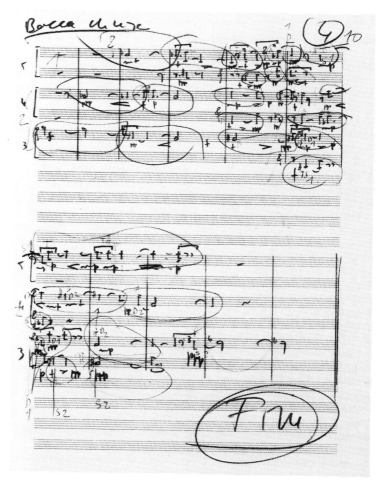

percussions. Avec *Epifanie*, Berio développe une conception de l'orchestre expérimentée dans les deux versions successives de *Allelujah* (1956-1958) basée sur la division de l'orchestre en des «chœurs» différenciés, groupes homogènes articulés ou superposés en une polyphonie qui rappelle la musique de Monteverdi et de Gabrielli. La dimension du timbre est essentielle chez Berio comme chez Nono : il n'est

traité ni de façon décorative ni comme un paramètre sériel abstraitement hiérarchisé. Chez Nono, la polyphonie s'y fonde ; elle produit des effets de réverbérations, de résonances, de mise en espace du son. Chez Berio, l'organisation du timbre et des tessitures articule les différentes couches d'événements simultanés. Chez l'un comme chez l'autre, l'idée même de polyphonie est repensée. Il en résulte une nouvelle conception du temps musical — non

linéaire, non directif — et une nouvelle conception dramaturgique. Marqués l'un et l'autre par la théorie et le théâtre brechtiens, Berio et Nono visent à nous faire prendre conscience des enjeux de l'œuvre. Ceux-ci sont d'ordre éthique *et* esthétique. L'œuvre les inscrit dans sa forme même, dans le matériau qu'elle choisit, dans les significations et les émotions qu'elle suscite.

Luigi Nono
Il canto sospeso *(extrait)*
Page de manuscrit, 1956.

MIEUX QU'UN ACADÉMISME

PATRICK SZERSNOVICZ

EN septembre 1945 meurent deux des plus grands musiciens de l'entre-deux-guerres, Webern et Bartók. Schoenberg et Stravinsky vivent, exilés, aux États-Unis. Servie par des interprètes de génie, sans doute les plus grands qu'elle ait connus — Walter, Toscanini, Monteux, Ansermet, Furtwängler, Flagstad, Hotter, Edwin Fischer, Schnabel, Lipatti, Heifetz, Oïstrakh, le jeune Karajan, etc. —, la musique tonale du grand répertoire, de Bach à Debussy, semble alors au sommet de sa gloire. Mais la génération des jeunes compositeurs qui vient à maturité vers 1945-1950, plus professionnelle que la précédente, s'engage passionnément dans l'avant-garde. Du moins à l'Ouest. Car à l'Est se dessine une tendance autonome. On sait qu'à partir de 1925, après une période de libre recherche qui avait eu le mérite de poser le problème d'un art véritablement révolutionnaire, la création musicale en URSS s'est étroitement alignée sur les positions du parti communiste : allégeance à l'héritage classique, nationalisme, réalisme, liens avec le peuple, primauté du mélodisme. Lorsqu'en 1948 Jdanov prononce son discours sur la situation de la musique dans la patrie du socialisme, son idée centrale est basée sur la distinction classique — et bourgeoise — de la forme et du fond, du contenant et du contenu, du signifiant et du signifié. D'où la méfiance envers la musique pure, envers la «volonté d'innover», d'où la condamnation absolue de Stravinsky et de l'École de Vienne, d'où les vertes remontrances à Prokofiev, Chostakovitch, Khatchaturian, Miaskovsky, accusés gratuitement de représenter un courant formaliste antipopulaire. Ces directives précises et ultra-conservatrices ne seront pas trop longtemps en vigueur, car dès la mort de Staline (1953), beaucoup de lest fut jeté. Dans un article de la *Pravda* du 25 novembre 1953 est même reconnu «le droit de l'artiste à l'originalité, à l'audace, à la recherche du nouveau».

Dès lors se fait jour un lent mouvement de libéralisation, différent selon les pays. La situation en Pologne est assez exemplaire. Comme les autres pays d'Europe centrale et de l'Est devenus «satellites» du régime soviétique — Tchécoslovaquie, Hongrie, Yougoslavie, Roumanie, Bulgarie —, la Pologne des années 1945-1950 est restée totalement isolée des courants d'avant-garde d'Europe de l'Ouest et d'Amérique. Les bouleversements politiques survenus lors de la Seconde Guerre mondiale (occupation allemande) et après (régime communiste) venaient d'interrompre le renouveau musical (Szymanowski) esquissé au lendemain de la proclamation de l'indépendance nationale, en 1918. La vie musicale n'émerge que très lentement de ce vide culturel. Après 1945 s'installe un climat nationaliste, dominé par la volonté de préserver la culture populaire — et l'identité nationale — de toute atteinte extérieure. Ce courant n'est pas fondamentalement contradictoire avec la doctrine de Jdanov et les thèses du réalisme socialiste. Mais il reste beaucoup plus souple, surtout de 1945 à 1948, où il y eut par exemple quarante-trois créations mondiales d'œuvres de compositeurs polonais. Le critère de perception immédiate de l'œuvre musicale par le plus large public, l'utilisation de thèmes populaires furent contrebalancés par des bribes d'informations culturelles de l'étranger. La musique de Béla Bartók, en particulier, ainsi que celle du Stravinsky de la période russe trouvent un retentissement considérable. Witold Lutoslawski (né en 1913) et de jeunes compositeurs tels Tadeusz Baird, Kazimierz Serocki ou Jan Krenz, se proposent de composer une musique neuve, accessible à l'auditeur moyen, sans pour autant renoncer à la qualité artistique. Mais en 1948 tombe un «rideau de fer» politique, économique et culturel entre les deux Europes. Dès 1952, Serocki ose contrevenir à la doctrine officielle en utilisant pour la première fois l'écriture dodécaphonique. Trois ans plus tard, en 1955, l'Union des compositeurs polonais change de direction et s'empresse de faire entrer au répertoire les œuvres les plus significatives de la musique contemporaine mondiale, que le public polonais n'avait encore, bien évidemment, jamais entendues. L'arrivée au pouvoir de Gomulka, en 1956, permet la liquidation définitive des doctrines esthétiques d'origine idéologique. Un Festival international de musique contemporaine, l'Automne de Varsovie, s'ouvre en septembre 1956, quelques semaines avant les émeutes de Poznań. Tadeusz Baird et Kazimierz Serocki sont à l'origine de ce festival, qui va transformer Varsovie en un centre de musique contemporaine d'importance majeure. Constituée d'une foisonnante cohorte de talents, dont les plus jeunes, Krzysztof Penderecki et Henryk Gorecki, sont nés après 1930, l'école polonaise trouve rapidement une audience internationale nombreuse et enthousiaste.

POLOGNE ET URSS : UNE LENTE LIBÉRALISATION

Contrairement à ce que l'on a pu dire, il s'agit véritablement d'une école, et non de quelques personnalités isolées. En très peu d'années, les musiciens polonais découvrent avec émerveillement Webern, Varèse, Messiaen, le dernier Stravinsky, Boulez, Stockhausen, Nono et la musique électronique. Le tempérament national, impulsif, anarchique les prédispose à accueillir avec davantage de faveur les techniques aléatoires, ou le «tachisme» sonore de Varèse et Xenakis, que le sérialisme intégral. Leur chef de file s'appelle Witold Lutoslawski. Après une période néobartókienne, qui comporte quelques chefs-d'œuvre — *Concerto pour orchestre* (1954) —, Lutoslawski s'engage, à partir de sa *Musique funèbre* (1958) et de *Jeux vénitiens* (1960), dans une écriture beaucoup plus personnelle, où le «hasard contrôlé» et une technique sévère dans l'utilisation des intervalles créent de nouveaux facteurs de polarité.

Kazimierz Serocki (1922-1981) est un tempérament puissant, jusqu'à la violence. Entre 1952 et 1958, le sérialisme est son principal champ d'action. Tadeusz Baird (1928-1981) est un romantique lyrique, dont les racines musicales (Szymanowski, Berg) sont évidentes. Mais, doué d'une remarquable personnalité, il poursuit une évolution intérieure très rapide. C'est à mon sens le compositeur le plus original et le plus raffiné de sa génération, du moins en Pologne. Se démarquant franchement d'une conception pointilliste plus ou moins sérielle, les premières œuvres de Krzysztof Penderecki (né en 1933), *Strophes* (1958), *Émanations* (1958), *Anaklasis* (1960), privilégient quelques vecteurs architecturaux, aux grappes de sons compacts, transgressant la polarisation de l'écriture sur l'harmonie. L'émancipation de la couleur pure, la renonciation partielle aux sons à hauteur déterminée, l'utilisation de *clusters* et des registres extrêmes transparaîtront davantage dans les œuvres de Penderecki composées après 1960, ainsi que dans celles de Henryk Mikolaj Gorecki (né en 1933). Gorecki est moins préoccupé de recherches de sonorités neuves, ou de spéculations sur le matériau, que d'utiliser les plus rudimentaires phénomènes sonores comme instruments d'une forte tension émotionnelle (*Chant à la joie et au rythme*, 1957 ; *Symphonie*, 1959).

Cette jeune musique polonaise née dans les années 50, où s'ajoutent bientôt de nouveaux noms (Wlodzimierz Kotonski, Andrzej Dobrowolski, Augustyn Bloch, Woiciech Kilar, Boguslaw Schäffer, Edward Bogulawski, Zygmunt Krauze, Krzysztof Knittel, Krzysztof Meyer), connaîtra son véritable et principal épanouissement — et, hélas, son essoufflement — dans la décennie suivante, en 1960-1970.

En Hongrie, en Tchécoslovaquie, en Bulgarie, en Roumanie, et même en Yougoslavie, l'ouverture à l'Occident sera nettement plus tardive qu'en Pologne, et ce n'est que bien après 1960 que les jeunes compositeurs de ces pays pourront vraiment réaliser leurs projets et se faire connaître

György Ligeti. | *Dimitri Chostakovitch en mai 1958.*

dans toute leur originalité, flagrante parfois (école roumaine). Le cas du Hongrois György Ligeti, né en 1923, est un peu à part.

S'il n'est devenu célèbre qu'au début des années 60, après son passage à l'Ouest, György Ligeti cherchait depuis 1950 une nouvelle voie. Jusqu'en 1956, Ligeti ignorait tout de l'École de Vienne. Bartók fut son unique référence. La composition «traditionnelle» basée sur des matériaux folkloriques (*Concerto roumain*, 1951), s'accompagne simultanément chez lui d'une démarche plus prospective et novatrice. Dès *Invencio* pour piano (1948), Ligeti veut se libérer de la tonalité, et ses recherches mélodiques et rythmiques sont déjà fortement originales. Dans *Musica Ricercata* (1951-1953), également pour piano seul, il expérimente des structures sonores et rythmiques simples, afin de bâtir «à partir de zéro». Certains traits d'écriture s'apparentent, ce qui est un pur hasard, à la technique sérielle la plus sophistiquée. Le premier quatuor à cordes *Métamorphoses nocturnes* (1953-1954) représente, en revanche, la synthèse d'un «bartókisme» très assimilé, autant que l'ébauche de toutes nouvelles conceptions harmoniques et contrapuntiques. Ligeti avait imaginé, dès 1950, un type de musique qui n'utilise plus les paramètres musicaux individuels, ni une articulation métrique apparente, mais qui les fonde pour former un nouveau *continuum*. Mais sa seule connaissance des techniques d'écriture traditionnelles n'a pu alors lui suffire à réaliser de telles conceptions. *Visions* pour orchestre (1956) développe déjà et en partie les données du premier mouvement d'*Apparitions*, que Ligeti écrira deux ans plus tard, après avoir quitté définitivement la Hongrie.

En URSS, le mouvement de libéralisation des années 50 s'effectue très lentement, en de subtiles modifications. Dimitri Chostakovitch (1906-1975), qui n'a jamais quitté le pays que pour de brefs voyages, domine de haut. Il est le seul créateur soviétique d'envergure après la mort de Serge Prokofiev (1953). A ses côtés, les autres compositeurs (Khatchaturian, Kabalevsky, Sviridov, Khrennikov, Chtchédrine, Titchenko, etc.) sont de peu de poids. Les nouvelles tendances sont encore à peu près inexistantes, et la jeune avant-garde, un temps plus ou moins sérielle (Silvestrov, Denisov, Schnittke), ne travaillera, durant la décennie suivante, qu'en demi-clandestinité. Chostakovitch lui-même ne cesse de déplorer (congrès de 1958) le manque de soutien aux plus jeunes compositeurs, il encourage les innovations de langage de ses élèves, et proclame la nécessité d'améliorer les structures de la vie musicale sur le plan de la diffusion. Ses propositions n'aboutiront — en partie — que beaucoup plus tard, dans les années 70.

Chostakovitch, dans les années 50, est dans sa grande maturité. Son *Cinquième Quatuor* (1951-1952) et sa *Dixième Symphonie* (1953) sont parmi ses œuvres les plus accomplies, et la décennie se clôt sur d'autres pages essentielles (*Premier Concerto pour violoncelle*, 1959; *Huitième Quatuor*, 1960). Cette maturité est le fruit de très douloureux renoncements. D'un autre côté, on peut se demander si le handicap de l'isolement, dans son cas, n'a pas contribué à stimuler sa mentalité créatrice. Chostakovitch se sert des cadres instrumentaux et formels — la symphonie, le quatuor — convenant le mieux à ses exigences. Sa fidélité au vocabulaire tonal, à peine corsé d'harmonies non fonctionnelles, et de quelques séries, relève d'un mobile tout aussi valable: bâtir des grandes formes au développement structurel et émotionnel très dense, même complexe, autant qu'immédiatement intelligible. Chostakovitch s'est interdit — et peut-être pas seulement pour des raisons de contraintes extérieures, politiques — de développer parallèlement sa syntaxe et son langage morphologique, alors que, techniquement, il était parfaitement armé pour innover sur le plan du langage. Il a préféré explorer, dans toute sa malléabilité, sa richesse et sa flexibilité, un langage déjà historique, mais encore capable de traduire les plus fines variantes expressives avec une précision, une souplesse et une cohérence extrêmes, et qui possédait son point de départ organique dans le matériau lui-même.

Malgré cela, les autorités culturelles et politiques de son pays oscillent sans cesse, comme dans les deux décennies précédentes, entre l'approbation (prix Staline en 1949) et le brutal désaveu (la *Dixième Symphonie* est condamnée, comme «beaucoup trop sombre et introspective»). En 1955, la création du *Premier Concerto pour violon*, composé dès 1948, mais que l'auteur garda par-devers lui durant sept ans, obtint le plus vif succès, à la fois public et «officiel». Mais la création chostakovienne, surtout lorsqu'elle retrouve le chemin des honneurs officiels, est vécue lourdement, tel un *ukase* esthétique supplémentaire, dans tous les pays satellites, où, nationalisme russe aidant, elle est toujours largement diffusée. D'où l'abondance de contresens, d'opinions peu objectives, relayés en Occident par un sectarisme quasi obsessionnel de toute une partie de la critique et des professionnels contre un musicien «très doué, mais d'une prolixité inépuisable, et d'une platitude incompréhensible» (Claude Rostand). Il faudra attendre une vingtaine d'années au moins pour que le monde musical occidental réhabilite un tant soit peu Chostakovitch, prenne conscience de sa puissante personnalité artistique, et prenne en considération sa démarche sur le seul plan qui compte, celui de l'acte compositionnel. Quelques esprits clairvoyants (dont Glenn Gould, dès 1964) avaient su pourtant apprécier, indépendamment de tout critère de «modernité», la valeur intrinsèque de ses meilleures œuvres.

«CONCERTO POUR PIANO PRÉPARÉ ET ORCHESTRE» DE JOHN CAGE

David Gable

Le *Concerto pour piano préparé et orchestre de chambre* (1951) appartient aux toutes premières pièces «indéterminées» de l'auteur. Il est l'une des œuvres qui marquent un tournant décisif dans la carrière de John Cage dont l'influence commença de se faire sentir avec ces pièces «indéterminées» qu'il composait depuis le début des années 50.

Né à Los Angeles en 1912, Cage est le fils d'un inventeur et il a souvent indiqué qu'il préférait se voir lui-même comme un inventeur plutôt que comme un compositeur. Encouragé par Henry Cowell, un compositeur américain inclassable, qui fut l'ami et le défenseur de Charles Ives, Cage entreprit en 1933 de sérieuses études d'harmonie et de contrepoint. En 1934, il eut pour professeur Schoenberg à l'université de Californie, à Los Angeles — et il s'en souvient: «J'ai plusieurs fois essayé d'expliquer à Schoenberg que je n'avais aucun sens de l'harmonie. Il me disait que sans un sens de l'harmonie je rencontrerai toujours un obstacle, un mur que je ne parviendrais pas à traverser. Je répondis qu'en ce cas, je consacrerais ma vie à cogner de ma tête ce mur. C'est

peut-être ce que j'ai fait jusqu'à présent.»

En 1938-1939, l'orchestre de percussions que Cage avait fondé à Seattle lui permet d'explorer un type de composition qui ne reposait en rien sur les manières habituelles de penser la tonalité. Nature des sons et rythme devenaient dans ces recherches plus importants que les structures harmoniques ou mélodiques. Son travail sur les percussions se poursuivit tout au long des années 40. Le piano «préparé» rompit la tendance, entretenue par le piano, à se conformer à certaines structures des hauteurs, celles de la tradition occidentale. Cage faisait alors de l'instrument une percussion neuve, exotique. Les études menées par Cage de la structure rythmique dans la musique indienne le conduisirent à des cycles rythmiques irréguliers semblables à ceux des talas. Ces formes rythmiques statiques et répétitives conférèrent à sa musique une qualité statique bien différente de la vectorisation linéaire que connaît dans sa plus grande part la musique occidentale. Mais aussi, l'esthétique radicalement étrangère de la musique indienne l'amena à considérer la philosophie indienne dans son

ensemble. Il commença d'étudier le bouddhisme zen. En 1951, il abandonnait toute idée de contrôle du compositeur sur sa création.

Le *Concerto* est écrit pour un orchestre de chambre formé de bois, cuivres et cordes auxquels s'ajoutent harpe, célesta et percussions. Au soliste revient le piano préparé. Dans le premier des trois mouvements, ou «parties» comme les appelle le compositeur, les domaines occupés par le soliste et ceux occupés par l'orchestre sont opposés. Dans le deuxième mouvement, le pianiste se rapproche du domaine de l'orchestre. Dans le troisième, soliste et orchestre occupent le même domaine. Il y a aussi, au long des trois parties, une progression vers un calme toujours plus grand. La troisième partie est ponctuée de longs silences.

L'écriture rythmique s'élabore à partir d'un motif répétitif de vingt-trois mesures. Dans le dernier mouvement, les cinq dernières mesures du motif sont toujours silencieuses, un passage de silence marque donc la fin de chaque présentation complète du cycle rythmique. Un an plus tard Cage «composait» une œuvre entièrement silencieuse, *4'33''*.

*David Tudor et John Cage
à Darmstadt en 1958.*

LE DÉPASSEMENT DES MODÈLES

DAVID GABLE

C'EST dans l'ensemble une seconde vague du modernisme que représentent les mouvements artistiques les plus dynamiques de l'après-guerre. L'époque se jette avec optimisme, passion et une ambition jamais connue dans la recherche du nouveau ; cependant, des modèles existaient déjà : ceux produits par le premier modernisme dans les années précédant immédiatement la Première Guerre mondiale. Les premiers modernistes voulaient à l'origine se libérer des contraintes de la «nature» aussi bien que de celles de la «tradition». Entre 1909 et 1913, Schoenberg poussait les développements de l'évolution du langage harmonique dans une voie qu'il caractérise d'une métaphore révolutionnaire, «l'émancipation de la dissonance». Dans le même temps, Stravinsky libérait le rythme et en faisait un élément autonome. Très vite ensuite, dans la musique de Varèse, le son lui-même accédait au statut de forme organisatrice indépendante.

Il y avait bien dans la musique américaine une tradition de radicalité — voire «underground» — mais cette radicalité connaissait une éclipse au moment où Schoenberg, Stravinsky et Bartók, respectivement en 1933, 1939 et 1940, s'installaient aux États-Unis. Charles Ives, «fascinant musicien qui déjà explore les années 60 alors que nous sommes en plein âge d'or straussien et debussyen» selon la formule de Stravinsky, avait écrit ses œuvres les plus importantes avant la Première Guerre mondiale et abandonnerait définitivement la composition en 1926. Varèse était aux États-Unis depuis 1917 et jouait un rôle important sur la scène musicale américaine. Son *Amériques*, pour orchestre, avait chanté la conquête de nouveaux territoires mais, durant vingt ans après le milieu des années 30, Varèse ne se manifesta plus comme compositeur. Si la musique «nouvelle» avait été florissante dans l'Amérique

Charles Ives à la fin de sa vie.

des années 20, la Grande Dépression avait donné un coup d'arrêt à ce qu'Elliott Carter appela «cette période héroïque de l'avant-garde».

UNE PROFONDE UNITÉ DE DÉMARCHE

Les premiers acquis de ces pionniers, sur les deux continents, constituent donc moins l'immédiat arrière-plan des recherches de l'après-guerre qu'un idéal perdu. L'entre-deux-guerres fut une période de repli. Dans les années 20, tous ceux qui pouvaient prétendre à un rôle majeur avaient en fait consciemment abandonné la radicalité caractérisant les travaux de la décade précédente, soit pour un «néo-classicisme» (celui d'Eliot, Picasso, Stravinsky) où les aspects immédiats de l'œuvre intègrent ouvertement les références stylistiques, soit pour l'«abstraction géométrique» (Mondrian, Kandinsky), soit pour le style épuré, «dépouillé» du Webern dernière manière.

Aaron Copland est aux États-Unis le type même du compositeur de l'entre-deux-guerres, le plus célèbre parmi ceux qui étudièrent à Paris la composition avec Nadia Boulanger avant de transplanter en Amérique le style néo-classique franco-russe. Copland subit principalement l'influence du Stravinsky néo-classique mais il introduisit un élément jazz dans nombre de ses créations et s'affirma «américain» dans le choix de thèmes tels ceux retenus pour les ballets *Billy the Kid* et *Rodeo*. Le langage des premières œuvres de Roger Sessions et d'Elliott Carter, parmi d'autres, n'est pas très différent de celui de Copland mais tous trois allaient dans les années 50 renouveler leur style compositionnel.

Aux États-Unis comme en Europe les visées esthétiques des compositeurs de l'après-guerre sont plus larges et plus ambitieuses encore que celles des premiers modernistes. Sous les différents chemins qu'ils empruntent alors, on peut, dans l'ensemble, reconnaître une profonde unité de démarche.

Si disparates que soient leurs moyens, les compositeurs les plus importants ont à ce moment, dans une très vaste ambition, la volonté de repenser et reformuler les principes de la création musicale. C'est évidemment le cas avec un iconoclaste tel John Cage, qui mit en question non seulement un grand nombre des concepts fondamentaux sur lesquels repose la composition musicale, mais également l'acte de composition lui-même. Mais c'est encore le cas avec quelqu'un comme Milton Babbitt, diamétralement opposé à Cage et dont la pensée musicale trouvait sa source dans les œuvres du Schoenberg des années 20, 30 et 40. Babbitt étendit à tous les aspects de l'organisation musicale le contrôle systématique. Une volonté de réorientation complète caractérise une cohorte de compositeurs qui, sous l'influence directe des musiques orientales, tournant le dos à la tradition occidentale, usèrent dans leurs propres œuvres d'échelles et d'instruments exotiques. De manière exemplaire Lou Harrison évoque, par sa musique contemplative, quelque chose du génie de l'Orient. Harry Partol, quant à lui, écrivait pour une variété d'instruments qu'il adaptait à ses propres fins et inventait de nouvelles échelles musicales. Tous ces compositeurs revenaient aux questions fondamentales concernant les relations entre son et temps.

Cette extraordinaire ambition animait à coup sûr Elliott Carter qui, dans son article «On Edgar Varèse» rappelle en ces termes quelles étaient ses motivations personnelles : «Nous avions entendu toutes les combinaisons harmoniques et timbrales imaginables. Nous avions reconnu que, dans une certaine mesure, il y avait des innovations rythmiques *locales* chez Bartók, chez Varèse, chez Stravinsky ou chez Ives. Mais tout cela porté ensemble à une étape supérieure d'élaboration rythmique appartenait encore à ce qui commençait de m'apparaître comme la routine rythmique plutôt limitée dans laquelle la musique occidentale jusqu'alors avait été prise. Cette constatation commença de me gêner au point que je tentai d'imaginer pour les séquences temporelles une plus grande échelle. Je voulais que ces séquences temporelles demeurassent convaincantes tout en représentant un degré de *nouveau* égal à la richesse que connaissait le vocabulaire musical moderne. Ce désir m'amena à questionner bien des habitudes relatives à la musique : le discours musical appelait un réexamen aussi profond que celui dont, au début du siècle, l'harmonie avait fait l'objet.»

ELLIOTT CARTER ET JOHN CAGE

Carter s'engagea dans cette voie avec le premier mouvement de sa *Sonate pour violoncelle*, qui date de 1948. Stravinsky, dans son manifeste néo-classique, *Poétique musicale*, avait identifié

deux espèces du temps musical, le temps «ontologique», celui de l'horloge, mesuré objectivement, et le temps «psychologique». La musique expressive appartenant à la tradition romantique allemande avait exploité le temps psychologique. Les œuvres de Stravinsky, d'un élégant néo-classicisme, évoquant les valeurs de l'artisanat plutôt qu'une esthétique de l'expression, vont selon le temps ontologique. Le mouvement par lequel s'ouvre la *Sonate pour violoncelle* de Carter exploite simultanément deux trames temporelles discrètes. Le piano marque une constante pulsation de métronome — ce qui rappelle le Stravinsky néo-classique — tandis que le violoncelle joue une mélodie librement expressive. Voilà bien, en germe, la conception caractéristique de Carter : le déploiement simultané de trames temporelles caractérisées individuellement. Bien représentative de l'art de Carter également, la qualité même de la matière musicale semble le produit naturel des sons pourtant différents issus de l'archet et des marteaux.

Cette conception se trouve davantage élaborée encore avec le *Premier Quatuor pour cordes*, de 1951, et le *Deuxième Quatuor pour cordes* de 1959. Le *Premier Quatuor* est souvent présenté comme l'œuvre par laquelle Elliott Carter devient Elliott Carter. L'idée de vitesses variables mais interdépendantes est au cœur de l'écriture du *Premier Quatuor*. L'on y suit plusieurs fils conducteurs (des «fils-identités» se déroulant simultanément et selon des vitesses différentes et toujours changeantes. Il n'y a pas, comme dans la

musique classique et dans la musique populaire, un motif central de quelques mesures qui retissent ensemble ces fils séparés. C'est au niveau de leurs déroulements individuels que l'inscription s'effectue. Dans le *Deuxième Quatuor*, chacun des quatre instruments conserve tout au long de l'œuvre le rôle qu'il reçoit en propre, avec ses formes caractérisées de comportement musical. Dans l'une et l'autre de ces œuvres, on assiste à une véritable refonte de la continuité linéaire, refonte risquée, parfois jusqu'au kaléidoscope, mais toujours comme conséquence d'un développement organique du matériau musical : l'écriture rythmique de Carter logiquement implique que soit repensé le «discours musical».

Si causalité et continuité sont chez Carter re-

pensées, elles sont chez Cage totalement rejetées. On ne peut imaginer musique plus éloignée que celle de John Cage des préoccupations caractérisant la tradition occidentale. Il n'y a en elle, ainsi que le remarquait Stravinsky, «aucune tradition, ni Bach ou Beethoven, ni Schoenberg ou Webern». Mais si l'on ne retrouve aucune tradition dans son œuvre la plus récente et la mieux connue, l'homme Cage se découvrit des «affinités électives», et des prédécesseurs : Henry David Thoreau et son transcendantalisme ; Joyce, cosmologie et prolifération du *Finnegan's Wake* ; Satie, fantaisie, ironie et modestie délibérée du propos ; Marcel Duchamp et son «désœuvrement magistral» ; plus que tous, Daisetz Suzuki, ses travaux sur le bouddhisme.
En 1938-1939, Cage créa un orchestre de percussions, et le «piano préparé» par insertion de gommes, boulons et autres objets de métal, de plastique ou de bois entre les cordes du piano. Les sons qui en sortent alors font penser aux orchestres balinais et javanais de gamelan que constituent des percussions à hauteurs déterminées. A la fin des années 40, Cage entreprit l'étude du *Yi-King*, l'ancien traité chinois de divi-

John Cage et son piano préparé, à Donaueschingen.

nation ou «Livre des transformations». En 1951, pour la première fois, il pratique un art de la composition où certains choix ne relèvent plus d'une décision subjective. Sous l'influence du *Yi-King*, le but est alors «que les enchaînements dans la composition musicale soient libérés du goût personnel, de la mémoire individuelle (de la psychologie), de la littérature et des "traditions" artistiques». Pour *Music of Changes*, les hauteurs, durées et timbres furent choisis selon la méthode du *Yi-King*, par le jet de pièces de monnaie. L'exécution de *Imaginary Landscape* associe deux interprètes à chacun des douze postes de radio mais le résultat dépend entièrement du programme alors diffusé par les ondes : «Désormais la structure n'est pas dans l'œuvre, l'auditeur la construit en lui.»

LE SÉRIALISME

Quelque idée du «sérialisme» est indispensable quand on parle de cette période. Tout au long du siècle précédent et jusqu'au début de nos années 20, la grammaire harmonique traditionnelle s'était effritée. Elle s'était effritée à travers l'emploi de relations harmoniques toujours plus ambiguës, toujours moins repérables. Schoenberg dans les années 20 passa à une organisation des éléments mélodiques et harmoniques selon une série ordonnée de hauteurs se prêtant à diverses transformations. Une telle série fournissait alors, en l'absence du système traditionnel des accords, le langage de base d'une composition donnée. Chaque œuvre sérielle avait donc, dans une certaine mesure, ses propres grammaire et vocabulaire. La série allait fournir un nouveau canevas. Comme Charles Rosen un jour le nota, «le sérialisme n'est pas un procédé facile, mécanique, pour produire des œuvres impopulaires. C'est une façon neuve d'organiser l'espace musical».
Les années 50 voient la plupart des compositeurs les plus influents travaillant en Amérique adopter progressivement divers aspects du sérialisme. Stravinsky — qui réside alors à Los Angeles —, Roger Sessions, Milton Babbitt, George Perle et Aaron Copland sont de ceux-là. Sessions, qui fut le professeur de Babbitt, avait beaucoup moins que son élève foi dans le «système» lui-même. Copland, dont la musique ne provenait point de la tradition viennoise, Mahler ou Schoenberg, apprit de Boulez que le sérialisme n'était pas intrinsèquement lié à l'expressionnisme autrichien. Tous limitèrent aux hauteurs l'application du sérialisme, Babbitt seul — comme ses contemporains européens, et comme dans les années 60 le feraient ses épigones — l'étendant à d'autres éléments, au rythme notamment dans ses *Three Compositions for Piano*, en 1948, pour la première fois.
Ceux qui ne recherchaient dans la musique américaine que le côté exotique et aborigène ont parfois taxé l'œuvre de Babbitt d'«européanisme».

On peut, c'est indéniable, établir des parallèles entre l'entreprise de Babbitt et les explorations que conduisirent au cours des années 50 des figures maîtresses de l'avant-garde européenne telles que Boulez, Berio et Stockhausen. Disons simplement que de la même manière dont on peut tracer des parallèles entre Boulez et Derrida, Foucaut ou les sémioticiens, l'on peut voir les recherches de Babbitt comme appartenant au même courant rationaliste et positiviste que la linguistique chomskyenne et la philosophie anglo-américaine.

Milton Babbitt a été accusé d'être un auteur académique de musique abstruse. Mais il serait le premier à revendiquer le titre d'«académique» car l'utilisation toujours péjorative qui est faite du terme est à ses yeux le signe de tendances profondément anti-intellectuelles dans la société moderne. Depuis le Moyen Age, les arts ont été en Occident conçus comme un moyen complémentaire aux sciences d'explorer l'univers. Le langage que chaque art a élaboré constitue son champ de recherche. En musique, cette fonction exploratoire depuis Beethoven a souvent pris le pas sur

seur bientôt lui disputa son importance. L'exacte correspondance entre longueur de bande et durée musicale exigeait que le déroulement de la bande pût être mesuré et contrôlé avec une grande précision. Enregistrements superposés, montage, addition de réverbération sont parmi les techniques de manipulation du son enregistré. Composer avec les bandes magnétiques était si laborieux que l'on fit appel à d'autres outils tels les générateurs d'ondes sinusoïdales et les modulateurs de fréquence et amplitude pour générer et transformer les sons, et enfin aux synthétiseurs qui sont essentiellement des matériels associant générateurs et transformateurs.

Il est évident que le développement de la musique électronique ne relève pas d'un parti pris esthétique; il offrit de

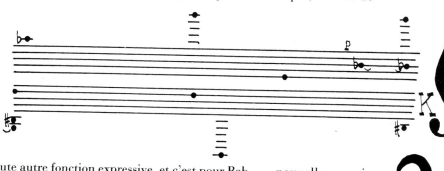

toute autre fonction expressive, et c'est pour Babbitt la seule qui importe. En 1958, dans un texte polémique notoire intitulé «Qui se soucie de savoir si vous écoutez?», Babbitt défendit son point de vue : dans la musique depuis Beethoven on assiste à l'érosion graduelle des conventions claires qui autrefois guidaient l'auditeur. Dense et structurée, la musique de Babbitt atteint à un haut «rendement»; elle réclame de l'auditeur une participation accrue précisément parce que le compositeur crée un réseau hautement structuré de relations sonores. Le sérialisme de Babbitt met en évidence un paradoxe que comporte la musique : certains aspects, purement compositionnels, ne se donnent pas à l'oreille; la matière sonore n'est jamais tout à fait identique à sa construction. Le sérialisme offre au compositeur une liberté nouvelle, il lui permet de structurer l'espace tonal en utilisant toute relation qui soit de l'ordre d'une cohérence audible.

En ce qui concerne la musique «électronique» ou «électroacoustique», les années 50 virent l'émergence de potentialités tendant à créer un nouvel univers sonore. Le magnétophone fut le premier instrument électronique et le synthéti-

nouvelles possibilités à de nombreux compositeurs dont les aspirations étaient très diverses. Babbitt et Cage, par exemple, malgré leurs esthétiques antagonistes, furent l'un et l'autre des pionniers en ce domaine. La «musique électroacoustique» demeure un puissant symbole de ces nouvelles contrées dont l'après-guerre ouvrit l'accès. Edgard Varèse, compositeur que la France et l'Amérique réclamèrent comme un des leurs, donne en 1958 son *Poème électronique*, preuve encore de l'ambition et de la richesse des années 50. Bien que le résultat en soit rien de moins qu'aléatoire, le *Poème* fut entièrement composé de sons quotidiens du monde saisis et transformés sur bande magnétique.

John Cage
Concerto pour piano et orchestre
(extrait), 1958.

TOUS LES JAZZ

DANIEL CAUX

POUR un très large public, le jazz de la première partie des années 50, c'est d'abord et avant tout le triomphe du style «New-Orleans». En France, ce phénomène est accentué par le fait que Sidney Bechet, qui a décidé de se fixer dans notre pays, y fait flamboyer la sonorité de son saxophone soprano aux côtés du clarinettiste Claude Luter, puis d'André Reweliotty. De nombreux orchestres d'étudiants se forment un peu partout, et dans un bal tel que celui des Beaux-Arts, il va de soi que le jeune public branché de l'époque ne peut danser que sur du Nouvelle-Orléans, et rien que du Nouvelle-Orléans. La trompette qui mène l'improvisation collective, la clarinette volubile et les glissandos du trombone, voilà qui met en joie. Si vous y ajoutez Sidney Bechet, il n'y a plus de mots pour décrire l'enthousiasme...

Aux États-Unis, ce *revival* du vieux style louisiannais de l'aube du siècle avait commencé dès le tout début des années 40. D'emblée, on peut distinguer au moins quatre formes de *revival*. D'abord celui de jeunes amateurs blancs qui recopient, note à note — fausses notes comprises, sans que l'on sache jamais si elles sont volontaires — les disques des années 20 des pionniers de la Nouvelle-Orléans enregistrés non pas dans cette ville mais à Chicago[1], disques 78 tours depuis longtemps introuvables qui commencent alors à être réédités. Ensuite celui des groupes commerciaux blancs qui pratiquent un «dixieland» stéréotypé et sans relief. Enfin, à côté de celui de musiciens blancs plus valables, le *revival* d'artistes noirs encore en vie qui avaient participé autrefois à cette extraordinaire saga du jazz des origines.

Certains de ces pionniers avaient abandonné depuis longtemps toute musique et on a souvent raconté comment les admirateurs de Bunk Johnson, figure légendaire du début du siècle qui n'avait jamais quitté la Nouvelle-Orléans, s'étaient cotisés pour lui acheter un dentier afin qu'il puisse jouer de la trompette à nouveau. D'autres grandes figures telles que Louis Armstrong et Sidney Bechet, plus jeunes, auront été finalement les seuls artistes à s'exprimer de façon véritablement créative dans cette résurrection de la musique d'autrefois, jouant tous deux, il est vrai, dans un style fortement marqué par l'évolution du jazz au cours des années 30. Une évolution qu'eux-mêmes, par leurs conceptions avancées, avaient contribué à faire éclore.

A noter : pas un seul musicien américain noir marquant de la nouvelle génération ne s'intéresse à faire revivre le «vieux style». Mais pour l'heure, à Paris, on «danse le be-bop» en écoutant Sidney Bechet au Club du Vieux-Colombier. Une déviation du langage, bien sûr, car le be-bop de Charlie Parker et Dizzy Gillespie, c'est vraiment une tout autre musique, une tout autre histoire...

«Deux mille fanatiques du jazz refoulés de l'Olympia se battent avec le service d'ordre», «c'était gratuit...! Deux millions de dégâts: les cinq mille fans de Sidney Bechet ont saccagé l'Olympia»... Quelques titres de journaux parus au lendemain du concert donné le 19 octobre 1955 par Sidney Bechet pour saluer son millionnième disque vendu, événement qui montre à quel point le jazz, cette fois, avait débordé le petit cercle des spécialistes.

Le vieux lion qui avait eu maille à partir avec la justice française vers la fin des années 20, à la suite de coups de revolver échangés à Pigalle, est devenu au cours des années 50 une célébrité de notre pays, au même titre que Joséphine Baker qu'il avait accompagnée en 1925 au Théâtre des Champs-Élysées. Une sorte de Père Noël aux cheveux blancs regretté de tous quand il s'éteint en 1959.

L'image que l'on voudra garder de cet artiste extrêmement exigeant quant à la qualité musicale qu'il voulait obtenir, c'est Claude Luter qui nous la donne, à propos de la première véritable répétition au Club du Vieux-Colombier : «Sidney, qui avait demandé la clef du local soi-disant pour ne pas être dérangé, a attendu que tous les musiciens soient arrivés. Il a fermé la porte à double tour, a mis la clef dans sa poche revolver et a dit: "Main-

1 La fermeture en 1917 de Storyville, le quartier des plaisirs de la Nouvelle-Orléans, a accentué l'incitation de nombre de musiciens à se produire hors de leur ville. C'est à Chicago, devenu dans les années 20 la seconde capitale de la musique Nouvelle-Orléans, qu'ont été enregistrés la quasi-totalité des disques les plus représentatifs de ce style.

tenant on va répéter!"» Et on a travaillé trois heures d'affilée»...

RAISINS AIGRES ET FIGUES MOISIES

Le garçon encore très jeune qui se presse le cœur battant à l'Olympia pour écouter et voir Louis Armstrong en chair et en os, avec sous le bras le 78 tours de *West-end Blues* qu'il espère bien lui faire dédicacer à la fin du concert, est un peu dans la situation d'un mélomane classique qui irait écouter quelqu'un comme la Callas. Certes, il s'étonne un peu que son héros n'arrête pas de s'éponger le visage avec son grand mouchoir blanc, qu'il amuse la galerie avec des grimaces et des roulements d'yeux et qu'il ne joue de la trompette qu'avec parcimonie, mais tout de même, quelles notes et quelle voix! La magie en personne. Ce qui le surprend le plus, c'est que le fameux vibrato terminal de la trompette qui semble pénétrer dans l'âme de l'auditeur comme une vrille, ce vibrato n'est pas obtenu de façon naturelle mais en faisant bouger l'instrument sur les lèvres grâce à une action des doigts posés sur les pistons. Bref, il est ébloui.

Quelle ne sera pas sa stupéfaction d'entendre un copain plus âgé et plus «dans le coup» lui déclarer tout de go qu'Armstrong, c'était vraiment très bien dans sa grande période créatrice des années 20 et 30 mais qu'aujourd'hui, ce qu'il fallait d'abord écouter, c'était tout ce qui venait du be-bop, et en premier lieu les derniers disques de Charlie Parker qu'il venait tout juste d'acheter.

Dans la première partie des années 50, la bataille faisait rage, qui opposait les Modernes et les Anciens, défenseurs fanatiques qui se traitaient respectivement de «raisins aigres» — les Modernes — et de «figues moisies» — les Anciens. La cause de la scission était, bien sûr, le déroutant be-bop aux notes acidulées, une forme musicale révolutionnaire née dans les années 40 qui devait imprégner profondément le jazz de la décennie suivante.

Pour le grand public, la figure la plus célèbre du be-bop est sans conteste le trompettiste Dizzy Gillespie. Béret sur la tête, petit bouc au-dessus du menton, joues gonflées comme des ballons de baudruche lorsqu'il souffle dans un instrument qu'il finira par faire couder à quarante-cinq degrés afin que le pavillon soit dirigé vers le ciel, Dizzy ajoute à la fascination qu'exercent ses feux d'artifice sonores l'impact de ses talents de «showman». Ce n'est pas pour rien qu'il a fait partie autrefois du grand orchestre du chanteur Cab Calloway, le «hi-de-ho man» dont il perpétue à l'occasion le délire des improvisations vocales en mettant les onomatopées «scat» à la sauce be-bop.

Les rythmes sont trop compliqués pour que l'on puisse danser dessus: c'est le principal reproche que l'on fait au be-bop. A cela, Dizzy Gillespie rétorque avec humour: «Autrefois, on marquait la mesure avec le pied et là, ce serait plutôt comme si vous frappiez le plafond avec votre tête»...

Quelle que soit l'importance du trompettiste dans la nouvelle musique que l'on commence à appeler simplement bop, le dieu de tous les connaisseurs, c'est le «bird»: le saxophoniste alto Charlie Parker. D'un abord déconcertant, moins accessible d'emblée que celui d'Armstrong ou même de Gillespie, son art révèle à qui fait l'effort d'aller à sa rencontre une richesse formelle liée à une profonde intensité expressive. Notes retenues, comme avalées, silences et giclées soudaines d'un nombre invraisemblable de notes jouées à la file: un jeu discontinu, haletant et comme en zig-zag, dont les audacieuses libertés rythmiques et mélo-

diques se marient miraculeusement avec le tempo de base. Une subtile calligraphie sonore improvisée dans laquelle les intentions prennent corps et s'articulent spontanément grâce à la précision dynamique des accentuations, sur des thèmes de blues ou de ballades désarticulées.

Le «bird» a exercé une influence profonde sur tout le jazz créatif des années 50. Pour le meilleur et pour le pire serait-on tenté de dire, car les liens de ce «voleur de feu» avec les paradis artificiels, liens qui s'étaient noués dans sa ville natale de Kansas City lorsqu'il avait quinze ans et qui reflètent au moins autant la situation particulière d'un Noir des ghettos que le «long, immense et raisonné dérèglement de tous les sens» dont parle Arthur Rimbaud, ces liens ont fait école chez un certain nombre de musiciens.

Sidney Bechet recevant son disque d'or à l'Olympia en 1955. Derrière lui, l'orchestre de Claude Luter.

Quand Charlie Parker meurt à New York le 12 mars 1955, le médecin légiste lui donne entre cinquante et soixante ans alors qu'il n'en a que trente-cinq. Ainsi disparaît un créateur énigmatique dont l'envergure ne peut être comparée, il ne faut pas avoir peur de l'affirmer, qu'à celle d'un Kafka, d'un Beckett ou d'un Anton Webern. Loin de la bonhomie souriante qui fait le charme d'une grande partie du jazz, il exprime au plus haut degré le vertige angoissé et hallucinatoire qui marque une partie importante de l'art contemporain.

S'étonnera-t-on que le bop et ses dérivés, et plus particulièrement Charlie Parker, aient fasciné Jack Kerouac, Allen Ginsberg et bien d'autres tenants de la Beat Generation ?

FRAÎCHEUR ET DÉTACHEMENT

A peine remis des secousses provoquées par ces premières ondes de choc, on apprend en Europe qu'un autre courant plus ou moins issu du bop, mais différent à maints égards, a pris naissance quelques années auparavant aux États-Unis. Contrairement à aujourd'hui, il fallait, à l'époque, attendre un temps assez long avant que les disques soients pressés au-delà de l'Atlantique. Ce nouveau courant, c'est le «cool» : un style détendu qui aplanit les provocations agressives du bop, et qui s'inspire du jeu bien particulier du saxophoniste ténor à l'inséparable chapeau plat, Lester Young.

Surnommé par déférence affectueuse le «Prez», diminutif de «Président», Lester Young développe depuis la seconde moitié des années 30 des improvisations délibérément flegmatiques. Un art sobre et presque rebutant au premier abord par son mépris de toute joliesse et de tout expressionnisme trop marqué mais qui, justement, pour cette raison même, atteint à une authentique émotion. Un art remarquable par la qualité quintessenciée de son «swing[2]» et par sa surprenante modernité. En ce sens, il a été un maillon essentiel entre le «middle-jazz» de l'époque classique et le bop de Charlie Parker.

2 Le mot «swing» a deux significations. Il désigne d'une part le style de jazz en vogue dans la seconde moitié des années 30 qu'on appelle aussi «classique», «mainstream» ou «middle-jazz», et de l'autre — c'est la plus importante —, la sensation spécifique que fait naître le paradoxe rythmique tension-détente propre au jazz.

Dizzy Gillespie en 1958 à la Salle Pleyel.

Certes, quelques années avant sa mort en 1959, la belle nonchalance somnambule du saxophoniste va peu à peu sombrer dans l'évanescence. Pour l'heure, ce que retiennent les «coolmen», c'est la façon inusitée d'exprimer le «swing» en privilégiant l'un de ses deux éléments constitutifs, la détente par rapport à la tension. Une leçon déjà comprise dans la seconde moitié des années 40 par quatre saxophonistes du grand orchestre de Woody Herman qui se faisaient appeler les Brothers : Stan Getz, Zoot Sims, Serge Chaloff et Herbie Steward ou Al Cohn.

Une autre source du cool, c'est, à la même époque, le jeu éthéré et sans vibrato du jeune trompettiste Miles Davis dans le petit ensemble de Charlie Parker. L'expérience à huit ou neuf musiciens qu'il tente ensuite en 1949 et 1950 avec, entre autres, les saxophonistes Lee Konitz et Gerry Mulligan peut être considérée comme le manifeste du nouveau courant.

Frais, comme son nom l'indique pour le distinguer des bouillonnements torrides du jazz «hot», et joué avec un détachement plus ou moins affecté, le cool, qui va marquer de son empreinte le nouveau jazz, est quasi exclusivement l'expression de musiciens de race blanche. Le trompettiste noir Miles Davis, dont le style va bientôt changer considérablement, est en cela une exception.

La face intellectualiste, cérébrale du cool, on la trouve chez le pianiste aveugle Lennie Tristano auprès duquel officient le saxophoniste alto Lee Konitz et le saxophoniste ténor Warne Marsh. La légende veut que le pianiste exigeait de tous ses musiciens qu'ils entrent en psychanalyse chez un éminent spécialiste qui n'était autre que son propre frère... Toujours est-il que ce n'est peut-être qu'aujourdhui que l'originalité de ses conceptions peut être appréciée à sa juste valeur : des thèmes personnels sur tempo rapide dont les changements insolites de hauteur de ton à chaque note donnent une impression d'atonalité et, plus encore, dans les développements improvisés, une articulation quasi machinique en succession

Miles Davis le 30 novembre 1957 à l'Olympia.

continuelle de doubles croches qui préfigure la future musique répétitive d'un Steve Reich. Son *Turkish Mambo* de 1955, tout en cycles superposés, est à cet égard un exemple particulièrement frappant. Ajoutons enfin que la sonorité subtile, délibérément dépourvue de toute expressivité trop marquée, de son principal élève, le saxophoniste alto Lee Konitz, a pu retenir l'attention d'un Pierre Boulez que n'avaient pas entièrement satisfait les techniques réservées à cet instrument dans la tradition musicale européenne.

En regard des aspects particuliers de ce jazz tristanien, l'enjouement aimable du quartette du saxophoniste baryton Gerry Mulligan, avec le trompettiste Chet Barker, apparaît de visée beaucoup plus modeste. Quant au saxophoniste ténor Stan Getz, pour beaucoup le plus prestigieux représentant du cool — son admirable sonorité l'a fait surnommer «The Sound» —, son évolution vers un jazz de plus en plus musclé, nettement marqué par l'articulation rythmique et mélodique de Charlie Parker, en fait dans les années 50 le faux frère de ce style «frais» que d'aucuns jugent décadent par rapport au be-bop. Il suffit pour s'en convaincre de se laisser emporter par la belle impétuosité de son solo dans *Dark Eyes*, enregistré en 1956 avec Dizzy Gillespie et le saxophoniste alto Sonny Stitt. Profondément imprégnées de l'essence rythmique du jazz qu'est le swing, les confidences chuchotées à la clarinette ou au saxophone par le multi-instrumentiste Jimmy Giuffre font de celui-ci une des exceptions notables, avec le saxophoniste alto Art Pepper et le contrebassiste Red Mitchell, d'un

Stan Getz en avril 1958 au Théâtre des Champs-Élysées.

avatar du cool appelé le style «west-coast». Sur les rives du Pacifique, loin de l'agitation new-yorkaise, ce style est essentiellement celui de musiciens blancs qui se retrouvent après leurs séances de studio pour la variété commerciale ou la musique de film. Des superprofessionnels à la technique irréprochable mais dont l'expression musicale n'échappe que rarement à une certaine superficialité. C'est ce qui atténue la portée d'une réussite telle que le célèbre *Take Five* du pianiste Dave Brubeck, avec le saxophoniste alto Paul Desmond, enregistré à la fin des années 50 et qui a tout de même le mérite d'avoir introduit dans le jazz un rythme inusité tel que le 5/4.

A New York, les partisans de la douceur et de la discrétion vont trouver leur nirvâna dans le Modern Jazz Quartet, mis sur pied en 1952 par le pianiste John Lewis : quatre musiciens noirs en queue de pie improvisant sur des thèmes concoctés par le fondateur du groupe, thèmes s'inspirant de très près de la musique européenne de la Renaissance et du Baroque. De quoi rassurer les mélomanes timorés qui voyaient dans le jazz une musique de voyous, mais de quoi aussi rendre méfiants les vrais amateurs. Il ne fallait cependant pas oublier que les quatre protagonistes — John Lewis, le vibraphoniste Milt Jackson, le contrebassiste Percy Heath et le batteur Kenny Clarke — avaient activement participé dans les années 40 à l'avènement du révolutionnaire be-bop. Là est le secret de la musique du Modern Jazz Quartet : à la surface, le charme pervers d'un simulacre de classicisme «à l'occidentale» et, à l'intérieur, la sève énergétique du swing et le feeling du blues. Là est le secret de la réussite des *Django*, *Vendôme* et autres *Fontessa*.

DU «HARD BOP» AU «FUNKY»

Mitraillades de notes, relances impétueuses en bourdonnements obtenus par coups de langue successifs... ce qui surprend le plus dans le jeu du jeune trompettiste noir Clifford Brown tel qu'on peut l'entendre dans une improvisation sur tempo ultra-rapide, soutenue par les percussions crépitantes du diabolique Max Roach, c'est d'une part la précision du découpage rythmique et mélodique, et de l'autre la grande aisance, le parfait naturel avec lequel ce découpage s'articule. Bien qu'il soit dans la lignée de grands «boppers» tels que Dizzy Gillespie et Fats Navarro, on sent bien qu'il s'agit là d'un art de synthèse dans lequel l'élégance détendue du cool a arrondi les angles agressifs du be-bop. Clifford Brown ne dédaigne pas, par ailleurs, l'art de la ballade, comme en témoigne la réussite de ses interventions aux côtés de la chanteuse noire Sarah Vaughan et de la blonde Helen Merill. Outre une grande clarté d'élocution, ce qui rend attachant l'art de ce trompettiste disparu en 1956 dans un accident d'automobile, c'est la profusion des trouvailles et le sentiment que donne l'improvisateur de ne jamais avoir à s'économiser, tant paraît inépuisable le vivier de son inspiration.

C'est devant un art autrement mystérieux que l'on se trouve en écoutant le pianiste noir Thelonious Monk. Un art longtemps maudit qui, pour ses détracteurs, ne consistait qu'à frapper les notes les plus fausses sur les rythmes les plus boiteux. Un art hautement original qu'on ne peut même pas rattacher vraiment à celui de ses compagnons de route des années 40, les boppers. Dans le fameux enregistrement de *Bag's Groove* par le quintette de Miles Davis en 1954, Thelonious Monk prend un solo qui, au même titre que certaines improvisations de Louis Armstrong et de Charlie Parker, représente une quintessence de l'ambiguïté rythmique fondamentale du couple tension-détente qui constitue le swing. Un extrême, aussi : il faut entendre comment, sur l'implacable et souple régularité rythmique installée par le batteur Kenny Clarke et le contrebassiste Percy Heath, le pianiste ralentit, accélère soudain et ne contredit finalement le tempo de base que pour mieux le mettre en valeur, se rattrapant au dernier moment avec l'agilité et la précision d'un chat sur le bord d'une gouttière.

Vers ce milieu des années 50 souffle décidément à New York un vent puissant qui ne semble pas faire trop de cas des brises maniérées du cool et du style west-coast. Des musiciens noirs parlent de plus en plus de «hard bop», réaffirmant la primauté de l'énergie sur la retenue. Ils parlent aussi d'un retour au soul, à l'esprit spécifique et profond des racines de la musique afro-américaine, le blues et le gospel. On cherche à faire un jazz funky, un jazz expressif qui ne renie pas ses racines nègres. Cet engouement répond à celui que connaît à la même époque le rhythm and blues populaire dont le chanteur, pianiste et organiste Ray Charles, surnommé «The Genius», va bientôt s'affirmer la plus enthousiasmante figure. Avec son petit orchestre et son groupe de chanteuses, les Raylettes, il lance de sa voix inimitable les plaintes et les affirmations jubilatoires qui sont le propre du blues, n'hésitant pas à faire entrer dans cette forme d'expression toute profane des accents et des rythmes empruntés à l'Église noire. Reprenant à la fois la tradition des «blues shouters», les hurleurs de blues des années 40, et celle d'un jazz direct et chauffant tel que pouvait le défendre alors le grand orchestre du vibraphoniste Lionel Hampton, ce rhythm and blues est en fait l'authentique rock and roll des Noirs : une musique simple mais très dansante, au succès tellement grandissant qu'il va donner naissance à un autre rock and roll, celui des Blancs.

La popularité du rhythm and blues renforce la conviction des jazzmen noirs qui s'opposent au cool. En 1954, le pianiste Horace Silver se fait le héraut d'un retour aux sources vives de la musique afro-américaine en fondant les Jazz Mes-

sengers, ensemble que va reprendre Art Blakey, l'impétueux batteur aux invincibles roulements crescendo. A la fin des années 50, les Messengers vont porter la bonne parole en Europe où, pendant quelque temps, le thème porte-drapeau et un peu rengaine de leur *Blue March* va devenir pour le jazz moderne ce qu'a pu être *When the Saints* pour le vieux style... Mais quand ils le veulent, les cinq Messengers — parmi lesquels le très jeune trompettiste Lee Morgan, le saxophoniste ténor Wayne Shorter et le pianiste Bobby Timmons — produisent une musique excitante et hautement énergétique qui en fait un des groupes les plus représentatifs du hard bop.

Un musicien auquel il serait difficile de reprocher

Thelonious Monk en 1954 à la Salle Pleyel.

*Count Basie et son orchestre
le 26 février 1959 à l'Olympia.*

3 Deux mensuels, en France, rendent compte de tous les aspects de la musique afro-américaine des années 50 : *Jazz Hot* et le tout nouveau *Jazz Magazine* dont le premier numéro paraît fin 1954. Le confidentiel *Bulletin du Hot Club de France* de Hugues Panassié s'arrête pour sa part aux limites du be-bop et de ses dérivés. La plus écoutée des émissions radiophoniques régulières sera sans conteste, dès 1955 sur Europe 1, la quotidienne «Pour ceux qui aiment le jazz» de Frank Ténot et Daniel Filipacchi. En 1958, Jean-Christophe Averty commencera à filmer pour la télévision les jazzmen qui se produisent en France.

4 Lester Young et Bud Powell, pris à ce moment de leur existence, ont servi tous deux de modèle pour l'image du héros incarné par le saxophoniste ténor Dexter Gordon dans le film de 1986 de Bertrand Tavernier, *Autour de minuit*.

d'avoir trop cédé aux charmes du cool, c'est assurément Sonny Rollins. Pour être clairement issu du bop, le jeu varié, presque toujours inattendu de ce saxophoniste ténor de grande renommée fait de lui un des personnages clés du jazz des années 50. Un jeu tout en contraste, qui fait alterner le plus naturellement du monde phrases symétriques et forts décalages rythmiques, avec une sonorité ample et puissante. Alors que les improvisations de certains grands solistes semblent d'une telle perfection qu'on a parfois l'impression qu'elles auraient pu être écrites, celles de Sonny Rollins apparaissent au contraire comme marquées par une volonté de faire participer l'auditeur aux errances, aux hésitations, aux trouvailles et aux renforcements des lignes de force : à toutes les aventures de la création spontanée. Les fameux enregistrements en trio de 1957 au Village Vanguard sont un bel exemple de cette démarche.

A la fin des années 50, après la mort de Charlie Parker puis celle de Lester Young, nombreux sont les amateurs de jazz qui voient en Sonny Rollins le plus grand saxophoniste de cette époque. C'est pourtant à ce moment que ce dernier choisit brusquement de ne plus se produire en public, et cela pour deux longues années. De nombreuses rumeurs ont circulé pour expliquer la raison de ce retirement provisoire, la plus persistante restant celle du développement de plus en plus conséquent des conceptions stylistiques d'un autre improvisateur noir, un autre saxophoniste ténor qui lui avait succédé en 1955 dans le groupe de Miles Davis et qui, comme lui, avait joué avec le pianiste Thelonious Monk : un novateur du nom de John Coltrane...

JAM SESSION

Une porte en verre brisée, un bruit qui circule que Brigitte Bardot est dans la file d'attente... Cela se passe encore à l'Olympia mais cette fois à la fin des années 50, et le responsable de ce rameutement de la foule, c'est Count Basie, qui va se produire avec son grand orchestre. Le disque *Atomic Basie* enregistré en 1957 a bien montré l'évolution de ce maître du middle-jazz vers ce qu'on a pu appeler un «phrasé de masse».

Certes, toutes les grandes figures de ce jazz «classique», ce jazz «du milieu» — c'est-à-dire entre le New-Orleans et le moderne — se sont fait connaître bien avant les années 50. Mais c'est justement la raison pour laquelle, durant ces années, leur popularité déborde largement le cercle des spécialistes. Louis Armstrong, Duke Ellington, Count Basie sont désormais des valeurs largement admirées. Jusqu'à sa mort en 1956, le pianiste aveugle virtuose Art Tatum va enregistrer une multitude de disques, tandis que les récitals de la chanteuse Ella Fitzgerald vont connaître un succès comparable à celui des artistes de variété. Un succès commercial plus important, par

exemple, que celui d'une Sarah Vaughan, la «Divine», que révèrent tous les tenants du jazz moderne, la plus chère au cœur de nombreux amateurs restant toutefois la grande Billie Holiday dont le timbre désormais voilé décuple l'émotion que fait naître une expression vocale fragile et blessée. La grande «Lady Day» va disparaître à New York en 1959, victime, comme Charlie Parker, d'une recherche de paradis artificiels liée à des difficultés d'adaptation à l'existence.

Ce qui est certain, en tout cas, dans ces années 50, c'est que le jazz dit «moderne» ne s'oppose pas réellement au middle-jazz. Celui qui admire Clifford Brown et Sonny Rollins ne déteste pas pour autant Count Basie et Lester Young, alors qu'il peut très bien rejeter toute forme de jazz antérieure à la seconde moitié des années 30, forme qu'il jugera trop ancienne, trop démodée. Les détracteurs du moderne, de leur côté, adorent le vieux style des années 20 et n'acceptent l'évolution du jazz qu'en s'arrêtant à l'apparition du be-bop. Le middle-jazz, on le voit, est gagnant dans les deux cas. Les années 50 verront aussi, indépendamment de la vogue du rhythm and blues noir et du rock and roll blanc, le début de la reconnaissance du blues vocal le plus pur et le plus âpre, celui d'un Big Bill Broonzy, d'un Lightnin Hopkins ou d'un John Lee Hooker. Plus encore peut-être, un large public va s'enthousiasmer pour le chant religieux de la communauté noire : le «spiritual» expressif et authentique tel que peut l'incarner la voix ample et chaleureuse de la grande chanteuse de gospel, Mahalia Jackson[3].

Années 50 à Paris... L'amateur de jazz porte souvent — signe de ralliement des étudiants et des intellectuels — duffel-coat et gros pull de laine, tandis que les musiciens arborent chemise et cravate lorsqu'ils se produisent en public. C'est encore la grande époque de Saint-Germain-des-Prés où le jazz se fait entendre dans les caves telles que le Vieux-Colombier pour le style New-Orleans et le Chat-qui-pêche pour le moderne. Rue Saint-Benoît, le très renommé Club Saint-Germain affiche aussi bien le Modern Jazz Quartet que les Jazz Messengers, tandis que sur la rive droite, rue d'Artois, le Blue Note propose à la fin de la décennie Lester Young et le grand pianiste du be-bop Bud Powell, deux personnalités marquantes dans la phase sans nul doute descendante de leur art, mais dont les improvisations s'éclairent soudain de leur inspiration irremplaçable[4]. Parfois, au Blue Note, le guitariste blanc Jimmy Gourley vient échanger quelques chorus avec les musiciens inscrits au programme.

A cette époque, la «jam session» — le «bœuf» comme en dit en France — est encore reine : il suffit de connaître les grilles d'accords de quelques thèmes largement divulgués pour improviser au pied levé avec n'importe quels musiciens, même si on vient tout juste de faire leur connaissance. Nombreuses sont les rencontres de ce genre entre musiciens français et américains, et de styles parfois très différents. Si cela ne s'avère plus possible aujourd'hui, c'est que désormais les jazzmen tendent à posséder leur propre répertoire et que, du même coup, les «standards» sont beaucoup moins usités. C'est ce que pense le pianiste et compositeur Martial Solal qui, après la disparition de Django Reinhardt en 1953, s'imposait bientôt comme le plus original et le plus inspiré des nouveaux jazzmen de l'hexagone. La *Suite en ré bémol* au tempo changeant qu'il a enregistrée

en 1959 avec le trompettiste Roger Guérin, le contrebassiste Paul Rovère et le jeune batteur Daniel Humair, est une œuvre qui compte. D'une veine comparable, l'*Alphabet* composé par André Hodeir en 1957 représente une tentative d'introduire dans le jazz la «forme ouverte» chère à la musique contemporaine de l'époque, tentative trop méconnue qui étonne aujourd'hui par son charme étrange et insidieux[5].

Nombreux sont les films tournés en France dans la seconde moitié des années 50 qui utilisent le jazz comme bande sonore. Le plus célèbre d'entre eux est sans nul doute *Ascenseur pour l'échafaud* de Louis Malle, pour lequel Miles Davis a impro-

5 Le microsillon *The Alphabet et autres essais* a été enregistré à New York par des musiciens de premier plan tels que le trompettiste noir Donald Byrd, le vibraphoniste Eddie Costa, la vocaliste Annie Ross ou le saxophoniste et flûtiste belge Bobby Jaspar. Compositeur, André Hodeir est aussi l'auteur du célèbre livre réflexif de 1954, *Hommes et problèmes du jazz* (réédition Parenthèses, collection Epistrophy).

Les batteurs Art Blakey et Kenny Clarke le 17 décembre 1958 au Club Saint-Germain.

6 L'image est de
Lucien Malson qui,
dans le mensuel
Jazz Hot et
l'hebdomadaire
Arts, s'est fait le
chroniqueur
clairvoyant du jazz
de ces années 50. Il
est aussi l'auteur des
Maîtres du jazz
(PUF), *Histoire du
jazz moderne* (La
Table Ronde),
*Histoire du jazz et
de la musique afro-
américaine* (UGE,
10/18), *Des
musiques de jazz*
(Parenthèses,
collection
Epistrophy), avec
Christian Bellest, *Le
jazz* (PUF).

visé à la trompette au cours d'une projection, accompagné par le jeune saxophoniste ténor niçois
Barney Wilen, le pianiste René Urtréger, le
contrebassiste Pierre Michelot et l'un des inven-
teurs du be-bop, le batteur noir Kenny Clarke,
qui venait tout juste de se fixer dans notre pays.

UN ÉQUILIBRE EN SURSIS

A l'écoute d'un enregistrement tel que celui
d'*Ascenseur pour l'échaufaud*, on se rend compte
à quel point Miles Davis a progressé, à quel point
il a su faire évoluer sa sonorité poreuse autrefois
plus ou moins égale vers la malléabilité, une sonorité à laquelle il s'ingénie à conférer désormais
expressivité et multiplicité de nuances. A vrai
dire, ses disques enregistrés en grande formation
dans la seconde moitié des années 50 avec le compositeur, arrangeur et chef d'orchestre blanc Gil
Evans — *Miles Ahead*, *Porgy and Bess*, *Sketches
of Spain* — laissent pantois tant ils donnent à
l'auditeur une impression de quasi perfection
dans un genre donné.

Enregistré en mars et avril 1959, l'album *Kind of
Blue* va plus loin encore. Aux côtés de Miles
Davis, on y entend le délicat pianiste blanc Bill
Evans, le saxophoniste alto Cannonball Adderley,
qui joue dans un style hard bop très personnel, et
surtout le saxophoniste ténor John Coltrane.
Certes, ce n'est pas encore le Coltrane qui, aux
côtés du batteur Elvin Jones et du pianiste McCoy
Tyner, va marquer fortement de son empreinte le
jazz de la décennie suivante, mais c'est déjà un
improvisateur hors du commun et on peut voir en
lui le plus grand saxophoniste apparu depuis
Charlie Parker. Sa sonorité, à l'époque, est très
dure, et ce qui frappe d'emblée, outre la véhé-

Billie Holiday.

mence de son expression, c'est l'aisance avec laquelle il peut aller d'un registre à l'autre en gardant la même intensité sonore. Chacun de ses
solos se développe sur des durées d'une longueur
inhabituelle avec une parfaite logique interne. On
parlera de débit torrentiel, de nappes de sons, et
on évoquera aussi la «frénésie des phalènes autour des lampes[6]». On dira aussi que l'effet
d'éblouissement que produisent les longues accu-
mulations de notes rapidement jouées peut être
également obtenu par le saxophoniste de façon
inverse, en étirant longuement les notes.

Ce *Kind of Blue* de Miles Davis a valeur de
symbole. Que ce soit dans le morceau *All Blues*,
dans *So What* et surtout dans ce blues de douze
mesures joué sur un rythme de 6/8 appelé *Flamenco Sketches*, on ne sait ce qu'il faut admirer le
plus, du souple balancement quasiment lié à la
respiration humaine qu'instaurent le contrebassiste Paul Chambers et le batteur James Cobb,
des interventions des solistes qui ne se succèdent
pas arbitrairement mais semblent tout au
contraire poursuivre une seule et même pensée
musicale, ou de l'étrange sérénité qui résulte finalement de cet équilibre. Nous sommes devant un
jazz qui, même s'il a été créé dans les années 50,
nous apparaît aujourd'hui, comme certaines musiques dites classiques, absolument intemporel.
Un art de symbiose dans lequel il serait difficile
de faire le partage de ce qui est issu de l'Afrique et
de ce qui provient de l'Occident.

Mais déjà, dans la seconde moitié des années 50,
se sont dressés des musiciens noirs qui n'entendent pas participer d'une telle démarche. Ainsi le
contrebassiste et chef d'orchestre Charles Mingus
se plaît-il, dans ses *Pithecanthropus Erectus* et
autre *Tonight at Noon*, à exacerber jusqu'au cri
la jungle africaine recréée par Duke Ellington.
Sur son saxophone alto en plastique et avec l'aide
de son complice, le trompettiste Don Cherry, Or-
nette Coleman commence à bousculer allégre-
ment les lois de la tonalité dans les improvisations
voulues entièrement spontanées, libres, de ses al-
bums de 1958 et 1959. Le pianiste Cecil Taylor,
qui ne se contente pas d'aborder l'atonalité mais
qui amplifie aussi la discontinuité rythmique
inaugurée par Thelonious Monk, grave le premier
disque sous son nom en 1956 avec le saxophoniste soprano Steve Lacy, se produit avec son
groupe en 1957 au festival de Newport, et participe en 1958 à une séance d'enregistrement
d'un John Coltrane qui s'avouera fortement perturbé par ses insolites interventions sur le clavier.
Un John Coltrane qui s'apprête cependant à
franchir de nouvelles étapes.

A ces musiciens viendront se joindre dans les
années 60 d'autres «horribles travailleurs», selon
la formule d'Arthur Rimbaud. Ils s'emploieront à
détruire l'équilibre du bel édifice, à faire littéralement voler en éclats les éléments jusque-là constitutifs du jazz. Mais ceci est une autre histoire...

LE ROCK EN NOIR ET BLANC

ALAIN DISTER

En 1955, l'ère Eisenhower bat son plein. Rigide, coincée, puritaine. En proie aux délires paranoïaques du sénateur McCarthy. Pourtant, la société américaine voudrait bien bouger. Transie pendant les années de guerre, elle découvre d'un seul coup les joies d'une consommation forcenée, qu'elle identifie au bonheur. Petit à petit, toutes les générations sont touchées par cette frénésie. Seul problème : si les adultes trouvent effectivement satisfaction dans l'accumulation des gadgets électroménagers, rien n'a été prévu pour exploiter l'immense marché des adolescents. Or ceux-ci viennent de devenir, grâce à l'argent de poche glané auprès de leurs parents ou dans les petits boulots, une force économique non négligeable.

Ces jeunes se découvrent depuis quelques années des intérêts culturels radicalement différents de ceux de leurs aînés. Le cinéma, avec James Dean et Marlon Brando, leur propose des modèles, de révolte surtout. La radio blanche, elle, n'a pas grand-chose à offrir. Alors, pour danser, ou jouir simplement d'un rythme plus soutenu que celui des rengaines hollywoodiennes, ils écoutent les programmes émis par les Noirs. A Memphis, Chicago, St. Louis, des stations diffusent régulièrement les chansons des meilleurs artistes de blues, de rhythm and blues ou de gospel. Les musiciens blancs, même lorsqu'ils sont bardés de préjugés racistes, les écoutent aussi. Jusqu'au jour où un Bill Haley, guitariste joufflu d'un groupe de country and werstern très traditionnel, y trouve le piment nécessaire pour syncoper sa musique de manière plus attrayante pour son jeune public. A l'occasion du film *Graine de violence (Blackboard Jungle)*, celui-ci découvre ce qu'un disc jockey astucieux baptise le rock and roll.

Évidemment, le terme existait bien avant que Bill Haley ne signe cette fameuse bande son. Dès les années 40, on le trouvait dans certaines chansons de Fats Domino, de Big Joe Turner et de quelques bluesmen de Chicago.

Tous des Noirs. Mais la légende — et quelques intérêts commerciaux plus terre à terre — voulait que ce fût un D.J. blanc, Alan Freed, qui eût l'idée du terme. Drôle de coco, ce Freed, qui préfigure nombre d'arnaques dont seront victimes les musiciens noirs. A la fin des années 50, par exemple, il cosigne les textes magnifiques d'un Chuck Berry, sans bien entendu en avoir écrit une ligne. C'était la seule façon de pouvoir les programmer sur certaines radios (cette pratique est encore couramment utilisée dans notre showbiz national).

Il serait toutefois injuste de ramener l'entière origine du rock and roll à la seule musique populaire noire. Les grands courants traditionnels de l'Amérique blanche ont également contribué largement à son écriture et à son essor : folk-song, country and western, blue grass, tous se sont mêlés plutôt harmonieusement aux idiomes comme le blues ou le gospel. La part du rock empruntant davantage aux musiques blanches country allait connaître un développement particulier sous le nom de rockabilly. Le personnage central, le symbole de toute cette période, Elvis Presley, s'est inspiré à la fois de ce style, remarquablement mis en valeur par Hank Williams, et du gospel le plus noir — qu'il savourait à l'écoute de la radio, à Memphis.

Elvis incarne toutes les qualités du premier grand héros du rock. Il possède la dégaine de «rebelle sans cause» popularisée par James Dean, épicée par un comportement en scène qui lui vaudra les foudres des puritains sévissant alors à la télévision. Mais le prodigieux succès de Presley et de tous ses clones (Eddie Cochran, Ricky Nelson...) tient avant tout à une simple révolution technologique : l'invention du 45 tours, et, partant, de l'électrophone portable, qui allait complètement changer les habitudes et les lieux d'écoute.

Le temps des premières idoles fut vite révolu : Elvis Presley partit faire son service militaire, remplacé au sommet des hit-parades par un Pat Boone racoleur, prêchant le retour aux «vraies» valeurs américaines. Chuck Berry allait croupir en prison. Jerry Lee Lewis était interdit d'antenne et Little Richard devenait pasteur. Tout rentrait dans l'ordre. Le printemps n'avait duré que trois ans. Et les Beatles étaient encore loin...

MUSICOGRAPHIE

Dans le cadre de l'exposition « Les années 50 », de nombreuses manifestations musicales sont organisées, à l'initiative de l'IRCAM. Cette musicographie regroupe la totalité des œuvres interprétées à cette occasion et illustre la vitalité d'une décennie.

MUSIQUES ÉLECTRO ACOUSTIQUES
(concrète, électronique, « Music for Tape », sythétiseur, « Computer »)

Douze concerts au Centre Georges Pompidou, en juillet 1988.
Coproduction Centre Georges Pompidou – IRCAM et INA-GRM.

Bulent Arel : Stereo Electronic Music n° 1 *(1959-60)*
Philippe Arthuys : Étude n° 2 *(1956)*
Milton Babbitt : Composition for Synthesizer *(1960)*
Henk Badings : Genese *(1958)*
Louis et Bebe Barron : For an Electronic Nervous System *(1953)*
Luciano Berio : Mutazioni *(1955)*
: Omaggio a Joyce *(1957)*
: Momenti *(1959-60)*
Karl-Birger Blomdahl : Mima-Banden ur Aniara *(1959)*
André Boucourechliev : Texte I *(1956)*
: Texte II *(1959)*
Pierre Boulez : Deux Études *(1951)*
John Cage : William Mix *(1953)*
: Fontana Mix *(1959)*
Niccolo Castiglioni : Divertimento *(1959-60)*
Mario Davidowsky : Electronic Study n° 1 *(1959-60)*
Herbert Eimert : Selektion I *(1952)*
Franco Evangelisti : Incontri di fasce sonore *(1957)*
Luc Ferrari : Visage V *(1959)*
: Tête et Queue du dragon *(1959)*
Newman Guttman : Pitch Variation *(1958)*
Bengt Hambraeus : Doppelohr II *(1955)*
R. Haubenstock Ramati : L'Amen de verre *(1957)*
Pierre Henry : Concerto des ambiguïtés *(1950)*
: Musique sans titre *(1950)*
: Le Microphone bien tempéré *(1951)*
: Le Voile d'Orphée *(1953)*
: Coexistence *(1959)*
L. Hiller/L. Isaacson : Suite Illiac *(1956)*
Mauricio Kagel : Transicion I *(1958)*
Gottfried M. Koenig : Klangfiguren I et II *(1953-56)*
: Essay *(1958)*
Wlodzimierz Kotonski : Étude pour un seul coup de cymbale *(1960)*
Hugh Le Caine : Dripsody *(1955)*
Ton de Leeuw : Studie *(1958)*
György Ligeti : Artikulation *(1958)*
François-Bernard Mâche : Prélude *(1959)*
Bruno Maderna : Notturno *(1956)*
: Continuo *(1958)*
Ivo Malec : Mavena *(1956)*

Toshiro Mayuzumi : Musique concrète X.Y.Z. *(1953)*
: Aoi-no-ue *(1957)*
: Campanology *(1959)*
T. Mayuzumi/M. Moroi : Variation sur 7 *(1956)*
Darius Milhaud : La Rivière endormie *(1954)*
Gordon Mumma : Soundblock 6 : Densities *(1959)*
Luigi Nono : Omaggio a Emilio Vedova *(1959-60)*
Michel Philippot : Étude I *(1953)*
: Étude 2 *(1956)*
Henri Pousseur : Scambi *(versions Berio et Pousseur)* *(1957)*
: Étude pour rimes *(1958)*
: Seismogramme *(1958)*
: Électre *(Prix Italia, 1959)*
Dick Raaijmakers : Tweeklank (Contrasts) *(1959)*
Anton Riedl : Menschen-Meschinen *(1960)*
Oscar Sala : Kompositionen fur Mixturtrautonium und Tonband *(1958)*
Henri Sauguet : Aspect sentimental *(1957)*
Pierre Schaeffer : Quatre Études de bruits *(1948)*
: Concertino Diapason *(1948)*
: Vestiges d'Orphée *(1951-53)*
: Les Paroles dégelées *(1952)*
: Masquerage *(1952)*
P. Schaeffer/P. Henry : Symphonie pour un homme seul *(1950)*
: Étude aux allures *(1958)*
: Étude aux sons animés *(1958)*
: Étude aux objets *(1959)*
Arsène Souffriau : Étude n° 1 *(1959)*
: Les Voix du soleil *(1959)*
Karlheinz Stockhausen : Étude aux 1 000 collants *(1952)*
: Studie I *(1953)*
: Studie II *(1954)*
: Gesang der junglinge *(1955-56)*
: Kontakte *(1959-60)*
Morton Subotnick : King Lear *(1959)*
Toru Takemitsu : Relief statique *(1955)*
: Ciel, Cheval, Mort *(1958)*
: Water Music *(1959-60)*
Vladimir Ussachevsky : Somic Contours *(1952)*
: A Piece for a Tape Recorder *(1956)*
: Métamorphosis *(1957)*
V. Ussachevsky/ O. Luening : Incantation *(1953)*
Edgard Varèse : Déserts : Interpolation I *(1953)*
: Poème électronique *(1958)*
Iannis Xenakis : Concret PH *(1958)*
: Diamorphoses *(1958)*
: Orient-Occident *(1959-60)*

M U S I Q U E   D E   C H A M B R E

Quatorze concerts
au Centre Georges Pompidou et à la Maison
de Radio-France, en septembre et octobre 1988.
Avec la participation des solistes de
l'Orchestre national de France et de l'Ensemble
InterContemporain,
des Quatuors Arditti et Rosamonde.
Coproduction Centre Georges Pompidou-IRCAM
et Radio-France

Georges Auric	: Trois Impromptus *(1946) pour piano*
Jean Barraqué	: Sonate *(1952) pour piano*
Luciano Berio	: Cinq Variations *(1953) pour piano*
	: Sequenza I *(1958) pour flûte*
Pierre Boulez	: Deuxième Sonate *(1948) pour piano*
	: Livre pour quatuor *(1949)*
	: Structures, Livres I et II *(1952 - 61) pour 2 pianos*
	: Troisième Sonate *(1957) pour piano*
Benjamin Britten	: Quatuor à cordes n° 2 *(1946)*
Earle Brown	: 25 Pages *(1953) pour piano*
John Cage	: Music for Marcel Duchamp *(1947) pour piano préparé*
	: Nocturne *(1947) pour piano et violon*
	: In a Landscape *(1948) pour piano*
	: Six Mélodies *(1950) pour violon et piano*
	Quatuor à cordes *(1950)*
	: Deux Pastorales *(1951) pour piano préparé*
	: Water Music *(1952) pour piano et action scénique*
	: Music for Piano 1 *et* 2 *(1953)*
Elliott Carter	: Premier Quatuor *(1951)*
Dimitri Chostakovitch	: Cinquième Quatuor à cordes *(1951-52)*

Luigi Dallapiccola	: Deux Études *(1947) pour violon et piano*
Franco Donatoni	: Quatuor à cordes *(1958)*
Henri Dutilleux	: Sonate *(1948) pour piano*
Morton Feldman	: Structures *(1951) pour quatuor à cordes*
Karel Goeyvaerts	: Sonate pour deux pianos *(1951)*
Cristobal Halffter	: Sonate *(1958) pour violon*
Paul Hindemith	: Sonate *(1948) pour violoncelle et piano*
André Jolivet	: Première Sonate *(1945) pour piano*
Mauricio Kagel	: Sexteto de cuerdas *(1957) pour 2 violons, 2 altos, 2 violon-celles*
Bruno Maderna	: Musica su due dimensioni *(1957) pour flûte et bande*
Olivier Messiaen	: Harawi, chant d'amour et de mort *(1946) pour soprano et piano*
	: Modes de valeurs et d'intensités *(1950) pour piano*
	: Le Merle noir *(1951) pour flûte et piano*
Darius Milhaud	: Quatorzième Quatuor à cordes *(1949)*
Maurice Ohana	: Trois Caprichos *(1948) pour piano*
Luis de Pablo	: Movile I *(1958) pour 2 pianos*
Francis Poulenc	: Sonate *(1948) pour violoncelle et piano*
Henri Pousseur	: Mobile *(1958) pour 2 pianos*
Serge Prokofiev	: Sonate pour violon *(1947)*
Arnold Schoenberg	: Trio à cordes op. 45 *(1946)*
Karlheinz Stockhausen	: Klavierstück XI *(1956) pour piano*
	: Zeitmasse *(1956) pour hautbois, flûte, cor anglais, clarinette, basson*
	: Zyklus *(1959) pour percussion*
Bernd Alois Zimmermann	: Perspektiven *(1956) pour 2 pianos*

M U S I Q U E   D I R I G É E

Trois concerts en septembre et octobre 1988
avec l'Orchestre national de France et
l'Ensemble InterContemporain.
Coproduction Centre Georges Pompidou-IRCAM,
Radio-France et Ensemble InterContemporain.

Luciano Berio	: Tempi concertati *(1959)*
Pierre Boulez	: Le Marteau sans maître *(1955)*
John Cage	: Concerto pour piano préparé *(1951)*

György Ligeti	: Apparitions *(1959)*
Olivier Messiaen	: Chronochromie *(1959)*
Luigi Nono	: Canti per 13 *(1955)*
Karlheinz Stockhausen	: Kontra-Punkte *(1953)*
Richard Strauss	: Métamorphoses *(1946)*
Igor Stravinsky	: Mouvements *(1959)*
Edgard Varèse	: Déserts *(1954) avec sons organisés*
Iannis Xenakis	: Metastasis *(1955)*
Bernd Alois Zimmermann	: Omnia Tempus habent *(1957)*

LISTE DES ŒUVRES EXPOSĒES

ARCHITECTURE ET DESIGN

AFFICHES

BASS Saül
The Man with the Golden Arm, *1956.*
Anatomy of a Murder, *1959.*
Coll. Poster Please Inc., New York.
BRENOT Raymond
Vittelloise, *1955. Bibl. Forney, Paris.*
Ciel de France, *1959. Bibl. Forney.*
Caroline chérie, *s.d. Coll. A. Weill.*
CARLU Jean
Pschitt, *1956. Bibl. Forney, Paris.*
CLAVE
Théâtre Marigny, *s.d. Coll. A. Weill.*
COLIN Jean
Caravelle, *1959. Bibl. Forney, Paris.*
Enghien-les-Bains, *s.d. Coll. A. Weill,
Paris.*
COLIN Paul
Salon de la chimie, *1953. Coll.
A. Weill, Paris.*
ECKERSLEY Tom
General Post Office, *1951, 1954.*
London Transport, *1956.*
Coll. de l'artiste.
FRANÇOIS André
Rhum Charleston, *1957. Bibl.
Forney, Paris.*
GAD (GADOUD)
Loterie nationale, *s.d. Coll. A. Weill.*
GAILLARD Emmanuel
Vitabrill, *1956. Bibl. Forney, Paris.*
HENRION
Olivetti Lettera/Summa, *s.d.*
BOAC Speedbird, *s.d.*
Post Office birds, *s.d.*
London Transport, *s.d.*
Coll. de l'artiste.
HILLMANN Hans
Der Mohr von Venig, *s.d. Bibl.
Forney, Paris.*
JACQUELIN
Jour de fête, *s.d. Coll. A. Weill, Paris.*
LENTZ Robert
St Hubert Club, *1956. Bibl. Forney.*
LEUPIN Herbert
Knie, *1955 et 1957. Bibl. Forney.*
LEWITT-HIM
American overseas airlines, *s.d. Coll.
A. Weill, Paris.*
MALCLÈS Jean-Denis
Les Frères Jacques, *s.d. Coll. A. Weill.*
MAYNARD
Boulet Bikini, *s.d. Coll. A. Weill.*
MERLIN Pierre
Sidney Bechet, *1952. Coll. A. Weill.*
MOPPIS Maurice Van
Centenaire du Bois de Boulogne,
1957. Coll. A. Weill, Paris.
MORVAN Hervé
4ᵉ bal des Barbus, *1952. Coll.
A. Weill, Paris.*
Gévéor, *1954. Bibl. Forney, Paris.*
MOSCA
Isetta, *1954. Bibl. Forney, Paris.*
MÜLLER-BROCKMANN
Veniger Larm, *1960. Bibl. Forney.*
NATHAN Jacques (GARAMOND)
Mazda, *1951. Bibl. Forney, Paris.*
NITSCHE Erik
Triga, Atoms for Peace, Radiation
Dynamics, Astrodynamics *(affiches
pour General Dynamics, 1955-60).*
Coll. Poster Please Inc., New York.
PIATTI
Gauloises, *1957. Bibl. Forney, Paris.*
PICASSO Pablo
Mostra di Picasso, *s.d. Coll. A. Weill.*

ROLLAND
Vittel Délices, *1957. Bibl. Forney,
Paris.*
SAVIGNAC Raymond
Monsavon, *1950. Bibl. Forney, Paris.*
Bic, *1951. Bibl. Forney, Paris.*
SEPO (Severo POZZI)
Maggi, *1956. Bibl. Forney, Paris.*
TAUZIN Mario
La nuit de Montparnasse, *1951. Coll.
A. Weill, Paris.*
VILLEMOT Bernard
Gitanes, *1955. Bibl. Forney, Paris.*
WIK
La route joyeuse, *s.d.*
Les enfants de l'espace, *s.d.*
Panique aux USA, *s.d.*
Coll. A. Weill, Paris.

ARCHITECTURE

AALTO Alvar
Mairie *(salle du Conseil), 1951, Säy-
natsalo, Finlande; esquisse.*
Église Vuoksenniska, *1957, Imatra,
Finlande; esquisses (orgue, autel).*
Maison de la Culture, *1955-58, Hel-
sinki, Finlande; esquisse.*
Coll. Atelier Alvar Aalto, Helsinki.
ANDREU Paul, VICARIOT H.
Aéroport d'Orly-Sud, *1960, Orly;
perspective. Coll. Aéroports de Paris.*
BALDESSARI Luciano
«Il tetiteatro», *(Théâtre du Pavillon
Breda), 1952, Milan, Italie;
esquisses.*
Pavillon Breda, *XXXᵉ Foire interna-
tionale de Milan, 1952; maquette.
Coll. Mosca/Baldessari, Milan.*
BALLADUR Jean *(avec LEBEI-
GLE B. et TOSTIVIN)*
Caisse Centrale de Réassurances,
*1956-59, Paris, France; dessin. Coll.
Jean Balladur, Paris.*
**BBPR (BELGIOJOSO, BANFI,
PERESSUTTI, ROGERS)**
Tour Velasca, *1958, Milan, Italie;
dessin en couleur et maquette. Coll.
Studio BBPR, Milan.*
BOILEAU R., LABOURDETTE J.H.
Ville nouvelle de Sarcelles, *1959-
1969; maquette d'urbanisme. Coll.
Pavillon de l'Arsenal, Paris.*
BOUTTERIN Maurice
Centrale de Donzère-Mondragon,
*France; dessin. Coll. Académie d'Ar-
chitecture, Paris.*
**BRUNFAUT Maxime, BONTINCK
Geo, MOUTSCHEN Jos**
Aéroport de Bruxelles, *avant-projet,
1956, Belgique; dessin. Coll. Archives
d'Architecture Moderne, Bruxelles.*
BRUYÈRE Paul
Le village polychrome *(en collabora-
tion avec F. LÉGER), projet, 1951-52,
Biot, France; planche en couleurs.*
Cité universitaire de vacances «La
Chaussette», *1951, France; ma-
quette. Coll. André Bruyère, Paris.*
**CAMELOT Robert, DE MAILLY
Jean, ZEHRFUSS Bernard**
Immeuble bordant l'artère centrale de
la Défense, *vers 1955, France; dessin.*
Projet pour l'artère centrale de la Dé-
fense, *vers 1955, France; dessin.
Coll. IFA, Paris.*

CASTIGLIONI Enrico
Sanctuaire de la Madonna delle la-
crime *projet, 1957, Syracuse, Italie;
maquette. Coll. Enrico Castiglioni,
Busto Arsizio.*
FRIEDMAN Yona
Etude pour la ville spatiale, *projet,
1958-59; maquette. Coll. Yona
Friedman, Paris.*
GABETTI Roberto, ISOLA Aimaro
Immeuble Bottega d'Erasmo, *1953-
1956, Turin, Italie; perspective. Coll.
Arch. Gabetti e Isola, Turin.*
**GAGÈS René, BOURDEIX Pierre,
GRIMAL Franck**
Unité de voisinage «Bron-Parilly»,
*1952-60, près de Lyon, France; pers-
pective et études de couleurs. Coll.
Atelier d'architecture et d'urbanisme
René Gagès, Lyon.*
GARDELLA Ignazio
Thermes Regina Isabella, *Lacco
Ameno, 1950-53, Ischia, Italie; pers-
pective.*
Restaurant self-service du Centre de
Loisirs Olivetti, *1954-59, Ivrea; plan.
Coll. Centro Studi e Archivio della
Comunicazione, Parme.*
GILLET Guillaume, *arch.;*
LAFAILLE B., SARGER R., *ing.*
Notre-Dame de Royan, *1955, Royan,
France; maquette. Coll. Musée na-
tional des Techniques, CNAM, Paris.*
**HENTRICH Helmut,
PETSCHNIGG Hubert**
Siège de la Thyssen, *1957-60, Dus-
seldorf, RFA; maquette. Coll.
Deutsches Architekturmuseum,
Francfort.*
KAHN Louis
Penn Center, *études d'urbanisme,
projet, 1956-57, Philadelphie, USA;
dessin. Coll. Marc Émery, Paris.*
**LAGNEAU Guy, AUDIGIER
Raymond; LAFAILLE B.,
SARGER R., PROUVÉ J.,** *ing. cons.*
Musée-Maison de la Culture du
Havre, *1952-1961, France; ma-
quette de Claude Harang. Coll.
Musée des Beaux-Arts André
Malraux, Le Havre.*
**LECOUTEUR Jean, HERBÉ Paul;
SARGER René,** *ing.,* **MARTIN
Etienne,** *sculp.*
Cathédrale d'Alger, *avant-projet,
1958-61, Algérie; maquette du
concours. Coll. Atelier Herbé - Le
Couteur, Paris.*
LECOUTEUR Jean, HERBÉ Paul
Projet de stade, *1960, Vincennes,
France; maquette. Coll. Atelier Herbé
- Le Couteur, Paris.*
LE FLANCHEC Roger
Résidence d'été de M. R. Beauvir,
*1955, Lamor-Plage, France; dessin
et maquette. Coll. IFA, Paris.*
LODS Marcel
Salle Polyvalente, «Les Grandes
Terres », *1958-60, Marly-le-Roy,
France; dessin.*
Centre commercial, *coupe sur l'allée
principale, 1958-60, Marly-le-Roy,
France; dessin.*
Coll. Académie d'Architecture, Paris.
LODS Marcel, MICHAU Bernard
ZUP *(Zone à urbaniser en priorité),
1963, Mulhouse, France; tirage. Coll.
Académie d'Architecture, Paris.*

NERVI Pier Luigi
Petit Palais des Sports, *1956-57,
Rome, Italie; dessins.*
Palais des Sports de l'E.U.R., *1958-
59, Rome, Italie; dessin (coupole).
Coll. CSAC, Parme.*
NIZZOLI Marcello
Complexe administratif de l'ENI,
*1956, San Donato, Milan, Italie;
esquisses. Coll. CSAC, Parme.*
**NOVARINA Maurice; PROUVÉ
Jean, KETOFF Serge,** *ing.*
Nouvelle Buvette de la source Cachat,
*1957, Evian, France; plan et
esquisse. Coll. M. Novarina, Paris.*
POLAK A., *arch.* **J.,
WATERKEYN A.,** *ing.*
Croquis préparatoires de l'Atomium,
*1955-1956, Bruxelles, Belgique;
8 dessins. Coll. Archives d'Archi-
tecture Moderne, Bruxelles.*
PONTI Giò
Piscine de l'Hôtel Royal, *1949, San
Remo, Italie; dessin. Coll. CSAC,
Parme.*
PONTI Giò *(avec DALL'ORTO E.,
VOLTOLINA G., FORNAROLI A.,
ROSSELLI A., NERVI P.L., DA-
NUSSO A.)*
Gratte-ciel Pirelli, *1955-59, Milan,
Italie; dessins (façade principale et
mobilier de bureau). Coll. CSAC,
Parme.*
PROUVÉ Jean
Maison de J. Prouvé, *Nancy, 1954-
57; Coll. Archives départementales
de la Meurthe-et-Moselle, Nancy.*
REICHOW H.-B.
Ville jardin, *1953, Hohnerkamp,
RFA; plan et perspectives. Deutsches
Architekturmuseum, Francfort.*
RICCI Leonardo
Villa de Pierre Balmain, *1958, Ile
d'Elbe, Italie; dessin et maquette.*
Marché aux fleurs, *1948, Pescia,
Italie; dessin.*
Villa Ricci, *1950-51, Village de Mon-
terinaldi, Italie; dessin.*
Coll. Leonardo Ricci, Venise.
ROSSELLI Alberto *(Agence Giò
PONTI),* **FORNAROLI A.,** *ing.*
Villa Ferrabino, *1953-56, Italie;
copie héliographique. Coll. CSAC,
Parme.*
SCARPA Carlo
Maison «Veritti», *1955-61, Udine,
Italie; plan et dessin. Coll. Tobia et
Afra Scarpa, Treviniano, Italie.*
SCHELLING Erich
Pavillon «Schwarzwaldhalle », *1952-
53, Karlsruhe, RFA; dessins.
Deutsches Architekturmuseum,
Francfort.*
SMITHSON Alison et Peter
Concours pour Berlin Capitale, *3ᵉ
prix, 1958, RFA; dessins. Deutsches,
Architekturmuseum, Francfort.*
École secondaire d'Hunstanton,
*1949-54, Norfolk, Grande Bretagne;
axonométrie; dessins et tirages.*
Projet de concours, Golden Lane,
1952, Londres, 2 collages.
House of the Future, *Projet pour
l'exposition «Ideal Home», 1953,
Londres, Grande-Bretagne; dessins.
Coll. A. et P. Smithson, Londres.*
SOTTSASS Ettore
Logements ouvriers, *1957, Romentino,
près de Rome, Italie; dessins.*

Villa Lora Totino, *1951, Italie; dessins.*
Coll. CSAC, Parme.
VIGANÒ Vittorio
Institut Marchiondi Spargliardi, *1953-57, Italie; maquette. Coll. Comune de Milano, Milan.*
ZERHFUSS Bernard
Projet de tours pour la Défense, *1959, France; maquette. Coll. B. Zerhfuss, Paris.*

MOBILIER MODE OBJETS VÉHICULES

AALTO Alvar
Tabouret Y 61, *1957.*
Tabouret X 600/83.
Coll. Torvinoka, Paris.
Tabouret Y *à trois pieds. Coll. P. Perrigault, Paris.*
Vase, coupes, plat, 1938. Coll. Iittala, Finlande.
ADNET Jacques
Fauteuil *métal et cuir. Galerie C. Diégoni, Paris.*
Porte-parapluie, *métal et cuir. Galerie Praz-Delavallade, Paris.*
Bureau à lampe, porte-téléphone et porte-corbeille, *bois et métal, habillage cuir Hermès. Coll. Varga, Paris.*
ALBERT Knud
Lampadaire Elan, *bois et ivoire. Coll. Varga, Paris.*
ALBINI Franco
Chaise longue, *1956, éd. Carlo Poggi. Galerie Y. Gastou, Paris.*
ARP Jean
Sculpture en verre soufflé. *Galerie Y. Gastou, Paris.*
Constellation, *1932.*
MNAM - Centre G. Pompidou, Paris.
ASCHIERI
Mobilier dit « photographique ».
Galerie Y. Gastou, Paris.
AUMOINE Paul
Bahut *avec deux pièces de marqueterie. Coll. P. Aumoine, Montluçon.*
AVOLETTE
Moto-car *à 3 roues, carrosserie résine rouge, 1955. Coll. Le Bihan.*
BALMAIN Pierre
Robe, *1956. Coll. Kiki et Antoinette.*
BARDER Daphne
Tissu Fumo di Londra, *1957. Coll. P. et R. Colombari, Turin.*
BAROVIER Ercole
Vase-bouteille. *Gal. Y. Gastou, Paris.*
BASSOLI Renato
Chaise, *vers 1958. Musée des Arts décoratifs, dépôt FNAC, Paris.*
BATZNER
Chaise, *coquille polyester, 1959, éd. Bofinger. Coll. P. Perrigault, Paris.*
BÉJARD Norbert
Pichet Grand Duc. Plat ovale au poisson. *Musée des Arts décoratifs, dépôt du MNAM, Paris.*
BERTOIA Harry
Fauteuil *à haut dossier.* Fauteuil Diamant, *1952, éd. Knoll. Coll. Knoll International France.*
Chaise 420 A, *1951. Musée des Arts décoratifs, dépôt CCI, Paris.*
BIANCONI Fulvio
Vase-bouteille, *éd. Venini. Galerie Y. Gastou, Paris.*
Vase Torse de femme, *verre.*
Vase *à section carrée, verre.*
Vase *à décor appliqué.*
Galerie Down-Town, Paris.
BIANCONI Fulvio, VENINI Pablo
Vases Fazzoletto, *éd. Venini, Murano. Galerie R. Reichard, Francfort.*

BLOC André
Table et chaise, *bois. Coll. Association des amis de A. Bloc, Meudon.*
Œuf noir et blanc, *1955. MNAM - Centre G. Pompidou, Paris.*
BONET Paul
Couvertures *pour trois livres, éditions Gallimard, Paris. Coll. Coll. privée.*
BORDERIE André
Grande coupe Lune, Grande jarre, *céramique. Coll. P. Jousse, Asnières.*
BRAQUE Georges
Still Life with Gropas, *coton imprimée, 1956, éd. D.B. Fuller, New York. Musée des Arts décoratifs, Paris.*
BRENET André
La Vie aux États-Unis d'Amérique, *gouache. Coll. A. Blondel, Paris.*
BUFFET Michel
Lampe de table, *orientable, 1954.*
Lampadaire, *1953, éd. Mathieu. Galerie 1950 Alan/Counord, Paris.*
CADORET
Service à café, *métal argenté. Galerie C. Diégoni, Paris.*
CALDER Alexander
Blue and Red Nail, *tapisserie, 1950. Coll. Pinton, Aubusson-Felletin.*
CARBONELL Guidette
Harpie, *sculpture vers 1950. Galerie Down-Town, Paris.*
Panneau mural, *lave émaillée. Pavillon français à l'exposition de Bruxelles, 1958. Coll. G. Carbonell.*
CARLI Carlo di
Bureau, *1953. Gal. Y. Gastou, Paris.*
CASTIGLIONI Achille
Lampadaire, *tôle, 1955. Coll. A. Castiglioni, Milan.*
CASTIGLIONI Achille et Pier-Giacomo
Tabouret Mezzadro, *tôle, 1954-1957. Coll. A. et P.-G. Castiglioni, Milan.*
CHAPMAN Dave
Tea Kettle, *1949, Club Aluminium.*
Presse-fruits Juice King JK 30, *1944.*
Siphon, *Knapp-Monarch.*
Coll. A. Ménard, Paris.
CHARBONNEAUX Philippe
Récepteur de télévision Téléavia.
Coll. P. Wipfler et N. Bernard, Paris.
Table. *Galerie 1950 Bastille, Paris.*
CLOUTIER J.
La Chouette, *céramique, vers 1950. Coll. P. Jousse, Asnières.*
COCTEAU Jean
Le Bélier, *tapisserie, 1951. Coll. Pinton, Aubusson-Felletin.*
Sculpture en verre bleu. *Galerie Y. Gastou, Paris.*
CONTI S., FORLANI M., GRASSI L.
Fauteuils, *fil de nylon, éd. Paoli, 1955. Coll. Association des amis d'A. Bloc, Meudon.*
CRASPEY Arthur H. Jr.
Caméra Brownie Hawkeye, *1948, Eastman Kodak. Coll. A. Ménard.*
CRAWFORD William
Sèche-cheveux DM 396, *1954, GEC. Coll. A. Ménard, Paris.*
CRIPPA Roberto
Tissu Cavalcata nello spazio. *Coll. P. et R. Colombari, Turin.*
DAILEY Donald
Postes de radio 49-602-21, *1949 et 51-629, 1951, Philco. Coll. A. Ménard, Paris.*
DANGAR Anne, *d'après* GLEIZES A.
Plat à la Vierge et l'Enfant, *terre vernissée, 1958. Musée des Arts décoratifs, dépôt MNAM - Centre G. Pompidou, Paris.*
DASSAULT Marcel
Maquette de l'avion porteur SE 161 Languedoc, *SNCASE Musée de l'Air et de l'Espace, Le Bourget.*

DAURAT Maurice
Théière, *étain martelé, 1952. Musée des Arts décoratifs, Paris.*
DAVOL BOLDONG Robert
Toaster, *1950, Sunbeam. Coll. A. Ménard, Paris.*
DELAUNAY Sonia
Nocturne matinal, *tapisserie, 1958. Coll. Pinton, Aubusson-Felletin.*
DESPRES Jean
Cafetière, *vermeil et ivoire, vers 1950. Musée des Arts décoratifs, Paris.*
DEWASNE Jean
Composition géométrique noire et rouge, *tapisserie, 1953. Coll. Pinton, Aubusson-Felletin.*
DIOR Christian
Robe Chérie, *ligne corolle, printemps-été 1947 new-look.*
Ensemble Cachotier, *ligne naturelle, printemps-été 1951.*
Robe Curaçao, *ligne H, automne-hiver 1954.*
Ensemble Amadis, *ligne H, automne-hiver 1954.*
Ensemble printemps-été 1956. *Don de SAS le Prince Rainier III de Monaco.*
Musée C. Dior, Paris.
DOMELA César
Sonorité, *1946-1947. MNAM - Centre G. Pompidou, Paris.*
DOVA Gianni
Tissu Arcobaleno, *1955. Coll. P. et R. Colombari, Turin.*
DREYFUSS Henry
Aspirateur 262 F, Aspirateur 612, *1949, Hoover. Coll. A. Ménard, Paris.*
EAMES Charles
Chaise DKR, *1952, éd. H. Miller. Musée des Arts décoratifs, Paris.*
Chaise-longue et repose-pieds, *1956, éd. H. Miller. Coll. H. Miller. Neuilly.*
Fauteuil pivotant 682, *1957, éd. H. Miller. Musée des Arts décoratifs, Paris.*
Siège coquille, *1946-1948, éd. H. Miller. Galerie 1950, Bruxelles.*
Attelle. *Galerie 1950, Bruxelles.*
EIERMANN Egon
Chaise pliante SE 18. *Coll. Werkbund Archiv, Berlin.*
FAUCHEUX Pierre
Valet de nuit le Célibataire, *1949. Coll. P. Faucheux, Paris.*
FERMIGIER Étienne
Patère, *1958,* Table roulante, *1959. Coll. P. Perrigault, Paris.*
FERRE Claude
Lustre à neuf bras, *métal et matière plastique. Coll. Jousse/Varga, Paris.*
FERRO Luciano
Vase, *verre. Galerie Y. Gastou, Paris.*
FOLMER Georges
Espace, *forme spatiale, bois, 1945. Coll. C. Santoni-Folmer, Paris.*
FONTANA Lucio
Tissu Concetto spaziale, *1954. Coll. P. et R. Colombari, Turin.*
Table basse. *Galerie Y. Gastou, Paris.*
FONTANA ARTE
Porte-revue. *Coll. Varga, Paris.*
FRANCK Kaj
Carafe Decander, *1957, éd. Nuutajarvi.*
Vaisselle Kilta, *1952, éd. Arabia.*
Vase, *1953-1954, éd. Nuutajarvi. Musée des Arts appliqués, Helsinki.*
GAMES Abram
Cafetière, Cona, *1953. Coll. A. Ménard, Paris.*
GASCOIN Marcel
Table. *Coll. T. Meunier, Paris.*
GEO (Roger FERNAND dit)
Chaise, *vers 1952. Musée des Arts décoratifs, Paris.*

GILIOLI Emile
Déjeuner de soleil, *tapisserie. Coll. Pinton, Aubusson-Felletin.*
GRAFFI Carlo
Table à jeux, *1951.*
Fauteuil.
Chaise, *fibrociment, 1950.*
Galerie Y. Gastou, Paris.
GREGOTTI Vittorio, MENEGHETTI Lodovico, STOPPINO Giotto
Fauteuil Cavour, *1959.*
Table à jeux, *1955.*
Coll. V. Gregotti et L. Meneghetti.
GUARICHE Pierre
Applique, *tube et tôle perforée. Coll. P. Jousse, Asnières.*
Chaise Diamant, *1950, éd. Steiner. Galerie Praz-Delavallade, Paris.*
Lampadaire à double balancier, *1951. Galerie 1950 Alan/C. Counord, Paris.*
Luminaire, *métal et rhodoïd, 1952. Galerie Praz-Delavallade, Paris.*
Fauteuil Bergère, *1950. Coll. P. Guariche, Paris.*
GUGELOT Hans
Radio-photo Phonosuper SK5, *1956, Braun. Coll. A. Ménard, Paris.*
GUIGUICHON Suzanne
Canapé. *Galerie Y. Gastou, Paris.*
HAMILTON Richard
She, *calotype sur soie, 1958-1961.*
Hers is a Lush Situation, *calotype sur soie, 1958.*
Coll. R. Hamilton, Londres.
HENNINGSEN Poul
Lustre PH Louvre *à lamelle.*
Lustre Pomme de pin, *1958. Éd. Poulsen. Coll. L. Poulsen.*
HIRCHE H.
Meuble radio-phono, *bois, 1956, Braun. Coll. A. Ménard, Paris.*
HITIER Jacques
Fauteuil, *1950, éd. Tubauto. Coll. J. Hitier, Paris.*
HOPEA Saara
Vase, *vers 1958, éd. Nuutajarvi. Musée des Arts décoratifs, Paris.*
ISOLA et GABETTI
Fauteuil, *poirier teinté noir et cuir rouge. Galerie Y. Gastou, Paris.*
JACOBSEN Arne
Chaise empilable la Fourmi, *1951, éd. F. Hansen. Musée des Arts décoratifs, Paris.*
Fauteuil l'Œuf, *1959, éd. F. Hansen. Musée des Arts décoratifs, Paris.*
Chaise 3102, *1955. Coll. Meubles et Fonction-MFI, Paris.*
Lampe de table et Lampadaire Visor.
Applique Disque.
Éd. Poulsen. Coll. L. Poulsen.
JACOBSEN Robert
Graphisme en fer, *1951. MNAM - Centre G. Pompidou, Paris.*
JOULIA Elisabeth
Vase en grès. *Galerie 1950 Alan/C. Counord, Paris.*
JOUVE Georges
Vase la Poule, *céramique noire.*
Appliques, *céramique.*
Galerie 1950 Alan/Counord, Paris.
Vase Le Coq, *Coll. Varga, Paris.*
Sculpture, *céramique. Coll. P. Jousse, Asnières.*
Table, *céramique. Coll. Alan, Paris.*
KATAVOLOS William, LITTELE Ross
Chaise LA-1071, *1952, éd. Lavesne et Bofinger. Musée des Arts décoratifs, Paris.*
KJAERHOLM Poul
Chaise-longue cannée, *1955, éd. K. Kristensen. Coll. Meubles et Fonction-MFI, Paris.*

KLEE Paul
Nocturne, *toile imprimée, 1956, éd. D.B. Fuller & Cie. Musée des Arts décoratifs, Paris.*
KOPPEL Henning
Boucles d'oreille, colliers, broches, bagues, bracelets, *éd. G. Jensen. Coll. Royal Copenhagen, Danemark.*
KREBS Hans
Moulin à café, *1954, AEG. Coll. A. Ménard, Paris.*
KUHN Beate
Vases, *porcelaine, 1953, éd. Rosenthal. Coll. Rosenthal, Selb.*
KUHN F., THOMAS H. L.
Fer à repasser American Beauty, *1940, American Electrical H. Co. Coll. A. Ménard, Paris.*
LACROIX Boris
Appliques, *plexiglas. Coll. P. Jousse, Asnières.*
Applique *à quatre bras. Coll. Varga, Paris.*
Luminaire *à trois directions, métal.*
Luminaire *avec pied à rotule. Galerie Praz-Delavallade, Paris.*
LALIQUE Marc
Coupe Stresa, *cristal gravé, 1961. Musée des Arts décoratifs, Paris.*
LARDERA Berto
Sculpture, *1951. MNAM - Centre G. Pompidou, Paris.*
LATHAM Richard, LOEWY Raymond, HILDEBRAND Margret
Service à café 2000, *éd. Rosenthal. Coll. Rosenthal, Selb.*
LE BERTETTI
Paire de vases, *céramique. Galerie Dewindt, Bruxelles.*
LE BRICE et BAYE
Grand vase, *verre cérame. Galerie Dewindt, Bruxelles.*
**LE CORBUSIER
(J.E. JEANNERET dit)**
Chandeliers et croix d'autel, *1955. Notre-Dame-du-Haut, Ronchamp.*
LEDUC
Maquette d'avion Leduc 010. *Musée de l'Air et de l'espace, Le Bourget.*
LÉGER Fernand
Parade sauvage, *coton imprimé, 1956, éd. D.B. Fuller New York. Musée des Arts décoratifs, Paris.*
La Danseuse bleue. *MNAM - Centre G. Pompidou, Paris.*
LERAT Jacqueline et Jean
Vierge à l'enfant, *1952. Coll. E. Jeannot, Tailly.*
LOEWY Raymond
Pèse-personne, *1952, Borg.*
Réfrigérateur, *Frigidaire. Coll. A. Ménard, Paris.*
LUCAS H. et HOLDER T.
Fer à repasser de voyage, *1946, Lucas-Holder. Coll. A. Ménard.*
LURÇAT Jean
Grand vase, *céramique, 1951. Galerie 1950 Alan/C. Duran, Paris.*
Le Diable à quatre, *tapisserie 1955. Coll. Pinton, Aubusson-Felletin.*
LUSSO
Six pièces en céramique. *Galerie Dewindt, Bruxelles.*
MARTENS Dino
Carafe à anse, *verre de Murano. Galerie R. Urlass, Francfort.*
Cinq vases, *verre. Gal. Y. Gastou, Paris.*
MATEGOT Mathieu
Salon de jardin, *métal perforé, coussins toile rouge. Coll. L. Distel.*
Fauteuil, *cuir noir,* Table roulante type caddie, *tôle perforée. Coll. Varga, Paris.*
Table-bar roulante, *1951,* Chaise Nagasaki, *métal perforé, 1951. Galerie 1950 Alan, Paris.*

Tapisserie Colombo, *éd. Tabard à Aubusson.* Porte-revues, Fauteuil Kyoto, Lampe *et* Coupe à fruits, *tôle perforée, 1952-1953. Coll. P. Jousse, Asnières.*
Fauteuil, *tôle perforée. Galerie Down-Town, Paris.*
MATISSE Henri
Forme IX. *MNAM - Centre G. Pompidou, Paris.*
MAURION-VIDAL Gabrielle
Chemin de croix, *1956, Saint-Gorgon, Aumetz.*
Mc CULLOGH Paul
Toaster 350, *1943, Toastwell. Coll. A. Ménard, Paris.*
MEUNIER Tiarko
Fer à repasser, Radiateur, Radiateur parabolique Rio, *Thermor. Coll. T. Meunier, Paris.*
MOLLINO Carlo
Meuble pour radio et pick-up, *1946. Galerie Dewindt, Bruxelles.*
Meuble de séparation, Bureau cylindre, *bois teinté noir.* Fauteuil, *bois courbé,* Bureau à tiroirs. *Galerie Y. Gastou, Paris.*
MOORE Al
Affiche Tigra cigarettes. *Galerie Dewindt, Bruxelles.*
MORTIER Michel
Table-banc, *1955. Coll. M. Mortier, Paris.*
MOTTE Joseph André
Fauteuil tripode, *1949. Coll. J.-A. Motte, Paris.*
MOUILLE Serge
Applique Cachan, Lampe de table Cocotte, *Coll. Jousse/Varga, Paris.*
Lampadaire colonne Totem, *Galerie C. Diégoni, Paris.*
Appliques de chevet les Yeux, *1953. Galerie 1950 Alan/C. Counord, Paris.*
Applique *à quatre bras mobiles. Galerie 1950 Alan/C. Counord, Paris.*
Lampadaire *à trois bras, 1953. Coll. P. Jousse, Asnières.*
MUNARI Bruno
Cendrier cubique, *1957, éd. Danese.*
Sculpture de voyage, *carton, 1958.*
Dessins pour la lampe tubulaire.
Collages. *Coll. Université de Parme.*
Dessins de carrosserie de motocycles. *Coll. Université de Parme.*
NELSON George
Chaise DAA, *1956-1958, éd. H. Miller. Musée des Arts décoratifs, Paris.*
Sofa Marshmallow, *1956. Galerie N. Seroussi, Paris.*
NIZZOLI Marcello
Machine à écrire Lexikon 80, *1948, Olivetti. Coll. A. Ménard, Paris.*
Machine à écrire Lettera 22, *1954, Olivetti.*
Machine à calculer Divisumma 24, *1956, Olivetti. Coll. Olivetti, Milan.*
NOGUCHI Isamu
Lampadaire, Table basse, *Coll. P. Perquis, Paris.*
NOLL Alexandre
Bar en ébène, dit «à magnum», *1947. Coll. Alan, Paris.*
NURMESNIEMI Anti
Tabouret *pour sauna, bois, 1952, éd. G. Söderström. Musée des Arts appliqués, Helsinki.*
Cafetières, *éd. Wärtsilä. Musée des Arts appliqués, Helsinki.*
OLD Maxime
Table basse, *Galerie Diégoni, Paris.*
PALMA-KNAPP Ass.
Aiguisoir électrique DKS-2, *1947, Cory. Coll. A. Ménard, Paris.*

PANTON Verner
Fauteuil K2, *1959, éd. Plus Linge. Musée des Arts décoratifs, Paris.*
Siège Cantilever, *1960. Coll. R. Guidot, Paris.*
Cone chair. *Galerie N. Seroussi, Paris.*
Lampadaire Panthella, *éd. Poulsen. Coll. L. Poulsen.*
PARISI Ico
Table Altamira. *Galerie Y. Gastou, Paris.*
Bureau *et* console, *1951. Coll. P. Curti, Brescia.*
PAULIN Pierre
Bureau de travail, *1952. Coll. P. Paulin, Paris.*
Fauteuil Corolle 560, *1955. Coll. Artifort, Maastrich.*
PERRIAND Charlotte
Table «forme libre», *vers 1950, éd. S. Simon. Coll. J.-L. Amiaud, Paris.*
PERRIAND Charlotte, PROUVÉ Jean, DELAUNAY Sonia
Bibliothèque pour la Maison de Tunisie, *bois et métal. Galerie 1950 Alan, Paris.*
Étagère «forme libre», *bois et métal. Coll. L. Distel, Paris.*
PERRIAND Charlotte, JEANNERET Pierre
Fauteuil, *bois. Galerie Praz-Delavallade, Paris.*
PERUGIA André
Chaussure à soufflet, *bout bec de canard, pour C. Jourdan, 1958.*
Escarpin sabotine, *talon or, 1953.*
Sandale, *talon tire-bouchon, 1952.*
Sandale hommage à F. Léger, *1950.*
Sandale hommage à P. Picasso, *1950. Musée C. Jourdan, Romans.*
PICART LE DOUX Jean
L'Homme et la mer, *tapisserie, 1954. Coll. Pinton, Aubusson-Felletin.*
PICASSO Pablo
Vase à anses, Vase Flamenco. *Coll. M. et Mme Besançon.*
PINTORI
Affiche pour machine à écrire Lexikon 80, *1953, Olivetti.*
Affiche pour machine à calculer Divisumma, *1956, Olivetti.*
Affiche Olivetti, *1949. Coll. Olivetti, Milan.*
PIRAVI Ezio
Ventilateur *à doubles cercles porteurs. Galerie Dewindt, Bruxelles.*
POLI Flavio
Carafe à anse, *verre. Galerie R. Urlass, Francfort.*
Vase «valve», Vase plat. *Galerie Y. Gastou, Paris.*
POMODORO Giò
Tissu I cirri, *1957. Coll. P. et R. Colombari, Turin.*
PONTI Giò
Esquisses pour mobilier. *Coll. Université de Parme.*
Coiffeuse décorée par Piero Fornasetti. *Coll. privée, Paris.*
Table basse, *bronze et malachite. Galerie Y. Gastou, Paris.*
Chaise Superleggera, *1957, éd. Cassina. Coll. P. Perrigault, Paris.*
PORTHAULT Madeleine
Parure de lit créée pour Sacha Guitry. *Coll. Porthault, Paris.*
PRASSINOS Mario
Couvertures pour six livres, *éditions Gallimard, Paris. Coll. privée.*
PROUVÉ Jean
Table Compas, *Coll. Varga, Paris.*
Canapé, Chaise *sculptée.* Chaise Antony, *1950.* Table verte, *aluminium.* Bureau Présidence, Appliques *à long bras.*

Galerie Down-Town et Galerie Touchaleaume, *Paris.*
Fauteuil. *Galerie C. Diégoni, Paris.*
Table, *lamifié noir, tôle pliée, 1953. Galerie Y. Gastou, Paris.*
PULITZER G.F.
Dessins originaux pour le concours du paquebot Leonardo da Vinci. *Coll. Université de Parme.*
RAMS Dieter
Flash électronique, *1956, Braun.*
Poste de radio portatif, *Braun.*
Combiné radio-phono Atelier 1-8, *1957, Braun.*
Rasoirs électroniques, *1955-1956, Braun.*
Coll. A. Ménard, Paris.
RICHARD Alain
Table, *1955, Coll. S. Gorse, Paris.*
RISPAL
Lampadaire Tripode. *Galerie Y. Gastou, Paris.*
ROBERTS Leslie
Ventilateurs V1700 et V1710, *1954, GEC. Coll. A. Ménard, Paris.*
ROYÈRE Jean
Lampadaire.
Lampadaire porte-pots de fleurs.
Chaise, *bois, habillage soie bleue, 1950. Coll. Varga, Paris.*
Buffet, *opaline et rotin.*
Lampadaire, *métal. Galerie 1950 Alan/Counord, Paris.*
Chambre à coucher, Table et chaises créées pour Henri Salvador. *Galerie Down-Town, Paris.*
Projet de chalet dans les Alpes, Projet de hall d'un chalet à Megève, *vers 1950,* Projet de chambre à coucher, *vers 1950,* Projet de salon, Projet pour le Salon des Arts ménagers, *1957,* Projet de bureau pour M. Suissa Deguelder, *dessins originaux (gouache). Musée des Arts décoratifs, Paris.*
RUTTER Sheldon
Broyeurs de glace électriques : Ice-o-Matic 800 *avec dessins originaux, 1956, Magic Hostess, De luxe, 1959, Magic Hostess, 480-Bucketter wall model, 1953, Rival. Coll. A. Ménard, Paris.*
SAARINEN Eero
Chaise 72 MC, *1951. Musée des Arts décoratifs, dépôt CCI, Paris.*
Fauteuil Womb Chair, *éd. Knoll. Coll. A. Ménard, Paris.*
Mobilier dit Tulipe, *1957, éd. Knoll. Musée des Arts décoratifs, Paris.*
Table, Chaise, Fauteuil, *1956, éd. Knoll. Coll. Knoll International, France.*
SABATTINI Lino
Service à thé et à café, *1956, éd. Christofle. Galerie Y. Gastou, Paris.*
Trois plats longs, *métal argenté, éd. Christofle. Galerie Praz-Delavallade, Paris.*
SALA Jean
Vase, *cristal soufflé, 1948. Musée des Arts décoratifs, Paris.*
SAMBONET Roberto
Poissonnière, *acier inoxydable, 1956, éd. Sambonet. Galerie Xanadou, Paris.*
SARFATTI Gino
Luminaire *à trois branches,* Lampe de bureau, Lampes à pinces, *Galerie Praz-Delavallade, Paris.*
SARPANEVA Timo
Objet d'art Orkidea, *verre, 1953. Coll. Iittala, Finlande.*
SCHLEGEL Valentine
Vase Petite Victoire, *céramique, 1954. Coll. Y. Brunhammer, Paris.*

Vase Oiseau blanc, *céramique*, 1957. *Coll. privée.*
Vase les Bottes, *faïence*, 1952-1955. *Coll. R. Grosset.*
Plat vert, *faïence. Coll. privée.*
SCHNEIDER-ESLEBEN Paul
Fauteuil Bumerang. 1952. *Coll. P. Schneider-Esleben, Düsseldorf.*
SCHÖFFER Nicolas
Sculpture, *MNAM - Centre G. Pompidou, Paris.*
SCHOTTLANDER Bernard
Lampe, *métal. Galerie Praz-Delavallade, Paris.*
SCHWAGENSCHEIDT W., SITTMANN T., DORNAUF H.
Boîtiers de postes de radio. *Coll. T. Sittmann, Francfort.*
SEDUCTA
Chaussure Derby, *croco rouge, double semelle débordante,* 1947.
Monza, *chaussure à bordure peinte noir,* 1955.
Vivienne, *chaussure Charles IX, veau velours rouge, bout et talon noir,* 1957.
Houlgate, *escarpin, chevreau rouge, nœud satin rouge,* 1960.
Musée C. Jourdan, Romans.
SEGUSO VETRI ARTE
Vase-bouteille. *Coll. Y. Gastou, Paris.*
SMITHSON Alison et Peter
Trundling Turk Chair, 1953.
Egg Chair, *fibre de verre,* 1953.
Pogo Chair, 1955-1956.
Coll. A. et P. Smithson.
SOGNOT Louis
Chaise, *bois et rotin,* 1953. *Coll. Mme Fermigier, Paris.*
Table basse. *Galerie Praz-Delavallade, Paris.*
SOTTSASS Ettore
Ordinateur Elea 9003, *console de contrôle,* 1959, Olivetti. *Coll. Olivetti, Milan.*
STEVENS Brooks
Fer à repasser Petit point, 1941, *Waverly Tool Co. Coll. A. Ménard, Paris.*
SYDOW V.
Fauteuil dentaire, *1954-1956, éd. Siemens. Coll. E. von der Brelie.*
SZEKELY P., BORDERIE A.
Plat, *céramique.*
Quatre patères à suspendre, *métal et céramique, vers* 1950.
Table en forme de guitare, *métal et céramique.*
Coll. P. Jousse, Asnières.
TALLON Roger
Caméra Véronic, *SEM. Coll. R. Tallon, Paris.*
Machine à écrire Style, *Japy. Coll. privée.*
Moulin à café électrique, *Peugeot. Coll. R. Guidot, Paris.*
TANGUY Yves
Jour de lenteur. *MNAM - Centre G. Pompidou, Paris.*
TEAGUE W. D. Ass.
Camera 80, *1954, Polaroid Land Camera. Coll. A. Ménard, Paris.*
TECHNES/PARTENAY
Ventilateur 94, *1957, Calor. Coll. A. Ménard, Paris.*
THAMES Gosta
Téléphone Ericofon, *1954, Ericsson. Coll. A. Ménard, Paris.*
THURET André
Vase mauve. *Musée des Arts décoratifs, Paris.*
VALLÉE Paul
Motocar Chantecler *à trois roues,* 1956. *Coll. C. Le Bihan.*
VAN DOREN H.
Toaster De luxe 961, *1949, Proctor Elec. Cy. Coll. A. Ménard, Paris.*

VAUTRIN Line
Descente du feu subtil sur la matière, *sculpture en résine.*
Poissons sculptés, 1956.
Miroirs sorcières.
Bracelet, bijou d'épaule, chatelaine, presse-papier, broche, boutons de manchettes, clips, boutons haute couture, boucles de ceinture, sautoir, chapelet, collier.
Coll. L. Vautrin.
VENINI
Vase, *verre. Galerie Y. Gastou, Paris.*
VIBI
Vases. *Galerie Dewindt, Bruxelles.*
VIVIER Roger
Escarpin, *vernis noir avec rose en mousseline noir, pour C. Dior,* 1960.
Sandale, *taffetas imprimé, pour C. Dior,* 1960.
Musée C. Jourdan, Romans.
WABBES Jules
Bureau double en face-à-face. *Galerie Dewindt, Bruxelles.*
WAGENFELD Wilhelm
Vases Diabolo, *verre,* 1950.
Bol à punch, 1951-1952
Verres à punch, 1951-1952
Coll. P. Tauchner, Munich.
WEGNER Hans J.
Chaise pliante 512, *1949, éd. J. Hansen. Musée des Arts décoratifs, Paris.*
WIRKKALA Tapio
Couverts, *métal argenté, éd. Christofle. Galerie Down-Town, Paris.*
Couverts, *éd. Christofle. Coll. M. Cremniter et F. Laffanour, Paris.*
Plat, *bois lamellé,* 1951, *éd. Martti Linquist. Musée des Arts appliqués, Helsinki.*
Vase Kanto, *verre,* 1947.
Verres et carafe Kukka, *1954,* Vases Pinja et Solo, *verre,* 1955, *Coll. Iittala, Finlande.*
Vase en porcelaine, *1956, éd. Rosenthal. Galerie R. Reichard, Francfort.*
WOLHRAB H., BENDIXEN K.
Deux vases, *porcelaine,* 1950, *éd. Rosenthal. Coll. Rosenthal, Selb.*
YANAGI Sori
Tabouret Butterfly, *1956, éd. Tendo. Musée des Arts décoratifs, Paris.*
ZANUSO Marco
Fauteuil et strapontin, *éd. Ar-Flex. Coll. M. et Mme Gimpel, Ménerbes.*
ZUFFI Piero
Tissu Figure, *1953. Coll. P. et R. Colombari, Turin.*

A N O N Y M E S

Appareil photographique Kodak. *Coll. A. Ménard, Paris.*
Automobile Benz Mercedes 300 SL. *Coll. Mercedes, RFA.*
Automobile BMW 502, *1954.*
Automobile Isetta-BMW 1955. *Coll. BMW - France.*
Automobile Bugatti 101, *coach Gangloff,* 1951. *Musée national de l'Automobile, Mulhouse.*
Automobile Cadillac «Sedan» de ville, *limousine quatre portes. Galerie Dewindt, Bruxelles.*
Automobile Citroën DS, *carrosserie* 1955 *montée sur socle.*
Automobile Citroën DS, *maquette d'essai en soufflerie, échelle 1/5.*
Automobile Citroën 2 CV, *1950.*

Coll. Automobiles Citroën, Neuilly.
Automobile Ferrari 500 TRC, *1957.*
Automobile Gordini 24S, *1953. Musée national de l'Automobile, Mulhouse.*
Automobile Renault 4 CV, *1956. Coll. Automobiles Renault, Paris.*
Automobile Tatra 107, *Tatraplan,* 1949. *Coll. J.-C. Lerat, Villemomble.*
Bouilloires Canadian GE et HMV, *1944 (GB). Coll. A. Ménard, Paris.*
Broyeur électrique de glace Riva *(USA). Coll. A. Ménard, Paris.*
Cafetière électrique R. Crespi, *dessin original, Cafetière Cory, Coll. A. Ménard, Paris.*
Caméra Anscoflex. *Coll. A. Ménard, Paris.*
Caméra 8 mm Bolex. *Coll. C. Le Bihan.*
Camera sous-marine 8 mm, Bauer, *1955. Coll. F. Jacquet.*
Combiné radio-lampe *(Canada). Galerie Praz-Delavallade, Paris.*
Consoles pour fleurs *(RFA),* Corbeille à fruits *(RFA). Coll. S. et D. Jaeger, Düsseldorf.*
Cuiseur d'œufs Sunbeam *(USA). Coll. A. Ménard, Paris.*
Cyclomoteur. *Coll. J.-M. Morin, Le Havre.*
Distributeur de chewing-gum DAG. *Coll. A. Ménard, Paris.*
Étagère à miroirs, lampadaire, radio *(USA). Galerie Fiesta, Paris.*
Fer à repasser General Mills *(USA). Coll. A. Ménard, Paris.*
Fer à repasser de voyage Calor. *Coll. M. Baillon, Paris.*
Fers à repasser de voyage Kronan *(Suède) et Noirot-Kalorik (France),* 1959. *Coll. A. Ménard, Paris.*
Hachoir Ritter, Rival *(USA). Coll. A. Ménard, Paris.*
Gobelets isothermes, *matière plastique. Coll. P. Neuberger, Paris.*
Horloge de cuisine Junghans. *Coll. Werkbund Archiv, Berlin.*
Jouets automobiles Dinky Toys. *Coll. Mihailovic.*
Lingerie, *1950-1960. Coll. Club 50-60, Courcouronnes.*
Luminaire, *éd. Iquatroassi, céramique de Venise. Galerie Praz-Delavallade, Paris.*
Machines à calculer Burroughs et Victor. *Coll. A. Ménard, Paris.*
Miroirs. *Coll. Werkbund Archiv, Berlin.*
Mixers: AEG, Arno, Braun, Dormeyer, Machine Craft, Pragomik, Westingouse. *Coll. A. Ménard, Paris.*
Mobilier de cuisine américaine, *vers* 1950. *Galerie Fiesta, Paris.*
Mobilier de salon suédois dit «anthropomorphe», *tissu dessiné par Gunnar Aagaard Andorsen. Galerie Down-Town, Paris.*
Mode, *robe et chaussures (USA). Galerie Fiesta, Paris.*
Mode, *robe et chaussures (USA). Coll. Kiki et Antoinette, Paris.*
Motocar «Messerschmitt» *à trois roues,* 1960. *Coll. C. Le Bihan.*
Moulins à café: Alexandewerk, Kerry, Kym, Palux. *Coll. A. Ménard, Paris.*
Moulin à café électrique Rotary. *Coll. R. Guidot, Paris.*
Moulin à café électrique «Rubis» Peugeot. *Coll. Mihailovic.*
Ouvre bouteille *à gaz sous pression. Coll. P. Neuberger, Paris.*
Papier peint d'art, *1959, éd. Rasch (RFA). Coll. Tapetenfabrik Gebr. Rasch, Bramsche.*
Parachute en nylon. *Mémorial de*

Caen.
Pendule «Jefferson». *Coll. A. Ménard, Paris.*
Plafonnier «Spoutnik» *(RFA). Coll. S. et D. Jaeger, Düsseldorf.*
Postes de radio Philips et Telefunken. *Coll. Kiki et Antoinette, Paris.*
Poste de radio SNR *à double haut-parleur. Galerie 1950-Bastille, Paris.*
Postes de radio M 670 Blaupunkt, Philetta 54L Philips. *Coll. Werkbund Archiv, Berlin.*
Postes de radio Marconi et Optalix. *Coll. C. Le Bihan.*
Poste de radio T 4347 GWK Telefunken. *Coll. Werkbund Archiv, Berlin.*
Poste de radio d'avion de chasse anglais Spitfire. *Coll. C. Le Bihan.*
Postes de radio Braun. *Coll. A. Ménard, Paris.*
Presse-fruit Rival, *National Die Casting (USA). Coll. A. Ménard, Paris.*
Projecteur de cinéma Precisvos *(Belgique). Coll. A. Ménard, Paris.*
Projecteur de diapositives. *Coll. M. Baillon, Paris.*
Projecteur de diapositives Malik *(France),* 1950. *Coll. C. Le Bihan.*
Radiateur «Astro». *Coll. A. Ménard, Paris.*
Radio-électrophone Teppaz *(France). Coll. C. Le Bihan.*
Rasoirs électriques: Calor, Philips, Siemens, Attila, Schick, Klober, Remington, Rasetta, Sunbeam, Riam, Riviera, Richard, Viceroy, AEG, Dual, BO, Xapkip, Rotoshaver, Diplomat. *Coll. A. Ménard, Paris.*
Raton laveur Vert-Pré, *1948. (Colle).*
Robot «Charlotte» Moulinex, *vers* 1959. *Coll. D. Bloch, Paris.*
Sac réfrigérant Coca-Cola. *Coll. Werkbund Archiv, Berlin.*
Scooter Lambretta, *1958. Coll. Kiki et Antoinette, Paris.*
Scooter Mors, *1956. Coll. C. Le Bihan.*
Sèche-cheveux HMV, Siemens *Coll. A. Ménard, Paris.*
Sèche-cheveux Zéphyr. *Coll. Kiki et Antoinette, Paris.*
Service à café, *céramique de Vallauris. Galerie Praz-Delavallade, Paris.*
Service de verres avec seau à glace *(RFA). Coll. S. et D. Jaeger, Düsseldorf.*
Siphon «Soda king» Kidde Meg Co *(USA). Coll A. Ménard, Paris.*
Table «palette» *de l'exposition de Bruxelles, bois,* 1958. *Galerie Praz-Delavallade, Paris.*
Taille-crayon électrique «X1 Electropointer» Swingline Inc. *(USA). Coll. A. Ménard, Paris.*
Téléviseur portatif Sharp. *Galerie Praz-Delavallade, Paris.*
Tissus d'ameublement «les Oiseaux» et «Automne», Boussac-Romanex. *Coll. Mihailovic.*
Toasters: Nova *(B),* Morphy-Richards *(GB),* Maybaum *(RFA),* Rowenta *(RFA),* Prometeus *(USA),* Toastmaster *(USA),* Son chef *(F),* Tungsram. *Coll. A. Ménard, Paris.*
Vases, *éd. Cristallerie Baccarat et éd. Daum, cristal. Galerie R. Reichard, Francfort.*
Vases de Vallauris. *Coll. C. Gutman, Paris.*
Ventilateurs: AEG *(RFA),* 1958. Philips *(Pays-Bas)* 1955. Aghetto. *Coll. A. Ménard, Paris.*
Verrerie américaine. *Galerie 1950, Bruxelles.*

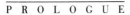

PROLOGUE

Aérospatiale, p. 22.
AFP, p. 33.
Bibliothèque musicale Gustav-Mahler, Paris, p. 43.
Cahiers du cinéma, p. 18.
Centre G. Pompidou (MNAM), p. 12.
Collection disques Adès, p. 42.
D.R., p. 40, 41, 42, 45.
Keystone, p. 20.
Lapi-Viollet, p. 17.
Magnum, p. 28, 29, 30, 31.
(Henri Cartier-Bresson), p. 27.
Paris Match (De Potier), p. 24.
(Garofalo), p. 23. (Jarnoux), p. 25.
(Pedrazzini), p. 34, 35.
Rapho, p. 22. (Doisneau), p. 15, 21, 39. (Willy Ronis), p. 16, 17.
Renault, p. 21.
Roger-Viollet, p. 37, 38, 40, 41.
Sygma. (R. Darolle), p. 23.

PEINTURE ET SCULPTURE

Aberdeen Art Gallery, p. 257.
All Mozell, New York, p. 290.
André Emmerich Gallery, p. 101, 180.
Anthony Denney, p. 237, 240.
Archipel, p. 268.
Arts Council Collection, p. 255.
Artcurial, Paris, p. 114-115, 164-165.
Art Institute of Chicago [Courtesy], p. 256.
Atelier Egtved, p. 171.
Bayerische Staatsgemäldesammlungen-Staatsgalerie moderner Kunst, p. 77.
Blum Helman Gallery [Courtesy], p. 176-177.
Camerarts, Inc., New York, p. 251.
Centre Georges Pompidou, Paris (Ph. Migeat). (Ch. Bahier et Ph. Migeat), p. 67, 250, 284-285. (Adam Rzepka), p. 71, 75, 77, 84, 107, 111, 221, 228, 281. (Jacques Faujour), p. 71, 85, 108, 118, 201, 243, 268, 304, 310, 314. (Jacqueline Hyde), p. 150, 175. (Béatrice Hatala), p. 150, 175. (MNAM), p. 62-63, 86, 143, 151, 158, 167, 174, 181, 274, 275, 283, 299, 300, 309, 315, 317, 318, 320, 326, 327, 331, 332, 333.
Claude Germain, p. 90.
Collection Mr. & Mrs. Donald Blinken, New York, p. 93.
David Heald, p. 319.
Dia Fachstudio, Bonn, p. 280.
D.R., p. 48, 71, 79, 88-89, 102, 109, 119, 120-121, 131, 132, 134, 136-137, 141, 149, 159, 166, 170, 182, 200, 202, 203, 217, 218, 219, 220, 232, 254, 263, 264, 266, 267, 269, 279, 289, 295, 298, 303, 328, 329, 330.
Eric Pollitzer, New York, p. 178.
Fondation Dubuffet, Paris, p. 264, 268.
Fondation Maeght, Saint-Paul-de-Vence, p. 226, 227. (Claude Gaspari), p. 226, 227.
Fondazione Palazzo Albizzini. Città di Castello, p. 273.
Fonds Galerie Charpentier, p. 55.
Fototechnik Dreieich, p. 78.
François Guiter, p. 238, 239.
Friedrich Rosenstiel, Köln, p. 316.
F.W. Seiders, p. 232.
Galerie Bischofberger, p. 311.
Galerie de France, p. 148, 294. [Courtesy], p. 272.
Galerie Denise René, Paris, p. 168-169, 176, 198.
Galerie Ernst Beyeler, Bâle, p. 91.
Galerie Jeanne Bucher, Paris (Fouillot), p. 128 (Cl. Hervé), p. 125.
Galerie Louis Carré & Cie, Paris, p. 173.

Galerie Marisa Del Re, p. 92, 99.
Galerie Natalie Seroussi, Paris, p. 172.
Galerie Nathan, Zürich, p. 117, 133, 134, 269.
Galerie Stadler, Paris, p. 302, 305.
Galleria comunale d'Arte moderna, Bologne, p. 233.
Galleria L'Isola, Rome, p. 282.
Geir S. Johannessen, Bergen, p. 127.
Graffilm S.A., Genève, p. 112.
Haags Gemeentemuseum, La Haye, p. 297.
Hans H. Weisser, p. 170.
Henri Glaeser, p. 278.
Hirshhorn Museum and Sculpture Garden, Washington, p. 193.
Jacques Betant, Lausanne, p. 242.
Jean-Michel Montgrédien, Rouen, p. 87.
Jacqueline Hyde, Paris, p. 147, 216, 263, 302.
John Webb, Londres, p. 242.
Kunsthaus, Zürich, p. 225, 278.
Kunstmuseum Basel, p. 199.
Littkemann, Berlin, p. 305.
Lorenzelli Arte, Milan, p. 147.
Marlborough Gallery, New York, p. 103.
M. de Lorenzo, Vence, p. 266.
Mimmo Capone, Rome, p. 220.
M. Knoedler & Co, Inc., New York, p. 67.
Musée d'art et d'histoire, Genève, p. 106.
Musée d'art moderne, Saint-Étienne, p. 157.
Musée de l'abbaye Sainte-Croix, Les Sables-d'Olonne, p. 265, 267.
Musée des arts décoratifs, Paris (L. Sully-Jaulmes) p. 262.
Musée Matisse, Le Cateau-Cambrésis, p. 142.
Musée national, Wroclaw, p. 206.
Museum Sztuki, Lodz, p. 205, 207, 208, 209.
Nick Sheidy, p. 268.
O. Vaering, fot. p. 83.
Oscar Savio, p. 218.
Otto E. Nelson, New York, p. 232, 296.
Pace Gallery, New York, p. 139, 190, 191.
Paolo Gasparini, Caracas, p. 185, 187.
Perls Galleries, New York, p. 138, 192.
Philippe/Schwer, New York, p. 268.
Ph. Walir, p. 116.
Photocolor Hinz, p. 119.
Photo-Picardy, Grenoble, p. 127.
Pierre Matisse Gallery, p. 252.
Rainbow Photo, Rome, p. 271.
Ran Erde, p. 233.
Reinhard Truckenmüller Fotografie, Stuttgart, p. 7.
Réunion des musées nationaux, Paris, p. 214, 215.
Rheinisches Bildarchiv, Cologne, p. 292.
Robert Descharnes, p. 321.
Robert E. Mates, p. 140.
Robert Miller Gallery, New York, p. 229.
Roy M. Elking, p. 268.
Rudolph Burckhardt, p. 276.
Sonnabend Gallery, New York, p. 268.
Sprengel Museum, Hanovre, p. 79.
Speltdoorn et Fils, Bruxelles, p. 156.
Squidds & Nunns, p. 72, 97, 98.
Statens Konstmuseer, p. 308.
Stedelijk Museum, Amsterdam, p. 109.
Steven Sloman, p. 183, 230.
Studio Muller, p. 129.
Taylor & Dull, New York, p. 231.
The Museum of Modern Art, New York, p. 61, 70, 73, 189, 241, 253, 268, 282. (Soichi Sunami), p. 66.
The National Museum of Western Art, Tokyo, p. 291.
Thomas Pedersen and Poul Pedersen, Aarhus, p. 293.
Walker Art Center, p. 277.

Walter Brandt, Norvège, p. 126.
Walter Drayer, Zürich, p. 100, 154, 155, 176-177, 179.
Walter Klein, Düsseldorf, p. 68-69, 113.

ÉCHANGES ET PARALLÈLES

Abdruck nur mir Angabe IMD-Bildarchiv, p. 347.
Adam Ruszka, p. 395.
AFP, p. 350, 352, 383, 410, 417, 418.
Archives de l'Architecture moderne, Bruxelles, p. 354, 355.
Archives CCI, Paris, p. 349, 351, 363, 403, 405.
Archives INA, p. 393, 395. (GRM), p. 381.
BBPR, Milan, p. 360.
Bibliothèque Gustav-Mahler, Paris, p. 390.
Bibliothèque Forney, Paris, p. 408, 409, 410, 411.
Borngraeber, Berlin, p. 365, 368.
CCI (Kossakowski/Planchet), Paris, p. 358, 359, 397, 398, 399, 400, 401, 402, 403, 405.
Citroën, Paris, p. 386, 407, 411.
Cosmos Encyclopédie, p. 350.
De Gobert, Bruxelles, p. 356, 366.
Diapason, p. 389.
D.R., p. 364, 367, 369, 371, 381, 394, 417, 423, 425.
Editions de Minuit, Paris, p. 337.
Enguerand/A. Varda, Paris, p. 415, 416.
Gastou, Paris, p. 360, 361, 362, 366, 400, 401.
Grill, Donaueschingen, p. 376-377.
Henmar Press Inc. Ltd. New York [Reproduced by kind permission of Peters Editions Ltd, London], p. 379.
Internationales Musikinstitut, Darmstadt, p. 375.
Keystone, Paris, p. 399.
Le Clerc, Bretteville, p. 349.
Luigi, p. 368.
Magnum (H. Cartier-Bresson), p. 334.
Meguerditchian, Paris, p. 401.
Musée des Arts décoratifs, Paris, p. 405.
Paris-Match, Paris (Jarnoux) p. 385. (Rizzo) p. 404. (Nau) p. 410. (Carone) p. 416.
PPP/IPS, Paris, p. 353.
Publifoto, Milan (Crepaldi), p. 357.
Rapho (Doisneau), Paris, p. 339, 387.
Roger Pic, Paris, p. 338, 341, 414. (BN), p. 418, 420, 421.
Roger-Viollet, Paris, p. 406, 411.
Rupprecht-Geiger, Munich, p. 368.
Serge Lido, Paris, p. 391, 392.
Studio Blu, Milan, p. 361.
Universal Edition, p. 343, 344, 346, 372. (Zyklus, 1960), p. 374.
Viollet (Lapi), p. 427, (Lipnitzki) p. 419, 426.

LITTÉRATURE

AFP, p. 431, 461.
British Council, p. 447.
Centre Pompidou (J. Faujour), p. 428.
Collection PPP/IPS, p. 449, 450, 451.
D.R., p. 430, 434, 444, 449, 453, 465.
Gisèle Freund, p. 431, 443, 461.
Gallimard, p. 437.
Heinrich Böll (D. Alfonsi), p. 439.
Lumbroso, p. 465.
Magnum (Henri Cartier-Bresson), p. 455, 458. (Elliot Erwitt), p. 433. (Sergio Lorrain), p. 462. (Inge Morath), p. 448. (Wayne Miller), p. 457. (Marc Riboud), p. 446, 453. (Eugène Smith), p. 455.
Viollet (Lipnitzki), p. 447, 464.

Musée de l'homme, p. 463.
Paris-Match (Pedrazzini), p. 434.
Rapho. (Willy Maywald), p. 445. (Willy Ronis), p. 436.
Richter Archiv. (Hans Werner), p. 440.
Roger Pic, p. 432.
Roger Viollet, p. 461.

ARCHITECTURE ET DESIGN

A.B. Gustavsberg, p. 570.
Académie des sciences de l'URSS, p. 511, 512, 513.
Alan, Paris, p. 526, 527, 529.
Architectural Press, Londres, p. 539.
Architectural Review, Londres, p. 469, 539, 548.
Archives CCI, Paris, p. 539.
Automedia, Levallois, p. 561.
Ballo, Milan, p. 563, 566.
Balmain, Paris, p. 521.
BBPR, Milan, p. 554.
BN, Paris (Seeberger), p. 523.
Blessing, Chicago, p. 496.
Cardin, Paris, p. 522.
Castiglioni, p. 556.
CCI (Cordier), Paris, p. 473, 501.
CCI (Gimonet), Paris, p. 471.
CCI (Kossakowski/Planchet), Paris, p. 466, 505, 506, 507, 524, 525, 526, 527, 528, 564, 565.
CCI (Lion et Tajan), Paris, p. 541.
CCI (Rousseau), Paris, p. 500.
Cinémathèque française, Paris, p. 483.
Classen, Verfeld, p. 488-489.
Cohen (coll.), Paris, p. 515, 516, 517.
Compton, Londres, p. 544.
Cosmos Encyclopédie, p. 513.
Design Council, Londres, p. 538, 546, 547, 548, 549.
Dior, Paris, p. 521.
Dior (Maywald) Paris, p. 520, 521.
DR, 470, 476, 484, 501, 502, 505, 528, 529, 551, 553.
Dubuisson, Paris, p. 531, 532, 533, 534, 535 (Martin).
Ehrmann, Paris, p. 475, 477, 479.
Gabetti et Isola, Turin, p. 552.
Gaillard, Paris, p. 529.
Gastou, Paris, p. 563, 564, 565.
Gili (coll.), Paris, p. 559.
Goertz Bauer, Dusseldorf, p. 491.
Gregotti, Milan, p. 563.
Hamilton, p. 543, 544, 545.
Hansens EFT.A/S, Allerød, p. 569.
Harrison et Abramovitz, p. 497.
Helander, Helsinki, p. 576-577.
Henderson, p. 540.
Homsey, San Francisco, p. 485.
IBM, Paris, p. 508, 509.
Istituto di fotografia, p. 557.
Jaeger, Dusseldorf, p. 359, 366.
Jensen, Copenhague, p. 569.
Joly-Cardot, p. 529.
Karhula Iittala, p. 571.
Landesbildstelle, Berlin, p. 515.
Landberg, Orefors, p. 570.
Lapidus, p. 496.
Lasdun and Partners, p. 541.
Lazi, Stuttgart, p. 490.
Magnum (H. Cartier-Bresson), p. 559.
Magnum (M. Riboud), p. 543.
Mandrelli, Rome, p. 558.
Masera, Milan, p. 562.
Meunier, Paris, p. 404.
Ministère de l'équipement et du logement, Paris, p. 536, 537.
Mulas, Milan, p. 563.
Musée d'Art contemporain, Belgrade, p. 518, 519.
Musée des Arts décoratifs, Paris, p. 505, 524, 525, 526, 527, 569, 570, 571.
Musée des Arts de la Mode, Paris (C. Hampton), p. 522.
Musée finlandais d'Architecture, (H. Havas), p. 576, 577.
(E. Troberg), p. 577.

Musée Louisiana, Copenhague, p. 573.
Musée norvégien d'Architecture, p. 576.
Musée suédois d'Architecture. (Ph. Sundahl), p. 574.
NASA, p. 512.
Olivetti, p. 562, 566, 567.
OMA, Rotterdam, p. 476.
Paulin, Paris, p. 524.
Perquis, Paris, p. 360.
PPP/IPS, Paris, p. 469, 480, 481, 494, 495, 498, 500, 503.
Prouvé, Paris, p. 531.
Publifoto, Milan, p. 561.
Rand, p. 482.
Rapho (Doisneau), p. 530.
Revija Beagrad (Éterovic) p. 529.
Rista, Helsinki, p. 573, 574, 578, 579.
Roger-Viollet, Paris, p. 561.
Rouillard, Paris, p. 499.
Saint-Laurent, Paris, p. 523.
Sala Dino, Milan, p. 566.
Savio, p. 553, 555.
Samonà, p. 553.
Schlesiger, p. 490.
Scoop/Elle, Neuilly (Chevalier), p. 523. (Clair), p. 523.
Smithson, p. 540, 541.
Staatlichen Landesbildstelle, Hambourg, p. 487.
Struwing Reklamfoto, Birkerød, p. 575.
Studio Osmo Thiel, Helsinki, p. 571.
The Tate Gallery, Londres, p. 544.
Wartsilä-Koncernen A/B, Maskin och Bro, p. 571.
Westfalisches Landesamt für Denkmalpflege, Cologne, p. 487.

MUSIQUE

Bibliothèque Gustav-Mahler, Paris, p. 599, 617, 622. (H. de Boer), p. 599.
Boosey & Hawkes Music Publishers Ltd, p. 600-601 (© 1967, Reproduit avec l'aimable autorisation de) B. Schott's Söhne (© 1970, Mainz), p. 580.
Collection disques Adès, p. 593.
D.R., p. 615, 620.
Henmar Press Inc., New York (© 1960. Reproduit avec l'aimable autorisation de Peters Editions Ltd, Londres], p. 621, 623.
Internationales Musikinstitut, Darmstadt, p. 584, 585, 587, 605, 606, 609, 611, 619, 621. (Susanna Schapowalow), p. 595.
Jean-Pierre Leloir, p. 625, 626, 627, 628, 629, 631, 632.
Magnum (Erich Hartmann), p. 633.
Reinhard Friedrich, p. 603.
Roger-Viollet, p. 583, 589, 591, 617.
Universal Edition, Londres. (© 1954), p. 596. (© 1957), p. 607.
Willy Pragher [Freiburg im Breisgau], p. 597.

Pour les œuvres des artistes suivants :
© SPADEM :
Barré M., Bury P., Capogrossi G., César, Colin J., Dewasne J., Fautrier J., François A., Lam W., Léger F., Matisse H., Picasso P., Pollock J., Rainer A., Stella F., Van Velde B., Vasarely V., Villemot B., Wols

© ADAGP :
Alechinsky P., Bazaine J., Bissière R., Bryen C., Calder A., Delaunay S., Dubuffet J., Estève M., Giacometti A., Gilioli E., Hartung H., Hélion J., Herbin A., Jacobsen R., Klein Y., Lanskoy A., Lapicque C., Laubiès R., Magnelli A., Manessier A., Matta R., Morvan H., Poliakoff S., Richier G., Riopelle J.-P., Saint-Geniès, Saura A., Soulages P., Stael N. de, Tapiès A., Tobey M., Ubac R., Viera da Silva M.-E., Zao Wou-Ki

Aubin Imprimeur
LIGUGÉ, POITIERS

Achevé d'imprimer en juin 1988
N° d'impression P 27559
Dépôt légal juin 1988 / Imprimé en France